LES DEUX
ACTES DES APÔTRES

ÉTUDES BIBLIQUES

(Nouvelle série. N° 6)

LES DEUX
ACTES DES APÔTRES

PAR

Édouard DELEBECQUE

Préface du R.P. Ceslas ·Spicq o.p.

PARIS
LIBRAIRIE LECOFFRE
J. GABALDA et Cie, Éditeurs
RUE BONAPARTE, 90

—

1986

DU MÊME AUTEUR SUR LUC

Évangile de Luc, texte traduit et annoté, Paris, Les Belles Lettres, 1976.

Études grecques sur l'Évangile de Luc, Paris, Les Belles Lettres, 1976.

Les Actes des Apôtres, texte traduit et annoté, Paris, Les Belles Lettres, 1982.

ISBN 2-85021-018-8
ISSN 0760-3541

PRÉFACE

Voici un ouvrage consacré à la critique textuelle, sujet sévère par excellence! Beaucoup d'esprits cultivés refusent de s'initier aux arcanes de cette science. « La critique textuelle est une personne austère à qui l'on fait souvent de grandes révérences, sans se soucier beaucoup d'entrer dans son commerce. Elle a, par parenthèse, une façon sûre de se venger de ceux qui la négligent : leurs œuvres sont toujours marquées au coin d'un facile à-peu-près. Le latin sans pleurs ou Le grec sans larmes : passe encore. Mais la critique textuelle sans soupirs, c'est une gageure », écrivait L. Vaganay[1]. En fait, de quoi s'agit-il?

Quiconque s'intéresse aux Actes des Apôtres *doit affronter une des difficultés les plus épineuses de la critique textuelle : Quelle famille de manuscrits est la meilleure? Est-ce le texte dit « oriental » (le plus ancien témoin est le* P. Beatty), *contenu dans les grands onciaux, presque tous les minuscules, la Vulgate, ou bien le texte « occidental » (principalement le* codex Bezae), *malencontreusement ainsi désigné parce qu'il fut reconnu d'abord dans les textes vieux latins antérieurs à saint Jérôme, mais qui eut une très large diffusion à Rome, à Carthage, en Palestine, à Édesse?*

Les spécialistes ont minutieusement analysé ces deux types de famille et jugé leur valeur respective, relevant les omissions, les variations, les transpositions de mots. Ces variantes ne paraissent pas fortuites et ne peuvent être attribuées à la seule fantaisie des copistes. Elles semblent provenir d'une source unique : on n'observe aucune contradiction entre les deux recensions; le style est uniforme, rien n'indique une main étrangère et les additions ne semblent jamais dues à une interpolation réfléchie. A l'heure actuelle les commentateurs — même s'ils considèrent le texte « oriental » comme primitif — ne pensent pas qu'il soit le texte original; ce n'est qu'une recension. Quant au texte « occidental », très homogène, on lui accorde de plus en plus d'intérêt et l'on n'hésite pas à retenir plusieurs de ses leçons[2].

(1) *Initiation à la critique textuelle néotestamentaire,* Paris, 1934, p. 1.
(2) Le *Greek New Testament* (de K. ALAND, M. BLACK, B. M. METZGER, A. WILGREN, 1966, p. 424) admet par exemple la leçon longue : « Tous les croyants *étaient* ensemble *et* ils avaient tout en commun » (2, 44), leçon également préférée par H. Zimmermann, C. M. Martini, N. Venturini, F. Rasco, C. Ghidelli.

C'est dans ce débat et cette incertitude qu'apparaît l'apport très neuf du présent ouvrage. Il est l'œuvre de M. É. Delebecque, professeur émérite de grec à l'Université de Provence, l'un des meilleurs hellénistes modernes, averti de toutes les exigences de la critique textuelle, connu notamment par ses travaux sur Homère et ses éditions de Xénophon parues dans la collection Guillaume Budé. Il a assidûment fréquenté saint Luc puisqu'il a publié une édition (texte grec, traduction et notes) du troisième Évangile (Paris, 1976) et des Actes des Apôtres *(Paris, 1982) ainsi qu'un volume d'*Études grecques sur l'Évangile de Luc *(Paris, 1976). Or c'est la première fois que le texte occidental est analysé par un maître de la langue grecque ; ses conclusions et ses orientations auront donc une importance considérable dans la solution du problème ci-dessus évoqué. Ce travail, tout à fait nouveau, n'est pas d'exégèse, mais de philologie. Dans une première partie, l'auteur présente d'abord les traductions intégrales du texte oriental et du texte occidental, heureusement imprimées en regard l'une de l'autre. Puis il analyse la « forme » du texte occidental, qui n'a pas d'existence indépendante, mais n'existe que lié au texte « court » auquel il se superpose. Sont ainsi examinés son vocabulaire lucanien, ses hapax, les qualités de sa langue (article, adjectif, emploi des temps, propositions principales et subordonnées, etc.), le travail des retouches, les suppressions, les changements (d'un verbe remplacé par un autre, ou de temps, de mode, de voix), les préverbes, etc. Une seconde partie consacrée au « fond », met en relief les nouveautés sur Pierre et les personnages secondaires, sur Paul, ses voyages et sa mission.*

Le lecteur, jugeant sur les pièces qui lui sont fournies, s'aperçoit alors que toujours et partout se révèle la main d'un écrivain usant du vocabulaire de Luc, dans une langue aussi pure que celle de Luc, respectant les données du texte premier avec une délicatesse et une habileté donnant à penser qu'il ne pouvait modifier qu'un texte préexistant écrit par lui-même. Quant aux informations nouvelles et précises, principalement sur Paul, sa vie, sa volonté, ses voyages, elles reposent sur une connaissance approfondie des actes et des sentiments de l'apôtre, comme si l'on avait voulu reviser la version courte et la compléter. En clair, les deux textes se présentent comme étant l'œuvre d'un seul et même auteur. Un des grands mérites de M. É. Delebecque est de réhabiliter ainsi le texte long, qui rectifie un texte antérieur, et toujours pour l'améliorer.

Avant d'en venir à cette conclusion, M. É. Delebecque rédige une troisième partie, intitulée : « Hypothèse : deux dates et un auteur ». C'est à juste titre que ces pages sont présentées comme une hypothèse, mais celle-ci n'est pas arbitraire. Les patientes et scrupuleuses analyses qui précèdent ont mis sous les yeux du lecteur tous les éléments propres à former son jugement personnel ; l'un des principaux mérites de cet ouvrage et de les avoir collectés et mis en valeur. Si l'on admet, avec notre guide, que les deux textes sont d'une même main, on lui accordera aussi que le texte occidental est le second dans le temps. Il est difficile et même impossible de fournir des dates précises, mais en se référant aux données historiques contenues dans les Épîtres Pastorales, surtout dans la seconde Épître à Timothée, le lecteur peut dans une certaine mesure satisfaire sa curiosité. Il faut souligner ici très fortement que, presque à chaque page, notre auteur nuance ses énoncés avec une prudence extrême et avertit qu'il ne faut donner son adhésion qu'avec circonspection. Il ne s'agit pas d'une thèse à défendre, mais de se former un jugement, et chacun est responsable du sien.

Dans un travail aussi considérable, mais aussi bien construit et rédigé, les bénéfices secondaires sont nombreux. J'aime relever combien la personnalité de l'auteur du texte occidental apparaît au fur et à mesure des pages de plus en plus précise et vivante. Une fois de plus, c'est à partir d'un manuscrit et de la langue que l'on perçoit la signification d'un ouvrage et l'identité de son auteur. Ici, c'est la première fois qu'un helléniste aussi qualifié analyse ce document uniquement d'après sa langue et, comme « le style est l'homme même », il ne faut pas être surpris d'être conduit vers la lumière. Sous une autre plume, les pages que l'on va lire auraient été probablement ardues et ennuyeuses; en réalité elles sont limpides et suscitent une curiosité et une avidité croissantes. L'objectivité de M. É. Delebecque, sa discrétion, sa prudence, ses nuances, ses réserves même, sont du meilleur aloi et sollicitent la confiance qu'un disciple accorde à son maître... Le lecteur lui accordera aussi sa gratitude.

Je me permets de rappeler que les Actes des Apôtres sont un écrit normatif pour la foi.

C. Spicq.

INTRODUCTION

A. Les deux versions des *Actes des Apôtres*

Les *Actes des Apôtres* sont venus à nous selon deux versions différentes, une longue, dite « occidentale », faute d'un meilleur nom, une autre un peu plus courte, nommée à tort, « orientale ». Celle-ci est communément adoptée par les éditeurs et les traducteurs comme étant l'œuvre de Luc, son second livre après l'Évangile.

Elle a pour témoins les principaux des grands manuscrits grecs en onciale, savoir le *Sinaïlicus* et ceux dont les sigles sont A, B, et C. Tous datent des iv⁰ et v⁰ siècles. Ce sont les plus importants mais, sans parler des diverses versions d'orient et d'occident, ni des nombreux manuscrits latins, ils sont loin d'être les seuls[1]. Pour la commodité, et faute d'une appellation meilleure, on appellera dans le présent ouvrage cette version la « version courte », ou le « texte court », par opposition à la « version longue », dite aussi « texte long ».

Cette version longue est généralement appelée « occidentale ». Elle repose sur des témoins écrits en plusieurs langues, outre la langue grecque, des témoins précieux puisque certaines de leurs leçons peuvent remonter au ii⁰ siècle.

Parmi ces témoins, que l'on se contentera de nommer, figurent des papyrus grecs, notamment le P 38, dit « papyrus Michigan »[2], datant d'environ 300, le P 48, de la fin du iii⁰ siècle, probablement aussi le P 29, du iii⁰ siècle. Papyrus, ils ne donnent naturellement que des fragments des *Actes*, et aux chapitres 18, 19, 23 et 26. A ces vestiges précieux on peut adjoindre les manuscrits minuscules grecs 383 et surtout 614, du xiii⁰ siècle, et des citations de saint Jean Chrysostome.

Avant d'en venir au principal témoin grec du texte occidental,

---

(1) On en trouvera une liste exhaustive, avec celle des papyrus, dans la 26⁰ édition de Nestle-Aland (cf. la bibliographie p. 684-716).

(2) Le texte de ce qui reste de ce papyrus est donné par Clark (cf. n. 27), sous le n⁰ 1571, p. 220 à 225.

principal par sa longueur, le *codex Bezae*, on citera des témoins divers[3] :

— soit latins (les codices *Floriacensis*, du vi^e siècle, *Perpinianus* et *Gigas*, tous deux du xiiie siècle, auxquels il faut ajouter les citations faites par les Pères de l'Église, saint Cyprien, saint Augustin, Tertullien, ou saint Irénée, lequel se sert d'un texte grec, mais connu seulement dans sa version latine du livre *Adversus Haereses*),

— soit coptes (versions sahidique et bohairique),

— soit surtout, sans parler des versions éthiopienne, arménienne, géorgienne, plusieurs témoins importants syriaques dont la *Peshitta*[4], parmi lesquels il faut accorder une place particulière à la version dite «harkléenne», sur laquelle on a beaucoup écrit, sans élucider le problème dans ses détails.

La syra Harklensis.

est entre toutes précieuse à cause de ses notes marginales, considérées comme une des meilleures sources, fragmentaire encore, du texte occidental[5]. Ce texte est une version syriaque du Nouveau Testament, éditée en 616 par Thomas de Harkel, évêque de Mabbûg, ou Hierapolis, en Syrie orientale. Pour réaliser cette édition, Thomas était parti de la version syriaque «philoxénienne»[6], produite en 508 pour Philoxène — autre évêque de Mabbûg — qui ignorait le grec, par son chorépiscope Polycarpe ; cette version était une révision, en accord avec plusieurs manuscrits grecs, de la *Peshitta,* la «vulgate» syriaque[7].

Thomas s'est-il contenté d'ajouter quelques notes à la version philoxénienne, ou bien l'a-t-il entièrement remaniée ? La querelle subsiste entre les partisans de chacune de ces hypothèses[8]. Des études

---

(3) On trouvera sur eux des précisions dans Clark, à partir de la p. 247, si on met à part le problème du *Laudianus* 35 (sigle E), examiné là p. 234 à 246, et dans Epp, p. 29-34.

(4) Voir la note 7.

(5) Bruce M. Metzger, *The Early Versions of the N.T.*, Oxford, Clarendon Press, 1977, p. 70-73. Pour lui l'étude des rapports entre les versions harkléenne et/ou philoxénienne reste à faire.

(6) *Ib.* p. 63-65.

(7) *Ib.* p. 62. Le mot «Peshitta» est en fait le participe passif d'un verbe signifiant «étaler» et, outre son sens de «largement répandu», «courant», il peut avoir celui de «clair», «patent». Cette première version syriaque du N.T., faite à partir du grec, s'opposait en effet à la version syriaque de la Septante, plus compliquée. — Il est à noter que, selon Hatch (cf. Metzger, *op. cit.,* p. 62), la *Peshitta* devait contenir déjà elle-même bon nombre de leçons occidentales.

(8) Pour la première penchent notamment J. White, *Actuum Apostolorum et Epistolarum tam Catholicarum quam Paulinorum versio Syriaca Philoxeniana*, Oxonii, e typographico Clarendoniano, 2 vol., 1799, 1803, et Clark, p. 305-329. Soutiennent au contraire la seconde J. Gwynn, *Remnants of the Later Syriac Versions of the Bible,* 1re partie : N.T., Londres et Oxford, 1909, introd. p. xxxiv et lx ; J. H. Ropes (cf. note

assez récentes[9] laissent néanmoins penser que Thomas, comparant
son exemplaire avec des manuscrits grecs, aurait introduit, un peu
scolairement peut être, des formes et des mots grecs, soit dans le texte
même dont il disposait, soit dans la marge de ce texte, où ils se
seraient alors mêlés à des leçons philoxéniennes, ou préexistantes, ou
réléguées là par lui[10].

La comparaison semble prouver que, dans les marges, et même,
sous astérisques[11], à l'intérieur du texte, c'est la version occidentale
que Thomas de Harkel, pour les *Actes* du moins, a citée[12].

Si précieuses soient-elles, les notes de la *Syra Harklensis*, n'étant
pas systématiques, ne donnent que des indications incomplètes et
quelque peu éparpillées. Elles ont un double avantage : elles corrigent
le *codex Bezae* là où il peut être fautif, elles le complètent dans une
certaine mesure, là où il présente des lacunes.

Le codex Bezae (sigle D).

Ce manuscrit, datant du v⁰ siècle, fut donné en 1586 par Théodore
de Bèze à la Bibliothèque de l'Université de Cambridge. Il l'avait
acquis d'abord, peut-être à la faveur d'un pillage ou de troubles civils,
au monastère Saint-Irénée de Lyon. Avant de souffrir de lacunes, le
codex Bezae donnait l'ensemble des Évangiles et des *Actes des Apôtres*.
Pour les Évangiles, il fait connaître des variantes sans doute
importantes[13] qu'il n'y a pas lieu d'examiner dans le présent livre, où
le problème se pose d'une façon très différente.

On connaît bien toute la partie subsistante du *codex Bezae*, dont
l'original est demeuré à Cambridge. Trop fragile pour être pratiquement consulté, la bibliothèque de l'Université en fournit des

---

26), p. CLX ; K. LAKE, The text of the N.T., 6⁰ édition, Londres, 1928, p. 42 ;
W. WRIGHT, *A Short History of Syriac Literatur,* Londres, 1894, p. 16 ; Zuntz : cf. note
suivante.

(9) G. ZUNTZ, *Die Subscriptionen der Syra Harklensis, Zeitschrift der Deutschen
Morgenländischen Gesellschaft,* 101 (1951), p. 174-196.

(10) *Ibid.,* p. 182.

(11) Les astérisques et les obels employés par Thomas dans son texte peuvent noter
soit les différences entre la philoxénienne et les mss grecs auxquels il la comparait, soit
les différences entre nouvelle et ancienne versions syriaques. Dans les apparats
critiques des éditions récentes, les sigles sy^hmg et sy^h** représentent respectivement les
additions portées par Thomas dans les marges, et celles qu'il a insérées directement
dans le texte ; cf. Nestle-Aland, intr. p. 57.

(12) *The Journal of Theological Studies,* XXXVI, 1935, p. 194 : compte-rendu de *The
Text of Acts in codex 614 (Tisch. 137) and its Allies,* edited by the late A. V. Valentine-
Richards, with an introduction by J. M. CREED, Cambridge, 1934.

(13) Edward George RICE, *The alteration of Luke's tradition by the textual variants in
codex Bezae,* Case Western Reserve University, 1974 (reproduit en fac-similé par
« University microfilms international », Ann Arbor et Londres, 1980).

microfilms et en a publié, grandeur nature, un *fac-simile* abordable[14], où il est difficile cependant de distinguer la main des correcteurs. On dira plus loin ses lacunes et ses fautes.

Écrit en belle onciale, il se présente sur deux colonnes, à gauche le grec, à droite sa traduction latine, d'un latin médiocre. Il est caractérisé par sa division en «stiques» (στίχοι) de longueurs à peu près semblables. Ils correspondent en général à un arrêt dans le sens, mis à part une dizaine d'un seul mot, et soixante-dix de deux mots.

S'il date du v⁵ siècle, bon nombre de ses leçons peuvent remonter au iiᵉ, et l'on peut dire qu'il représente, en gros, la plus ancienne tradition textuelle occidentale courante au iiᵉ siècle. C'est donc, en dépit de ses imperfections, le manuscrit fondamental pour la connaissance de la version longue[15]. Il n'est qu'un témoin de cette version, mais le témoin le plus long.

Il offre malheureusement des lacunes, et aussi un assez grand nombre de fautes.

Les lacunes, au nombre de quatre pour le grec et cinq pour le latin, proviennent de la perte, la première de huit fᵒˢ, la seonde d'un fᵒ, la troisième et la quatrième de tous les fᵒˢ postérieurs au fᵒ 520.

Pour le grec, la première s'étend de 8, 29 φιλιππω] à 10, 14 [παν κοινον ;

— la seconde, de 21, 2 φοινεικην] à 21, 10 [προφητης ;
— la troisième, de 22, 10 περι παντων] à 22, 20 [και φυλασσων ;
— la quatrième, de 22, 29 απ' αυτου... jusqu'à la fin.

Il en existe une autre, beaucoup plus courte, qui va de 21, 16 εκ κεσα(ρειας)] à 21, 18 [ησαν δε παρ' αυτω. Due à la mutilation dont un «vandale» du xviiiᵉ siècle est responsable, elle est d'une nature toute différente des autres. Elle est aussi moins grave parce que, par chance, le texte avait été collationné déjà par plusieurs savants, dont Wetstein et Dickinson, si bien que l'on peut restituer l'original avec une quasi-certitude.

Vu la disposition du manuscrit sur deux colonnes, avec un décalage par folio (par exemple le fᵒ 415 b grec se trouve en face du fᵒ 416 a latin), les lacunes du texte latin ne correspondent pas à celles du grec.

---

(14) (Fac-similé) *Codex Bezae Cantabrigiensis quattuor Evangelia et Actus Apostolorum complectens graece et latine* ; phototypice repraesentatus, Cambridge Univ. Press, 1899 (les *Actes* se trouvent folios 415 b et suiv.).

Le *codex Bezae* a été publié d'abord par Robert Estienne en 1555 et, entre autres, par Patrick Young (1633), J. J. Wettstein (1716) et Thomas Kipling (1793).

On peut à la rigueur se dispenser du fac-simile ci-dessus en recourant à l'édition suivante : *Bezae codex Cantabrigiensis,* edited with a critical introduction, annotations and fac-similes, by Frederick H. Scrivener, 1864. Le texte des *Actes* est donné p. 327-415 (Reprint : «The Pickwick Press», Pittsburgh, Pennsylvania, 1978).

(15) Avis opposé dans J. Duplacy, *Recherches de Sciences Religieuses,* 1958, p. 453.

Elles sont les suivantes :

- — 8, 20 ad eum ... 10, 4 et trepidus
- — 20, 31 nocte ac die ... 21, 2 ascendentes
- — 21, 7 aput eos ... 21, 10 profecta
- — 22, 2 adloquitur ... 22, 10 quae te oportet
- — 22, 20 et consentiens ... jusqu'à la fin.

Les parties manquantes du texte n'étant donc pas exactement les mêmes, la partie conservée du latin peut, pour chaque lacune, aider, dans une certaine mesure, à retrouver le grec[16].

Le *codex Bezae*, d'autre part, offre des fautes[17] — à distinguer des variantes — commises par la première main du copiste. Si ce copiste *écrit* le grec, d'une fort belle écriture onciale, rien ne prouve qu'il le *sache* ; on peut admettre au moins qu'il est souvent distrait ou fatigué.

De là d'assez nombreuses corrections, les unes faites par la *prima manus*, celle du premier copiste, et d'autres sur le texte premier[18] par plusieurs correcteurs. Les mots fautifs, grattés sur la *prima manus*, ont en général été remplacés par une leçon, bonne, provenant du texte court.

Il reste enfin[19] un nombre considérable d'autres fautes, qu'il est facile de corriger encore, car ce sont de simples fautes de copiste, et elles sont manifestes.

Les unes, au nombre d'une dizaine, se trouvent dans une addition du texte long[20], les autres, au nombre de soixante-dix environ, se trouvent dans le tout-venant du *codex Bezae*. Certaines portent sur des chiffres, d'autres, plus nombreuses, sur des noms propres[21]. La grande majorité porte sur des formes ou sur des constructions impossibles, sur des mots inexistants, dépourvus de sens, ou encore constituent un solécisme, un barbarisme. La bonne leçon peut être ici rétablie quelquefois par le texte latin correspondant, en général, et sans peine, parce qu'on le trouve déjà dans le texte court. Il s'agit d'un mot mal

---

(16) Entre le problème des lacunes et celui des fautes, on ne pose pas celui des changements dans l'ordre des mots entre les deux versions. Ils n'affectent que rarement le sens, par ex. 12, 11, οἶδα ὅτι ἀληθῶς..., du texte long est meilleur que οἶδα ἀληθῶς ὅτι..., parce que l'ange est réellement venu.

(17) Les fautes de copiste ici examinées, étant dans le ms. D, n'existent évidemment pas dans les lacunes comblées par d'autres témoins.

(18) Par exemple 1, 24-25 : αναλαβειν impossible, corrigé en ἕνα λαβεῖν ; 4, 16 οτι ... γεγονεναι corrigé en ὅτι γέγονεν ; 16, 11 αχθιντες corrigé en ἀναχθέντες ; 18, 18 προσευχην (= prière) corrigé en εὐχήν (= vœu) ; 20, 1 παρακελε[.]σας corrigé en παρακαλέσας ; 20, 18 ομοσε οντων corrigé en ὅμως ἐόντων ; 21, 19 ενα corrigé en ἓν.

(19) On n'a pas relevé les variations minimes δέ/τε ; ἀπό/ὑπό ; ἅπας/πᾶς ; τε/τε ... καί ; οὐθέν/οὐδέν ; les synonymes αὔριον/ἐπαύριον ; les iotacismes, là où chaque leçon est défendable, comme ἡμεῖς/ὑμεῖς.

(20) Par exemple 6, 10 ᾧ et non ὅ ; 15, 34 αὐτοῦ et non αὐτούς.

(21) Par exemple 19, 9 Τυραννίου pour Τυράννου ; 20, 4 Εὔτυχος pour Τύχικος.

lu, d'un iôtacisme, de syllabes interverties, d'haplographies, dittogra-
phies, toutes fautes provenant de la dictée intérieure du copiste du
texte long. Elles sont toujours indiquées dans les notes des bas de
page de gauche et de droite de la traduction. Ces notes sont afférentes
au texte occidental.

Parmi les fautes figurent aussi les omissions, d'un ou plusieurs
mots, au nombre approchant de vingt[22]. Elles sont dues habituellement à une distraction de copiste, souvent à un «saut du même au
même». Elles sont à distinguer nettement des suppressions, qui seront
examinées plus loin. Elles sont en général involontaires, tandis que les
suppressions dénotent une intention, non du copiste, mais de l'auteur.

On les trouvera dans les mêmes notes, à moins que l'on ne les
reconnaisse dans la traduction par les signes typographiques ordinaires : soit les crochets droits [...], lorsqu'un ou plusieurs mots sont omis
dans le texte long, soit des crochets obliques < ... > entourant le mot,
ou les mots, voire le stique, manquant dans le texte long, à rétablir
grâce au texte court, ou grâce à un autre témoin du texte occidental.

Les erreurs sont faites, dans ce texte, par rapport au texte court,
qui apparaît ainsi comme appartenant à une rédaction antérieure, car
dans les endroits où une leçon du texte long est à préférer, ce n'est
jamais parce qu'il y aurait une faute de copiste à corriger dans le
texte court.

Avant de passer aux théories élaborées avec l'intention d'expliquer
l'existence des deux versions, les rapports entre elles et leurs auteurs
présumés, il n'est pas inutile d'en définir et chiffrer les différences. Le
tableau suivant le montrera. Peut-être sera-t-on surpris de leur
nombre. Toujours il s'agit de changements (d'un mot, verbe, temps,
voix, ou d'un tour), ou d'additions (d'un ou plusieurs mots). Les
omissions, n'étant pas voulues, n'ont pas à être dénombrées, alors que
les additions sont évidemment voulues par l'auteur. Quant aux
suppressions opérées dans le texte occidental, il est naturel que leur
nombre ait diminué là où le *codex Bezae* présente des lacunes
importantes, dans les chapitres 8 et 9 et, plus loin, dans les chapitres
23 à 28.

Le tableau ci-contre montre les différences entre les deux versions,
chapitre par chapitre.

Sans tenir compte des personnages secondaires indépendants,
comme Étienne et Philippe, ni des apôtres qui agissent en même
temps que Paul et dans les mêmes versets, le nombre de versets sur

---

(22) Dix-sept exemples : 2, 31 ; 4, 12 ; 5, 26 ; 6, 9 ; 11, 9 ; 11, 26 ; 13, 3 ; 17, 25 ; 17,
27 ; 18, 5 ; 19, 26 *(bis)* ; 19, 27 ; 20, 4 ; 21, 16 ; 21, 39 ; 24, 13. A quoi il faut ajouter les
mots omis dans une addition, par ex. 5, 4 ; 11, 2 *(bis)*. On relève en outre l'exemple
d'une addition qui peut avoir été omise dans D, en 21, 36. Il reste des cas douteux, 8, 5 ;
10, 17 ; 11, 7.

CHAP- PITRE	NOMBRE DE VERSETS	VERSETS IDEN- TIQUES	CHANGE- MENTS	ADDI- TIONS	DONT IMPOR- TANTES	SUPPRES- SIONS
1	26	5	17	9	4	6
2	47	10	36	25	6	14
3	27	6	21	20	2	8
4	37	8	25	14	5	4
5	42	11	24	27	9	8
6	15	2	6	15	7	1
7	59	16	32	28	7	8
8	40	20	17	18	10	2
9	43	23	7	27	13	1
10	48	14	27	28	10	8
11	30	9	18	9	4	10
12	25	7	15	10	3	3
13	52	13	49	28	7	10
14	28	5	30	17	9	5
15	41	11	25	21	10	7
16	40	3	38	28	13	4
17	34	6	36	28	3	10
18	28	3	26	27	9	9
19	41	7	42	25	5	6
20	38	7	37	20	6	8
21	40	8	55	19	5	12
22	30	7	23	9	3	10
23	35	20	13	17	8	2
24	27	16	3	10	5	3
25	27	20	5	9	6	1
26	32	18	6	10	2	1
27	44	31	7	15	8	1
28	31	19	5	10	7	0
TOTAL	1007	325	681	525	186	162

Pierre est de 320, ce qui pour lui, en pourcentage, représente 35 % du total. Pour Paul on compte 595 versets, soit 65 % du total. La proportion est inversée si, au lieu de l'ensemble du livre, on considère seulement les quinze premiers chapitres, où le premier rôle appartient à Pierre, avec 68 % et 320 versets, Paul n'ayant que 32 % et 148 versets. On notera que, dans ces quinze premiers chapitres, Paul n'est pas présent dans les deux premiers, ni dans les chapitres 4, 5, 6, 7, 9 et 10 ; mais il occupe la totalité des chapitres 13 et 14, et tous les chapitres à partir du chapitre 16 jusqu'à la fin du livre. Pierre est absent des chapitres 6, 7, 13 et 14. Les deux apôtres jouent un rôle, l'un et l'autre, dans le même chapitre, dans les chapitres 3, 8, 9, 11, 12 et 15.

On peut remarquer d'autre part que les versets identiques dans les deux versions n'ont que des sujets simples, et des phrases courtes (exemple 19, 7 ; 19, 41 ; 20, 7). Plusieurs se suivent quelquefois (par exemple 20, 36-38 ; 21, 7-9 ; 21, 32-34).

B. Les théories[23]

D'une manière générale les éditeurs se montrent sévères envers la version occidentale. Ils en condamnent la plupart des leçons pour des griefs divers, qui peuvent se résumer d'ordinaire sous les mots de *gloses* et de *paraphrases*[24]. Les plus sévères accordent cependant un cachet d'authenticité à certaines leçons du texte occidental, mais sans suivre une règle précise.

Les principales théories, originales, sont au nombre de trois, ou se ramènent à trois : celles de Blass en 1895, de Ropes en 1926, de Clark en 1933.

1. F. Blass[25] estime que c'est Luc lui-même qui écrivit deux éditions successives, les deux textes des *Actes*. Selon lui la première, écrite à Rome, est celle du texte occidental. Luc l'aurait révisée plus tard, pour donner, dans une seconde édition, un texte plus concis et plus fort. Il aurait retranché l'inutile, avec la liberté d'un auteur retouchant son propre texte, et adressé sa nouvelle édition, comme son Évangile, à Théophile. Après quoi de nombreuses copies auraient été faites des deux éditions, la seconde représentée par la plupart des manuscrits. D'autres cependant auraient eu pour origine le texte occidental préservé dans l'Église de Rome.

2. J. H. Ropes[26]. Pour lui, les deux textes sont à mettre dans un ordre inverse de celui que propose Blass et n'ont pas le même auteur.

(23) On en trouvera un excellent résumé dans Metzger, *A textual...*, p. 261-272.
(24) Voir la conclusion du présent livre.
(25) Friederich Blass, *Acta Apostolorum sive Lucae ad Theophilum liber alter*, editio philologica, Göttingen, 1895. — Sa théorie, approuvée par T. Zahn, Eb. Nestle entre autres, fut rejetée notamment par T. E. Page, *Classical Review*, 1897, p. 317-320.
(26) *The Beginnings of Christianity*, part I, the *Acts of the Apostles*, ed. by F. J. Foakes Jackson and Kirsopp Lake, vol. III, *The Text of the Acts*, by James Hardy Ropes, Macmillan, 1926. L'avantage de cette édition est que les deux textes grecs sont mis en regard, page par page. Mais les lacunes de D sont respectées (à la différence de l'éd. de Clark), et bien des passages entourés de *cruces* sont défendables.

Le texte occidental serait en général inférieur au texte court. Il aurait été récrit, «rewritten», par des chrétiens du IIᵉ siècle. Tout en offrant de bonnes leçons provenant d'un fonds ancien de valeur, mais impossible à restituer, provenant peut-être aussi d'une information postérieure, il se bornerait d'habitude à développer ou paraphraser le texte court, le seul authentiquement lucanien. Toutefois ce texte «occidental» serait ancien. Il remonterait au moins à la 1ʳᵉ moitié du IIᵉ siècle, et Antioche serait son origine.

3. A. C. Clark[27] : Sa théorie va exactement à l'opposé de celle de Ropes. Pour lui le texte authentique et original serait celui de la version occidentale. Le second, admis d'ordinaire comme seul authentique, serait l'œuvre d'un «abréviateur» qui, sans parler des omissions accidentelles, aurait fait, pour diverses raisons, des coupures dans le texte long. Cet auteur second aurait une mentalité différente de celle de l'auteur original. Il aurait rendu son texte plus obscur.

C. Objet du présent livre et méthode

Devant la diversité des théories et leurs conclusions différentes ou opposées, et dépourvues de preuves, on peut se sentir tenté d'adopter un moyen terme, c'est-à-dire de peser la valeur de chaque variante du texte occidental, et de faire chaque fois un choix indépendant. Cette méthode, que j'avais adoptée à regret, faute de mieux, dans l'édition des *Actes des Apôtres* (texte, traduction et notes, Belles Lettres, 1982), consiste à travailler «au jugé», sur des raisons subjectives. J'avais alors pris le parti «d'adopter d'une manière générale le texte 'oriental' (texte court), mais sans m'interdire de préférer quelquefois l'*occidental' (texte long). Cette solution bâtarde n'est évidemment pas satisfaisante pour l'esprit; il semblerait plus logique de faire un choix définitif entre les deux traditions. Mais il se trouve que l'une et l'autre comportent des leçons manifestement bonnes, d'autres manifestement à rejeter. Il a donc fallu procéder au 'coup par coup' dans le choix. Mais les leçons non adoptées jugées intéressantes, donc possibles, restent signalées dans les notes, de manière à permettre au lecteur de faire *son* choix» (Introduction, p. XLII). Ce parti était pris «avec l'intention de revenir un jour, si possible, sur les différences entre les deux textes des *Actes*».

Cette intention a d'abord été réalisée, avant de l'être par le présent livre, dans une suite de vingt articles consacrés à l'examen de

---

(27) *The Acts of the Apostles,* a critical edition, with introduction and notes on selected passages, by Albert C. Clark, Oxford, Clarendon Press, 1933.

passages particuliers des *Actes*, où plusieurs versets rapprochés posent un même problème de manière et d'auteur et, pour ne pas répéter ici ce qui se trouve là, il paraît impossible de n'y pas renvoyer. On donnera seulement les références, à l'intention des lecteurs curieux, et selon l'ordre du texte.

- 1, 2 : *Les deux prologues des Actes des Apôtres*, R.T., 1980, p. 628-634.
- 1, 9 et 2, 1-2 : *Ascension et Pentecôte dans les A. des A.*, R.T., 1982, p. 79-89.
- 2, 47 b[28].
- 6, 6 et 6, 10-11 : *Étienne, le premier diacre*, Mélanges Gareau, Ottawa, 1982, p. 186-190.
- 11, 1-2 et 11, 17 : *La montée de Pierre à Jérusalem selon le codex Bezae*, E.T.L. 1982, p. 106-110.
- 11, 26-28 : *Saul et Luc avant le premier voyage missionnaire*, R.S.P.T., 1982, p. 551-558.
- 13, 1 et 14, 13 : *L'Église d'Antioche et le Temple de Zeus à Lystres en l'année 45*, R.E.G., 1982, p. 74-84.
- 15, 1-6 ; 15 et 21 : *Deux études de critique littéraire sur les deux versions du concile de Jérusalem en 49*, R.B.Ph., 1984, p. 30-55.
- 15, 34 et 38 : *Silas, Paul et Barnabé à Antioche selon le texte occidental*, R.H.Ph.R., 1984, p. 45-57.
- 16 entier : *De Lystres à Philippes avec le codex Bezae*, Biblica, 1982, p. 395-405.
- 17, 4-15 : *Paul de Thessalonique à Bérée selon le texte occidental des A.*, R.T., 1982, p. 605-615.
- 17, 22-28 : *Les deux versions du discours de s. Paul à l'Aréopage*, Ét. cl., 1984, p. 230-250.
- 19, 13-20 : *La mésaventure des fils de Scévas selon ses deux versions*, R.S.P.T., 1982, p. 225-232.
- 19, 24-40 : *La révolte des orfèvres à Éphèse*, R.T., 1983, p. 419-429.
- 20, 3-6 : *Les deux versions du voyage de s. Paul de Corinthe à Troas*, Biblica, 1983, p. 556-564 ; avec un appendice, Biblica, 1984, p. 356.
- 21, 16-17 : *La dernière étape du troisième voyage de s. Paul selon les deux versions des A.*, R.T.L., 1983, p. 446-455.
- 22, 22-30 : *L'art du conte et la faute du tribun Lysias selon les deux versions des A.*, Laval th., 1984, p. 217-225.
- 23, 9 ; 14-15 ; 24 ; 29 : *Paul entre Juifs et Romains selon les deux versions des A.*, R.T., 1984, p. 83-91.

(28) *Trois simples mots chargés d'une lumière neuve : Actes 2, 47 b*, R.T., 1982, p. 75-85. Cet article ne touche pas directement le *codex Bezae*.

— 24, 6-8 : *S. Paul avec ou sans le tribun Lysias en 58 à Césarée, R.T.*,
   1981, p. 426-434.

— 27, 1-2 : *L'embarquement de Paul, captif, à Césarée, pour Rome,
   selon les deux versions des A., Laval th.*, 1983, p. 295-
   302.

Dans ces articles on ne trouve aucune référence ni théorie
exégétique. La lecture de passages choisis des deux versions des *Actes*
y est faite uniquement avec le désir de comprendre, et de traduire,
deux textes grecs, et les passages choisis ne sont pas les seuls. On
aurait pu les multiplier.

Sans idée préconçue, chaque étude séparée conduisait à la même
conclusion : il fallait réhabiliter le texte long. Le texte court, le
premier dans le temps, œuvre authentique de Luc, était bon. Le texte
long était meilleur, au point que l'on pouvait se demander, chaque
fois, vu son vocabulaire, sa langue, l'habileté d'une adaptation du
second au premier, même dans une foule de petites retouches, s'il n'y
avait pas lieu de voir dans son auteur un homme parfaitement
informé, notamment sur Paul et son entourage, et ressemblant à Luc
comme un frère. Était-il possible de lever le voile ?

Pour tenter de répondre à la question, il a paru qu'il était temps de
renoncer à des études «ponctuelles», et nécessaire de reprendre le
problème dans son ensemble. C'était le moyen de classer les
constatations, d'un bout à l'autre, chacune selon son domaine,
vocabulaire, langue, style, information, avec le principe absolu de
faire encore une lecture de deux textes grecs, cette fois entiers et non
plus fragmentaires, toujours avec le seul désir de les comprendre, de
les traduire, de les comparer. On découvrait peu à peu, depuis l'entrée
en matières, les qualités du texte occidental, et l'on pouvait
dénombrer les différences entre les deux versions : changements
opérés dans la seconde par rapport à la première, additions,
suppressions. Peu à peu sortait de l'ombre une personnalité sous-
jacente, ne procédant à aucune modification, aucune addition, aucune
suppression sans un motif sérieux : souci d'apporter de la clarté, de
préciser une donnée insuffisante, de corriger une erreur évidente ou
possible, en un mot de rectifier un texte antérieur appelant une
amélioration.

Le présent travail étant, non d'exégèse, mais de philologie, a pour
fondement des observations faites exclusivement à partir du texte
grec et des deux versions confrontées. Toute traduction du texte court
en efface inévitablement les imperfections, et c'est peut-être une des
raisons pour lesquelles les commentateurs, sans se préoccuper du
texte grec, préfèrent en général ce texte court instinctivement
amélioré.

Sans doute on aurait aimé publier ici le texte grec de la version occidentale parce qu'il est la base du présent livre. Devant des difficultés d'ordre matériel insurmontables aujourd'hui on n'en retrouvera que le reflet dans une traduction quasi littérale. Pour le texte grec de la version courte, on pourra se reporter à celui de l'édition des Belles Lettres. Mais il faudra se rendre compte, avec l'aide de la traduction donnée dans ce livre, que le texte grec de cette édition ne correspond pas exactement au texte ici traduit puisqu'en certains passages — énumérés dans les pages XLII à XLIII — on y avait suivi le texte occidental là où il semblait préférable, en s'écartant de l'édition de base du texte court généralement adopté.

On se résigne donc à ne proposer la confrontation des deux textes que dans leurs traductions respectives[29], page par page, à gauche celle du texte long, à droite en regard celle du texte court. Les modifications sont rendues sensibles a l'œil par leur caractère typographique. Sans parler des signes usuels indiqués plus haut pour les suppressions et les restitutions, les changements sont visibles par l'*italique*[30], les additions par les **caractères gras**.

Quant au texte grec adopté — non publié ici, on le répète — il est essentiellement celui du *codex Bezae* tel qu'on le trouve dans Scrivener, Ropes et Clark, après des vérifications, quand elles sont possibles, sur le *fac-simile* du manuscrit de l'édition de Cambridge. Un certain nombre de corrections ont été nécessaires.

Les notes des bas de page de la traduction des deux textes précisent toujours quelles sont ces corrections, et toujours le lecteur pourra par elles se rendre compte du texte grec suivi ou corrigé.

Restent les lacunes du *codex Bezae,* indiquées plus haut. On a pris le parti commode de suivre les pages de Clark en admettant, sauf exception, le texte occidental tel qu'il le restitue par d'autres témoins que le *codex Bezae.*

Pour chaque cas particulier, les références, numéros de chapitres ou de versets, seront les références habituelles pour la version longue là où elles sont données dans les éditions du *codex Bezae.* Dans ses lacunes, elles seront indiquées avec l'addition de la parenthèse (Clark).

La nature des deux textes grecs étant précisée, il y a lieu

---

(29) On notera que la traduction de tel passage du texte court diffère quelquefois ici de celle de l'édition des Belles Lettres, soit parce que cette dernière voulait une correction, soit parce que son mantien aurait effacé la différence entre les deux versions (par ex. 24, 40 : il était nécessaire de supprimer dans le texte court les mots *en moi,* qui sont une addition du texte long). On notera encore que les traductions particulières faites dans le commentaire sont quelquefois plus littérales que les traductions suivies du livre, s'il y avait lieu de mieux faire sentir les différences entre textes court et long.

(30) Par suite, les citations des LXX ne peuvent être données en italique.

maintenant d'en présenter la double traduction[31], non sans l'avoir fait précéder d'une bibliographie sommaire.

Au terme de cette introduction, il est de stricte justice que j'exprime ma gratitude à trois de ceux qui m'ont aidé à plus d'un égard : M. l'abbé B. Augier, qui m'a fait bénéficier de sa connaissance profonde du Nouveau Testament ; Mlle Marie-Christine Sibilot, agrégée de l'Université, qui a eu la longue patience de collationner d'un bout à l'autre le *codex Bezae*, tant pour les *Actes des Apôtres* que pour les Évangiles ; enfin le R.P. Ceslas Spicq, dont j'ai mis à profit les grands travaux, et qui, une fois de plus, a lu ligne à ligne le manuscrit du présent livre, aujourd'hui achevé : je ne puis que rendre hommage à sa science d'exégète et de théologien.

É. D.

---

(31) Le *codex Bezae* des *Actes* a été peu traduit entièrement. On peut citer Fr. A. BORNEMANN, *Acta Apostolorum ab sancto Luca conscripta ad Codicis Cantabrigiensis fidem*, Grossenhain et Londres, 1848 ; J. M. WILSON, *The Acts of the Apostles*, translated from the codex Bezae..., Londres, 1923.

A ma connaissance il n'existe pas, même en français, de traduction complète du texte occidental des *Actes des Apôtres*.

BIBLIOGRAPHIE SOMMAIRE

L'édition du N.T. ici suivie est l'édition critique de Nestle-Aland, *Novum Testamentum Graece,* Deutsche Bibelstiftung, Stuttgart, 26ᵉ éd., 1979.

Pour les éditions intéressant le texte occidental, Ropes, Clark, Scrivener, voir les notes 14, 26 et 27 de l'introduction ci-dessus. Quelques autres livres importants sur le texte sont indiqués dans les autres notes de cette introduction.

Ouvrages généraux sur les *Actes*

J. Dupont, *Études sur les A. des A.,* Cerf, 1967 ; puis : *Nouvelles Études sur les A. des A.* (Lectio divina 118), Paris, 1984.

E. Haenchen, *Die Apostelgeschichte,* Göttingen, 1977.

J. Kremer, *Les A. des A., traditions, rédaction, théologie,* Leuven Univ. Pr., 1979 (abr. Kremer). Articles notamment de J. Dupont, E. Bammel, Martini (abr. Martini), Wilcox (abr. Wilcox).

J. Rocoff, *Die Apostelgeschichte,* Göttingen, 1981.

Sur l'époque

J. Dauvillier, *Les temps apostoliques,* Iᵉʳ siècle, Sirey, 1970 (abr. Dauvillier).

Sur le texte occidental des *Actes* (livres et articles)

Pour une bibliographie détaillée, on consultera :

Bruce M. Metzger, *A textual*... (1975) p. ix-x et les n. des p. 260-272 (titre ci-dessous).

E. J. Epp, *The theological tendency*... (1966), p. 172-185 (id.).

A. F. J. Klijn, *A survey of the researches into the Western Text*... Utrecht, 1949.

— , *A survey of the researches*..., Leiden, 1969 (contient une bibliographie p. 71-80, où l'on notera les articles divers de J. Duplacy et P. H. Menoud).

Ajouter aux bibliographies 'ci-dessus : C. M. MARTINI, *La Parola di Dio alle origini della Chiesa*, Bibl. Istituto Pontificio Pr., Rome, 1980, avec deux articles importants : 1" *La figura di Pietro secondo le variante del codice D negli A. d. A.*, p. 103-113 ; 2" *La tradition textuelle des A. d. A. et les tendances de l'Église ancienne*, p. 165-179.

OUVRAGES IMPORTANTS SUR LE TEXTE OCCIDENTAL

E. J. EPP, *The Theological Tendency of Codex Bezae Cantabrigiensis in Acts*, Cambridge, Univ. Pr., 1966.

E. J. EPP and Gordon D. FEE, *New Testament Textual Criticism, its significance for exegesis :* Essays in honour of B. M. Metzger, Oxford, Clarendon Pr., 1981 (abr. METZGER, *Essays*...).

B. M. METZGER, *The Text of the N.T.*, Oxford, Clarendon Pr., 1968.

— , *A textual commentary on the Greek N.T.*, United Bible Societies, 1975 (abr. METZGER, *A textual*...). La partie consacrée aux A. se trouve p. 259-503. Ce volume est le complément indispensable du *Greek N.T.*, par ALAND, BLACK, MARTINI, METZGER, WINGEN, U.B.S., 3' éd., 1980.

— , *The early Versions of the N.T., their origin, transmission*..., Oxford, Clarendon Pr., 1977 (voir la n. 5 de l'introduction).

VOCABULAIRE, LANGUE, SYTLE

On cite simplement pour mémoire les dictionnaires de Kittel, Bauer (revu par Arndt et Gringrich), et on renvoie à la «bibliographie sommaire» d'É. DELEBECQUE, *Actes*, Belles Lettres, 1982.

F. BLASS, A. DEBRUNNER, *Grammatik des N.T. Grieschich*, Bearbeitet von F. Rehkopf, 14' éd. refondue, Göttingen, 1976 (abr. B.D.R.).

É. DELEBECQUE, *Études grecques sur l'Évangile de Luc*, Belles Lettres, 1976 (abr. *Études*...).

C. SPICQ, *Notes de Lexicographie N.T.*, Éditions universitaires de Fribourg, tomes I et II, 1978 ; t. III, 1982 (abr. *Notes*...).

J. D. YODER, *Concordance to the distinctive Greek Text of Codex Bezae*, Eerdmans, 1961.

OUVRAGES AUXQUELS IL EST SOUVENT RENVOYÉ

Saint Paul, *Les Épîtres pastorales*, par le P. Ceslas SPICQ, coll. «Études Bibliques», Gabalda, 1969 (abr. SPICQ, *Past.*).

É. DELEBECQUE, *Évangile de Luc*, texte traduit et annoté, Belles Lettres, 1976 (abr. *Luc, B.L.*).

— , *Les Actes des Apôtres*, texte traduit et annoté, B.L. 1982 (abr. *Actes, B.L.*).

Abréviations

a) Les abréviations usuelles sont indiquées ci-dessus dans une parenthèse après la mention du livre.

b) Abréviations des revues

Biblica : pas d'abréviation, Bibl. Istituto Pontificio Pr., (Rome).
Ét. cl. : Les Études classiques (Namur).
E.T.L. : Ephemerides Theologicae Lovanienses (Louvain).
Laval th. : Laval théologique et philosophique (Univ. Laval).
R.B.Ph. : Revue belge de philologie et d'histoire (Bruxelles).
R.E.G. : Revue des Études Grecques (Belles Lettres, Paris).
R.H.Ph.R. : Revue d'Histoire et de Philosophie religieuse (Univ. Strasbourg).
R.S.P.T. : Revue des Sciences philosophiques et théologiques (Vrin, Paris).
R.T. : Revue thomiste (Toulouse).
R.T.L. : Revue théologique de Louvain (Louvain-la-Neuve).

c) Abréviations courantes du présent livre

t.c. = texte court.
t.l. = texte long.
t.occ. = texte occidental, c'est-à-dire D + autres témoins que D + Clark.

L'appellation « texte long » est employée par opposition au « texte court ». Elle se confond pratiquement avec celle de « texte occidental », tel qu'il est établi par Clark.

ACTES DES APÔTRES
selon le texte occidental

Chapitre 1

−1− J'ai composé mon premier livre, Théophile, sur toutes les choses que Jésus se mit à faire et enseigner −2− jusqu'au jour où il fut ravi par l'Ascension, ayant donné, par l'action de l'Esprit-Saint, des prescriptions aux apôtres de son choix, **et l'ordre de proclamer sans fin l'Évangile,** −3− auxquels apôtres, encore, après sa Passion, il se présenta vivant, entre une foule de preuves, en leur apparaissant pendant quarante jours et leur parlant de ce qui concernait le royaume de Dieu.

−4− Au cours d'un repas collectif **avec eux**, il leur donna l'ordre de ne pas s'éloigner de Jérusalem mais d'attendre la promesse du Père «que vous avez entendue, **dit-il, par** ma **bouche,** −5− à savoir que, si Jean a baptisé dans l'eau, vous, vous serez baptisés dans un Esprit Saint, **et c'est lui que vous allez recevoir** d'ici peu de jours, **pas au-delà du Cinquantième»**.

−6− Eux, alors, se rassemblaient pour le *questionner,* en disant : «Seigneur, est-ce en ce temps-ci que vous rétablissez le royaume pour Israël?» −7− *Et* il leur dit : « Il ne vous appartient pas de connaître les temps ou instants fixés par le Père de son propre pouvoir; −8− mais vous recevrez une puissance à la venue de l'Esprit-Saint sur vous, et vous serez mes témoins aussi bien dans Jérusalem que [...] toute la Judée et la Samarie et jusqu'aux confins de la terre.»

−9− *Quand il eut dit* ces mots, [...] une nuée le *prit par-dessous* et il fut *enlevé* loin de leurs yeux. −10− Et comme ils étaient en train de fixer le regard sur le ciel tandis que lui s'en allait, alors voici que se

---

N.B. Pour la clarté et la commodité, on sépare la traduction de chaque chapitre des *Actes* en respectant les divisions traditionnelles même là où elles ne correspondent pas à un arrêt dans le texte . — Les notes des bas de page se réfèrent au texte occidental.

−3− *pendant* : la première main du ms. D. omet par erreur la préposition δι(ά).
−4− *repas collectif* : D écrit συναλισκόμενος, faute évidente de copiste pour συναλιζόμενος, que donne le texte court.

ACTES DES APÔTRES
selon le texte court

CHAPITRE 1

−1− J'ai composé mon premier livre, Théophile, sur toutes les choses que Jésus se mit à faire et enseigner −2− jusqu'au jour où, ayant donné par l'action de l'Esprit-Saint ses prescriptions aux apôtres de son choix, il fut ravi par l'Ascension ; −3− auxquels apôtres, encore, après sa Passion, il se présenta vivant, entre une foule de preuves, en leur apparaissant pendant quarante jours et leur parlant de ce qui concernait le royaume de Dieu.

−4− Au cours d'un repas collectif, il leur ordonna de ne pas s'éloigner de Jérusalem mais d'attendre la promesse du Père que « vous avez entendue de moi, −5− à savoir que, si Jean a donné dans l'eau le baptême, vous, d'ici peu de jours, vous le recevrez dans un Esprit Saint ».

−6− Eux, alors, se rassemblaient pour l'interroger, en disant : « Seigneur, est-ce en ce temps-ci que vous rétablissez le royaume pour Israël ? » −7− Mais il leur dit : « Il ne vous appartient pas de connaître les temps ou instants fixés par le Père de son propre pouvoir ; −8− mais vous recevrez une puissance à la venue de l'Esprit-Saint sur vous, et vous serez mes témoins, aussi bien dans Jérusalem que dans toute la Judée et la Samarie et jusqu'aux confins de la terre. » −9− Ayant dit ces mots, pendant qu'ils regardaient, il fut soulevé, et une nuée le cacha loin de leurs yeux. −10− Et comme ils étaient en train de fixer les yeux sur le ciel tandis que lui s'en allait, alors voici que se tenaient près d'eux, en vêtements blancs, deux hommes, −11− qui

---

−5− *et c'est lui que* : dans l'addition de D, le copiste écrit par erreur καὶ ὃ ... au lieu de ὃ καὶ...

−6− *rétablissez* : par dittographie, le copiste de D ajoute un εἰς, à supprimer, après ἀποκαθιστάνεις.

−9− *prit par-dessous* : par une faute de copiste, on lit dans D ὑπέβαλεν au lieu de ὑπέλαβεν. Les deux versions font comme un amalgame des verbes ἐπαίρω, ἀπαίρω, ὑπολαμβάνω.

tenaient près d'eux, en *un vêtement blanc*, deux hommes, − 11 − qui dirent : « Messieurs les Galiléens, pourquoi êtes-vous plantés là, *les yeux sur* le ciel ? Ce Jésus, qui a été haut ravi loin de vous [. . .], il viendra de la même manière que vous l'avez contemplé allant au ciel. »

− 12 − Alors, d'un mont, nommé Oliveraie, situé près de Jérusalem à une distance sabbatique, ils retournèrent à Jérusalem. − 13 − Une fois en ville, ils montèrent à la salle du haut, où se tenaient Pierre ainsi que Jean, Jacques, André, Philippe et Thomas, Barthélemy et Matthieu, Jacques fils d'Alphée [. . .], Simon le zélote et Jude, frère de Jacques. − 14 − Tous ceux-là, d'un même cœur, en compagnie **des** femmes **et d'enfants**, de Marie la mère de Jésus et *de* ses frères, ne lâchaient plus la prière.

− 15 − En ces jours-là, Pierre se leva au milieu des *disciples* — il y avait une foule d'*à peu près* cent-vingt personnes venues former un bloc — et dit : − 16 − « Mes frères, il *faut* que soit accomplie **cette** Écriture que l'Esprit-Saint avait prédite par la bouche de David au sujet de Judas, celui qui montra le chemin aux gens qui capturèrent Jésus, − 17 − parce qu'il était de notre nombre, *celui-là qui* avait reçu par le sort notre service. − 18 − Cet homme-là, donc, sur la salaire de **son** iniquité, fit l'acquisition d'un terrain mais, une fois la tête baissée, il craqua du milieu et toutes ses entrailles se répandirent − 19 − — *ce qui* fut connu de tous les habitants de Jérusalem — jusqu'à voir donner au terrain dans leur [. . .] langage le nom d'Haceldamach, c'est-à-dire le terrain du Sang. − 20 − En effet, il est écrit dans le livre des Psaumes :

> Que sa campagne devienne désert
> Que personne ne s'y vienne fixer,   et puis :
> Qu'un autre reçoive sa charge.

− 21 − Donc, il faut que, de ces hommes qui sont venus avec nous *pendant* tout *le* temps des allées et venues du Seigneur Jésus-**Christ**, − 22 − depuis le baptême de Jean jusqu'au jour où il fut ravi loin de nous par son Ascension, il faut que l'un d'entre eux soit témoin de sa Résurrection.

− 23 − *Il mit* deux noms en avant, Joseph, appelé Barnabé, qui avait été surnommé Ioustos, ainsi que Matthias, − 24 − et dirent, après une prière : « [. . .] Seigneur, qui connaissez les cœurs de tous, désignez, de ces deux-là, celui que vous avez choisi − 25 − pour occuper la place de ce service d'apôtre, qu'a transgressé Judas pour aller à sa place à

− 20 − *s'y vienne* : D emploie le subjonctif au lieu de l'impératif, peut-être par dittographie (ἤ après μή) ; mais le subjonctif n'est pas impossible.

dirent : «Messieurs les Galiléens, pourquoi êtes-vous plantés là, à regarder vers le ciel ? Ce Jésus, qui a été haut ravi loin de vous pour le ciel, il viendra de la même manière que vous l'avez contemplé allant au ciel.»

−12− Alors, d'un mont, nommé Oliveraie, situé près de Jérusalem à une distance sabbatique, ils retournèrent à Jérusalem. −13− Une fois en ville, ils montèrent à la salle du haut où se tenaient Pierre ainsi que Jean, Jacques, André, Philippe et Thomas, Barthélemy et Matthieu, Jacques fils d'Alphée avec Simon le zélote et Jude frère de Jacques. −14− Tous ceux-là, d'un même cœur, en compagnie de femmes, de Marie la mère de Jésus, avec ses frères, ne lâchaient plus la prière.

−15− En ces jours-là, Pierre se leva au milieu des frères — il y avait une foule d'environ cent-vingt personnes venues former un bloc — et dit : −16− «Mes frères, il fallait que fût accomplie l'Écriture que l'Esprit-Saint avait prédite par la bouche de David au sujet de Judas, celui qui montra le chemin aux gens qui capturèrent Jésus, −17− parce qu'il était de notre nombre et avait reçu par le sort notre service. −18− Cet homme-là, donc, sur le salaire de l'iniquité fit l'acquisition d'un terrain mais, une fois la tête baissée, il craqua du milieu, et toutes ses entrailles se répandirent −19− — le fait fut connu de tous les habitants de Jérusalem — jusqu'à voir donner au terrain dans leur propre langage le nom d'Haceldamach, c'est-à-dire le terrain du sang. −20− En effet, il est écrit dans le livre des Psaumes :

> Que sa campagne devienne désert
> Que personne ne s'y vienne fixer ;   et puis :
> Qu'un autre reçoive sa charge.

−21− En conséquence il faut que, de ces hommes qui sont venus avec nous en tout temps des allées et venues du Seigneur Jésus, −22− depuis le baptême de Jean jusqu'au jour où il fut ravi loin de nous par son Ascension, il faut que l'un d'entre eux soit avec nous témoin de sa Résurrection.»

−23− Ils mirent deux noms en avant, Joseph appelé Barsabbas, qui avait été surnommé Ioustos, ainsi que Matthias, −24− et dirent, après une prière : «Vous, Seigneur, qui connaissez les cœurs de tous, désignez de ces deux-là celui que vous avez choisi −25− pour occuper la place de ce service d'apôtre, qu'a transgressé Judas pour aller à sa

---

−24-25− *celui-que* : la première main de D a probablement écrit ἀναλαβεῖν, fautif, au lieu de ἕνα λαβεῖν, donné par le texte court.

lui.» −26− Ils donnèrent, *leurs* sorts, et le sort tomba sur Matthias, qu'un vote unanime fit compter *parmi* les *douze* apôtres.

CHAPITRE 2

−1− **Or ce fut en ces grands jours où** s'accomplissait la journée de la Pentecôte, *comme ils étaient tous réunis* pour faire bloc, −2− **voici qu'**il y eut, tout à coup, venu du ciel, un fracas comme d'un violent souffle pratiquement irrésistible, qui remplit *toute* la maison où ils *siégeaient*. −3− Il leur apparut comme des langues de feu en train de se partager et *elles se fixèrent* sur chacun d'eux −4− et ils furent tous remplis de l'Esprit-Saint, et se mirent à parler en des langues différentes, selon que l'Esprit leur donnait de s'exprimer.

−5− À Jérusalem *étaient venus résider des Juifs,* hommes dévots, de toute nation vivant sous le ciel. −6− À ce son-là, la foule s'assembla et fut confondue, *et ils* appreniaient, chacun sans exception, que des gens parlaient *leur langue.* −7− Hors d'eux-mêmes, émerveillés, ils **se** disaient **l'un à l'autre** : «Voyez, tous ces gens-là qui parlent, ne sont-ils pas Galiléens ? −8− Et comment se fait-il que nous entendions chacun le [...] langage qui nous a vus naître ? −9− Parthes, Mèdes, Élamites, et ceux qui habitent la Mésopotamie, la Judée et la Cappadoce, le Pont et l'Asie, −10− la Phrygie, la Pamphylie, l'Égypte et les parties de la Libye du côté de Cyrène, les Romains résidents, Juifs et prosélytes, −11− Crétois et Arabes, *nous les entendons* de nos oreilles parler dans nos langues des merveilles de Dieu. −12− Tous hors d'eux-mêmes et perplexes, ils se disaient **encore** l'un à l'autre, **au sujet de l'événement** : «Qu'est-ce que cela signifie ?» −13− Mais d'autres *raillaient en disant* que **ces gens-là** étaient pris de vin doux.

−14− **Alors** Pierre, s'étant mis debout avec les onze **apôtres**, fut **le premier** à élever la voix [...] *et dit :*
«Messieurs de la Judée, et vous tous qui habitez Jérusalem, que cette chose vous soit bien connue, [...] *prêtez l'oreille* à mes paroles, −15− car ces gens-là ne sont pas ivres, comme vous le supposez, *puisque c'est* la troisième heure du jour, −16− mais voici ce qui est annoncé par le prophète [...] :

−17− Ce sera dans les jours suprêmes, dit *le Seigneur,*
Je verserai de mon esprit sur *toutes chairs*

−26− *le sort* : D omet l'article, mais le sens ne doit pas changer.
− *vote unanime* : D supprime un des deux préverbes : le verbe συμψηφίζω est de meilleur grec.
− Sur les versets 1-3 du chapitre, voir l'article «Les deux prologues des *Actes*, *R.T.*, 1980, p. 628-634.

Chapitre 2   −6− *apprenaient* : la construction du verbe ἀκούω avec l'accusatif du participe change le sens du verbe dans le ms. D.

place à lui.» −26− Ils leur donnèrent des sorts, et le sort tomba sur Matthias, qu'un vote unanime fit compter avec les onze apôtres.

CHAPITRE 2

−1− Pendant que s'accomplissait la journée de la Pentecôte, ils se trouvaient tous ensemble, pour faire bloc ; −2− et il y eut tout à coup, venu du ciel, un fracas comme celui d'un violent souffle pratiquement irrésistible, qui remplit toute entière la maison où ils se trouvaient assis. −3− Il leur apparut comme des langues de feu en train de se partager et chacune se fixa sur chacun d'entre eux, −4− et ils furent tous remplis de l'Esprit-Saint, et se mirent à parler en des langues différentes, selon que l'Esprit leur donnait de s'exprimer.

−5− Or il se trouvait, venus résider à Jérusalem, des Juifs, hommes dévots, de toute nation vivant sous le ciel. −6− À ce son-là, la foule s'assembla et fut confondue, car chacun sans exception les entendait parler son propre langage. −7− Hors d'eux-mêmes, émerveillés, ils disaient : «Voyez, tous ces gens-là qui parlent, est-ce qu'ils ne sont pas Galiléens ? −8− Et comment se fait-il que nous, chacun dans le propre langage qui nous a vus naître, −9− Parthes, Mèdes, Élamites, et ceux qui habitent la Mésopotamie, la Judée ainsi que la Cappadoce, le Pont et l'Asie, −10− la Phrygie, la Pamphylie, l'Égypte et les parties de la Libye du côté de Cyrène, les Romains résidents, Juifs et prosélytes, −11− Crétois et Arabes, comment se fait-il que nous les entendions de nos oreilles parler dans nos langues des merveilles de Dieu ?» −12− Tous hors d'eux-mêmes et perplexes, ils se disaient l'un à l'autre : «Qu'est-ce que cela signifie ?» −13− Mais d'autres en raillant les disaient pris de vin doux.

−14− S'étant mis debout, avec les onze, Pierre éleva la voix pour s'exprimer à leur intention : «Messieurs de la Judée, et vous qui habitez Jérusalem, que cette chose vous soit bien connue, et mettez-vous dans l'oreille mes paroles, −15− car ces gens ne sont pas ivres, comme vous le supposez — nous ne sommes qu'à la troisième heure du jour — −16− mais voici ce qui est annoncé par le prophète Joël :

−17− Ce sera dans les jours suprêmes, dit Dieu,
Je verserai de mon Esprit sur toute chair,

−8− *le langage* : la différence de construction de la phrase fait mettre τὴν διάλεκτον à l'accusatif dans le ms. D.

−14− *Alors Pierre* : le copiste de D commet l'erreur d'oublier de supprimer δέ impossible comme troisième mot de la phrase qui commence par l'addition de τότε.

− *onze* : le copiste de D a fait sauter la seconde lettre du chiffre grec abrégé ια′ devant l'initiale du mot suivant ἀποστόλοις (haplographie).

Et *leurs* fils, ainsi que *leurs* filles, prophétiseront,
Et *les* jeunes verront des visions,
Et *les* vieillards *auront des* songes ;
– 18 – Et *moi*, sur mes hommes et mes femmes esclaves,
[...] Je verserai de mon Esprit,
[...]
– 19 – Je fournirai des prodiges, en haut, dans le ciel,
Et des signes, en bas, sur la terre.
[...]
– 20 – Le soleil sera transformé en ténèbres
Et la lune en sang,
Avant que ne vienne le jour du Seigneur, le jour de grandeur
[...].

– 21 – Ainsi sera : tout homme qui invoquera le nom du Seigneur sera sauvé. – 22 – Messieurs d'Israël, écoutez ces mots : Jésus de Nazareth, *éprouvé* homme venu de Dieu *pour nous* par des miracles, des prodiges et des signes que *tous* Dieu a faits au milieu de vous — comme vous le savez bien — – 23 – ce Jésus, livré selon le dessein arrêté et la prescience de Dieu, **vous l'avez pris** par la main d'hommes sans loi, cloué et mis à mort – 24 – et Dieu l'a ressuscité, après l'avoir délivré des douleurs de l'*hadès,* parce qu'il était impossible qu'*il* eût prise sur lui. – 25 – À son sujet David dit en effet :

Je vois devant moi constamment que **mon** Seigneur
Est à ma droite pour que je résiste aux secousses.
– 26 – C'est pourquoi mon cœur est dans la joie,
Ma langue transportée d'allégresse,
Et de surcroît ma chair campera sur l'espérance.
– 27 – Car tu n'abandonneras pas mon âme dans l'hadès
Et tu ne donneras pas à ton Saint de voir la corruption.
– 28 – Tu m'as donné la connaissance des chemins de la vie,
Tu me rempliras de joie en présence de ta Personne.

– 29 – Mes frères, il est permis de vous dire tout franc, du patriarche David, qu'il est mort, qu'il a été enseveli, et que son tombeau, jusqu'à ce jour, est *près* de nous. – 39 – Étant donc prophète et sachant que Dieu, par un serment, lui avait juré de prendre un fruit de son *cœur* **pour le ressusciter selon la chair, le Christ,** *et* pour l'asseoir sur son trône, – 31 – <*sachant* l'avenir, il a parlé de la> résurrection du Christ en disant qu'il n'a ni été abandonné *chez* hadès ni que sa chair a vu la corruption. – 32 – Ce Jésus, **donc,** Dieu l'a ressuscité et nous en sommes tous témoins. – 33 – Alors, exalté par la droite de Dieu, ayant

---

– 30 – *sachant* : par une faute de copiste D écrit ειδων (= ἰδών) au lieu de la bonne leçon εἰδώς.

Et vos fils, ainsi que vos filles, prophétiseront,
Et vos jeunes verront des visions,
Et vos vieillards songeront en songes ;
– 18 – Et même sur mes hommes et sur mes femmes esclaves,
En ces jours-là, je verserai de mon Esprit,

et ils diront des prophéties.

– 19 – Je fournirai des prodiges, en haut, dans le ciel,
Et des signes, en bas, sur la terre,
Du sang, du feu et une vapeur de fumée.
– 20 – Le soleil sera transformé en ténèbres
Et la lune en sang,
Avant que ne vienne le jour du Seigneur, le jour de grandeur et
d'éclat.
– 21 – Ainsi sera : tout homme qui invoquera le nom du
Seigneur sera sauvé.

– 22 – Messieurs d'Israël, écoutez ces mots : «Jésus de Nazareth,
démontré homme venu de Dieu auprès de vous par des miracles, des
prodiges et des signes que Dieu a faits au milieu de vous — comme
vous le savez bien — – 23 – ce Jésus, livré selon le dessein arrêté et la
prescience de Dieu, vous l'avez, par la main d'hommes sans loi, cloué
et mis à mort, – 24 – et Dieu l'a ressuscité, après l'avoir délivré des
douleurs de la mort, parce qu'il était impossible qu'elle eût prise sur
lui. – 25 – À son sujet David dit en effet :

'Je vois devant moi constamment que le Seigneur
Est à ma droite pour que je résiste aux secousses.
– 26 – C'est pourquoi mon cœur est dans la joie,
Ma langue transportée d'allégresse,
Et de surcroît ma chair campera sur l'espérance ;
– 27 – Car tu n'abandonneras pas mon âme dans l'hadès
Et tu ne donneras pas à ton Saint de voir la corruption.
– 28 – Tu m'as donné la connaissance des chemins de la vie,
Tu me rempliras de joie en présence de ta personne.'

– 29 – Mes frères, il est permis de vous dire tout franc, du patriarche
David, qu'il est mort, qu'il a été enseveli et que son tombeau, jusqu'à
ce jour, est chez nous. – 30 – Étant donc prophète et sachant que
Dieu, par un serment, lui avait juré de prendre un fruit de son rein
pour l'asseoir sur son trône, – 31 – voyant l'avenir, il a parlé de la
Résurrection du Christ en disant qu'il n'a ni été abandonné dans
l'hadès ni que sa chair a vu la corruption. – 32 – Ce Jésus, Dieu l'a
ressuscité et nous en sommes tous témoins. – 33 – Alors, exalté par la

---

– 31 – La première main du ms. D a omis à tort le stique initial du verset.

reçu du Père la promesse de l'Esprit-Saint, il a versé *pour vous ce* que vous regardez aussi bien que vous l'entendez. −34− Car David n'est pas monté aux cieux, mais il *a dit* lui-même :

Le Seigneur dit à mon Seigneur :
Assieds-toi à ma droite
−35− Jusqu'à ce que je fasse, de tes ennemis, le tabouret de tes pieds.

−36− Donc, que toute la maison d'Israël sache avec certitude que Dieu l'a fait à la fois Seigneur [. . .] et Christ, ce Jésus que vous avez, vous, crucifié.»

−37− **Alors tous ceux qui s'étaient rassemblés et qui** avaient entendu furent touchés au cœur **et certains d'entre eux** dirent à Pierre et aux [. . .] apôtres : «Que *ferons-nous* **donc**, frères? **Montrez-le nous.**» −38− Pierre leur *dit :* «Repentez-vous et que chacun d'entre vous se fasse baptiser *par* le nom du **Seigneur** Jésus-Christ pour la rémission des [. . .] péchés; alors vous recevrez le don du Saint-Esprit; −39− car c'est pour *nous* qu'existe la Promesse, pour *nos* enfants aussi, et pour tous ceux qui, étant au loin, seront appelés par le Seigneur notre Dieu.» −40− Il les adjura par bon nombre d'autres discours, et il les exhortait en disant : «Soyez sauvés en échappant à cette race, tortueuse.»

−41− Eux, alors, **crurent** sa parole, furent baptisés, et en ce grand jour il y eut une addition d'environ trois mille âmes, −42− et ils restaient assidus à l'enseignement des apôtres **dans Jérusalem**, à la communauté, à la fraction du pain et aux prières.

−43− Mais chaque âme avait de la frayeur : [. . .] il y avait, par le fait des apôtres, beaucoup de prodiges et de signes, −44− et tous ceux qui *croyaient se trouvaient* former bloc et gardaient tout en commun. −45− **Et tous ceux qui avaient des** biens ou des possessions les sacrifiaient et les partageaient **chaque jour** pour tous, selon le besoin qu'on en avait. −46− **Et tous** *étaient* assidus [. . .] dans le Temple *et çà et là dans les maisons* **pour faire bloc** et, pratiquant la fraction du pain, ils prenaient leurs repas en commun dans l'allégresse et la naïveté de cœur, en louant Dieu, en éprouvant de la bienveillance envers le *monde* entier; et ceux qu'il sauvait, le Seigneur les assemblait au fil des jours en un même bloc **dans l'Église.**

−35− *jusqu'à ce que* ... : le copiste de D, par erreur, a omis ἄν, nécessaire devant le subjonctif θῶ.

−40− *tortueuse* : en changeant sa construction, le ms. D accentue l'adjectif.

−44− *qui croyaient* : le participe présent n'est pas donné par le ms. D seul.

−45− *selon* : le copiste de D commet une faute en écrivant τοῖς au lieu de la seule

droite de Dieu, ayant reçu du Père la promesse de l'Esprit-Saint, il a versé cela que vous regardez, vous, aussi bien que vous l'entendez. −34− Car David n'est pas monté aux cieux, mais il dit lui-même :

Le Seigneur a dit à mon Seigneur :
Assieds-toi à ma droite
−35− Jusqu'à ce que je fasse, de tes ennemis, le tabouret de tes pieds.

−36− Donc, que toute la maison d'Israël sache avec certitude que Dieu l'a fait à la fois Seigneur lui-même et Christ, ce Jésus que vous avez, vous, crucifié.»

−37− À ces mots, ils furent touchés au cœur et dirent à Pierre et au reste des apôtres : «Que devons-nous faire, frères?» −38− Pierre leur dit : «Repentez-vous, et que chacun d'entre vous soit baptisé au nom de Jésus-Christ pour la rémission de ses péchés ; alors vous recevrez le don du Saint-Esprit ; −39− car c'est pour vous qu'existe la promesse, pour vos enfants aussi et pour tous ceux qui, étant loin, seront appelés par le Seigneur notre Dieu.». −40− Il les adjura par bon nombre d'autres discours et il les exhortait, en disant : «Soyez sauvés en échappant à cette tortueuse race.»

−41− Eux, alors, accueillirent sa parole, furent baptisés, et en ce grand jour il y eut une addition d'environ trois mille âmes, −42− et ils restaient assidus à l'enseignement des apôtres, à la communauté, à la fraction du pain et aux prières.

−43− Mais chaque âme avait de la frayeur : et il y avait, par le fait des apôtres, beaucoup de prodiges et de signes, −44− et tous ceux qui s'étaient mis à croire étaient venus se réunir pour faire bloc et gardaient tout en commun. −45− Ils sacrifiaient leurs biens et leurs possessions, et les partageaient pour tous selon le besoin qu'on en avait. −46− Chaque jour assidus d'un même cœur dans le Temple et pratiquant la fraction du pain maison par maison, ils prenaient leurs repas en commun dans l'allégresse et la naïveté de cœur, −47− en louant Dieu, en éprouvant de la bienveillance envers tout le monde sans exception ; et ceux qu'il sauvait, le Seigneur les assemblait au fil des jours en un même bloc.

leçon possible καθότι; de même au v. 46 en écrivant un ἄν impossible après οἴκους. Serait-ce le ἄν omis au v. 35?
   − Sur les versets 1-2 et 6 du chapitre, voir l'article «Ascension et Pentecôte dans les *Actes* selon le *codex Bezae*», *Revue Thomiste*, 1982, p. 79-89.

−1− **En ces jours-là**, Pierre et Jean montaient au Temple **dans l'après-midi**, pour l'heure de la prière, la neuvième heure. −2− Et **voici qu'**on portait un homme, [...] boiteux depuis le sein de sa mère, et chaque jour cet homme était placé contre la porte du Temple — celle qu'on appelait la Belle — pour qu'il pût demander l'aumône à ceux-là **même** qui allaient au Temple. −3− **Cet homme-là fixa ses yeux** sur Pierre et Jean et, les voyant sur le point d'entrer au Temple, **leur** demandait [...] une aumône. −4− Mais Pierre, *dirigeant* sur lui *son regard,* en même temps que Jean, dit : «*Fixe les yeux* sur nous.» −5− Et lui *fixait les yeux* sur eux, s'attendant à recevoir d'eux quelque chose. −6− Mais Pierre lui dit : «De l'argent et de l'or, je n'en ai pas ; mais ce que je possède, je te le donne : par la vertu du nom de Jésus-Christ le Nazaréen, marche.» −7− Et l'ayant saisi de la main droite, il le redressa ; sur-le-champ **il fut debout, et** furent affermis ses pieds et ses chevilles. −8− Se levant d'un bond, l'homme se tint debout, et il marchait, **dans la joie**, et il pénétra dans le Temple avec eux [...] en louant Dieu. −9− Tout le monde le vit qui marchait et louait Dieu. −10− On découvrait en lui celui-là qui, pour recevoir l'aumône, *s'asseyait* à la Belle Porte du Temple ; ils furent remplis de stupeur et bouleversés de ce qui lui était *advenu.*

−11− **Comme Pierre s'en allait, ainsi que Jean, il s'en allait en même temps** *en s'accrochant à eux ; et les gens stupéfaits* **s'arrêtèrent** *dans* le portique dit de Salomon, dans la stupeur. −12− Mais Pierre [...] *les* interpella : «Messieurs les Israélites, pourquoi vous émerveiller de cela, ou pourquoi fixer les yeux sur nous, comme si c'était **nous** qui par **notre** puissance propre ou notre piété avions fait **cela**, qu'il marche ? −13− Le Dieu d'Abraham, et *le Dieu* d'Isaac et *le Dieu* de Jacob, le Dieu de nos pères, a glorifié son serviteur Jésus-**Christ**, que vous [...] avez livré **à un jugement** ; et vous *l'*avez *renié* devant la personne de Pilate, alors que ce personnage, **qui** avait jugé, **voulait** le relâcher. −14−

Chapitre 3 −2− *ceux...qui* : le ms. D écrit par erreur αὐτῶν au lieu de τῶν et ajoute après le participe un αὐτῶν qui ne s'impose pas.

−2− *fixait les yeux* : Blass corrige avec raison ἀτενείσας du ms. D en ἠτένισεν, confirmé par le «adtendebat» de la partie latine du *codex Bezae.*

−7− *le (redressa)* : le ms. D omet le second αὐτόν, dont la phrase grecque peut se passer : à lui seul, le premier peut suffire comme complément des deux verbes.

−8− *dans la joie* : le ms. D écrit χαιρόμενος au lieu de χαίρων, seule forme correcte en grec classique : faute de copiste ? Le N.T. ignore toujours la forme moyenne.

Chapitre 3

−1− Pierre et Jean montaient au Temple pour l'heure de la prière, la neuvième heure. −2− On portait un homme, qui était boiteux depuis le sein de sa mère, et chaque jour cet homme était placé contre la porte du Temple — celle que l'on appelait la Belle — pour qu'il pût demander l'aumône à ceux qui allaient au Temple ; −3− et voyant Pierre et Jean sur le point d'entrer au Temple, il demandait qu'on lui donnât une aumône. −4− Mais Pierre, fixant sur lui les yeux, en même temps que Jean, dit : « Regarde nous. » −5− Lui, les observait, s'attendant à recevoir d'eux quelque chose. −6− Mais Pierre lui dit : « De l'argent ou de l'or, je n'en ai pas, mais ce que je possède, je te le donne : par la vertu du nom de Jésus-Christ le Nazaréen, marche. » −7− Et l'ayant saisi de la main droite, il le redressa ; sur-le-champ furent affermis ses pieds et ses chevilles. −8− Se levant d'un bond, l'homme se tint debout, et il marchait. Il pénétra dans le Temple avec eux, en marchant, bondissant et louant Dieu. −9− Tout le monde le vit qui marchait et louait Dieu. −10− On découvrait en lui celui-là qui, pour recevoir l'aumône, restait assis à la Belle Porte du Temple ; ils furent remplis de stupeur et bouleversés de ce qui lui était arrivé.

−11− Comme il s'accrochait à Pierre et à Jean, tout le monde afflua vers eux au portique dit de Salomon, dans la stupeur. −12− A cette vue Pierre interpella tout ce monde, en disant : « Messieurs les Israélites, pourquoi vous émerveiller de cela, ou pourquoi fixer les yeux sur nous, comme si c'était une puissance propre à nous ou notre piété qui avait fait qu'il marche ? −13− Le Dieu d'Abraham, d'Isaac et de Jacob, le Dieu de nos pères, a glorifié son serviteur Jésus, que vous d'abord, vous avez livré et renié devant la personne de Pilate, alors que ce personnage avait décidé « qu'on relâche ». −14− Mais le

---

−11− *dit* : si la première main du ms. D donne la bonne leçon, le nominatif ἡ καλουμένη est dans une parenthèse. Mais D corrigé ajoute un T devant H.

−13− Il est très douteux qu'il faille traiter αὐτόν, après ἀπηρνήσασθε comme l'équivalent d'un second relatif selon l'usage des relatives coordonnées, car le pronom personnel est au même cas que le relatif précédent.

− *jugé* : la nouvelle construction, dans le ms. D, oblige à traduire de deux façons différentes le seul participe κρίναντος (« décider »-« juger »). — Par une faute du copiste, un τοῦ a pu sauter après Πιλάτου dans le texte court.

−14− *vous avez demandé* : le ms. D emploie le verbe à l'actif ; le sens ne change guère.

Mais le Saint et le Juste, vous, vous l'avez *accablé*; vous avez demandé qu'on vous donnât là grâce d'un meurtrier. — 15 — Le créateur de la vie, vous l'avez tué, lui que Dieu ressuscita des morts, lui de qui nous sommes, nous, les témoins. — 16 — Et sur la foi en son nom, cet homme-là [...] vous le regardez et vous *savez que* son nom l'a affermi, et la foi, celle qu'Il apporte, lui a donné cette guérison totale en face de vous tous. — 17 — Eh bien! maintenant, **Messieurs mes** frères, *nous savons* que **vous**, c'est par ignorance que vous avez *commis* **un crime**, de même que vos chefs, — 18 — mais *que* Dieu a accompli *la chose* qu'il avait d'avance annoncée par la bouche de tous les prophètes, la passion du Christ.

— 19 — Donc, ayez du repentir et faites une conversion *afin* que l'éponge soit passée sur vos péchés de manière qu'*adviennent*, de la Face du Seigneur, les moments de rafraîchissement, — 20 — et qu'il dépêche Jésus, constitué Christ pour vous, — 21 — que le ciel même doit recevoir jusqu'aux temps de la restauration de tout ce que Dieu a dit par la bouche de ses [...] saints prophètes. — 22 — C'est Moïse d'abord qui a dit **à nos pères** : Le Seigneur votre Dieu vous fera lever de vos frères un prophète ; *comme en moi* vous écouterez *en lui* tout ce qu'il vous dira ; — 23 — et il arrivera ceci : toute âme qui refusera d'écouter ce prophète-là sera exterminée du milieu du peuple. — 24 — Et ces jours-là, tous les prophètes, aussi, qui ont parlé, depuis Samuel et ses successeurs, les ont encore annoncés. — 25 — Vous, vous êtes les fils des prophètes et de l'alliance que Dieu a léguée à *nos* pères en disant à Abraham : Et dans ta race seront bénies toutes les lignées de la terre. — 26 — C'est pour vous d'abord que Dieu a fait lever son serviteur et l'a *expédié* pour vous bénir si chacun de vous se détourne de ses méchancetés.

CHAPITRE 4

— 1 — Comme ils disaient **ces paroles** au peuple, *survinrent* les prêtres [...] et les Sadducéens, — 2 — *accablés* de les voir enseigner le peuple et *faire connaître* Jésus *dans* la résurrection *des* morts. — 3 — *Mettant la* main sur eux, *ils* les placèrent sous bonne garde jusqu'au lendemain ; c'était déjà le soir. — 4 — Mais beaucoup de ceux qui avaient entendu le discours crurent, et le nombre des hommes devint d'environ cinq mille.

— 16 — Le ms. D latin écrit *quem* (après *hunc*, τοῦτον). Il se peut que ὅν ait sauté par haplographie dans le ms. D grec. Mais sans ce relatif le sens est très acceptable : Pierre veut dire qu'ils n'ont qu'à le regarder pour savoir que...

— 22 — *vos frères* : le ms. D écrit après «frères» un ἡμῶν fautif, dû à l'iôtacisme.

— 24 — *qui (ont parlé)* : le ms. D écrit par erreur ὁ au lieu de οἱ (ὅσοι dans le texte court).

Saint et le Juste, vous, ensuite, vous l'avez renié ; vous avez demandé qu'on vous donnât la grâce d'un meurtrier. – 15 – Le créateur de la vie, vous l'avez tué, lui que Dieu ressuscita des morts, lui de qui nous sommes, nous, les témoins. – 16 – Et sur la foi en son Nom, cet homme que vous regardez et connaissez a été affermi par son Nom, et la foi, celle qu'Il apporte, lui a donné cette guérison totale en face de vous tous. – 17 – Eh bien ! maintenant, frères, je sais que vous avez agi par ignorance, de même que vos chefs. – 18 – Mais Dieu a accompli les choses qu'il avait d'avance annoncées par la bouche de tous les prophètes, la passion de son Christ.

– 19 – Donc, ayez du repentir, et faites une conversion, pour que l'éponge soit passée sur vos péchés, – 20 – de manière que viennent, de la Personne du Seigneur, les moments de rafraîchissement, et qu'il dépêche Jésus, constitué Christ pour vous, – 21 – que le ciel même doit recevoir jusqu'aux temps de la restauration de tout ce que Dieu a dit par la bouche de ses saints prophètes du très vieux temps. – 22 – C'est Moïse d'abord qui a dit : Le Seigneur votre Dieu vous fera lever de vos frères un prophète comme moi ; vous l'écouterez en tout ce qu'il vous dira ; – 23 – et il arrivera ceci : toute âme qui refusera d'écouter ce prophète-là sera exterminée du milieu du peuple. – 24 – Et ces jours-là tous les prophètes, aussi, qui ont parlé, depuis Samuel et ses successeurs, les ont encore annoncés. – 25 – Vous, vous êtes les fils des prophètes, et de l'alliance que Dieu a léguée à vos pères en disant à Abraham : Et dans ta race seront bénies toutes les lignées de la terre. – 26 – C'est pour vous d'abord que Dieu a fait lever son serviteur et l'a dépêché pour vous bénir si chacun de vous se détourne de ses méchancetés.

Chapitre 4

– 1 – Comme ils parlaient au peuple, ils virent survenir les prêtres et le gouverneur du Temple, et les Sadducéens, – 2 – agacés de les voir enseigner le peuple et annoncer en Jésus la résurrection, celle d'entre les morts. – 3 – Ils mirent la main sur eux et les placèrent sous bonne garde jusqu'au lendemain ; c'était déjà le soir. – 4 – Mais beaucoup de ceux qui avaient entendu la parole crurent, et le nombre des hommes devint d'environ cinq mille.

– 26 – de (ses méchancetés) : le ἐκ du ms. D au lieu de ἀπό ne change pas le sens.

Chapitre 4   – 1 – survinrent : le datif d'intérêt αὐτοῖς du texte court, supprimé dans D, était rendu par « ils virent ».

– 3 – Après τὰς χεῖρας, Clark restitue <ἐκράτησαν αὐτούς> (= « ils les prirent de force »), qui justifie le καὶ devant ἔθεντο dans le ms. D.

−5− Or, ce fut le *jour du* lendemain, les chefs *se rassemblèrent,* avec les anciens et les scribes, à Jérusalem, −6− et il y avait encore Anne, l'archiprêtre, et Caïphe et *Jonathas,* Alexandre et tous ceux qui étaient de la famille archisacerdotale. −7− Ils mirent au milieu Pierre et Jean et demandaient : «Par quelle espèce de puissance ou de nom avez-vous fait cela, vous?» −8− Alors Pierre fut rempli de l'Esprit-Saint et leur dit :

«Chefs du peuple et anciens **d'Israël,** −9− si **vous,** vous nous demandez, à nous, aujourd'hui, par quel bienfait il a été sauvé, ce pauvre malade, −10− que ceci soit connu de vous tous, et du peuple entier d'Israël : c'est par le nom de Jésus-Christ le Nazaréen, que vous avez, vous, crucifié, que Dieu a ressuscité des morts, c'est par ce nom-là que cet homme s'est présenté sous vos regards en parfaite santé ; −11− c'est lui la pierre qui fut tenue par rien pour vous, les bâtisseurs, la pierre dont on fit une tête d'angle. −12− Et < le salut > n'existe en personne d'autre ; car il n'est pas, sous le ciel, d'autre nom donné *à des* hommes par la vertu duquel nous devons être sauvés.»

−13− Observant le franc-parler de Pierre, de Jean aussi, et s'étant rendu compte que c'étaient des gens sans culture [. . .], émerveillés ils découvraient en eux des compagnons de Jésus. −14− Mais en voyant, debout devant eux, l'homme réellement guéri, **ils ne** *pouvaient* **rien faire ni** répondre. −15− Ils donnèrent l'ordre *qu'ils fussent emmenés hors* du sanhédrin, et *conférèrent* entre eux, −16− en disant : «Que *ferons-nous* de ces individus? Que, sans doute, il y ait eu de leur part un signe reconnu, c'est, pour tous les habitants de Jérusalem, *trop* évident ; il nous est impossible de le nier. −17− [. . .] Afin qu'il n'y ait *en rien* une plus grande diffusion dans le peuple, *nous les empêcherons* par nos menaces de parler encore à qui que ce soit en ce Nom-là.» −18− **Comme ils donnaient leur accord à l'idée,** ils les *interpellèrent* et leur firent la défense absolue de prononcer un mot et d'enseigner au nom de Jésus.

−19− Mais Pierre, ainsi que Jean, *lança cette réplique* : «S'il est juste, au regard de Dieu, de vous écouter, vous, plutôt que Dieu, à vous d'en décider. −20− Nous, il nous est impossible de < ne pas > dire ce que nous avons vu et entendu.» −21− Eux, après de nouvelles menaces, sans trouver **un motif** *donnant moyen* de les punir, ils les relâchèrent, à cause du peuple, parce que tous les gens glorifiaient

---

−10− Plusieurs témoins du texte occidental, mais non le ms. D, ajoutent à la fin du verset «et par personne d'autre».

−12− Le mot nécessaire ἡ σωτηρία est omis par D (faute de copiste).

− Le ms. D écrit ὁ (δεδομένον) par erreur au lieu de τὸ.

−14− *pouvaient* : l'addition de ποιῆσαι dans D oblige à traduire εἶχον autrement.

−16− *qu'il y ait eu* : la première main de D écrit par erreur γεγονέναι, au lieu de γέγονεν, indispensable après ὅτι.

−5− Or ce fut le lendemain que leurs chefs se trouvèrent rassemblés, avec les anciens et les scribes, à Jérusalem, −6− et il y avait encore Anne, l'archiprêtre, et Caïphe, Jean, Alexandre, et tous ceux qui étaient de la famille archisacerdotale. −7− Ils mirent au milieu Pierre et Jean, et demandaient : «Par quelle espèce de puissance ou de nom avez-vous fait cela, vous?» −8− Alors Pierre fut rempli de l'Esprit-Saint et leur dit :

«Chefs du peuple et anciens, −9− si l'on nous demande, à nous, aujourd'hui, par quel bienfait il a été sauvé, ce pauvre malade, −10− que ceci soit connu de vous tous, et du peuple entier d'Israël : c'est en vertu du nom de Jésus-Christ le Nazaréen, que vous avez, vous, crucifié, que Dieu a ressuscité des morts, c'est en vertu de ce nom-là que cet homme s'est présenté sous vos regards en parfaite santé ; −11− c'est lui la pierre qui fut tenue pour rien par vous, les bâtisseurs, la pierre dont on fit une tête d'angle. −12− Le salut n'existe en personne d'autre ; car il n'est pas, sous le ciel, d'autre nom donné chez des hommes par la vertu duquel nous devons être sauvés.»

−13− Observant le franc-parler de Pierre, de Jean aussi, et s'étant rendu compte que c'étaient des hommes sans culture et des simples, émerveillés ils découvraient en eux des compagnons de Jésus. −14− Mais en voyant, debout devant eux, l'homme réellement guéri, ils n'avaient rien à répondre. −15− Ils leur donnèrent l'ordre de sortir du sanhédrin, et conféraient entre eux, −16− en disant : «Qu'est-ce que nous allons faire de ces individus? Que, sans doute, il y ait eu de leur fait un signe reconnu, c'est, pour tous les habitants de Jérusalem, évident ; il nous est impossible de le nier. −17− Mais afin qu'il n'ait pas une plus grande diffusion dans le peuple, empêchons-les par nos menaces de parler encore à qui que ce soit en ce Nom-là.» −18− Ils les appelèrent et leur firent la défense absolue de prononcer un mot et d'enseigner au nom de Jésus.

−19− Mais Pierre et Jean leur lancèrent cette réplique : «S'il est juste, au regard de Dieu, de vous écouter, vous, plutôt que Dieu, à vous d'en décider. −20− Nous, il nous est impossible de ne pas dire ce que nous avons vu et entendu.» −21− Eux, après de nouvelles menaces, ne trouvant aucun moyen de les punir, ils les relâchèrent, à cause du peuple, parce que tous les gens glorifiaient Dieu de

---

−17− Plusieurs témoins du texte occidental, mais non D, ajoutent ἀπειλῇ devant ἀπειλησώμεθα (-σόμεθα D). La langue grecque renforce volontiers un verbe par un substantif de même racine ou de même sens.

−18− *absolue* : le ms. D écrit par erreur το κατα το au lieu de καθόλου.

−20− Par une erreur évidente du copiste, D omet la négation μή devant λαλεῖν.

Dieu de l'événement. – 22 – L'homme, en effet, sur qui s'était produit *le* miracle de la guérison, avait plus de quarante ans.

– 23 – Relâchés, ils allèrent aux leurs, pour leur rapporter tout ce que les archiprêtres et les anciens leur avaient dit. – 24 – Eux, ayant entendu, **et découvert la force agissante de Dieu**, d'un même cœur élevèrent la voix à l'adresse de Dieu et dirent : « Maître, c'est vous **le Dieu** qui avez fait le ciel, la terre et la mer et tout ce qui s'y trouve,

– 25 – Vous qui, **par l'Esprit-Saint**, par la bouche de David votre serviteur avez dit :

> Pourquoi les diverses nations ont-elles frémi
> Et les peuples ont-ils eu des projets futiles ?
> – 26 – Les rois de la terre se sont présentés
> Et les princes rassemblés en le même bloc
> Contre le Seigneur et contre son Christ.

– 27 – Car en toute vérité c'est contre votre saint serviteur Jésus, dont vous avez fait le Christ, que se sont rassemblés dans cette ville Hérode et Ponce Pilate avec les païens et les peuples d'Israël, – 28 – pour faire tout ce que votre main et *votre* dessein avaient d'avance décrété. – 29 – Et maintenant, Seigneur, tournez les yeux sur leurs menaces, et donnez à vos esclaves de dire tout franc votre parole, – 30 – en étendant *votre* main pour guérir. En avant, signes et prodiges, par le nom de votre saint serviteur Jésus ! » – 31 – Leur prière achevée, le lieu où ils se trouvaient rassemblés fut secoué, tous furent remplis de l'Esprit-Saint, et ils disaient tout franc la parole de Dieu **à tout homme qui voulait croire**.

– 32 – La foule de ceux qui s'étaient mis à croire avait un seul cœur et une seule âme, **et il n'y avait chez eux aucune contestation** ; *personne* ne disait sien le moindre de ses biens, mais ils avaient tout en commun. – 33 – Les apôtres mettaient une force abondante à rendre témoignage de la résurrection du Seigneur Jésus-**Christ**, et une grâce abondante venait reposer sur eux tous. – 34 – Chez eux, *il n'y avait* pas un nécessiteux ; car tous ceux qui *étaient* possesseurs de terrains ou bien de maisons, lorsqu'ils les vendaient *et qu'ils apportaient* le prix des choses dont ils se défaisaient, – 35 – ils le déposaient *même* aux pieds des apôtres, et **tout un** chacun recevait sa part, à la mesure de ses besoins. – 36 – Joseph, celui qui était surnommé Barnabé *par* les apôtres — ce qui, traduit, signifie « fils du réconfort » — un lévite, chypriote de naissance, – 37 – vendit un *terrain* qu'il possédait, apporta l'argent, et le déposa *devant* les pieds des apôtres.

– 25 – Dans le texte court, et sa traduction, est adoptée la *lectio facilior* ὁ διὰ στόματος Δαυὶδ τοῦ παιδός σου εἰπών qui, avec le ms. D, supprime le difficile τοῦ πατρὸς ἡμῶν. — Ὅς... ἐλάλησας du ms. D ne peut se traduire autrement que le ὁ... εἰπών du texte court.

– 28 – *votre (dessein)* : σου n'est pas une leçon exclusive du texte occidental.

l'événement ; −22− l'homme, en effet, sur qui s'était produit ce miracle de la guérison, avait plus de quarante ans.

−23− Relâchés, ils allèrent aux leurs, pour leur rapporter tout ce que les archiprêtres et les anciens leur avaient dit. −24− Eux, ayant entendu, d'un même cœur élevèrent la voix vers Dieu et dirent : « Maître, c'est vous qui avez fait le ciel, la terre et la mer et tout ce qui s'y trouve,

−25− Vous, qui avez dit, par la bouche de David, votre serviteur :

Pourquoi les diverses nations ont-elles frémi
Et les peuples ont-ils eu des projets futiles ?
−26− Les rois de la terre se sont présentés
Et les princes rassemblés en le même bloc
Contre le Seigneur et contre son Christ.

−27− Car en toute vérité c'est contre votre saint serviteur Jésus, dont vous avez fait le Christ, que se sont rassemblés dans cette ville Hérode et Ponce Pilate avec les païens et les peuples d'Israël, −28− pour faire tout ce que votre main et votre dessein avaient d'avance décrété. −29− Et maintenant, Seigneur, tournez les yeux sur leurs menaces, et donnez à vos esclaves de dire tout franc votre parole, −30− en étendant la main pour le guérir. En avant, signes et prodiges, par le nom de votre saint serviteur Jésus ! » −31− Leur prière achevée, le lieu où ils se trouvaient rassemblés fut secoué, tous furent remplis de l'Esprit-Saint, et ils disaient tout franc la parole de Dieu.

−32− La foule de ceux qui s'étaient mis à croire avait un seul cœur et une seule âme ; pas un seul ne disait sien le moindre de ses biens, mais ils avaient tout en commun. −33− Les apôtres mettaient une force abondante à rendre témoignage de la résurrection du Seigneur Jésus et une grâce abondante venait reposer sur eux tous. −34− Chez eux, pas un nécessiteux ; car tous ceux qui se trouvaient possesseurs de terrains ou de maisons, lorsqu'ils les vendaient, apportaient le prix des choses dont ils se défaisaient, −35− et le déposaient aux pieds des apôtres ; et chacun recevait sa part, à la mesure de ses besoins. −36− Joseph, celui qui était surnommé Barnabé par les apôtres — ce qui, traduit, signifie « fils du réconfort » — un lévite, chypriote de naissance, −37− vendit un champ qu'il possédait, apporta l'argent et le déposa aux pieds des apôtres.

−29− *tournez les yeux* : le copiste de D écrit par erreur ἔφιδε pour ἔπιδε.
−32− *le moindre* : le ms. D grec omet τι, à restituer selon le latin *quicquam*.
− *ses (biens)* : le αὐτοῦ du ms. D n'est pas impossible, au lieu du αὐτῷ du texte court.
−34− *étaient* : le ms. D ajoute ἦσαν après κτήτορες, mais le copiste oublie de supprimer ὑπῆρχον après οἰκιῶν. Le καί devant ἐτίθουν, supprimé par Clark, peut très bien se justifier, et par suite être traduit.
−36− *par* : on ne peut, dans la traduction, faire une différence entre ἀπό du texte court, et ὑπό, meilleur, donné par le ms. D.
− *chypriote* : par une erreur évidente, le ms. D écrit « chypriote, lévite de naissance ».

−1− Cependant un homme nommé Ananias, d'accord avec Sapphi-re, sa femme, vendit un bien, −2− détourna une partie du prix de vente, avec la complicité de sa femme et en apporta une certaine part pour *se* la déposer au pied des apôtres. −3− Mais Pierre dit *à l'adresse d'Ananias* : «Pour quelle raison Satan t'a-t-il rempli le cœur, que tu aies trompé le Saint-Esprit et que **tu** aies détourné une partie du prix du terrain? −4− Resté tel quel, n'est-ce-pas à toi qu'il restait? Vendu, son prix n'était-il pas en ta possession? Se peut-il que tu te sois mis au fond du cœur **d'accomplir <cette> méchante action**? Ce n'est pas à des hommes que tu as menti, mais à Dieu.» −5− *Ayant entendu* ces mots, Ananias tomba **sur-le-champ** et rendit l'âme. Il vint une grande frayeur sur tous ceux qui apprenaient la nouvelle. −6− Et les jeunes se levèrent, l'enveloppèrent, le sortirent et l'ensevelirent.

−7− Or, il y eut un intervalle d'environ trois heures, et sa femme, sans savoir l'événement, entra. −8− Pierre lui *dit* : «*Je le demanderai si c'est* **bien** pour tel prix que vous avez aliéné le terrain?» Elle dit : «Oui c'est juste à ce prix.» −9− Alors Pierre : «Se peut-il que *vous ayez été d'accord* pour tenter l'Esprit du Seigneur? Vois : les pieds de ceux qui ont enseveli ton mari sont devant la porte, et ils vont t'emporter.» −10− Sur-le-champ, elle tomba devant ses pieds et rendit l'âme. Entrés, les jeunes la trouvèrent morte; ils **l'enveloppèrent** *pour la sortir* et l'ensevelir à côté de son mari. −11− Vint alors une grande frayeur sur l'Église entière et sur tous ceux qui apprenaient ces nouvelles.

−12− Il y avait, par les mains des apôtres, beaucoup de signes et de prodiges dans le peuple. Ils étaient tous, d'un même cœur, **dans le Temple**, au portique de Salomon; −13− et sans qu'aucun des autres eût l'audace de se souder à eux, le peuple les magnifiait; −14− il y avait un assemblage croissant de gens qui croyaient en le Seigneur — foule de femmes aussi bien que d'hommes — −15− au point même de sortir **leurs** malades *au hasard des* avenues, de les mettre sur de pauvres lits et des grabats, afin que Pierre, en passant, posât au moins de l'ombre sur l'un d'eux; **car ils se voyaient délivrés de toute sorte de maladie, selon la gravité de chaque état.** −16− Se rassemblait aussi à

Chapitre 5 −2− *du (prix de vente)* : ἀπό est remplacé par ἐκ dans le ms. D : la traduction n'en est pas modifiée.

−4− *ta (possession)* : l'omission de σῇ dans le ms. D, après τῇ, est une faute de copiste, par haplographie.

− <cette> : il est indispensable de rétablir, dans le ms. D, τὸ, devant πονηρόν.

Chapitre 5

−1− Cependant un homme nommé Ananias, d'accord avec Saphi-re, sa femme, vendit un bien, −2− détourna une partie du prix de vente, avec la complicité de sa femme, et en apporta une certaine part pour la déposer aux pieds des apôtres. −3− Mais Pierre dit : « Ananias, pour quelle raison Satan t'a-t-il rempli le cœur, que tu aies trompé l'Esprit-Saint et détourné une partie du prix du terrain ? −4− Resté tel quel, n'est-ce pas à toi qu'il restait ? Vendu, son prix n'était-il pas en ta possession ? Se peut-il que tu te sois mis pareille chose au fond du cœur ? Ce n'est pas à des hommes que tu as menti, mais à Dieu. » −5− En entendant ces mots, Ananias tomba et rendit l'âme. Il vint une grande frayeur sur tous ceux qui apprenaient la nouvelle. −6− Et les jeunes se levèrent, l'enveloppèrent, le sortirent et l'ensevelirent.

−7− Or, il y eut un intervalle d'environ trois heures et sa femme, sans savoir l'événement, entra. −8− Pierre lui lança cette réponse : « Dis-moi, est-ce vraiment pour tel prix que vous avez aliéné le terrain ? » Elle dit : « Oui, c'est juste à ce prix. » −9− Alors Pierre : « Se peut-il qu'il y ait eu accord entre vous pour tenter l'Esprit du Seigneur ? Vois : les pieds de ceux qui ont enseveli ton mari sont devant la porte et ils vont t'emporter. » −10− Sur-le-champ, elle tomba devant ses pieds et rendit l'âme. Entrés, les jeunes la trouvèrent morte ; ils la sortirent et l'ensevelirent à côté de son mari. −11− Vint alors une grande frayeur sur l'Église entière et sur tous ceux qui apprenaient ces nouvelles.

−12− Il y avait, par les mains des apôtres, beaucoup de signes et de prodiges dans le peuple. Ils étaient tous, d'un même cœur, au portique de Salomon ; −13− et, sans qu'aucun des autres eût l'audace de se souder à eux, le peuple les magnifiait ; −14− il y avait un assemblage croissant de gens qui croyaient en le Seigneur — foule de femmes aussi bien que d'hommes — −15− au point même de sortir les malades sur les grandes rues, de les mettre sur de pauvres lits et des grabats, afin que Pierre, en passant, posât au moins de l'ombre sur l'un d'eux.

−16− Se rassemblait aussi <à> Jérusalem la foule des villes des

---

−9− *Alors Pierre* : après Πέτρος, le copiste de D a omis πρός, à restituer grâce à la partie latine de D, qui écrit *ad*.

−15− *selon* : la leçon ὡς, de D, semble préférable à ἧς, donné par Clark.

−16− *à Jérusalem* : εἰς du ms. D est à rétablir dans le texte court.

− *et ils* : καί du ms. D remplace οἵτινες du texte court, où l'on ne peut traduire par « qui » sous peine d'équivoque.

Jérusalem la foule des villes des alentours : on apportait des malades et des gens tourmentés *par* des esprits impurs, *et ils étaient tous guéris.*

−17− Anne, l'archiprêtre, et tous ceux de son entourage — ce qui constituait la secte des Sadducéens — ayant une flambée de jalousie, −18− mirent la main sur les apôtres et les placèrent publiquement sous bonne garde, **et ils allèrent chacun chez soi.** −19− **Alors** pendant la nuit un ange du Seigneur *ouvrit* les portes de la prison, les en tira et dit : «Continuez votre route et, debout dans le Temple, annoncez au peuple toutes les paroles de cette vie.» −21− A ces mots ils entrèrent, dès le point du jour, dans le Temple, et ils donnaient leur enseignement.

L'archiprêtre, survenu, avec ceux de son entourage, **réveillés de bonne heure**, *ayant convoqué* le Sanhédrin et tout le Sénat des fils d'Israël, [*et*] envoyèrent à la prison les chercher. −22− Mais les serviteurs survinrent **et ouvrirent** *la prison* sans les trouver **à l'intérieur** ; ils revinrent faire leur rapport, en disant : −23− «Nous avons trouvé la prison *bien* fermée en toute sûreté, avec les gardiens debout devant les portes. Mais, après avoir ouvert, nous n'avons trouvé personne à l'intérieur.» −24− Lorsqu'ils eurent entendu ces paroles, le gouverneur du Temple et les archiprêtres se demandaient donc, embarrassés, comment la chose avait pu se produire. −25− Survint quelqu'un qui leur fit ce rapport : «Tenez, les hommes que vous avez placés dans la prison, ils sont debout dans le Temple à enseigner le peuple.» −26− Alors le gouverneur partit avec les serviteurs et *ils les amenèrent,* <sans> violence *dans* leur frayeur d'être lapidés par le peuple. −27− Les ayant amenés, ils les firent se tenir debout dans le sanhédrin, et *l'archiprêtre* −28− leur fit cette question : «Nous vous avions donné l'ordre formel de ne pas enseigner en vous fondant sur ce nom-là, *n'est-ce-pas?* [. . .] Voici que Jérusalem se trouve par vous pleine de votre enseignement, et que vous voulez attirer sur nous le sang de *ce* type-*là!*»

−29− Pierre **leur** *dit :* «Il faut obéir à Dieu plutôt qu'aux hommes. −30− Le Dieu de nos pères a ressuscité Jésus, que vous avez, vous, bourrelé de vos mains et suspendu au bois. −31− Ce Jésus, Dieu, **pour sa gloire**, l'a exalté au rang de créateur et de sauveur, pour donner à Israël conversion spirituelle et rémission des péchés **en lui**. −32− Et les témoins de **toutes** ces choses, c'est nous, et aussi l'Esprit-Saint, que Dieu a donné à ceux qui lui obéissent.»

−17− *Anne* : la correction Ἄννας, pour ἀναστάς, est adoptée ici dans les deux versions.
−19− *ouvrit* : le copiste de D écrit par erreur ανεωξαν pour ἀνέῳξεν.
−21− *[et]* : Blass supprime avec raison le καί du ms. D.
−24− *avait pu se produire* : le correcteur de D écrit avec raison γένοιτο à la place de γένηται.
−26− *<sans>* : la négation est indispensable ; elle est omise par erreur dans D.

alentours : on apportait des malades et des gens que tourmentaient des esprits impurs ; et ils se rétablissaient tous.

−17− Anne, l'archiprêtre, et tous ceux de son entourage — ce qui constituait la secte des Sadducéens —, ayant une flambée de jalousie, −18− mirent la main sur les apôtres et les placèrent publiquement sous bonne garde. −19− Mais un ange du Seigneur, ayant ouvert pendant la nuit les portes de la prison, les en tira et dit : −20− «Continuez votre route et, debout dans le Temple, annoncez au peuple toutes les paroles de cette vie.» −21− A ces mots ils entrèrent, dès le point du jour, dans le Temple, et ils donnaient leur enseignement.

L'archiprêtre, survenu, avec ceux de son entourage, réunit le Sanhédrin, et tout le Sénat des fils d'Israël, et ils envoyèrent à la prison les chercher. −22− Mais les serviteurs, survenus, ne les trouvant pas dans la prison, revinrent faire leur rapport −23− en disant : «Nous avons trouvé la prison fermée en toute sûreté, avec les gardiens debout devant les portes. Mais, après avoir ouvert, nous n'avons trouvé personne à l'intérieur.» −24− Lorsqu'ils eurent entendu ces paroles, le gouverneur du Temple et les archiprêtres se demandaient donc, embarrassés, comment la chose avait pu se produire. −25− Survint quelqu'un, qui leur fit ce rapport : «Tenez, les hommes que vous avez placés dans la prison, ils sont debout dans le Temple à enseigner le peuple.» −26− Alors le gouverneur partit avec les serviteurs pour les amener, sans violence vu leur frayeur d'être lapidés par le peuple. −27− Les ayant amenés, ils les firent se tenir debout dans le sanhédrin, et l'archiprêtre −28− leur fit cette question : «Nous vous avions donné l'ordre formel de ne pas enseigner en vous fondant sur ce nom-là ? Et voici que Jérusalem se trouve par vous pleine de votre enseignement, et que vous voulez attirer sur nous le sang de ce type !»

−29− Pierre avec les apôtres, dans sa réponse dit : «Il faut obéir à Dieu plutôt qu'aux hommes. −30− Le Dieu de nos pères a ressuscité Jésus, que vous avez, vous, bourrelé de vos mains et suspendu au bois. −31− Ce Jésus, Dieu, par sa droite, l'a exalté au rang de créateur et sauveur, pour donner à Israël conversion spirituelle et rémission des péchés. −32− Et les témoins de ces choses, c'est nous, et aussi l'Esprit-Saint, que Dieu a donné à ceux qui lui obéissent.»

− *dans leur frayeur* : le γάρ, nécessaire dans le texte court, est à supprimer dans le ms. D après le participe φοβούμενοι.

−27− *l'archiprêtre* : le ms. D écrit ἱερεύς, qui se dit quelquefois pour ἀρχιερεύς.

−29− *Il faut... aux hommes* : le ms. D, déplaçant le stique par erreur, le met à la fin du v. 28. Clark rétablit autrement le passage. Il peut avoir raison.

−31− *pour sa gloire* : τῇ δόξῃ donné par D n'est pas nécessairement une faute de copiste pour τῇ δεξιᾷ du texte court, «par sa droite».

−32− *que* : faute de copiste dans D : ὃν au lieu de ὃ.

−33− Eux, à ces mots, exaspérés, *projetaient de* les mettre à mort. −34− Alors quelqu'un se leva *du* sanhédrin, un Pharisien nommé Gamaliel, docteur de la Loi honoré de tout le peuple ; il donna l'ordre de faire sortir un moment *les apôtres*, −35− puis il dit **aux chefs et aux sanhédrites** : « Prenez garde, Messieurs d'Israël, à ce que vous êtes sur le point de faire à ces hommes-là. −36− Avant les jours actuels, en effet, se leva Theudas, disant qu'il était, lui, un **grand** personnage, que vint soutenir un groupe d'environ quatre cents hommes, qui *se détruisit lui-même*, et tous ceux qui lui obéissaient furent [...] également anéantis. −37− Après celui-là se leva Judas le Galiléen, aux jours du recensement, et il entraîna, dans son sillage, **beaucoup de** monde à la défection ; et il périt aussi, celui-là, et [...] ceux qui lui obéissaient furent dispersés. −38− Et maintenant, **frères**, je vous le déclare, détachez-vous de ces hommes-là, et *laissez*-les, **sans vous souiller les mains**, car s'il se trouve que cette volonté ou cette entreprise vienne des hommes, elle sera abattue. −39− Mais si elle vient réellement de Dieu, vous ne pourrez pas les abattre, **ni vous, ni rois, ni tyrans ; tenez-vous donc à l'écart de ces hommes**, sans risque [...] d'entrer en guerre avec Dieu. » Ils furent persuadés, −40− appelèrent les apôtres et, après bastonnade et interdiction de parler au nom de Jésus, ils **les** relâchèrent.

−41− **Les apôtres**, alors, continuant leur route, loin des regards du Sanhédrin, dans la joie d'avoir été jugés dignes de subir une ignominie pour la défense du Nom. −42− Et chaque jour, dans le Temple et de maison en maison, ils n'arrêtaient pas de donner leur enseignement, ni d'annoncer l'Évangile du **Seigneur** Jésus-Christ.

Chapitre 6

−1− En ces jours-là, comme les disciples continuaient à se multiplier, il y eut chez les Hellénistes des murmures contre les Hébreux parce que, dans le service de chaque jour, on ne tenait de leurs veuves aucun compte (**dans le service des Hébreux**). −2− Les Douze, après avoir appelé la multitude des disciples, **leur** dirent : « Il nous déplaît d'abandonner la parole de Dieu pour assurer un service

---

−35− *sanhédrites* : le ms. D emploie le mot συνέδριος, hapax de tout le N.T., *masculin* (le mot est courant au neutre pour désigner une assemblée, comme le sanhédrin). N'existant pas en grec, le mot peut être une faute de copiste pour σύνεδρος, classique, signifiant « membre d'une assemblée ». En ce cas il reste un hapax du N.T.

−36− *que (vint soutenir)* : le ms. D met un καί explétif après le relatif.

−38− *frères* : devant ce mot le ms. D écrit un εἰσιν, peu admissible, à supprimer probablement.

−39− *ils furent persuadés* : le verbe ἐπείσθησαν est mutilé dans le ms. D.

−33− Eux, à ces mots, exaspérés, voulaient les mettre à mort. −34− Alors se leva quelqu'un dans le sanhédrin, un Pharisien nommé Gamaliel, docteur de la Loi honoré de tout le peuple ; il donna l'ordre de faire sortir un moment les hommes, −35− puis il leur dit : « Prenez garde, Messieurs d'Israël, à ce que vous êtes sur le point de faire à ces hommes-là. −36− Avant les jours actuels, en effet, se leva Theudas disant qu'il était, lui, un personnage, que vint soutenir un groupe d'environ quatre cents hommes, qui fut mis à mort ; et tous ceux qui lui obéissaient furent détruits et anéantis. −37− Après celui-là se leva Judas le Galiléen, aux jours du recensement, et il entraîna, dans son sillage, du monde à la défection ; et il périt aussi, celui-là, et tous ceux qui lui obéissaient furent dispersés. −38− Et maintenant, je vous le déclare, détachez-vous de ces hommes-là, laissez-les aller, car s'il se trouve que cette volonté ou cette entreprise vienne des hommes, elle sera abattue. −39− Mais si elle vient réellement de Dieu, vous ne pourrez pas les abattre, sans risque aussi d'entrer en guerre avec Dieu. » Ils furent persuadés, −40− appelèrent les apôtres et, après bastonnade et interdiction de parler au nom de Jésus, les relâchèrent.

−41− Eux, alors, continuaient leur route, loin des regards du Sanhédrin, dans la joie d'avoir été jugés dignes de subir une ignominie pour la défense du Nom. −42− Et chaque jour, dans le Temple et de maison en maison, ils n'arrêtaient pas de donner leur enseignement ni d'annoncer l'Évangile du Christ Jésus.

Chapitre 6

−1− En ces jours-là, comme les disciples continuaient à se multiplier, il y eut chez les Hellénistes des murmures contre les Hébreux parce que, dans le service de chaque jour, on ne tenait de leurs veuves aucun compte. −2− Les Douze, après avoir appelé la multitude des disciples, dirent : « Il nous déplaît d'abandonner la

---

−40− *les (relâchèrent)* : αὐτούς est facile à sous-entendre dans le texte court.

Chapitre 6   −1− *dans le service des Hébreux* : cette addition n'est pas nécessairement une glose, maladroitement placée à la fin du verset. Elle peut fort bien être une parenthèse destinée à préciser que, dans leur rivalité avec les Juifs grécisants, ce sont les Juifs hébraïsants qui ont tort ; cf. Epp., p. 95. Une précision du même ordre est donnée par l'apposition limitative de 15, 5 D, τινες...

de table. − 3 − **Qu'est-ce qu'il y a donc**, frères ? Allez trouver parmi vous-**mêmes** sept hommes honorablement connus remplis d'Esprit et de sagesse, et nous leur confierons cette charge nécessaire ; − 4 − quant à nous, nous resterons **tout** assidus à la prière et au service de la Parole.»

− 5 − **Ce** discours plut, au regard de toute la multitude **des disciples**, et l'on choisit Étienne, un homme plein de foi et d'Esprit-Saint, et Philippe, Prochore, Nicanor, Timon, Parmenas, et un prosélyte d'Antioche, Nicolas. − 6 − *Ceux-là furent installés*, sous les regards des apôtres *qui*, après avoir prié, leur imposèrent les mains.

− 7 − La parole *du Seigneur* grandissait, le nombre des disciples se multipliait fort à Jérusalem ; et une foule de prêtres répondait à l'appel de la foi.

− 8 − Plein de grâce et de puissance, Étienne faisait des prodiges et des signes remarquables, au milieu du peuple, **par le nom du Seigneur Jésus-Christ**. − 9 − Quelques-uns des membres de la synagogue, celle qu'on appelait des Affranchis, ainsi que des Cyrénéens et des Alexandrins, et quelques originaires de Cilicie [. . .] se levèrent pour discuter avec Étienne, − 10 − *lesquels jamais* n'étaient assez forts pour s'opposer à la sagesse **qui était en lui** ni à l'Esprit-**Saint** qui le faisait parler, **parce qu'il les confondait avec un franc-parler total**. − 11 − Alors, **étant donc incapables de regarder la vérité en face,** par en dessous ils envoyèrent des hommes pour dire : «Nous l'avons entendu de nos oreilles dire des paroles *de blasphème* envers Moïse et envers Dieu.» − 12 − Ils s'unirent pour remuer le peuple et les anciens et les scribes, pour s'emparer de lui par surprise, et le menèrent au Sanhédrin. − 13 − Ils postèrent de faux témoins **contre lui** pour dire : «Cet homme-là n'arrête pas de prononcer des paroles contre le Lieu Saint et contre la Loi. − 14 − Nous l'avons entendu de nos oreilles en train de dire : «Ce Jésus de Nazareth, il abattra ce lieu et il changera les coutumes que Moïse nous a remises.»

− 15 − Et *fixaient* les yeux sur lui tous ceux qui *se trouvaient assis* au Sanhédrin ; **et** ils virent en son visage comme le visage d'un ange, **debout, au milieu d'eux.**

−5− *plein* : πλήρης est quelquefois indéclinable dans le N.T. ; cf. peut-être Jn., 1, 14.

−6− *apôtres, qui* : on notera que le texte court, en dépit de son hellénisme des «relatives coordonnées», bien connu de Luc, est obscur et équivoque : il donne l'impression que ce sont les disciples, et non les apôtres, qui ont imposé les mains ; cf. *Mélanges Gareau*, Université d'Ottawa, 1982, p. 186-190.

−9− *Affranchis* : une conjecture, non indispensable, de Bèze, pourrait donner à croire qu'il s'agit plutôt de «Libyens», Λιβυστίνων.

− *Cilicie* : après Κιλικίας, vu l'homoiotéleuton, le copiste de D a sauté les deux mots καὶ 'Ασίας.

parole de Dieu pour assurer un service de table. −3− Allez donc trouver parmi vous, frères, sept hommes honorablement connus remplis d'Esprit et de sagesse, et nous leur confierons cette charge nécessaire ; −4− quant à nous, nous resterons assidus à la prière et au service de la Parole.»

−5− Le discours plut, au regard de toute la multitude, et l'on choisit Étienne, un homme plein de foi et d'Esprit-Saint, et Philippe, Prochore, Nicanor, Timon, Parmenas, et un prosélyte d'Antioche, Nicolas, −6− qu'ils installèrent, sous les regards des apôtres, et sur qui, après avoir prié, ils imposèrent les mains.

−7− La parole de Dieu grandissait, le nombre des disciples se multipliait fort à Jérusalem ; et une foule de prêtres répondait à l'appel de la foi.

−8− Plein de grâce et de puissance, Étienne faisait des prodiges et des signes remarquables, au milieu du peuple. −9− Quelques-uns des membres de la synagogue, celle qu'on appelait des Affranchis, ainsi que des Cyrénéens et des Alexandrins, et quelques originaires de Cilicie et d'Asie, se levèrent pour discuter avec Étienne. −10− Mais ils n'étaient pas assez forts pour s'opposer à la sagesse ni à l'Esprit qui le faisait parler. −11− Alors, par en dessous, ils envoyèrent des hommes pour dire : «Nous l'avons entendu de nos oreilles dire des paroles blasphématoires envers Moïse et envers Dieu.» −12− Ils s'unirent pour remuer le peuple et les anciens et les scribes, pour s'emparer de lui par surprise, et le menèrent au Sanhédrin. −13− Ils postèrent de faux témoins pour dire : «Cet homme-là n'arrête pas de prononcer des paroles contre ce Lieu-Saint et contre la Loi. −14− Nous l'avons entendu de nos oreilles en train de dire : 'Ce Jésus de Nazareth, il abattra ce lieu et il changera les coutumes que Moïse nous a remises'.»

−15− Et fixant les yeux sur lui, tous ceux qui siégeaient au Sanhédrin virent en son visage comme un visage d'ange.

−10− *(parce qu')il (les confondait)* : le copiste de D écrit par erreur ἐπ'αὐτοῦ au lieu de ὑπ' αὐτοῦ.

−10-11− Sur ces deux versets et leurs différences d'une version à l'autre, voir encore les *Mélanges Gareau*, ci-dessus, n. 6.

−11− *regarder... en face* : l'addition de ἀντοφθαλμεῖν semble provenir de l'emploi du verbe, avec τῷ ἀνέμῳ, en 27, 15 (texte court).

Chapitre ·7

– 1 – L'archiprêtre dit **à Étienne** : « En est-il **bien** ainsi ? » – 2 – Étienne déclara : « Mes frères et mes pères, écoutez. Le Dieu de la gloire apparut à notre père Abraham lorsqu'il était en Mésopotamie avant de venir se fixer à Harran ; 3 et il lui dit : « Sors *de* ton pays et de ta famille ; va dans le pays que je t'indiquerai. »

– 4 – Alors **Abraham**, sortant du pays des Chaldéens, vint se fixer à Harran. *Et il fut là,* après la mort de son père ; **et** Dieu le fit se fixer ailleurs, dans le pays où vous habitez aujourd'hui, **ainsi que nos pères d'avant nous**. – 5 – Il ne l'y lui donna pas d'héritage — pas même de quoi poser le pied — mais il promit de lui en donner en possession, et à sa postérité après lui, bien qu'il fût sans enfant. – 6 – Dieu **lui** parla ainsi : sa postérité serait fixée de passage dans une terre étrangère ; on *les* réduirait en esclavage et opprimerait pendant quatre cents ans – 7 – « et la nation dont ils seront esclaves, je la jugerai, moi, Dieu le dit ; après quoi ils partiront, et me serviront en ce lieu. » – 8 – Et Dieu lui donna une alliance de circoncision. C'est ainsi qu'Abraham engendra Isaac et le fit circoncire le huitième jour, puis Isaac Jacob et Jacob les douze patriarches.

– 9 – Les patriarches furent jaloux de Joseph et le vendirent à destination d'Égypte. Mais Dieu était avec lui ; – 10 – il le délivra de toute espèce de tourments endurés et lui donna faveur et sagesse devant Pharaon, roi d'Égypte, qui lui confia la charge de gouverner l'Égypte et sa maison entière. – 11 – Il vint *se mettre* une famine sur les pays entiers d'Égypte et de Chanaan, et un grand tourment, et nos pères ne trouvaient pas de quoi se nourrir. – 12 – Jacob, *donc,* apprenant la présence de vivres *en Égypte,* renvoya nos pères une première fois. – 13 – A la seconde fois, Joseph se fit *reconnaître* de ses frères, et la race *de* Joseph devint manifeste au pharaon. – 14 – Joseph envoya rappeler son père et toute **sa** famille avec soixante-quinze âmes. – 15 – [...] Jacob descendit en Égypte. Et il mourut, lui et nos pères. – 16 – Et ils furent *transférés* à Sichem et mis dans le tombeau acheté par Abraham aux fils d'Emmôr *de* Sichem pour un prix d'argent.

Chapitre 7   – 3 – *de (ton pays)* : ici encore le ms. D remplace ἐκ par ἀπό : le sens est le même.

– *dans (le pays)* : le copiste de D écrit, devant εἰς, un ει à supprimer.

– 11 – *se mettre* : le remplacement de l'accusatif par un génitif après ἐπί veut que soit marquée comme une installation de la peste en Égypte.

−1− L'archiprêtre dit : «En est-il ainsi ?» −2− Étienne déclara :
«Mes frères et mes pères, écoutez. Le Dieu de la gloire apparut à notre
père Abraham lorsqu'il était en Mésopotamie avant de venir se fixer à
Harran ; −3− et il lui dit : 'Sors de ton pays et de ta famille ; va dans
le pays que je t'indiquerai.'

−4− Sortant alors du pays des Chaldéens, il vint se fixer à Harran.
De là, après la mort de son père, Dieu le fit se fixer ailleurs, dans ce
pays où vous habitez aujourd'hui. −5− Il ne l'y lui donna pas
d'héritage — pas même de quoi poser le pied —, mais il promit de lui
en donner en possession, et à sa postérité après lui, bien qu'il fût sans
enfant. −6− Dieu parla ainsi : sa postérité serait fixée de passage dans
une terre étrangère ; on la réduirait en esclavage et opprimerait
pendant quatre cents ans ; −7− 'et la nation dont ils seront esclaves,
je la jugerai, moi, dit Dieu ; après quoi ils partiront, et me serviront
en ce lieu'. −8− Et Dieu lui donna une alliance de circoncision. C'est
ainsi qu'Abraham engendra Isaac et le fit circoncire le huitième jour,
puis Isaac Jacob, et Jacob les douze patriarches.

−9− Les patriarches furent jaloux de Joseph, et le vendirent à
destination d'Égypte. Mais Dieu était avec lui ; −10− il le délivra de
toute espèce de tourments endurés et lui donna faveur et sagesse
devant Pharaon, roi d'Égypte, qui lui confia la charge de gouverner
l'Égypte et sa maison entière. −11− Vint une famine sur les pays
entiers d'Égypte et de Chanaan, et un grand tourment, et nos pères ne
trouvaient pas de quoi se nourrir. −12− Mais Jacob, apprenant la
présence de vivres, renvoya nos pères en Égypte une première fois.
−13− La seconde fois, Joseph se fit connaître de ses frères, et la race
de Joseph devint manifeste au pharaon. −14− Joseph envoya
rappeler son père et toute la famille avec soixante-quinze âmes, −15−
et Jacob descendit en Égypte. Et il mourut, lui et nos pères. −16− Ils
furent transportés à Sichem et mis dans le tombeau acheté par
Abraham aux fils d'Emmôr à Sichem pour un prix d'argent.

−13− *de (Joseph)* : il se peut que τοῦ soit rajouté devant «Joseph» dans le texte long
pour ceux qui ne sauraient pas que le nom, employé ailleurs au nominatif, est
indéclinable ; mais le sens ne change évidemment pas.

−16− *de Sichem* : il est probable qu'un ἀπό a sauté dans le ms. D devant τοῦ.

–17– Comme approchait le temps de la promesse *promise* à Abraham par Dieu, le peuple grandit et se multiplia en Égypte –18– tant qu'enfin prit le pouvoir [. . .] un roi autre, qui *ne se souvint pas* de Joseph, –19– [. . .] **et** *qui*, ayant joué notre race, opprima nos pères jusqu'à faire exposer leurs nouveau-nés pour les empêcher de se perpétuer. –20– c'est à ce moment que vint au monde Moïse, un enfant charmant devant Dieu, qui, pendant trois mois, fut élevé dans la maison de **son** père. –21– Mais, exposé **au bord du fleuve**, la fille du pharaon le prit dans ses bras et l'éleva, pour soi, comme un fils. 22 Moïse fut instruit *de tout le savoir* des Égyptiens. Il était puissant en paroles et en actions.

–23– Comme il achevait sa quarantième année, il lui monta au cœur de faire visite à ses frères, les fils d'Israël. –24– Voyant quelqu'un **de sa race** que l'on maltraitait, il prit sa défense et vengea l'homme accablé par des coups sur l'Égyptien **qu'il cacha dans le sable**. –25– **Ses** frères, pensait-il, comprenaient que Dieu, par sa main, leur donnait le salut. Mais eux ne comprirent pas.

–26– **Alors, un** jour suivant, devant eux en train de se battre, il apparut **et il vit qu'ils se maltraitaient** ; et il tâchait de les réconcilier jusqu'à la paix par ces mots : «**Que faites-vous,** frères *que vous êtes* ? Pour quelle raison vous maltraitez-vous l'un l'autre ?» –27– Mais celui qui était en train de maltraiter son compatriote le repoussa par ces mots : «Qui t'a confié sur nous la charge de chef et de juge ? –28– Est-ce que tu veux ma mort, comme hier la mort de l'Égyptien ?» –29– C'est **ainsi** que par ce discours *il fit prendre le chemin de l'exil à* Moïse, qui se fit étranger de passage au pays de Madian ; là il engendra deux fils.

–30– Et **après cela, lorsqu'il eut vu** *quarante ans révolus*, lui apparut dans le désert du mont Sina un ange **du Seigneur**, au milieu d'une flamme de buisson ardent. –31– Moïse *était* émerveillé de la vision devant ses yeux et, comme il s'approchait pour observer, *le Seigneur lui dit* : –32– «C'est moi, le Dieu de tes pères, le Dieu d'Abraham, **le Dieu** d'Isaac et **le Dieu** de Jacob.» Tout tremblant, Moïse n'osait pas observer. –33– *Et il y eut une voix s'adressant à lui* : «Dénoue de tes pieds les souliers ; car l'endroit *où* tu te tiens est terre sainte. –34– De mes regards j'ai vu l'oppression du [. . .] peuple d'Égypte, *je garde* son gémissement *dans l'oreille* ; je suis descendu le délivrer ; eh bien ! va,

---

–18– *pouvoir* : la lacune qui suit ce mot n'est pas sûre : les mots ἐπ' Αἴγυπτον sont probablement à exclure du texte court.

–20– *son (père)* : l'addition de αὐτοῦ ne change rien au sens. De même au v. 25 où, de surcroît, la leçon αὐτοῦ est douteuse dans le texte court.

–24– *il prit sa défense* : la leçon de D ἠμύνετο !imparfait rare) est sans doute une faute de copiste pour l'aoriste ἠμύνατο.

–27– *sur (nous)* : le changement de cas après ἐπί ne saurait ici modifier le sens.

–17– Comme approchait le temps de la promesse garantie à Abraham par Dieu, le peuple grandit et se multiplia en Égypte –18– tant qu'enfin prit le pouvoir [sur l'Égypte] un roi autre, qui n'avait pas connu Joseph. –19– Ce roi-là, ayant joué notre race, opprima nos pères jusqu'à faire exposer leurs nouveau-nés pour les empêcher de se perpétuer. –20– C'est à ce moment-là que vint au monde Moïse, un enfant charmant devant Dieu, qui, pendant trois mois, fut élevé dans la maison de son père. –21– Mais, exposé, la fille du pharaon le prit dans ses bras et l'éleva, pour soi, comme un fils. –22– Moïse fut instruit de toutes les formes du savoir des Égyptiens. Il était puissant en parole et en actions.

–23– Comme il achevait sa quarantième année, il lui monta au cœur de faire visite à ses frères, les fils d'Israël. –24– En en voyant un que l'on maltraitait, il prit sa défense, et vengea l'homme accablé par des coups sur l'Égyptien. –25– Ses frères, pensait-il, comprenaient que Dieu, par sa main, leur donnait le salut. Mais eux ne comprirent pas.

–26– Le lendemain, devant eux en train de se battre, il apparut ; et il tâchait de les réconcilier jusqu'à la paix par ces mots : 'Ô Messieurs, vous êtes des frères ; pour quelle raison vous maltraitez-vous l'un l'autre ?' –27– Mais celui qui était en train de maltraiter son compatriote le repoussa par ces mots : 'Qui t'a confié sur nous la charge de chef et de juge ? –28– Est-ce que tu veux ma mort, comme hier la mort de l'Égyptien ?' –29– Sur ce discours Moïse prit la fuite et se fit étranger de passage au pays de Madian ; là il engendra deux fils.

–30– Au bout de quarante ans, lui apparut dans le désert du mont Sina un ange, au milieu d'une flamme de buisson ardent. –31– Moïse fut émerveillé de la vision devant ses yeux et, comme il s'approchait pour observer, il y eut une voix du Seigneur : –32– 'C'est moi, le Dieu de tes pères, le Dieu d'Abraham, d'Isaac et de Jacob.' Tout tremblant, Moïse n'osait pas observer. –33– Le Seigneur lui dit : 'Dénoue de tes pieds les souliers ; car l'endroit sur lequel tu te tiens est terre sainte. –34– De mes regards j'ai vu l'oppression de mon peuple d'Égypte ; j'ai écouté son gémissement, je suis descendu le délivrer ; eh bien ! va, maintenant, que je te dépêche en Égypte.'

–29– *Moïse* : le nominatif Μωϋσῆς doit être une faute de copiste pour Μωϋσῆν, accusatif confirmé par le ms. E.

–30– *lorsqu'il eut vu* : le verbe «voir» traduit le datif d'intérêt αὐτῷ ajouté dans le texte long ; cet emploi, très grec, semble particulier à Luc. — Le ms. D écrit, au lieu de ἐτῶν, un ἔτη fautif, dû peut-être à l'influence de la syllabe qui suit.

–31– *pour observer* : devant le verbe le ms. D écrit un [κ]αι à supprimer.

–34– [. . .] *peuple d'Égypte* : il est probable que le copiste de D a omis par erreur μου entre λαοῦ et τοῦ.

maintenant, que je te dépêche en Égypte.» −35− Ce Moïse, qu'ils avaient renié par ces mots «Qui t'a confié la charge de chef et de juge **sur nous**?», c'est lui que voici détaché par Dieu comme chef et libérateur par l'intermédiaire d'un ange, celui qui lui apparut dans le buisson. −36− C'est lui qui les tira d'Égypte, *lui qui a fait* des prodiges et des signes sur la terre de *l'*Égypte, en mer Rouge et dans le désert pendant quarante ans. −37− C'est lui [...] Moïse, celui qui a dit aux fils d'Israël «Dieu fera lever de vos frères un prophète *tout* comme moi.» **Lui, vous l'entendrez.** −38− C'est lui qui fut dans l'assemblée au désert avec l'ange [...] qui lui parlait sur le mont Sina, et avec nos pères, c'est lui qui reçut, pour nous les donner, des oracles de vie, −39− **parce que** nos pères refusèrent d'obéir mais le repoussèrent, et se *détournèrent*, [...] *du* cœur, vers l'Égypte, −40− avec ces mots à l'adresse d'Aaron : «Fais-nous des dieux qui marchent devant nous ; car ce Moïse-là, qui nous a tirés d'Égypte, nous ignorons ce qui lui *est advenu*.» −41− En ces jours-là, ils fabriquèrent un veau, et firent un long sacrifice en l'honneur de l'idole ; puis ils faisaient bombance des œuvres de leurs mains. −42− Alors, Dieu, par un virage les livra au service de l'armée du ciel, comme il est écrit dans le livre des Prophètes :

> Ne m'en avez-vous pas offert, des victimes et des sacrifices
> Pendant quarante ans, dans le désert, ô maison d'Israël ?
> −43− Vous avez ravi le pavillon de Moloch
> Et l'astre du dieu *Rempham*,
> Les figures creusées par vous pour recevoir vos prosternations.
> Et je vous déporterai *jusqu'aux régions* de Babylone.

−44− Le pavillon du témoignage était, *chez* nos père, dans le désert, comme celui qui parlait à Moïse avait ordonné de le faire conformément au modèle qu'il avait vu. −45− Nos pères en héritèrent à leur tour et avec Josué l'introduisirent dans le pays en la possession des nations — que Dieu repoussa loin des regards de nos pères — jusqu'aux jours de David. −46− Lui trouva grâce sous les regards de Dieu et lui demanda de trouver un abri *pour la maison* de Jacob. −47− Mais c'est Salomon qui lui bâtit une demeure. −48− *Mais* le Très-Haut *ne* s'est *pas* fixé dans une création de la main de l'homme, selon la parole du Prophète :

−35− *sur nous* : ἐφ' ἡμῶν n'est pas une leçon exclusive du texte occidental.
−37− *vous l'écouterez* : le correcteur de D a raison d'ajouter un *sigma* pour faire de ἀκούεσθε un futur.
−39− *parce que* : la leçon ὅτι du ms. D suppose sous-entendu un «le» comme complément de «repoussèrent» à moins que ὅτι ne soit une faute de copiste pour ωι.
−41− *firent un sacrifice* : la leçon ἀπη(γα)γοντο du ms. D n'est pas soutenable.
−44− *celui qui* : par haplographie, le copiste de D omet l'article ὁ.

−35− Ce Moïse, qu'ils avaient renié par ces mots 'Qui t'a confié la charge de chef et de juge?', c'est lui que voici détaché par Dieu comme chef et libérateur par l'intermédiaire d'un ange, celui qui lui apparut dans le buisson. −36− C'est lui qui les tira d'Égypte en faisant des prodiges et des signes en terre d'Égypte, en mer Rouge et dans le désert pendant quarante ans. −37− C'est lui le Moïse qui a dit aux fils d'Israël 'Dieu fera lever de vos frères un prophète comme moi.' −38− C'est lui qui fut dans l'assemblée au désert avec l'ange, celui qui lui parlait sur le mont Sina, et avec nos pères, c'est lui qui reçut, pour nous les donner, des oracles de vie, −39− lui à qui nos pères refusèrent d'obéir, mais qu'ils repoussèrent pour se tourner en leur cœur vers l'Égypte, −40− avec ces mots à l'adresse d'Aaron : 'Fais-nous des dieux qui marchent devant nous ; car ce Moïse-là, qui nous a tirés d'Égypte, nous ignorons ce qui lui advint.' −41− En ces jours-là, ils fabriquèrent un veau, et firent un long sacrifice en l'honneur de l'idole ; puis ils faisaient bombance des œuvres de leurs mains. −42− Alors Dieu, par un virage, les livra au service de l'armée du ciel, comme il est écrit dans le livre des Prophètes :

> Ne m'en avez-vous pas offert, des victimes et des sacrifices
> Pendant quarante ans, dans le désert, ô maison d'Israël ?
> −43− Vous avez ravi le pavillon de Moloch
> Et l'astre du dieu Rompha,
> Les figures creusées par vous pour recevoir vos proster-
> nations.
> Et je vous déporterai au-delà de Babylone.

−44− Le pavillon du témoignage, nos pères l'avaient dans le désert, comme celui qui parlait à Moïse avait ordonné de le faire conformément au modèle qu'il avait vu. −45− Nos pères en héritèrent à leur tour et avec Josué l'introduisirent dans le pays en la possession des nations — que Dieu repoussa loin des regards de nos pères — jusqu'aux jours de David. −46− Lui trouva grâce sous les regards de Dieu et lui demanda de trouver de quoi camper le Dieu de Jacob. −47− Mais c'est Salomon qui lui bâtit une demeure. −48− Quant au Très-Haut, non, ce n'est pas dans une création de la main de l'homme qu'il s'est fixé, selon la parole du Prophète :

− *modèle* : au lieu de τύπον le ms. D semble écrire παράτυπον ; mais ce mot est ignoré de toute la langue grecque.
−46− *maison* : les manuscrits des deux traditions hésitent entre οἴκῳ (adopté ici dans le texte long) et θεῷ (adopté ici dans le texte court) ; de là un léger changement de sens pour σκήνωμα, qui cesse d'être abstrait dans le texte long.
−48− *selon* : καθώς est remplacé par ὡς dans le ms. D, mais le sens reste le même ; le mouvement est inverse au v. 51.

−49− Le ciel *est mon* trône
Et la terre le tabouret de mes pieds.
Quelle sorte de demeure me bâtirez-vous, dit le Seigneur,
Et *de quelle sorte est* le lieu de mon repos ?
−50− N'est-ce pas ma main qui a fait toutes ces choses ?

−51− Ô hommes à la nuque raide, incirconcis de cœur et d'oreilles, c'est vous éternellement qui résistez à l'Esprit-Saint, *comme* vos pères ! −52− En est-il un des prophètes que *ceux-là* n'aient pas persécuté ? Ils **les** ont tués, ceux qui d'avance avaient fait leur annonce sur la venue du Juste, envers lequel maintenant vous êtes devenus des traîtres et des meurtriers, −53− vous qui avez reçu la Loi selon des commandements d'anges, et ne l'avez pas respectée. »

−54− En *l'*entendant, ils avaient les cœurs exaspérés, ils grinçaient des dents contre lui. −55− Mais comme il était plein de Saint-Esprit, fixant les yeux sur le ciel, il vit la gloire de Dieu, et **le Seigneur** Jésus debout à la droite de Dieu −56− et dit : « Voici que j'observe les cieux ouverts et le Fils de l'Homme debout à la droite de Dieu. » −57− Avec des clameurs de vociférations, ils se bouchèrent les oreilles et s'élançaient d'un même cœur contre lui ; −58− et l'ayant explusé hors de la ville ils *le* lapidaient.

Les témoins posèrent leurs manteaux devant les pieds d'un **certain** jeune homme qui s'appelait Saul. −59− Ils lapidaient Étienne, qui appelait par ces mots : « Seigneur Jésus, recevez mon esprit ! » −60− [. . .] S'étant mis à genoux il clama d'une voix forte **en disant** : « Seigneur, ne leur comptez pas ce péché. » Sur ces mots, il s'endormit.

Chapitre 8

−1− Et Saul applaudissait toujours à sa mise à mort.

Or, ce fut ce jour-là, il y eut grande persécution **et tourment** sur l'Église, celle de Jérusalem ; et tous furent dispersés par les campagnes de Judée et de Samarie, à l'exception des apôtres **qui restèrent à Jérusalem**.

−2− Des hommes dévots, *ayant recueilli* les restes d'Étienne, sur lui menèrent grand deuil.

−3− Saul, *lui*, continuait à démanteler l'Église : il allait de maison en maison, traînant hommes et femmes pour les livrer à la prison.

−4− Ceux, alors, qui avaient été dispersés, passaient, en annonçant

---

−56− *ouverts* : la nuance due à la suppression du préverbe dans D est pratiquement imperceptible.

−60− *d'une voix* : l'accusatif φωνήν du ms. D doit être une faute de copiste pour le datif ; faute du même genre probable au v. 29.

−49− J'ai le ciel pour trône
Et la terre pour tabouret de mes pieds.
Quelle sorte de demeure me bâtirez-vous, dit le Seigneur,
Ou quel sera le lieu de mon repos?
−50− N'est-ce pas ma main qui a fait toutes ces choses?

−51− Ô hommes à la nuque raide, incirconsis de cœur et d'oreilles, c'est vous éternellement qui résistez à l'Esprit-Saint! Vous êtes comme vos pères. −52− En est-il un des prophètes que vos pères n'aient pas persécuté? Ils ont tué ceux qui d'avance avaient fait leur annonce de la venue du Juste, envers lequel maintenant vous êtes devenus des traîtres et des meurtriers, −53− vous qui avez reçu la Loi selon des commandements d'anges, et ne l'avez pas respectée.»

−54− En entendant ces paroles ils avaient les cœurs exaspérés, ils grinçaient des dents contre lui. −55− Mais comme il était plein du Saint-Esprit, fixant les yeux sur le ciel, il vit la gloire de Dieu et Jésus debout à la droite de Dieu −56− et dit : «Voici que j'observe les cieux ouverts et le Fils de l'Homme debout à la droite de Dieu.» −57− Avec des clameurs de vociférations, ils se bouchèrent les oreilles et s'élancèrent d'un même cœur contre lui ; −58− et l'ayant expulsé hors de la ville ils lapidaient.

Les témoins posèrent leurs manteaux devant les pieds d'un jeune homme qui s'appelait Saul. −59− Ils lapidaient Étienne, qui appelait par ces mots : «Seigneur Jésus, recevez mon esprit!» −60− Puis s'étant mis à genoux il clama d'une voix forte : «Seigneur, ne leur comptez pas ce péché.» Sur ces mots il s'endormit.

CHAPITRE 8

−1− Et Saul applaudissait toujours à sa mise à mort.

Or, ce fut en ces jours-là, il y eut une grande persécution sur l'Église, celle de Jérusalem ; et tous furent dispersés par les campagnes de la Judée et de la Samarie, à l'exception des apôtres.

−2− Des hommes dévots recueillirent les restes d'Étienne et sur lui menèrent grand deuil.

−3− Et Saul continuait à démanteler l'Église : il allait de maison en maison, traînait hommes et femmes pour les livrer à la prison.

−4− Ceux, alors, qui avaient été dispersés, passaient, en annonçant

---

Chapitre 8　−2− *menèrent* : le καί qui précède ἐποίησαν dans le ms. D doit être une faute de copiste.

l'Évangile de la Parole. −5− Et Philippe, descendu jusqu'à [...] *une* ville de la Samarie, proclamait chez eux le Christ. −6−**Et quand ils écoutaient, tous** les gens étaient d'un même cœur attentifs à écouter les paroles de Philippe et à voir les signes accomplis par lui. −7− *Beaucoup* de ceux qui possédaient des esprits impurs criant à voix forte **les voyaient** sortir ; de nombreux paralysés et boiteux *étaient* guéris ; −8− dans cette ville-là il y eut beaucoup de joie.

−9− Un certain homme, du nom de Simon, *qui* se trouvait auparavant dans la ville à exercer la magie, *passionnait* le peuple de la Samarie ; il se disait, lui, un personnage. −10− Tout le monde, du plus petit au plus grand, lui prêtait attention et disait : «C'est lui la puissance de Dieu, celle qu'on dit la Grande.» −11− Ils lui prêtaient attention parce qu'il les avait longtemps passionnés par des actes de magie. −12− Mais quand ils eurent foi en Philippe, qui annonçait l'Évangile du royaume de Dieu et du nom de Jésus-Christ, hommes et femmes allaient au baptême. −13− Simon, lui aussi, eut foi et, après son baptême, ne lâchait **même** plus Philippe ; les signes qu'il observait et les miracles réalisés le passionnaient. −14− Les apôtres de Jérusalem, apprenant que les Samaritains avaient reçu la parole de Dieu, dépêchaient auprès d'eux Pierre et Jean, −15− lesquels, y étant descendus, demandaient pour eux par la prière le don de l'Esprit-Saint, −16− car il n'avait encore fondu sur aucun d'eux ; ils avaient seulement reçu le baptême au nom du Seigneur Jésus-**Christ**. −17− Alors, sur eux ils *imposaient* les mains, et les Samaritains recevaient l'Esprit-Saint.

−18− Ayant vu que c'était par l'imposition des mains des apôtres qu'est donné l'Esprit-**Saint**, Simon leur offrit de l'argent, −19− **en les exhortant et** en disant : «A moi aussi, donnez-le, ce pouvoir, que reçoivent l'Esprit-Saint tous ceux à qui j'imposerai **moi aussi** les mains.» −20− Mais Pierre lui dit : «De l'argent, qu'il serve pour ta perte, pour avoir cru que le don de Dieu s'acquérait par de l'argent. −21− En pareille matière tu n'as aucune part, et pas d'héritage ; [...] ton cœur n'est pas droit en face de Dieu. −22− Alors, repens-toi de cette perversité qui est tienne, et demande au Seigneur s'il est vraiment possible que cette pensée de ton cœur, il veuille la pardonner. −23− Car tu *es*, je *l'observe, dans* un fiel d'amertume et des entraves d'iniquité.» −24− En réplique, Simon **leur** lança : «**Je vous prie**, demandez plutôt *à Dieu* qu'il ne **m'**advienne à moi **aucun de ces malheurs** que vous **m'**avez dits», ce **Simon qui ne cessait de pleurer abondamment**.

−6− *tous* : le copiste de D écrit par erreur παν au lieu de πάντες.
− *d'un même cœur* : quelques lettres effacées dans D doivent représenter ὁμοθυμαδόν.
−7− *les voyaient* : ce verbe rend le datif d'intérêt πολλοῖς, devant qui trois lettres

l'Évangile de la Parole. –5– Et Philippe, descendu jusqu'à la ville de la Samarie, proclamait chez eux le Christ. –6– Les gens étaient d'un même cœur attentifs à écouter les paroles de Philippe et à voir les signes accomplis par lui. –7– Beaucoup de ceux qui possédaient des esprits impurs criant à voix forte, ils sortaient ; de nombreux paralysés et boiteux furent guéris ; –8– et dans cette ville-là il y eut beaucoup de joie.

–9– Un certain homme, du nom de Simon, se trouvait auparavant dans la ville, à exercer la magie et passionner le peuple de la Samarie ; il se disait, lui, un personnage. –10– Tout le monde, du plus petit au plus grand, lui prêtait attention et disait : « C'est lui la puissance de Dieu, celle qu'on dit la Grande. » –11– Ils lui prêtaient attention parce qu'il les avait longtemps passionnés par des actes de magie. –12– Mais quand ils eurent foi en Philippe, qui annonçait l'Évangile du royaume de Dieu et du nom de Jésus-Christ, hommes et femmes allaient au baptême. –13– Simon, lui aussi, eut foi et, après son baptême, ne lâchait plus Philippe ; les signes qu'il observait et les miracles réalisés le passionnaient. –14– Les apôtres de Jérusalem, apprenant que les Samaritains avaient reçu la parole de Dieu, dépêchaient auprès d'eux Pierre et Jean, –15– lesquels, y étant descendus, demandaient pour eux par la prière le don de l'Esprit-Saint, –16– car il n'avait encore fondu sur aucun d'eux ; ils avaient seulement reçu le baptême au nom du Seigneur Jésus. –17– Alors, sur eux ils imposèrent les mains, et les Samaritains recevaient l'Esprit-Saint.

–18– Ayant vu que c'était par l'imposition des mains des apôtres qu'est donné l'Esprit, Simon leur offrit de l'argent, –19– en disant : « A moi aussi, donnez-le, ce pouvoir, que reçoivent l'Esprit-Saint tous ceux à qui j'imposerai les mains. » –20– Mais Pierre lui dit : « Ton argent, qu'il serve pour ta perte, pour avoir cru que le don de Dieu s'acquérait par de l'argent. –21– En pareille matière tu n'as aucune part, et pas d'héritage ; car ton cœur n'est pas droit en face de Dieu. –22– Alors, repens-toi de cette perversité qui est tienne, et demande au Seigneur s'il est vraiment possible que cette pensée de ton cœur, il veuille la pardonner. –23– Car tu t'es jeté, je le constate, dans un fiel d'amertume et des entraves d'iniquité. » –24– En réplique, Simon lança : « Demandez plutôt au Seigneur qu'il ne m'advienne, à moi, rien de ce que vous avez dit. »

sont illisibles dans le ms. D (παμπόλλοις ?) ; mais le nominatif πολλοί du texte court est inacceptable chez Luc. Un datif d'intérêt du même type se retrouve ailleurs, par ex. 4, 1 ; 7, 30 D ; 12, 7 D ; Lc., 2, 9, etc.

– *et boiteux* : le copiste de D a omis un καί nécessaire.

–9– *passionnait* : Blass rétablit ἐξίστανεν, probable mais peu lisible dans D.

–16– *sur aucun* : sans faire changer la traduction l'accusatif οὐδένα de D est probablement à préférer au datif que donnent d'autres manuscrits.

– 25 – Eux, alors, après avoir attesté et dit la parole du Seigneur, retournaient à Jérusalem et annonçaient l'Évangile en un grand nombre de villages des Samaritains.

– 26 – Un ange du Seigneur, s'adressant à Philippe, lui dit : «*Lève-toi et va,* aux environs de midi, en prenant la route qui descend de Jérusalem à Gaza ; c'est une route déserte. – 27 – Il se leva et se mit en route. Et voici qu'un Éthiopien eunuque conseiller de <la> Candace, **sorte de** reine des Éthiopiens, qui avait la haute main sur son Trésor, [qui] était venu faire <à> Jérusalem sa prosternation. – 28 – *Et* il s'en retournait alors, assis, sur son char, et *en train de lire* le prophète Isaïe. – 29 – L'Esprit dit à Philippe : ⟦lacune du codex Bezae grec de 8, 29 à 10, 14⟧ <«Approche-toi, et va te coller contre ce char.» – 30 – Philippe fit un bond, entendit l'Éthiopien en train de lire le prophète Isaïe, et dit : «As-tu l'intelligence de ce que tu lis ?» – 31 – L'autre répondit : «Et comment le pourrais-je s'il n'y a personne pour me guider ?» Et il pria Philippe de monter s'asseoir avec lui.

– 32 – Le passage de l'Écriture était celui-ci :

> Il fut mené comme une brebis à l'abattoir
> Et comme un agneau sans voix devant qui l'*a tondu*,
> De même il n'ouvre pas la bouche.
>
> – 33 – Par son humilité fut supprimé son jugement ;
> *Et* sa génération, qui la racontera,
> Car sa vie est retranchée de la terre ?

– 34 – L'eunuque lança ces mots à Philippe : «S'il te plaît, de qui le prophète dit-il cela ? Est-ce de lui-même, ou de quel autre ?» – 35 – Philippe, ouvrant la bouche et commençant par cette Écriture, lui annonça l'Évangile, Jésus.

– 36 – Comme ils poursuivaient leur chemin, ils arrivèrent à un point d'eau. L'eunuque dit : «Voici de l'eau : y a-t-il un obstacle à mon baptême ?» – 37 – **Philippe dit : «Si tu crois du fond du cœur, c'est possible.» Il répondit : «Je crois que Jésus-Christ est le Fils de Dieu.»** – 38 – Il fit arrêter le char ; tous deux, Philippe et l'eunuque, descendirent dans l'eau, et il le baptisa. – 39 – Quand ils furent sortis de l'eau, l'Esprit-**Saint fondit sur l'eunuque, et un ange** du Seigneur **lui** enleva

---

– 27 – <*la*> : il est probable que, dès le texte court, l'article τῆς a été omis par négligence de copiste après le -της final du mot δυνάστης.

– *son (Trésor)* : par négligence, le copiste de D écrit αὐτοῦ pour αὐτῆς.

– *[qui]* : le relatif ὅς, qui manque dans beaucoup de mss, est difficile, avec d'autres, à maintenir. Quant à <εἰς>, c'est vraisemblablement une nouvelle faute qui le fait omettre dans le *codex Bezae.*

– 29 – Depuis ce verset jusqu'à 10, 14, on suit le texte «occidental» tel qu'il est donné par Clark grâce à d'autres témoins que le *codex Bezae.* Les additions ne sont donc pas celles du ms. D.

– 32 – *l'a tondu* : les mss hésitent entre κείροντος, donné dans *Isaïe,* et κείραντος, cet article aoriste appartenant aussi, selon toute vraisemblance, au texte occidental.

−25− Eux, alors, après avoir attesté et dit la parole du Seigneur, retournaient à Jérusalem et annonçaient l'Évangile en un grand nombre de villages des Samaritains.

−26− Un ange du Seigneur, s'adressant à Philippe, lui dit : «Lève-toi et continue ta route aux environs de midi en prenant celle qui descend de Jérusalem à Gaza ; c'est une route déserte.» −27− Il se leva et se mit en route. Et voici qu'un Éthiopien, eunuque conseiller de <la> Candace, reine des Éthiopiens, qui avait la haute main sur tout son Trésor, était venu faire à Jérusalem sa prosternation. −28− Il s'en retournait et se trouvait assis sur son char, et il lisait le prophète Isaïe. −29− L'Esprit dit à Philippe : «Approche-toi et va te coller contre ce char.» −30− Philippe fit un bond, entendit l'Éthiopien en train de lire le prophète, et dit : «As-tu l'intelligence de ce que tu lis ?» −31− L'autre répondit : «Et comment le pourrais-je, s'il n'y a personne pour me guider ?» Et il pria Philippe de monter s'asseoir avec lui.

−32− Le passage de l'Écriture était celui-ci :

Il fut mené comme une brebis à l'abattoir
Et comme un agneau sans voix devant qui le tond,
De même il n'ouvre pas la bouche.
−33− Par son humilité fut supprimé son jugement ;
Sa génération, qui la racontera,
Car sa vie est retranchée de la terre ?

−34− L'eunuque lança ces mots à Philippe : «S'il te plaît, de qui le prophète dit-il cela ? Est-ce de lui-même, ou de quel autre ?» −35− Philippe, ouvrant la bouche et commençant par cette Écriture, lui annonça l'Évangile, Jésus.

−36− Comme ils poursuivaient leur chemin, ils arrivèrent à un point d'eau. L'eunuque dit : «Voici de l'eau : y a-t-il un obstacle à mon baptême ?» −38− Il fit arrêter le char ; tous deux, Philippe et l'eunuque, descendirent dans l'eau, et il le baptisa. −39− Quand ils

---

−33− *son (humilité)* : la présence du pronom αὐτοῦ est incertaine dans les deux versions.

−37− Tout le verset fait défaut dans la plupart des manuscrits de la version courte, les plus anciens. Mais, outre la Vulgate, il est dans Irénée, connu donc dès la fin du IIᵉ siècle-début du IIIᵉ, et dans le *Laudanius* (sigle E) du VIᵉ siècle, que l'on peut considérer comme un témoin du texte occidental en l'absence de D, le verset se trouvant dans la première de ses trois grandes lacunes. Il semble que l'auteur qui est à la base du texte long ait voulu réparer une omission de la version courte, en mettant sur les lèvres de l'eunuque une formule liturgique primitive, où s'exprime non pas une foi banale, mais l'objet même de la foi, l'affirmation que Jésus est le Fils de Dieu. L'existence du verset ne fait pas difficulté ; elle montre même la supériorité du texte occidental.

Philippe, et l'eunuque ne le vit plus du tout : il poursuivait sa route dans la joie.

−40− Philippe fut trouvé sur le chemin d'Azot ; au passage, il annonçait l'Évangile à toutes les villes, jusqu'à ce qu'il eût atteint Césarée.

CHAPITRE 9

−1− Quant à Saul, qui respirait encore menace et meurtre contre les disciples du Seigneur, il s'approcha de l'archiprêtre −2− et lui demanda, à l'adresse de Damas, des lettres pour les synagogues lui recommandant d'amener, attachés, à Jérusalem, tous ceux, hommes et femmes, qu'il trouverait appartenant à la Voie.

−3− Mais pendant qu'il poursuivait son chemin, il lui advint d'approcher de Damas, et subitement une lumière venue du ciel l'environna de son éclat. −4− Tombé par terre, **au milieu d'une grande extase** il entendit qu'une voix lui disait : «Saoul, Saoul, pourquoi me persécutes-tu ? **Tu t'entêtes à ruer contre l'aiguillon.**» −5− Il dit : «Qui êtes-vous, Seigneur ?» **Et le Seigneur, s'adressant à lui :** «Je suis Jésus **de Nazareth**, moi, que toi tu persécutes. −6− **Et lui, tremblant et stupéfié de l'événement à lui survenu, dit : «Seigneur, que voulez-vous que je fasse ?» Et le Seigneur, s'adressant à lui :** «[. . .] Lève-toi et entre dans la ville, et **là** il te sera annoncé tout ce qu'il faut que tu fasses.» −7− Les hommes qui faisaient route avec lui s'étaient arrêtés, debout, muets d'effroi, mais sans observer personne **à qui il parlât.** −8− **Il leur dit :** «**Relevez-moi** de terre» **et, quand ils l'eurent relevé,** bien que ses yeux fussent ouverts, il ne pouvait rien voir. Ils l'introduisirent à Damas en le conduisant par la main. −9− Il fut trois jours sans pouvoir voir. Il ne mangea pas et ne but pas.

−12− Et il vit, dans une vision, entrer un homme nommé Ananias, et lui imposer les mains pour lui faire recouvrer la vue.

−10− Or il y avait à Damas un disciple du nom d'Ananias et le Seigneur lui dit dans une vision : «Ananias !» Il dit : «Me voici, Seigneur.» −11− Et le Seigneur, s'adressant à lui : «Lève-toi et va, dans la venelle appelée Droite, chercher dans une maison de Juda un nommé Saul de Tarse. Vois, il est en train de prier.» −13− Ananias répondit : «Seigneur, cet homme, j'ai appris de beaucoup de gens, ah ! combien de maux il avait faits à vos saints dans Jérusalem. −14−

Chapitre 9   −4− L'addition occidentale σκληρόν ... λακτίζειν peut se placer aussi après le second διώκεις, au v. 5 ; cf. 26, 14.

−6− L'addition n'est pas sûre, mais de toute façon les mots sont de Luc puisqu'ils se trouvent répétés une ou plusieurs fois selon les trois récits de la vision de Damas, ici ou

furent sortis de l'eau, l'Esprit du Seigneur enleva Philippe et l'eunuque ne le vit plus du tout : il poursuivait sa route dans la joie.

−40− Philippe fut trouvé sur le chemin d'Azot ; au passage, il annonçait l'Évangile à toutes les villes, jusqu'à ce qu'il eût atteint Césarée.

CHAPITRE 9

−1− Quant à Saul, qui respirait encore menace et meurtre contre les disciples du Seigneur, il s'approcha de l'archiprêtre −2− et lui demanda, à l'adresse de Damas, des lettres pour les synagogues lui recommandant d'amener, attachés, à Jérusalem, tous ceux, hommes et femmes, qu'il trouverait appartenant à la Voie.

−3− Mais pendant qu'il poursuivait son chemin, il lui advint d'approcher de Damas, et subitement une lumière venue du ciel l'environna de son éclat. −4− Tombé par terre, il entendit qu'une voix lui disait : «Saoul, Saoul, pourquoi me persécutes-tu ?» −5− Il dit : «Qui êtes-vous, Seigneur ?» Et lui : «Je suis Jésus, moi, que toi tu persécutes. −6− Allons, lève-toi, entre dans la ville et il te sera annoncé tout ce qu'il faut que tu fasses.» −7− Les hommes qui faisaient route avec lui s'étaient arrêtés, debout, muets d'effroi en entendant certes la voix, mais sans observer personne. −8− Saul fut relevé de terre ; mais bien que ses yeux fussent ouverts il ne pouvait rien voir. Ils l'introduisirent à Damas en le conduisant par la main. −9− Il fut trois jours sans pouvoir voir. Il ne mangea pas et ne but pas.

−10− Or il y avait à Damas un disciple du nom d'Ananias, et le Seigneur lui dit dans une vision : «Ananias !» Il dit : «Me voici Seigneur.» −11− Le Seigneur, s'adressant à lui : «Lève-toi et va, dans la venelle appelée Droite, chercher dans une maison de Juda un nommé Saul de Tarse. Vois, il est en train de prier.» −12− (Et il vit, dans une vision, entrer un homme nommé Ananias, et lui imposer les mains pour lui faire recouvrer la vue.) −13− Ananias répondit : «Seigneur, cet homme, j'ai appris de beaucoup de gens, ah ! combien de maux il avait faits à vos saints dans Jérusalem. −14− C'est ainsi

22, 10 et 26, 14. Paul les a prononcés le premier. Le problème est simplement celui, secondaire, de l'emplacement des mots.

−12− Le v. 12 est transposé par Clark, qui le place avant les vv. 10-11. Il n'a pas nécessairement raison. Si, avec le texte court on le maintient à sa place, il faut y voir une parenthèse, par laquelle Luc donne une précision explicative.

C'est ainsi qu'il a reçu, des archiprêtres, pouvoir d'attacher ceux qui invoquent votre nom. » –15– Le Seigneur lui dit : « Continue ta route, car cet homme-là m'est un instrument d'élection pour porter mon nom sous le regard de nations, de rois et de fils d'Israël. –16– Car je lui montrerai, moi, tout ce qu'il faut qu'il subisse pour la défense de mon nom. »

–17– **Alors, relevé**, Ananias partit et entra dans la maison. Après lui avoir imposé les mains **au nom de Jésus-Christ**, il dit : « Saoul, mon frère, le Seigneur m'a dépêché en mission, ce Jésus que tu as vu sur le chemin par lequel tu arrivais, pour que tu recouvres la vue et sois rempli de l'Esprit-Saint. » –18– Aussitôt tombèrent de ses yeux comme des écailles ; il recouvra **sur-le-champ** la vue et, debout, reçut le baptême. –19– La nourriture qu'il prit lui rendit ses forces.

Il fut quelques jours avec les disciples de Damas, –20– et **allait** aussitôt dans les synagogues **des Juifs** proclamer **avec un franc parler total** que Jésus, c'était lui **le Christ**, le fils de Dieu. –21– Tous ceux qui l'écoutaient étaient mis hors d'eux-mêmes et disaient : « N'est-ce pas celui-là qui a fait des ravages chez **tous** ceux, à Jérusalem, qui invoquent son nom, et n'était-il pas venu ici à seule fin de les amener, attachés, aux archiprêtres ? » –22– Mais Saul recevait une force croissante **dans sa parole** et confondait des Juifs, ceux qui étaient fixés à Damas, établissant **et disant** que c'était celui-là le Christ, **en qui Dieu avait mis son choix**.

–23– Au bout d'un bon nombre de jours, les Juifs conclurent de le mettre à mort. –24– Mais leur machination vint à la connaissance de Saul. Ils guettaient les portes jour et nuit pour le mettre à mort. –25– Mais *les* disciples le prirent de nuit pour le descendre à travers la muraille, et le mirent en bas, dans un couffin.

–26– Venu à Jérusalem, il *s'employait* à se souder aux disciples mais il les effrayait tous, parce qu'ils ne le croyaient pas véritablement disciple. –27– Alors Barnabé l'attrapa, l'amena aux apôtres et leur raconta comment, sur le chemin, il avait vu le Seigneur, lequel lui avait parlé, et comment, à Damas, il avait à mots francs pris la parole au nom de Jésus. –28– Alors, il fut avec eux, allant et s'en allant à Jérusalem *et* parlant à mots francs au nom du Seigneur. –29– Il parlait et discutait avec les hellénistes, mais eux entreprenaient de le mettre à mort. –30– Les frères, ayant découvert la chose, le ramenèrent **de nuit** à Césarée, et le renvoyèrent à Tarse.

–31– **Toutes les** *Églises*, alors, par toute la Judée, la Galilée, la Samarie, avaient la paix. *Elles* se bâtissaient et progressaient par l'effet de la crainte du Seigneur, se multipliaient par l'effet du réconfort de l'Esprit-Saint.

–21– *n'était-il pas venu* : le texte long semble remplacer un plus-que-parfait par un parfait, mais la traduction ne change pas.

qu'il a reçu, des archiprêtres, pouvoir d'attacher ceux qui invoquent votre nom.» −15− Le Seigneur lui dit : «Continue ta route, car cet homme-là m'est un instrument d'élection pour porter mon nom sous les regards des nations, de rois et de fils d'Israël. −16− Car je lui montrerai, moi, tout ce qu'il faut qu'il subisse pour la défense de mon nom.»

−17− Ananias partit et entra dans la maison. Après lui avoir imposé les mains, il dit : «Saoul, mon frère, le Seigneur m'a dépêché en mission, ce Jésus que tu as vu sur le chemin par lequel tu arrivais, pour que tu recouvres la vue et sois rempli de l'Esprit-Saint.» −18− Aussitôt tombèrent de ses yeux comme des écailles ; il recouvra la vue et, debout, reçut le baptême. −19− La nourriture qu'il prit lui rendit ses forces.

Il fut quelques jours avec les disciples de Damas −20− et proclamait aussitôt dans les synagogues que Jésus, c'était lui le Fils de Dieu. −21− Tous ceux qui l'écoutaient étaient mis hors d'eux-mêmes et disaient : «N'est-ce pas celui-là qui a fait des ravages, à Jérusalem, chez ceux qui invoquent ce nom, et n'était-il pas venu ici à seule fin de les amener, attachés, aux archiprêtres ?» −22− Mais Saul recevait une force croissante et confondait des Juifs, ceux qui étaient fixés à Damas, établissant que c'était celui-là le Christ.

−23− Au bout d'un bon nombre de jours, les Juifs conclurent de le mettre à mort. −24− Mais leur machination vint à la connaissance de Saul. Ils guettaient les portes jour et nuit pour le mettre à mort. −25− Mais ses disciples le prirent de nuit pour le descendre à travers la muraille, et le mirent en bas, dans un couffin.

−26− Venu à Jérusalem, il tentait de se souder aux disciples ; mais il les effrayait tous, parce qu'ils ne le croyaient pas véritablement disciple. −27− Alors Barnabé l'attrapa, l'amena aux apôtres et leur raconta comment, sur le chemin, il avait vu le Seigneur, lequel lui avait parlé, et comment, à Damas, il avait à mots francs pris la parole au nom de Jésus. −28− Alors, il fut avec eux, allant et s'en allant à Jérusalem, parlant à mots francs au nom du Seigneur. −29− Il parlait et discutait avec les hellénistes, mais eux entreprenaient de le mettre à mort. −30− Les frères, ayant découvert la chose, le ramenèrent à Césarée et le renvoyèrent à Tarse.

−31− L'Église, alors, par toute la Judée, la Galilée, la Samarie, avait la paix. Elle se bâtissait et progressait par l'effet de la crainte du Seigneur, se multipliait par l'effet du réconfort de l'Esprit-Saint.

−25− le (prirent) : le texte court place αὐτόν après καθῆκαν ; la traduction reste forcément le même.

−32− Or il advint que Pierre, en passant partout, descendit également auprès des saints venus se fixer à Lydda. −33− Là il trouva un homme du nom d'Énée, resté depuis six ans couché sur un grabat, paralysé. −34− **Fixant sur lui les yeux**, Pierre lui dit : «Énée, Jésus, le Christ, te guérit. Lève-toi et fais ton lit.» Aussitôt il se leva. −35− Et tous les gens établis à Lydda et au Saron qui le virent firent au Seigneur leur conversion.

−36− Il y avait à Joppé une certaine disciple du nom de Tabitha, mot qui, traduit, signifie la gazelle. Cette femme était remplie de bonnes œuvres et des aumônes qu'elle faisait. −37− Or ce fut en ces jours-là qu'elle tomba malade et mourut. On la lava et on la déposa dans *la* salle du haut. −38− Comme Lydda était près de Joppé, les disciples, ayant appris que Pierre s'y trouvait, lui dépêchèrent deux hommes pour lui adresser cette prière : «Ne tarde pas à passer jusqu'à nous.» −39− Pierre se leva et vint avec eux. A son arrivée, ils le firent monter dans la salle du haut, et toutes les veuves l'*entourèrent* en pleurant et en se montrant toutes les tuniques et tous les manteaux que faisait Dorcas du temps qu'elle était avec elles. −40− Mais Pierre, ayant expulsé tout le monde dehors, se mit à genoux et pria, puis, se retournant vers le corps, il dit : «Tabitha, lève-toi, **au nom de Notre Seigneur Jésus-Christ**. Et elle, ouvrant **sur-le-champ** les yeux et voyant Pierre, se dressa sur son séant. −41− Il lui donna la main et la fit lever. *Et* il appela les saints et les veuves, et la présenta, en vie. −42− La chose fut connue partout dans Joppé, et bien des gens se mirent à croire en le Seigneur. −43− Or il advint que Pierre demeura un bon nombre de jours à Joppé auprès d'un certain Simon, un corroyeur.

CHAPITRE 10

−1− Or **il y avait**, à Césarée, un homme du nom de Corneille, centurion de la cohorte appelée Italique, −2− pieux et craignant Dieu avec toute sa famille, *qui* faisait au peuple beaucoup d'aumônes et des demandes à Dieu en toute occasion. −3− Dans une vision, à peu près vers la neuvième heure du jour, il vit clairement un ange du Seigneur venir à lui et lui dire : «Corneille». −4− Et lui, fixant les yeux sur l'ange et saisi d'épouvante, dit : «Qu'est-ce qu'il y a, Seigneur?» Il lui dit : «Tes prières et tes aumônes sont montées comme un encens de souvenance *sous les regards de* Dieu. −5− Et maintenant, envoie des

---

−40− *se mit* : le texte occidental supprime καὶ devant θείς.
−43− *Pierre* : dans le texte grec αὐτόν, est omis en général dans le texte court.

Chapitre 10   −1− Jusqu'au v. 14, «je n'ai jamais mangé» inclus, continue la lacune

−32− Or il advint que Pierre, en passant partout, descendit également auprès des saints venus se fixer à Lydda. −33− Là il trouva un homme du nom d'Énée, resté depuis six ans couché sur un grabat, paralysé. −34− Pierre lui dit : « Énée, Jésus, le Christ, te guérit. Lève-toi et fais ton lit. » Aussitôt il se leva. −35− Et tous les gens établis à Lydda et au Saron qui le virent firent au Seigneur leur conversion.

−36− Il y avait à Joppé une certaine disciple du nom de Tabitha, mot qui, traduit, signifie la gazelle. Cette femme était remplie de bonnes œuvres et des aumônes qu'elle faisait. −37− Or ce fut en ces jours-là qu'elle tomba malade et mourut. On la lava et on la déposa en une salle du haut. −38− Comme Lydda était près de Joppé, les disciples, ayant appris que Pierre s'y trouvait, lui dépêchèrent deux hommes pour lui adresser cette prière : « Ne tarde pas à passer jusqu'à nous. » −39− Pierre se leva et vint avec eux. A son arrivée, ils le firent monter dans la salle du haut, et toutes les veuves se tinrent près de lui en pleurant et en se montrant toutes les tuniques et tous les manteaux que faisait Dorcas* du temps qu'elle était avec elles. −40− Mais Pierre, ayant expulsé tout le monde dehors, se mit à genoux et pria, puis, se retournant vers le corps, il dit : « Tabitha, lève-toi. » Et elle, ouvrant les yeux et voyant Pierre, se dressa sur son séant. −41− Il lui donna la main et la fit lever. Puis il appela les saints et les veuves, et la présenta, en vie. −42− La chose fut connue partout dans Joppé, et bien des gens se mirent à croire en le Seigneur. −43− Or il advint qu'il demeura un bon nombre de jours à Joppé auprès d'un certain Simon, un corroyeur.

Chapitre 10

−1− Or, à Césarée, un homme du nom de Corneille, centurion de la cohorte appelée Italique, −2− pieux et craignant Dieu avec toute sa famille, qui faisait au peuple beaucoup d'aumônes et des demandes à Dieu en toute occasion, −3− dans une vision, à peu près vers la neuvième heure du jour, vit clairement un ange du Seigneur venir à lui et lui dire : « Corneille. » −6− Et lui, fixant les yeux sur l'ange et saisi d'épouvante, dit : « Qu'est-ce qu'il y a, Seigneur ? » Il lui dit : « Tes prières et tes aumônes sont montées comme un encens de souvenance devant Dieu. −5− Et maintenant, envoie des hommes à

---

* La gazelle se dit en grec Dorcas ; cf. v. 36.

---

du *codex Bezae* grec, commencée à 8, 29. Mais celle du *codex Bezae* latin, commencée à 8, 20, s'arrête à 10, 4. On a donc les stiques de ce dernier codex depuis le début du présent chapitre jusqu'à 10, 14, pour aider à reconstituer tant bien que mal l'original grec ; on le suit toujours d'après Clark.

hommes à Joppé et fais venir [...] Simon, surnommé Pierre. −6− *Il se trouve* hébergé chez un certain Simon, corroyeur, dont la maison est au bord de la mer.»

−7− Quand fut parti l'ange qui lui parlait, il appela deux de ses serviteurs et un de ces soldats pieux qui ne le lâchaient plus, −8− leur expliqua *la vision* et les dépêcha à Joppé.

−9− Le lendemain, comme ils approchaient en marchant de la ville, Pierre monta sur le toit *et se mit à prier*, vers la sixième heure. −10− Il sentit la faim et voulait son repas. Comme on le préparait, *fondit sur lui* une extase. −11− Il observe le ciel ouvert et, [...] **attaché** par les quatre bouts, une sorte de soucoupe, comme une toile *éclatante* que l'on fait descendre **du ciel** jusqu'à toucher le sol; −12− elle contenait tous les quadrupèdes et reptiles [...], et *les* oiseaux du ciel. −13− Il y eut une voix s'adressant à lui : «Lève-toi, Pierre, sacrifie et mange.» −14− Pierre dit : «Impossible, Seigneur, parce que je n'ai jamais mangé> [[fin de la lacune du *codex Bezae* grec]] rien de commun et d'impur. −15− Mais la voix, *appelant* une seconde fois : «Ce que Dieu a purifié, cesse de le souiller.» −16− Cela se réitéra une troisième fois, et aussitôt la soucoupe fut ravie en direction du ciel.

−17− Quand **il eut repris ses esprits**, Pierre se demandait, embarrassé, ce que pouvait bien être la vision qu'il avait vue, **et** voici que les hommes dépêchés par Corneille, ayant *demandé* la maison de Simon, survinrent à l'entrée du vestibule. −18− Ils appelèrent pour demander si Simon, celui qui était surnommé Pierre, était ici. −19− Et comme Pierre poursuivait sa réflexion sur la vision, l'Esprit *lui* dit : «Voici [...] *des* hommes; *ils* te cherchent. −20− Allons, lève-toi et descends, et reprends ta route avec eux, sans balancer, car c'est par moi qu'ils ont été dépêchés.» −21− **Alors** Pierre descendit et dit aux hommes : «Me voici, je suis celui que vous cherchez. **Que voulez-vous**, pour quelle raison êtes-vous là?» −22− Ils **lui** dirent : «**Un certain** Corneille, centurion, un homme juste et craignant Dieu, honorablement connu de la nation juive toute entière, a reçu d'un saint ange la révélation de te faire venir dans sa famille et d'entendre de toi des paroles.» −23− *Alors* **Pierre** *les fit entrer* et les hébergea.

Le lendemain, une fois levé, il sortit avec eux, et quelques-uns des frères de la ville de Joppé la quittèrent pour venir avec lui.

−24− Le lendemain, il entra dans Césarée. Corneille *restait dans leur attente et*, ayant réuni ses parents et ses amis intimes, **il patienta**.

−15− *parlant* : le sujet du participe ne peut être que Dieu.

−17− *enquêté sur* : Luc donne apparemment au verbe ἐπερωτῶ suivi de l'accusatif le sens particulier, non classique, qu'il donnait à l'hapax du N.T. διερωτῶ dans le texte court. La traduction reste donc la même.

−20− *lève-toi* : il est probable qu'ἀνάστα, impératif de la koinè, pour ἀναστάς du texte court, est une simple faute de copiste du ms. D. De toute façon le sens ne change pas.

Joppé et fais venir un certain Simon, surnommé Pierre. −6− Il est hébergé chez un certain Simon, corroyeur, dont la maison est au bord de la mer.

−7− Quand fut parti l'ange qui lui parlait, il appela deux de ses serviteurs et un de ces soldats pieux qui ne le lâchaient plus, −8− leur expliqua tout et les dépêcha à Joppé.

−9− Le lendemain, comme ils approchaient en marchant de la ville, Pierre monta, vers la sixième heure, prier sur le toit. −10− Il sentit la faim et voulait son repas. Comme on le préparait, il eut une extase. −11− Il observe le ciel ouvert et, en train de s'abaisser, une sorte de soucoupe, comme une grande toile, que l'on fait descendre par les quatre bouts jusqu'à toucher le sol ; elle contenait tous les quadrupèdes, reptiles de la terre et oiseaux du ciel. −13− Il y eut une voix s'adressant à lui : « Lève-toi, Pierre, sacrifie et mange. » Pierre dit : « Impossible, Seigneur, parce que je n'ai jamais rien mangé de commun et impur. » −15− Mais la voix, s'adressant encore à lui une seconde fois : « Ce que Dieu a purifié, cesse de le souiller. » −16− Cela se réitéra une troisième fois ; et aussitôt la soucoupe fut ravie en direction du ciel.

−17− Comme Pierre se demandait en lui-même, embarrassé, ce que pouvait bien être la vision qu'il avait vue, voici que les hommes dépêchés par Corneille, ayant enquêté sur la maison de Simon, survinrent à l'entrée du vestibule.

−18− Ils appelèrent pour demander si Simon, celui qui était surnommé Pierre, était ici hébergé. −19− Et comme Pierre poursuivait sa réflexion sur la vision, l'Esprit lui dit : « Voici trois hommes qui te cherchent. −20− Allons, lève-toi et descends, et reprends ta route avec eux, sans balancer, car c'est par moi qu'ils ont été dépêchés. » −21− Pierre descendit et dit aux hommes : « Me voici, je suis celui que vous cherchez. Pour quelle raison êtes-vous là ? » −22− Ils dirent : « Un centurion, Corneille, un homme juste et craignant Dieu, honorablement connu de la nation juive toute entière, a reçu d'un saint ange la révélation de te faire venir et d'entendre de toi des paroles. » −23− Pierre donc les pria d'entrer et les hébergea.

Le lendemain, une fois levé, il sortit avec eux, et quelques-uns des frères de la ville de Joppé la quittèrent pour venir avec lui.

−24− Le lendemain, il entra dans Césarée. Corneille était à les attendre. Il avait réuni ses parents et ses amis intimes. −25− Quand

−21− *que voulez-vous?* : après ces mots, la traduction ne laisse pas voir l'addition très classique de la conjonction ἤ dans le ms. D. Ce « ou bien » du grec a simplement pour rôle d'annoncer qu'une seconde question va préciser ou rectifier la précédente (entre autres exemples Platon, *Banquet* 173 a).

−23− *de la ville de Joppé la quittèrent* : il est à croire que le copiste de D, ignorant l'idiotisme οἱ ἀπό, a omis τῶν après ἀδελφῶν.

– 25 – **Pendant que Pierre s'approchait de Césarée, un esclave, qui avait couru au-devant, vint faire une relation précise de son arrivée.** Corneille **s'élança**, vint à la rencontre de Pierre et, tombant *devant* ses pieds, se prosterna. – 26 – Mais Pierre le fit redresser, en disant : «*Qu'est-ce que tu fais ?* Moi aussi je suis un homme, **comme tu en es un.**» – 27 – Et [. . .] il entra et trouva beaucoup de gens rassemblés. – 28 – Il leur dit : «Vous savez **assez bien**, vous, à quel point pour un Juif il est contraire à la Loi d'être au contact d'un étranger. Mais Dieu m'a montré à ne qualifier aucun homme de commun ou d'impur. – 29 – C'est pourquoi, quand **vous** m'avez appelé, je suis venu sans discuter. Alors, je vous demande pour quelle raison vous m'avez appelé.» – 30 – Corneille dit : «En comptant *deux* jours jusqu'*à une heure récente*, j'étais **en plein jeûne**, en train de prier dans ma maison, et voici qu'un homme, dans un vêtement éclatant, fut debout sous mes regards. – 31 – Il parle : 'Corneille, elle a été exaucée, ta prière, et tes aumônes ont été remémorées sous les regards de Dieu. – 32 – Envoie donc à Joppé, et rappelle Simon, qui est surnommé Pierre (il est hébergé dans la maison, au bord de la mer, de Simon, un corroyeur), **et il viendra te parler**'. – 33 – J'ai sur-le-champ envoyé près de toi, **en te priant de venir à nous** et tu as eu raison de venir **vite**. Alors *voici*, nous sommes tous sous *les* regards, **avec le désir** d'entendre **de toi** tout ce qui t'est prescrit *en provenance de Dieu*».

– 34 – Alors Pierre ouvrit la bouche et dit : «Je me rends compte, en toute vérité, que Dieu ne considère pas le personnage. – 35 – Mais celui qui, quelle que soit sa nation, le craint et opère sa justice, a son accueil. – 36 – **Car** la Parole qu'il a dépêchée aux enfants d'Israël en annonçant l'évangile du salut donné par Jésus-Christ, voilà le Seigneur Universel. – 37 – Vous connaissez, vous, [. . .] ce qui s'est réalisé à travers la Judée entière : à commencer **en effet** par la Galilée, depuis le baptême proclamé par Jean, – 38 – Jésus de Nazareth *que* Dieu a oint d'un Esprit-Saint et d'une puissance, *celui-là* a passé sa vie à faire le bien et à guérir tous ceux qui *furent* sous l'empire du diable, parce que Dieu était avec lui. – 39 – Et c'est nous les témoins des [. . .] choses que, dans le pays des Juifs et à Jérusalem, il a faites, lui qu'ils ont mis à mort en le suspendant au bois. – 40 – Ce Jésus, Dieu l'a ressuscité *au bout du* troisième jour, il a permis qu'il se fît

---

– 27 – Au début du verset, Clark ajoute συνομιλῶν αὐτῷ, pris au texte court. Il estime, peut-être avec raison, que ces mots «Tout en conversant avec lui» ont été omis par erreur dans le texte occidental.

– 28 – *étranger* : devant ἀλλοφύλῳ, le ms. D ajoute ἀνδρὶ (employé déjà devant Ἰουδαίῳ dans le même verset), mot fréquent en grec devant un nom de peuple, de fonction, de métier, etc. Seul ici un *un* du français peut le traduire, avec l'inconvénient de masquer l'addition du mot grec.

– *montré* : le ms. D ajoute un préverbe à ἔδειξεν, ce qui ne modifie pratiquement pas le sens.

ce fut pour Pierre le moment de venir, Corneille vint à sa rencontre et, tombant à ses pieds, se prosterna. −26− Mais Pierre le fit redresser, en disant : «Lève-toi; moi aussi je suis un homme.» −27− Tout en conversant avec lui, il entra. Il trouve beaucoup de gens rassemblés. −28− Il leur dit : «Vous savez, vous, à quel point pour un Juif il est contraire à la Loi d'être au contact ou de s'approcher d'un étranger. Mais Dieu m'a montré à ne qualifier aucun homme de commun ou d'impur. −29− C'est pourquoi quand on m'a appelé, je suis venu sans discuter. Alors je vous demande pour quelle raison vous m'avez appelé.» −30− Corneille dit : «Il y a exactement trois jours, j'étais à la neuvième heure en train de prier dans ma maison, et voici qu'un homme, dans un vêtement éclatant, fut debout sous mes regards. −31− Il parle : 'Corneille, elle a été exaucée, ta prière, et tes aumônes ont été remémorées sous les regards de Dieu. −22− Envoie donc à Joppé, et rappelle Simon, qui est surnommé Pierre. Il est hébergé dans la maison de Simon, un corroyeur, au bord de la mer.' −33− J'ai sur-le-champ envoyé auprès de toi et tu as eu raison de venir. Alors, tous à présent nous sommes là, sous les regards de Dieu, pour entendre tout ce qui t'est prescrit par le Seigneur.»

−34− Alors Pierre ouvrit la bouche et dit : «Je me rends compte, en toute vérité, que Dieu ne considère pas le personnage. −35− Mais celui qui, quelle que soit sa nation, le craint, et opère la justice, a son accueil. −36− La parole qu'il a dépêchée aux enfants d'Israël en annonçant l'évangile du salut donné par Jésus-Christ, voilà le Seigneur Universel. −37− Vous connaissez, vous, la Parole qui s'est réalisée à travers la Judée entière, à commencer par la Galilée, depuis le baptême proclamé par Jean, −38− Jésus de Nazareth vous connaissez comment Dieu l'a oint, lui, d'un Esprit Saint et d'une puissance, celui qui a passé sa vie à faire le bien et à guérir tous ceux qui étaient sous l'empire du diable, parce que Dieu était avec lui. −39− Et c'est nous les témoins de toutes ces choses que, dans le pays des Juifs et à Jérusalem, il a faites, lui qu'ils ont mis à mort en le suspendant au bois. −40− Ce Jésus, Dieu l'a ressuscité le troisième

---

−32− *et il* : ὅς ne peut avoir que Pierre pour antécédent ; la phrase précédente «il est hébergé ... corroyeur» est une parenthèse, rappelant 9, 43; 10, 6 et 17.

−33− *nous sommes* : le verbe est sous-entendu dans le ms. D.

−34− *je me rends compte* : le copiste de D met par erreur le verbe principal au participe.

−37-38− le texte est difficile, peut-être fautif dans les deux versions. On peut admettre la transposition opérée par Clark, et son interprétation, expliquée p. 346, moyennant deux changements et une addition dans D.

−39− *toutes les choses* : le copiste de D, au lieu de πάντων, écrit par erreur un αὐτοῦ, justifié en 13, 31, qui surprendrait ici s'il n'était manifestement pris au stique précédent.

voir, −41− non pas à tout le peuple, mais à des témoins, ceux que Jésus avait élus au préalable, nous qui sans distinction avons mangé avec lui, bu avec lui, **qui fûmes ramassés autour de lui**, après qu'il se fut levé d'entre les morts, **pendant quarante jours**. −42− Puis il nous *a prescrit* de proclamer et d'attester que c'est lui, selon l'arrêt de Dieu, le juge des vivants et des morts. −43− C'est à lui que tous les prophètes rendent le témoignage que reçoit, par son nom, la rémission des péchés tout homme qui croit en lui.»

−44− Pierre disait encore ces mots que l'Esprit-Saint fondit sur tous ceux qui entendaient la parole. −45− Mais les croyants de la circoncision venus avec Pierre furent tous mis hors d'eux-mêmes de ce que le don de l'Esprit-Saint, se trouvât versé jusque chez les Gentils; −46− car ils les entendaient de leurs oreilles parler <en langues ... et magnifier> Dieu.

Mais Pierre *dit* : −47− «Y a-t-il quelqu'un par hasard capable de refuser l'eau, d'écarter du baptême *ceux* qui, comme nous, ont pu recevoir l'Esprit-Saint?» −48− **Alors** il prescrivit qu'ils fussent baptisés, au nom **du Seigneur** Jésus-Christ. Alors ils le *prièrent de demeurer* **auprès d'eux** quelques jours.

CHAPITRE 11

−1− *Il vint aux oreilles* des apôtres et des frères *de la* Judée que même des païens avaient reçu la parole de Dieu. −2− *Alors* Pierre, **au bout d'un certain temps, résolut d'aller** à Jérusalem. **Après avoir interpellé les frères et les avoir rendus inflexibles** <il s'en alla>, **faisant force discours à travers les campagnes pour y enseigner les gens.** <Et quand Pierre> **fut monté, et que les gens l'eurent vu arriver et qu'il leur eut annoncé la parole de Dieu, les frères** de la circoncision élevaient contre lui des objections, −3− en disant ceci : «Tu es entré en contact avec des incirconcis et tu as mangé *avec* eux.» −4− Mais Pierre, au début, leur exposait *les choses successives,* en disant : −5− «J'étais en prière, dans la ville de Joppé, quand j'eus, *par* une extase, une vision, une sorte de soucoupe, comme une grande voile en train de s'abaisser, que l'on faisait descendre du ciel par les quatre bouts; venue jusqu'à moi, −6− je fixai les yeux sur elle pour l'observer longuement, et je vis *des*

−44− *fondit* : c'est sans doute par haplographie que le copiste de D écrit ἔπεσεν au lieu de ἐπέπεσεν.

−46− *en langues* : après λαλούντων, une lacune de D rend le texte occidental incertain.

−47− *ceux qui* : le copiste de D écrit par erreur αὐτούς au lieu de τούτους.

Chapitre 11   −2− Le texte de la version occidentale du verset étant fautif, la

jour, il a permis qu'il se fît voir, −41− non pas à tout le peuple, mais à des témoins, ceux que Jésus avait élus au préalable, nous qui sans distinction avons mangé avec lui, bu avec lui après qu'il se fut levé d'entre les morts. −42− Puis il nous a donné l'ordre de proclamer et d'attester que c'est lui, selon l'arrêt de Dieu, le juge des vivants et des morts. −43− C'est à lui que tous les prophètes rendent le témoignage que reçoit, par son nom, la rémission des péchés tout homme qui croit en lui.»

−44− Pierre disait encore ces mots que l'Esprit-Saint fondit sur tous ceux qui entendaient la Parole. −45− Mais les croyants de la circoncision venus avec Pierre furent tous mis hors d'eux-mêmes de ce que le don du Saint-Esprit se trouvât versé jusque chez les Gentils; −46− car ils les entendaient de leurs oreilles parler en langues et magnifier Dieu.

Alors Pierre lança : −47− «Y a-t-il par hasard quelqu'un capable de refuser l'eau, d'écarter du baptême ceux qui, comme nous, ont pu recevoir l'Esprit-Saint?» −48− Et il prescrivit qu'ils fussent baptisés, au nom de Jésus-Christ. Alors ils lui demandèrent de prolonger son séjour quelques jours.

CHAPITRE 11

−1− La nouvelle vint aux apôtres, et aux frères disséminés dans la Judée, que même les païens avaient reçu la parole de Dieu. −2− Et lorsque Pierre fut monté à Jérusalem, ceux de la circoncision élevaient contre lui des objections −3− en disant ceci : «Tu es entré en contact avec des incirconcis et tu as mangé avec eux.» −4− Mais Pierre, au début, leur exposait successivement les choses, en disant : −5− «J'étais en prière, dans la ville de Joppé, quand j'eus, dans une extase, une vision, une sorte de soucoupe, comme une grande voile en train de s'abaisser, que l'on faisait descendre du ciel par les quatre bouts; venue jusqu'à moi, −6− je fixai les yeux sur elle pour l'observer longuement, et je vis les quadrupèdes de la terre, les bêtes

---

traduction est celle du texte adopté dans l'article des *Ephemerides Theologicae Lovanienses,* 1982, p. 108-110, un texte légèrement différent de celui de Clark.

− *fut monté* : c'est-à-dire «à Jérusalem».

− *les gens* : c'est-à-dire «les gens de Jérusalem».

−4− *les choses* : il est probable que, dans le texte court, l'article τά est omis par erreur, devant καθέξης. Le verbe a besoin d'un complément, «les choses successives».

−5− *jusqu'à* : ἄχρι, du ms. D, ne change pas le sens du texte court, ἕως.

quadrupèdes de la terre, et les bêtes sauvages, et *des* reptiles et *des* oiseaux du ciel. – 7 – J'entendis *qu'*une voix me disait : «Lève-toi, Pierre, sacrifie et mange.» – 8 – Et je dis : «Impossible, Seigneur, parce que jamais rien de commun ou d'impur n'est entré dans ma bouche.» – 9 – *Il y eut* < pour la seconde fois > une voix venue du ciel **à mon adresse** : «Ce que Dieu a purifié, cesse de le souiller.» – 10 – Cela se réitéra une troisième fois et le tout fut, en sens inverse, tiré du sol en direction du ciel. – 11 – Et voici que, sur-le-champ, trois hommes survinrent à la maison où nous étions ; on les avait dépêchés de Césarée auprès de moi. – 12 – L'Esprit me dit de venir avec eux [. . .].» Les six frères ici présents vinrent encore avec moi, et nous entrâmes dans la maison de l'homme. – 13 – Il nous rapporta comment il avait vu un ange dans sa maison, debout, **lui** dire : «Dépêche à Joppé, et fais venir Simon surnommé Pierre ; – 14 – il te dira les paroles par lesquelles tu seras sauvé, toi et ta famille entière.» – 15 – Et pendant que je me mettais à **leur** parler, l'Esprit-Saint fondit sur eux, comme sur nous au début. – 16 – Alors je me suis souvenu de la Parole prononcée par le Seigneur : «Si Jean a baptisé au moyen de l'eau, vous, vous recevrez d'un Esprit-Saint le baptême. – 17 – Donc, s'*il* leur a fait le même don qu'à nous, qui avons eu foi en le Seigneur Jésus-Christ, moi, qui étais-je pour pouvoir *empêcher* Dieu **de leur donner un Esprit-Saint, à eux qui avaient eu foi en lui** ?

– 18 – Ayant entendu ces paroles, ils restèrent cois, puis ils glorifièrent Dieu en disant : «Tiens ? Même aux païens, la conversion spirituelle en vue de la Vie, Dieu la leur a donnée ?»

– 19 – Ceux alors qui avaient été dispersés à la suite du trouble *provenant de* l'affaire d'Étienne, passèrent jusqu'en Phénicie, jusqu'à Chypre et Antioche, sans dire la Parole à qui que ce soit sauf aux *seuls* Juifs. – 20 – Mais certains d'entre eux étaient des hommes de Chypre et de Cyrène qui, venus à Antioche, parlaient [. . .] aux Grecs en leur annonçant l'Évangile du Seigneur Jésus-**Christ**. – 21 – La main du Seigneur était avec eux et un grand nombre, [. . .] *ayant cru*, se convertit au Seigneur.

– 22 – Ce que l'on dit d'eux parvint aux oreilles de l'[. . .]Église de Jérusalem, et l'on envoya **passer** jusqu'à Antioche Barnabé, – 23 – qui, une fois arrivé, sur la vue de la grâce [. . .] de Dieu, fut dans la joie et les exhortait à rester tous attachés au Seigneur par le désir de leur cœur ; – 24 – car il était un homme bon, plein d'Esprit-Saint et de foi. Et il y eut l'adjonction au Seigneur d'une foule considérable.

– 25 – Puis, **apprenant que Saul était du côté de Tarse**, il s'en alla s'enquérir *de lui* ; – 26 – *comme il l'avait rejoint, il l'invita à se rendre à*

– 9 – < *pour la seconde fois* > : sans doute par une faute d'attention le copiste a omis ἐκ τοῦ δευτέρου avant ἐκ τοῦ οὐρανοῦ.

– 15 – *sur eux* : αὐτοῖς du ms. D est sûrement une faute de copiste pour αὐτούς.

– 17 – *s'il* : l'Esprit-Saint, et non ὁ Θεός, comme dans le texte court.

sauvages, les reptiles et les oiseaux du ciel. –7– J'entendis de mes
oreilles une voix qui me disait : « Lève-toi, Pierre, sacrifie et mange. »
–8– Et je dis : « Impossible, Seigneur, parce que jamais rien de
commun ou d'impur n'est entré dans ma bouche. » –9– Mais, pour la
seconde fois, une voix lança du ciel : « Ce que Dieu a purifié, cesse de
le souiller. » –10– Cela se réitéra une troisième fois et le tout fut, en
sens inverse, tiré du sol en direction du ciel. –11– Et voici que, sur-le-
champ, trois hommes survinrent à la maison où nous étions ; on les
avait dépêchés de Césarée auprès de moi. –12– L'Esprit me dit de
venir avec eux sans balancer. Les six frères ici présents vinrent encore
avec moi, et nous entrâmes dans la maison de l'homme. –13– Il nous
rapporta comment il avait vu dans sa maison un ange, debout, dire :
« Dépêche à Joppé et fais venir Simon surnommé Pierre ; –14– il te
dira les paroles par lesquelles tu seras sauvé, toi et ta famille entière. »
–15– Et pendant que je me mettais à parler l'Esprit fondit sur eux,
comme sur nous au début. –16– Alors je me suis souvenu de la Parole
prononcée par le Seigneur : « Si Jean a baptisé au moyen de l'eau,
vous, vous recevrez d'un Esprit-Saint le baptême. » –17– Donc, si
Dieu leur a fait le même don qu'à nous, qui avons cru en le Seigneur
Jésus-Christ, moi, qui étais-je pour pouvoir faire obstacle à Dieu ? »
–18– Ayant entendu ces paroles, ils restèrent cois, puis ils
glorifièrent Dieu en disant : « Tiens ? Même aux païens, la conversion
spirituelle en vue de la Vie, Dieu la leur a donnée ?
–19– Ceux, alors, qui avaient été dispersés à la suite du trouble
greffé sur l'affaire d'Étienne, passèrent jusqu'en Phénicie, jusqu'à
Chypre et Antioche, sans dire la Parole à qui que ce soit en dehors des
Juifs. –20– Mais certains d'entre eux étaient des hommes de Chypre
et de Cyrène qui, venus à Antioche, parlaient aussi aux Grecs en leur
annonçant l'Évangile du Seigneur Jésus. –21– La main du Seigneur
était avec eux, et grand fut le nombre qui, s'étant mis à croire, se
convertit au Seigneur.
–22– Ce que l'on dit d'eux parvint aux oreilles de la vivante Église
de Jérusalem, et l'on envoya jusqu'à Antioche Barnabé –23– qui, une
fois arrivé, sur la vue de la grâce, celle de Dieu, fut dans la joie, et les
exhortait à rester tous attachés au Seigneur par le désir de leur cœur ;
–24– car il était un homme bon, plein d'Esprit-Saint et de foi. Et il y
eut l'adjonction au Seigneur d'une foule considérable.
–25– Puis il se rendit à Tarse pour s'enquérir de Saul –26– et,

---

–23– *qui* : après ὅς le ms. D ajoute un καί simplement explétif, comme souvent.
–25-26– Le texte de D n'est pas sûr dans ces deux versets : la première main a subi
des corrections anciennes. L'addition proposée < devaient rester >, ἐνέμενον est une
conjecture personnelle : il manque visiblement un verbe à la phrase. — Sur ces deux
versets, et les versets 27-28, voir l'article « Saul et Luc avant le premier voyage
missionnaire », *Revue des Sciences philosophiques et théologique*, 1982, p. 551-556 ; sur la
conjecture, p. 552, n. 6.

Antioche ; [. . .] *c'est eux qui*, **une fois arrivés**, <devaient rester> une année entière *pour être fusionnés à* l'Église et pour enseigner une foule considérable. **Et c'est alors que**, *pour la première fois*, à Antioche, les disciples *prirent* le titre de Chrétiens.

– 27 – En ces jours-là, des prophètes descendirent de Jérusalem à Antioche ; **et il y avait bien de l'allégresse** ; – 28 – **et c'est au moment où nous nous trouvions rassemblés** que l'Esprit *fit dire* à l'un d'eux [. . .], nommé Agabos, *par des signes*, qu'une grande famine allait se répandre sur la terre entière : c'est celle qui eut lieu du temps de Claude. – 29 – Et les disciples, *selon qu'ils en avaient les moyens*, arrêtèrent chacun un envoi au service des frères venus se fixer dans la Judée. – 30 – Et c'est ce qu'ils firent, en dépêchant auprès des prêtres, par l'entremise de Barnabé et de Saul.

CHAPITRE 12

– 1 – Vers ce moment-là, Hérode le roi s'employa à opprimer certains des membres de l'Église **dans la Judée**. – 2 – Il fit mettre à mort par le glaive Jacques, le frère de Jean. – 3 – Voyant que c'était *un plaisir* pour les Juifs que **son entreprise contre les croyants**, il insista par la capture aussi de Pierre (c'était *les* jours des azymes). – 4 – *Celui-ci*, il le fit saisir pour le placer dans une prison, en le livrant à la garde de quatre escouades de quatre soldats, parce qu'il voulait le produire au peuple après la pâque. – 5 – Tandis que Pierre était surveillé dans la prison, *il y avait* pour lui *une longue prière* [. . .], *dans l'intensité, venant de* l'Église, adressée à Dieu.

– 6 – Cette nuit-là, quand Hérode devait l'amener, Pierre était en plein sommeil entre deux soldats, lié de deux chaînes, et des gardes surveillaient la prison devant la porte. – 7 – Et voici que **Pierre vit** survenir un ange et qu'une lumière *fut projetée sur* le cachot. Par *une piqûre* sur son flanc, l'ange réveilla Pierre, en lui disant : «Vite, lève-toi», et *les* chaînes tombèrent *de ses* mains. – 8 – L'ange lui dit : «Serre ta ceinture et chausse tes sandales.» Pierre le fit. L'ange lui parle : «Mets ton manteau et suis-moi.» – 9 – Pierre, une fois sorti, suivait et ne savait pas que ce qui était en train de se passer grâce à l'ange était réel ; *car* il se figurait avoir une vision devant les yeux. – 10 – Ils traversèrent la première et la seconde escouade, arrivèrent à la porte, celle de fer, qui menait à la ville : ils la virent s'ouvrir d'elle-même. Une fois sortis, ils **descendirent les sept marches et** avancèrent le long

---

– 28 – *grande (famine)* : le correcteur de D n'a pas forcément raison de faire λίμος féminin, comme dans le texte court.

l'ayant trouvé, l'amena à Antioche. Il advint qu'ils furent jusque pendant toute une année rassemblés dans l'Église, qu'ils enseignèrent une foule considérable et que ce fut à Antioche, pour la première fois, que les disciples prirent le titre de Chrétiens.

−27− En ces jours-là, des prophètes descendirent de Jérusalem à Antioche. −28− L'un deux, nommé Agabos, se leva pour signifier, par l'Esprit, qu'une grande famine allait se répandre sur la terre entière : c'est celle qui eut lieu du temps de Claude. −29− Les disciples arrêtèrent un envoi, selon les moyens de chacun d'eux, au service des frères venus se fixer dans la Judée. −30− Et c'est ce qu'ils firent, en dépêchant auprès des prêtres, par l'entremise de Barnabé et de Saul.

Chapitre 12

−1− Vers ce moment-là, le roi Hérode s'employa à opprimer certains des membres de l'Église. −2− Il fit mettre à mort par le glaive Jacques, le frère de Jean. −3− Voyant que la chose plaisait aux Juifs, il insista par la capture aussi de Pierre (c'était des jours des azymes), −4− qu'il fit saisir pour le placer dans une prison, en le livrant à la garde de quatre escouades de quatre soldats, parce qu'il voulait le produire au peuple après la pâque. −5− Tandis que Pierre était surveillé dans la prison, intense, se continuait une prière, adressée à Dieu pour lui par l'Église de Dieu.

−6− Cette nuit-là, quand Hérode devait l'amener, Pierre était en plein sommeil entre deux soldats, lié de deux chaînes, et des gardes surveillaient la prison devant la porte. −7− Et voici que survint un ange du Seigneur, et qu'une lumière se mit à briller dans le cachot. Par un coup sur son flanc, l'ange réveilla Pierre, en lui disant : «Vite, lève-toi», et ses chaînes lui tombèrent des mains. −8− L'ange lui dit : «Serre ta ceinture et chausse tes sandales.» Pierre le fit. L'ange lui parle : «Mets ton manteau et suis-moi.» −9− Pierre, une fois sorti, suivait et ne savait pas que ce qui était en train de se passer grâce à l'ange était réel; et il se figurait avoir une vision devant les yeux. −10− Ils traversèrent la première escouade, puis la seconde, arrivèrent à la porte, celle, de fer, qui menait à la ville : ils la virent s'ouvrir d'elle-même. Une fois sortis, ils avancèrent le long d'une seule

---

Chapitre 12 −5− A la fin du stique et du verset, le copiste de D rajoute par erreur un second περὶ αὐτοῦ, pris à la fin du stique précédent.

−6− *l'amener* : le ms. D emploie l'infinitif présent προάγειν au lieu de l'aoriste du texte court, dont les mss hésitent entre les verbes προάγω et προσάγω. Le sens ne varie guère.

d'une seule venelle et l'ange aussitôt le quitta. – 11 – Ayant repris ses esprits, Pierre dit : « Maintenant je sais que le Seigneur a réellement envoyé son ange, qu'il m'a délivré de la main d'Hérode et de toute l'attente du peuple des Juifs. »

– 12 – Ayant embrassé la situation, il se rendit à la maison de Marie, mère de Jean, celui qu'on surnommait Marc, où il y avait, rassemblées, bon nombre de personnes en train de prier. – 13 – Quand il eut heurté la porte de l'antichambre, une petite servante, nommée Rose, avança pour répondre. – 14 – Ayant découvert que c'était la voix de Pierre, sous l'effet de la joie, au lieu d'ouvrir, elle entra en courant pour rapporter que Pierre se tenait devant la porte. – 15 – Eux lui *disaient* : « Tu es folle. » Mais elle soutenait avec insistance que c'était vrai. Mais eux, *la désignant* : « **Peut-être** est-ce son ange. » – 16 – Pierre continuait à heurter. Ils ouvrirent *tout grand* et, le *voyant*, – 17 – furent hors d'eux-mêmes. De la main il leur fit signe, *pour les faire taire*, **entra et** leur raconta comment le Seigneur l'avait tiré de la prison ; il ajouta : « Allez rapporter cela à Jacques et aux frères. » Il sortit, et s'en alla ailleurs.

– 18 – Le jour venu, il y eut *de* l'agitation [. . .] chez les soldats : qu'était-il donc advenu de Pierre ? – 19 – Hérode, l'ayant fait chercher, mais sans qu'on le trouve, fit subir un interrogatoire aux soldats et donna l'ordre qu'ils fussent *mis à mort*. Puis il descendit de Judée pour aller séjourner à Césarée.

– 20 – Il était *en effet* dans l'exaspération contre les Tyriens et les Sidoniens. D'un même cœur, *ils* étaient venus **de l'une et l'autre ville** devant *le roi* ; après avoir persuadé Blastos, le préposé à *sa* chambre, ils lui demandaient la paix parce que *leurs pays* tiraient *leurs* approvisionnements de celui du roi. – 21 – Au jour fixé, Hérode, ayant revêtu son habit de roi *et* s'étant assis sur son estrade, *prononçait* devant eux un discours public. – 22 – **Et après la paix qu'il conclut avec les gens de Tyr**, le peuple vociférait : « *Paroles* d'un dieu, non d'un homme ! » – 23 – Sur-le-champ, un ange du Seigneur le frappa, pour n'avoir pas donné [. . .] gloire à Dieu, *et* **descendu de l'estrade**, devenu rongé des vers **encore vivant, c'est ainsi** qu'il rendit l'âme.

– 24 – Et la parole *de Dieu* grandissait et se multipliait.

– 25 – Saul, avec Barnabé, *se détourna de* Jérusalem après avoir rempli leur service et pris avec eux Jean, celui qui avait reçu le surnom de Marc.

– 11 – *réellement* : dans le texte court l'adverbe tombe sur le verbe « savoir ».
– 13 – *de l'antichambre* : τοῦ πυλῶνος, difficilement lisible dans le ms. D, est ici donné par le texte court, et repris au v. 14.
– 14 – *elle entra* : le ms. D met un καί, probablement fautif, devant εἰσδραμοῦσα.

venelle et l'ange aussitôt le quitta. −11− Ayant repris ses esprits, Pierre dit : «Maintenant je sais réellement que le Seigneur a envoyé son ange, qu'il m'a délivré de la main d'Hérode et de toute l'attente du peuple des Juifs.»

−12− Ayant embrassé la situation, il se rendit à la maison de Marie, la mère de Jean, celui qu'on surnommait Marc, où il y avait, rassemblées, bon nombre de personnes en train de prier. −13− Quand il eut heurté la porte de l'antichambre, une petite servante, nommée Rose, s'approcha pour répondre. −14− Ayant découvert que c'était la voix de Pierre, sous l'effet de la joie, au lieu d'ouvrir, elle entra en courant pour rapporter que Pierre se tenait devant la porte. −15− Eux lui dirent : «Tu es folle.» Mais elle soutenait avec insistance que c'était vrai. Mais eux disaient : «C'est son ange.» −16− Pierre continuait à heurter. Ils ouvrirent. La vue de Pierre les mit hors d'eux-mêmes. −17− De la main il leur fit signe de garder le silence et leur raconta comment le Seigneur l'avait tiré de la prison ; il ajouta : «Allez rapporter cela à Jacques et aux frères.» Il sortit, et s'en alla ailleurs.

−18− Le jour venu, ce fut chez les soldats une belle agitation : qu'était-il donc advenu de Pierre ? −19− Hérode l'ayant fait rechercher, mais sans qu'on le trouve, fit subir un interrogatoire aux soldats et donna l'ordre qu'ils fussent emmenés. Puis il descendit de Judée pour aller séjourner à Césarée.

−20− Il était dans l'exaspération contre les Tyriens et les Sidoniens ; d'un même cœur ils étaient venus devant lui ; et après avoir persuadé Blastos, le préposé à la chambre du roi, ils lui demandaient la paix, parce que leur pays tirait ses approvisionnements de celui du roi. −21− Au jour fixé Hérode, ayant revêtu son habit de roi, s'était assis sur son estrade pour prononcer devant eux un discours public. −22− Et le peuple vociférait : «Voix d'un dieu, non d'un homme!». −23− Sur-le-champ, un ange du Seigneur le frappa, pour n'avoir pas donné sa gloire à Dieu. Et devenu rongé des vers, il rendit l'âme.

−24− Et la parole du Seigneur grandissait et se multipliait.

−25− Barnabé et Saul s'en retournèrent à Jérusalem après avoir rempli leur service et pris avec eux Jean, celui qui avait reçu le surnom de Marc.

−20− *ils (étaient venus)* : le ms. D ajoute un οἱ δέ, littéralement «mais eux».
− *tiraient* : ce verbe traduit aussi bien ἀπό du texte court, que le ἐκ du ms. D.
−22− *vociférait* : le δέ du texte occidental est manifestement un intrus.
−23− *c'est ainsi* : καί, ajouté par le ms. D devant οὕτως, lui-même ajouté, semble chargé d'intensifier cet adverbe, qui souligne l'horrible façon dont Hérode mourut.
−25− Le texte court hésite entre εἰς et ἐξ devant «Jérusalem».

Chapitre 13

−1− Il y avait à Antioche, un peu partout dans ce qui était l'Église, des prophètes et des didascales, **parmi lesquels** Barnabé et Syméon, celui qu'on *surnommait* Niger, Lucius de Cyrène et Manahen, qui fut élevé avec Hérode, le tétrarque, et Saul. −2− Comme ils officiaient pour le Seigneur et jeûnaient, l'Esprit-Saint dit : « Eh ! bien, mettez-moi donc à part Barnabé et Saul pour l'ouvrage en vue duquel je les ai fait venir. −3− Ayant alors jeûné et prié **tous**, et leur ayant imposé les mains, <ils les congédièrent>.

−4− *Eux* alors, expédiés par le Saint-Esprit, *et descendus à pied* à Séleucie, de là partirent pour Chypre. −5− Venus à Salamine, ils *annoncèrent* la parole *du Seigneur* dans les synagogues des Juifs : ils avaient avec eux Jean *qui les assistait*. −6− *Une fois qu'ils eurent fait,* **eux-mêmes**, *le tour* de l'île entière jusqu'à Paphos, ils trouvèrent un certain mage de métier, un faux prophète juif, *appelé* du nom de Barjésus, −7− qui appartenait à l'entourage du proconsul Sergius Paulus, un homme intelligent. C'est lui qui, ayant fait venir *ensemble* Barnabé et Saul, eut *de surcroît* le désir d'entendre la parole de Dieu. −8− Mais le mage *Etoimas* — car c'est ainsi que se traduit son nom — leur faisait opposition, parce qu'il cherchait à dévoyer le proconsul en l'écartant de la foi. **Le fait est qu'il avait bien du plaisir à les écouter.** −9− Mais Saul — qui est aussi Paul — tout rempli de l'Esprit-Saint *et* fixant les yeux sur lui, −10− dit : « Toi, qui es plein de toute ruse et [...] fraude, fils du diable, ennemi de toute justice, veux-tu bien cesser de tordre les voies du Seigneur, *celles* qui sont droites. −11− Eh ! bien vois, maintenant, elle est sur toi, la main du Seigneur, et tu vas être aveugle, tu ne verras plus le soleil, jusqu'à nouvel ordre. » *Et aussitôt* tombèrent sur lui brouillard et ténèbres ; et il tournoyait, cherchant des mains qui conduisent. −12− [...] *A voir* l'événement, le proconsul **s'émerveilla et** crut **en Dieu** : l'enseignement du Seigneur l'étonnait.

−13− De Paphos, ayant pris le large, Paul et ses compagnons allèrent à Pergé en Pamphylie. Mais Jean les quitta pour retourner à Jérusalem. −14− Seuls, alors, ils partirent de Pergé pour traverser, et

---

Chapitre 13   −1− *le tétrarque* : le copiste de D écrit par erreur καί au lieu de τοῦ.
 − *ce qui était l'Église* : cf. *Revue des Études grecques*, 1982, p. 74-84 sur « l'Église d'Antioche... ».
 −3− *<ils les congédièrent>* : le verbe ἀπέλυσαν a été omis entre αὐτοῖς et αὐτοί, sans

Chapitre 13

−1− Il y avait à Antioche, un peu partout dans ce qui était l'Église, des prophètes et des didascales, Barnabé, Syméon, celui qu'on appelait Niger, Lucius de Cyrène et Manahan, qui fut élevé avec Hérode, le tétrarque, et Saul. −2− Comme ils officiaient pour le Seigneur et jeûnaient, l'Esprit-Saint dit : « Eh ! bien, mettez-moi donc à part Barnabé et Saul pour l'œuvre en vue de laquelle je les ai fait venir. » −3− Ayant alors jeûné et prié, et leur ayant imposé les mains, ils les congédièrent.

−4− Alors, expédiés, eux, par l'Esprit-Saint, ils descendirent à Séleucie et de là partirent pour Chypre. −5− Venus à Salamine, ils annonçaient la parole de Dieu dans les synagogues des Juifs ; ils avaient avec eux Jean comme assistant. −6− Ayant traversé l'île entière jusqu'à Paphos, ils trouvèrent un certain mage de métier, un faux prophète juif, du nom de Barjésus, −7− qui appartenait à l'entourage du proconsul Sergius Paulus, un homme intelligent. C'est lui qui, ayant fait venir Barnabé et Saul, eut le désir d'entendre la parole de Dieu. −8− Mais le mage Elymas — car c'est ainsi que se traduit son nom — leur fit opposition, parce qu'il cherchait à dévoyer le proconsul en l'écartant de la foi. −9− Mais, tout rempli de l'Esprit-Saint, Saul, qui est aussi Paul, fixant les yeux sur lui, −10− dit : « Toi qui est plein de toute ruse et de toute fraude, fils du diable, ennemi de toute justice, veux-tu bien cesser de tordre les voies du Seigneur, qui sont droites. −11− Eh ! bien vois, maintenant, elle est sur toi, la main du Seigneur, et tu vas être aveugle, tu ne verras plus le soleil jusqu'à nouvel ordre. » Sur-le-champ, tombèrent sur lui brouillard et ténèbres ; et il tournoyait, cherchant des mains qui conduisent. −12− Alors, voyant l'événement, le proconsul se mit à croire : l'enseignement du Seigneur l'étonnait.

−13− De Paphos, ayant pris le large, Paul et ses compagnons allèrent à Pergé en Pamphylie. Mais Jean les quitta pour retourner à Jérusalem. −14− Seuls, alors, ils partirent de Pergé pour traverser, et

---

doute par erreur, dans le ms. D ; nécessaire au sens, il convient de le tirer du texte court.

−7− *de surcroît* : D semble préférer ἐζήτησεν à ἐπεζήτησεν ; de là l'addition de καί, qui montre la succession des intentions du proconsul.

−13− *s'émerveilla* : l'addition de ἐθαύμασεν peut rendre complétif le participe ἰδών.

−14− *sabbat* : le passage du mot du pluriel au singulier dans D ne tire pas à conséquence.

venir à Antioche *en* Pisidie. Le jour du sabbat, ils *entrèrent* s'asseoir dans la synagogue. – 15 – Après la lecture de la Loi et des Prophètes, les chefs de synagogue leur envoyèrent dire : «Messieurs nos frères, s'il y a en vous une parole de *sagesse* à dire au peuple, parlez.»

– 16 – Paul se leva, fit un signe de la main, et dit : «Messieurs les Israélites, et vous qui craignez Dieu, écoutez. – 17 – Le Dieu de ce peuple d'Israël a choisi nos pères ; il a exalté le peuple lors de sa résidence en terre *d'*Égypte et, d'un bras levé, il les en retira. – 18 – Et *quarante* ans durant, il a supporté leurs façons dans le désert. – 19 – Il abattit sept nations au pays de Chanaan et distribua en héritage la terre *des étrangers*. – 20 – *Et* pour à peu près quatre cent cinquante ans, il donna des juges, jusqu'à Samuel *le* prophète. – 21 – A dater de là, ils demandèrent un roi, et Dieu leur donna Saoul, fils de Kis, un personnage de la tribu de Benjamin, pendant quarante ans. – 22 – Quand ils l'eurent déposé, il leur suscita David comme roi, auquel il rendit témoignage en disant : J'ai trouvé David, le fils de Jessé, un homme selon mon cœur, qui fera toutes mes volontés.

– 23 – Dieu **donc**, de sa **propre** semence, conformément à sa promesse, *suscita* pour Israël un sauveur, Jésus, – 24 – Jean ayant, au préalable, avant son entrée, proclamé un baptême de conversion spirituelle à tout le peuple d'Israël. – 25 – Achevant son œuvre, Jean disait : *Qui* supposez-vous que je suis ? Je ne le suis pas, moi. Mais voici qu'arrive derrière moi celui dont je ne suis pas digne de dénouer les souliers des pieds.

– 26 – Messieurs nos frères, ô fils de la race d'Abraham ! et ceux qui, parmi vous, craignez Dieu, c'est sur nous qu'a été envoyée la parole de ce salut. – 27 – Car ceux qui sont venus se fixer à Jérusalem et *ses* chefs, *sans* [. . .] *comprendre* accomplirent, par sa condamnation, *les écritures* des prophètes qui sont lues de sabbat en sabbat. – 28 – Puis, sans avoir trouvé **en lui** un seul motif de mort, **ils le condamnèrent lui, et le livrèrent à** Pilate, *pour un sacrifice*. – 29 – Comme ils *venaient* à bout de toutes les choses *qui* sur lui *sont* écrites, **ils ne cessaient de demander** à Pilate **d'abord de le crucifier, lui, puis parvenus encore à leurs fins et** l'ayant décroché du bois, ils le mirent **encore** dans un tombeau, – 30 – *lui* que Dieu a ressuscité [. . .] – 31 – *C'est celui-là* qui, bien des jours, fut vu par ceux qui *montaient* avec lui de Galilée à Jérusalem, lesquels sont **jusqu'**aujourd'hui ses témoins devant le peuple.

– 15 – *sagesse* : il semble que le copiste de D ait oublié d'omettre παρακλήσεως apparemment remplacé par σοφίας.

– 17 – *le (peuple)* : le texte occidental donne διά, impossible, pour καί (τὸν λαόν).

– *en Égypte* : le ms. D remplace le génitif par un datif également possible, sans que le sens soit modifié.

– 18 – *quarante* : la suppression de ὡς dans le ms. D précise le nombre.

– 20 – *à peu près* : ἕως, du ms. D, au lieu de ὡς, semble une faute de copiste, car ἕως doit être construit avec le génitif ; il est maintenu par Clark.

venir à Antioche de Pisidie. Le jour du sabbat, ils allèrent s'asseoir dans la synagogue. – 15 – Après la lecture de la Loi et des Prophètes, les chefs de synagogue leur envoyèrent dire : « Messieurs nos frères, s'il y a en vous une parole de réconfort à dire au peuple, parlez.»

– 16 – Paul se leva, fit un signe de la main, et dit : «Messieurs les Israélites, et vous qui craignez Dieu, écoutez. – 17 – Le dieu de ce peuple d'Israël a choisi nos pères ; il a exalté le peuple lors de sa résidence sur la terre de l'Égypte et, d'un bras élevé, il les en retira. – 18 – Une quarantaine d'années durant, il a supporté leurs façons dans le désert. – 19 – Il abattit sept nations en pays de Canaan et distribua leurs pays en héritage – 20 – pour à peu près quatre cent cinquante ans. Après quoi, il donna des juges, jusqu'au prophète Samuel. – 21 – A dater de là, ils demandèrent un roi, et Dieu leur donna Saoul, fils de Kis, un personnage de la tribu de Benjamin, pendant quarante ans. – 22 – Quand ils l'eurent déposé, il leur suscita David comme roi, auquel il rendit témoignage en disant : J'ai trouvé David, le fils de Jessé, un homme selon mon cœur, qui fera toutes mes volontés.

– 23 – C'est de sa semence, à celui-là, que Dieu, conformément à sa promesse, amena à Israël un Sauveur, Jésus, – 24 – Jean ayant, au préalable, avant son entrée, proclamé un baptême de conversion spirituelle à tout le peuple d'Israël. – 25 – Achevant sa course, Jean disait : Ce que vous supposez que je suis, je ne le suis pas, moi. Mais voici qu'arrive derrière moi celui dont je ne suis pas digne de dénouer les souliers des pieds.

– 26 – Messieurs nos frères, ô fils de la race d'Abraham ! et ceux qui, parmi vous, craignez Dieu, c'est sur nous qu'a été renvoyée la parole de ce salut. – 27 – Car ceux qui sont venus se fixer à Jérusalem et leurs chefs, par ignorance de ce Jésus, ils ont, par sa condamnation, accompli jusqu'aux paroles des prophètes qui sont lues de sabbat en sabbat. – 28 – Puis, sans avoir trouvé un seul motif de mort, ils ont demandé à Pilate qu'il soit sacrifié. – 29 – Une fois venus à bout de tout ce qui sur lui était écrit, ils le décrochèrent du bois et le mirent dans un tombeau. – 30 – Mais Dieu l'a ressuscité des morts, – 31 – lui qui fut vu bien des jours par ceux qui étaient montés avec lui de la Galilée à Jérusalem, lesquels sont aujourd'hui ses témoins devant le peuple.

– 22 – *le fils de* : le ms. D ajoute (τὸν) υἱὸν ('Ιεσσαί), ce qui n'ajoute rien au sens.

– 27 – *par sa condamnation* : le καί de D devant κρίναντες semble à rejeter, avec Blass.

– 28 – *en vue d'un* : ἵνα de D devant εἰς ἀναίρεσιν est la distraction d'un copiste qui s'attendait à un verbe.

– 29 – *toutes les choses qui* : écrire πάντα ἅ (ou bien πάνθ' ἅ) au lieu de πάντα τὰ permet de conserver εἰσιν ; le verbe reste au pluriel vu le nombre des choses écrites. — Le reste du texte occidental du verset semble pouvoir être conservé.

–32– Nous aussi, cette promesse venue à *nos* pères, nous vous annonçons –33– que Dieu lui a donné son accomplissement total pour *nos* enfants par la résurrection du **Seigneur** Jésus-**Christ**. *Car c'est ainsi qu'*il est écrit dans le *premier* psaume : Mon Fils, c'est toi ; c'est Moi qui, aujourd'hui, t'ai engendré ; **demande-moi et je te donnerai des nations en héritage, et en ta possession les confins de la terre.** –34– Et *quand* il l'a ressuscité des morts, sans plus devoir retourner à la corruption, il a bien dit : Je vous donnerai les choses saintes de David, les choses sûres. –35– [. . .] Et il dit *autrement* : Tu ne donneras pas à ton Saint de voir la corruption. –36– C'est que David, après avoir, pour sa propre race, servi le dessein de Dieu, se coucha, fut additionné à ses pères et vit la corruption. –37– Mais Celui que Dieu a ressuscité, Il n'a pas vu la corruption.

–38– Qu'il vous soit donc connu, Messieurs nos frères, que par lui est annoncée la rémission des péchés **ainsi que la conversion spirituelle**, loin de tous les actes dont vous n'avez pu être absous par la loi de Moïse. –39– Par lui *donc* tout homme qui a la foi est absous **auprès de Dieu**. –40– Voyez donc à éviter que n'advienne ce qui est écrit dans les Prophètes :

–41– «Regardez, vous, les contempteurs, soyez émerveillés et
soyez supprimés ;
Car je travaille, moi, à un travail, dans vos jours,
[. . .] Auquel il vous est impossible d'ajouter foi si on vous en fait
le récit détaillé.»

Et ils gardèrent le silence.

–42– A leur sortie, on demandait que, pour le sabbat *suivant*, ces paroles leur fussent dites. –43– La séance levée, un grand nombre de Juifs, et de prosélytes pleins de piété, suivirent Paul et Barnabé qui, liant avec eux conversation, tâchaient de les persuader de rester attachés à la grâce de Dieu ; **et il advint que par la ville entière passa la parole de Dieu.**

–44– Le sabbat venant, à peu près la ville *entière* se rassembla pour écouter **Paul de leurs oreilles et, une fois qu'il eut fait un long discours** sur le Seigneur, –45– les Juifs, ayant vu *la foule*, eurent une flambée de jalousie et contredisaient les **paroles** *prononcées* par Paul, *en ajoutant le blasphème* **à leur contradiction.** –46– Paul *parla* franc, Barnabé aussi, et ils **leur** dirent : «C'est à vous *les premiers* qu'il était [. . .] *possible* que fût dite la parole de Dieu. Puisque vous la repoussez et que vous ne vous jugez pas dignes de la vie éternelle, tenez, nous

---

–38– Dans le texte court, le καί devant ἀπό est douteux.
–41– *si on vous en fait le récit* : malgré le témoignage de quelques mss en 8, 31, le futur de D ἐκδιηγήσεται est probablement une faute de copiste pour le subjonctif ἐκδιηγῆται.

–32– Nous aussi, cette promesse venue aux pères, nous vous annonçons –33– que Dieu lui a donné son accomplissement total, pour nous leurs enfants, par la résurrection de Jésus, selon qu'il est écrit dans le psaume deux : Mon Fils, c'est toi ; c'est Moi qui, aujourd'hui, t'ai engendré. –34– Et comme quoi il l'a ressuscité des morts, sans plus devoir retourner à la corruption, il a bien dit : Je vous donnerai les choses saintes de David, les choses sûres. –35– C'est pourquoi il dit aussi, dans un autre psaume : Tu ne donneras pas à ton Saint de voir la corruption. C'est que David, après avoir, pour sa propre race, servi le dessein de Dieu, se coucha, fut ajouté à ses pères et vit la corruption. –37– Mais Celui que Dieu a ressuscité, Il n'a pas vu la corruption.

–38– Qu'il vous soit donc connu, Messieurs nos frères, que par lui est annoncée la rémission des péchés et que, de tous les actes dont vous n'avez pu être absous par la loi de Moïse, –39– par lui est absous tout homme qui a la foi. –40– Voyez donc à éviter que n'advienne ce qui est écrit dans les Prophètes :

–41– Regardez, vous, les contempteurs, soyez émerveillés
et soyez supprimés ;
Car je travaille, moi, à un travail, dans vos jours,
Un travail auquel il vous est impossible d'ajouter foi si on
vous en fait le récit détaillé.»

–42– A leur sortie on demandait que, pour le prochain sabbat, ces paroles leur fussent dites. –43– La séance levée, un grand nombre de Juifs, et de prosélytes pleins de piété, suivirent Paul et Barnabé, qui, liant avec eux conversation, tâchaient de les persuader de rester attachés à la grâce de Dieu.

–44– Le sabbat venant, à peu près toute la ville se rassembla pour écouter la parole de Dieu. –45– Les Juifs, ayant vu les gens, eurent une flambée de jalousie, et contredisaient les dires de Paul en blasphémant. –46– Paul et Barnabé parlèrent franc et dirent : «C'est à vous qu'il était avant tout indispensable que fût dite la parole de Dieu. Puisque vous la repoussez et que vous ne vous jugez pas dignes

–42– *ces paroles* : le copiste de D omet par erreur un τὰ, nécessaire devant ῥήματα.
–43– *tâchaient de les persuader* : le ms. D présente, après ἔπειθον, une lacune de deux lettres, dont la première peut être un *tau*.
–45– *ayant vu* : il est nécessaire, avec Blass, de supprimer καὶ devant ἰδόντες.

nous tournons vers les païens. −47− Car c'est ainsi que Dieu [. . .] *l'a prescrit* :

> **Vois**, je t'ai établi [. . .] lumière *pour* **les** *païens*,
> Pour que tu sois le salut jusqu'à l'extrémité de la terre.»

−48− Les païens étaient dans la joie d'écouter. Ils *accueillirent* la parole de *Dieu* ; et ils se mirent à croire, tous ceux qui se trouvaient rangés en ordre de bataille pour la vie éternelle.

−49− La parole du Seigneur était portée à travers tout le pays.

−50− Mais les Juifs excitèrent les femmes de piété, celles de distinction, ainsi que les notables de la ville, ranimèrent **un grand tourment et** une persécution contre Paul et Barnabé, et les expulsèrent hors de leurs frontières. −51− Mais eux secouèrent *bien* la poussière de **leurs** pieds contre les Juifs et *parvinrent* à Iconion.

−52− Quant aux disciples, la joie et l'Esprit-Saint les remplissaient.

CHAPITRE 14

−1− Or ce fut à la même époque, à Iconion, qu'*il entra* dans la synagogue des Juifs et **leur** parla d'une manière à *enraciner* la foi en une grande foule de Juifs et de Grecs. −2− Mais **les chefs de synagogue des Juifs et les chefs de la synagogue** leur attirèrent, **contre le droit, une persécution** et pressèrent les âmes des païens contre les frères. **Mais le Seigneur donna vite la paix.** −3− Alors Paul et Barnabé s'attardèrent à parler à mots francs au nom' du Seigneur, qui rendait témoignage à la parole de sa grâce en permettant qu'il y eût par *ses* mains des signes et des prodiges. −4− Et la population de la ville *se trouvait déchirée*, les uns étant du côté des Juifs, *d'autres,* **que soudait la parole de Dieu**, du côté des apôtres. −5− Mais lorsqu'il y eut, chez les païens et les Juifs, y compris leurs chefs, le fougueux désir de les outrager et de les lapider, −6− ayant fait le tour de la situation, ils *durent* se réfugier dans les villes de la Lycaonie, *à* Lystres et Derbé, et dans *tout* le voisinage. −7− Ils y annonçaient l'Évangile ; **et la population toute entière fut remuée par l'enseignement ; mais c'est à Lystres que séjournaient Paul et Barnabé.**

−8− [. . .] Il y avait un homme assis, incapable depuis sa naissance de se tenir debout : [. . .] jamais il n'avait marché. − 9 − Cet homme-

---

−51− *bien* : l'adverbe est chargé de rendre l'addition de αὐτῶν après τῶν ποδῶν.

− *contre les Juifs* : on est obligé de traduire ainsi ἐπ' αὐτούς, et non par «contre eux», équivoque ; déjà le οἱ δέ initial du verset signifiait «mais eux».

Chapitre 14   −3− Le texte du verset est inadmissible dans le ms. D. On peut

de la vie éternelle, tenez, nous nous tournons vers les païens. – 47 – Car c'est ainsi qu'il nous est prescrit par Dieu :

Je t'ai établi comme la lumière de païens
Pour que tu sois le salut jusqu'à l'extrémité de la terre. »

– 48 – Les païens étaient dans la joie d'écouter. Ils glorifiaient la parole du Seigneur ; et ils se mirent à croire, tous ceux qui se trouvaient rangés en ordre de bataille pour la vie éternelle.

– 49 – La parole du Seigneur était portée à travers tout le pays.

– 50 – Mais les Juifs excitèrent les femmes de piété, celles de distinction, ainsi que les notables de la ville, ranimèrent une persécution contre Paul et Barnabé, et les expulsèrent hors de leurs frontières. – 51 – Mais eux secouèrent contre les Juifs leur poussière des pieds, et vinrent à Iconion.

– 52 – Quant aux disciples, la joie et l'Esprit-Saint les remplissaient.

CHAPITRE 14

– 1 – Or ce fut vers la même époque, à Iconion, qu'ils entrèrent dans la synagogue des Juifs et parlèrent d'une manière à donner la foi à une grande foule de Juifs et de Grecs. – 2 – Mais les Juifs qui l'avaient refusée montèrent et pressèrent les âmes des païens contre les frères. – 3 – Alors Paul et Barnabé s'attardèrent à parler à mots francs au nom du Seigneur, qui rendait témoignage à la parole de sa grâce en permettant qu'il y eût par leurs mains des signes et des prodiges ; – 4 – et la population de la ville fut déchirée, les uns étant du côté des Juifs, les autres des apôtres. – 5 – Mais lorsqu'il y eut, chez les païens et les Juifs, y compris leurs chefs, le fougueux désir de les outrager et de les lapider, – 6 – ayant fait le tour de la situation, ils se réfugièrent dans les villes de Lycaonie, Lystres, Derbé, et le voisinage. – 7 – Ils y annonçaient l'Évangile.

– 8 – A Lystres, il y avait, assis, un homme incapable de se tenir debout, boiteux de naissance : jamais il n'avait marché. – 9 – Cet

---

conserver διατρίψαντες si l'on suppose la chute d'un ἦσαν devant παρρησιαζόμενοι ; le participe aoriste παρρησια < σά > μενοι de D corrigé est difficilement défendable. Le texte court est à préférer ; il s'y est introduit un ἐπί, à supprimer, devant τῷ λόγῳ par confusion sans doute avec le ἐπί qui précède.

– 6 – *durent* : ce verbe traduit le καί, ajouté dans le ms. D, qui met l'accent sur lui.

– 8 – *n'avait jamais marché* : le plus-que-parfait, sans augment, du verbe dans le ms. D, au lieu de l'aoriste, ne modifie pas le sens.

là entendit parler Paul, **non sans frayeur**. [...] **Paul**, ayant fixé les yeux sur lui, et vu qu'il avait la foi du salut, – 10 – dit d'une voix forte : «**Je te le dis au nom du Seigneur Jésus-Christ**, lève-toi tout droit sur tes pieds **et marche**.» L'homme **aussitôt** *se leva* d'un bond ; et il marchait. – 11 – Mais les gens, ayant vu ce que Paul avait fait, élevèrent la voix pour dire, en lycaonien : «Les dieux ont pris *la* forme humaine pour descendre chez nous.» – 12 – Ils appelaient Barnabé Zeus et Paul Hermès, puisque c'était lui qui menait le discours. – 13 – *Mais les prêtres* de *ce qui était le Zeus-devant-la*-ville, **leur** ayant amené, à eux, des taureaux et des bandelettes jusqu'au porche, voulaient, et les gens aussi, offrir *sur* eux un sacrifice. – 14 – A *la nouvelle*, [...] Barnabé et Paul déchirèrent leurs manteaux, prirent leur élan contre la foule – 15 – en lançant des clameurs *et des appels* : «Messieurs, que faites-vous là ? Nous sommes, nous [...], des hommes dotés des mêmes affections que les vôtres, nous vous annonçons *l'*évangile **de Dieu** *pour que*, loin de ces choses vaines, vous vous convertissiez à un Dieu vivant, **celui** qui a fait le ciel et la terre et la mer et tout ce qui s'y trouve contenu, – 16 – qui, dans les générations disparues, a permis à toutes les nations de poursuivre leurs voies. – 17 – *Et même*, il ne s'est pas laissé lui-même manquer de témoignage, faisant *du* bien en vous donnant du ciel des pluies et des époques porteuses de fruit, vous comblant le cœur de nourriture et de joie.» – 18 – Et en disant cela ils empêchèrent, *non sans peine*, les gens de leur faire un sacrifice.

– 19 – **Comme ils séjournaient et enseignaient**, il survint d'Iconion et d'Antioche, **certains** Juifs qui, ayant *ameuté* les gens et lapidé Paul, le *traînèrent* hors de la ville, laissé pour mort. – 20 – Mais *ses* disciples ayant fait cercle, il se leva et entra dans la ville **de Lystres** ; et le lendemain, il en sortit avec Barnabé pour aller à Derbé.

– 21 – Ayant annoncé l'Évangile *aux habitants de la* ville et fait *de nombreux* disciples, ils *retournaient* à Lystres, à Iconion et Antioche, – 22 – en rendant les âmes des disciples inflexibles *et* les exhortant à rester accrochés à la foi : il nous fallait passer par bien des tourments avant d'*arriver au* royaume de Dieu. – 23 – Ils leur désignèrent dans chaque Église des prêtres *puis*, ayant prié avec des jeûnes, ils les confièrent au Seigneur en qui ils avaient cru.

– 24 – *Puis* ils traversèrent la Pisidie et vinrent *en* Pamphylie, – 25 – dirent à Pergè la Parole et descendirent à Attalia **en y annonçant l'évangile**. – 26 – De là ils se rembarquèrent pour Antioche, d'où ils avaient été livrés à la grâce de Dieu pour l'œuvre qu'ils avaient accomplie.

– 11 – *la voix* : le copiste de D omet l'article devant φωνήν.

– 12 – *Zeus* : Δίαν, donné par plusieurs mss dont D, est une faute de copiste due à l'influence de la syllabe finale du mot qui précède. — Faute aussi sans doute l'omission de l'article devant ἡγούμενος.

homme-là entendit parler Paul, lequel, ayant fixé les yeux sur lui et vu qu'il avait la foi du salut, – 10 – dit d'une voix forte : «Lève-toi tout droit sur tes pieds.» L'homme bondit ; et il marchait. – 11 – Les gens, ayant vu ce que Paul avait fait, élevèrent la voix pour dire, en lycaonien : «Les dieux ont pris forme humaine pour descendre chez nous.» – 12 – Ils appelaient Barnabé Zeus et Paul Hermès, puisque c'était lui qui menait le discours. – 13 – Le prêtre du Zeus qui se trouvait dans la ville, ayant amené des taureaux et des bandelettes jusqu'au porche, voulait, et les gens aussi, offrir un sacrifice. – 14 – A la nouvelle, les apôtres Barnabé et Paul déchirèrent leurs manteaux et prirent leur élan contre la foule en disant, dans leurs clameurs : «Messieurs, que faites-vous là ? Nous aussi, nous sommes dotés des mêmes affections que les vôtres, nous vous annonçons un Évangile qui, loin de ces choses vaines, vous convertisse à un Dieu vivant, qui a fait le ciel et la terre et la mer et tout ce qui s'y trouve contenu, – 16 – qui, dans les générations disparues, a permis à toutes les nations de poursuivre leurs voies. – 17 – Cependant il ne s'est pas laissé lui-même manquer de témoignage, faisant le bien en vous donnant du ciel des pluies et des époques porteuses de fruit, vous comblant le cœur de nourriture et de joie.» – 18 – Et, en disant cela, ils eurent grand-peine à empêcher les gens de leur faire un sacrifice.

– 19 – Il survint, d'Antioche et d'Iconion, des Juifs qui, ayant réussi à persuader les gens et ayant lapidé Paul, le traînaient hors de la ville, laissé pour mort. – 20 – Mais, les disciples ayant fait cercle autour de lui, il se leva et entra dans la ville ; et le lendemain, il en sortit avec Barnabé pour aller à Derbé.

– 21 – Ayant annoncé l'Évangile à cette ville et fait bon nombre de disciples, ils retournèrent à Lystres, à Iconion et à Antioche, – 22 – en rendant les âmes des disciples inflexibles, en les exhortant à rester accrochés à la foi : il nous fallait passer par bien des tourments avant d'entrer dans le royaume de Dieu. – 23 – Ils leur désignèrent dans chaque Église des prêtres après avoir prié avec des jeûnes, et ils les confièrent au Seigneur en qui ils avaient cru.

– 24 – Et ils traversèrent la Pisidie et virent dans la Pamphilie, – 25 – dirent à Pergé la Parole et descendirent à Attalia. – 26 – De là ils se rembarquèrent pour Antioche, d'où ils avaient été livrés à la grâce de Dieu pour l'œuvre qu'ils avaient accomplie.

– 13 – *de ce qui était le Zeus* : sur ce verset, cf. *Rev. Ét. grecques*, 1982, p. 80-84.

– 14 – *à la nouvellle* : le participe ἀκούσαντες est passé, dans le ms. D, du pluriel au singulier ; on peut y voir une faute de la dictée intérieure du copiste, rapprochant les sons ἀκούσας - Βαρναβᾶς.

– 17 – *faisant du bien* : le ms. D remplace le verbe ἀγαθουργῶ, hapax lucanien (seul autre ex. dans le N.T. en I *Tim.* 6, 18), par son synonyme ἀγαθοποιῶ, plus fréquent chez Luc et Paul (un autre ex. possible Mc., 3, 4).

– 19 – *ayant ameuté* : cf. Euripide, *Oreste*, 613.

−27− Une fois arrivés, ayant rassemblé l'Église, ils exposaient en détail tout ce que Dieu avait fait *pour eux* avec leurs **vies**, et qu'il avait ouvert pour les païens les portes de la foi. −28− Puis ils séjournèrent un certain temps en compagnie des disciples.

CHAPITRE 15

−1− Et certaines personnes, descendues de Judée, donnaient aux frères cet enseignement : «Si vous ne vous faites pas circoncire **et si vous ne suivez pas** la coutume de Moïse, il ne vous est pas possible d'être sauvés.» −2− Mais comme il s'était produit une émeute avec un débat considérable pour Paul et Barnabé *avec* eux — **Paul disait en effet de rester exactement comme le jour où ils avaient cru ; il y insistait** —. **Mais ceux qui étaient venus de Jérusalem prescrivirent à Paul et Barnabé, personnellement**, et à quelques autres [...], de monter à Jérusalem auprès des apôtres et des prêtres, **afin d'être jugés sur les problèmes**, à propos de ce débat. −3− Eux, alors, munis de leur viatique par l'Église, traversaient la Phénicie et la Samarie, faisant du retournement des païens un récit détaillé, et donnaient à tous les frères une grande joie. −4− Arrivés à Jérusalem, accueillis **magnifiquement** par l'Église, les apôtres et les prêtres, ils *rapportèrent* tout ce que Dieu avait fait avec eux. −5− **Mais ceux qui leur avaient prescrit de monter auprès des prêtres** se dressèrent, en disant — c'était certains [...] de la secte des Pharisiens devenus croyants — qu'il fallait circoncire les païens et leur prescrire d'observer la loi de Moïse ; −6− *puis,* apôtres comme prêtres furent rassemblés pour connaître de l'affaire.

−7− Après de grands débats, Pierre *se leva* **dans l'Esprit** et leur dit : «Messieurs mes frères, vous savez, vous, que de longue date Dieu a voulu, par son choix parmi *nous,* que les païens entendissent de ma bouche la parole de l'Évangile et se missent à croire. −8− Le connaisseur des cœurs, Dieu, leur a rendu témoignage par le don, *à leur intention* comme *pour* nous, de l'Esprit-Saint ; −9− et il n'a aucunement décidé entre eux et nous puisqu'il a purifié leurs cœurs par la foi. −10− Pourquoi donc, maintenant, tentez-vous Dieu ? Pourquoi imposer au cou des disciples un joug que ni nos pères ni nous n'avons eu la force de porter ? −11− Aussi bien est-ce, par la grâce du Seigneur Jésus-**Christ**, que nous avons, de la même manière que ces gens-là, la foi du salut.»

−27− *ayant rassemblé* : le ms. D emploie l'aoriste 1 tardif du verbe συνάγω au lieu de l'aoriste 2 classique du texte court.

− *avec leurs vies* : si les mots grecs rendent un sémitisme, l'expression ne signifie pas autre chose qu'«avec eux» ; mais on ne voit pas pourquoi l'auteur aurait *ajouté* ici un sémitisme.

−27− Une fois arrivés, ayant rassemblé l'Église, ils exposaient en détail tout ce que Dieu avait fait avec eux, et qu'ils avaient ouvert pour les païens la porte de la foi. −28− Puis ils séjournèrent un certain temps en compagnie des disciples.

CHAPITRE 15

−1− Et certaines personnes, descendues de Judée, donnaient aux frères cet enseignement : « Si vous ne vous faites pas circoncire, selon la coutume de Moïse, il ne vous est pas possible d'être sauvés. −2− Mais comme il s'était produit une émeute avec un débat considérable pour Paul et Barnabé contre eux, ordre fut donné que Paul, Barnabé et quelques autres des leurs montassent à Jérusalem auprès des apôtres et des prêtres sur l'objet de ce débat.

−3− Eux, alors, munis de leur viatique par l'Église, traversaient la Phénicie et la Samarie, faisant du retournement des païens un récit détaillé, et donnaient à tous les frères une grande joie. −4− Arrivés à Jérusalem, accueillis par l'Église, les apôtres et les prêtres, ils exposèrent en détail tout ce que Dieu avait fait avec eux. −5− Mais se dressèrent certains des membres de la secte des Pharisiens devenus croyants, en disant qu'il fallait circoncire les païens et leur prescrire d'observer la loi de Moïse ; −6− et apôtres comme prêtres furent rassemblés pour connaître de l'affaire.

−7− Après de grands débats, Pierre s'étant levé leur dit : « Messieurs mes frères, vous savez, vous, que de longue date Dieu a voulu par son choix parmi vous que les païens entendissent de ma bouche la parole de l'Évangile et se missent à croire. −8− Dieu, le connaisseur des cœurs, a rendu témoignage par le don, fait à eux comme à nous, de l'Esprit-Saint ; −9− et il n'a aucunement décidé entre eux et nous puisqu'il a purifié leurs cœurs par la foi. −10− Pourquoi donc, maintenant tentez-vous Dieu ? Pourquoi imposer au cou des disciples un joug que ni nos pères ni nous n'avons eu la force de porter ? −11− Aussi bien est-ce, par la grâce du Seigneur Jésus, que nous avons, de la même manière que ces gens-là, la foi du salut. »

Chapitre 15 −1 à 6− sur ces versets, cf. l'article « Le prélude au concile de Jérusalem (les deux versions des *Actes*, 15, 1-6) », *R.B.Ph.H.*, 1984, p. 30-55.

−2− *émeute* : par une erreur évidente le copiste de D écrit ἐκστάσεως au lieu de στάσεως.

−4− *accueillis* : de même παρεδόθησαν au lieu de παρεδέχθησαν.

− *rapportèrent* : par une erreur également évidente, le copiste de D écrit ἀπηγγειλαντες au lieu de ἀπήγγειλάν τε.

−7− *débats* : au lieu de ζήτησις, le ms. D emploie l'hapax συνζήτησις (douteux en 28, 29), pratiquement synonyme.

–12– **Comme les prêtres donnaient leur accord à ce que Pierre avait dit**, toute la foule garda le silence et l'on écoutait Barnabé et Paul expliquer tous les signes et tous les prodiges que Dieu avait faits par eux chez les païens.

–13– Une fois qu'ils se furent tus, *Jacques se leva et dit* : «Messieurs nos frères, écoutez-moi. –14– Syméon a expliqué comment d'abord Dieu a visité les païens pour tirer d'eux un peuple à son nom. –15– Et *ainsi* s'accordent les paroles des prophètes, selon qu'il est écrit :

> –16– Après cela je *retournerai*
> Et je rebâtirai la tente de David, tombée;
> Ses parties sapées, je les rebâtirai;
> Elle, je la remettrai debout,
> –17– Afin que *Dieu* soit recherché du reste des hommes,
> Et de toutes les nations sur lesquelles son nom est invoqué,
> Dit le Seigneur, *celui* qui fait ces choses.

–18– Connue **du Seigneur**, de toute éternité, **est son œuvre**. –19– C'est pourquoi je décide, moi, que l'on n'inquiète pas ceux qui se détournent du paganisme pour se convertir à Dieu, –20– mais qu'on leur mande par écrit de s'abstenir des souillures dues aux idoles, de l'impudicité [...] et du sang ; **et ne faites pas arriver à d'autres ce que l'on ne veut pas pour soi**. –21– C'est que Moïse a, par les villes, depuis d'antiques générations, des hommes qui le proclament, étant lu dans les synagogues chaque sabbat.»

–22– Alors les apôtres, les prêtres, suivis par l'Église entière, prirent la décision de choisir des hommes dans leur sein et de les envoyer à Antioche avec Paul et Barnabé, Judas, celui que l'on appelait *Barabbas* et Silas, des hommes d'autorité parmi les frères, –23– ayant écrit **une lettre** de leur main, **contenant ceci** : «Les frères apôtres et prêtres, aux frères venus du paganisme dans toute Antioche, Syrie et Cilicie, salut. –24– Comme nous avons appris que certains de notre communauté **étaient partis** vous bouleverser *complètement* par des propos en vous ravageant l'âme, et cela sans prescription de notre part, –25– tombés d'accord nous avons pris la décision de choisir des gaillards et de vous les envoyer avec *vos* chers Barnabé et Paul, –26– des hommes qui ont livré une fois pour toutes *leur vie* pour la défense du nom de notre Seigneur Jésus-Christ **pour toute espèce d'épreuve**. –27– Nous avons donc dépêché Judas et Silas, chargés, eux, de vous rapporter les mêmes choses de vive voix. –28– Car l'Esprit-

---

–12– *expliquer* : le copiste de D écrit à tort ἐξηγούμενοι. Par suite les deux *accusatifs* Βαρνάβαν et Παῦλον deviennent incertains.

–15– *ainsi* : est-ce par inattention que le copiste de D aurait écrit οὕτως, qui n'est pas impossible, au lieu de τούτῳ? Les deux mots se ressemblent.

–17– *celui qui a fait ces choses* : après λέγει κύριος, la première main de D écrit ποιήσει ταῦτα, leçon impossible, corrigée par la seconde main du ms. en ὁ ποιῶν ταῦτα.

−12− Toute la foule garda le silence et l'on écoutait Barnabé et Paul expliquer tous les signes et tous les prodiges que Dieu avait faits par eux chez les païens.

−13− Une fois qu'ils se furent tus, Jacques lança ces paroles : «Messieurs nos frères, écoutez-moi. −14− Syméon a expliqué comment d'abord Dieu a visité les païens pour tirer d'eux un peuple à son nom. −15− Et à cela s'accordent les paroles des prophètes, selon qu'il est écrit :

−16− Après cela je reviendrai et je rebâtirai
La tente de David, tombée ;
Ses parties sapées, je les rebâtirai ;
Elle, je la remettrai debout,
−17− Afin que le Seigneur soit recherché du reste des hommes
Et de toutes les nations sur lesquelles mon nom est invoqué,
Dit le Seigneur, qui fait ces choses,
−18− Qu'il connaît de toute éternité.

−19− C'est pourquoi je décide, moi, que l'on n'inquiète pas ceux qui se détournent du paganisme pour se convertir à Dieu, −20− mais qu'on leur mande par écrit de s'abstenir des souillures dues aux idoles, de l'impudicité, des chairs étranglées et du sang. −21− C'est que Moïse a, par les villes, depuis d'antiques générations, des hommes qui le proclament, étant lu dans les synagogues chaque sabbat.»

−22− Alors les apôtres, les prêtres, suivis par l'Église entière, prirent la décision de choisir des hommes dans leur sein et de les envoyer à Antioche, avec Paul et Barnabé, Judas, celui que l'on appelait Barsabbas, et Silas, des hommes d'autorité parmi les frères, −23− ayant écrit de leur main : «Les frères apôtres et prêtres, aux frères venus du paganisme dans toute Antioche, Syrie et Cilicie, salut. −24− Comme nous avons appris que certains, venus de notre communauté, vous ont bouleversés par des propos en vous ravageant l'âme, et cela sans prescription de notre part, −25− tombés d'accord nous avons pris la décision de choisir des gaillards et de vous les envoyer avec nos chers Barnabé et Paul, −26− des hommes qui ont livré une fois pour toutes leurs vies pour la défense du nom de Notre Seigneur Jésus-Christ. −27− Nous avons donc dépêché Judas et Silas, chargés, eux, de vous rapporter les mêmes choses de vive voix. −28−

−19-20− Sur les deux versions du décret apostolique, cf. l'article de la *Revue belge de philologie et d'histoire*, 1984, ci-dessus v. 1 à 6.

−25− *de choisir* : le ms. D met le participe à l'accusatif, aussi correct que le datif du texte court.

−27− *chargés de vous rapporter* : le ms. D écrit ἀπαγγελοῦντας, participe futur, au lieu du participe présent du texte court ; mais le sens reste le même.

−28− *obligation* : le texte court semble fautif en écrivant τῶν, par dittographie, après τούτων, qui doit être suivi d'un point en haut.

Saint, et nous, avons pris la décision de ne vous imposer aucun fardeau de plus que ceci : obligation – 29 – de vous abstenir de viandes immolées aux idoles, de sang [...] et d'impudicité, **et de faire arriver à un autre ce que l'on ne veut pas pour soi,** ce dont l'abstention continue vous donnera le bonheur, **portés dans l'Esprit-Saint.** Bonne santé. »

– 30 – Eux, alors, une fois congédiés, descendirent **en peu de jours** à Antioche ; *réunissant* l'assemblée, ils passèrent la lettre. – 31 – Le réconfort, lecture faite, les mit en joie. – 32 – Et Judas et Silas, en tant que prophètes **pleins d'Esprit-Saint,** exhortèrent *verbalement* [...] les frères et les rendirent inflexibles. – 33 – Après un temps, ils furent congédiés en paix par les frères, en retour vers ceux qui les avaient dépêchés. – 34 – **Mais Silas décida de prolonger là son séjour et seul Judas prit la route.** – 35 – Quant à Paul et Barnabé, ils séjournèrent à Antioche, enseignant et annonçant, avec beaucoup d'autres, l'Évangile de la parole du Seigneur.

– 36 – Au bout de quelques jours, Paul dit à Barnabé : « Retournons donc voir, par une visite aux frères, *ceux* en toute ville *chez lesquels* nous avons annoncé la parole du Seigneur, comment ils vont. » – 37 – Barnabé voulait que l'on prît en outre avec soi Jean [...], celui qu'on *surnommait* Marc. – 38 – Mais Paul *ne voulait pas, en disant* qu'un homme qui les avait lâchés dès la Pamphylie sans venir à l'ouvrage [...] **pour lequel ils avaient été envoyés,** cet homme-là, *il défendait qu'il fût avec eux.* – 39 – L'irritation vint à son comble, au point de provoquer entre eux une séparation. **Alors** *Barnabé prit Marc avec soi et partit pour Chypre.* – 40 – Quant à Paul, il *accueillit* Silas et s'en alla, livré par les frères à la grâce du Seigneur. – 41 – Et il traversait la Syrie et la Cilicie, rendant inflexibles les Églises, **et en leur livrant les ordres des prêtres.**

CHAPITRE 16

– 1 – **Ayant traversé ces nations,** il atteignit Derbé et Lystres. Voici qu'il y avait là un disciple nommé Timothée, fils d'une Juive croyante mais d'un père grec, – 2 – honorablement connu des frères de Lystres et d'Iconion. – 3 – Cet homme-là, Paul voulut qu'il s'en allât avec lui. Il le prit et le circoncit, à cause de ces Juifs qui étaient dans les

---

–29– *vous donnera* : εὖ πράξατε, sans augment, du ms. D, est sûrement une faute de copiste pour εὖ πράξετε, « vous donnera ».

–34– Le verset n'existe que dans la version occidentale et le ms. C. Le copiste de D écrit par erreur αὐτους, à corriger en αὐτοῦ, donné par C. Sur les versets 34 et 38, cf. l'article « Silas, Paul et Barnabé à Antioche selon le texte occidental d'*Actes*, 15, 34 et 38 », *R.H.Ph.R.*, 1984, p. 47-52.

–38– *qui les avait lâchés* : par une erreur de copiste, le ms. D écrit ἀποστήσαντα aoriste 1 impossible parce que transitif. On adopte la leçon ἀποστάντα du texte court.

Car l'Esprit-Saint, et nous, avons pris la décision de ne vous imposer aucun fardeau de plus que ceci : obligation –29– de vous abstenir des viandes immolées aux idoles, de sang, de chairs étranglées et d'impudicité, ce dont l'abstention continue vous donnera le bonheur. Bonne santé.»

–30– Eux, alors, une fois congédiés, descendirent à Antioche; ayant réuni l'assemblée, ils passèrent la lettre. –31– Le réconfort, lecture faite, les mit en joie. –32– Et Judas et Silas, en tant que prophètes, moyennant force discours, exhortèrent les frères et les rendirent inflexibles. –33– Après un temps, ils furent congédiés en paix par les frères, en retour vers ceux qui les avaient dépêchés. –35– Quant à Paul et Barnabé, ils séjournaient à Antioche, enseignant et annonçant, avec beaucoup d'autres, l'Évangile de la parole du Seigneur.

–36– Au bout de quelques jours, Paul dit à Barnabé : «Retournons donc voir, par une visite en toute ville où nous avons annoncé la parole du Seigneur, comment vont les frères. –37– Barnabé voulait que l'on prît en outre avec soi Jean aussi, celui que l'on appelait Marc. –38– Mais, un homme qui les avait lâchés dès la Pamphilie sans venir à l'ouvrage, cet homme-là, Paul se refusait à le prendre en surplus. –39– L'irritation vint à son comble, au point de provoquer entre eux une séparation et de faire s'embarquer Barnabé, prenant Marc avec soi, pour Chypre. –40– Quant à Paul, il choisit Silas et s'en alla, livré par les frères à la grâce du Seigneur. –41– Et il traversait la Syrie et la Cilicie, en rendant inflexibles les Églises.

CHAPITRE 16

–1– Il atteignit encore Derbé et Lystres. Voici qu'il y avait là un disciple nommé Timothée, fils d'une Juive croyante mais d'un père grec, –2– honorablement connu des frères de Lystres et d'Iconion. –3– Cet homme-là, Paul voulut qu'il s'en allât avec lui. Il le prit et le circoncit à cause de ces Juifs qui étaient dans les parages : car tout le

---

– *il défendait* : ce verbe traduit l'infinitif d'ordre μὴ εἶναι.

–40– *accueillit* : si le participe ἐπιδεξάμενος du ms. D est maintenu, il signifie que Paul accueillit Silas comme compagnon, pour aller avec lui. Il est possible d'y voir une faute de copiste pour le participe ἐπιλεξάμενος du texte court.

– Sur l'ensemble du chapitre 15, cf. E. Bammel, *in* Kremer, p. 439-446, *Der Text von Apostelgeschichte 15*.

Chapitre 16   –16, 1-5– Sur ces versets, cf. l'article de *Biblica*, 1982, p. 395 et suiv. de même pour les versets 9-10 et 35-40.

parages : car *son père*, tout le monde savait qu'il était un Grec. −4−
En traversant les villes **ils proclamaient avec un franc-parler total le Seigneur
Jésus-Christ, tout en livrant également** *les ordres* des apôtres et des prêtres
de Jérusalem. −5− Et les églises, alors s'affermissaient [. . .] et leur
nombre devenait surabondant de jour en jour.

−6− Ils traversèrent la Phrygie et le pays de Galatie, ayant été
empêchés par l'Esprit-Saint de dire **à personne** en Asie la parole **de Dieu**.
−7− *S'étant trouvés* près de la Mysie, ils *voulaient* poursuivre leur route
en Bithynie mais l'Esprit de Jésus le leur interdit. −8− Ayant *traversé*
la Mysie, ils *parvinrent* à Troas. −9− Et *au cours d'une* vision pendant
la nuit, apparut à Paul **comme** une sorte de Macédonien debout **en face
de lui**, qui le priait en disant : «Passe en Macédoine, viens à notre
secours.» −10− **Dès lors réveillé il nous raconta** la vision *et nous comprîmes*
[. . .] que nous étions appelés par *le Seigneur* à annoncer l'Évangile
aux *gens de la Macédoine*.

−11− **Le lendemain** nous prîmes le large à Troas et courûmes droit
sur Samothrace, *et* le *jour* d'après sur Néapolis. −12− De là nous
gagnâmes Philippes, qui est la ville **clef** de la Macédoine, une colonie.
Et nous restâmes à séjourner quelques jours dans cette ville.

−13− Le jour du sabbat, nous sortîmes à l'extérieur de la porte au
bord de *la* rivière, là où c'était, *semblait-il*, le lieu de la prière et, nous
étant assis, nous devisions avec les femmes *qui se trouvaient
rassemblées*. −14− Une nommée Lydie, négociante en tissus de
pourpre, de *la* ville de Thyatires, une femme qui rendait un culte à
Dieu, *écouta*. Le Seigneur ouvrit son cœur à prêter attention aux
choses que Paul disait. −15− Lorsqu'elle fut baptisée, ainsi que *toute*
sa maison, elle fit cette invitation : «S'il est vrai que je suis jugée par
vous croyante en *Dieu*, entrez dans ma maison pour y rester», et elle
nous retint.

−16− Or ce fut quand nous allions au lieu de prière qu'une petite
servante, possédée d'un esprit python, vint *au-devant de nous*, une fille
qui procurait de grands bénéfices aux [. . .] maîtres par les prédictions
qu'elle lui devait. −17− Cette fille, tout en faisant escorte à Paul et à
nous, poussait **même** des clameurs : «Ceux-là [. . .] sont les esclaves du
Dieu Très-Haut, qui vous *annoncent* **l'évangile** de la voie du salut»,
−18− et elle continuait de jour en jour. Alors Paul, en se retournant

---

−4− *ils proclamaient* : après ἐκήρυσσον, le ms. D, par une faute de copiste, introduit
les mots καὶ παρεδίδοσαν αὐτοῖς, à supprimer parce qu'ils sont impossibles à construire et
que le verbe, provenant du texte court, fait double emploi avec le παραδίδοντες qui suit.

−7− *poursuivre leur route* : l'infinitif présent du ms. D au lieu de l'aoriste du texte
court ne provoque pratiquement aucun changement de sens.

−9− *le (priait)* : «le» n'est pas dans le texte de D, mais la clarté veut qu'on
l'exprime en français.

−11− *nous prîmes le large* : la première main de D écrit ἀχθέντες, heureusement

monde savait que son père était un Grec. −4− Comme ils passaient par les villes, ils livraient à leur garde les décisions arrêtées par les apôtres et les prêtres de Jérusalem. −5− Et les églises, alors, s'affermissaient par la foi, et leur nombre devenait surabondant de jour en jour.

−6− Ils traversèrent la Phrygie et le pays de Galatie, ayant été empêchés par l'Esprit-Saint de dire la Parole en Asie. −7− Arrivés près de la Mysie, ils tentaient de poursuivre leur route en Bithynie, mais l'Esprit de Jésus le leur interdit. −8− Ayant longé la Mysie, ils descendirent à Troas. −9− Au cours de la nuit, une vision apparut à Paul : un certain Macédonien se trouvait debout, et le priait, en disant : «Passe en Macédoine, viens à notre secours.» −10− Aussitôt qu'il eut vu cette vision, nous cherchâmes à nous en aller en Macédoine, avec cette leçon que nous étions appelés par Dieu à annoncer l'évangile aux gens du pays.

−11− A Troas donc, nous prîmes le large et courûmes droit sur Samothrace, le lendemain sur Néa-Polis. −12− De là nous gagnâmes Philippes, qui est une ville du premier district de Macédoine, une colonie. Et nous restâmes à séjourner quelques jours dans cette ville.

−13− Le jour du sabbat, nous sortîmes à l'extérieur de la porte au bord d'une rivière, là où nous pensions que c'était le lieu de la prière et, nous étant assis, nous devisions avec les femmes venues se rassembler. −14− Une nommée Lydie, négociante en tissus de pourpre, d'une ville, Thyatires, une femme qui rendait culte à Dieu, écoutait. Le Seigneur ouvrit son cœur à prêter attention aux choses que Paul disait. −15− Lorsqu'elle fut baptisée, ainsi que sa maison, elle fit cette invitation : «S'il est vrai que je suis jugée par vous croyante en le Seigneur, entrez dans ma maison pour y rester», et elle nous retint.

−16− Or ce fut quand nous allions au lieu de la prière qu'une petite servante, possédée d'un esprit python, vint à notre rencontre, une fille qui par ses prédictions procurait de grands bénéfices à ses maîtres. −17− Cette fille, tout en faisant escorte à Paul et à nous, poussait ces clameurs : «Ces hommes, qui vous annoncent la voie du salut, sont les esclaves du Dieu Très-Haut», −18− et elle continuait de jour en jour.

---

corrigée par l'addition, en interligne, du préverbe ἀνα- (c'est-à-dire ΝΑ après le Α initial).

− *Néapolis* : est écrit en deux mots dans le texte court, la «Ville Neuve».

−13− *semblait-il* : le verbe ἐδόκει du ms. D invite à adopter la leçon, défendable en fin de compte, ἐνομίζομεν, dans le texte court (plutôt que ἐνομίζετο adopté dans l'édition des Belles Lettres, 1982).

−17− *annoncent l'évangile* : εὐαγγελίζοντες de D est une faute de copiste pour εὐαγγελίζονται.

−18− *de (sortir)* : le ms. D construit la complétive avec ἵνα, ce qui est moins classique ; mais le sens est le même.

vers l'esprit, et agacé, dit : «Au nom de Jésus-Christ, je te donne l'ordre *de sortir* d'elle.» *Aussitôt*, il sortit.

−19− *Quand* les maîtres *de la petite servante virent qu'ils étaient privés* de leur bénéfice, **qu'elle leur procurait**, ils attrapèrent et traînèrent Paul et Silas jusqu'à l'agora devant les magistrats. −20− Les ayant amenés aux préteurs, ils dirent : «Ces hommes-là mettent dans notre ville un bouleversement complet ; ils sont juifs, −21− ils annoncent *les* coutumes qu'il ne nous est pas permis d'accueillir, non plus que de pratiquer, à nous *qui sommes* romains. −22− Avec ensemble une foule **nombreuse** se déchaîna contre eux **avec des clameurs ; alors** les préteurs, ayant fait déchirer leurs manteaux, ordonnaient de les passer par les verges. −23− Et, après les avoir roués de coups, ils les jetèrent en prison, non sans avoir donné l'ordre au geôlier : «*Qu'ils soient* gardés en sûreté.» −24− *Et* lui, sur un pareil ordre, les jeta dans la prison intérieure, et s'assura de leurs pieds *dans* l'entrave.

−25− *Vers le milieu de la nuit*, Paul et Silas, en prières, célébraient Dieu par leurs chants ; les prisonniers tendaient l'oreille. −26− Tout à coup, il y eut un tremblement de terre, assez violent pour secouer les fondations de la prison. Sur-le-champ s'ouvrirent toutes les portes, et les liens de tous furent *desserrés*. −27− Et, enlevé à son sommeil et voyant ouvertes les portes de la prison, *et* tirant son coutelas, le geôlier allait se sacrifier, parce qu'il pensait que les prisonniers s'étaient échappés. −28− Mais Paul appela d'une voix forte, en disant : «Ne te fais *aucun* mal : nous sommes tous ici.» −29− L'homme bondit, en demandant de la lumière et, *en étant* tout tremblant, tomba **aux pieds** de Paul et de Silas. −30− Il les amena au dehors, **après s'être assuré de tous les autres,** et **leur** dit : «Seigneurs, que me faut-il faire pour être sauvé ?» Ils dirent : «Crois à présent en le Seigneur Jésus-**Christ**, et tu seras sauvé, toi et ta maison.» −32− Ils lui dirent la parole du *Seigneur*, ainsi qu'à tous les habitants du logis. −33− Il les prit avec lui en cette même heure de la nuit, les lava de leurs coups ; et il fut baptisé, lui et tous les siens, sur-le-champ. −34− Il les fit monter dans son logement, mettre à table ; et *il était* dans l'allégresse, *avec sa famille*, de posséder la foi *en* Dieu.

−35− Le jour venu, les préteurs **se réunirent pour faire bloc sur l'agora ; ils s'effrayèrent à l'évocation du séisme survenu** et envoyèrent dire par les licteurs : «Relâche ces hommes **que tu as reçus hier**.» −36− Le geôlier

---

−19− *qu'ils étaient privés* : ἀπεστερησθαι est une faute de copiste, dans une addition du ms. D ; Blass a raison de corriger en ἀπεστέρηνται.

−21− *d'accueillir* : l'infinitif aoriste de D est peut-être plus normal que l'infinitif présent du texte court ; mais la traduction ne saurait changer.

− *coutumes* : le copiste de D écrit par erreur ἔθνη au lieu de ἔθη.

− *non plus que de* : le οὔτε du ms. D, après οὐκ, est probablement une faute de copiste, pour οὐδέ.

Alors Paul, agacé, dit, en se retournant, à l'esprit : «Au nom de Jésus-Christ, je te donne l'ordre de sortir d'elle.» Sur l'heure, il sortit.

−19− Voyant sorti l'espoir de leur bénéfice, ses maîtres attrapèrent et traînèrent Paul et Silas jusqu'à l'agora devant les magistrats. −20− Les ayant amenés aux préteurs, ils dirent : «Ces hommes-là mettent dans notre ville un bouleversement complet ; ils sont juifs, −21− ils annoncent des coutumes qu'il ne nous est pas permis d'accueillir, non plus que de pratiquer, à nous, des Romains.» −22− Avec ensemble, la foule se déchaîna contre eux, et les préteurs, ayant fait déchirer leurs manteaux, ordonnaient de les passer par les verges. −23− Après les avoir roués de coups, ils les jetèrent en prison, non sans avoir donné l'ordre au geôlier de les garder en sûreté, −24− qui, sur un pareil ordre, les jeta dans la prison intérieure, et s'assura de leurs pieds en les mettant dans l'entrave.

−25− Vers minuit, Paul et Silas, en prières, célébraient Dieu par leurs chants ; les prisonniers tendaient l'oreille. −26− Tout à coup, il y eut un tremblement de terre, assez violent pour secouer les fondations de la prison. Sur-le-champ s'ouvrirent toutes les portes, et les liens de tous furent relâchés. −27− Enlevé à son sommeil et voyant ouvertes les portes de la prison, le geôlier, tirant son coutelas, allait se sacrifier, parce qu'il pensait que les prisonniers s'étaient échappés. −28− Mais Paul appela d'une voix forte, en disant : «Ne te fais rien de mal : nous sommes tous ici.» −29− L'homme bondit en demandant de la lumière et, devenu tout tremblant, tomba devant Paul et Silas. −30− Et les amenant au dehors il dit : «Seigneurs, que me faut-il faire pour être sauvé ?» −31− Ils dirent : «Crois à présent en le Seigneur Jésus, et tu seras sauvé, toi et ta maison.» −32− Ils lui dirent la parole de Dieu, ainsi qu'à tous les habitants du logis. −33− Il les prit avec lui en cette même heure de la nuit, les lava de leurs coups ; et il fut baptisé, lui et tous les siens, sur-le-champ. −34− Il les fit monter dans son logement, mettre à table, et fut, avec toute la maison, dans l'allégresse de posséder la foi en Dieu.

−35− Le jour venu, les préteurs envoyèrent dire par les licteurs : «Relâche ces hommes-là.» Le geôlier rapporta ces paroles à Paul : les préteurs avaient envoyé dire qu'ils fussent relâchés : «Sortez donc

---

−26− *furent déliés* : la leçon ἀνελύθη est aussi dans la première main du *Sinaïticus*.

−33− *les lava* : la leçon ἔλυσεν du ms. D est apparemment une faute de copiste pour ἔλουσεν.

−34− *(foi) en (Dieu)* : le ms. D écrit ἐπὶ τὸν Θεόν ; le sens est le même qu'avec le datif sans préposition du texte court.

−35− *(envoyèrent) dire* : l'accusatif λέγοντας du ms. D est peut-être plus naturel que le nominatif ; le sens est le même.

entra rapporter ces paroles à Paul : les préteurs avaient envoyé dire qu'ils fussent relâchés ⸵ «Sortez donc, maintenant, et allez [. . .]» −37− Mais Paul dit aux licteurs : «**Innocents**, ils nous ont fait publiquement rouer de coups, sans jugement, nous qui sommes des Romains, ils nous ont jetés en prison, et maintenant ils nous expulsent en cachette ! Ah ! çà non, qu'ils viennent eux-mêmes nous élargir !»

−35− Les licteurs rapportèrent ces paroles **qui avaient été dites** à *l'intention des préteurs* ; **et eux**, apprenant qu'ils étaient romains, furent saisis de frayeur. −39− Et *arrivés* **dans la prison avec beaucoup d'amis**, ils les prièrent **de sortir, en ces termes : «Nous avons été dans l'ignorance, quant à vous, que vous êtes des justes.»** Et les ayant emmenés, **ils les prièrent en disant : «Sortez de cette ville, pour que jamais plus ils ne nous fassent des attroupements, en hurlant contre vous.»** −40− Sortis de la prison, *ils allèrent trouver* Lydie, virent les frères et **racontèrent**, en *les* exhortant, **tout ce que le Seigneur avait fait pour eux** ; puis ils partirent.

CHAPITRE 17

−1− Après avoir traversé Amphipolis, ils *descendirent* **encore** à Appolônia, et **de là** à Thessalonique, où il y avait une synagogue des Juifs. −2− *Selon l'habitude*, Paul entra chez eux [. . .], trois sabbats durant s'entretint avec eux *en puisant dans* les Écritures ; −3− il les ouvrait, il exposait qu'il fallait que le Christ subît sa Passion et ressuscitât des morts ; et il ajoutait : «C'est lui le Christ, Jésus, que moi je vous annonce.» −4− Quelques-uns d'entre eux furent persuadés **par l'enseignement, beaucoup de** gens pieux *et* une grande multitude de Grecs furent attribués à Paul et à Silas, ainsi que, en grand nombre, *des épouses des hommes importants.* −5− Mais les Juifs *qui refusaient de croire, ayant ramassé* un certain nombre de chenapans parmi les flâneurs [. . .] *mirent* de l'agitation dans la ville et, survenus dans la maison de Jason, ils cherchaient Paul et Silas pour les *emmener* devant le peuple. −6− Faute de les trouver, ils *traînèrent* Jason et quelques frères devant les politarques, en criant **et en disant : «Ce sont** ces gens-là qui ont mis c'en dessus dessous l'univers, et ils sont ici ; −7− et Jason les héberge ; et tous ces gens-là agissent contre les édits de César en disant qu'il existe un autre roi, Jésus.» −8− Ils bouleversèrent les politarques et la foule. *Ayant appris* cela −9− et

---

−38− *à l'intention des préteurs* : le copiste de D fait une nouvelle faute en écrivant αυτοισοι *(sic)* στρατηγοις. Clark propose πρὸς τοὺς στρατηγούς.

−39− *que vous êtes* : on lit ἔσται, fautif, pour ἐστέ, dans D. — Dans la fin du verset, sans que le sens change, la disposition des mots est différente.

maintenant, et allez en paix.» −37− Mais Paul dit aux licteurs : «Ils nous ont fait publiquement rouer de coups, sans jugement, nous qui sommes des Romains, ils nous ont jetés en prison, et maintenant ils nous expulsent en cachette! Ah ça non! qu'ils viennent eux-mêmes nous élargir!»

−38− Les licteurs rapportèrent ces paroles aux préteurs. La frayeur les saisit quand ils apprirent qu'ils étaient romains. −39− Ils vinrent les prier, les emmenèrent et leur demandaient de partir de la ville. −40− Sortis de la prison, il entrèrent auprès de Lydie, virent les frères, les exhortèrent et partirent.

Chapitre 17

−1− Après avoir traversé Amphipolis et Apollônia, ils arrivèrent à Thessalonique, où il y avait une synagogue de Juifs. −2− Paul, selon son habitude, entra chez eux et, trois sabbats durant, s'entretint avec eux en partant des Écritures; −3− il les ouvrait, il exposait qu'il fallait que le Christ subît sa Passion et ressuscitât des morts; et il ajoutait : «C'est lui le Christ, Jésus, que moi je vous annonce.» −4− Quelques-uns d'entre eux furent persuadés, et attribués à Paul et à Silas, ainsi qu'une grande multitude de Grecs pleins de piété, et bon nombre de femmes de qualité. −5− Mais les Juifs, pris de jalousie et choisissant parmi les flâneurs, pour se les adjoindre, un certain nombre de vagabonds, firent des rassemblements et mettaient de l'agitation dans la ville; survenus devant la maison de Jason, ils cherchaient Paul et Silas pour les amener devant le peuple. −6− Faute de les trouver, ils traînaient Jason et quelques frères devant les politarques, en criant : «Ils sont encore ici, ces types qui ont mis c'en dessus dessous l'univers; −7− et Jason les héberge; et tous ces gens-là agissent contre les édits de César en disant qu'il existe un autre roi, Jésus.» −8− Ils bouleversèrent la foule, et les politarques qui apprenaient cela. −9− Mais ils prirent le cautionnement de Jason et de tous les autres; et ils les relâchèrent.

Chapitre 17   −1− *Apollônia* : le copiste de D écrit, à tort, Ἀπολλωνιδα au lieu de Ἀπολλωνίαν et au v. 4 Σιλαιᾳ au lieu de Σιλᾷ.

−2− *s'entretint* : le ms. D emploie la forme passive de l'aoriste du verbe διαλέγομαι.

−4-15− Sur ces versets, cf. l'article «Paul à Thessalonique et à Bérée selon le texte occidental des *Actes*», *Revue Thomiste*, 1982, p. 605-615.

−4− *par l'enseignement* : le ms. D place l'addition τῇ διδαχῇ après «Silas», probablement par une faute de copiste, que corrige Blass.

pris le cautionnement de Jason et de tous les autres, ils les relâchèrent.

−10− Les frères, aussitôt, de nuit, expédièrent à Bérée Paul et Silas, lesquels, à peine arrivés, partaient pour la synagogue des Juifs. −11− Ces Juifs-là étaient de bonne compagnie, *à la différence de* ceux de Thessalonique ; ils reçurent la Parole avec un empressement parfait, en cherchant à savoir, par un interrogatoire quotidien des Écritures, si les choses étaient bien comme cela, <**de la façon que le rapportait Paul**>. −12− Alors *quelques-uns* d'entre eux se mirent à croire, mais **quelques autres ne crurent pas**, et *chez les Grecs distingués* un bon nombre d'hommes et de femmes se mirent à croire. −13− Mais lorsque les Juifs de Thessalonique surent que la parole de Dieu avait été annoncée [. . .] *à* Bérée et qu'on **s'était mis à croire**, ils y vinrent *et* **ne cessaient** *là* de secouer et de bouleverser là les gens. −14− *Alors* les frères envoyèrent Paul *partir* [. . .] en mer, mais Silas *resta* là, Timothée aussi. −15− Ceux à qui l'on confiait la charge de Paul l'amenèrent jusqu'à Athènes (**il avait laissé de côté la Thessalie, car il avait été empêché d'y proclamer la Parole**) ; et ayant reçu **de Paul**, à l'adresse de Silas et de Timothée, l'ordre de le rejoindre *rapidement,* ils repartaient.

−16− Tandis que, dans Athènes, Paul, *lui,* attendait, il avait l'esprit irrité, *en observant* une ville peuplée d'idoles. −17− Alors il s'entretenait dans la synagogue avec les Juifs, les hommes pleins de piété et **les gens de** l'agora, n'importe quel jour, *au hasard des rencontres.* −18− Certains philosophes épicuriens et stoïciens *confère rent* avec lui, et quelques-uns disaient : «Qu'est-ce qu'il peut vouloir dire, ce perroquet ?» Et d'autres : «On dirait un faiseur de battage pour des divinités étrangères» [. . .].

−19− **Quelques jours après**, ils se saisirent de lui et **le** menèrent devant l'Aréopage **en interrogeant et** disant : «Nous est-il possible de savoir quel est cet enseignement nouveau que tu *annonces* ? −20− Car tu nous *mets* dans les oreilles certaines idées qui ne sont pas d'ici : aussi voulons-nous savoir ce que ces choses *pourraient vouloir* dire.» −21− Tous les Athéniens, en effet, et les étrangers **venus** résider **chez eux**, ne trouvaient jusque là le temps pour rien d'autre [. . .] que pour dire ou écouter la dernière nouveauté.

−22− Debout au milieu de l'Aréopage, Paul dit : «Messieurs les

---

−11− *si ... étaient* : le ms. D écrit ἔχει, peut-être plus normal, au lieu de ἔχοι. — A la fin du verset, la version occidentale ajoute probablement καθὼς Παῦλος ἀπαγγέλλει = «de la façon que le rapportait Paul».

−13− *à (Bérée)* : le ms. D écrit εἰς au lieu de ἐν ; les deux prépositions se justifient également.

−14− *resta* : le ms. A donne également la troisième personne du singulier.

−15− *(l'ordre) de* : le ms. D remplace ἵνα par ὅπως, mais les deux conjonctions introduisent l'une et l'autre une complétive.

–10– Les frères, aussitôt, de nuit, expédièrent à Bérée Paul et Silas, lesquels, à peine arrivés, partaient pour la synagogue des Juifs. –11– Ces Juifs-là étaient de meilleure compagnie que ceux de Thessalonique ; ils reçurent la Parole avec un empressement parfait, en cherchant à savoir, par un interrogatoire quotidien des Écritures, si les choses étaient bien comme cela. –12– Alors, beaucoup d'entre eux se mirent à croire, et un grand nombre de femmes grecques distinguées, d'hommes aussi.

–13– Mais lorsque les Juifs de Thessalonique surent qu'à Bérée également la parole de Dieu avait été annoncée par Paul, ils vinrent secouer ces gens, là aussi, et les bouleverser. –14– Aussitôt, cette fois, les frères envoyèrent Paul poursuivre sa route jusqu'à la mer, mais Silas et Timothée restèrent là. –15– Ceux à qui l'on confiait la charge de Paul l'amenèrent jusqu'à Athènes et, avec un ordre, à l'adresse de Silas et de Timothée, de le rejoindre au plus vite, ils repartaient.

–16– Tandis que, dans Athènes, il les attendait, Paul avait l'esprit irrité, en observant une ville peuplée d'idoles. –17– Alors, il s'entretenait dans la synagogue avec les Juifs et les hommes pleins de piété et, sur l'agora, n'importe quel jour, avec ceux qui se trouvaient là. –18– Certains philosophes épicuriens et stoïciens conféraient avec lui, et quelques-uns disaient : «Qu'est-ce qu'il peut vouloir dire, ce perroquet ?» Et d'autres : «On dirait un faiseur de battage pour des divinités étrangères», parce qu'il annonçait l'évangile de Jésus et de la Résurrection.

–19– Ils se saisirent de lui et le menèrent devant l'Aréopage en lui disant : «Nous est-il possible de savoir quel est cet enseignement nouveau que tu donnes ? –20– Car tu nous introduis dans les oreilles certaines idées qui ne sont pas d'ici : aussi voulons-nous savoir ce que ces choses veulent dire.» –21– Tous les Athéniens, en effet, et les étrangers résidents ne trouvaient jusque là le temps pour rien d'autre que pour dire ou écouter la dernière nouveauté.

–22– Debout au milieu de l'Aréopage, Paul dit : «Messieurs les

---

–16– *lui* : αὐτοῦ est peut-être une faute de copiste pour le αὐτούς, plus naturel, du texte court.

– *l'(esprit)* : par haplographie, τὸ a sauté dans le ms. D.

– *en observant* : le ms. D remplace un génitif absolu sans sujet exprimé par le datif du participe ; le sens reste le même.

–17– *au hasard des rencontres* : le changement de temps du participe, dans le ms. D, ne peut apparaître dans la traduction.

–18– *conférèrent* : la première main de D écrit par erreur συνέλαϐον au lieu de συνέϐαλλον, ou plutôt συνέϐαλον.

– *peut vouloir* : le ms. D écrit θέλῃ, par iôtacisme, au lieu de l'optatif θέλοι, qui est la bonne leçon ; le cas de θέλει/θέλοι de la fin du v. 20 n'est pas le même.

–21– *écouter* : le ms. D supprime, après ἀκούειν un τι parfaitement inutile.

–22-31– voir *Les Études classiques*, 1984, p. 233-250.

Athéniens, j'observe en vous, en toutes choses, des hommes remarquables par leur crainte des dieux. – 23 – Car, en me promenant et en *cherchant à me renseigner sur* vos monuments sacrés, j'ai découvert encore un autel sur lequel *se trouvait* l'inscription :

AU DIEU IGNORÉ

Alors ce qui, même ignoré de vous, est l'objet de votre piété, cela, moi, je vous l'annonce. – 24 – Le Dieu qui a fait l'univers et tout ce qu'il contient, lui qui est le Seigneur du ciel et de la terre, n'est pas venu se fixer en des temples faits de main d'homme ; – 25 – il n'est pas davantage servi par des mains humaines comme s'il lui fallait encore <autre chose>, *parce qu'il est celui qui a donné* à tous vie, souffle et tout. – 26 – Il les a fait d'un seul **sang** sortir et peupler toute la surface de la terre de toute race des hommes, après avoir arrêté des temps prescrits *d'avance* ainsi qu'*une limite à* leur domaine ; – 27 – il les a fait **surtout** chercher <ce qu'>**est** *l'être divin* ; est-ce que vraiment on peut *le* tâter, *ou bien* le découvrir, lui qui même n'*est* pas bien loin de chacun de nous ? – 28 – En lui, en effet, nous vivons, en lui nous nous mouvons, en lui nous sommes, **chaque jour**, «car», *comme* plusieurs de vos *doctes* l'ont dit, «de lui nous sommes aussi descendance.» – 29 – Étant donc descendants de Dieu, nous ne devons pas croire que l'être divin soit semblable **ni** à de l'or, de l'argent ou de la pierre, ciselure de l'art *ou bien* du génie d'un homme. – 30 – Alors, *détournant les yeux* des temps de **cette** ignorance, Dieu, aujourd'hui, donne l'ordre aux hommes que tous, en tous lieux, se repentent, – 31 – parce qu'il a fixé un jour [...] *pour* juger l'univers dans la justice, *par* un homme, **Jésus**, désigné par son arrêt *pour* procurer à tous une garantie : le ressusciter des morts.»

– 32 – En entendant «résurrection des morts», les uns se gaussaient et les autres dirent : «Nous t'entendrons là-dessus [...] un autre jour.» – 33 – C'est sur ces mots que Paul se retira du milieu d'eux. – 34 – Cependant quelques hommes *entrèrent en contact* avec lui et eurent la foi, parmi lesquels **un certain** Denys l'Aréopagite, [...] **personnage distingué**, et d'autres avec eux.

– 25 – <*autre chose*> : τινος, qui figure dans le texte court, est à restituer dans le ms. D ; le copiste l'a omis à cause de l'identité avec la syllabe finale du mot qui précède.

– 26 – *ainsi qu'une* : la leçon κατά («selon») du ms. D est une faute probable de copiste, au lieu du καί du texte court.

– 27 – *ce qu'est* : le texte de D est manifestement fautif. On croit devoir lire <ὃ> τὸ θεῖόν ἐστιν. Par analogie de son, le copiste de D a dû sauter le pronom relatif neutre.

– 28 – *doctes* : avec plusieurs représentants du texte occidental on croit devoir lire σοφῶν qui remplace le ποιητῶν du texte court.

Athéniens, j'observe en vous, en toutes choses, des hommes remarquables par leur crainte des dieux. –23– Car, en me promenant et en portant un regard curieux sur vos monuments sacrés, j'ai découvert encore un autel avec l'inscription

AU DIEU IGNORÉ

Alors ce qui, même ignoré de vous, est l'objet de votre piété, cela, moi, je vous l'annonce : –24– le Dieu qui a fait l'univers et tout ce qu'il contient, lui qui est le Seigneur du ciel et de la terre, n'est pas venu se fixer en des temples faits de main d'homme ; –25– il n'est pas davantage servi par des mains humaines, comme s'il lui fallait encore autre chose, à lui qui donne à tous vie, souffle, et tout. –26– Il les a fait d'un Seul sortir et peupler toute la surface de la terre de toute race des hommes, après avoir arrêté des temps prescrits ainsi que les limites de leur domaine ; –27– il les a fait chercher le Dieu : est-ce que vraiment on peut le tâter et le découvrir, lui qui même ne se trouve pas bien loin de chacun d'entre nous ? –28– En lui, en effet, nous vivons, en lui nous nous mouvons, en lui nous sommes, 'Car', comme plusieurs de vos poètes l'ont dit, 'de lui nous sommes aussi descendance'. –29– Étant donc descendants de Dieu, nous ne devons pas croire que la divinité soit semblable à de l'or, de l'argent ou de la pierre, ciselure de l'art et du génie d'un homme. –30– Alors, passant le regard au-delà des temps de l'ignorance, Dieu, aujourd'hui, donne l'ordre aux hommes que tous, en tous lieux, se repentent, –31– parce qu'il a fixé un jour où, dans la justice, il doit juger l'univers, dans un homme désigné par son arrêt, en procurant à tous une garantie : le ressusciter des morts.»

–32– En entendant «résurrection des morts», les uns se gaussaient, et les autres dirent : «Nous t'entendrons là-dessus un autre jour aussi.» –33– C'est sur ces mots que Paul se retira du milieu d'eux. –34– A son contact, cependant, quelques hommes eurent la foi, parmi lesquels Denys l'Aréopagite, une femme nommée Damaris, et d'autres avec eux.

– *de lui* : le ms. D écrit par erreur τούτου, qui fausse le vers, au lieu du τοῦ d'Aratos. Le sens ne varie pas.

–29– *ni* : l'emploi d'un οὔτε unique, dans le ms. D, n'est pas de bonne prose.

–20– les deux versions du verset ont probablement influé l'une sur l'autre. On adopte ici le seul texte possible, ... παραγγέλλει τοῖς ἀνθρώποις πάντας πανταχοῦ μετανοεῖν.

–31– dans ce verset, le copiste de D commet deux fautes évidentes, ἔστησαν pour ἔστησεν, et παρεσχειν pour παρασχεῖν.

–34— *entrèrent en contact* : au lieu de κολληθέντες, la première main du ms. D écrit ἐκολλήθησαν, qui exige l'addition d'un καί, oublié par le copiste, après αὐτῷ.

−1− [. . .] *S'étant retiré d'*Athènes, il vint à Corinthe. −2− Ayant trouvé un certain Juif nommé Aquila, originaire du Pont, nouvellement arrivé d'Italie avec sa femme Priscilla à cause de l'ordre de Claude que tous les Juifs fussent chassés de Rome (**ceux-là étaient venus se fixer en Achaïe**), **Paul** s'approcha de *lui.* −3− Et vu [. . .] l'identité de son métier, il restait *attaché à* eux ; *et il* travaillait [. . .] −4− Mais **venant** tous les sabbats *à* la synagogue il avait des entretiens, *et* **non sans avoir introduit le nom du Seigneur Jésus**, il tâchait de persuader **non seulement** des Juifs **mais encore** des Grecs.

−5− <Quand> *survinrent* de Macédoine Silas et Timothée, Paul se trouvait tout absorbé par la parole, à donner aux Juifs le témoignage que **le Seigneur** Jésus était le Christ. −6− **Comme il y avait force discussion et interprétation des Écritures**, et comme ils résistaient et blasphémaient, **Paul** secoua **ses** vêtements et leur dit : « Votre sang soit sur votre tête. Je suis pur, moi ; *loin de* **vous,** *maintenant, je vais* aux Gentils. » −7− Et, *partant* **de chez Aquila**, il entra dans la maison d'un nommé [. . .] Justus, une maison qui se trouvait accolée à la synagogue.

−8− Le chef de synagogue Crispus se mit à croire *en* le Seigneur, avec sa famille entière, et bon nombre de Corinthiens, en entendant croyaient et se faisaient baptiser, **croyant en Dieu par le nom de Notre Seigneur Jésus-Christ**. −9− Le Seigneur, par le moyen d'une vision, dit à Paul au cours d'une nuit : « Cesse ta frayeur, continue à parler et ne va point te taire, −10− parce que je suis, moi, avec toi : personne ne s'efforcera [. . .] de t'opprimer, car j'ai un peuple nombreux dans cette cité. » −11− Et Paul, fixé **à Corinthe** pendant un an et six mois, *leur* enseignait la parole de Dieu.

−12− Gallion étant proconsul d'Achaïe, les Juifs se soulevèrent d'un même cœur — **après s'être concertés** — *contre* Paul, **lui imposèrent leurs mains** pour l'amener devant le tribunal −13− **en hurlant contre lui et** en disant : « Cet individu veut, contrairement à la loi, persuader les hommes de rendre un culte à Dieu. » −14− Comme Paul était sur le point d'ouvrir la bouche, Gallion s'adressa aux Juifs : « S'il y avait quelque délit ou quelque fraude maligne, **Messieurs les** Juifs, je supporterais naturellement votre cause. −15− Mais si *vous avez un*

Chapitre 18 −1− *ordre* : le ms. D supprime le préverbe ; le sens reste le même.

−5− <*quand*> : ὡς, omis dans le ms. D, est nécessaire au sens, à moins qu'un καί n'ait sauté après Τιμόθεος. Il se peut aussi qu'un ὡς ait sauté après ce mot, vu la syllabe

Chapitre 18

−1− Après cela, s'étant éloigné d'Athènes, il vint à Corinthe. −2− Ayant trouvé un certain Juif nommé Aquila, originaire du Pont, nouvellement arrivé d'Italie avec sa femme Priscilla à cause de l'ordre de Claude que tous les Juifs fussent chassés de Rome, il s'approcha d'eux −3− et, vu qu'il y avait identité de métier, il restait chez eux et travaillait : leur métier était la fabrication des tentes. −4− Mais, tous les sabbats, il avait des entretiens dans les synagogues ; et il tâchait de persuader Juifs et Grecs.

−5− Mais quand Silas et Timothée furent descendus de Macédoine, Paul se trouvait tout absorbé par la parole, à donner aux Juifs le témoignage que Jésus était le Christ. −6− Comme ils résistaient et blasphémaient, il secoua ses vêtements et leur dit : «Votre sang soit sur votre tête. Je suis pur, moi ; j'irai désormais aux Gentils.» −7− Et de là passant ailleurs, il entra dans la maison d'un nommé Titius Justus qui rendait culte à Dieu, une maison qui se trouvait accolée à la synagogue.

−8− Or Crispus, le chef de la synagogue, se mit à croire au Seigneur, avec sa famille entière, et bon nombre de Corinthiens, en entendant croyaient et se faisaient baptiser. −9− Le Seigneur, au cours d'une nuit, par le moyen d'une vision dit à Paul : «Cesse ta frayeur, continue à parler et ne va point te taire, −10− parce que je suis, moi, avec toi : personne ne s'attaquera à toi, aux fins de t'opprimer, car j'ai un peuple nombreux dans cette cité.» −11− Paul, fixé un an et demi, enseignait chez eux la parole de Dieu.

−12− Gallion étant proconsul d'Achaïe, les Juifs se soulevèrent d'un même cœur contre Paul et l'amenèrent devant le tribunal, −13− en disant : «Il veut, cet individu, contrairement à la loi, persuader les hommes de rendre un culte à Dieu.» −14− Comme Paul était sur le point d'ouvrir la bouche, Gallion s'adressa aux Juifs : «S'il y avait quelque délit ou quelque fraude maligne, Juifs, je supporterais naturellement votre cause. −15− Mais si une parole, des noms ou une

---

finale. Le sens serait alors : «Survinrent de Macédoine Silas et Timothée *quand* Paul se trouvait...»

− *Silas* : le ms. D écrit τότε au lieu de ὅ τε du texte court ; la faute semble due à la dictée intérieure du copiste.

−11− *à Corinthe* : le ms. D ajoute le mot, là où le texte court se contentait de ἐν αὐτοῖς, qu'il a fallu préciser dans la traduction.

débat sur une parole, des noms ou une loi comme la vôtre, à vous seuls de voir, je ne *consens* pas à être le juge de ces choses-là. » – 16 – Et il les *congédia* du tribunal. – 17 – Alors tous — **les Grecs** — *prirent à part*... Sosthène le chef de synagogue et, devant le tribunal, le frappaient. Quant à Gallion, il se désintéressait totalement de ces choses.

– 18 – Paul, resté encore un bon nombre de jours sans lâcher prise, prit congé des frères et *prit la mer pour* la Syrie, accompagné de Priscilla et d'Aquila, non sans s'être fait tondre la tête à Cenchrées, car il était tenu par un vœu. – 19 – *Parvenu* à Éphèse, **dès le sabbat suivant**, il laissa *là* ses compagnons et, quant à lui, entré dans la synagogue, *il s'entretenait* avec les Juifs. – 20 – Comme ils lui demandaient de rester plus longtemps **auprès d'eux**, il fit non, – 21 – prit congé en disant : « **Il me faut absolument aller célébrer la fête qui vient à Jérusalem**, je rebrousserai chemin [. . .] pour vous voir, si Dieu le veut » et d'Éphèse prit le large. – 22 – Débarqué à Césarée il monta, salua l'Église et descendit à Antioche. – 23 – Après un certain temps il s'en alla, et traversait successivement le pays galate et la Phrygie, en rendant tous les disciples inflexibles.

– 24 – Un juif, du nom d'*Apollônios*, alexandrin de naissance, parvint à Éphèse, homme éminent, puissant dans les Écritures, – 25 – *qui*, **dans sa patrie**, se trouvait posséder une instruction relative à *la parole* du Seigneur ; il *discourait* dans un bouillonnement de l'esprit et enseignait avec exactitude les choses concernant Jésus, tout en ne connaissant que le baptême de Jean. – 26 – Cet homme-là se mit à parler à mots francs dans *une* synagogue. L'ayant entendu, Aquila et Priscilla lui firent accueil et lui exposèrent la Voie [. . .] avec une plus grande exactitude. – 27 – **A Éphèse, certains Corinthiens qui résidaient et qui l'avaient entendu le priaient** de passer **avec eux dans leur patrie ; et comme il avait donné son assentiment,** *les Éphésiens* écrivirent aux disciples **de Corinthe** d'accueillir **le personnage** ; et lui, *venu résider* en Achaïe, *apportait* [. . .] un puissant concours **dans les Églises** [. . .] – 28 – Avec véhémence, en effet, il réfutait publiquement les Juifs **par des entretiens et** en montrant, par le moyen des Écritures, que *Jésus était le Christ.*

– 17 – *les Grecs* : ce sont des Juifs de la diaspora parlant grec, les mêmes que ceux des versets précédents. Gallion n'a pas à connaître d'une affaire qui intéresse, non pas deux communautés différentes, mais des Juifs entre eux. L'addition du texte long supprime toute équivoque. — « Sosthène » : devant ce mot quatre lettres sont effacées dans le ms. D. — La fin du verset « Quant à Gallion ..., etc. » est rajoutée par le correcteur de D, selon le texte court, à la place d'un stique effacé.

loi comme la vôtre sont l'objet de débats, à vous seuls de voir : je refuse d'être le juge de ces choses-là.» – 16 – Il les chassa du tribunal. – 17 – Alors, à eux tous, ils attrapèrent Sosthène, le chef de la synagogue et, devant le tribunal, le frappaient. Quant à Gallion, il se désintéressait totalement de ces choses.

– 18 – Paul, resté encore un bon nombre de jours sans lâcher prise, prit congé des frères et s'embarquait pour la Syrie, accompagné de Priscilla et d'Aquila, non sans s'être fait tondre la tête à Cenchrées, car il était tenu par un vœu. – 19 – Ils parvinrent à Éphèse, où lui laissa ses compagnons et, entré dans la synagogue, il s'entretint avec les Juifs. – 20 – Comme ils lui demandaient de rester plus longtemps, il fit non, – 21 – prit congé en disant : «Je rebrousserai chemin en sens inverse pour vous voir, si Dieu le veut», et d'Éphèse prit le large. – 22 – Débarqué à Césarée il monta, salua l'Église et descendit à Antioche. – 23 – Après un certain temps il s'en alla, et traversait successivement le pays galate et la Phrygie, en rendant tous les disciples inflexibles.

– 24 – Un juif, nommé Apollôs, alexandrin de naissance, parvint à Éphèse, un homme éminent, puissant dans les Écriture. – 25 – Cet homme-là se trouvait posséder une instruction relative à la voie du Seigneur ; il parlait dans un bouillonnement de l'esprit et enseignait avec exactitude les choses concernant Jésus, tout en ne connaissant que le baptême de Jean. – 26 – Cet homme-là se mit à parler à mots francs dans la synagogue. L'ayant entendu, Priscilla et Aquila lui firent accueil et lui exposèrent avec une grande exactitude la voie de Dieu. – 27 – Comme il voulait passer en Achaïe, les frères l'encouragèrent et écrivirent aux disciples de l'accueillir ; et une fois arrivé il apporta, par la grâce, un puissant concours à ceux qui avaient la foi. – 28 – Avec véhémence, en effet, il réfutait publiquement les Juifs, en montrant, par le moyen des Écritures, que le Christ était Jésus.

– 18 – *vœu* : le correcteur de D supprime avec raison le préfixe προσ-, ce qui donne εὐχήν du texte court.

– 19 – *là* : le ms. D, avec d'autres, remplace αὐτοῦ par ἐκεῖ, qu'il est difficile de traduire différemment.

– 21 – *me* : par une faute de copiste, le ms. D écrit δέ au lieu de με. Une autre faute est probable : l'omission de l'article τήν après ἑορτήν.

– 23 – *rendant ... inflexibles* : l'addition du préverbe ἐπι- dans le ms. D ne change pas réellement le sens.

– 24 – *Apollônios* : faute de copiste, dans le ms. D, pour Apollôs.

– 27 – *d'(accueillir)* : le ὅπως du ms. D n'est probablement pas final.

−1− [. . .] **Comme Paul voulait, de son propre mouvement, aller à Jérusalem, l'Esprit lui dit de retourner en Asie.** Passé par le haut pays, il *arrive* à Éphèse et, *ayant* trouvé certains disciples, −2− il leur dit : «Est-ce que, au moment où vous avez cru, vous avez reçu l'Esprit-Saint?» Ils lui répondirent : «Mais nous n'avons même pas entendu dire que **certains recevaient** un Esprit-Saint. −3− Mais lui : «A quoi donc avez-vous été baptisés?» Ils *disaient* : «Au baptême de Jean.» −4− Paul dit : «Si c'est un baptême de conversion spirituelle le baptême que Jean a donné, c'est en disant au peuple de croire en celui qui venait après lui, c'est-à-dire en *Christ*.» −5− Sur ces mots, ils reçurent le baptême au nom du Seigneur Jésus-**Christ pour la rémission des fautes.** −6− Une fois que Paul leur eut imposé *la main*, l'Esprit-Saint **aussitôt** *fondit* sur eux : ils parlaient en des langues et prophétisaient. −7− Ils étaient une douzaine d'hommes en tout.

−8− Entré dans la synagogue, **avec une grande force Paul** parlait à mots francs, trois mois durant, par des entretiens persuasifs, sur ce qui touchait le royaume de Dieu. −9− *Or* certains **d'entre eux** se durcissaient, refusaient de croire et injuriaient la Voie sous les regards de la foule **des Gentils. Alors Paul** les lâcha, et mit à part les disciples, faisant des entretiens quotidiens dans l'école *d'un certain Tyrannios,* **de la cinquième à la dixième heure.**

−10− Cela eut lieu deux ans durant, *jusqu'à ce que* tous les habitants de l'Asie *eussent* entendu *les paroles* du Seigneur, Juifs et Grecs. −11− Dieu faisait, par les mains de Paul, des miracles peu ordinaires, −12− et l'on allait jusqu'à *appliquer* sur les malades des mouchoirs et des tabliers déposés de sa peau ; ils étaient libérés de leurs maladies, et s'en allaient les esprits méchants.

−13− Certains, *venus des* exorcistes juifs ambulants, entreprirent de nommer, sur ceux qui possédaient les esprits méchants, le nom du Seigneur Jésus, en disant : «Je vous adjure, par le Jésus que proclame Paul»; −14− *et parmi ceux-ci* les fils d'un certain Scévas, *un prêtre,*

Chapitre 19 −1− Le ms. D supprime, ici seulement, la mention de la présence d'Apollôs à Corinthe.

−2− *même pas ... que* : le copiste de D écrit par erreur un οὐδέ au lieu de οὐδ' εἰ du texte court.

−5− *ces (mots)* : τοῦτο n'est pas dans le texte court.

−6− *sur eux* : le ms. D écrit par erreur αὐτοις au lieu de αὐτούς.

− *en des langues* : après ce mot, entre γλώσσαις et καὶ ἐπροφήτευον, des témoins du

−1− Or ce fut durant le séjour d'Apollôs à Corinthe que Paul, passé par le haut pays, arriva à Éphèse, où il trouva certains disciples. −2− Il leur dit : « Est-ce-que, au moment où vous avez cru, vous avez reçu l'Esprit-Saint ? » Ils lui répondirent : « Mais nous n'avons même pas entendu dire qu'il y avait un Esprit-Saint. » −3− Et lui : « A quoi donc avez-vous été baptisés ? » Ils dirent : « Au baptême de Jean. » −4− Paul dit : « Si c'est un baptême de conversion spirituelle le baptême que Jean a donné, c'est en disant au peuple de croire en celui qui venait après lui, c'est-à-dire en Jésus. » −5− Sur ces mots, ils reçurent le baptême au nom du Seigneur Jésus. −6− Une fois que Paul leur eut imposé les mains, l'Esprit-Saint vint sur eux : ils parlaient en langues et prophétisaient. −7− Ils étaient une douzaine d'hommes en tout.

−8− Entré dans la synagogue, il parlait à mots francs, trois mois durant, par des entretiens persuasifs, sur ce qui touchait le royaume de Dieu. −9− Mais comme certains se durcissaient, refusaient de croire et injuriaient la Voie, sous les regards de la foule, il les lâcha et mit à part les disciples, faisant des entretiens quotidiens dans l'école de Tyrannos.

−10− Cela eut lieu deux ans durant, au point de faire entendre la Parole du Seigneur à tous les habitants de l'Asie, aussi bien grecs que juifs. −11− Dieu faisait, par les mains de Paul, des miracles peu ordinaires ; −12− et l'on allait jusqu'à poser sur les malades des mouchoirs et des tabliers déposés de sa peau ; ils étaient libérés de leurs maladies, et s'en allaient les esprits méchants.

−13− Certains aussi des exorcistes juifs ambulants entreprirent de nommer, sur ceux qui possédaient les esprits méchants, le nom du Seigneur Jésus, en disant : « Je vous adjure, par le Jésus que proclame Paul. » −14− C'étaient les [sept] fils d'un certain Scévas, archiprêtre

---

texte occidental autres que D écrivent καὶ ἐπεγίγνωσκον ἐν ἑαυτοῖς ὥστε καὶ ἑρμηνεύειν ἐν ἑαυτοῖς · τινὲς δὲ = « et ils (les) découvraient en eux, au point de se les traduire, et certains (même prophétisaient) ».

−9− *Tyrannios* : erreur du ms. D pour Tyrannos.

−13− *aussi* : la leçon de D, ἐκ au lieu de καί, est fort défendable.

−14− *les fils* : le ms. D a raison de ne pas dire leur nombre. Le texte court écrit ἑπτά, qu'il faut très probablement supprimer. — Sur les v. 13-20, cf. l'article de la *Revue des Sciences philosophiques et théologiques*, 1982, p. 225-232.

− *de sortir* : par une faute de copiste, le ms. D écrit ἐξελθεῖν avant κηρύσσει, au lieu de l'ordre inverse, qui est le bon.

voulurent faire la même chose (ils avaient coutume d'exorciser ce genre d'homme) et entrés auprès de celui qu'un démon possédait, il se mirent à invoquer le nom, en disant : « Nous te donnons l'ordre, par Jésus que Paul proclame, de sortir. » – 15 – **Alors** l'esprit méchant *répliqua et* leur dit : « Jésus, je le connais, et je sais qui est Paul. Mais vous, qui êtes-vous ? » – 16 – Et, *en* bondissant *vers* eux, l'homme en qui était l'esprit méchant, les *maîtrisa* l'un et l'autre et leur imposa sa force, au point de les voir s'échapper, nus et tout blessés, de la maison en question. – 17 – Le fait fut connu de tous les Juifs et Grecs habitants Éphèse ; la frayeur fondit sur eux, et l'on magnifiait le nom du Seigneur Jésus.   18 *Mais* beaucoup de ceux qui *étaient sur le chemin* de la foi venaient confesser leurs pratiques et les exposer en détails. – 19 – Bon nombre de ceux qui avaient pratiqué les choses de la magie entassaient **aussi** leurs livres et les brûlaient devant tous les regards ; on estima le total et l'on trouva cinquante mille pièces d'argent.

–20– Ainsi, de toute *sa* force [...], *même la foi en Dieu reprit* vigueur : elle grandissait **et se multipliait.**

–21– **Alors** [...] Paul se mit dans l'esprit de *passer* par la Macédoine et l'Achaïe et de poursuivre sa route jusqu'à Jérusalem, et dit : « Après avoir été là, il me faut aussi voir Rome. » –22– Ayant dépêché en Macédoine deux de ceux qui assuraient son service, Timothée et Eraste, lui resta **un petit** *moment en* Asie à observer.

–23– Vers ce moment-là, il y eut une belle agitation au sujet de la Voie. –24– **Il y avait** un certain Démétrios [...], un orfèvre, **qui**, en fabriquant des temples d'Artémis en argent, procurait de beaux bénéfices à ses artisans. –25– **Cet homme-là** rassembla [...] *les artisans* de l'affaire et **leur** dit : « Mes *chers* **compagnons** artisans, vous savez que notre aisance dépend de ce travail. –26– Et vous apprenez, vous observez < que > **cette espèce** de Paul a, par persuasion, perverti non seulement *jusqu'à* Éphèse, mais **aussi** une foule considérable d'à peu près *toute* < l' > Asie en disant qu'ils ne sont pas des dieux **ceux-là** que fabriquent des mains. –27– Non seulement cette spécialité qui est la nôtre court le risque de devenir déconsidérée, mais encore le temple de la grande déesse Artémis *sera* compté pour rien, *tandis qu'*est à la veille d'être jetée à bas < de sa grandeur celle qui > reçoit un culte de l'Asie entière et des habitants de la terre. »

–28– A **ces** mots, remplis de colère, **ils coururent dans la rue** en disant,

---

–15– *et (leur dit)* : la seconde main de D ajoute un καί indispensable.
–16– *maîtrisa* : le ms. D supprime le préverbe κατα- ; le sens est à peu près le même.
–20– *se multipliait* : le copiste de D écrit ἐπλήθυνε au lieu de ἐπληθύνετο, dont la syllabe finale a sauté devant le τότε qui suit.
–22– *en (Asie)* : le ἐν du ms. D est d'un meilleur grec que le εἰς du texte court, à moins que l'on ne donne à ἔπεσχεν le sens de « s'attacher » (à l'Asie).

juif, qui faisaient cela. – 15 – L'esprit méchant, ayant répliqué, leur dit : «Jésus, je le connais, et je sais qui est Paul. Mais vous, qui êtes-vous?» – 16 – Et, ayant bondi sur eux, l'homme en qui était l'esprit méchant les maîtrisa l'un et l'autre et leur imposa sa force, au point de les voir s'échapper, nus et tout blessés, de la maison en question. – 17 – Le fait fut connu de tous les Juifs et Grecs habitant Éphèse ; la frayeur fondit sur eux, et l'on magnifiait le nom du Seigneur Jésus. – 18 – Beaucoup de ceux qui possédaient la foi venaient confesser leurs pratiques et les exposer en détails. – 19 – Et bon nombre de ceux qui avaient pratiqué les choses de la magie entassaient leurs livres et les brûlaient devant tous les regards ; et l'on estima le total, et l'on trouva cinquante mille pièces d'argent.

– 20 – Ainsi, par la force du Seigneur, la Parole prenait grandeur et vigueur.

– 21 – Quand cela fut accompli, Paul se mit dans l'esprit de poursuivre sa route jusqu'à Jérusalem en passant par la Macédoine et l'Achaïe, et dit : «Après avoir été là, il me faut aussi voir Rome.» – 22 – Ayant dépêché en Macédoine deux de ceux qui assuraient son service, Timothée et Éraste, lui resta quelque temps à observer en Asie.

– 23 – Vers ce moment-là, il y eut une belle agitation au sujet de la Voie. – 24 – Un homme nommé Démétrios, un orfèvre, procurait, en fabriquant des temples d'Artémis en argent, de beaux bénéfices à ses artisans, – 25 – qu'il rassembla, en même temps que les ouvriers de l'affaire, pour dire : «Messieurs, vous savez que notre aisance dépend de ce travail. – 26 – Et vous observez, vous apprenez, que non seulement d'Éphèse, mais d'à peu près toute l'Asie, ce Paul a, par persuasion, perverti une foule considérable, en disant que ne sont pas des dieux ceux que fabriquent des mains. – 27 – Non seulement cette spécialité qui est la nôtre court le risque de devenir déconsidérée, mais encore le temple de la grande déesse Artémis d'être compté pour rien, avec le risque aussi qu'elle soit à la veille d'être jetée à bas de sa grandeur celle qui reçoit un culte de l'Asie entière et des habitants de la terre.»

– 28 – Ayant entendu, remplis de colère, ils disaient dans leurs

---

– 24-40 – Sur ces versets, cf. l'article sur «La révolte des orfèvres», *Revue Thomiste*, 1983, p. 419-429.

– 24 – *procurait* : le ms. D met le verbe παρέχω à l'actif.

– 26 – <*que*> : ὅτι a sauté par erreur dans le ms. D.

– *celle espèce de (Paul)* : avec Blass il faut corriger τις τοτε du ms. D pour écrire τίς ποτε, dont le sens semble inconnu à son copiste ; cf. Épictète, *Entretiens*, 3, 24, 39.

– <*l'*>*Asie* : l'omission de τῆς après πάσης est probablement une faute de copiste.

– *Éphèse* : au lieu de Ἐφέσου on lit Ἐφεσίου, fautif, dans le ms. D.

– 27 – <*de sa grandeur*> : les mots τῆς μεγαλειότητος αὐτῆς ἦν sont probablement à restituer dans le *codex Bezae*, selon le texte court.

dans leurs clameurs : «Grande est Artémis des Éphésiens.» –29– Et la ville *entière* fut dans la confusion ; on s'élança d'un même cœur jusqu'au théâtre après s'être emparé de Gaïus et d'Aristarque, compagnons de voyage de Paul. –30– Comme Paul voulait entrer dans la foule, les disciples *s'efforçaient de l'empêcher*. –31– D'autre part, certains des Asiarques qui étaient de ses amis le priaient, par un message, de ne pas aller au théâtre s'exposer. –32– On poussait ici et là des clameurs contradictoires, l'assemblée étant en pleine confusion ; et *la majorité* ignorait la raison de son rassemblement. –33– De la foule on fit *avancer* Alexandre, sous la poussée des Juifs ; et Alexandre fit signe de la main qu'il désirait présenter une défense devant le peuple. –34– Mais, ayant découvert qu'il était juif, [...] *de* tous *il n'y eut* qu'une seule voix ; *ils clamaient* : «Grande est Artémis des Éphésiens !»

–35– Le «grammateus» calma la foule et dit : «Citoyens d'Éphèse, dites-moi, est-il un homme au monde qui ne *décide* que *notre* cité *est* la gardienne de la grande Artémis, et de sa statue tombée du ciel ? –36– Comme la chose est incontestable, il vous faut rester calmés et ne rien faire de précipité. –37– Car, en ces hommes-là vous n'avez amené **ici** ni des pilleurs de temples ni des blasphémateurs de notre déesse. –38– Alors, si **ce** Démétrios **en question** et les artisans de sa maison ont quelque chose à dire contre **eux**, il y a des jours d'audience, il y a des proconsuls, qu'on s'intente entre soi les accusations. –39– Mais, si vous avez quelque désir *sur d'autres points*, qu'une assemblée apporte la solution *en vertu de la loi*. –40– Nous risquons en effet *aujourd'hui* une accusation d'émeute, puisqu'il *n'y a* aucun motif qui nous permette de rendre compte *de* cette manifestation.»

–41–Sur ces mots, il congédia l'assemblée.

–29– *dans la confusion* : le ms. D termine la proposition par le mot αἰσχύνης à rejeter ; il provient sans doute du texte latin, mal compris du copiste.

– *après s'être emparé* : le καί du ms. D devant συναρπάσαντες est probablement fautif.

–31– *qui étaient* : le ms. D remplace ὄντες par son synonyme ὑπάρχοντες : mouvement inverse au v. 40.

–32– *la plupart* : οἱ πλεῖστοι de D est préférable à οἱ πλείους, qui peut prendre quelquefois le sens du superlatif dans le N.T.

–33– *avancer* : le texte court συνεβίβασαν (= «ils instruisirent») n'est pas admissible. On doit préférer κατεβίβασαν (= «ils firent descendre»), de la première main du ms. D, ou mieux προεβίβασαν, de son correcteur. — L'emploi de κατέβησαν dans Xénophon, *Hell.*, 2, 4, 39 (avec l'addition de Cobet qui s'impose <ἐκκλησίαν ἐποίησαν>), signifie probablement «se présenter à l'assemblée». Par suite καταβιβάζω pourrait signifier

clameurs : «Grande est l'Artémis des Éphésiens.» – 29 – La confusion remplit la ville ; on s'élança d'un même cœur jusqu'au théâtre, après s'être emparé de Gaïus et d'Aristarque, Macédoniens, compagnons de voyage de Paul. – 30 – Comme Paul voulait entrer dans la foule, les disciples ne le laissaient pas faire. – 31 – D'autre part, certains des Asiarques qui étaient de ses amis, le priaient, par un message, de ne pas aller au théâtre s'exposer. – 32 – On poussait ici et là des clameurs contradictoires, l'assemblée étant en pleine confusion ; et la plupart ignoraient la raison de leur rassemblement. – 33 – De la foule, ils instruisirent Alexandre, sous la poussée des Juifs ; et Alexandre fit signe de la main qu'il désirait présenter une défense devant le peuple. – 34 – Mais, ayant découvert qu'il était juif, tous n'eurent qu'une voix pour clamer, pendant près de deux heures : «Grande est l'Artémis des Éphésiens !»

– 35 – Le «grammateus» calma la foule et dit : «Citoyens d'Éphèse, dites-moi, est-il un homme au monde qui ne sache que la cité d'Éphèse est la gardienne de la Grande Artémis, et de sa statue tombée du ciel ? – 36 – Comme la chose est incontestable, il faut vous aussi rester calmés et ne rien faire de précipité. – 37 – Car, en ces hommes-là, vous n'avez amené ni des pilleurs de temples, ni des blasphémateurs de notre déesse. – 38 – Alors, si Démétrios et les artisans de sa maison ont une chose à dire contre quelqu'un, il y a des jours d'audience, il y a des proconsuls, qu'on s'intente entre soi les accusations. – 39 – Mais, si vous avez quelque désir de pousser plus loin, que la solution appartienne à l'assemblée légale. – 40 – Nous risquons en effet une accusation d'émeute pour celle d'aujourd'hui, puisqu'il n'existe aucun motif qui nous permette de rendre compte sur cette manifestation.»

– 41 – Sur ces mots, il congédia l'assemblée.

«présenter quelqu'un à l'assemblée», un sens technique qui conviendrait bien ici. Ce sens, insuffisamment connu, peut avoir conduit le correcteur de D à changer le préverbe κατ- en προ-.

– 35 – *calma* : le ms. D écrit κατασείσας au lieu de καταστείλας (= «ayant calmé») du texte court. Le verbe κατασείω (= «faire un signe» — de la main) serait possible, sans que le sens soit différent.

– 37 – *déesse* : le ms. D écrit θεαν au lieu de θεόν ; les deux mots sont possibles, avec le même sens.

– 39 – *sur d'autres points* : le περι έτερων du ms. D n'est pas impossible, mais il est plus probablement une faute de copiste (dictée intérieure), pour περαιτέρω.

– 40 – *qui nous permette* : le οὑ devant δυνησόμεθα du texte court, sans être impossible, provient sans doute d'une dittographie de copiste après un génitif du relatif. Mieux vaut, avec D, le supprimer. Mais le sens ne change pas.

−1− Après la cessation du tumulte, *ayant appelé* les disciples et leur ayant **prodigué** ses exhortations, Paul *s'arracha non sans peine* et partit [. . .] pour la Macédoine. −2− Ayant traversé **toutes** ces régions-là et *employé* force discours, il arriva en Grèce. −3− *Mais*, au bout de trois mois, une machination *ayant été organisée* contre lui par les Juifs, il *voulut que l'on prît le large* pour la Syrie. **Mais l'Esprit lui dit** de faire demi-tour par la Macédoine. −4− **Alors, comme il allait partir**, <*devaient l'accompagner*> *jusqu'en Asie* Sopater, fils de Pyrrhus, de Bérée, de Thessalonique Aristarque et Secundus, avec le *Dobérien* Gaïos, et Timothée. *Quant aux Éphésiens* Tychique et Trophime, −5− [. . .] ceux-ci, partis avant, *l'attendaient à Troas*. −6− Quant à nous, après les jours des azymes, nous nous embarquâmes à Philippes, pour le rejoindre *le cinquième* jour à Troas ; *et là* nous séjournâmes sept jours.

−7− Le lendemain du sabbat, comme nous étions rassemblés pour rompre le pain, Paul s'entretenait avec eux parce qu'il devait repartir le lendemain, et prolongeait jusqu'à minuit l'entretien. −8−Il y avait un bon nombre de *lanterneaux dans* la salle du haut, où nous nous trouvions rassemblés. −9− Or un certain jeune homme, nommé Eutychos, qui siégeait *à la fenêtre, envahi d'un lourd* sommeil tandis que Paul faisait durer l'entretien, tomba, *par* son sommeil, et, du troisième étage fit une chute jusqu'en bas ; on le releva mort. −10− Paul, descendu, se précipita sur lui, le serra dans ses bras et dit *que l'on reste calme*, «car l'âme est en lui». −11− Il remonta *et* rompit le pain, mangea et, après avoir conversé un bon moment, jusqu'au jour, s'en alla. −12− **Ils l'embrassaient** quand *il* emmena le *tout jeune homme* vivant, et grand fut le réconfort.

−13− Et nous, *descendus au* navire, nous prîmes le large sur Assos, où nous devions reprendre Paul : telles étaient les dispositions prises,

---

Chapitre 20   −1− *exhortations* : la première main de D écrit par erreur παρακελε(υ)σας au lieu de παρακαλέσας, qui est la bonne leçon.

−3-6− Sur ces versets, cf. l'article «Les deux versions du voyage de saint Paul de Corinthe à Troas», *Biblica*, 1983, p. 556-564 (avec un appendice, *id.* 1984, p. 356.).

−4− *devaient l'accompagner* : Clark restitue le texte occidental, qui comporte une évidente lacune, d'après la *Syra harklensis*, συνείποντο αὐτῷ. L'imparfait marque ici l'effort dans le passé ; cf. *Biblica, ib.* p. 562.

− *jusqu'en Asie* : l'addition occidentale est douteuse.

− *Dobérien* : le ms. D indique la bonne leçon, au lieu du peu vraisemblable Δερβαῖος, (= «de Derbé») du texte court.

− *Tychique* : par confusion avec le v. 9, un copiste de D écrit par erreur Εὐτυχος.

Chapitre 20

Après la cessation du tumulte, ayant fait venir les disciples et les ayant exhortés, Paul les embrassa et s'en alla poursuivre sa route pour la Macédoine. −2− Ayant traversé ces régions-là et exhorté les gens du pays par force discours, il arriva en Grèce. −3− Au bout de trois mois, les Juifs ayant organisé une machination contre lui au moment où il allait prendre le large pour la Syrie, il s'avisa de faire demi-tour par la Macédoine. −4− Il avait pour compagnons Sopater, fils de Pyrrhus, de Bérée, puis, de Thessalonique Aristarque et Secundus, avec le Derbéen Gaïos, et Timothée ; puis d'Asie, Tychique et Trophime. −5− Mais ces derniers étaient venus à notre rencontre ; ils nous attendaient à Troas. −6− Quant à nous, après les jours des azymes, nous nous embarquâmes à Philippes, pour les rejoindre cinq jours plus tard à Troas, où nous séjournâmes sept jours.

−7− Le lendemain du sabbat, comme nous étions rassemblés pour rompre le pain, Paul s'entretenait avec eux parce qu'il devait repartir le lendemain, et prolongeait jusqu'à minuit l'entretien. −8− Il y avait un bon nombre de flambeaux pour la salle du haut, où nous nous trouvions rassemblés. −9− Or un certain jeune homme, nommé Eutychos, qui siégeait sur la fenêtre, tombant d'un sommeil profond tandis que Paul faisait durer l'entretien, tomba de sommeil et, du troisième étage, fit une chute jusqu'en bas ; on le releva mort. −10− Paul, descendu, se précipita sur lui, le serra dans ses bras et dit : «Restez calmes, car l'âme est en lui.» −11− Il remonta, rompit le pain, mangea et, après avoir conversé un bon moment, jusqu'au jour, s'en alla. −12− L'enfant vivait quand on l'emmena, et grand fut le réconfort.

−13− Et nous, partis avant sur le navire, nous prîmes le large sur Assos où nous devions reprendre Paul : telles étaient les dispositions

---

−6− *et là...* : le καί ajouté dans le ms. D après le relatif ᾗ semble simplement explétif, sans influence sur le ἑπτά qui suit.

−7− *le lendemain (du sabbat)* : un copiste de D traduit deux fois la notation grecque α′, en doublant le nombre ordinal par le cardinal fautif ; il faut supprimer μιᾷ devant πρώτῃ.

− *pour* : le ms. D ajoute un τοῦ, possible, mais inutile, devant κλάσαι.

−9− *le (releva)* : le ms. D écrit καὶ ὅς : l'un des deux mots est de trop.

−10− *se précipita* : ἔπεσεν, suivi de ἐπ', et répétant le ἔπεσεν du v. 9, semble être une faute de copiste de D, au lieu de ἐπέπεσεν du texte court.

− *que l'on reste calme* : le ms. D écrit θορυβ(ε)ισθαι, un infinitif très possible, au lieu de θορυβεῖσθε. Mais le copiste a pu confondre le son des deux finales.

−13− *parce que* : le ms. D ajoute un ὡς qui précise la valeur du participe.

parce que lui devait aller par terre. — 14 — Lorsqu'il nous *eut rejoints* à Assos, nous le reprîmes pour aller jusqu'à Mitylène. — 15 — De là repartis le lendemain, nous parvîmes en face de Chios ; le surlendemain, nous fîmes la traversée jusqu'à Samos puis, **après une escale à Trogylion**, nous arrivâmes, le jour suivant, à Milet, — 16 — car Paul avait pris la décision de passer au large d'Éphèse *afin de n'être pas retenu de quelque manière* en Asie ; il se dépêchait [...] *d'être à* Jérusalem *pour* le jour de la Pentecôte.

— 17 — De Milet, par un message à Éphèse, il *fit venir* les prêtres de l'Église. — 18 — Quand ils furent arrivés près de lui, **venus au rendez-vous**, il dit, *à leur adresse* « Vous, **frères**, vous savez *quelle sorte d'homme je fus* avec vous, du jour même de mon entrée en Asie, **pendant trois ans environ ou même plus,** *continuellement,* — 19 — me dévouant au Seigneur avec une humilité totale, avec des larmes, et des épreuves qui me sont survenues du fait des machinations des Juifs, — 20 — comment je ne me suis jamais dérobé [...] devant l'exposé détaillé de votre bien ni devant [...] *une* instruction dans le privé et en public, — 21 — garantissant aux Juifs et aux Grecs la conversion spirituelle à Dieu et la foi *par l'intermédiaire de* Notre Seigneur Jésus-*Christ.* — 22 — Et maintenant voici que, lié par l'Esprit, je vais, moi, à Jérusalem, sans *connaître* ce qui m'y *attend,* — 23 — sinon que l'Esprit-Saint, **par toute espèce de** ville, me garantit qu'il *reste pour moi* des liens et des tourments **à Jérusalem.** — 24 — Mais de ma vie je ne fais aucun cas et je ne lui attache pas personnellement trop de prix pour mettre un terme à ma course et au service **de la Parole** que j'ai *reçu* du Seigneur Jésus : garantir **à des Juifs et à des Grecs** la bonne nouvelle de la grâce de Dieu. — 25 — Et maintenant voici, je sais, moi, que vous ne verrez plus mon visage, vous tous chez qui j'ai passé en proclamant le royaume **de Jésus.** — 26 — *Ainsi* [...] *jusqu'au* jour d'aujourd'hui, je suis pur du sang de quiconque ; — 27 — car je ne me suis pas dérobé [...] devant l'exposé détaillé de tout le dessein de Dieu. — 28 — Portez votre attention sur vous et sur tout le troupeau dont l'Esprit-Saint vous a institués les gardiens : faites paître l'église *du Seigneur*, qu'il a gardée sauve **pour soi** par le moyen de son propre sang. — 29 — Je sais, moi, qu'entreront jusqu'à vous, après ma venue, des loups insupportables,

---

— 15 — *nous arrivâmes* : une distraction de copiste fait écrire dans D παρελάβομεν au lieu de παρεβάλομεν.

— *le jour suivant* : le participe ἐρχομένη du ms. D est probablement une faute de copiste pour ἐχομένη ; cf. 13, 44 et 18, 21 D.

— 18 — *venus auprès de lui* : le ms. D a raison de corriger ομωσ(εοντων) en ομοσε (οντων). Le verbe εἰμι implique donc le mouvement.

— *quelle sorte d'homme* : le ms. D écrit ποταπως (= ποδαπῶς), un adverbe qui semble impossible, n'offrant qu'un ou deux exemples dans un grec douteux et très postérieur.

prises parce que lui devait aller par terre. −14− Comme il nous rejoignait à Assos, nous le reprîmes pour aller jusqu'à Mitylène. −15− De là repartis le lendemain, nous parvînmes en face de Chios ; le surlendemain nous fîmes la traversée jusqu'à Samos et nous arrivâmes le jour suivant à Milet ; −16− car Paul avait pris la décision de passer au large d'Éphèse pour n'avoir pas à s'attarder en Asie : il se dépêchait d'arriver à Jérusalem, s'il lui était possible, le jour de la Pentecôte.

−17− De Milet, par un passage à Éphèse, il rappela les prêtres de l'Église. −18− Quand ils furent arrivés auprès de lui, il leur dit : « Vous, vous savez, du jour même de mon entrée en Asie, quel fut, sans cesse, mon comportement avec vous, −19− me dévouant au Seigneur avec une humilité totale, avec des larmes, et des épreuves qui me sont arrivées du fait des machinations des Juifs, −20− comment je ne me suis jamais dérobé devant l'exposé détaillé de votre bien, ni devant votre instruction en public et en privé, −21− garantissant aux Juifs et aux Grecs la conversion spirituelle à Dieu et la foi en Notre Seigneur Jésus-Christ. −22− Et maintenant voici que, lié par l'Esprit, je vais, moi, à Jérusalem, sans savoir ce qui va y venir au devant de moi, −23− sinon que l'Esprit-Saint, de ville en ville, me garantit que m'attendent des liens et des tourments. −24− Mais de ma vie je ne fais aucun cas et je ne lui attache pas personnellement trop de prix pour mettre un terme à ma course et au service que j'ai eu du Seigneur Jésus : garantir la bonne nouvelle de la grâce de Dieu. −25− Et maintenant voici, je sais, moi, que vous ne verrez plus mon visage, vous tous chez qui j'ai passé en proclamant le Royaume. −26− C'est pourquoi, je vous garantis, en ce jour d'aujourd'hui, que je suis pur du sang de quiconque ; −27− car je ne me suis pas dérobé devant l'exposé détaillé de tout le dessein de Dieu. −28− Portez votre attention sur vous et sur tout le troupeau dont l'Esprit-Saint vous a constitués les gardiens : faites paître l'église de Dieu, qu'il a, par le moyen de son propre sang, gardée sauve. −29− Je sais, moi, qu'entreront jusqu'à vous, après ma venue, des loups insupportables,

---

On peut croire à une faute du copiste, influencé par le πῶς du texte court et, par suite, lire ποταπός (= ποδαπός), bien accordé avec l'imparfait ἦν.

−20− Le texte occidental supprime un μή, correct mais inutile, devant ἀναγγεῖλαι. De même au v. 27.

−23− *me garantit que* : le ms. D met au masculin λέγων : faute peut-être de copiste pour le neutre λέγον ; cf. la note du v. 18.

−24− Les copistes ont enchevêtré les différentes versions, qui en réalité se complètent. Il faut probablement rétablir le texte commun du début du verset de la façon suivante : ἀλλ' οὐδενὸς λόγου ποιοῦμαι τὴν ψυχήν μου <οὐδ' ἔχω> τιμίαν ἐμαυτῷ (ici un τοῦ possible) τελειῶσαι τὸν δρόμον μου (voir la note sur ce verset dans l'édition des *Actes*, Belles Lettres, 1982, p. 99.

qui n'épargnent pas le troupeau, −30− et que de vous se lèveront des hommes disant des choses extravagantes, afin de *détourner*, dans leur sillage, les disciples. −31− En conséquence, restez vigilants et gardez en mémoire que, trois années durant, nuit et jour, je n'ai pas cessé de donner à tout un chacun **de vous**, non sans larmes, des avertissements. −32− Maintenant je vous offre à Dieu, à la parole de sa grâce, à Dieu capable par excellence de **vous** *édifier* et de distribuer l'héritage **à eux**, les sanctifiés *parmi tous*. −33− Je n'ai eu envie d'or, d'argent, ou de tenues somptueuses, de personne. −34− Vous savez, vous, que pour subvenir à **tous** mes besoins et servir ceux qui étaient avec moi, il y a eu ces mains-là. −35− A vous **tous** j'ai montré que c'est en peinant comme cela qu'il faut venir au secours des faibles, [...] se souvenir des paroles du Seigneur Jésus, à savoir que lui-même a dit : il y a plus de bonheur à donner qu'à recevoir.»

−36− Ces paroles dites, il se mit à genoux avec eux tous et pria. −37− Il y eut chez tous de longs pleurs ; ils se jetèrent au cou de Paul et le couvraient de baisers, −38− souffrant surtout de la parole dite par lui qu'ils ne devaient plus regarder son visage. Ils l'escortèrent jusqu'au navire.

CHAPITRE 21

−1− [...] *El* **montés à bord** *nous prîmes le large*. *Une fois* arrachés à eux, nous vînmes en droite ligne à Cos, le lendemain à Rhodes et là à Patara **et à Myra**. −2− Ayant trouvé un navire qui faisait la traversée en Phénicie, <montés à bord nous prîmes le large. −3− Une fois Chypre en vue, nous la laissâmes sur la gauche ; nous naviguions en direction de la Syrie et *descendîmes* à Tyr. C'est là que le navire déchargeait sa cargaison. −4− *El* nous y restâmes sept jours, après avoir trouvé les disciples ; l'Esprit faisait dire à *certains*, à l'adresse de Paul, de ne pas *monter à* Jérusalem. −5− Mais quand il advint que les jours furent révolus, nous partîmes ; et nous allions **notre route**, escortés par tous, avec femmes et enfants, jusqu'en dehors de la ville ; une fois mis à genoux sur la grève, *nous priâmes*. −6− *Puis, ayant*

−31− *(nuit) et (jour)* : le correcteur de D écrit avec raison καί au lieu de δέ.

−32− *vous conforter* : en ajoutant ὑμᾶς, le ms. D modifie complètement le sens du verbe οἰκοδομῆσαι et, par suite, de la proposition.

−34− *tous (mes besoins)* : l'adjonction du datif πᾶσιν prouve l'erreur d'un copiste de D écrivant τάς χρείας au lieu du datif ταῖς χρείαις.

−35− *plus de bonheur* : autre faute du copiste de D : μακάριος au lieu de μακάριον.

−36− *à genoux* : le ms. D n'a pas tort de supprimer αὐτοῦ après τὰ γόνατα ; le sens reste identique.

−38− *dite par lui* : le ms. D remplace ᾧ εἰρήκει par ὅτι εἶπεν, ce qui peut revenir au même. Mais un correcteur de D a effacé εἶπεν, peut-être avec raison.

qui n'épargnent pas le troupeau, –30– et que de vous se lèveront des hommes disant des choses extravagantes, afin d'arracher, dans leur sillage, les disciples. –31– En conséquence, restez vigilants et gardez en mémoire que, trois années durant, nuit et jour, je n'ai pas cessé de donner à tout un chacun, non sans larmes, des avertissements. –32– Maintenant je vous offre à Dieu, à la parole de sa grâce, à Dieu capable par excellence de bâtir et de distribuer l'héritage à tous les sacrifiés. –33– Je n'ai eu envie d'or, d'argent, ou de tenues somptueuses, de personne. –34– Vous savez, vous, que, pour subvenir à mes besoins et servir ceux qui étaient avec moi, il y a eu ces mains-là. –35– En tout je vous ai montré que c'est en peinant comme cela qu'il faut venir au secours des faibles, et se souvenir des paroles du Seigneur, à savoir que lui-même a dit : il y a plus de bonheur à donner qu'à recevoir.»

–36– Ces paroles dites, il se mit à genoux avec tous et pria. –37– Il y eut chez tous de longs pleurs ; ils se jetèrent au cou de Paul et le couvraient de baisers, –38– souffrant surtout de la parole dite par lui qu'ils ne devaient plus regarder son visage. Ils l'escortèrent jusqu'au navire.

CHAPITRE 21

–1– Quand il nous advint de prendre le large, après nous être arrachés à eux, nous vînmes en droite ligne à Cos, le lendemain à Rhodes et de là à Patara. –2– Ayant trouvé un navire qui faisait la traversée en Phénicie, nous nous embarquâmes et prîmes le large. –3– Une fois Chypre en vue, nous la laissâmes sur la gauche ; nous naviguions en direction de la Syrie et débarquâmes à Tyr : c'est là que le navire déchargeait sa cargaison. –4– Nous y séjournâmes encore sept jours après avoir trouvé les disciples, à qui l'Esprit faisaient dire, à l'adresse de Paul, de ne pas nous embarquer pour Jérusalem. –5– Mais quand il advint que les jours furent révolus, nous partîmes, et nous allions, escortés par tous, avec femmes et enfants, jusqu'en dehors de la ville ; une fois mis à genoux sur la grève

---

– *devaient* : il n'est pas sûr que le ms. D écrive μέλλουσιν, qui doit être la bonne leçon, donnée par le texte court.

Chapitre 21   –1– *le lendemain* : le ms. D remplace τῇ ἑξῆς par un synonyme τῇ ἐπιούσῃ ; remplacement du même ordre au v. 26.

–2– *montés à bord* : avec ces mots commence la seconde lacune du ms. D grec du chapitre 21 ; elle s'étend jusqu'au verset 10, «un prophète nommé Agabos» exclusivement. On traduit le texte selon la restitution opérée par Clark grâce à d'autres témoins du texte occidental, dont la partie latine de D.

–5– La première proposition du verset n'est pas dans le texte occidental, mais, nécessaire au sens, Clark la tire avec raison du texte court, dont elle doit avoir sauté.

échangé le baiser d'adieu, nous montâmes à bord ; et ceux-là retournèrent chez eux.

– 7 – Quant à nous, traversée poursuivie, nous passâmes de Tyr à Ptolémaïs, embrassâmes les frères et restâmes une journée auprès d'eux. – 8 – Partis le lendemain, nous vînmes à Césarée. Entrés dans la maison de Philippe l'évangéliste, qui était des sept, nous restâmes chez lui. – 9 – Il avait quatre filles vierges, qui prophétisaient.

– 10 – Comme **nous** prolongions plusieurs jours notre séjour, de Judée descendit > un prophète nommé Agabos ; – 11 – *monté* jusqu'à nous, il enleva la ceinture de Paul, s'attacha les pieds et les mains et dit : « L'Esprit-Saint dit ceci : l'homme à qui appartient cette ceinture, instantanément *des* Juifs lui mettront *à* Jérusalem des liens et le livreront aux mains des païens. » – 12 – Quand nous eûmes entendu cela, nous *prions* **Paul**, nous et la chrétienté locale *de ne pas entrer*, lui, à Jérusalem. – 13 – [. . .] Paul **nous** *dit* : « A quoi bon pleurer et m'*agiter* le cœur ? Car non seulement *je veux* subir des liens, mais je suis tout prêt à aller mourir à Jérusalem pour le nom du Seigneur Jésus-**Christ**. » – 14 – Comme il ne se laissait pas persuader, nous restâmes cois, en **nous** disant **les uns aux autres** : « La volonté *de Dieu* soit faite. »

– 15 – Après *quelques* jours, *ayant pris congé*, nous *montons* à Jérusalem. – 16 – < Il vint > avec nous < des disciples > *de* Césarée. *Ces gens-là nous menèrent* chez qui *ils voulaient* que nous fussions hébergés, **et arrivés dans un certain village, nous nous trouvâmes** chez Mnason, un ancien disciple chypriote. – 17 – **Et de là repartis,** *nous arrivâmes* à Jérusalem *et* les frères nous *reçurent* avec joie.

– 18 – Le lendemain, Paul entrait avec nous chez Jacques, et **près de lui se trouvaient rassemblés** [. . .] les prêtres, – 19 – *qu'il* embrassa *avant de raconter de quelle façon* Dieu avait, par son service, accompli chaque chose *séparément pour* les païens. – 20 – Eux, après l'avoir entendu, glorifiaient *le Seigneur, en* [. . .] *disant* : « Tu observes, frère, quels milliers il y a, *en Judée*, de ceux qui possèdent la foi, et tous **ceux-là** sont zélateurs de la Loi. – 21 – Ils *ont répandu le bruit* que tu

---

– 10 – *nous* : dans le texte court, « nous » n'est pas exprimé, comme il arrive dans le meilleur grec avec le sujet du génitif absolu. Le français doit l'exprimer dans la traduction du texte long, qui ajoute ἡμῶν.

– 11 – *des (Juifs)* : la suppression de l'article οἱ montre que les Juifs ne seront pas tous coupables ; cf. 28, 24.

– 12 – *de ne pas entrer ... à ...* : dans le ms. D, τοῦ μή semble mettre une complétive à la place d'une finale, plus normale ; une telle complétive est employée ailleurs par Luc, surtout après les verbes signifiant « empêcher », *Actes* 10, 47 ; 14, 18 ; 20, 27, peut-être 20, 20 ; et cf. 11, 17 D. — Quant au remplacement de ἐν par εἰς, il s'explique par le choix du point de vue d'Agabos, prononçant à Césarée les paroles de l'Esprit.

– 14 – *cois* : la syllabe οι, devant εἰπόντες du ms. D est à supprimer (iôtacisme).

– 16 – *il vint ... des disciples* : avec Clark il convient de restituer tout le *stique* du

pour prier, −6− nous échangeâmes le baiser d'adieu et montâmes à bord ; et ceux-là retournèrent chez eux.

−7− Quant à nous, traversée poursuivie, nous passâmes de Tyr à Ptolémaïs, embrassâmes les frères et restâmes une journée auprès d'eux. −8− Partis le lendemain, nous vînmes à Césarée. Entrés dans la maison de Philippe l'évangéliste, qui était des sept, nous restâmes chez lui. −9− Il avait quatre filles vierges, qui prophétisaient.

−10− Comme nous prolongions plusieurs jours notre séjour, de Judée descendit un prophète nommé Agabos ; −11− venu jusqu'à nous, il enleva la ceinture de Paul, s'attacha les pieds et les mains, et dit : «L'Esprit-Saint dit ceci : l'homme à qui appartient cette ceinture, instantanément les Juifs, dans Jérusalem, lui mettront des liens et le livreront aux mains des païens.» −12− Quand nous eûmes entendu cela, nous faisions des prières, nous et la chrétienté locale, pour qu'il ne montât pas à Jérusalem. −13− Paul répondit alors : «A quoi bon pleurer et me broyer le cœur ? Je suis tout prêt à aller non seulement subir des liens mais aussi mourir à Jérusalem pour le nom du Seigneur Jésus.» Comme il ne se laissait pas persuader, nous restâmes cois, en disant : «La volonté du Seigneur soit faite.»

−15− Après ces jours-là, les préparatifs achevés, nous montions à Jérusalem. −16− Il vint avec nous de Césarée des disciples, chargés de nous mener chez Mnason, un ancien disciple chypriote, pour être hébergés chez lui. −17− A notre arrivée à Jérusalem, les frères nous accueillirent avec joie.

−18− Le lendemain, Paul entrait avec nous chez Jacques, et tous les prêtres arrivèrent. −19− Après les avoir embrassés, il expliquait une par une chacune des choses que Dieu, par son service, avait faites chez les païens. −20− Eux, après l'avoir entendu, glorifiaient Dieu et dirent à Paul : «Tu observes, frère, quels milliers il y a, chez les Juifs, de ceux qui possèdent la foi ; ils sont tous zélateurs de la Loi. −21− Ils

---

texte court, sauté dans D : <συνῆλθον δὲ καὶ τῶν μαθητῶν>. Après «Césarée», le texte de D, ici mutilé au XVIII⁰ siècle, peut être restitué avec une certitude à peu près totale. — Sur les versets 16-19, cf. l'article «La dernière étape du troisième voyage missionnaire de saint Paul selon les deux versions des *Actes*», *Revue théologique de Louvain*, 1983, p. 446-455.

− *chez qui* : la seconde leçon de D, παρ' ᾧ est adoptée, de préférence à la première, πρὸς οὕς.

−19− *chaque chose séparément* : le correcteur de D supprime avec raison le -α de ἕνα. Rétablir καθ' devant ἕνα ne s'impose pas.

−21− *répandu le bruit* : il semble que l'auteur du texte occidental ait voulu employer l'actif du verbe κατηχέω. Et le correcteur de D rétablit un χ au lieu du κ fautif.

− *païens* : le copiste de D met un εἰσιν, à supprimer, après ἔθνη. Il commet une autre erreur en écrivant μήτε pour μή et ἔθνεσιν pour ἔθεσιν.

− *suivent ... coutumes* : le ms. D ajoute la préposition ἐν, plus normale devant ἔθ[ν]εσιν. Le sens est probablement le même sans la préposition.

enseignes, toi, à [...] des Juifs dispersés chez les païens, une désertion de Moïse : [...] «qu'ils ne circoncisent pas les enfants et ne suivent pas **ses** coutumes.» —22— De quoi donc s'agit-il ? *Il faut* assurément *que se rassemble une foule* ; ils entendront dire *en effet* que tu es venu. —23— Fais donc ce que nous te disons. Nous avons quatre hommes sur qui pèse un vœu. —24— Ces hommes, prends-les pour te faire purifier avec eux, fais la dépense du rasage de *leur* tête, et tout le monde saura que les informations reçues à ton sujet sont nulles, mais **que** *tu suis la* **route**, toi [...] en respectant la Loi. —25— Mais, au sujet des païens qui possèdent la foi, **ils n'ont rien à dire contre toi ; car** nous avons *dépêché une mission, en décidant* **qu'ils n'observent rien de tel, mais seulement** qu'ils se gardent de la viande immolée aux idoles, de sang [...] et d'impudicité.» —26— Alors Paul prit avec lui les hommes, se fit purifier le *lendemain* avec eux et *entra* dans le Temple en répandant l'annonce de l'accomplissement total des jours de la purification, *afin que*, pour un chacun d'entre eux, *fût* offerte l'oblation.

—27— *Comme le septième jour s'achevait*, les Juifs **arrivés** de l'Asie, après l'avoir contemplé dans le Temple, plongeaient la foule dans la confusion et *mettent* la main sur lui, —28— en clamant : «Citoyens d'Israël, au secours ! Voilà le type qui donne partout son enseignement contre le peuple, contre la Loi, et contre ce lieu ; de surcroît, il *introduisait* des Grecs dans le Temple et *a souillé* ce Saint Lieu.» —29— En effet ils avaient bien vu avec lui, auparavant, dans la ville, Trophime l'éphésien, et ils *avaient cru* que Paul l'avait introduit dans le Temple. —30— La ville entière fut soulevée ; il y eut une seule ruée du peuple et, une fois Paul saisi, ils le traînaient hors du Temple, dont aussitôt la porte fut fermée.

—31— Comme ils cherchaient à le tuer, un bruit monta jusqu'au tribun de la cohorte : Jérusalem *est* en pleine confusion ; <**donc, attention qu'ils ne fassent pas un soulèvement**> —32— Prenant avec lui sur-le-champ soldats et centurions, il descendit sur eux en courant et eux, à la vue du tribun et des soldats, cessèrent de frapper Paul. —33— Alors le tribun, s'étant approché, le fit saisir, donna l'ordre qu'il fût attaché de deux chaînes, et demandait qui il était et ce qu'il avait réellement fait. —34— Mais ils vociféraient à qui mieux mieux dans la

---

—22-25— sur ces versets, voir l'article «Les deux textes du décret apostolique de 49 selon ses deux versions», *R.B.Ph.II.*, 1984, p. 30-55.

—24— *leur (tête)* : εἰς αὐτούς (probablement préférable à la leçon ἐπ' αὐτοῖς du texte court) doit être une prolepse après préposition ; ἵνα est complétif.

— *rasage* : la leçon de D ξυρῶνται est à préférer à la leçon de plusieurs mss du texte court ξυρήσονται : l'indicatif futur se rencontre après ἵνα dans le N.T., mais il étonne chez Luc. La leçon ξυρήσωνται des autres mss du texte court est admissible.

—25— *sang* : l'omission de καὶ πνικτόν après αἷμα est due sans doute à une inattention de copiste, sautant d'un καί à un autre καί ; de même en 15, 20.

—26— *fût offerte* : après ὅπως le ms. D ne peut avoir écrit que le subjonctif προσενεχθῇ

ont reçu l'information que tu enseignes, toi, à tous les Juifs dispersés chez les païens, une désertion de Moïse, en leur ordonnant qu'ils ne circoncisent pas les enfants et ne suivent pas les coutumes. −22− De quoi donc s'agit-il? Ils entendront dire, assurément, que tu es venu. −23− Fais donc ce que nous te disons. Nous avons quatre hommes sur qui pèse un vœu. −24− Ces hommes, prends-les pour te faire purifier avec eux, fais sur eux une dépense pour qu'ils se rasent la tête, et tout le monde saura que les informations reçues à ton sujet sont nulles, mais que tu marches, toi aussi, en respectant la Loi. −25− Quant aux païens qui possèdent la foi, nous leur avons écrit, décision prise, qu'ils se gardent de la viande immolée aux idoles, de sang, de chair étranglée, et d'impudicité.» −26− Alors Paul prit avec lui les hommes, se fit purifier le jour suivant avec eux, et il entrait dans le Temple en répandant l'annonce de l'accomplissement total des jours de la purification, jusqu'au moment où, pour chacun d'eux, fut offerte l'oblation.

−27− Lorsque les sept jours allaient s'achever, les Juifs originaires de l'Asie, après l'avoir contemplé dans le Temple, plongeaient la foule dans la confusion, et mirent la main sur lui −28− en clamant : «Citoyens d'Israël, au secours! Voilà le type qui donne partout son enseignement contre le peuple, contre la Loi et contre ce lieu ; il a, de surcroît, introduit des Grecs dans le Temple, et laissé souillé ce Saint Lieu.» −29− En effet, ils avaient bien vu, avec lui, auparavant, dans la ville, Trophime l'Éphésien, et croyaient que Paul l'avait introduit dans le Temple. −30− La ville entière fut soulevée ; il y eut une seule ruée du peuple et, une fois Paul saisi, ils le traînaient hors du Temple, dont aussitôt la porte dut fermée.

−31− Comme ils cherchaient à le tuer, un bruit monta jusqu'au tribun de la cohorte : Jérusalem était en pleine confusion. −32− Prenant avec lui sur-le-champ soldats et centurions, il descendit sur eux en courant et eux, à la vue du tribun et des soldats, cessèrent de frapper Paul. −33− Alors le tribun, s'étant approché, le fit saisir, donna l'ordre qu'il fût attaché de deux chaînes, et demandait qui il était et ce qu'il avait réellement fait. −34− Mais ils vociféraient à qui

et non l'indicatif προσηνέχθη qui suit ἕως οὗ (sauf erreur du copiste, lui seul). Voir la note de l'édition des *Actes*, Belles Lettres, 1982.

−27− *les Juifs arrivés d'Asie* : le copiste de D ajoute entre οἱ et ἀπό un δέ impossible.

−28− *a souillé* : autre erreur du même : ἐκοινώνησεν (a participé) au lieu de ἐκοίνωσεν.

−29− *ils avaient cru* : par une inadvertance de copiste, D écrit l'impossible ἐνομίσαμεν eu lieu de ἐνόμισαν.

−30− *ils (traînaient)* : le ms. D supprime l'inutile αὐτόν.

−31− *<donc ... soulèvement>* : une version syriaque ajoute à la fin du verset ces mots, que Blass traduit en grec ὅρα οὖν μὴ ποιῶνται ἐπανάστασιν. Par suite, la seconde moitié du verset, depuis «Jérusalem», passe au style direct.

−32− *prenant* : le ms. D ajoute au verbe simple le préverbe παρα-, qui ne modifie guère le sens.

foule et, comme le tumulte l'empêchait de savoir avec certitude, il donna l'ordre «qu'on le mène au quartier». −35− Mais ce qui arriva, lorsqu'il fut *aux* degrés, c'est que la violence *du peuple* obligea les soldats à porter *Paul*. −36− La multitude [...] suivait en clamant *« qu'il soit supprimé !»*

−37− Au moment où il allait être introduit dans le quartier, il [...] **lança** *au* tribun : «M'est-il permis de te *parler*?» L'autre dit : «Tu sais le grec? −38− [...] Tu n'es pas cet Égyptien qui, ces jours passés, a mis c'en dessus dessous les quatre mille sicaires et les emmena dans le désert?» −39− Paul dit : «Je suis un Juif, moi, *natif de Tarse* en Cilicie [...]. Je t'en prie, *permets*-moi de parler au peuple.» −40− La permission accordée *par le tribun*, Paul, debout sur les degrés, *secoua* la main *dans leur direction* ; il se fit un grand *calme* et Paul, en hébreu, les interpella par ces mots.

CHAPITRE 22

−1− «Mes frères et mes pères, écoutez l'apologie que je présente aujourd'hui devant vous.» −2− Ayant entendu qu'il [...] interpellait en hébreu, ils *se tinrent cois* davantage. Il dit alors : −3− «Je suis un Juif, à Tarse en Cilicie venu au monde ; mais je fus élevé dans cette ville-ci aux pieds de Gamaliel, *toujours m'instruisant* strictement selon la loi de nos pères, comme tous vous l'êtes aujourd'hui, [...] zélateur de Dieu ; −4− *et* j'ai persécuté les hommes de cette Voie jusqu'à la mort, en faisant mettre dans les liens et livrer *à la* prison des hommes et des femmes, −5− comme non seulement l'archiprêtre m'en *sera* témoin, mais encore le collège des anciens *tout entier*, du fait desquels, pour avoir reçu d'eux des lettres contre les frères, j'étais en train de suivre le chemin de Damas, chargé de mener attachés, [...] à Jérusalem, ceux même qui étaient là, afin qu'ils soient châtiés. −6− [...] Comme j'approchais [...], *à* midi, de Damas, je vis soudain du ciel une grande lumière m'environner de son éclat, −7− et je tombai sur le sol, et j'entendis une voix qui me disait 'Saul, Saul, pourquoi me persécutes-tu?' −8− Moi je répondis : 'Qui êtes-vous, Seigneur?' Il me dit : 'Moi, je suis Jésus de Nazareth, que toi tu persécutes.' −9−

−39− *en Cilicie* : après ce mot, peut-être par inadvertance, le copiste de D omet tout le stique οὐκ ἀσήμου πόλεως πολίτης.

Chapitre 22 −2− *interpellait* : l'indicatif *présent* προσφωνεῖ ne change pas la valeur ni le sens du verbe.
−3− *toujours* : adverbe chargé de rendre la valeur du participe devenu présent dans le ms. D.

mieux mieux dans la foule et, comme le tumulte l'empêchait de savoir avec certitude, il donna l'ordre «qu'on le mène au quartier». −35− Mais ce qui arriva, quand il fut sur les degrés, c'est que la violence de la foule obligea les soldats à le porter; −36− la multitude du peuple suivait en clamant : «Supprimez-le!»

−37− Au moment où il allait être introduit dans le quartier, Paul dit au tribun : «M'est-il permis de dire un mot?» L'autre dit : «Tu sais le grec? −38− Alors, tu n'es pas cet Égyptien qui, ces jours passés, a mis c'en dessus dessous les quatre mille sicaires et les emmena dans le désert?» −39− Paul dit : «Je suis un Juif, moi, de Tarse en Cilicie, citoyen d'une cité qui n'est pas sans renom. Je t'en prie, accorde-moi la permission de parler au peuple.» −40− Celle-ci accordée, Paul, debout sur les degrés, fit au peuple un signe de la main. Il se fit un grand silence, et Paul, en hébreu, les interpella par ces mots.

CHAPITRE 22

−1− «Mes frères et mes pères, écoutez l'apologie que je présente aujourd'hui devant vous.» −2− Ayant entendu qu'il les interpellait en hébreu, ils accordèrent un plus grand silence. Il dit alors : «Je suis un Juif, venu au monde à Tarse en Cilicie, mais je fus élevé dans cette ville-ci aux pieds de Gamaliel, instruit strictement selon la loi de nos pères; comme vous l'êtes tous aujourd'hui, je suis un zélateur de Dieu, −4− moi qui ai persécuté les hommes de cette Voie jusqu'à la mort en faisant mettre dans les liens et livrer aux prisons des hommes et des femmes, −5− comme non seulement l'archiprêtre m'en est témoin mais encore tout le collège des anciens, du fait desquels, pour avoir reçu d'eux des lettres contre des frères, j'étais en train de suivre le chemin de Damas, chargé de mener attachés, ici à Jérusalem, ceux même qui étaient là, afin qu'ils soient châtiés. −6− Comme, chemin faisant, j'approchais de Damas, il advint soudain, vers midi, que du ciel une grande lumière m'environna de son éclat; −7− je tombai sur le sol et entendis une voix qui me disait : 'Saoul, Saoul, pourquoi me persécutes-tu?' −8− Moi je répondis : 'Qui êtes-vous, Seigneur?' Il me dit : 'Moi je suis Jésus de Nazareth, que toi tu persécutes.' −9−

−5− *contre* : sous l'influence du παρά devant ὧν qui précède, le ms. D, par une faute de copiste, écrit παρὰ τῶν ἀδελφῶν, impossible, au lieu de πρὸς τοὺς ἀδελφούς.

− *(qui étaient) là* : en remplaçant ἐκεῖσε par ἐκεῖ, l'auteur du texte occidental semble avoir voulu épargner aux lecteurs qui le connaîtraient mal un tour quelquefois difficile.

−6− *m'* : il semble que le ms. D ajoute με après περιήστραψε (cf. 9, 3), mais le texte n'est pas sûr.

Ceux qui étaient avec moi contemplèrent la lumière **et furent saisis d'effroi**, sans entendre la voix de celui qui me parlait. – 10 – Et je dis : 'Que dois-je faire, Seigneur ?' Et [...] *lui* me dit : 'Lève-toi, va à Damas, et là on te parlera de tout <ce qu'il t'est ordonné de faire. – 11 – Comme **je m'étais levé**, l'éclat d'une pareille lumière me privait de la vue, *et* je vins à Damas conduit par la main de ceux qui étaient avec moi.

– 12 – Or un certain Ananias, un homme dévot selon la Loi, honorablement connu de tous les Juifs de l'endroit, – 13 – vint m'aborder et me dit : '*Saul,* mon frère, recouvre la vue.' Et moi, sur l'heure, recouvrant la vue, je [...] vis. – 14 – Et il **me** dit : 'Le Dieu de nos pères t'a destiné à la connaissance de sa volonté, à la vue du Juste, à l'audition d'une voix venue de sa bouche, – 15 – à savoir que tu seras, devant l'humanité entière, son témoin des choses dont tu gardes la vision et que tu entendis. – 16 – Et maintenant, pourquoi tarder ? Lève-toi, et fais-toi baptiser et laver de tes péchés en invoquant son nom.'

– 17 – Puis il m'advint, étant retourné à Jérusalem, comme je priais dans le Temple, que je fus en extase ; – 18 – et *je le vis*, qui me disait : 'Dépêche-toi ; sors vite de Jérusalem, parce qu'ils refuseront d'accueillir ton témoignage sur moi.' – 19 – Et moi, je dis : 'Seigneur, ils savent, eux, que, de synagogue en synagogue, je ne cessais de faire jeter en prison et rouer de coups ceux qui croyaient en vous. – 20 – Et quand se versait le sang d'Étienne, votre témoin, j'étais présent, *moi* ! j'approuvais> et je gardais les manteaux de ceux qui étaient en train de le mettre à mort.' – 21 – Il me dit : 'Poursuis ta route, parce que je te *renvoie*, moi, au loin, chez des païens'.»

– 22 – Jusqu'à cette parole, ils l'*avaient écouté*. Puis, ils élevèrent la voix, en disant : «Un tel individu, retranchez-le de la terre. Il n'aurait pas fallu qu'il restât vivant.» – 23 – *Et* comme ils poussaient des hurlements, jetaient leurs manteaux et lançaient de la poussière *vers le ciel,* – 24 – le tribun ordonna qu'on le fît entrer au quartier, en disant «*qu'on le mette à la question* par le fouet», pour que l'on découvre la raison pour laquelle ils *faisaient* un tel *tapage à son sujet.* – 25 – Quand ils l'eurent allongé avec les sangles, il [...] dit au tribun debout : «Avez-vous le droit de fouetter un Romain, sans jugement de surcroît ?» – 26 – En entendant **cette chose, qu'il se disait un Romain**, le centurion s'approcha du tribun pour *lui* faire son rapport : «**Attention à ce** que tu vas faire ! [...] Cet homme-là est un Romain !» – 27 – **Alors,** s'approchant, le tribun *lui demanda* : «Dis-moi, tu es un Romain, toi ?» Et Paul *dit* : «*Je le suis.*» – 28 – Le tribun *dit en réplique* : «**Je**

– 10 – Dans ce verset commence la troisième lacune du *codex Bezae* grec. Elle s'étend jusqu'au verset 20 inclusivement. Comme en 21, 2-10, on suit le texte restitué par

Ceux qui étaient avec moi contemplèrent la lumière, sans entendre la voix de celui qui me parlait. – 10 – Et je dis : 'Que dois-je faire Seigneur?' Le Seigneur me dit : 'Lève-toi, va à Damas, et là on te parlera de tout ce qu'il t'est donné de faire.' – 11 – Mais comme l'éclat d'une pareille lumière me privait de la vue, je vins à Damas conduit par la main de ceux qui étaient avec moi.

– 12 – Or un certain Ananias, un homme dévot selon la Loi, honorablement connu de tous les Juifs de l'endroit, – 13 – vint m'aborder et me dit : 'Saoul, mon frère, recouvre la vue.' Et moi, sur l'heure, recouvrant la vue, je le vis. – 14 – Il dit : 'Le Dieu de nos pères t'a destiné à la connaissance de sa volonté, à la vue du Juste, à l'audition d'une voix venue de sa bouche, – 15 – à savoir que tu seras, devant l'humanité entière, son témoin des choses dont tu gardes la vision et que tu entendis. – 16 – Et maintenant, pourquoi tarder? Lève-toi, et fais-toi baptiser et laver de tes péchés en invoquant son nom.'

– 17 – Puis il m'advint, étant retourné à Jérusalem, et comme je priai dans le Temple, que je fus en extase – 18 – et vis qu'il me disait : 'Dépêche-toi ; sors vite de Jérusalem, parce qu'ils refuseront d'accueillir ton témoignage sur moi.' – 19 – Et, moi, je dis : 'Seigneur, ils savent, eux, que, de synagogue en synagogue, je ne cessais de faire jeter en prison et rouer de coups ceux qui croyaient en vous. – 20 – Et quand se versait le sang d'Étienne, votre témoin, j'étais moi-même présent, j'approuvais et je gardais les manteaux de ceux qui étaient en train de le mettre à mort.' – 21 – Il me dit : 'Poursuis ta route, parce que je vais te renvoyer, moi, au loin, chez des païens'.»

– 22 – Jusqu'à cette parole, ils l'écoutaient. Puis ils élevèrent la voix, en disant : «Un tel individu, retranchez-le de la terre. Il n'aurait pas fallu qu'il restât vivant.» – 23 – Comme ils poussaient des hurlements, jetaient leurs manteaux et lançaient de la poussière en l'air, – 24 – le tribun ordonna qu'on le fît entrer au quartier en disant de le mettre à la question par le fouet et que l'on découvre la raison pour laquelle ils vociféraient comme cela contre lui. – 25 – Quand ils l'eurent allongé avec les sangles, Paul dit au centurion debout : «Avez-vous le droit de fouetter un Romain, sans jugement de surcroît?» – 26 – A ces mots le centurion s'approcha du tribun pour faire son rapport et dire : «Que vas-tu faire, car cet homme-là est un Romain?» – 27 – Le tribun s'approcha de Paul et lui dit : «Dis-moi, tu es un Romain, toi?» Et Paul dit «oui». – 28 – Le tribun répliqua :

Clark, avec vraisemblance, selon d'autres témoins du texte occidental ; voir la note sur 21, 2 et ci-dessous la note 29.
  – 27 – *dit* : le ms. D remplace φάναι par λέγειν.

sais, moi, **quelle** somme il m'a fallu pour acquérir ce droit!» Et Paul dit : «Mais moi, je le tiens de naissance.» —29— *Alors* le lâchèrent <ceux qui allaient le mettre à la question, et le tribun fut encore saisi de frayeur en découvrant que Paul était un Romain, et qu'il l'avait fait attacher ; **et sur-le-champ il le fit délier**. —30— Le lendemain, voulant la certitude sur la question de savoir de quoi il était accusé par les Juifs, [...] il ordonna une assemblée des archiprêtres et de tout le Sanhédrin, fit comparaître Paul et le plaça devant eux.

CHAPITRE 23

—1— Paul fixa les yeux sur le Sanhédrin et dit : «Messieurs mes frères, jusqu'à ce jour c'est en toute bonne conscience que ma vie, à moi, est celle d'un citoyen de Dieu.» —2— Mais l'archiprêtre Ananias, à ceux qui se tenaient près de lui, commanda de lui frapper la bouche. —3— Paul lui dit alors : «C'est toi que Dieu va frapper, vieille bicoque blanchie ; et c'est toi, assis pour me juger selon la Loi, qui la violes en ordonnant que je sois frappé.» —4— Ceux qui se tenaient auprès dirent : «Tu insultes l'archiprêtre de Dieu ?» —5— Paul dit : «J'ignorais, frères, que c'était l'archiprêtre, puisqu'il est écrit : Tu ne parleras pas mal d'un chef de ton peuple.» —6— Et Paul, sachant qu'une partie était de Sadducéens et l'autre de Pharisiens, clamait en plein Sanhédrin : «Messieurs mes frères, je suis, moi, un Pharisien, fils de Pharisiens ; si l'on me juge, c'est sur l'espérance, à savoir la résurrection des morts.» —7— Quand il eut dit ces mots, ce fut la dissension entre Pharisiens et Sadducéens, et la foule fut déchirée. —8— Car les Sadducéens disent qu'il n'y a pas de résurrection, ni ange, ni Esprit, tandis que les Pharisiens reconnaissent l'un et l'autre.

—9— Il y eut une grande crierie et certains des scribes de la partie pharisienne, s'étant levés, soutenaient *entre eux* un combat acharné, en disant : «Nous ne trouvons rien de mauvais en cet homme, et *s'il est vrai* qu'un Esprit ou un ange lui *a* parlé, **ne combattons pas contre Dieu**.» —10— La dissension *s'étant accentuée*, le tribun, mû par la frayeur de voir Paul par eux écartelé, donna l'ordre à la troupe de descendre *et de* l'enlever du milieu d'eux et de le mener au quartier. —11— La nuit suivante, il vit survenir le Seigneur qui lui dit : «Courage, **Paul**, comme tu es allé à Jérusalem attester ce qui me touche, il faut que, de même, tu ailles jusqu'à Rome porter témoignage.»

—29— après ἀπ' αὐτοῦ commence la dernière lacune du *codex Bezae*, texte grec. Elle s'étend jusqu'à la fin des *Actes*. La traduction continue à être faite selon le texte restitué par Clark ; cf. la note ci-dessus, verset 10.

«Moi, il m'a fallu toute une somme pour acquérir ce droit.» Et Paul dit : «Mais moi, je le tiens de naissance.» −29− Aussitôt donc le lâchèrent ceux qui allaient le mettre à la question, et le tribun fut encore saisi de frayeur en découvrant que Paul était un Romain, et qu'il l'avait fait attacher.

−30− Le lendemain, voulant la certitude sur la question de savoir de quoi il était accusé par les Juifs, il le fit délier. Puis il ordonna une assemblée des archiprêtres et de tout le Sanhédrin, fit comparaître Paul et le plaça devant eux.

Chapitre 23

−1− Paul fixa les yeux sur le Sanhédrin et dit : «Messieurs mes frères, jusqu'à ce jour c'est en toute bonne conscience que ma vie, à moi, est celle d'un citoyen de Dieu.» −2− Mais l'archiprêtre Ananias, à ceux qui se tenaient auprès de lui, commanda de lui frapper la bouche. −3− Paul dit alors : «C'est toi que Dieu va frapper, vieille bicoque blanchie ; et c'est toi, assis pour me juger selon la Loi, qui la viole en ordonnant que je sois frappé.» −4− Ceux qui se tenaient auprès dirent : «Tu insultes l'archiprêtre de Dieu ?» −5− Paul dit : «J'ignorais, frères, que c'était l'archiprêtre, puisqu'il est écrit : Tu ne parleras pas mal du chef de ton peuple.» −6− Et Paul, sachant qu'une partie était de Sadducéens et l'autre de Pharisiens, clamait en plein Sanhédrin : «Messieurs mes frères, je suis, moi, un Pharisien, fils de Pharisien ; si l'on me juge, c'est sur l'espérance, à savoir la résurrection des morts.» −7− Quand il eut dit ces mots, ce fut la dissension entre Pharisiens et Sadducéens, et la foule fut déchirée. −8− Car les Sadducéens disent qu'il n'y a pas de résurrection, ni ange, ni Esprit, tandis que les Pharisiens reconnaissent l'un et l'autre.

−9− Il y eut une grande crierie et certains des scribes de la partie pharisienne s'étant levés, soutenaient un combat acharné, en disant : «Nous ne trouvons rien de mauvais en cet homme ; et si un Esprit ou un ange lui avait parlé...,» −10− La dissension s'accentuant, le tribun, mû par la frayeur de voir Paul par eux écartelé, donna l'ordre à la troupe de descendre l'enlever du milieu d'eux et de le mener au quartier. −11− La nuit suivante il vit survenir le Seigneur, qui lui dit : «Courage : comme tu es allé à Jérusalem attester ce qui me touche, il faut que, de même, tu ailles jusqu'à Rome porter témoignage.»

Chapitre 23   −Sur les versets 9, 14-15, 23-24 et 29 du chapitre, on pourra se reporter à l'article «Paul entre Juifs et Romains selon les deux versions de *Act.* 23», *R.T.* 1984, p. 83-91.

−7− *quand il eut dit* : la leçon λαλήσαντος, adoptée par Clark, ne change pas le sens du verbe.

–12– Au jour, *certains des* Juifs firent un complot et prononcèrent, par leur anathème, le serment de ne manger ni de boire aussi longtemps qu'ils n'auraient pas tué Paul. –13– Ils furent plus de quarante ainsi conjurés, –14– qui s'approchèrent des archiprêtres et des anciens pour leur dire : «Nous avons fait, par notre anathème, le serment de ne toucher **absolument** aucune nourriture aussi longtemps que nous n'aurons pas tué Paul. –15– Alors maintenant, **nous vous demandons de faire cela pour nous : rassemblez le Sanhédrin et** sommez le tribun de le faire comparaître devant vous, comme si vous aviez à rendre sur son cas un jugement plus exact ; quant à nous, nous sommes prêts, avant qu'il n'approche, à le mettre à mort, **quitte à mourir, nous aussi.** »

–16– Mais le fils de la sœur de Paul apprit l'embuscade ; il arriva et, entré dans le quartier, en fit le rapport à Paul. –17– Paul appela l'un des centurions et dit : «Ce jeune homme, emmène-le auprès du tribun : il a quelque chose à lui rapporter.» –18– Lui, alors, prenant *le jeune homme* avec lui, le mena au tribun et dit : «Le prisonnier Paul m'a appelé pour me demander de te mener ce tout jeune homme : il a quelque chose à te dire.» –19– Le tribun le saisit par la main, se retira, et l'interrogeait à part : «Qu'est-ce que tu as à me rapporter ?» –20– Il répondit : «Les Juifs sont convenus de te demander de faire comparaître Paul demain devant le Sanhédrin comme s'*ils avaient* à s'informer plus exactement sur lui. –21– Alors, ne te laisse pas persuader : ils sont plus de quarante d'entre eux à lui tendre une embuscade, des hommes qui, par leur anathème, ont prononcé le serment de ne manger ni de boire aussi longtemps qu'ils ne l'auront pas mis à mort ; et maintenant ils sont prêts et attendent de toi la promesse.» –22– Alors le tribun relâcha le tout jeune homme après lui avoir fait la défense : «Ne révèle à personne ce que tu m'as exposé.»

–23– Il appela deux des centurions et dit : «Ayez des soldats [. . .] prêts à aller jusqu'à Césarée, *cent* cavaliers et deux cents lanciers de la maréchaussée.» **Et il ordonne : «Qu'ils soient prêts à être en route** à partir de la troisième heure de la nuit.» –24– **Il commanda aussi aux centurions que** des montures fussent disponibles pour faire monter Paul **toute la nuit** et le conduire sain et sauf **à Césarée** auprès de Félix le procurateur. **Il avait été effrayé, en effet, à l'idée de voir un jour les Juifs l'enlever et le tuer, et de se voir lui-même accusé par la suite comme s'il avait touché de l'argent.** –25– Alors il écrivit une lettre dont voici la substance :

–26– «Claudius Lysias à Son Excellence le procurateur Félix, salut. –27– Cette personne, capturée par les Juifs, allait être mise à

–20– *comme s'ils avaient* : le texte occidental semble écrire ὡς μέλλοντες, peut-être plus clair pour un lecteur peu habitué au tour du sujet non exprimé du génitif absolu ;

– 12 – Au jour, les Juifs firent un complot et prononcèrent, par leur anathème, le serment de ne manger ni de boire aussi longtemps qu'ils n'auraient pas tué Paul. – 13 – Ils furent plus de quarante ainsi conjurés, – 14 – qui s'approchèrent des archiprêtres et des anciens pour leur dire : « Nous avons fait, par notre anathème, le serment de ne toucher aucune nourriture aussi longtemps que nous n'aurons pas tué Paul. – 15 – Alors, vous, maintenant, avec l'accord du Sanhédrin, sommez le tribun qu'il le fasse comparaître devant vous, comme si vous aviez à rendre sur son cas un jugement plus exact ; quant à nous, nous sommes prêts, avant qu'il n'approche, à le mettre à mort. »

– 16 – Mais le fils de la sœur de Paul apprit l'embuscade ; il arriva et, entré dans le quartier, en fit le rapport à Paul. – 17 – Paul appela l'un des centurions, et dit : « Ce jeune homme, emmène-le auprès du tribun : il a quelque chose à lui rapporter. » – 18 – Lui, alors, le prenant avec lui, le mena au tribun, et dit : « Le prisonnier Paul m'appelé pour me demander de te mener ce jeune homme ; il a quelque chose à te dire. » – 19 – Le tribun le saisit par la main, se retira, et l'interrogeait à part : « Qu'est-ce-que tu as à me rapporter ? » – 20 – Il répondit : « Les juifs sont convenus de te demander de faire comparaître Paul demain devant le Sanhédrin, comme s'il avait quelque peu à s'informer plus exactement sur lui. – 21 – Alors, ne te laisse pas persuader : ils sont plus de quarante d'entre eux à lui tendre une embuscade, des hommes qui, par leur anathème, ont prononcé le serment de ne manger ni de boire aussi longtemps qu'ils ne l'auront pas mis à mort ; et maintenant ils sont prêts et attendent de toi la promesse. » – 22 – Alors le tribun relâcha le tout jeune homme après lui avoir fait la défense : « Ne révèle à personne ce que tu m'as exposé. »

– 23 – Il appela deux des centurions et dit : « Ayez deux cents soldats prêts à aller jusqu'à Césarée, avec soixante-dix cavaliers et deux cents lanciers de la maréchaussée, cette nuit, à partir de la troisième heure ; – 24 – et que des montures soient disponibles pour faire monter Paul et le conduire sain et sauf auprès de Félix le procurateur », – 25 – en écrivant une lettre dont voici la substance :

– 26 – « Claudius Lysias à son Excellence le procurateur Félix, salut. – 27 – Cette personne, capturée par les Juifs, allait être mise à

---

le texte court semble préférer ὡς μελλόντων ; voir la note de l'édition des *Actes*, Belles Lettres, 1982.

– 23 – *deux* : le texte occidental écrit δυο τινας. La présence de l'indéfini, peu traduisible en français, n'est pas sûre dans le texte court.

mort par eux. Je suis intervenu avec ma troupe et, apprenant qu'il est un Romain, je l'ai délivré. −28− Voulant découvrir la raison pour laquelle ils l'accusaient, je *l*'ai fait comparaître devant leur Sanhédrin, −29− *et ayant trouvé* qu'on l'accusait sur des questions touchant **la** loi **de Moïse et d'un certain Jésus**, mais qu'il n'encourait aucune charge entraînant la mort ou la prison, **je l'emmenai non sans peine par la force**. −30− Mais comme on m'a dénoncé que se préparait, *venant d'eux*, une machination contre lui, je te l'envoie en donnant l'ordre aux accusateurs également de dire leurs griefs devant toi. *Bonne santé.*»

−31− Les soldats, donc, selon les dispositions prescrites, reprirent Paul et, toute la nuit, le menèrent jusqu'à Antipatris. −32− Le lendemain, ils retournèrent au quartier, en laissant partir avec lui les cavaliers, −33− lesquels entrèrent à Césarée, remirent au procurateur la lettre, et présentèrent également Paul devant lui. −34− Il lut **la lettre** et lui *demanda* : «De quelle province *es-tu*?» **Il dit** «*Cilicien*». L'apprenant, Félix dit : −35− «Je t'*entendrai* [...] lorsque tes accusateurs aussi seront venus», non sans avoir ordonné qu'il fût gardé dans le prétoire d'Hérode.

CHAPITRE 24

−1− Cinq jours plus tard, l'archiprêtre Ananias descendit avec certains anciens et un certain Tertullus, rhéteur, pour requérir auprès du procurateur contre Paul. −2− Il fut appelé, et Tertellus se mit à l'accuser, en disant : «Comme il y a pour nous, grâce à toi, abondance de paix et de réformes en faveur de cette nation, grâce à ta providence, −3− totalement et en tous lieux, nous les accueillons, Excellence Félix, avec une totale action de grâce. −4− Mais, pour ne pas te retenir à l'excès, écoute-nous un instant, je te prie, avec la bonne grâce qui est la tienne. −5− En effet, ayant trouvé en cet homme une peste, un homme qui soulève des émeutes pour tous les Juifs de l'univers, le chef de file de la secte des Nazôréens, −6− un homme qui, de surcroît a tenté de profaner le Temple, mais aussi que nous avons pris de force **et voulu juger selon notre loi** − 7 − — **mais, survenu, le tribun Lysias, avec une grande violence, l'a tiré de nos mains et emmené, −8− non sans avoir donné l'ordre que ses accusateurs viennent devant toi** — un

---

−30− *venant d'eux* : la leçon ἐξ αὐτῶν n'appartient pas exclusivement au texte occidental.

— *Bonne santé* : l'addition ἔρρωσο est aussi dans le *Sinaiticus*.

−35− *je t'entendrai* : le ms. D a supprimé le préverbe, rendu par «tout au long» dans la traduction du texte court.

mort par eux. Je suis intervenu avec ma troupe et, apprenant qu'il est un Romain, je l'ai délivré. −28− Voulant découvrir la raison pour laquelle ils l'accusaient, je l'ai fait comparaître devant leur Sanhédrin, −29− et j'ai trouvé qu'on l'accusait sur des questions touchant leur Loi, mais qu'il n'encourait aucune charge entraînant la mort ou la prison. −30− Mais comme on m'a dénoncé que se préparait une machination contre lui, sur-le-champ je te l'envoie en donnant l'ordre aux accusateurs également de dire leurs griefs devant toi.»

−31− Les soldats, donc, selon les dispositions prescrites, reprirent Paul et, toute la nuit, le menèrent jusqu'à Antipatris. −32− Le lendemain, ils retournèrent au quartier, en laissant partir avec lui les cavaliers, −33− lesquels entrèrent à Césarée, remirent au procurateur la lettre, et présentèrent également Paul devant lui. −34− Il la lut et, lui ayant demandé de quelle sorte de province il était, apprenant qu'il était de Cilicie : −35− «Je t'entendrai tout au long lorsque tes accusateurs aussi seront venus», dit-il, non sans avoir ordonné qu'il fût gardé dans le prétoire d'Hérode.

CHAPITRE 24

−1− Cinq jours plus tard, l'archiprêtre Ananias descendit avec certains anciens et un certain Tertullus, rhéteur, pour requérir auprès du procurateur contre Paul. −2− Il fut appelé, et Tertullus se mit à l'accuser, en disant : «Comme il y a pour nous, grâce à toi, abondance de paix et de réformes en faveur de cette nation, grâce à ta providence, −3− totalement et en tous lieux, nous les accueillons, Excellence Félix, avec une totale action de grâces. −4− Mais, pour ne pas te retenir à l'excès, écoute-nous un instant, je te prie, avec la bonne grâce qui est la tienne. −5− En effet, ayant trouvé en cet homme une peste, un homme qui soulève des émeutes pour tous les Juifs de l'univers, le chef de file de la secte des Nazôréens, −6− un homme qui, de surcroît, a tenté de profaner le Temple, mais aussi que nous avons pris de force, −8− un homme duquel tu pourras, une fois que tu auras toi-même procédé à son interrogatoire sur tous ces faits,

Chapitre 24   −6-8− Sur ces versets, on peut se reporter à l'article «Saint Paul avec ou sans le tribun Lysias en 58 à Césarée (*Actes* 24, 6-8)», *Revue Thomiste*, 1981, p. 426-434. Le verset 7 n'existe pas dans le texte court. Le texte long complète le court par ce qui constitue une parenthèse, depuis «mais, survenu ...», jusqu'à «... viennent devant toi» inclusivement. Le complément de παρελθών est à tirer du ὄν du v. 6.

homme duquel tu pourras, une fois que tu auras toi-même procédé à son interrogatoire sur tous ces faits, découvrir ce dont nous l'accusons, nous.» −9− **Quand il eut ainsi parlé**, les Juifs aussi s'associèrent à l'attaque, en affirmant qu'il en était ainsi.

−10− Quand le gouverneur l'eut, d'un signe de tête, invité [...] Paul répliqua **qu'il possédait une défense pour lui-même ; et, reprenant une attitude inspirée du ciel, il dit** : «Sachant que, depuis bien des années, tu es un juge **juste** pour cette nation, c'est avec confiance que je présente la défense de ma cause, −11− parce que tu peux découvrir qu'il ne s'est pas écoulé plus de douze jours depuis celui où je suis monté, pour m'y prosterner, à Jérusalem, −12− qu'on ne m'a, ni trouvé dans le Temple m'entretenant avec qui que ce soit ou créant de la tension dans un attroupement, ni dans les synagogues ni par la ville, −13− et que, même, ils sont incapables de <rien> te mettre sous les yeux sur ce dont ils m'accusent à présent. −14− Je reconnais ceci cependant devant toi : c'est selon la Voie, appelée par eux une secte, que je rends un culte au Dieu de nos pères, en ayant la foi en tout ce qui est selon la Loi et en tout ce qui est écrit par les Prophètes, −15− en possédant en Dieu l'espérance, admise par ces hommes-là les premiers, qu'il y aura par lui une résurrection des justes et des injustes. −16− Aussi suis-je également le premier à m'entraîner à la constante possession d'une conscience nette en toute occasion devant Dieu et devant les hommes. −17− Au bout d'assez longues années, je suis venu pour faire des aumônes destinées à mon peuple ainsi que des offrandes, −18− au cours desquelles je fus trouvé purifié, dans le Temple, sans attroupement ni tumulte, −19− mais, si je le fus, c'est par certains *des* Juifs venus d'Asie, lesquels auraient dû être présents devant toi et faire leur accusation de tout ce qu'ils avaient contre moi. −20− Ou alors, qu'ils disent, ceux ici présents, quel délit ils ont trouvé **en moi** quand je me tenais debout devant le Sanhédrin, −21− à moins qu'il ne s'agisse de cette seule parole que j'ai clamée quand je fus debout au milieu d'eux : Si je suis jugé, moi, aujourd'hui, devant vous, c'est à cause de la résurrection des morts.»

−22−Félix, en homme qui connaissait assez exactement les choses de la Voie, renvoya leur affaire, après ces mots : «Quand Lysias le tribun descendra, je rendrai le jugement qui vous intéresse», −23− après avoir donné au centurion l'ordre «Que l'on garde Paul, qu'on lui laisse de la liberté, qu'on n'empêche personne des siens de le servir.»

−24− Quelques jours après, Félix *vint* avec son [...] épouse, qui était une Juive, **laquelle demanda à voir Paul et à entendre la parole. Voulant alors lui en faire la grâce**, il fit venir Paul et l'entendit sur la foi en un

---

−13− <rien> : il semble indispensable de rétablir un οὐδέν que le copiste a dû sauter dans les deux versions, après οὐδέ. Par suite il n'y a pas lieu d'adopter, avec Clark, la leçon οὔτε des mss A et E devant παραστῆσαι.

découvrir ce dont nous l'accusons, nous.» −9− Les Juifs aussi s'associèrent à l'attaque, en affirmant qu'il en était ainsi.

−10− Quand le gouverneur l'eut, d'un signe de tête, invité à parler, Paul répliqua : «Sachant que, depuis bien des années, tu es juge pour cette nation, c'est avec confiance que je présente la défense de ma cause, −11− parce que tu peux découvrir qu'il ne s'est pas écoulé plus de douze jours depuis celui où je suis monté, pour m'y prosterner, à Jérusalem, −12− qu'on ne m'a, ni trouvé dans le Temple m'entretenant avec qui que ce soit ou créant de la tension dans un attroupement, ni dans les synagogues ni par la ville, −13− et que, même, ils sont incapables de <rien> te mettre sous les yeux sur ce dont ils m'accusent à présent. −14− Je reconnais ceci cependant devant toi : c'est selon la Voie, appelée par eux une secte, que je rends un culte au Dieu de nos pères, en ayant foi en tout ce qui est selon la Loi et en tout ce qui est écrit par les Prophètes, −15− en possédant en Dieu l'espérance, admise par ces hommes-là les premiers, qu'il y aura par lui une résurrection des justes et des injustes. −16− Aussi suis-je également le premier à m'entraîner à la possession d'une conscience nette devant Dieu et devant les hommes en toute occasion. −17− Au bout d'assez longues années, je suis venu pour faire des aumônes destinées à mon peuple, ainsi que des offrandes, −18− au cours desquelles je fus trouvé purifié, dans le Temple, sans attroupement ni tumulte, −19− mais, si je le fus, c'est par certains Juifs venus d'Asie, lesquels auraient dû être présents devant toi et faire leur accusation de tout ce qu'ils avaient contre moi. −20− Ou alors qu'ils disent, ceux ici présents, quel délit ils ont trouvé quand je me tenais debout devant le Sanhédrin, −21− à moins qu'il ne s'agisse de cette seule parole que j'ai clamée quand je fus debout au milieu d'eux : Si je suis jugé, moi, aujourd'hui, devant vous, c'est à cause de la résurrection des morts.»

−22− Félix, en homme qui connaissait assez exactement les choses de la Voie, renvoya leur affaire, après ces mots : «Quand Lysias le tribun descendra, je rendrai le jugement qui vous intéresse», −23− après avoir donné l'ordre au centurion «Que l'on garde Paul, qu'on lui laisse de la liberté, qu'on n'empêche personne des siens de le servir.»

−24− Quelques jours après, Félix, venu avec sa propre épouse, qui était une Juive, fit venir Paul et l'entendit sur la foi en un Christ

---

−23− *des siens* : la traduction ne laisse pas voir que le texte occidental supprime αὐτοῦ après τῶν ἰδίων. Ce pronom a pu paraître inutile puisqu'on le retrouve au datif comme complémnet du verbe ὑπηρετεῖν, qui suit immédiatement.

Christ Jésus. −25− Comme Paul faisait porter l'entretien sur la justice, la maîtrise de soi et un jugement futur, Félix fut saisi d'épouvante et eut cette réponse : «Les choses étant ce qu'elles sont, va. Une occasion *favorable me fera* te rappeler.» −26− Mais en même temps il espérait que de l'argent lui serait donné par Paul **pour sa délivrance**, et c'est pourquoi il le faisait venir assez fréquemment pour converser **à part** avec lui.

−27− Deux années s'étant accomplies, Félix reçut un successeur en Porcius Festus **et, sur l'intervention de Drusilla,** [. . .] il *avait laissé Paul* **sous bonne garde**.

CHAPITRE 25

−1− Festus, donc, ayant fait son entrée dans la province, monta trois jours après de Césarée à Jérusalem −2− et les archiprêtres, ainsi que les premiers citoyens des Juifs, requirent contre Paul ; −3− ils demandaient instamment à Festus, comme une faveur contre lui, de le faire venir à Jérusalem, parce qu'ils montaient une embuscade, aux fins de le mettre à mort sur le trajet. −4− Alors Festus répondit que Paul était gardé à Césarée ; quant à lui, il devait sans tarder repartir. −5− «Que les notables de chez vous, dit-il, descendent ensemble et accusent l'homme de tout ce qu'il y a de mal en lui.»

−6− Sans avoir séjourné chez eux plus de huit jours, dix peut-être, il descendit à Césarée ; le lendemain, s'étant assis sur son estrade, il se fit amener Paul. −7− Lui venu, les Juifs descendus de Jérusalem l'entourèrent, en déversant un grand nombre de graves accusations, qu'ils étaient incapables de démontrer, −8−tandis que Paul présentait sa défense : ni envers la Loi des Juifs, ni envers le Temple, ni contre César, il n'avait commis le moindre péché.

−9− Mais Festus, voulant se constituer du côté des Juifs un fonds de gratitude, lança en réplique à Paul : «Est-ce que tu consens à monter à Jérusalem pour être jugé là sur ces faits, devant moi?» −10− Paul dit : «Si je me tiens debout sur l'estrade de César, c'est que là je dois être jugé. Je n'ai commis aucune faute à l'égard des Juifs, comme tu es en train de le mieux découvrir. −11− Si donc il est vrai que je suis en état de faute et que j'ai commis un seul acte qui mérite la mort, je ne rejette pas l'idée de mourir ; mais si ce dont ces gens m'accusent se réduit à néant, personne ne peut leur faire, de moi, un don gracieux. J'en appelle à César.» −12− Alors Festus s'entretint avec son Conseil et dit : «Tu fais appel à César, tu iras à César.»

−13− Quelques jours s'étant écoulés, le roi Agrippa et Bérénice

Jésus. −25− Comme Paul faisait porter l'entretien sur la justice, la maîtrise de soi et le jugement futur, Félix fut saisi d'épouvante et eut cette réponse : «Les choses étant ce qu'elles sont, va. Je saisirai une occasion pour te rappeler.» −26− Mais en même temps il espérait que de l'argent lui serait donné par Paul, et c'est pourquoi il le faisait venir assez fréquemment pour converser avec lui.

−27− Deux années s'étant accomplies, Félix reçut un successeur en Porcius Festus ; et comme il voulait se constituer du côté des Juifs un fonds de gratitude, Festus garda Paul emprisonné.

Chapitre 25

−1− Festus donc, ayant fait son entrée dans la province, monta trois jours après de Césarée à Jérusalem −2− et les archiprêtres, ainsi que les premiers citoyens des Juifs, requirent contre Paul ; −3− ils demandaient instamment à Festus, comme une faveur contre lui, de le faire venir à Jérusalem, parce qu'ils montaient une embuscade aux fins de le mettre à mort sur le trajet. −4− Alors Festus répondit que Paul était gardé à Césarée ; quant à lui, il devait sans tarder repartir. −5− «Que les notables de chez vous, dit-il, descendent ensemble et accusent l'homme de tout ce qu'il y a de mal en lui.»

−6− Sans avoir séjourné chez eux plus de huit jours, dix peut-être, il descendit à Césarée ; le lendemain, s'étant assis sur son estrade, il se fit amener Paul. −7− Lui venu, les Juifs descendus de Jérusalem l'entourèrent, en déversant un grand nombre de graves accusations, qu'ils étaient incapables de démontrer, −8− tandis que Paul présentait sa défense : ni envers la Loi des Juifs, ni envers le Temple, ni contre César, il n'avait commis le moindre péché.

−9− Mais Festus, voulant se constituer du côté des Juifs un fonds de gratitude, lança en réplique à Paul : «Est-ce que tu consens à monter à Jérusalem pour être jugé là sur ces faits, devant moi?» −10− Paul dit : «Si je me tiens debout sur l'estrade de César, c'est que là je dois être jugé. Je n'ai commis aucune faute à l'égard des Juifs, comme tu es en train de le mieux découvrir. −11− Si donc il est vrai que je suis en état de faute et que j'ai commis un seul acte qui mérite la mort, je ne rejette pas l'idée de mourir ; mais si ce dont ces gens m'accusent se réduit à néant, personne ne peut leur faire, de moi, un don gracieux. J'en appelle à César.» −12− Alors Festus s'entretint avec son Conseil et dit : «Tu fais appel à César, tu iras à César.»

−13− Quelques jours s'étant écoulés, le roi Agrippa et Bérénice vinrent à Césarée saluer Festus. −14− Comme ils prolongeaient leur séjour, Festus fit au roi un exposé du cas de Paul, en disant : «J'ai un homme laissé prisonnier par Félix, −15− au sujet de qui, lorsque je fus à Jérusalem, les archiprêtres et les anciens *m*'ont requis, en demandant contre lui un jugement de condamnation. −16− Je leur répondis que les Romains n'avaient pas l'habitude de faire de qui que ce soit un don gracieux **pour sa perte**, avant que l'accusé n'ait les accusateurs en face et ne reçoive la faculté d'une défense sur son incrimination. −17− Eux donc, venus avec moi, le lendemain, sans le moindre délai, je m'assis sur mon estrade et donnai l'ordre que me fût amené l'homme −18− autour duquel les accusateurs se levèrent, sans porter sur lui la moindre accusation des actes pervers que je supposais; −19− ils avaient simplement des points de discussion contre lui sur leur façon particulière de craindre leur Dieu, ainsi qu'au sujet d'un certain Jésus, que Paul affirmait être en vie, tout mort qu'il était. −20− Quant à moi, embarrassé *pour* le débat sur ces questions, je lui demandais s'il voulait aller à Jérusalem et se faire juger sur ces questions. −21− **C'est alors que** Paul *en appela* **à César et demanda** à être gardé, lui, jusqu'à la décision d'Auguste, **et puisque je ne pouvais pas le juger**, j'ai donné l'ordre qu'il fût gardé jusqu'à ce que je le renvoie devant César.» −22− Agrippa *dit* à Festus : «J'aurais voulu, moi aussi, entendre l'homme.» **Et Festus** : «Demain, dit-il, tu l'entendras.»

−23− Le lendemain, Agrippa étant venu avec Bérénice en grand apparat, quand ils furent entrés dans la salle d'audience avec les tribuns et les personnages les plus éminents de la ville, **et ceux qui étaient descendus de la province**, Festus *donna l'ordre* que Paul *fût amené*. −24− Festus dit : «Ô roi Agrippa, et vous tous, Messieurs, qui êtes ici présents avec nous, observez cet homme au sujet duquel toute la multitude des Juifs m'a sollicité, et à Jérusalem et ici, **de le livrer sans une défense à la torture.** −25− **Mais je n'ai pu le livrer, à cause des ordres que nous tenons d'Auguste. Mais je disais que, si quelqu'un voulait l'accuser, il m'accompagne jusqu'à Césarée où il était gardé. Ils vinrent** *et criaient qu'il fût exclu de la vie.* **Mais** [. . .] **ayant entendu les deux parties**, je me rendis compte *qu'il n'était en rien passible* de mort. **Mais quand j'eus dit : Est-ce que tu veux être jugé devant eux à Jérusalem?** il en appela à César. −26− Et je n'ai rien de certain à écrire au Seigneur à son sujet : aussi l'ai-je amené devant vous, et surtout devant toi, ô roi Agrippa, afin que, l'information ayant eu lieu, j'aie quelque chose à écrire. −27− Car il me semble déraisonnable, quand on envoie un prisonnier, de ne pas signifier en même temps les accusations à sa charge.

Chapitre 25   −23− *et (ceux qui ...)* : «et» fait défaut dans la Syra Harklensis, seul manuscrit représentant le texte occidental. Blass restitue un καί nécessaire.

vinrent à Césarée saluer Festus. −14− Comme ils prolongeaient leur séjour, Festus fit au roi un exposé du cas de Paul, en disant : « J'ai un homme laissé prisonnier par Félix, −15− au sujet de qui, lorsque je fus à Jérusalem, les archiprêtres et les anciens ont requis, en demandant contre lui un jugement de condamnation. −16− Je leur répondis que les Romains n'avaient pas l'habitude de faire de qui que ce soit un don gracieux avant que l'accusé n'ait les accusateurs en face et ne reçoive la faculté d'une défense sur son incrimination. −17− Eux donc, venus ici avec moi, le lendemain, sans le moindre délai, je m'assis sur mon estrade et donnai l'ordre que me fût amené l'homme, −18,− autour duquel les accusateurs se levèrent, sans porter sur lui la moindre accusation des actes pervers que je supposais ; −19− ils avaient simplement des points de discussion contre lui sur leur façon particulière de craindre leur Dieu, ainsi qu'au sujet d'un certain Jésus, que Paul affirmait être en vie, tout mort qu'il était. −20− Quant à moi, embarrassé dans le débat sur ces questions, je lui demandais s'il voulait aller à Jérusalem et se faire juger sur ces questions. −21− Mais Paul en ayant appelé à être gardé, lui, jusqu'à la décision d'Auguste, j'ai donné l'ordre qu'il fût gardé jusqu'à ce que je le renvoie devant César. » −22− Agrippa à Festus : « J'aurais voulu, moi aussi, entendre l'homme. » — « Demain, dit-il, tu l'entendras. »

−23− Le lendemain, Agrippa étant venu avec Bérénice en grand apparat, quand ils furent entrés dans la salle d'audience avec les tribuns et les personnages les plus éminents de la ville, et quand Festus en eut donné l'ordre, Paul fut amené. −24− Festus dit : « Ô roi Agrippa, et vous tous, Messieurs qui êtes ici présents avec nous, observez cet homme au sujet duquel toute la multitude des Juifs m'a sollicité, et à Jérusalem et ici, en criant qu'il doit absolument cesser de vivre. −25− Pour ma part, je me suis rendu compte qu'il n'a commis aucun acte qui mérite la mort ; mais comme il en a appelé à Auguste, j'ai pris la décision de l'envoyer. −26− Et je n'ai rien de certain à écrire au Seigneur à son sujet : aussi l'ai-je amené devant vous, et surtout devant toi, ô roi Agrippa, afin que, l'information ayant eu lieu, j'aie quelque chose à écrire. −27− Car il me semble déraisonnable, quand on envoie un prisonnier, de ne pas signifier en même temps les accusations à sa charge. »

Chapitre 26

−1− Agrippa dit à Paul : « La permission t'est donnée de parler sur toi. » Alors Paul, **armé de courage et réconforté dans l'Esprit-Saint** étendit la main, et il présentait sa défense : −2− « Sur tous les points sur lesquels je suis accusé par des Juifs, ô roi Agrippa ! je me considère comme heureux quand c'est devant toi que je dois présenter ma défense aujourd'hui, −3− surtout *parce que je sais que* tu es un connaisseur de toutes les coutumes et objets de débat chez les Juifs ; c'est pourquoi, s'il te plaît, écoute-moi patiemment.

−4− Eh ! bien, mon genre de vie, dès ma jeunesse, tel qu'il fut dès le début, dans ma province et à Jérusalem, tous les Juifs le connaissent, −5− sachant déjà, s'ils consentent à donner leur témoignage, que j'ai, depuis le point de départ, vécu dans l'observance de la secte la plus stricte de notre religion, en pharisien. −6− Et maintenant, si je suis là, planté, en jugement, c'est sur l'espérance due à la promesse venue de Dieu à nos pères, −7− une promesse à laquelle notre douzaine de tribus, en la servant intensément nuit et jour, espère parvenir, l'espérance pour laquelle je suis accusé, ô roi **Agrippa** ! par des Juifs. −8− Pourquoi chez vous juge-t-on impossible que Dieu réveille les morts ?

−9− Pour moi, donc, il m'avait semblé que je devais mener de grands combats contre le nom de Jésus le Nazôréen, −10− et c'est ce que je fis à Jérusalem : des saints je fis mettre, moi, pouvoir reçu des archiprêtres, un grand nombre [. . .] sous les verrous ; et s'ils étaient mis à mort, mon suffrage était versé ; −11− et par toutes les synagogues, souvent, pour les châtier, je les forçais à blasphémer et, dans une fureur contre eux qui passait toute mesure, je les persécutais jusque dans les villes extérieures.

−12− Et c'est dans ces conditions qu'allant à Damas, avec pouvoir et procuration donnés par les archiprêtres, −13− je vis, sur le chemin, au milieu du jour, ô roi !, venant du ciel, une lumière qui, passant l'éclat du soleil, m'entoura de son éclat, moi et tous ceux qui allaient avec moi. −14− **La frayeur** nous **fit** tous tomber à terre, et **moi seul** j'entendis une voix me dire en hébreu : « Saoul, Saoul, pourquoi me persécutes-tu ? Tu t'entêtes à ruer contre l'aiguillon. » −15− Et moi, je dis : « Qui êtes-vous, Seigneur ? » Le Seigneur dit : « Je suis Jésus **le**

Chapitre 26   −3− *parce que je sais que* : ἐπιστάμενος n'est pas une addition exclusive du texte occidental.

−1− Agrippa dit à Paul : « La permission t'est donnée de parler sur toi. » Alors Paul étendit la main ; et il présentait sa défense : −2− « Sur tous les points sur lesquels je suis accusé par des Juifs, ô roi Agrippa !, je me considère comme heureux quand c'est devant toi que je dois aujourd'hui présenter ma défense, −3− surtout parce que tu es un connaisseur de toutes les coutumes et objets de débat chez des Juifs ; c'est pourquoi, s'il te plaît, écoute-moi patiemment.

−4− Eh ! bien, mon genre de vie, dès ma jeunesse, tel qu'il fut dès le début, dans ma province et à Jérusalem, tous les Juifs le connaissent, −5− sachant déjà, s'ils consentent à donner leur témoignage, que j'ai, depuis le point de départ, vécu dans l'observance de la secte la plus stricte de notre religion, en pharisien. −6− Et maintenant, si je suis là, planté, en jugement, c'est sur l'espérance due à la promesse venue de Dieu à nos pères, −7− une promesse à laquelle notre douzaine de tribus, en la servant intensément nuit et jour, espère parvenir, l'espérance pour laquelle, ô roi ! je suis accusé par des Juifs. −8− Pourquoi chez vous juge-t-on impossible de croire que Dieu réveille des morts ?

−9− Pour moi, donc, il m'avait semblé que je devais mener de grands combats contre le nom de Jésus le Nazôréen, −10− et c'est ce que je fis à Jérusalem : des saints je fis mettre, moi, pouvoir reçu des archiprêtres, un grand nombre sous les verrous ; et s'ils étaient mis à mort, mon suffrage était versé ; −11− et par toutes les synagogues, souvent, pour les châtier, je les forçais à blasphémer et, dans une fureur contre eux qui passait toute mesure, je les persécutais jusque dans les villes extérieures.

−12− Et c'est dans ces conditions qu'allant à Damas, avec pouvoir et procuration donnés par les archiprêtres, −13− je vis, sur le chemin, au milieu du jour, ô roi ! venant du ciel, une lumière qui, passant l'éclat du soleil, m'entoura de son éclat, moi et tous ceux qui allaient avec moi. −14− Tous, nous tombâmes à terre et j'entendis une voix me dire en hébreu : 'Saoul, Saoul, pourquoi me persécutes-tu ? Tu t'entêtes à ruer contre l'aiguillon.' −15− Et moi, je dis : 'Qui êtes-vous, Seigneur ?' Le Seigneur dit : 'Je suis Jésus, moi, que toi tu

---

−10− *un grand nombre* [...] : le texte occidental n'a pas τε (ou bien δέ), peu défendable dans le texte court.

Nazôréen, que toi tu persécutes. −16− Allons, lève-toi, et mets-toi debout sur tes pieds ; car je te suis apparu pour ceci : te constituer serviteur et témoin et des choses que tu as vues et des choses en lesquelles je t'apparaîtrai, −17− en te délivrant du peuple et des païens vers lesquels je t'envoie, moi, −18− leur ouvrir les yeux pour qu'ils se retournent, loin des ténèbres, vers la lumière, sur Dieu, loin du pouvoir de Satan, pour qu'ils reçoivent, par la foi en moi, rémission des péchés et héritage avec les sanctifiés. »

−19− A la suite de quoi, ô roi Agrippa ! loin d'être insoumis à la céleste apparition, −20− j'allai *proclamer* à ceux de Damas d'abord, **à ceux** de Jérusalem aussi, et **jusqu'à** toute la campagne de Judée ainsi qu'aux païens, de faire une conversion spirituelle, un retour sur Dieu, tout en pratiquant des œuvres dignes de la conversion. −21− C'est en considération de ces choses que des Juifs, après m'avoir capturé *quand j'étais* dans le Temple, s'employaient à me malmener. −22− Grâce donc au secours donné par Dieu, jusqu'à ce jour je reste solide à rendre témoignage au petit comme au grand, sans rien dire qui s'écarte de ce que les prophètes ont déclaré inévitable ; **car il est écrit dans** Moïse : −23− le Christ sujet à la Passion, le Christ premier revenu ressuscité des morts, devant annoncer la lumière au peuple juif et aux païens. »

−24− **Il parlait** et présentait cette défense lorsque Festus, d'une voix forte, dit : « Tu es fou, Paul, *tu es fou* ; par tes multiples études, tu as la tête tournée jusqu'à la folie. » −25− Mais Paul : « Je ne suis point fou, dit-il, Excellence *procurateur*, j'exprime des paroles de vérité et de bon sens. −26− Il est instruit de ces choses, le roi, avec qui j'use de franc-parler ; car je suis persuadé que rien ne lui échappe de ces choses : en effet, ce n'est pas dans un recoin que cette chose s'est faite. −27− Est-ce que tu crois, ô roi Agrippa, aux prophètes ? Je sais que tu crois. » −28− Agrippa dit alors à Paul : « Tu *es persuadé* qu'un instant suffit pour faire de moi un Chrétien ? » −29− Et Paul : « Ah ! plût à Dieu qu'un seul, ou nombre d'instants, suffise pour que non seulement toi mais tous ceux qui aujourd'hui m'écoutent, vous deveniez tels que je suis, moi, ... ces liens exclus ! »

−30− **Quand lui eut dit cela**, le roi se leva, ainsi que le procurateur, Bérénice et tous ceux qui étaient assis avec eux −31− et, s'étant retirés, ils se disaient entre eux : « Cet homme-là ne fait rien qui mérite la mort ou la prison. » −32− Agrippa dit à Festus : « Il aurait pu, cet homme-là, être déjà relâché, sans son appel à César. »

−18− *loin du pouvoir* : le texte occidental ajoute un second ἀπό, ce qui renforce l'idée d'éloignement, sans modifier profondément le sens.

persécutes. – 16 – Allons, lève-toi, et mets-toi debout sur tes pieds ; car je te suis apparu pour ceci : te constituer serviteur et témoin et des choses que tu as vues et des choses en lesquelles je t'apparaîtrai, – 17 – en te délivrant du peuple et des païens vers lesquels je t'envoie, moi, – 18 – leur ouvrir les yeux pour qu'ils se retournent, loin des ténèbres, vers la lumière, sur Dieu, loin du pouvoir de Satan, pour qu'ils reçoivent, par la foi en moi, rémission des péchés et héritage avec les sanctifiés.'

– 19 – A la suite de quoi, ô roi Agrippa ! loin d'être insoumis à la céleste apparition, – 20 – j'allais rapporter, à ceux de Damas d'abord, à Jérusalem aussi, et dans toute la campagne de Judée ainsi qu'aux païens, de faire une conversion spirituelle, un retour sur Dieu, tout en pratiquant des œuvres dignes de la conversion. – 21 – C'est en considération de ces choses que des Juifs, après m'avoir capturé dans le Temple, s'employaient à me malmener. – 22 – Grâce donc au secours donné par Dieu, jusqu'à ce jour je reste solide à rendre témoignage au petit comme au grand, sans rien dire qui s'écarte de ce que les prophètes, Moïse aussi, ont déclaré inévitable, – 23 – le Christ sujet à la Passion, le Christ premier revenu ressuscité des morts, devant annoncer la lumière au peuple juif et aux païens.»

– 24 – Il présentait cette défense lorsque Festus, d'une voix forte, dit : «Tu es fou, Paul ; par tes multiples études, tu as la tête tournée jusqu'à la folie.» – 25 – Mais Paul : «Je ne suis point fou, dit-il, Excellence Festus, j'exprime des paroles de vérité et de bon sens. – 26 – Il est instruit de ces choses, le roi, avec qui j'use de franc-parler ; car je suis persuadé que rien ne lui échappe de ces choses : en effet ce n'est pas dans un recoin que cette chose s'est faite. – 27 – Est-ce que tu crois, ô roi Agrippa, aux prophètes ? Je sais que tu crois.» – 28 – Agrippa dit alors à Paul : «Tu veux me persuader qu'un instant suffit pour faire de moi un Chrétien ?» – 29 – Et Paul : «Ah ! plût à Dieu qu'un seul, ou nombre d'instants, suffise pour que non seulement toi mais tous ceux qui aujourd'hui m'écoutent, vous deveniez tels que je suis, moi, ... ces liens exclus !»

– 30 – Le roi se leva, ainsi que le procurateur, Bérénice et tous ceux qui étaient assis avec eux – 31 – et, s'étant retirés, ils se disaient entre eux : « Cet homme-là ne fait rien qui mérite la mort ou la prison.» – 32 – Agrippa dit à Festus : «Il aurait pu, cet homme-là, être déjà relâché, sans son appel à César.»

– 22 – *ce que les prophètes* : le texte occidental supprime le τε, peut-être mal placé, qui se trouve entre ὧν et οἱ dans le texte court.

– 26 – *rien* : le τι qui précède τούτων est douteux dans les deux versions ; même doute avec le τι du texte court au verset 31, toujours gauche s'il doit étayer un autre.

—

Chapitre 27

−1− **C'est dans ces conditions, donc, que le procurateur décida qu'il fût renvoyé à César. Et le lendemain, ayant appelé** un centurion nommé Julius, de la cohorte Augusta, **il lui** remettait Paul **avec** d'autres prisonniers aussi. −2− **Commençant la navigation pour l'Italie,** *nous montâmes* à bord d'un cargo d'Adramyttion, en partance pour border les côtes d'Asie [...] ; **monta encore à bord** avec nous Aristarque, un Macédonien de Thessalonique. −3− Le jour suivant, on nous fit débarquer à Sidon, et *le centurion*, usant de gentillesse envers Paul, le laissa aller chez ses amis recevoir des soins. −4− De là nous prîmes le large et les vents contraires nous firent passer sous le vent de Chypre. −5− Et **après cela** nous traversâmes **le golfe** de Cilicie et *la mer* de Pamphylie **pendant quinze jours** pour débarquer à Myra en Lycie. −6− Là le centurion, ayant trouvé un cargo d'Alexandrie en route pour l'Italie, nous fit monter à son bord.

−7− Navigation lente un bon nombre de jours ; puis, parvenus à grand peine au large de Cnide, comme le vent nous bloquait de surcroît, nous passâmes, au large de Salmonè, sous le vent de la Crète −8− et, bordant les côtes à grand peine, nous arrivâmes à un point qui portait le nom de Beaux-Ports, avec Lisaia comme ville voisine.

−9− Un long temps s'étant écoulé, la navigation devenue dangereuse puisque le jeûne était alors passé, Paul donnait ses conseils −10− en disant : « La navigation, je l'observe, mes amis, s'annonce avec de la violence et force ravages, non seulement sur la cargaison et le bateau, mais encore sur nos vies. » −11− Mais le centurion se fiait davantage au second et au capitaine qu'aux paroles de Paul. −12− Le port n'offrant pas un bon mouillage pour passer la saison des tempêtes, la majorité décida qu'on gagnât de là le large pour essayer d'atteindre, et d'y passer l'hiver, le port crétois de Phénix, ouvrant sur le sud-ouest et sur le nord-ouest.

−13− Mais comme un léger vent du sud s'était mis à souffler, ils se crurent maîtres de leur désir ; ils levèrent l'ancre et bordaient de plus près la côte de la Crète. −14− Peu de temps après se déchaîna sur l'île une espèce d'ouragan, celui que l'on appelle l'euros-aquilon. −15− Le bateau ayant été saisi d'un coup, et ne pouvant faire face au vent,

Chapitre 27 −1-2− Sur les deux premiers versets du chapitre, voir l'article « L'embarquement de Paul captif, à Césarée, pour Rome », *Laval théologique et philosophique*, 1983, p. 295-302.

Chapitre 27

−1− Lorsqu'eut été décidé notre départ par mer pour l'Italie, on remettait Paul et quelques autres prisonniers à un centurion nommé Julius, de la cohorte Augusta. −2− Montés à bord d'un cargo d'Adramyttion en partance pour border les côtes d'Asie, nous prîmes le large en ayant avec nous Aristarque, un Macédonien de Tessalonique. −3− Le jour suivant, on nous fit débarquer à Sidon, et Julius, usant de gentillesse envers Paul, le laissa aller chez ses amis y recevoir des soins. −4− De là nous prîmes le large et les vents contraires nous firent passer sous le vent de Chypre ; −5− nous traversâmes la mer côtoyant la Cilicie et la Pamphylie pour débarquer à Myra en Lycie. −6− Là le centurion, ayant trouvé un cargo d'Alexandrie en route pour l'Italie, nous fit monter à son bord.

−7− Navigation lente un bon nombre de jours ; puis, parvenus à grand-peine au large de Cnide, comme le vent nous bloquait de surcroît, nous passâmes, au large de Salmonè, sous le vent de la Crète −8− et, bordant les côtes à grand-peine, nous arrivâmes à un point qui portait le nom de Beaux-Ports, avec Lasaia comme ville voisine.

−9− Un long temps s'étant écoulé, la navigation devenue dangereuse puisque le jeûne était alors passé, Paul donnait ses conseils −10− en disant : «La navigation, je l'observe, mes amis, s'annonce avec de la violence et force ravages, non seulement sur la cargaison et le bateau mais encore sur nos vies.» −11− Mais le centurion se fiait davantage au second et au capitaine qu'aux paroles de Paul. −12− Le port n'offrant pas un bon mouillage pour passer la saison des tempêtes, la majorité décida qu'on gagnât de là le large pour essayer d'atteindre, et d'y passer l'hiver, le port crétois de Phénix, ouvrant sur le sud-ouest et sur le nord-ouest.

−13− Mais comme un léger vent du sud s'était mis à souffler, ils se crurent maîtres de leur désir ; ils levèrent l'ancre et bordaient de plus près la côte de la Crète. −14− Peu de temps après se déchaîna sur l'île une espèce d'ouragan, celui que l'on appelle l'euros-aquilon. −15− Le bateau ayant été saisi d'un coup, et ne pouvant faire face au vent,

−15− *à la rafale ... voiles* : ces mots, ajoutés par le texte occidental, semblent combler heureusement une lacune du texte court.

ayant cédé **à la rafale et serré les voiles**, nous étions emportés. −16−
Ayant filé sous le vent d'une petite île nommée Cauda, nous eûmes à
peine la force de nous rendre maîtres de la chaloupe, −17− qu'il fallut
hisser à bord avant de recourir à des moyens de secours en ceinturant
le bateau ; et dans l'effroi d'être détournés jusqu'à la Syrte, on lança
les apparaux à la mer, et on se laissait emporter. −18− Comme nous
étions toujours le jouet de la tempête, le lendemain on balançait la
cargaison ; −19− le surlendemain, on jeta de ses propres mains les
agrès du navire **à la mer**. −20− Comme, durant les jours suivants, la
lumière et du soleil et des étoiles était invisible et que la tempête
continuait sa pression, finalement tout espoir d'êtres sauvés était
anéanti pour nous.

−21− Comme on était resté longtemps sans rien manger, Paul,
debout au milieu d'eux, dit : « Vous auriez dû, mes amis, vous laisser
persuader par moi : ne pas prendre le large loin de la Crète et faire
l'économie de cette violence et de ces ravages. −22− A présent, je
vous donne le conseil d'avoir du courage : il n'y aura de chez vous la
perte d'aucune vie, sinon du bateau. −23− Car cette nuit s'est
présenté devant moi un ange du Dieu à qui j'appartiens, du Dieu
aussi que je sers, −24− qui disait : ' Cesse ta frayeur, Paul, il faut te
présenter à César, et voici que la grâce de tous ceux qui sont à bord
avec toi t'est donnée par Dieu. ' −25− C'est pourquoi, mes amis, ne
perdez pas courage : j'ai la foi que, grâce à Dieu, il en sera de la façon
qui m'a été dite. −26− Il nous faut aller nous échouer sur quelque île. »
−27− Quand vint la quatorzième nuit, tandis que nous étions
ballottés en pleine Adria, les matelots, vers le milieu de la nuit,
devinaient *l'écho* d'une terre à *proximité*. −28− Jetant la sonde, ils
trouvèrent vingt brasses ; ils attendirent un moment et trouvèrent
quinze brasses. −29− Dans leur frayeur de nous voir échouer sur des
points rocheux, ils jetèrent de la poupe quatre ancres et appelaient de
leurs vœux la venue du jour, **pour savoir s'il nous était possible d'être
sauvés**. −30− Comme les matelots tentaient de s'enfuir du bateau et
avaient mis la chaloupe à la mer comme s'ils devaient élonger les
ancres partant de la proue **afin de mieux assurer la stabilité du bateau**,
−31− Paul dit au centurion et aux soldats : « Si ces gens-là ne restent
pas à bord, vous, il est impossible que vous soyez sauvés. » −32− Alors
les soldats, ayant tranché les cordages de la chaloupe, la laissèrent
libre de s'échouer.

−33− Jusqu'au moment où le jour allait venir, Paul ne cessait
d'exhorter tout le monde à prendre quelque nourriture, en disant :

−27− *résonnait tout près* : l'infinitif προσαχεῖν, dont la forme dorienne a de quoi
surprendre, n'est pas une leçon occidentale sûre ; elle est donnée aussi par la première
main de B. Non sans raison Clark corrige προσαχεῖν en προσηχεῖν.

ayant cédé nous étions emportés. – 16 – Ayant filé sous le vent d'une petite île nommé Cauda, nous eûmes à peine la force de nous rendre maîtres de la chaloupe, – 17 – qu'il fallut hisser à bord avant de recourir à des moyens de secours en ceinturant le bateau ; et dans l'effroi d'être détournés jusqu'à la Syrte, on lança les apparaux à la mer, et on se laissait emporter. – 18 – Comme nous étions toujours le jouet de la tempête, le lendemain on balançait de la cargaison ; – 19 – le surlendemain, on jeta de ses propres mains les agrès du navire. – 20 – Comme, durant les jours suivants, la lumière du soleil et des étoiles était invisible et que la tempête continuait sa pression, finalement tout espoir d'être sauvés était anéanti pour nous.

– 21 – Comme on était resté longtemps sans rien manger, Paul, debout au milieu d'eux, dit : «Vous auriez dû, mes amis, vous laisser persuader par moi : ne pas prendre le large loin de la Crète et faire l'économie de cette violence et de ces ravages. – 22 – A présent, je vous donne le conseil d'avoir du courage : il n'y aura de chez vous la perte d'aucune vie, sinon du bateau. – 23 – Car cette nuit s'est présenté devant moi, du Dieu à qui j'appartiens, du Dieu aussi que je sers, un ange, – 24 – qui disait : 'Cesse ta frayeur, Paul, il faut te présenter à César, et voici que la grâce de tous ceux qui sont à bord avec toi t'est donnée par Dieu.' – 25 – C'est pourquoi, mes amis, ne perdez pas courage : j'ai la foi que, grâce à Dieu, il en sera de la façon qui m'a été dite. – 26 – Il nous faut aller nous échouer sur quelque île.»

– 27 – Quand vint la quatorzième nuit, tandis que nous étions ballottés en pleine Adria, les matelots, vers le milieu de la nuit, devinaient l'approche d'une terre. – 28 – Jetant la sonde, ils trouvèrent vingt brasses ; ils attendirent un moment et trouvèrent quinze brasses. – 29 – Dans leur frayeur de nous voir échouer sur des points rocheux, ils jetèrent de la poupe quatre ancres et appelaient de leurs vœux la venue du jour. – 30 – Comme les matelots tentaient de s'enfuir du bateau et avaient mis la chaloupe à la mer comme s'ils devaient élonger les ancres partant de la proue, – 31 – Paul dit au centurion et aux soldats : «Si ces gens-là ne restent pas à bord, vous, il est impossible que vous soyez sauvés.» – 32 – Alors les soldats, ayant tranché les cordages de la chaloupe, la laissèrent libre de s'échouer.

– 33 – Jusqu'au moment où le jour allait venir, Paul ne cessait d'exhorter tout le monde à prendre quelque nourriture, en disant :

– 29 – *pour savoir ... sauvés* : ces mots ajoutés au texte court sont du *codex Gigas*, latin, admis par Blass, non par Clark, *ut sciremus an salvi esse possimus*.

« C'est aujourd'hui le quatorzième jour que vous passez à attendre, à jeun, sans rien accepter à manger. −34− C'est pourquoi je vous exhorte à prendre quelque nourriture ; je le dis au nom de votre salut : **j'ai l'espérance que grâce à mon Dieu** pas un d'entre vous ne *verra tomber* un cheveu de sa tête. » −35− Ayant dit cela et pris un pain, il rendit grâces à Dieu sous les regards de tous ; il le rompit et se mit à manger, **en le passant à nous aussi**. −36− Ils reprirent tous courage, et eux aussi acceptèrent de se nourrir −37− — nous étions à bord deux-cent-soixante-seize âmes en tout —. −38− Une fois rassasiés, ils allégeaient le bateau en envoyant les provisions à la mer.

−39− Quand vint le jour, ils ne découvraient pas quel était le pays ; ils observaient un golfe avec une grève sur laquelle ils projetaient, si possible, d'échouer le navire. −40− Ils filèrent les câbles des ancres et les abandonnaient à la mer, non sans avoir en même temps relâché les cordages des gouvernails et, ayant hissé l'«artemôn» au souffle du vent, ils venaient vers la grève terminer leur course. −41− Mais on tomba sur un banc de sable et le bâtiment toucha le fond : la proue s'y planta, elle restait bloquée ; quant à la poupe, elle se disloquait sous la violence *de la mer*. −42− Les soldats résolurent de tuer les prisonniers, pour qu'aucun **d'entre eux** n'échappe à la nage. −43− Mais le centurion, voulant garder la vie sauve à Paul, les détourna de leur intention ; il donna l'ordre que les nageurs sautent les premiers dans l'eau pour aller prendre pied sur la terre, −44− et tout le reste, les uns sur des planches, les autres soutenus par des hommes du navire. Et ce fut ainsi que tout le monde atteignit la terre sain et sauf.

Chapitre 28

−1− Une fois réchappés sains et saufs, nous découvrîmes que l'île s'appelait Malte. −2− Les Barbares nous manifestaient une gentillesse peu ordinaire : ils nous *revigoraient* tous en allumant des fagots, à cause de la pluie bien établie et à cause du froid. −3− Comme Paul avait ramassé une bonne quantité de petit bois et l'avait mis sur le feu, sous l'effet de la chaleur une vipère en sortit et s'attacha à sa main. −4− Quand les Barbares virent la bête suspendue à sa main, ils se disaient l'un à l'autre : «Assurément, il est un meurtrier, cet homme à qui, à peine réchappé de la mer, la justice n'a pas permis de vivre.» −5− Lui, alors, secoua dans le feu la vipère et ne subit aucun mal, −6− tandis qu'eux s'attendaient à le voir *s'enflammer*, ou tomber

---

−35− *en le passant à nous aussi* : même expression, dite de Jésus, en Lc., 24, 30 ; mais dans la présente addition du texte occidental, on ne voit pas sûrement qui, outre Luc, il convient de voir sous le complément ἡμῖν, «nous» : probablement Aristarque, et peut-être Secundus.

«C'est aujourd'hui le quatorzième jour que vous passez, à attendre, à jeun, sans rien accepter à manger. −34− C'est pourquoi je vous exhorte à prendre quelque nourriture ; je le dis au nom de votre salut : pas un d'entre vous ne perdra un cheveu de sa tête.» −35− Ayant dit cela et pris un pain, il rendit grâces à Dieu sous les regards de tous ; il le rompit et se mit à manger. −36− Ils reprirent tous courage, et eux aussi acceptèrent de se nourrir −37− — nous étions à bord deux-cent-soixante-seize âmes en tout —. −38− Une fois rassasiés, ils allégeaient le bateau en envoyant les provisions à la mer.

−39− Quand vint le jour, ils ne découvraient pas quel était le pays ; ils observaient un golfe, avec une grève sur laquelle ils projetaient, si possible, d'échouer le navire. −40− Ils filèrent les câbles des ancres et les abandonnaient à la mer, non sans avoir en même temps relâché les cordages des gouvernails et, ayant hissé l'«artemôn» au souffle du vent, ils venaient vers la grève terminer leur course. −41− Mais on tomba sur un banc de sable et le bâtiment toucha le fond : la proue s'y planta, elle restait bloquée ; quant à la poupe, elle se disloquait sous la violence. −42− Les soldats résolurent de tuer les prisonniers, pour que personne n'échappe à la nage. −43− Mais le centurion, voulant garder la vie sauve à Paul, les détourna de leur intention ; il donna l'ordre que les nageurs sautent les premiers dans l'eau pour aller prendre pied sur la terre, −44− et tout le reste, les uns sur des planches, les autres soutenus par des hommes du navire. Et ce fut ainsi que tout le monde atteignit la terre sain et sauf.

Chapitre 28

−1− Une fois réchappés sains et saufs, nous découvrîmes que l'île s'appelait Malte. −2− Les Barbares nous manifestaient une gentillesse peu ordinaire : ils nous accueillirent tous en allumant des fagots, à cause de la pluie bien établie, et à cause du froid. −3− Comme Paul avait ramassé une bonne quantité de petit bois et l'avait mis sur le feu, sous l'effet de la chaleur une vipère en sortit et s'attacha à sa main. −4− Quand les Barbares virent la bête suspendue à sa main, ils se disaient l'un à l'autre : «Assurément, il est un meurtrier, cet homme à qui, à peine réchappé de la mer, la justice n'a pas permis de vivre.» −5− Lui, alors, secoua dans le feu la vipère et ne subit aucun mal, −6− tandis qu'eux s'attendaient à le voir enfler ou tomber raide

---

−41− *de la mer* : τῶν κυμάτων n'est pas une addition propre au texte occidental ; la présence des mots est douteuse, mais nécessaire, dans le texte court.

Chapitre 28   −2− *revigoraient* : la leçon προσανελάμβανον, au lieu de προσελάβοντο, est jugée occidentale par Clark ; elle est aussi donnée par la première main du *Sinaïticus*. Le verbe est un hapax du N.T. ; noter la différence de temps, de voix et de préverbe.

raide mort. Mais, attendant depuis un bon moment et observant qu'il ne lui arrivait aucun mal, ils changèrent d'avis : ils disaient qu'il était un dieu.

– 7 – Dans les parages de cet endroit-là, il y avait un domaine appartenant au premier personnage de l'île, un nommé Publius, qui nous reçut pendant trois jours et nous hébergea avec bonté. – 8 – Or il advint que le père de Publius, accablé par des fièvres et une dysentrie, gardait le lit. Paul se rendit auprès de lui, pria, lui imposa les mains et le guérit. – 9 – **Le bruit s'en étant répandu**, tous les autres habitants de l'île atteints de maladies s'approchaient à leur tour ; et ils trouvaient leur guérison. – 10 – Ils nous comblèrent d'honneurs et, au moment où nous prenions le large, mirent à bord de quoi subvenir à nos besoins.

– 11 – Trois mois plus tard, nous prîmes le large sur un cargo d'Alexandrie portant la marque des Dioscures, qui avait passé l'hiver dans l'île. – 12 – On nous fit débarquer à Syracuse, où nous restâmes encore trois jours. – 13 – Ayant de là levé l'ancre, nous parvînmes à Rhegium. Et un jour après, un vent du sud étant survenu, nous allâmes, en deux jours, à Pouzzoles – 14 – où, ayant trouvé là des frères, nous fûmes *réconfortés par un séjour prolongé* de sept jours auprès d'eux ; et c'est ainsi que nous arrivâmes à Rome. – 15 – Ayant appris notre arrivée, en *sortirent* à notre rencontre jusqu'au forum d'Appius et jusqu'aux Trois-Tavernes les frères, dont la vue, grâces rendues par Paul à Dieu, lui fit reprendre courage.

– 16 – Une fois que nous fûmes entrés dans Rome, **le centurion livra les prisonniers au «stratopédarque», mais** permission fut donnée à Paul de rester dans son chez-soi, **hors du quartier**, avec le soldat qui le gardait.

– 17 – Ce fut trois jours plus tard qu'il réunit ceux qui étaient les principaux des Juifs. Lorsqu'ils furent rassemblés, il leur disait : «Messieurs mes frères bien que je n'aie rien fait qui fût contre le peuple ou contre les coutumes des pères, j'ai été livré, moi, comme prisonnier, à Jérusalem, aux mains des Romains, – 18 – lesquels, après m'avoir fait subir **plus d'un** interrogatoire, voulaient me relâcher parce qu'il n'existait aucun motif de mort dans mon cas. – 19 – Mais comme les Juifs disaient le contraire **et allaient jusqu'à hurler «Supprimez notre ennemi»**, je fus contraint d'en appeler à César, nullement comme si j'avais à porter quelque accusation contre ma nation, **mais afin que d'une mort je rachète ma vie**. – 10 – C'est pour ce motif que j'ai demandé à

– 6 – *s'enflammer* : la leçon ἐμπίμπρασθαι, avec préverbe, figure aussi dans le *Sinaïticus*. Il va de soi que l'inflammation est celle de la blessure.

– 14 – *séjour prolongé* : dans le texte occidental l'infinitif ἐπιμεῖναι est remplacé par le participe aoriste ἐπιμείναντες, marquant ici l'aspect plutôt que le temps. Quand au verbe παρακαλεῖν, fréquent à l'actif suivi de l'accusatif, ou de l'infinitif complétif («prier», «exhorter»), il cesse au passif de signifier «être prié», pour signifier «être réconforté», comme en Lc., 16, 25 et *Actes* 20, 12. Sur trente emplois du verbe par Luc, on ne compte que trois passifs.

mort. Mais, attendant depuis un bon moment et observant qu'il ne lui arrivait aucun mal, ils changèrent d'avis : ils disaient qu'il était un dieu.

−7− Dans les parages de cet endroit-là, il y avait un domaine appartenant au premier personnage de l'île, un nommé Publius, qui nous reçut pendant trois jours et nous hébergea avec bonté. −8− Or il advint que le père de Publius, accablé par des fièvres et une dysenterie, gardait le lit. Paul se rendit auprès de lui, pria, lui imposa les mains et le guérit. −9− Après quoi tous les autres habitants de l'île atteints de maladies s'approchaient à leur tour ; et ils trouvaient leur guérison. −10− Ils nous comblèrent d'honneurs et, au moment où nous prenions le large, mirent à bord de quoi subvenir à nos besoins.

−11− Trois mois plus tard, nous prîmes le large sur un cargo d'Alexandrie portant la marque des Dioscures, qui avait passé l'hiver dans l'île. −12− On nous fit débarquer à Syracuse, où nous restâmes encore trois jours. −13− Ayant de là levé l'ancre, nous parvînmes à Rhegium. Et un jour après, un vent du sud étant survenu, nous allâmes, en deux jours, à Pouzzoles −14− où, ayant trouvé là des frères, nous fûmes priés de rester encore sept jours auprès d'eux ; et c'est ainsi que nous arrivâmes à Rome. −15− Ayant appris notre arrivée, de là vinrent à notre rencontre jusqu'au forum d'Appius et jusqu'aux Trois-Tavernes les frères, dont la vue, grâces rendues par Paul à Dieu, lui fit reprendre courage.

−16− Une fois que nous fûmes entrés dans Rome, permission fut donnée à Paul de rester dans son chez-soi, avec le soldat qui le gardait.

−17− Or ce fut trois jours plus tard qu'il réunit ceux qui étaient les principaux des Juifs. Lorsqu'ils furent rassemblés, il leur disait : «Messieurs mes frères, bien que je n'aie rien fait qui fût contre le peuple ou contre les coutumes des pères, j'ai été livré, moi, comme prisonnier à Jérusalem, aux mains des Romains, −18− lesquels, après m'avoir fait subir un interrogatoire, voulaient me relâcher parce qu'il n'existait aucun motif de mort dans mon cas. −19− Comme les Juifs faisaient opposition, je fus contraint d'en appeler à César, nullement comme si j'avais à porter quelque accusation contre ma nation. −20− C'est donc pour ce motif que j'ai demandé à vous voir et à converser

---

−16− « stratopédarque » : en latin praefectus castrorum, équivalence largement établie par les papyrus et les inscriptions jusqu'au milieu du IIIᵉ siècle. Il est impossible de dire de quel camp il s'agit. On peut simplement conclure, aujourd'hui, qu'il y a là, dans la lecture et l'interprétation du verset, une « crux traditionnelle » ; cf. H. J. Mason, Greek Terms for Roman Institutions, Toronto, 1974, p. 13 et 87.

−19− allaient jusqu'à … : rend le préverbe ἐπι-, qui marque une addition.

vous voir et à converser avec vous; car si l'on a mis cette chaîne autour de moi, c'est pour l'espérance d'Israël.»

−21− Mais eux lui dirent : «Quant à nous, non seulement nous n'avons, de Judée, reçu aucune lettre *contre toi*, mais encore pas un des frères n'est venu pour rapporter ou dire à ton sujet la moindre méchanceté. −22− Nous tenons à apprendre de toi ton sentiment car, la secte en question, il est connu de nous qu'elle est partout contredite.»

−23− Ils lui assignèrent un jour et vinrent chez lui à son logement en plus grand nombre, et il leur exposait, en le garantissant, le royaume de Dieu, en voulant aussi les persuader sur Jésus, prenant comme point de départ la loi de Moïse et les Prophètes, depuis le matin jusqu'au soir. −24− Et les uns étaient persuadés par ses dires, les autres se refusaient à croire. −25− N'étant pas d'accord entre eux, ils prenaient congé sur cette unique parole de Paul : «Il a bien parlé, l'Esprit-Saint, à vos pères, par la voix du prophète Isaïe, −26− quand il disait :

> Va vers ce peuple et dis :
> Vous entendrez de vos oreilles et ne pourrez comprendre
> Vous verrez de vos yeux et ne pourrez voir,
> −27− Car il s'est épaissi, le cœur de ce peuple.
> Ils n'ont entendu que d'une sourde oreille
> Et leurs yeux, ils les ont bouchés
> Pour ne pas voir de leurs yeux,
> Pour ne pas entendre de leurs oreilles,
> Pour ne pas comprendre de leur cœur et ne pas se convertir.
> Mais je les guérirai.

−28− Alors, que vous soit connu ceci : c'est pour les Gentils qu'a été dépêché ce salut de Dieu. Eux, oui, ils écouteront.» **Et quand lui eut ainsi parlé, les Juifs partirent, avec un grand sujet de discussion entre eux.**

−30− Et **Paul** devait rester deux années entières dans sa location particulière; et il accueillait tous ceux qui venaient jusqu'à lui, **et il s'entretenait avec des Juifs et avec des Grecs,** −31− proclamant le royaume de Dieu **par des affirmations insistantes**, et enseignant tout ce qui touche au Seigneur Jésus-Christ avec un franc-parler total, sans entrave > [*à savoir que voilà Jésus le fils de Dieu, en passant par qui l'univers entier doit être jugé*].

−29− Selon certains, tout le verset, inconnu du texte court, serait interpolé.

−31− *à savoir ... être jugé* : ces derniers mots du verset et des *Actes*, fournis par une restitution du texte grec de la version occidentale, semblent être l'addition opérée par

avec vous ; car si l'on a mis cette chaîne autour de moi, c'est pour l'espérance d'Israël.»

−21− Mais eux lui dirent : «Quant à nous, non seulement nous n'avons, de Judée, reçu aucune lettre à ton sujet, mais encore pas un des frères n'est venu pour rapporter ou dire à ton sujet la moindre méchanceté. −22− Nous tenons à apprendre de toi ton sentiment car, la secte en question, il est connu de nous qu'elle est partout contredite.»

−23− Ils lui assignèrent un jour et vinrent chez lui à son logement en plus grand nombre, et il leur exposait, en le garantissant, le royaume de Dieu, en voulant aussi les persuader sur Jésus, prenant comme point de départ la loi de Moïse et les Prophètes, depuis le matin jusqu'au soir. −24− Et les uns étaient persuadés par ses dires, les autres se refusaient à croire. −25− N'étant pas d'accord entre eux, ils prenaient congé sur cette unique parole de Paul : «Il a bien parlé, l'Esprit-Saint, à vos pères, par la voix du prophète Isaïe, −26− quand il disait :

> Va vers ce peuple et dis :
> Vous entendrez de vos oreilles et ne pourrez comprendre,
> Vous verrez de vos yeux et ne pourrez voir,
> −27− Car il s'est épaissi, le cœur de ce peuple.
> Ils n'ont entendu que d'une sourde oreille
> Et leurs yeux, ils les ont bouchés
> Pour ne pas voir de leurs yeux,
> Pour ne pas entendre de leurs oreilles,
> Pour ne pas comprendre de leur cœur et ne pas se convertir.
> Mais je les guérirai.

−28− Alors, que vous soit connu ceci : c'est pour les Gentils qu'a été dépêché ce salut de Dieu. Eux, oui, ils écouteront.»

−30− Et il devait rester deux années entières dans sa location particulière ; et il accueillait tous ceux qui venaient jusqu'à lui, −31− proclamant le royaume de Dieu, enseignant ce qui touche au Seigneur Jésus-Christ avec un franc-parler total, sans entrave.

---

une âme pieuse qui n'a rien à voir avec Luc. Il y a toutes les chances pour que le dernier mot de son livre soit le bel adverbe platonicien ἀκωλύτως, «sans entrave», riche de sens, et sans autre exemple dans le Nouveau Testament.

− Sur les vv. 17 à 31, il importe de lire l'article de J. Dupont, *La conclusion des Actes et son rapport à l'ensemble de l'ouvrage de Luc*, Kremer, p. 359-404.

OBSERVATIONS
SUR LES DEUX TEXTES

PREMIÈRE PARTIE

LA FORME

CHAPITRE 1

VOCABULAIRE LUCANIEN DU TEXTE OCCIDENTAL

A considérer le texte long des *Actes des Apôtres* en grec — car une
traduction, fût-elle latine[1] ne peut révéler le fait — on constate que,
dans les changements et les additions, brèves ou longues, son auteur
use d'un vocabulaire connu de Luc ou très lucanien, voire exclusivement lucanien[2]; en ce cas le mot est un hapax du N.T.

On passera les mots en revue, mis en ordre alphabétique pour la
commodité de leur consultation[3].

— ἀγαλλίασις, «allégresse», 11, 27 D dans une *addition* de sept mots
en faisant partie d'un «passage-nous» lequel, mis dans une addition, a
des chances d'avoir été, dans le livre, écrit après les trois autres. Le
mot offre deux exemples, en dehors de Luc, dans le N.T. (*Héb.* 1, 9;
Jud. 24); mais, comme le verbe ἀγαλλιῶ correspondant, il est surtout
employé par Luc, peut-être parce qu'il est lui-même porté à ce
sentiment, intime ou partagé, pour désigner l'allégresse de ceux qui
pressentent le salut, et de celui qui constate le progrès de l'Église à ses
premiers pas. En dehors de son unique emploi dans le texte long, voir
Lc. 1, 14; 1, 44; *Actes* 2, 46.

— αἴρω, 28, 19 Clark dans une *addition* de six mots, = «supprimer»,
dans le sens d'«arracher du monde». Le verbe n'est pas rare dans le
N.T. sans doute, dans le sens de «lever», «élever», «soulever»,
«enlever», mais chez Luc il est employé dans le sens fort de
«supprimer», s'agissant de supprimer la vie de Jésus, ou de Paul, Lc.,
23, 18; *Actes* 21, 36. Il implique une fureur aveugle, et indique une

---

(1) Par exemple le verbe ἀποσπῶ, employé en 20, 1 D, a quatre exemples dans le
N.T. en dehors de D, un Mt., 26, 51 (Vulgate *exemit*), trois chez Luc, 22, 41 *(avulsus)*,
Actes 20, 30 *(abducant)* 21, 1 *(abstracti)*. Ainsi quatre verbes latins différents pour
rendre un seul et même verbe grec, sans compter l'exemple d'*Actes* 20, 1 D; ou encore
le verbe ἀτενίζω, traduit tantôt par *intendo*, tantôt par *intueor*, etc.

(2) Cf. Wilcox, in Kremer, p. 447-455.

(3) On reprendra quelquefois les explications données dans l'édition de l'*Évangile de
Luc*, Belles Lettres, 1976.

violence supérieure à celle des verbes ἀπόλλυμι (détruire) et ἀναιρῶ
(sacrifier). Voir l'exemple suivant.

— ἀναίρεσις, «sacrifice», «mise à mort», après une addition, toute
proche, de quatre mots, 13, 28 D, où il *remplace* le verbe ἀναιρεθῆναι du
texte court. Ce substantif n'a qu'un autre exemple chez Luc, dans le
texte court des *Actes*, 8, 1, pour Saul applaudissant à la lapidation
d'Étienne. Il est d'un grec très classique, dans le sens de «destruc-
tion», mais plus des lois que des hommes. — On notera le goût de Luc
pour le verbe ἀναιρῶ, «mettre à mort», «sacrifier», Lc., 22, 2 ; 23, 32
(emploi exceptionnel *Actes* 7, 21). Au passif il est presque exclusivement lucanien : deux exemples Lc. et 18 dans les *Actes*. En *Actes* 21,
36 D il remplace le verbe αἴρω.

— ἀναπέμπω, 27, 1 Clark, dans une *addition* de douze mots,
«renvoyer» (devant un juge, ou un tribunal). A part un exemple chez
Paul, *Philémon* 11, le verbe ne se trouve que dans Lc., 23, 7 ; 23, 11 ;
23, 15 ; *Actes* 25, 21.

— ἀντοφθαλμῶ, 6, 11 D, dans une *addition* de 19 mots, «regarder en
face» (la vérité). Seul autre exemple du verbe 27, 15 dans un sens
concret, «faire face» (au vent).

— ἀπαλλάττομαι, 5, 15 D, dans une *addition* de neuf mots, «être
délivré» (de maladie). Outre un exemple de *Héb.* 2, 15 («délivrer» de
l'esclavage), le verbe a deux autres exemples chez Luc, Lc., 12, 58 et,
dans son emploi médical, *Actes* 19, 12 (en Lc., 9, 40 D, le verbe
remplace ἐκβάλλω, «chasser» (un esprit mauvais).

— ἀπολογία, 24, 10 Clark, dans une *addition* de dix mots, «moyen de
défense». Deux exemples d'*Actes* t.c., 22, 1 (apologie) ; 25, 16
(défense). Cinq exemples chez Paul (plaidoirie), dont II *Tim.* 4, 16.

— ἀποσπῶμαι, 20, 1 D, «s'arracher avec effort», *remplace* ἀσπάζομαι,
«embrasser» (s'agissant d'êtres chers). Outre un exemple Mt. 26, 51,
les trois autres du N.T. sont Lc., 22, 41 ; *Actes* 20, 30 ; 21, 1.

— ἀτενίζω, 3, 3 D, dans une *addition* de cinq mots, «fixer les yeux
sur». Le verbe appartient exclusivement au vocabulaire de Paul et de
Luc, deux fois chez Paul II *Cor.* 3, 7 ; 3, 13 ; deux exemples Lc. et dix
exemples *Actes*. On le trouve en outre trois fois dans le texte long des
Actes : 3, 4 D (où il remplace βλέπω du texte court) ; 3, 5 D ; 9, 34 D
dans une *addition* de six mots.

— ἄφεσις dans l'expression εἰς ἄφεσιν ἁμαρτιῶν, *ajoutée* 19, 5 D, «pour
la rémission des fautes». Cette expression consacrée est trois fois
ailleurs dans le N.T., en dehors de Luc : Mt. 26, 28 ; Mc. 1, 4 ; *Col.* 1,
14 ; elle est sensiblement plus fréquente chez Luc, Lc., trois exemples,
cinq dans les *Actes*, t.c.

— βαρύνω, 3, 14 D, remplace ἀρνοῦμαι. Cet exemple d'un verbe très
classique n'est pas décisif, car les manuscrits hésitent entre lui et
βαρέω, de même sens, «accabler» qui, au moyen, a six exemples dans

le N.T., Mt., 26, 43 ; II *Cor.* 1, 8 ; 5, 4 ; I *Tim.* 5, 16 et deux en Lc., 9, 32 ; 21, 34, où D remplace βαρέω par βαρύνω.

— βία, 23, 29 Clark, «violence», dans une *addition* de cinq mots ; puis, seconde *addition* 24, 7 Clark, de dix-huit mots. Le mot appartient au vocabulaire exclusivement lucanien : *Actes* 5, 26 ; 21, 35 ; 27, 41. Un exemple possible Lc., 6, 1 après une correction probable ; voir la note, *Ev. Lc.* Le verbe παραβιάζομαι est un hapax lucanien, Lc. 24, 29 et *Actes* 16, 15.

— γίγνομαι, dans trois tours particuliers :

A. καὶ ἐγένετο : 1° 2, 1 D, «or ce fut ... voici que ...», dans une *addition* de six mots constituant une formule très particulière à Luc : vingt et un exemples dans son Évangile[4], où elle remplace une indication de temps ordinaire. Ici l'auteur du texte long insiste sur le jour et les jours de la Pentecôte.

2° 13, 43 D, dans une *addition* de onze mots : la formule est ἐγένετο δέ[5], «or ce fut ... que ...» ; les deux mots grecs sont séparés par un complément circonstanciel de l'infinitif que le verbe commande. Lc. en offre quatre exemples, et le t.c. des *Actes* un autre, 4, 5. — Les deux exemples de D, où il n'y a pas lieu de voir une marque de lectionnaire, nous plongent en pleine atmosphère lucanienne.

B. ἐπὶ τῷ γεγονότι, 2, 12 D, dans une *addition* de quatre mots, «au sujet de l'événement». Un autre exemple de l'expression Lc., 4, 21. — Luc affectionne le participe neutre τὸ γεγονός : cinq exemples dans son Évangile, 2, 15 ; 8, 34 ; 8, 35 ; 8, 56 ; 24, 12 ; deux exemples *Actes* 5, 7 ; 13, 12.

C. ἐν ἑαυτῷ γίγνεσθαι, 10, 17 D, à propos d'une version de Pierre, «reprendre ses esprits» ; par l'*addition* de ἐγένετο devant διηπόρει est constituée l'expression dans D ; elle entraîne plus loin l'addition de καί devant ἰδού. On la retrouve en 12, 11, t.c., encore après une vision de Pierre. — L'expression est très classique ; cf. Sophocle, *Phil.* 950 ; Xénophon, *Anab.* 1, 5, 17, etc.

N.B. En 10, 10 Clark, le verbe ἐγένετο s'efface au profit de ἐπέπεσεν (une extase *fondit sur* lui).

— (τὰς) γραφὰς πληροῦν, «accomplir les Écritures» ; l'expression, dite indifféremment de Pierre et de Paul, ne se trouve pas uniquement chez Luc (deux exemples Mt., deux exemples Mc., quatre exemples Jn ; parfois le mot λόγος remplace γραφαί ; l'expression est chez Lc., 4,

(4) Voir *Études grecques*, ch. 11, sur la formule καὶ ἐγένετο. Nous avons la formule «B simple», constituée par ἐγένετο + une date + la principale juxtaposée ; elle est prise aux LXX mais passée dans l'Évangile de Luc. Καὶ ἐγένετο est repris au verset 2 du t.c., mais avec l'addition de ἰδού.

(5) Ἐγένετο suivi de δέ, sans être jamais précédé de καί, est le premier terme de la formule «A» ; cf. *Études grecques*, p. 124 et suiv.

21 (passif) ; 22, 44 (et 7, 21 avec ῥήματα). En 13, 27 D elle *remplace* τὰς ... ἐπλήρωσαν du t.c., et reprend celle de 1, 16 t.c.

— διαλέγομαι, «s'entretenir». Le participe du verbe est *ajouté*, avec un καί qui le suit, en 18, 28 D. Le verbe est presque exclusivement lucanien : treize exemples dans le N.T., dont dix dans le t.c. des *Actes*.

— διατρίβω, 14, 19 D, dans une *addition* de cinq mots, «séjourner». Le verbe, très classique, est presque exclusivement lucanien dans le N.T. : deux exemples Jn., 3, 22 ; 11, 54 ; mais huit dans le t.c. des *Actes*.

— διεγείρω, 16, 10 D, dans une *addition* de trois mots, «réveiller», dit de Paul, après une vision. Le verbe n'est pas uniquement lucanien ; mais il rappelle deux exemples de Lc., 8, 24 *(bis)*, à propos de Jésus dans la tempête.

(*N.B.* Le verbe se trouve dans le ms. D de Mt., 1, 24 ; 2, 14 ; 2, 21.)

— διερμηνεύω, 18, 6 D, dans une *addition* de sept mots, dont γραφαί, «interpréter les Ecritures». Accompagné de γραφαί le verbe est proprement lucanien. Il rappelle Jésus avec les pèlerins d'Emmaüs, Lc., 24, 27 : il éclaircit dans (ou «par») les Écritures les choses qui le concernent. Le verbe a un autre exemple *Actes* 9, 36, t.c. («traduire») et quatre I *Cor.*

— διέρχομαι, «passer» (dans, ou «jusqu'à», un endroit). Le verbe, courant en grec, est *ajouté*, lui seul, en 11, 22 D, pour préciser le sens de la phrase, après ἐξαπέστειλαν («on envoya»). Quatre autres exemples en D : 13, 43 ; 16, 1, et 18, 27 dans une *addition* de vingt et un mots (dans ce verset, il figure déjà dans le t.c., hors de l'addition) ; en 16, 8 D il remplace παρέρχομαι (changement de *préverbe*). Le verbe est très fréquent dans le t.c. des *Actes*, à des temps et des modes divers. Il est surtout lucanien : sur quarante-deux exemples du N.T., dix sont dans Lc. et vingt dans les *Actes* t.c.

— διηγοῦμαι, 16, 10 D dans une *addition* de trois mots, et 16, 40 D, dans une *addition* de cinq mots, «raconter». Dans un troisième exemple, 21, 19 D, le verbe *remplace* ἐξηγοῦμαι (changement de *préverbe*). Le verbe, du grec courant, a huit exemples dans le N.T., dont cinq dans Lc. et *Actes* t.c.

— διϊσχυρίζομαι, 15, 2 D dans une *addition* de quatorze mots, «insister», et 28, 31 Clark, seul mot *ajouté*. Le verbe, très classique, ne se trouve, dans toute la Bible, que chez Luc. Deux autres exemples, Lc., 22, 59 ; *Actes* 12, 15 t.c.

— δοκιμάζω, 2, 22 D, «éprouver» («sonder», «essayer»), *remplace* ἀποδείκνυμι, «démontrer». Le verbe a deux exemples Lc., 12, 56 ; 14, 19, mais outre un exemple I. *Petr.* et un autre de I *Joan.*, le verbe est surtout paulinien, avec seize exemples.

— ἔγκλησις, 23, 24 Clark, dans une *addition* de seize mots, «accusation». Seul exemple de ce mot rare et tardif dans le N.T. Mais il est difficile de le traiter comme un hapax, car le N.T. offre deux exemples d'un quasi-synonyme, ἔγκλημα, très classique, dans le t.c. des *Actes* 23, 29, «charge» (entraînant la mort); 25, 16, «incrimination».

— ἐκπηδῶ, «s'élancer», verbe exclusivement lucanien et hapax du N.T., 10, 25 D dans une *addition* de dix-huit mots. Seul autre exemple de ce verbe très classique, *Actes* t.c. 14, 14.

— ἔκστασις, 9, 4 Clark, μετὰ μεγάλης ἐκστάσεως, «au milieu d'une grande extase», dit de Saul dans le premier récit du chemin de Damas. Le mot a deux sens dans le N.T. : 1° «stupeur», deux exemples Mc., un de Lc. 5, 26; 2° «extase», dit de Pierre, *Actes* 10, 10 t.c. et 11, 5 t.c., puis de Paul dans son premier récit du chemin de Damas, 22, 17 t.c.

— ἐκταράσσω, «bouleverser complètement», 15, 24 D, *remplace* ταράσσω, «bouleverser» du t.c. ; emploi d'un *préverbe* renforçant le sens du verbe simple. Le verbe avec préverbe n'a, dans le N.T. qu'un autre exemple, *Actes* 16, 10 t.c. Il est donc exclusivement lucanien.

— ἔμφοβος (.γίγνεσθαι), 22, 9 D dans l'*addition* de καὶ ἔμφοβοι ἐγένοντο, «et furent saisis d'effroi», trois mots qui manquent visiblement dans le t.c. par «saut du même au même», après ἐθεάσαντο. L'expression est très lucanienne car, outre *Apoc.* 11, 13, les quatre autres exemples du N.T. sont Lc., 24, 5 et 24, 37; *Actes* 10, 4 et 24, 25.

— ἐνισχύω, 14, 20 D, «reprendre de la vigueur», *remplace* ηὔξανεν («prenait grandeur») du t.c., lequel verbe est simplement repoussé quelques mots plus loin dans D. Le verbe est propre à Luc : deux autres exemples dans le N.T., Lc., 21, 43; *Actes* 9, 19 t.c. (cf. en outre Lc., 23, 5 D).

— ἐξάγω, 17, 5 D, «emmener», *remplace* προάγω, «amener» (changement de *préverbe*); le verbe est *ajouté* 23, 29 Clark. Il est très lucanien : outre un exemple chez Mc., un chez Jn. et un *Héb.*, il est employé neuf fois chez Luc : Lc., 24, 50 et huit fois dans le t.c. des *Actes*.

— ἐξαποστέλλω, 3, 26 D, «expédier», qui *remplace* ἀποστέλλω, a quatre exemples Luc, sept *Actes* (et deux *Gal.*)

— ἑξῆς, adverbe désignant un jour «d'après»; 13, 42 D, εἰς τὸ ἑξῆς σάββατον, *remplace* εἰς τὸ μεταξὺ σάββατον («pour le prochain sabbat») du texte court, presque synonyme mais de meilleur grec. L'adverbe n'est employé que par Luc dans le N.T. Cinq exemples, Lc., 7, 11; 9, 37; *Actes* t.c. 21, 1; 25, 17; 27, 18.

— ἔξειμι, «partir», ou «repartir», 20, 4 D dans une *addition* de quatre mots, et 21, 7 dans une *addition* de deux mots et un «passage-nous». Le verbe, très courant en grec, ne se trouve dans le N.T. que chez Luc, et seulement dans les *Actes* 13, 42; 17, 15; 20, 7; 27, 43.

— ἐπερωτῶ : le verbe est employé quatre fois dans D, «questionner», «demander», pour *remplacer*, deux fois par *préverbe* ἐρωτῶ 1, 6 D «interroger» (verbe très fréquent); 10, 17 D διερωτῶ, «enquêter sur», hapax néo-testamentaire du t.c., et deux fois λέγω (εἰπέ μοι), 5, 8 D et 22, 27 D. Comme en grec classique le verbe est loin d'être rare dans N.T., surtout chez Mc. Luc en offre dix-huit exemples dans son Évangile, plus deux dans le t.c. des *Actes* 5, 27 et 23, 34.

— ἐπιγιγνώσκω, 4, 24 D dans une *addition* de six mots, «découvrir». Le verbe a quarante exemples dans le N.T., surtout chez Luc : sept exemples dans l'Évangile, treize dans les *Actes* (en outre Lc., 3, 16 D ; 20, 23 D ; Jn., 7, 51 D).

— ἐπιδημῶ, 18, 27 D, dans une *addition* de vingt et un mots, «résider», et aussi 18, 27 D, «venir résider», où il *remplace* παραγίγνομαι. Deux autres exemples dans le t.c. des *Actes*, 2, 10 ; 17, 21. Le verbe, ignoré des Septante et faisant partie du vocabulaire médical, est exclusivement lucanien.

— ἐπιδίδωμι, 27, 35 Clark, dans une *addition* de trois mots, «passer» (quelque chose à manger). Le verbe, en dehors de Mt., 7, 9 et 10, est exclusivement lucanien : quatre exemples Lc. et deux *Actes*, 15, 30 et 27, 15 («renoncer») (en outre, Jn., 13, 26 D, où le verbe remplace δίδωμι).

— ἐπικαλοῦμαι, 13, 1 D, «surnommer» (et 15, 37 D, avec aussi le ms. C), *remplace* le simple καλοῦμαι, «appeler» par addition de *préverbe*. En outre 19, 14 D, dans une *addition* de vingt-trois mots, «invoquer». Le verbe est assez lucanien : trente exemples dans N.T., dont vingt dans le t.c. des *Actes* (jamais dans Lc.).

— ἐπιμένω, 15, 34 D (verset condamné par Nestle-Aland), dans une *addition* de dix mots, «prolonger un séjour», sens lucanien ; trois exemples dans les *Actes*, t.c., 10, 48 ; 21, 4 ; 21, 10. Quatre autres dans un sens voisin, 12, 16 ; 15, 34 ; 28, 12 ; 28, 14 (en général «séjourner»). En plus, un exemple chez Jn. et neuf chez Paul.

— ἐπιπίπτω, trois fois dans le texte long. Dit de l'Esprit, le verbe signifie «fondre sur», un sens qui ne se trouve que dans les *Actes* : 1° 8, 34 Clark, dans une *addition* de sept mots ; 2° 10, 10 Clark, *remplace* γίγνομαι ; 19, 6 D, *remplace* ἔρχομαι. Treize exemples dans le N.T. dont sept dans le t.c. des *Actes*.

— ἐπὶ τὸ αὐτό, «pour faire bloc», expression *ajoutée* 2, 46 D, après l'addition de πάντες, «tous», au début du verset, qui conforte le sens de l'expression en insistant sur la totalité des convertis. L'expression n'est pas rare dans le N.T. : trois exemples chez Paul, I *Cor.* 7, 5 ; 14, 23 ; 20, 2 ; un chez Mt., 22, 34 (où D donne la leçon ἐπ' αὐτόν). Elle signifie là «ensemble», ou «au même endroit», comme Lc., 17, 35. Mais elle semble avoir un sens particulier dans les cinq exemples des *Actes* 1, 15 ; 2, 1 ; 2, 44 ; 2, 47 ; 4, 26 (*Ps.* 2, 2), pour désigner la construction de l'Eglise, édifice déjà inébranlable, dont les parties forment un tout (cf.

R.T. 1980, p. 75-85). Ici, 2, 46 D, l'addition est habilement insérée entre 2, 44, t.c. et 2, 47 t.c. pour insister sur la solidarité de l'Église naissante, en donnant un sixième exemple du tour dans les *Actes*.

— εὐθέως (cf. παραχρῆμα ci-dessous), «aussitôt». L'adverbe n'est rare ni dans le N.T. ni dans les *Actes*, mais D l'emploie quatre fois, toujours à propos de Paul : 1° 13, 11 D, *remplacement* de παραχρῆμα ; 2° 14, 10 D, *ajouté avec* παραχρῆμα ; 3° 16, 18 D, *remplace* αὐτῇ τῇ ὥρᾳ, «sur l'heure» ; 4° 19, 6 D, *ajouté* à ἐπέπεσεν, «fondit sur» (cf. ἐπιπίπτω), qui lui-même remplace le banal ἦλθε, «vint».

— ἡμέρα, dans l'expression καθ' ἡμέραν ou τὸ καθ' ἡμέραν, de même sens, «chaque jour». En dehors de Luc, le N.T. offre un exemple chez Mt., un chez Mc., deux chez Paul, quatre *Héb*. L'expression est surtout lucanienne, avec cinq exemples Lc., et sept *Actes* t.c. *Supprimée* en 2, 46, *Actes* t.c., elle est *ajoutée* deux fois dans D : 2, 45 D ; 17, 28 D.

— θαμϐῶ, actif et moyen, «être stupéfait», «stupéfié». Deux fois dans le texte occidental : *Actes* 3, 12 D (*remplace* l'adjectif ἔκθαμϐοι, de sens voisin) ; 9, 6 Clark, dans une *addition* de vingt mots. Trois exemples chez Mc. Le verbe est ici signalé à cause du substantif θάμϐος, hapax lucanien, Lc., 4, 36 ; 5, 9 ; *Actes* 3, 10 t.c.

— ἰδού, «voilà que», constant dans tout le N.T. On le signale ici, bien qu'il soit peu significatif, parce que les *Actes* D en ont trois exemples de plus, 2, 2 ; 3, 2 ; 13, 47, dans trois *additions*.

— καθόλου, ou τὸ καθόλου, «absolument», *ajouté* 23, 14 D. C'est un hapax lucanien, le seul autre exemple étant *Actes* 4, 18 t.c.

— καταγγέλλω, 17, 19 D, «annoncer», *remplace* le banal λαλῶ, «dire», à propos d'un enseignement nouveau, pour des Athéniens, celui de l'Évangile. Le verbe est propre au vocabulaire de Paul (sept exemples) et des *Actes* (onze exemples t.c.).

— καταντῶ, «parvenir», trois fois dans D : 11, 2 D, dans une *addition* de trente-huit mots ; 13, 51 D *remplace* le verbe plus vague ἔρχομαι ; 16, 8 D, remplace le verbe καταϐαίνω, «descendre». Le verbe ne se trouve que chez Paul (quatre exemples) et dans les *Actes* t.c. six fois.

— κατάσχεσις, 20, 16 D, fait d'«être retenu», *remplace* l'hapax du N.T. χρονοτριϐῶ, «s'attarder». Le mot est proprement lucanien, avec trois exemples *Actes* au sens de «possession» 7, 5 et 45 t.c. ; 13, 33 D, citation des LXX, où il est fréquent.

— κατέρχομαι, «descendre» (d'un lieu élevé) ; «débarquer» (dans un port) : deux fois dans D : 17, 1 D, *remplace* ἔρχομαι ; 20, 13 D, *remplace* προέρχομαι (ou προσέρχομαι) ; affaire de *préverbes*. Avec deux exemples Lc. et treize *Actes* t.c., le verbe est à peu près exclusivement lucanien, puisqu'il s'emploie à propos de marches ou de traversées. Un seul autre exemple dans le N.T., Jacques 3, 15, dans un sens abstrait.

— κατοικῶ, 18, 2 D, dans une *addition* de cinq mots, «venir se fixer» (dans un pays). Noter qu'en 2, 46 D κατοικουσαν est une faute de copiste, sans rapport avec le verbe κατοικῶ. Sur les divers sens de ce verbe, selon la préposition employée, un verbe point rare dans le N.T. mais fréquent surtout chez Luc, voir la note *Actes* B.L. 1, 19.

— λυτροῦμαι, 28, 19 Clark, dans une *addition* de huit mots, «délivrer par le paiement d'une rançon» (la rançon étant ici l'appel à César, qui peut préserver Paul de la mort). Trois exemples dans le N.T., Lc., 24, 21 ; *Tite* 2, 14 ; I *Petr* 1, 18. Luc a un penchant pour les mots de la famille de λύτρον : λύτρωσις, λυτρωτής.

— μεταπέμπομαι, 20, 17 D, «faire venir», *remplace* μετακαλῶ, «rappeler». Verbe exclusivement lucanien, et seulement dans les *Actes* : sept exemples dans leur t.c. 10, 5 ; 10, 22 ; 10, 29 ; 11, 13 ; 20, 1 ; 24, 24 ; 25, 3.

— (διὰ) νυκτός, 9, 30 Clark, expression *ajoutée*, «de nuit», ou «toute la nuit». L'expression, très classique, est employée exclusivement par Luc dans le N.T. : cinq exemples, Lc., 5, 5 (avec ὅλης) ; *Actes* t.c. 5, 15 ; 16, 9 ; 17, 10 ; 23, 31 (cf. la note *Actes* B.L.).

— παραγγέλλω, «prescrire», ou «donner l'ordre», trois fois dans D : 1° 15, 2 D, dans une *addition* de quatorze mots ; *remplace* aussi le quasi-synonyme τάσσω ; 2° 15, 5 D dans une *addition* de huit mots ; 3° 19, 14 D dans une *addition* de vingt-trois mots. Le verbe n'est pas rare dans le N.T. mais il est employé surtout par Luc, avec quinze exemples, dont onze dans le t.c. des *Actes* ; douze exemples chez Paul, quatre autres chez Mt. — *N.B.* Le verbe figure dans le ms. D de 15, 30, mais aussi dans le ms. A.

— παραγίγνομαι, «arriver» (en un lieu) : six fois dans le texte long des *Actes*, 1° 10, 25 D, dans une *addition* de dix-huit mots ; 2° 10, 32 D, dans une *addition* de quatre mots ; 3° 11, 26 D (passage-nous) dans le *changement* d'une phrase au texte peu sûr ; 4° 16, 39 D, *remplace* le verbe ἔρχομαι, avant une *addition* de six mots ; 5° 18, 5 D, *remplace* κατέρχομαι ; 6° 21, 16 Clark (passage-nous), dans une *addition* de sept mots. En dehors de Luc, le verbe se trouve neuf fois dans le N.T. ; en Luc huit fois (dont quatre exemples au participe παραγενόμενος). Vingt exemples dans le t.c. des *Actes*, dont quinze au participe (quatre fois le participe est précédé de l'article), souvent dans le sens de «venir» (à Jésus). Il est peut-être naturel qu'un verbe signifiant «arriver» (en un lieu) soit fréquent dans les *Actes*, où l'on voyage beaucoup ; mais le verbe semble aimé de Luc.

— παραχρῆμα, «sur-le-champ» (cf. ci-dessus εὐθέως), quatre exemples dans le texte occidental, 1° 5, 5 D, ayant entendu les reproches de Pierre, Ananias tombe mort sur-le-champ ; 2° 9, 18 Clark, dans le premier récit de Damas ; l'adverbe est *ajouté* à ἀνέβλεψεν, «il recouvra la vue», et le renforce ; 3° 9, 40 Clark, où il renforce les mots «elle recouvra la vue» (Tabitha ressuscitée par Pierre) ; 4° 14, 10 D, où il renforce εὐθέως, «aussitôt», et souligne la rapidité de la guérison du boiteux par Paul. L'adverbe est presque exclusivement lucanien : dix-huit exemples dans le N.T., dont deux seulement chez Mt. et le reste chez Luc : dix dans l'Évangile (dont 18, 43, avec ἀνέβλεψεν, comme en *Actes* 9, 18 Clark) et six dans le t.c. des *Actes*.

— (μετὰ πάσης) παρρησίας, «avec un franc-parler total» : trois exemples dans le texte occidental, 1° 6, 10 D, dans une *addition* de quinze mots; 2° 9, 20 Clark, où l'expression est *ajoutée* au verbe κηρύσσω, «proclamer»; 3° 16, 4 D, dans une *addition* de neuf mots, encore après le verbe κηρύσσω. Le mot παρρησία n'est pas rare chez Jn., Paul et dans *Héb.*, mais l'expression μετὰ (πάσης) παρρησίας est propre à Luc, toujours dans le t.c. des *Actes* 2, 49 ; 4, 29 ; 4, 31 ; 28, 31 (seul autre exemple *Héb.* 4, 16). Le verbe παρρησιάζομαι, de même, a neuf exemples dans le N.T., deux chez Paul et sept dans les *Actes* (jamais Lc.).

— πᾶς πειρασμός, «toute espèce d'épreuves». Le substantif a vingt exemples dans le N.T., «épreuve», «tentation», mais, accompagné de πᾶς, il constitue une expression propre à Luc, 15, 16 D, dans l'*addition* εἰς πάντα πειρασμόν; seul autre exemple Lc., 4, 13.

— πειρῶμαι, «entreprendre de», 9, 26 Clark, remplace πειράζω, habituel au N.T., «tenter de». Le verbe, courant en grec classique, est exclusivement lucanien : seul autre exemple, *Actes* 26, 21 t.c.

— περιέχω, 15, 23 D, dans une *addition* suivant l'addition de ἐπιστολήν, «une lettre contenant (ceci)». Deux autres exemples dans le N.T., I *Petr.* 2, 6, avec le même sens, et Lc., 5, 9, dit de la stupeur qui «saisit», ou envahit, Simon-Pierre.

— περιμένω, 10, 24 D, «attendre», *ajouté* à la fin du verset avant une addition, à laquelle le verbe est uni, de dix-huit mots au début du verset suivant. Le verbe est exclusivement lucanien, avec un seul autre exemple, *Actes* 1, 4 t.c.

— περιπατῶ, 14, 10 D *ajouté* en fin de phrase, «et il marchait», dit du boiteux guéri. Seconde *addition* 15, 1 D, encore avec καί, mais avec le sens tout paulinien de «suivre» (une coutume). Un seul autre exemple avec ce même sens, *Actes* 21, 21 t.c. Dans les six autres exemples d'*Actes* t.c., le sens est «marcher». Appliqué à la façon de se conduire, le verbe est constant chez Paul.

— (τί) ποιεῖς; ou bien (τί) ποιεῖτε; interrogation marquant l'étonnement, «que fais-tu?» ou «que faites-vous?». Deux exemples : 7, 26 D, où l'expression est *ajoutée*; 10, 26 D, où elle *remplace* ἀνάστηθι, «lève-toi». Elle est exclusivement lucanienne, et uniquement dans les *Actes*, où le seul autre exemple est en 14, 15 t.c.

— πορεύομαι, «suivre, ou poursuivre, sa route». Cinq exemples dans le texte de D : 1° 5, 18 D, dans une *addition* de sept mots; 2° 11, 2 D, dans une *addition* de trente-huit mots (dont καταντῶ); 3° 15, 34 D, dans une *addition* de dix mots (dont ἐπιμένω) ; 4° 19, 1 D, dans une *addition* de dix-neuf mots ; 5° 21, 24 D, où le verbe *remplace* le quasi-synonyme στοιχῶ, «marcher», rare dans le N.T. Un seul exemple lucanien de ce dernier verbe, *Actes* 21, 24 t.c. ; quatre autres chez Paul. Le verbe πορεύομαι est courant dans le N.T., notamment Lc. et *Actes* t.c. dans le sens général d'«aller».

— (κατὰ) πρόσωπον (αὐτοῦ), «devant la personne de», 16, 9 D, où l'expression est *ajoutée*. Fréquente dans le grec tardif et la Septante, elle est très lucanienne, avec trois autres exemples, Lc., 2, 31 ; *Actes* 3, 13 t.c. (hébraïsme) ; 25, 16 («en face de»).

— (διὰ τοῦ) στόματος, souvent suivi de μου, «par ma bouche», 14 D, expression *ajoutée*, après l'addition de φησίν, «il (Jésus) dit». Elle est très lucanienne, avec sept exemples dans le N.T., dont un seul Mt., 4, 4 ; tous les autres dans Lc., 1, 70 ; et t.c. des *Actes* 1, 16 ; 3, 18 ; 3, 21 ; 4, 25 ; 15, 7.

— συγκαλῶ, «faire venir *ensemble*» (Barnabé et Saul), 13, 7 D, *remplace* προσκαλῶ, «faire venir» (question de *préverbe*). Le verbe est presque exclusivement lucanien, avec sept exemples sur les huit du N.T., où celui de Mc., 15, 16 est isolé : quatre exemple Lc. et trois dans t.c. des *Actes*, 5, 21 ; 10, 24 ; 28, 17, «réunir», «convoquer».

— συγκατατίθεμαι, «donner son accord» (à une idée, à des paroles). Deux exemples : 4, 18 D, dans une *addition* de cinq mots ; 15, 12 D, dans une *addition* de neuf mots. Le verbe est exclusivement lucanien : un seul autre exemple dans le N.T., Lc., 23, 51. Il est classique ; cf. Platon, *Gorg.* 501 c.

— συμψηφίζω, «voter unanimement», 1, 26 D, *remplace* l'hapax néo-testamentaire συγκαταψηφίζω, synonyme (question de *préverbe*). Le verbe est exclusivement lucanien : seul autre exemple du N.T., *Actes* 19, 19 t.c. «estimer un total». Le verbe se trouve chez Aristophane, *Lys.* 142.

— συστρέφω, «ramasser», «rassembler», «s'attrouper». Quatre fois dans D : 1° 10, 41 D, *addition* du verbe précédé de καί ; 2° 11, 28 D, dans une *addition* de sept mots (dont ἀγαλλίασις) et un «passage-nous» ; 3° 16, 39 D, dans une *addition* de vingt-trois mots ; 4° 17, 5 D, *remplace* προσλαμβάνω, «choisir» du t.c. ; à quoi l'ont peut préférer la leçon de D, «ramasser» (des vagabonds). En *Actes,* 28, 3 t.c., «ramasser» (du bois pour le feu). Le verbe est proprement lucanien, peut-être exclusivement, car le seul autre exemple du N.T., Mt., 17, 22, n'est pas sûr ; on peut préférer la leçon ἀναστρεφομένων.

— τήρησις, 24, 27 Clark, dans une *addition* de huit mots, ἐν τηρήσει, «sous bonne garde». Le mot est très lucanien : trois autres exemples dans le N.T. I *Cor.* 7, 19, «fait de garder» (les commandements de Dieu) ; *Actes* 4, 3 et 5,·8 t.c., avec les prépositions εἰς ou ἐν.

— τρέμω, «trembler», 9, 6 Clark, dans une *addition* de vingt mots, où figurent un verbe et une expression très lucaniens, θαμβῶν et ἐπὶ τῷ γεγονότι. Trois autres exemples dans le N.T., II *Petr.* 2, 10 ; Mc., 5, 33 ; Lc. 8, 47.

— ὑπάρχω, « être » ; cinq exemples dans *Actes* D : 4, 34 ; 14, 9 ; 16, 21 ; 16, 29 ; 19, 31 ; sauf en 14, 9, où le verbe est dans une *addition* de trois mots, il *remplace* toujours εἰμί, ou γίγνομαι, dont il est l'exact synonyme. Fréquent dans le N.T., vu son sens, il est plus fréquent chez Luc : quinze exemples dans son Évangile, et vingt-cinq dans les *Actes* t.c.. Il a donc une certaine couleur lucanienne et ne semble pas détesté par l'auteur de D, peut-être parce qu'il est commode pour éviter une répétition. Il est deux fois *supprimé* dans D, 3, 2 et 22, 3.

— ὑποδείκνυμι, 2, 37, dans une *addition* de deux mots, « montrer ». Six exemples dans le N.T., dont cinq chez Luc ; trois dans l'Évangile, 3, 7 ; 6, 47 ; 12, 5 ; *Actes* t.c. 9, 16 et 20, 35. Le verbe, courant en grec est ainsi presque exclusivement lucanien.

— ὑποδέχομαι, 21, 17 D, « recevoir », *remplace* ἀποδέχομαι (question de *préverbe*). Quatre exemples dans le N.T., dont trois lucaniens, Lc., 10, 38 et 19, 6 ; *Actes* 17, 7 t.c., « héberger ».

— φωνήσας, participe, « prenant la parole », « appelant », « parlant ». Le verbe, au participe aoriste, est exclusivement lucanien. Trois fois dans D : 4, 18 D, où il *remplace* καλῶ du t.c., dont il est synonyme, « appeler » ; 10, 15 D, *remplace* φωνή, « voix » ; 14, 15 D, *remplace* λέγω, « dire » où l'on a le seul exemple du participe présent φωνοῦντες, à la fois du texte occidental et de tout le N.T. Trois exemples Lc., 16, 2 ; 16, 24 ; 23, 46 ; trois autres *Actes* t.c. 9, 41 ; 10, 7 ; 10, 18. Outre ces exemples du participe, le verbe, par nature fréquent, est employé dans le N.T. trente-quatre fois, dont huit Lc. et *Actes* t.c.

— χαρίζομαι, 24, 24 Clark, dans une *addition* de treize mots, « faire la grâce » (de quelque chose). Le verbe se dit d'un « don gracieux ». Il n'est employé que par Paul (treize exemples) et par Luc : trois exemples Lc., 7, 21 ; 7, 42 ; 7, 43 ; cinq exemples *Actes* t.c. 3, 14 ; 25, 11 (voir la note *Actes* B.L.) ; 25, 16 ; 27, 24.

— ὡσεί, synonyme de ὡς, « comme ». L'adverbe semble lucanien, mais peut provenir d'une habitude de copiste. *Actes* 7, 37 D, *remplace* ὡς. Le N.T. a vingt-deux exemples en tout, dont seize dans Lc. et *Actes* t.c.

CONCLUSION SUR LE VOCABULAIRE

Tels sont les 79 mots ou tours appartenant, dans l'ensemble des *Actes*, au vocabulaire que l'on peut appeler lucanien du texte occidental, parce qu'ils se trouvent déjà dans le 3ᵉ Évangile ou dans le texte court des *Actes*, ou dans les deux à la fois ; ils restent lucaniens si un ou plusieurs autres auteurs du Nouveau Testament les emploient.

Mais ils sont lucaniens à des degrés divers : mots ou expression, on les rencontre au moins déjà une fois chez Luc, souvent davantage, quelquefois chez lui uniquement ; en ce dernier cas, ils sont les hapax lucaniens du Nouveau Testament figurant dans le texte occidental des *Actes*, soit dans le *codex Bezae* soit dans les autres témoins de ce texte.

La couleur lucanienne de cette version longue est accentuée dans les versets où il arrive que, dans une même addition, se rencontrent non plus un, mais deux mots du vocabulaire lucanien. Ainsi, en 11, 28-29, ἀγαλλίασις et συστρέφω ; en 15, 5, deux exemples du verbe παραγγέλλω ; en 19, 6 εὐθέως et ἐπιπίπτω. Au chapitre 9, le seul verset 6 contient trois mots, ou expressions caractéristiques de ce vocabulaire, τρέμω, θαμβῶ, ἐπὶ τῷ γεγονότι.

Il y a bien 79 mots ou tours lucaniens, mais il y a plus de 79 exemples parce que certains mots sont employés non pas une seule, mais deux, trois, quatre, et même six fois dans le texte occidental. Ils sont au nombre de 22, que l'on trouvera dans le vocabulaire lucanien précédent, et ils fournissent 41 exemples supplémentaires. Il y a donc en fait 120 emplois de mots lucaniens dans cette version longue. On peut juger intéressant de noter leur proportion par rapport à l'ensemble du texte. Sur un total d'un peu plus de 1 000 versets des *Actes*, on en compte 681 où il y a changement, et 487 où il y a addition, car bon nombre de versets contiennent l'un et l'autre, une ou plusieurs fois. Cela donne 1 168 versets modifiés ; ils contiennent 120 mots — ou expressions — du vocabulaire lucanien : la proportion est donc légèrement supérieure à 10 %.

Quant à leur répartition suivant les personnages et suivant les parties du livre, elle est la suivante.

D'abord, des chapitres 1 à 5 inclus, où Pierre est le protagoniste, on compte 22 mots lucaniens sur 179 versets, soit comme pourcentage de versets comprenant un mot lucanien (en arrondissant au chiffre supérieur ou inférieur) : 12 %.

En second lieu, des chapitres 6 à 15 inclus, où le premier rôle est partagé entre quatre personnages, on compte pour Étienne quatre mots lucaniens sur 75 versets : 7 % ; pour Philippe un sur 15 : 7 % ; pour Pierre 15 sur 129 : 12 % ; pour Saul enfin 37 mots lucaniens sur 143 versets : 25 %, ce qui est la plus forte proportion de tout le livre, apparemment parce que les chapitres 13, 14 et 15 sont les plus chargés de matières intéressant Paul : vision de Damas, premier voyage missionnaire ; concile de Jérusalem ; séjour à Antioche et commencement du second voyage missionnaire.

En troisième lieu, des chapitres 16 à 28, le dernier, où Saul/Paul est le seul protagoniste, il y a 46 mots lucaniens sur 447 versets, soit une proportion de 10 %.

Mots lucaniens du texte occidental

Pierre ••••••
Paul ——————
Étienne ~~~~~~
Philippe ⊓⊓⊓⊓⊓⊓

Maintenant si l'on considère l'ensemble du livre, sans différence
entre les parties, on compte chez Pierre 37 mots lucaniens en 240
versets = 15 % ; chez Paul 83 mots lucaniens en 675 versets = 12 %.
On totalise ainsi pour Pierre et Paul réunis (en négligeant Étienne et
Philippe), 120 mots lucaniens sur 915 versets : 13 % donc de versets
contiennent un mot lucanien[6].

Les exemples de ce vocabulaire particulier, quel que soit le
personnage envisagé, apparaissent en général dans une *addition*, soit
unique, soit répétée, composée de deux mots au moins, et très
généralement davantage. Elle peut comporter jusqu'à une vingtaine
de mots, une fois jusqu'à trente-huit.

S'il s'agit d'une *addition*, nous sommes en présence du *remplacement*, dans le texte long, d'un autre mot appartenant au texte court.
Le mot nouveau possède un sens quelquefois différent, mais
habituellement voisin, ce qui dénote, chez l'auteur second, une
attention à nuancer les synonymes, en vue d'une expression plus
exacte de la pensée.

On a constaté que le vocabulaire lucanien du texte long était
représenté par 79 mots différents. Sur ce nombre, 53 sont des verbes,
notables en soi parce qu'ils constituent l'élément vivant de la phrase.
Quelquefois, ce verbe ne devient nouveau que par un changement de
préverbe, ce qui accentue l'observation précédente, en démontrant
que l'auteur possède le sentiment de nuances. Les verbes en question
sont souvent dotés d'un sens extraordinaire, ou banal ; ils peuvent
appartenir au grec classique et y être courants. Ce sont peut-être les
plus significatifs, car ils indiquent chez l'auteur du texte long la
fréquentation des bons écrivains de la littérature grecque.

En dehors des 53 verbes, les mots ajoutés, ou remplacés, dans le
texte long, par rapport au court, sont des substantifs, sans parler des
rares adverbes. On en compte dix, dont sept ont la désinence -σις, qui
convient aux mots abstraits.

Substantifs ou verbes, ils entrent parfois dans une expression
consacrée, un tour particulier, une formule, propres à Luc.

Sur ces 79 mots ajoutés ou modifiés par le texte long, 23 sont des
hapax lucaniens, c'est-à-dire que, dans tout le Nouveau Testament,
on ne les rencontre que chez Luc, Évangile et texte court des *Actes*.
Vu leur importance, on en dresse la liste, et par ordre alphabétique :
ἀναίρεσις (mise à mort), ἀντοφθαλμῶ (regarder en face), βαρύνω
(accabler), βία violence), ἐν ἑαυτῷ γίγνεσθαι (reprendre ses esprits),

---

(6) On peut noter qu'au chapitre 12, où seul un verset est consacré à Saul et vingt-
quatre à Pierre, il n'y a pas un seul mot lucanien ; au chapitre 10, consacré à Pierre, on
compte onze mots lucaniens sur quarante-six versets ; aux chapitres 13, 14 et 15, sur
cent-vingt et un versets, Pierre en occupe quinze, avec un mot lucanien, et Saul/Paul
cent-six, avec vingt-cinq. Dans la lacune finale du *codex Bezae*, où le texte grec est
moins sûr, il est naturel que les mots lucaniens, toujours autour de Paul, soient moins
nombreux.

διϊσχυρίζομαι (insister), ἐκπηδῶ (s'élancer), ἐκταράσσω (bouleverser complètement), ἐνισχύω (reprendre de la vigueur), ἑξῆς (dit d'un jour après), ἔξειμι (partir), ἐπιδημῶ (résider), ἐπιπίπτω (fondre, en parlant de l'Esprit), καθόλου (absolument), κατάσχεσις (fait d'être retenu), μετα-πέμπομαι (faire venir), διὰ νυκτός (de nuit), πᾶς πειρασμός (toute espèce d'épreuves), πειρῶμαι (entreprendre de), περιμένω (attendre), τί ποιεῖς que fais-tu ?), συγκατατίθεμαι (donner son accord), συμψηφίζω (voter unanimement). A cette liste il faut peut-être ajouter le mot ἔγκλησις (accusation), selon la leçon du texte court correspondant. Les hapax du texte occidental *seul* seront examinés plus loin.

Hapax ou non, il faut que l'auteur du texte occidental ait longtemps pratiqué Luc pour que, sans jamais prendre aucune liberté avec son vocabulaire, il aille puiser chez lui, Évangile et texte court des *Actes*, soixante-dix-neuf mots ou tours, quand ils ne lui viennent pas d'eux-mêmes sous la plume.

Il faut qu'il ait pratiqué Paul également, puisque, sur ces 79 mots, huit appartiennent exclusivement au vocabulaire à la fois de Paul et de Luc, c'est-à-dire ἀναπέμπω (renvoyer en justice), ἀτενίζω (fixer les yeux sur), διερμηνεύω (interpréter), ἐξαποστέλλω (expédier), καταγγέλλω (annoncer), καταντῶ (parvenir), τήρησις (dans l'expression «sous bonne garde»), χαρίζομαι (faire à quelqu'un la grâce de quelque chose).

Cinq mots en outre appartiennent au vocabulaire à la fois de Paul et de Luc, mais non exclusivement, car on les trouve quelquefois, en d'assez rares exemples, chez d'autres auteurs du Nouveau Testament. Ce sont : ἀπολογία (moyen de défense), δοκιμάζω (éprouver, dans le sens d'«essayer»), ἐπιμένω (prolonger un séjour), λυτροῦμαι (délivrer par le moyen d'une rançon), περιπατῶ, ce dernier verbe étant employé, dans le texte long, une fois au sens propre de «marcher», mais une autre dans le sens tout paulinien de «suivre» (une coutume).

En dehors de ces listes, il convient de mettre à part six mots — dont quatre substantifs — que l'on ne rencontre ni dans le 3ᵉ Évangile ni dans le texte court des *Actes*. On ne saurait donc affirmer que ces mots soient lucaniens. Ce sont les mots pauliniens du texte long *seul* :

1ᵒ βαθμός, «marche» : 12, 10 D, dans une *addition* de quatre mots ; chez Paul un exemple, I *Tim.* 3, 13, au sens moins concret de «rang».

2ᵒ διάκρισις, «contestation» : 4, 32 D, dans une *addition* de sept mots ; chez Paul deux exemples, avec un sens légèrement différent, «discernement», «hésitation» entre deux partis possibles), *Rom.* 14, 1 ; I *Cor.* 12, 10 (un exemple aussi dans *Héb.* 5, 14). L'influence de la Septante est possible : I *Sam.* 5, 5 ; *Sir.* 6, 36. Les sens sont assez voisins, car la contestation est préalable à une décision prise entre deux partis (le verbe διακρίνομαι est employé quatre fois dans le texte court des *Actes* : voir *Actes* B.L., note sur 11, 2).

3° ἐνέργεια, «force agissante» : 4, 24 D, dans une *addition* de six mots ; chez Paul, sept exemples de ce mot, qui lui est très particulier.

4° μεγάλως, «magnifiquement» (accueillir) : 15, 4 D, où l'adverbe est *ajouté* dans le texte long ; chez Paul un exemple, *Philipp.* 4, 10.

5° σχῆμα, «attitude» : 24, 10 Clark, dans une *addition* de dix mots, dont ἀπολογία ci-dessus ; chez Paul deux exemples, I *Cor.* 7, 31 ; *Philipp.* 2, 7.

6° τυχόν, accusatif absolu, «peut-être», 12, 15 D dans une *addition* de trois mots. Seul autre exemple du Nouveau Testament I *Cor.* 16, 6 (mis à part Lc. 20, 13 D).

Les trois dernières listes, composées respectivement de huit, cinq et six mots, montrent que l'auteur du texte occidental des *Actes* va puiser à dix-neuf reprises dans le vocabulaire paulinien. De même qu'il connaissait la langue de Luc, il a donc lu, ou entendu, Paul.

Pour en revenir, enfin, aux 79 mots lucaniens, ajoutés, ou modifiés, dans le texte long des *Actes*, il reste à se demander s'il en est de *supprimés*. Quatre fois on en a l'impression. Elle se dissipe rapidement.

1° Trois exemples du verbe formulaire ἐγένετο ont disparu du texte long, 19, 1 ; 21, 1 ; 22, 6. Mais, par une sorte de compensation, son auteur l'ajoute deux fois ailleurs, 2, 1 et 13, 43.

2° Le verbe περιπατῶ disparaît (en même temps que καὶ ἀλλόμενος), en 3, 8, mais c'est pour reparaître deux fois, immédiatement avant, et immédiatement après sa suppression, toute légitime, du verset 8.

3° L'expression καθ' ἡμέραν est supprimée en 2, 46. Mais c'est qu'elle vient d'être ajoutée dans le verset qui précède ; elle le sera une fois de plus en 17, 28.

4° La suppression du verbe banal ὑπάρχω, «être», en 3, 2 et en 22, 3, ne tire pas à conséquence puisqu'il est interchangeable avec l'auxiliaire εἰμι et que, d'autre part, il est rajouté cinq fois dans le *codex Bezae*.

Donc, en contrepartie des additions opérées dans le texte long, aucun mot du vocabulaire lucanien de l'Évangile et du texte court des *Actes* n'est véritablement supprimé dans la version occidentale.

La conclusion s'impose : l'auteur de cette version manifeste, par son vocabulaire particulier, qu'il a l'expérience, et de celui de Paul, et de celui de Luc.

Chapitre 2

LES HAPAX DU TEXTE LONG SEUL

On a rencontré, dans le chapitre 1 consacré au vocabulaire lucanien, les hapax lucaniens et les hapax pauliniens du texte court des *Actes* qui sont également dans le long, c'est-à-dire les tours et les mots qui figurent exclusivement dans le troisième Évangile et les *Actes*, texte court et long, sans être employés par un autre auteur.

En matière de vocabulaire, si l'on met à part, sans insister, sur les trois hapax du texte long seul qui existent dans le N.T. *en dehors de Luc* (c'est-à-dire μιαίνω, «souiller», 5, 38 D dans une *addition* de quatre mots; μετάγομαι, 7, 16 D, «être transféré», qui *remplace* μετατίθεμαι, de sens voisin; et ἀνέρχομαι, «monter», 22, 11 D, qui *remplace*, par une addition de *préverbe*, ἔρχομαι, «aller»), il reste à examiner deux catégories d'hapax :

A. Les hapax du texte court des *Actes*, d'abord conservés, ensuite supprimés, remplacés aussi, dans le texte long ; ils sont au nombre de quatre.

B. D'autre part les hapax appartenant exclusivement au texte long des *Actes* ; ils sont au nombre de vingt-six. On les passera en revue dans l'ordre du texte, de façon qu'apparaisse leur répartition dans le livre : plusieurs parties, en effet, en sont plus fournies que d'autres.

A-1. Hapax appartenant au texte court des *Actes* conservé dans le long :

– 16, 37 et 22, 25, ἀκατάκριτος, adjectif, «sans un jugement régulier». Cet adjectif marque fortement un sentiment d'indignation chez Paul, roué de coups une première fois (avec Silas), sur l'ordre du préteur, après une dénonciation faite par les Juifs, ensuite à deux doigts d'être flagellé par ordre du tribun à la suite d'un soulèvement des Juifs, en dépit de sa qualité de citoyen romain. C'est sans doute en raison de cette indignation causée par un châtiment à la fois injuste et illégal que cet adjectif est repris, sans rien perdre de sa force, dans le texte long.

Hapax de toute la langue grecque, il semble avoir été employé par Luc et conservé par l'auteur de D, parce que son caractère unique le rend plus expressif, à côté d'ἄκριτος, plus banal parce que courant dans la langue classique (mais ignoré du N.T.).

N.B. En 16, 37, le ms. D ajoute, à côté d'ἀκατάκριτος, l'adjectif ἀναίτιος, «innocent», courant lui aussi dans la langue classique, mais n'ayant que deux autres exemples dans le N.T. Mt., 12, 5 et 7. Les deux adjectifs peuvent dépendre chacun de son verbe particulier.

A-2. Hapax du texte court supprimés, ou remplacés, dans le long :

– 17, 5 D, ὀχλοποιῶ, «faire des rassemblements», du t.c., est supprimé par l'auteur de D, sans doute pour éviter ici un néologisme.

– 20, 16, χρονοτριϐῶ, «s'attarder», hapax du N.T., verbe rare et de grec tardif. L'auteur du texte occidental l'abandonne et le *remplace* par l'expression (μὴ γενηθῇ αὐτῷ) κατάσχεσίς τις, «afin de n'être pas retenu». Ce mot n'est pas du meilleur grec, mais Luc l'emploie deux fois dans les *Actes* t.c. 7, 5 et 7, 45 («possession») il n'y a pas d'autre exemple dans le N.T.

– 21, 13 D, συνθρύπτω, «broyer» (le cœur), du t.c., n'existe pas ailleurs dans toute la langue grecque. Le verbe θρύπτω, «amollir», se trouve en bon grec, mais n'a qu'un seul exemple dans le N.T., chez Paul, et dans le ms. D, *prima manus*, I *Cor.* 11, 24. L'auteur de D remplace ce néologisme par le très classique θορυϐῶ, «agiter», lequel est employé quatre fois dans le N.T., Mt., 9, 23 ; Mc., 5, 39, les deux autres fois dans les *Actes*, 17, 5 (juste après ὀχλοποιῶ) et 20, 10, un verbe connu donc de Luc, mais dont le caractère lucanien reste assez faible.

N.B. En 10, 27 les deux mots συνομιλῶν αὐτῷ (συνομιλῶ, «converser avec», est un hapax du texte court) ne sont vraisemblablement pas *supprimés* dans D, mais *omis*, par une faute de copiste.

B. Hapax du texte long seul (toujours donnés dans l'ordre du texte).

Ce sont les mots du t.c. évités par Luc, même s'il les connaît, mais auxquels l'auteur du texte long a ses raisons de tenir.

– 3, 1, τὸ δειλινόν, «dans l'après-midi», du grec tardif, mais employé six fois dans les LXX, a l'avantage de préciser le moment du jour.

– 3, 11 D, συμπορεύομαι, «s'en aller en même temps», dit de Pierre et Jean ; non classique, le verbe est dans les LXX et dans Polybe. Il *remplace* ici le classique συντρέχω, «affluer», dont le sujet est πᾶς ὁ λαός, «tout le monde», presque tout le verset étant changé. Il semble avoir été choisi pour faire une opposition expressive avec le verbe ἐκπορεύομαι, «s'en aller», qui précède (différence de *préverbe*).

– 5, 35 D, συνέδριος, dans une *addition* de six mots. Masculin, ce mot n'existe pas en grec. Le N.T. ne connaît que le *neutre* τὸ συνέδριον, employé surtout dans les *Actes* (quatorze exemples) pour désigner le

Sanhédrin. La forme masculine doit être une faute du copiste de D pour le classique σύνεδρος, «membre d'une assemblée» (ici le Sanhédrin). L'auteur de D, par son *addition* de six mots pour *remplacer* l'unique «leur» («il *leur* dit») précise qui sont les auditeurs à qui Gamaliel s'adresse, «les chefs et les membres du Sanhédrin». Il donne ainsi plus de poids à ses paroles.

– 5, 36 D, διαλύομαι, «se détruire soi-même», dit de Theudas, verbe classique remplaçant ici ἀναίρομαι, «être mis à mort», verbe lucanien (cf. ἀναίρεσις au chapitre 1, «vocabulaire»). L'auteur de D semble vouloir donner une interprétation plus exacte des circonstances de la mort de Theudas, davantage responsable de sa propre fin.

– 5, 39 D, τύραννος, «tyran», dans une *addition* de douze mots, qui donne plus de force à la mise en garde de Gamaliel à l'égard des Juifs. Avec son sens institutionnel, le mot est courant en grec et n'a plus de raison d'être dans le monde juif, sauf pour exprimer plus vigoureusement une pensée. — On notera que Gamaliel emploie quatre hapax en tout dans les cinq versets de son discours, 5, 35-39, comme si l'auteur de D voulait en accroître la force.

– 7, 29 D, φυγαδεύω, «faire prendre le chemin de l'exil», *remplace* φεύγω, «prendre la fuite» du t.c. Le verbe φεύγω, fréquent dans le N.T. a quatre exemples dans Luc, trois dans l'Évangile et un dans les *Actes* 27, 30 t.c. Le contexte invite ici au sens en rapport avec l'exil; en grec classique φεύγω, à l'actif, signifie souvent «être exilé», sens d'ailleurs ici possible dans le t.c. Il semble que l'auteur du texte long ait craint une équivoque sur ce double sens du verbe, et l'ait supprimée par l'emploi transitif de φυγαδεύω, très classique. Dans ces conditions, une faute de copiste sur le complément du verbe est probable : l'oubli de changer le nominatif Μωϋσῆς de D en Μωϋσῆν, qui est la leçon du ms. E.

– 8, 24 D, διαλιμπάνω, «cesser» employé deux fois comme hapax du texte occidental seul dans une *addition* de cinq mots (un stique), l'autre exemple étant en 17, 13 D, dans une *addition* du verbe, précédé, comme en 8, 24 D, de la négation. La LXX connaît ce verbe, du grec tardif. Il est une autre forme de διαλείπω, de même sens, dont le N.T. n'a qu'un exemple, Lc., 7, 45.

– 11, 1 D, ἀκουστὸν (γίγνεσθαι), «venir aux oreilles» (des apôtres), employé deux fois comme hapax du texte occidental seul, *remplace* le verbe plus banal ἀκούειν, «apprendre». Le second exemple est 28, 9 Clark, pratiquement de même sens, mais dans un emploi absolu, dit d'un «bruit qui se répand», *remplace* encore le verbe ἀκούειν. L'adjectif, accompagné de γίγνεσθαι, est plus expressif que le verbe. L'expression est très classique : cf. Isocrate, *A Nicocl.* 49; Xénophon, *Cyropédie*, 1, 6, 2.

– 12, 3 D, ἐπιχείρησις, «entreprise», dans une *addition* de six mots, «son entreprise contre les croyants». Le mot est un hapax du N.T., mais courant dans le grec classique ; le verbe correspondant, également très classique, «entreprendre de», ne se trouve que chez Luc, trois fois dans le N.T., Lc., 1, 1 ; *Actes* t.c. 9, 29 et 19, 13.

— 12, 16 D, ἐξανοίγω, «ouvrir tout grand» (une porte), très classique, *remplace* le non moins classique ἀνοίγω, «ouvrir», moins expressif sans le premier *préverbe*. Question de préverbe encore dans les deux exemples suivants.

— 14, 10 D, ἀνάλλομαι, «se lever d'un bond», dit du paralytique guéri ; verbe classique, *remplace* le moins pittoresque ἄλλομαι, «bondir», également classique.

— 14, 13 D, ἐπιθύω, «offrir un sacrifice sur» (quelqu'un), *remplace* le simple θύω, «offrir un sacrifice», également classique, mais moins expressif : avec son préverbe, ἐπιθύω, hapax du N.T., mais employé par Aristophane (dans un autre sens), Eschyle, Plutarque (au moyen), souligne l'indignation de Paul et de Barnabé envers les prêtres de Lystres qui ont tenté d'offrir *sur eux* un sacrifice.

— 14, 19 D, ἐπισείω, «ameuter», *remplace* (avant λιθάζω du t.c., «lapider») le banal πείθω, «persuader», après une addition de quatre stiques. Le verbe ἐπισείω est classique, mais poétique. Pour employer cet hapax néo-testamentaire, il faut que l'auteur du texte long connaisse Homère, où il signifie «secouer (l'égide, ou la lance) pour effrayer», et probablement se souvienne d'Euripide, *Oreste* 613-614, où Tyndare déclare ἐπισείσω πόλιν ..., «j'ameuterai la ville» et ajoute λεύσιμον δοῦναι δίκην, «pour que vous soyez châtiés par une *lapidation*». L'adjectif λεύσιμος peut encore annoncer le verbe λιθάζω, «lapider», du t.c. qui suit l'hapax ἐπισείω du texte long. L'atmosphère des deux passages, dans Euripide et dans les *Actes*, texte long, est la même.

— 16, 39 D et 28, 19 Clark, ἐπικράζω, les deux fois «hurler», hapax du texte occidental seul, dans la plus longue *addition* de ce texte, vingt-huit mots (cinq stiques), puis dans une *addition* de six mots. Le verbe est rare en grec classique, mais l'addition du *préverbe* au simple κράζω donne de la force aux hurlements des Juifs.

— 17, 23 D, διϊστορῶ, «chercher à se renseigner» (sens probable), verbe exceptionnel en grec, *remplace* le moins rare ἀναθεωρῶ, «porter un regard curieux», qu'on trouve dans les *Actes*, 17, 23 t.c. et *Héb.* 13, 7. La leçon de D est douteuse.

— 17, 30 D, παρορῶ, «fermer les yeux sur», très classique, remplace ὑπερορῶ, «passer le regard au-delà», également très classique, mais de sens moins fort : changement de *préverbe*.

— 18, 4 D, ἐντίθημι, «introduire», dans une *addition* de six mots (un stique), verbe courant en grec classique.

— 18, 13 D, καταβοῶ, «hurler contre», *ajouté* avant le verbe «dire» ; pratiquement synonyme de ἐπικράζω ci-dessus, mais très classique.

— 18, 27 D, συγκατανεύω, «donner son assentiment», dans une addition de vingt et un mots (cinq stiques). Le verbe, du grec tardif, peut avoir été choisi, avec ses deux préverbes, pour son caractère expressif.

— 19, 25 D, συντεχνίτης, «compagnon artisan». Le mot, plus qu'un hapax, est une *création* de l'auteur du texte long, très facile à comprendre, très heureuse aussi par l'habileté du choix d'un mot flatteur à l'égard de ceux qui l'entendent : non sans démagogie, le patron orfèvre met ses employés au même rang que lui.

— 20, 18 D, ὁμόσε, «vers le même lieu», dans une *addition* de trois mots, ὁμόσε ὄντων αὐτῶν, correction justifiée de D sur la première main qui écrit ὁμῶς («ensemble») ἐόντων αὐτῶν (ὄντων A), où le sens est possible, «tous étant ensemble»; mais la forme ἐόντων rend la leçon douteuse. L'adverbe appartient au grec classique ; comme il indique le mouvement, il a, avec le verbe εἶμι, un sens prégnant, «*venus* au rendez-vous», et ce sens s'accorde parfaitement avec le verbe μεταπέμπω qui précède, «faire venir». Il n'y pas lieu de croire que ὁμόσε, qui implique le mouvement, remplace ὁμοῦ, qui implique le séjour.

— 21, 39 D, συγχωρῶ, «permettre de», *remplace* ἐπιτρέπω, «accorder de». Les deux verbes, suivis de l'infinitif, sont courants en grec classique, mais ἐπιτρέπω est employé dix-sept fois dans le N.T., dont trois Lc. et cinq *Actes* t.c. Il semble que Paul, dans D, choisisse un verbe sans autre exemple dans le N.T. pour manifester une plus grande délicatesse en parlant du tribun.

— 22, 24 D, καταφωνῶ, «faire du tapage», *remplace* ἐπιφωνῶ, «vociférer» (changement de *préverbe*), hapax lucanien du texte court, avec trois autres exemples, Lc., 23, 21 ; *Actes* t.c. 12, 22 ; 21, 34. Le verbe καταφωνῶ n'est pas à proprement parler un hapax, mais peut être considéré comme tel à l'époque des *Actes*. On ne le trouve que chez Grégoire de Nazianze, au IVᵉ siècle, à propos du «chant» des cigales. Il peut avoir été choisi parce qu'il existait dans la langue parlée ; il semble plus pittoresque, plus violent, coloré de moquerie envers les Juifs tapageurs.

— 23, 9 Clark, θεομαχῶ, dans l'expression μὴ θεομαχῶμεν, «ne combattons pas contre Dieu», dit par des Pharisiens rendus prudents par leur crainte qu'un ange n'ait parlé à Paul. Le verbe est déjà dans II *Macc.* 7, 19. Il est aussi très classique : Euripide, *Bacch.* 45 et 325 ; *Iph. Aul.* 1409 ; Xénophon, *Econ.* 16, 3. Il peut avoir été choisi également parce que Luc emploie un hapax de la famille, θεομάχος, «qui entre en guerre contre Dieu», *Actes* 5, 39 t.c. dans le discours du Pharisien Gamaliel.

— 24, 10 Clark, ἔνθεος, dans une *addition* de dix mots, avec l'expression σχῆμα ἔνθεον, «attitude inspirée du ciel» (dit de Paul).

L'adjectif appartient au grec classique, dans une acception évidemment profane. On notera que le mot σχῆμα n'a, dans tout le N.T., que deux exemples, l'un chez Paul, l'autre ici, dans le texte long; cf. *supra*, vocabulaire de Paul et de Luc.

   — 24, 25, ἐπιτήδειος, dans l'expression καιρῷ ἐπιτηδείῳ, «lors d'une occasion favorable», qui *remplace* καιρὸν μεταλαβών, «à la première occasion», peut-être moins expressif. L'adjectif, ici hapax, est courant dans le grec classique, et devient substantif dans son pluriel neutre. Ce pluriel neutre est dans Jacques, 2, 16, où il signifie «les choses nécessaires au corps».

   — *N.B.* On notera, pour mémoire, un cas particulier : il y a dans les *Actes* trois «hapax» du texte long seul, mais qui ne le sont pas véritablement car ils existent dans le N.T. : 1° μιαίνω, «souiller», 5, 28 D, dans une *addition* de quatre mots (un stique), employé par Jn., Paul, *Héb.*, Jude ; 2° μετάγω, «transférer», 7, 16 D, *remplaçant* μετατίθημι, «transporter» du t.c., dont il y a deux exemples chez Jacques 8, 3 et 4. Le verbe μετάγω appartient surtout au grec tardif, mais Xénophon l'emploie une fois, *Cyropédie* 7, 4, 8 dans un sens différent, «suivre un itinéraire»; 3° ἀνέρχομαι, 21, 11 D (première main), «monter», *remplace* le banal ἔρχομαι, «aller», du t.c. (question de *préverbe*). Le verbe ἀνέρχομαι n'est employé ailleurs qu'une fois par Jn., 6, 3, et deux fois par Paul, *Gal.* 1, 17 et 18.

On peut conclure que les vingt-six hapax du texte long seul, qui peuvent être un mot ajouté, ou remplacé, ou entrer dans une addition de plusieurs mots, semblent toujours avoir été soit préférés pour modifier un détail du sens, soit choisis dans une intention particulière, même s'ils se trouvent déjà chez les LXX. Ils donnent, par rapport au texte court qui les ignore, un sens plus fort ; ils sont plus expressifs ou plus pittoresques ; ils expriment aussi une pensée plus exacte, assez souvent par le recours à un nouveau préverbe, qui donne à l'ancien verbe une signification nouvelle. Toujours ils sont un. indice de la postériorité du texte long, par la supériorité qu'ils lui donnent, ici encore, sur le texte court. S'il arrive que l'un deux soit une création de l'auteur du texte long, elle est faite avec une habileté qui la légitime. Enfin, l'auteur qui adopte les mots de cette version seconde, en montrant qu'il possède le sentiment des nuances, fait maintenant la preuve, par son aisance à manier leur vocabulaire, même là où il use de mots rares, qu'il a pratiqué aussi les bons écrivains de la Grèce.

Chapitre 3

QUALITÉ DE LA LANGUE GRECQUE
DANS LE TEXTE OCCIDENTAL

Après un examen des mots, tours, hapax lucaniens qui se retrouvent dans le texte occidental des *Actes*, il est normal de passer à celui des traits caractéristiques de la bonne langue visibles dans cette seconde version. On relèvera ceux du texte long en y joignant des exemples — quelquefois de simples références afin de rester précis sans alourdir — fournis par l'Évangile de Luc ou par le texte court des *Actes*, mais encore les traits si habituels aux bons écrivains de la Grèce qu'il est inutile de les chercher dans les textes préexistants de Luc. Dans les deux cas on pourra constater, chez l'auteur du texte long, la connaissance et le respect des meilleurs usages de la syntaxe grecque, souvent aussi le remplacement d'un tour très classique du texte court par un autre non moins classique dans le long.

Vu que ce texte long particulier aux *Actes*, c'est-à-dire là où, en dehors des phrases communes aux deux versions, il se sépare du court, ne permet évidemment pas de quoi constituer une syntaxe complète, on passera en revue les exemples restants dans un ordre ou sous des titres qui peuvent paraître quelquefois arbitraires ou contestables, car la clarté l'emporte. Mais il en reste assez pour montrer la valeur de la langue du texte long.

L'ARTICLE

— 13, 4 : le texte court commence la phrase par un αὐτοὶ (μὲν οὖν) peu conforme à l'usage grec. D remplace αὐτοί par l'article οἱ (μὲν οὖν), avec sa valeur de pronom personnel, «eux (alors)», un pronom qui permet à l'auteur d'insister sur le rôle des personnages, Barnabé et Paul.

— 16, 17 t.c. : οὗτοι ... δοῦλοι τοῦ Θεοῦ εἰσιν, «ces hommes sont *les* esclaves de Dieu». Selon l'usage l'attribut n'est pas précédé de l'article.

Pour que le démonstratif soit mis en vedette, D suit l'usage qui permet d'adjoindre l'article à l'attribut — qui peut garder sa place à côté du démonstratif — lorsque l'identité est telle entre sujet et attribut que les deux mots sont interchangeables.

L'ADJECTIF

– 20, 6 D : πεμπταῖοι, «le cinquième jour». Cet adjectif employé avec une valeur d'adverbe est très classique. Il *remplace* heureusement le nombre cardinal du t.c. (ἄχρι ἡμερῶν) πέντε, sans modifier le sens. Rare dans le N.T. le tour semble réservé à Luc; ainsi, avec d'autres adjectifs, Lc., 21, 34; *Actes* t.c. 12, 10; 27, 19; 28, 13.

– 17, 11 : D *remplace* le comparatif εὐγενέστεροι (ces Juifs-là étaient) «de meilleure compagnie» (que ceux de Thessalonique) par le positif εὐγενεῖς qui, suivi d'un génitif, peut être employé pour traduire le comparatif après un adjectif marquant la *différence*. On peut voir là un raffinement par rapport au comparatif ordinaire du t.c., l'adjectif étant ainsi plus dur envers les Juifs de Bérée qui, à la *différence* de ceux de Thessalonique, ne sont pas du tout de bonne compagnie.

Accord de l'adjectif neutre avec un substantif féminin.

– 12, 3 D : L'adjectif neutre ἀρεστόν est accordé avec le sujet féminin ἡ ἐπιχείρησις (αὐτοῦ), «(voyant que c'était) un plaisir (littéralement «chose agréable») que son entreprise»; le substantif est un hapax *ajouté* au t.c., où le sens, sans lui, est «(voyant que) la chose était agréable». Cet accord neutre/féminin fait par D est d'excellent grec; cf. Platon, *Phédon* 105 e. Dans *Oreste* 772 Euripide va plus loin en accordant un adjectif neutre singulier à un sujet pluriel : δεινὸν οἱ πολλοί.

EMPLOI DU SUBSTANTIF ἀνήρ

1. ἀνήρ accompagnant un nom de fonction ou de métier.
– 10, 28 : D *ajoute* ἀνδρί devant ἀλλοφύλῳ, qui est seul dans le t.c. Le sens reste le même, «un étranger», mais l'addition de ἀνήρ rend l'expression plus classique. Ailleurs : Lc., 19, 7 (le publicain est comme un pécheur de métier); 24, 19 «un prophète»; *Actes* 3, 14 t.c. «un meurtrier».

2. Devant un nom collectif, l'addition du pluriel ἄνδρες est un signe, très classique, de politesse. D *l'ajoute* au t.c. 3, 17; 18, 14, et l'emploie dans une longue *addition* de 16, 39. En 19, 25 il fait encore suivre ἄνδρες de l'addition du mot συντεχνῖται, un hapax qui passe mieux ainsi. — Ce pluriel est naturellement employé par le t.c., 1, 16; 2, 14; 17, 22, etc.

Emploi des cas

Datif d'intérêt.

Ce datif, très répandu en grec, est fréquent dans un emploi qui semble paticulier à Luc : il donne l'équivalent du verbe « voir », notamment en cas d'arrivée, et surtout d'apparition. Littéralement le grec « apparut pour lui » équivaut au français « il vit apparaître ». Luc emploie ce datif dans son Évangile, 2, 9 ; 4, 1 ; 24, 4 ; dans les *Actes*, t.c. 12, 10 ; 23, 11. Le texte occidental en fournit au moins quatre exemples :

— 7, 30 D : *Addition* du pronom αὐτῷ, « lorsqu'il *eut vu* quarante ans (lire ἐτῶν) révolus ... »

— 11, 2 D : Dans une *addition* de sept stiques, « (Quand les gens) l'*eurent vu* (arriver) ... »

— 12, 7 D : *Addition* du datif Πέτρῳ, « Pierre *vit* (survenir un ange du Seigneur) ;

— 22. 6 D : *Suppression* du verbe ἐγένετο, ce qui rend la phrase plus légère, « *je vis* (du ciel une lumière m'environner de son éclat) ».

— En 8, 7 D la leçon πολλοῖς (peut-être παμπόλλοις) est à préférer à celle du t.c., où πολλοί, même qualifié de *nominativus pendens,* est difficile à justifier (voir la n. *Actes* B.L.) : « (Beaucoup) ... les *voyaient* (sortir). »

— *N.B.* Pour les hébreux, l'œil est le principal instrument de la connaissance et du discernement. De là l'importance, pour eux, de la *vision* pour signifier « goûter », « expérimenter » (*voir* la mort, la vie, etc.).

Génitif.

1. *Génitif « géographique »* : Ce génitif, très attique, désigne le pays où se trouve une ville : 13, 14 D (mais non exclusif à D) : Ἀντιόχειαν τῆς Πισιδίας « Antioche de Pisidie (ou : en Pisidie) ». Le tour est plus normal que l'adjectif τὴν Πισιδίαν du t.c., qu'il *remplace.* L'emploi est courant chez les historiens grecs ; *Actes* t.c. 13, 13 ; 22, 3 ; 27, 5.

2. *Génitif après la préposition* εἰς : Il s'agit d'un lieu. 2, 31 D *remplace* εἰς ᾅδην (accusatif) du t.c. par εἰς ᾅδου, plus classique ; le génitif dépend alors, en principe, d'un mot sous-entendu, généralement « maison » ou « temple ».

LE VERBE : EMPLOI DES TEMPS
(voir aussi chapitre 7 : « Les changements de temps »)

A. *Le présent de durée.*

Il est normal que le présent, à tous ses modes, signifie la durée ; il s'oppose à l'aoriste, qui marque le commencement, ou l'absence de durée. Les exemples en sont nombreux chez Luc. Dans D trois cas méritent l'attention :

— 1, 2 D : *Addition* de cinq mots, καὶ ἐκέλευσε κηρύσσειν τὸ εὐαγγέλιον, « avait donné l'ordre de proclamer l'Évangile ». L'ordre donné par Jésus aux apôtres n'est pas seulement de proclamer l'Évangile, mais de le proclamer *sans fin*, eux et leurs successeurs, jusqu'à la fin des temps. L'aoriste du même verbe κηρῦξαι est ici évité par l'auteur de D ; cf. Lc., 4, 18 ; 19 ; *Actes* 10, 42 t.c.

— 15, 1 D : *addition* du subjonctif présent (ἐὰν μὴ) περιπατῆτε au subjonctif aoriste, seul, du t.c. (ἐὰν μὴ) περιτμηθῆτε, éventuels possibles parce que le verbe principal, οὐ δύνασθε, des deux versions est proche d'un futur. L'addition de D souligne la valeur du présent. Littéralement : « Si vous ne *vous mettez pas* à vous faire circoncire, et si *vous n'observez pas continuellement* (la loi de Moïse), vous ne pouvez pas (être sauvés). »

— 15, 20 D : *Addition* de la règle d'or, où figure l'impératif présent μὴ ποιεῖτε « ne faites pas » ni maintenant ni après, (arriver à d'autres ce que l'on ne veut pas pour soi). Même valeur de l'impératif présent Lc., 1, 30 μὴ φόβου, « ne *continuez* pas à vous effrayer », c'est-à-dire « cessez votre frayeur ».

B. *Le présent dans le style indirect.*

Luc est le seul auteur du N.T. à employer l'optatif oblique après un temps secondaire, et jamais après ὅτι ou ὡς ; cf. B.D.R. § 386. Ainsi Lc., 22, 23 τίς εἴη, *Actes* 21, 33 t.c., encore τίς εἴη ; très rarement après εἰ, *Actes* 17, 27 t.c.

En *Actes* 17, 11 D l'indicatif *présent* après un temps principal, ἀνακρίνοντες ... εἰ ἔχει, « cherchant à savoir si (les choses) étaient (comme cela) » est plus correct que l'optatif ἔχοι qu'il remplace. *N.B.* Il peut y avoir une faute par iôtacisme dans l'un des deux textes.

— On verra d'autres exemples de l'emploi des temps chapitre 7 « changements de temps ».

— Sur le mode potentiel (optatif + ἄν), voir 17, 20 D, chapitre 7 « changements de mode ».

PROPOSITION PRINCIPALE

1. *L'interrogation.*

– 10, 21 D : une *addition* de trois mots, τί θέλετε ἤ ..., permet d'introduire la conjonction ἤ, « ou bien », dans l'emploi caractéristique de la langue grecque : la conjonction, ajoutée dans D, introduit, après une première interrogation, ici un peu vague, une autre façon, plus précise, de poser la question déjà faite dans le t.c. Ainsi, sans rien enlever à la question du t.c., Pierre, réfléchissant sur sa mission, rend plus pressante son interrogation aux trois hommes venus le chercher. Avec sa seule lettre, la conjonction est trop riche de sens pour qu'on puisse la rendre en français. L'hellénisme est connu de Luc, *Actes* 3, 12 t.c.

2. *L'ordre.*

Dans le texte long se trouvent, après les verbes tels que λέγω, τάσσω, κελεύω, παραγγέλλω, des infinitifs appartenant au *style direct*, et il importe de les distinguer des infinitifs du style indirect, du type « il ordonna de faire », qui sont complétifs. Les ordres ainsi donnés ont un caractère brutal, impersonnel, souvent glacial. Ils s'adressent à un subordonné dont le nom n'intéresse pas celui qui les donne ; ils émanent souvent d'une autorité légale. Leur nombre croît à mesure que D les accentue là où l'autorité romaine a lieu, dans un pays occupé, de s'exercer plus souvent. En grec classique la formule ἔδοξε τῷ δήμῳ suivie d'un infinitif dont le sujet n'est souvent pas exprimé, signifie non pas « le peuple a décidé de ... », mais « le peuple a décidé », et ici commence l'ordre direct : « que l'on ... » ; cf. Lycurgue, *c. Léocr.* 16.

– 4, 15 t.c. : κελεύσαντες αὐτοὺς ἀπελθεῖν, « ayant donné l'ordre qu'ils s'en aillent » ; l'infinitif est complétif. Le *changement* opéré dans D rend l'ordre, au style direct, plus violent, « ayant donné l'ordre : 'Qu'ils soient emmenés'. » (Le remplacement de ἀπελθεῖν par ἀπαχθῆναι va dans le même sens.)

– 16, 23 t.c. : (les préteurs) παραγγείλαντες τῷ δεσμοφύλακι ἀσφαλῶς τηρεῖν αὐτούς, « ordre donné au geôlier *de* les garder en sûreté ». L'auteur de D remplace l'*actif* τηρεῖν par le *passif* τηρεῖσθαι, « ordre donné au geôlier 'Qu'ils soient gardés'... » Le style direct rend l'ordre plus dur. Le αὐτούς, complément du verbe actif dans le t.c. est devenu sujet du verbe passif dans le long. On pourrait traduire, non moins exactement « Qu'on les garde ». D fait *entendre* l'ordre des préteurs.

– 21, 36 t.c. : (κράζοντες·) αἶρε αὐτόν, (clamant :) « supprime le » ;

l'impératif du style direct s'adresse au tribun (et à ses hommes). D *change* : (κράζον·) ἀναιρεῖσθαι αὐτόν, «(clamant) 'Qu'il soit supprimé'.» Comme dans l'exemple précédent, αὐτόν, complément direct dans le t.c., devient sujet de l'infinitif passif dans D. Le style, déjà direct dans le t.c., devient plus violent dans D, étant impersonnel : il vise moins le tribun (et ses hommes), dont il ne met pas la responsabilité en cause, que la foule. Peu importe à la multitude juive qui supprimera Paul, pourvu qu'il le soit.

— 22, 24 t.c. : εἴπας μάστιξιν ἀνετάζεσθαι αὐτόν (sujet de l'infinitif), «en disant qu'il fût mis à mort par le fouet» (le style est probablement indirect). Dans D les deux derniers mots sont ἀνετάζειν αὐτόν : l'infinitif a le pronom comme complément, ... «Qu'on le mette à la question ...» On *entend* l'ordre donné et la scène est devenue plus vivante.

— 23, 23 t.c. : le style y est déjà direct, comme en 21, 36 : le tribun, pour sauver Paul, εἴπεν· Ἑτοιμάσατε, «dit : 'ayez prêts' (deux cents soldats)». Le texte occidental (Clark) change ou ajoute : κελεύει· Ἑτοίμους εἶναι πορεύεσθαι, «il *ordonne* : 'Qu'ils soient prêts *à être en route* ...'».

— au verset suivant, le t.c. use d'un infinitif d'ordre, κτήνη τε παραστῆσαι, «Que l'on tienne prêtes des montures ...»

On remarquera qu'au verset 24 Clark ajoute παρήγγειλεν devant κτήνη παραστῆσαι, complétive à l'infinitif habituelle, «il *commanda* (aoriste) ... *que* des montures *fussent prêtes*». Ainsi, après l'ordre plus brutal de l'addition du v. 23, le verset suivant revient à un ordre du style indirect plus courant.

— 24, 23 : Le texte occidental (Clark) conserve le tour de l'ordre direct dans le t.c. : (διαταξάμενος) ... τηρεῖσθαι αὐτόν, ἔχειν τε ἄνεσιν ... Félix a donné au centurion l'ordre : «Que l'on garde Paul, qu'on lui laisse de la liberté, (qu'on n'empêche personne) ...» L'ordre est donné au centurion, mais ce n'est pas à lui de faire le métier de gardien. Il n'exécute pas l'ordre ; il le fait exécuter.

Cet infinitif d'ordre direct et brutal n'est pas inconnu de Luc (cf. Lc., 24, 46), mais l'auteur du texte occidental en fait un plus large emploi.

PROPOSITIONS COMPLÉTIVES

L'auteur du texte long connaît aussi bien que Luc les bons usages dans la construction de certains verbes.

1. *Construction de* γιγνώσκω

— 19, 35 : Dans le t.c. le verbe est construit avec le *participe* complétif, γιγνώσκει οὖσαν. C'est la construction normale après les verbes exprimant une perception des sens ou de l'esprit, «savoir que» (par connaissance directe). D remplace le participe par l'infinitif, εἶναι, plus rare en ce cas, mais très classique : cf. Andocide, *Retour* 10 ; Isocrate, *Banque* 16 ; Xénophon, *Cyrop.* 2, 1, 22, etc. Mais l'auteur entend changer le sens du verbe, qui prend celui de «juger», «décider», «décréter». Le *grammateus* donne ainsi plus de force au sentiment du peuple : il est impossible de douter qu'Éphèse ait la mission de garder Artémis. Le peuple *décrète* que tel est bien son devoir. La construction plus rare donne plus de force aux paroles de l'orateur. *N.B.* Le t.c. connaît aussi la construction du verbe avec ὅτι quand il s'agit de la connaissance abstraite d'un fait : *Actes* 20, 34 ; 21, 24 ; 23, 6.

2. *Construction de* γίγνομαι.

Ce verbe, suivi de l'infinitif complétif, est courant chez Luc (cf. chapitre 1, «vocabulaire»), mais toujours lorsqu'il est à l'aoriste ἐγένετο. En 20, 16, contrairement à l'usage de Luc, le t.c. emploie le *subjonctif* γίνηται, suivi de l'infinitif χρονοτριβῆσαι. Est-ce la raison pour laquelle l'auteur de D cesse de faire un accroc à l'usage lucanien en remplaçant cet infinitif par le substantif κατάσχεσις, sujet de γενηθῇ ?

3. *Construction de* ἄρχομαι.

– 27, 1 : Le texte court emploie un infinitif complétif précédé de τοῦ (alors que le nominatif τό serait normal) qui n'est pas ici d'un grec très pur : Ὡς ἐκρίθη τοῦ ἀποπλεῖν ἡμᾶς, «lorsqu'il fut décidé de nous embarquer...» Voir ci-dessous τοῦ complétif.

L'auteur du texte occidental (Clark) rend corrects les deux mots τοῦ ἀποπλεῖν en les plaçant, comme infinitif substantivé, au verset 2, où ils sont le complément du participe ἀρξάμενοι, *ajouté*. L'emploi est devenu correct, car le verbe moyen ἄρχομαι, signifiant le commencement de l'action réalisée, est suivi du génitif : «Commençant la navigation...»

4. *Construction d'*ἀκούω.

a. Ἀκούω et le participe : le sens du verbe diffère selon que le participe est au génitif ou à l'accusatif. En 2, 6 le t.c., comme en Lc. 18, 36, emploie le *génitif* du participe, et le verbe ἀκούω signifie «entendre de ses oreilles que...» : la connaissance est directe et la perception immédiate. D *remplace* le génitif par l'accusatif, et le sens devient «apprendre que...» : la connaissance est fondée, mais indirecte ; cf. *Actes* 7, 12 ; II *Thess.* 3, 11.

De même dans l'extase de Pierre : 11, 7 t.c. ἤκουσα ... φωνῆς λεγούσης μοι, «j'entendis de mes oreilles une voix qui me disait...». D *remplace* le génitif par l'accusatif, ... φωνὴν λέγουσάν μοι, «(j'entendis) qu'une voix me disait...» On peut noter que dans le premier récit de Damas, 9, 4, et aussi en 26, 14 les deux textes emploient l'accusatif du participe, qui donne à la parole de Paul un sens plus abstrait, plus mystérieux.

b. ἀκούω, suivi de ὅτι et d'un verbe à un mode personnel : le verbe signifie alors qu'il s'agit d'une perception indirecte et non démontrée. Les textes court et long connaissent l'un et l'autre usage.

– 9, 38 : Ils emploient tous les deux l'indicatif *présent*, normal dans la complétive du style indirect, qui se traduit en français par un imparfait : «apprenant que ... était». De même 16, 38.

– 15, 24 : Les deux textes emploient l'indicatif *aoriste*, également normal, parce qu'il désigne une action *passée*.

– 11, 25 : Dans l'*addition* d'un stique, ἀκούσας ὅτι Σαῦλός ἐστιν ἐν Τάρσοις, D emploie l'indicatif présent (imparfait en français), «apprenant que Saul était du côté de Tarse». Cette addition est le signe d'un plein accord entre la syntaxe et l'histoire, parce que, précisément, Saul, alors, n'était pas dans la région de Tarse (il était en Arabie), et l'auteur du texte long montre qu'il le sait.

– 22, 2 : l'imparfait du t.c. ἀκούσαντες ὅτι προσεφώνει, «ayant entendu qu'il les interpellait», est *remplacé* dans D par l'indicatif présent προσφωνεῖ, plus régulier en grec, sans que la traduction ait à changer.

– 22, 26 : Après ἀκούσας, D *ajoute* les quatre mots ὅτι Ῥωμαῖον ἑαυτὸν λέγει (qu'il fait précéder par τοῦτο), «apprenant cette chose, qu'il se disait (imparfait en français) un Romain...» Le centurion a appris une chose surprenante, à ses yeux douteuse.

5. *Construction de* ὁρῶ.

Verbe de perception (des sens ou de l'esprit), il se construit normalement avec un participe complétif, lequel indique une perception directe : *Actes* 8, 23, t.c. ὁρῶ σε ὄντα, «je constate que tu es ...»

En 7, 26 D, dans une addition, εἶδεν αὐτοὺς ἀδικοῦντας, «il vit qu'ils étaient en train de se maltraiter».

6. *Construction des verbes signifiant la fin, ou le commencement, d'une action.*

Ainsi, outre ἄρχομαι ci-dessus, διαλείπω, ou διαλιμπάνω. Selon le bon usage, ces verbes sont suivis d'une complétive au participe :

Actes 8, 24 D : Dans une *addition*, πολλὰ κλαίων οὐ διελιμπάνεν, «il ne cessait de pleurer abondamment».

– 17, 13 D : *addition* de οὐ διελίμπανον du t.c. à ταράσσοντες, «ils ne cessaient de bouleverser (les gens)». Cf. Lc., 7, 45 οὐ διέλειπεν καταφιλοῦσα, «elle ne cessait de couvrir de baisers (mes pieds)».

7. *Construction de* ἐπίσταμαι.

– 26, 3 : Bien que l'exemple n'appartienne pas exclusivement au texte occidental (Clark) — car il est aussi dans le ms. A — on peut noter que l'*addition* du mot ἐπιστάμενος rend *complétif* le participe ὄντα, «sachant *que tu es*», qui était *causal* dans le t.c., «*parce que* tu es ...»

Sujet de la complétive à l'infinitif.

Lorsque ce sujet est également le complément, au datif, du verbe principal, on peut le trouver, en bon grec, aussi bien au datif qu'à l'accusatif. En deux passages, D semble préférer l'accusatif, le datif du t.c. étant également correct; cf. Thucydide 4, 20, 3; 8, 40, 4; Xénophon *Anab.* 1, 2, 1, etc.; et ci-dessous, «participe exprimant l'idée principale»:

– 15, 25 t.c. : ἔδοξεν ἡμῖν, ... ἐκλεξαμένοις, ... πέμψαι, littéralement : «nous avons décidé, ayant choisi, d'envoyer ...». D emploie l'accusatif ἐκλεξαμένους, comme le t.c. au v. 22 sans que change le sens. De même :

– 16, 21 t.c. : ἃ οὐκ ἔξεστιν ἡμῖν παραδέχεσθαι, ... οὖσιν, «(des coutumes) qu'il ne nous est pas permis d'accueillir, à nous ..., qui sommes ...». Dans D le complément ἡμῖν de ἔξεστιν est remplacé par l'accusatif ἡμᾶς, très régulier, qui est devenu, sans que le sens change, le sujet de la complétive à l'infinitif. Après quoi le copiste écrit, probablement par erreur, le datif ὑπάρχουσιν, en accord avec οὖσιν du t.c.

Emploi de τοῦ complétif.

Cet emploi n'est pas conforme au bon usage dans le t.c. des *Actes* 3, 12; 23, 20; 27, 1, après les verbes «faire», «convenir», «décider», trois exemples où le texte occidental conserve le τοῦ qui serait à supprimer.

En 10, 25, le t.c. écrit ὡς ἐγένετο τοῦ εἰσελθεῖν, «lorsqu'il advint (à Pierre) d'entrer». Grâce aux cinq stiques ajoutés dans D, qui changent le début du verset du texte court, ce τοῦ peu correct a disparu.

Au contraire, après les verbes signifiant «empêcher», le τοῦ complétif n'est pas incorrect. On le trouve dans le t.c. de 10, 47 et 14, 18. En 11, 17 D, il est employé dans une *addition* de neuf mots, (κωλῦσαι τὸν Θεὸν) τοῦ μὴ δοῦναι ..., «(empêcher Dieu) de donner (l'Esprit-Saint)» là où, dans le texte court, le complément de κωλῦσαι est simplement l'accusatif τὸν Θεόν, «faire obstacle à Dieu».

N.B. On verra plus loin l'emploi de τοῦ dans la finale.

PROPOSITIONS RELATIVES

Relatives coordonnées.

Dans l'Évangile et dans le texte court des *Actes*, Luc respecte l'usage qui consiste soit à remplacer le second relatif, coordonné au premier, par αὐτός aux cas obliques, soit à le supprimer purement et simplement, en particulier lorsqu'il est au nominatif. Dans le N.T. le tour est essentiellement lucanien : Lc., 3, 17 ; 6, 49 ; 12, 24 ; 13, 4 ; 17, 31, etc. ; *Actes* 7, 39 t.c.

En *Actes* 1, 2, l'auteur de D l'emploie lorsqu'il *ajoute* à la relative οὓς ἐξελέξατο une seconde relative dépourvue de relatif, καὶ ἐκέλευσεν..., c'est-à-dire «(les apôtres) qu'il avait choisis, et *à qui* il avait donné l'ordre...» (Il aurait été plus conforme à l'usage de mettre un αὐτοῖς dans la seconde relative.)

N.B. En 3, 13 D il ne s'agit probablement pas de ce tour, parce que le pronom αὐτόν, ajouté dans la seconde proposition, après la relative ὅν ... παρεδώκατε «que vous avez livré ...» se trouve au même cas que le relatif.

En 7, 39 D le ὅτι initial n'est pas impossible, mais il doit être une faute du copiste pour ΩΙ (iôta adscrit). En ce cas D emploie une relative coordonnée, comme dans le texte court, «lui à qui ... et que ...»

Attraction du relatif (au cas de son antécédent).

Le phénomène est naturellement courant dans Luc. Citons seulement Lc., 9, 36 ; *Actes* t.c. 1, 22 ; 2, 22 ; 3, 25 ; 10, 39, etc. Il est aussi connu de l'auteur de D : 16, 19, *addition* de quatre mots ἧς εἶχαν δι' αὐτῆς, où le relatif a pris le génitif après son substantif antécédent τῆς ἐργασίας, «le bénéfice *qu'*elle leur procurait».

Relatives complexes.

Luc est un familier de ce tour particulier (cf. *Biblica,* 1981, p. 229-238) : après une proposition contenant l'antécédent, on en trouve une seconde, avec un participe suivant le relatif sous lequel il importe de voir un pronom personnel ; mais la véritable relative est la troisième proposition, où le verbe est à un mode personnel. Le tour, très grec, n'est compliqué qu'en apparence.

Exemples chez Luc, entre autres, Lc., 13, 19 et 21 ; *Actes* t.c. 12, 4 ; 17, 23 ; 19, 25 ; 28, 8. L'auteur de D connaît le tour :

– 21, 19 D : ... οὓς ἀσπασάμενος διηγεῖτο, littéralement «(les prêtres) qu'ayant embrassés il racontait ...». Ainsi est remplacé le tour moins idiomatique καὶ ἀσπασάμενος αὐτοὺς ἐξηγεῖτο, «et les ayant embrassés il expliquait ...»

– 23, 29 Clark : la relative complexe ... ὅν εὑρὼν ... permet l'*addition* de cinq mots à la fin du verset, ἐξήγαγον αὐτὸν μόλις τῇ βίᾳ, une proposition où le pronom personnel αὐτόν a pour simple rôle de rappeler le relatif antérieur du début du verset ; littéralement : «(Paul) qu'ayant trouvé ... je (l')emmenai ...»

Le texte court employait une relative ordinaire, ... ὃν εὗρον ἐγκαλούμενον, «que j'ai trouvé accusé ...». Il a suffi à D de remplacer l'o micron de εὗρον par un ô mega, pour permettre l'addition, où deux mots sur cinq, ἐξάγω, βία, appartiennent au vocabulaire lucanien.

Impératif subordonné dans la relative.

– 21, 16 t.c. (Vinrent avec nous des disciples) ἄγοντες παρ' ᾧ ξενισθῶμεν Μνάσωνι. Deux traductions sont possibles, celle de la Vulgate, «emmenant Mnason pour être hébergés chez lui». En ce cas, l'antécédent du relatif introduit dans la relative est l'accusatif Μνάσωνα, à tirer du datif. Mais ce sens, grammaticalement possible, présente des difficultés. Aussi la majorité des traductions est-elle : «... chargés de nous mener chez Mnason, pour être hébergés chez lui» (= παρὰ Μνάσωνα παρ' ᾧ ...). Le sens est préférable, mais fait grammaticalement difficulté, parce que la relative finale est toujours, en grec, à l'indicatif futur, et non, comme ici, au subjonctif (cf. Lc., 22, 11 : ὅπου φάγω ; le subjonctif est plus délibératif que final).

D corrige en employant un futur : il donne la solution en modifiant presque imperceptiblement la phrase, avec habileté et économie de moyens (cf. R.T.L., 1983, p. 450). Maintenant coupée, le participe ἄγοντες est transformé en verbe principal : οὗτοι ἤγαγον ... et Mnason y est supprimé pour être placé plus loin, après une addition. Dès lors, non seulement l'équivoque est dissipée sur le rôle grammatical de «Mnason» mais, au lieu d'une relative finale, nous avons, avec le verbe ξενισθῶμεν, un subjonctif-impératif subordonné dans une relative (ou, ce qui revient au même, dans une interrogative indirecte). Le tour, très classique, est employé quand on exige de quelqu'un son attention à une prière ou à un ordre. On cite toujours Aristophane, *Ois.* 54 et 80 : οἶσθ' ὃ δράσον, littéralement «sais-tu ce que fais ?» c'est-à-dire «sais-tu ce que je veux que tu fasses ?» Il est fréquent, et déjà dans Lc., 12, 5, ὑποδείξω ὑμῖν τίνα (l'interrogatif au lieu du relatif, ce qui ne change rien) φοβηθῆτε, «je vous montrerai de qui je veux vous voir effrayés».

Le sens est donc ici : «Ils nous menèrent chez qui ils voulaient que nous fussions hébergés». Et l'on verra plus tard, très vite, que l'hôte sera Mnason ; la surprise sera heureuse pour Paul et pour ses compagnons. Il est entendu qu'en pareil cas l'impératif est générale-ment à la seconde personne. A la première, le subjonctif remplace l'impératif, comme dans Platon, *Ménon* 89 e ᾧ μεταδῶμεν τῆς ζητήσεως, «que nous devons, s'il vous plaît, associer à notre recherche».

PROPOSITIONS CIRCONSTANCIELLES

Temporelles.

– 19, 10 t.c. : (A Éphèse, pendant deux ans, Paul enseigne à l'école de Tyrannos), ὥστε πάντας τοὺς κατοικοῦντας τὴν ᾿Ασίαν ἀκοῦσαι τὸν λόγον τοῦ Κυρίου, «au point de faire entendre à tous les habitants de l'Asie la parole du Seigneur».

D *remplace*, habilement, la consécutive ὥστε + infinitif, par une temporelle, dont le sens est beaucoup plus fort, parce qu'une possibilité cède la place à une réalité : ἕως πάντες ... ἤκουσαν, «jusqu'à ce que tous ... eussent entendu ...» Paul reste donc à Éphèse les deux années nécessaires pour que soit entendue la parole du Seigneur ; il ne s'en ira que le jour où sa mission y sera accomplie.

Cet emploi de ἕως + indicatif est connu de Luc, *Actes* t.c. 21, 26 ; cf. *Actes* B.L., note.

Finales.

10, 17 t.c. : κατασείσας σιγᾶν, «(Pierre) leur ayant fait de la main signe de se taire.» L'infinitif σιγᾶν après le verbe κατασείω doit être complétif. D corrige, en employant une *finale*, d'un grec plus correct, «(leur ayant fait un signe de la main) ἵνα σιγῶσιν, «pour qu'ils se taisent».

– 17, 31 t.c. : (Dieu a fixé un jour) ἐν ᾗ μέλλει κρίνειν..., «où il doit juger (l'univers)». D *supprime* ἐν ᾗ μέλλει (et va remplacer l'infinitif présent qui suit par l'infinitif aoriste κρινεῖ, peut-être meilleur). Il *remplace* la complétive à l'infinitif par un infinitif final, «il a fixé un jour pour juger ...» Cet infinitif est courant après les verbes signifiant «donner», «choisir», ou qui impliquent un don, un choix, etc., par ex. Xénophon, *Hell.* 1, 7, 19, δόντες ... μίαν ἡμέραν ἀπολογήσασθαι, «donnant ... un jour pour se défendre» ; cf. Thucydide 2, 27, 2, etc. Cet emploi est connu de Lc., 9, 16 ; 10, 40.

Finale au participe présent après un verbe de mouvement.

Après un verbe de mouvement, le participe présent peut exprimer le but aussi bien qu'un participe futur. Les exemples sont nombreux dans les *Actes* t.c. 14, 21-22 ; 15, 27 ou dans l'Évangile : voir la note *Ev. Lc.* 10, 25 ; *Études* B.L. ch. 10, n. 13. Dans le texte occidental voir, par exemple, l'*addition* de 10, 25 D, ἐξῆλθεν ἀναζητῶν αὐτόν, «s'élança pour venir à sa rencontre».

Emploi de τοῦ *devant un infinitif final.*

– 3, 12 t.c. : ... πεποιηκόσιν τοῦ περιπατεῖν αὐτόν, «qui avons fait qu'il marche». Ce génitif de l'article devant l'infinitif est explétif et de mauvais grec. Le t.c. l'emploie quelquefois, 15, 20 ; 21, 12, etc.

D corrige habilement en *ajoutant* τοῦτο, complément direct de πεποιηκόσιν. Ainsi le τοῦ devient final, «qui avons fait *cela pour qu'il* marche».

Ce τοῦ, et surtout τοῦ μή, introduisant une finale est très classique. Luc le connaît. Ainsi Lc., 4, 42 ; 24, 45 ; *Actes* t.c. 21, 21 ; 26, 18.

PARTICIPES

Emplois particuliers du participe.

– ῞Αμα et le participe.

L'adverbe ἅμα, dont le N.T. a dix exemples, accompagne normalement un verbe à un mode personnel, mais la langue grecque le place volontiers devant un participe ; il joue alors un rôle de conjonction, «en même temps *que*», et le sens demeure pratiquement le même :

– *Actes* 27, 40 t.c. : ἅμα ἀνέντες..., «en même temps qu'ils relâchaient...» L'auteur de D l'emploie, 16, 4, à la fin d'une *addition* de neuf mots, ἅμα παραδίδοντες, «en même temps qu'ils livraient...» *N.B.* L'exemple de *Col.* 4, 3 est différent, ἅμα étant placé *après* le participe.

– *Participe paronomastique.*

Le grec aime reprendre au participe un verbe qui vient d'être exprimé à un mode personnel (le tour est aussi hébraïque, mais il est de bon grec) et l'on a tort de voir là une tautologie ; il y a une volonté d'insistance, sur un verbe généralement déclaratif.

Lc., 14, 7 et 18, 1, ἔλεγεν ... λέγων, «il parlait (à ...) en disant...)»

– 13, 45 D, avec une *addition* du participe : ἀντέλεγον ... ἀντιλέγοντες, «ils contredisaient (en ajoutant ...) à leur contradiction». Le participe souligne l'acharnement, contre Paul, de ses contradicteurs juifs.

– 18, 8 D : *addition* du participe πιστεύοντες, «parce qu'ils croyaient», après le ἐπίστευον du t.c.

– *Accord libre du participe.*

22, 6 D : la *suppression* de ἐγένετο δέ devant μοι crée un accord libre, et très grec, entre le datif μοι et l'accusatif με : ἐγγίζοντι δέ μοι ...

περιήστραψέ με. La répétition du pronom personnel peut souligner la surprise de Paul devant le rôle qui lui fut assigné sur le chemin de Damas.

- *Accusatif absolu employé adverbialement.*

  - 12, 15 D : τυχόν, «peut-être», dans une *addition* de trois mots. Un seul autre exemple dans le N.T. (si l'on met à part Lc., 20, 13 D), I *Cor.* 16, 6 (voir ci-dessus, chapitre 1, le vocabulaire particulier à Paul et à l'auteur du texte occidental). Le tour est très attique, par ex. Xénophon, *Anab.* 6, 1, 20 ; Isocrate, *Panég.* 171 ; Démosthène, *Cour.* 221 ; *C. Mid.* 41.

- *Article avec certains participes.*

  Certains participes, du type ὤν, λεγόμενος, accompagnés d'un attribut, sont souvent en grec précédés d'un article qui aide à exprimer une idée neutre, «la chose qui est ...», «ce que l'on appelle ...» Cet hellénisme caractérisé, qui semble particulier à Luc, se trouve deux fois dans le t.c. des *Actes* : 5, 17, ἡ οὖσα αἵρεσις, «ce qui constituait la secte ...» ; 13, 1, κατὰ τὴν οὖσαν ἐκκλησίαν, «dans ce qui était l'Église». Le cas de 14, 13 est remarquable : si le t.c. emploie le tour banal et habituel dans le N.T., ὁ ἱερεὺς τοῦ Διὸς τοῦ ὄντος πρὸ τῆς πόλεως, «le prêtre du Zeus qui se trouvait devant la ville», il est remplacé dans D par le tour idiomatique, et très classique, plus bref et de sens très différent, οἱ ἱερεῖς τοῦ ὄντος Διὸς ..., «les prêtres *de ce qui était le* Zeus ...» Voir *R.E.G.*, 1982, p. 74-84.

- *Participes juxtaposés.*

  Mieux que les autres auteurs du N.T. Luc juxtapose des participes — donc non coordonnés — ce qui leur confère une grande variété de valeurs circonstancielles différentes, temps, cause, moyen, concession, but surtout, mais non exclusivement, ce qui les subordonne l'un à l'autre ; cette valeur apparaît dans la traduction en français. Les exemples sont nombreux. Ainsi, entre autres :
  - Lc. 4, 20 : πτύξας τὸ βιβλίον ἀποδοὺς ..., «ayant roulé le volume pour le rendre (il s'assit)».
  Actes 10, 25 t.c. : συναντήσας ... πεσών, «venu à sa rencontre, tomba (à ses pieds *et* se prosterna)». Le second participe peut être rendu par une principale, ce qui conduit à ajouter «et» devant le verbe suivant.
  - *Actes* 12, 19 t.c. : ἐπιζητήσας ... ἀνακρίνας, «l'ayant fait rechercher ... fit subir un interrogatoire (*et* donna l'ordre ...)».
  - *Actes* 19, 16 t.c. : ἐφαλόμενος ... κατακυριεύσας, «bondissant ... pour les maîtriser».

L'usage n'est pas inconnu du texte occidental. Ainsi 2, 23 D, l'*addition* du seul participe λαβόντες, avant d'être juxtaposé à προσπήξαντες donne une phrase de bon grec, «ce Jésus, vous l'avez pris pour le clouer (et le mettre à mort)». Autre exemple 10, 25 D, dans une *addition* de cinq stiques, avec un jeu de cinq participes juxtaposés.

Il est remarquable que, par un souci de clarté, le texte long *ajoute* quelquefois, entre les participes, une conjonction de coordination, lorsque le texte court peut être équivoque et peut faire hésiter sur la valeur circonstancielle d'un de ses participes et sur la subordination de l'un à l'autre :

— 12, 21 D : il *ajoute* (avec d'autres manuscrits il est vrai) un καί entre ἐνδυσάμενος et καθίσας, «ayant revêtu ... *et* s'étant assis (... prononçait un discours)». Sans καί le texte *pourrait* signifier «ayant revêtu, *bien qu*'il fût assis» ou *après* s'être assis. Καί montre quelle est la succession des actions.

— 14, 22 D : *addition* d'un τε, après le second participe, ainsi mis sur le même plan que le premier, ἐπιστηρίζοντες ... παρακαλοῦντές τε, «(ils se retournèrent) en rendant inflexibles (les âmes) *et* en les exhortant». Le texte court pourrait signifier «*parce qu*'ils les rendaient inflexibles *en* les exhortant», ou bien «les rendant inflexibles *parce qu*'ils les exhortaient».

— 14, 23 D : *addition* d'un δέ après le second participe, χειροτονήσαντες ... προσευξάμενοι δέ, «ayant désigné ... *puis* ayant prié ... (ils les confièrent)». Le texte court pourrait avoir un sens contraire, «ayant désigné ... *après* avoir prié ...»

— Participe exprimant l'idée principale.

Deux verbes principaux peuvent être liés par une conjonction de coordination, mais, à la différence du français, l'idée principale d'une phrase est couramment exprimée en grec par un participe. Le verbe principal peut avoir un sens aussi important, moins important aussi, et être, par le sens, subordonné au participe. Les deux usages se rencontrent indifféremment dans les textes court et long, mais le texte occidental semble apporter des nuances raffinées :

— 4, 3 t.c. : ἐπέβαλον ... τὰς χεῖρας καὶ ἔθεντο, «ils mirent la main ... et les placèrent ...» Clark restitue : ἐπιβαλόντες ... <ἐκράτησαν αὐτοὺς> καὶ ἔθεντο, «ayant mis la main sur eux, ils les prirent de force et (les) placèrent». On peut traduire aussi bien, «ils mirent la main sur eux *et* les prirent ...»

— 5, 10 t.c. : εὗρον αὐτὴν νεκράν, καὶ ἐξενέγκαντες ἔθαψαν αὐτήν ... «ils la trouvèrent morte, la sortirent et l'ensevelirent...» Dans D l'*addition* du participe συστείλαντες après les quatre premiers mots crée un autre rapport entre les idées : «... ils l'enveloppèrent pour la sortir et l'ensevelir...»

— 6, 15 : Ici c'est le texte court qui emploie d'abord le participe : ἀτενίσαντες ... εἶδον..., «ils fixèrent les yeux (sur lui) ... et virent...» Dans D : ἠτένιζον ... καὶ εἶδον..., «ils fixaient ... et virent...» Le sens est pratiquement le même, mais il se peut que l'auteur de D ait voulu opposer la durée (imparfait) de la fixation des regards, et la brusquerie (aoriste) de ce qu'ils virent tout à coup.

— 8, 26 t.c. : ἀνάστηθι καὶ πορεύου, «lève-toi et continue ta route». D écrit ἀναστὰς πορεύθητι, de même sens, mais avec un tour peut-être plus idiomatique et plus courant dans un ordre ; cf. ci-après 10, 20 et 15, 7.

— 10, 20 t.c. : ἀναστὰς κατάβηθι, «lève-toi et descends». D semble abandonner le participe aoriste pour ἀνάστα, forme d'un impératif de la *koinè* employée par erreur par un copiste habitué à ce grec commun. Comme il est douteux qu'il y ait deux impératifs juxtaposés, il y a lieu de croire que le bon texte est le court.

— 10, 32 D, dans une *addition* (donc pas de t.c.) : ... ὃς παραγενόμενος λαλήσει σοι, «... qui viendra te parler».

— 15, 7 t.c. ἀναστὰς ... εἶπεν, «se leva et dit», ou «se leva pour dire». D écrit ἀνέστη καὶ εἶπεν. Ici l'expression plus courante semble abandonnée parce que D *ajoute*, après le premier verbe, ἐν Πνεύματι, «(se leva) dans l'Esprit (et dit...)». Le rôle de l'Esprit est mieux marqué ; comparer avec 19, 21 ci-dessous.

— 16, 30 t.c. : προαγαγὼν ... ἔφη, «il les emmena et dit» ou «pour dire». Ici, comme en 6, 15 c'est D qui écrit προήγαγεν ... καὶ εἶπεν ; mais, comme en 15, 7, une *addition*, de trois mots, entre les deux verbes, rend la modification nécessaire à l'auteur de D.

— 16, 36 : D *ajoute* εἰσελθών devant ἀπήγγειλεν, seul verbe dans le t.c., «il entra rapporter», un tour qui convient mieux à l'usage, surtout dans un récit.

— 18, 12 D, dans une *addition* des mots ἐπιθέντες τὰς χεῖρας devant ἤγαγον du t.c., «ils imposèrent leurs mains pour l'emmener», ou bien «et l'emmenèrent» ; exemple à rapprocher de 4, 3 ci-dessus. L'auteur de D s'amuse à donner un sens nouveau à l'imposition des mains.

— 19, 21 t.c. : ἔθετο ... ἐν τῷ Πνεύματι διελθὼν ... πορεύεσθαι..., «(Paul) se mit dans l'esprit de passer (par la Macédoine) pour poursuivre sa route (jusqu'à Jérusalem).» L'idée exprimée par «passer» est aussi importante, sinon plus, que celle de «poursuivre sa route».

Mais D, sans être plus grec, souligne mieux la succession méthodique des voyages à venir en écrivant ... διελθεῖν καὶ πορεύεσθαι, «passer et poursuivre sa route». Paul, à Éphèse, ne renonce nullement à sa mission de gagner Jérusalem, mais il fera d'abord un immense détour par la Macédoine (et aussi par l'Achaïe).

Tous ces exemples montrent que le groupe participe + verbe à un mode personnel puisse être présenté avec le participe placé soit avant soit après, et les deux formes verbales sont interchangeables. Ainsi, à côté du t.c. 2, 13 διαχλευάζοντες ἔλεγον, D écrit λέγοντες διεχλεύαζον, sans que le sens soit modifié, «ils raillaient en disant», qui peut se dire «ils disaient, en raillant»; cf. 15, 13, etc. *N.B.* L'usage grec du participe suivi d'un verbe à un mode personnel s'accorde avec l'hébreu, qui décompose les différentes phases de l'action : Lc., 4, 20; *Actes* 10, 25, etc.

Génitif absolu.

Ce génitif est fréquent dans le N.T. Selon B.D.R. § 43, n. 2, on en compte 157 chez Luc, dont cent dans les *Actes*. L'auteur du texte occidental semble avoir une prédilection pour ce tour, et pour deux raisons, tantôt parce qu'il *remplace* par un génitif absolu un autre tour, tantôt parce qu'il *ajoute* un génitif absolu dans la phrase du texte court.

1. *Remplacement.*

1, 9 D : ταῦτα εἰπόντος αὐτοῦ, «lorsqu'il eut dit cela», au lieu de ταῦτα εἰπών, même sens (mais le génitif absolu du texte court, βλεπόντων αὐτῶν, «pendant qu'ils regardaient» est, par une sorte de compensation, supprimé dans D).

– 2, 1 D : ὄντων αὐτῶν πάντων, «comme ils étaient tous (réunis)...», au lieu du t.c. ἦσαν πάντες, «ils étaient tous...». Ce génitif absolu facilite l'addition d'un ἰδού, bien adapté au contexte.

– 2, 15 D : οὔσης ὥρας τρίτης, «puisque c'est la troisième heure (du jour)», une explication qui rattache à la phrase de Pierre ce qui était une parenthèse dans le t.c., ἔστιν γὰρ ὥρα τρίτη, «car c'est la troisième heure».

– 9, 8 dans le récit de Damas : le texte court écrit Ἠγέρθη ... Σαῦλος ἀπὸ τῆς γῆς · ἀνεῳγμένων δὲ τῶν ὀφθαλμῶν αὐτοῦ..., «Saul fut relevé de terre; mais bien que ses yeux fussent ouverts (il ne pouvait rien voir).»

Clark fait un changement important : son texte garde le génitif absolu (à valeur concessive) existant, et transforme, après une addition, le verbe principal ἠγέρθη en génitif absolu à valeur temporelle, donc le second dans la phrase. L'addition est : «il leur dit, 'Relevez-moi de terre' et, quand ils l'eurent relevé, ἐγειράντων αὐτῶν, bien que ses yeux fussent ouverts...»

Le texte de Clark est rendu plus vivant par l'adjonction du style direct «Relevez-moi», et reste très grec par la juxtaposition (cf. ci-dessus «participes juxtaposés») de deux participes, au génitif absolu, dont le premier est temporel, et l'autre reste concessif. Non moins grec est l'emploi du premier participe absolu sans sujet exprimé quand ce sujet est facile à suppléer (cf. ci-dessous «usages grecs supprimés dans le texte occidental»).

– 13, 6 D : περιελθόντων δὲ αὐτῶν, «une fois qu'ils eurent fait le tour (de Chypre)...», *remplace* διελθόντες δὲ..., «ayant traversé...» du texte court. L'accord du génitif du participe avec le sujet au nominatif du verbe principal est très grec.

– 21, 1 D : L'auteur coupe la phrase, ce qui l'amène à *remplacer* ἡμᾶς ἀποσπασθέντας du texte court, «après nous être arrachés (à eux)» par le génitif absolu commençant la phrase nouvelle : «Une fois arrachés (à eux ... nous vînmes...)», plus vive. Le génitif absolu, comme souvent en grec, n'empêche pas son accord avec le sujet «nous» (vînmes).

– 21, 27 t.c. : ὡς ... ἔμελλον αἱ ἑπτὰ ἡμέραι συντελεῖσθαι, «lorsque les sept jours allaient s'achever...». Les mots sont *remplacés* dans D par le génitif absolu συντελουμένης δὲ ἑβδόμης ἡμέρας, «comme le septième jour s'achevait», nouveau texte à préférer parce qu'il fait l'économie de μέλλω et place l'action, par le présent du participe, dans la durée de la fin du jour.

2. *Additions.*

– 4, 18 D : Tout un stique *ajouté* au début du verset. Συγκατατιθεμέ-νων δὲ αὐτῶν τῇ γνώμῃ, «Comme ils donnaient leur accord à l'idée...» Noter que le tour est déjà dans Lc., 23, 51.

– 11, 28 : D *ajoute* (dans un «passage-nous»), au début du verset, tout un stique, Συνεστραμμένων δὲ ἡμῶν..., «Au moment où nous nous trouvions tous rassemblés...»

– 12, 22 : D *ajoute* tout un stique au début du verset, Καταλλαγέντος δὲ αὐτοῦ τοῖς Τυρίοις, «Après la paix qu'il conclut avec les gens de Tyr...»

– 13, 44-45 : D *ajoute*, à cheval sur les deux versets, Παύλου, πολύν τε λόγου ποιησαμένου..., «(pour écouter) Paul, et une fois qu'il eut fait un long discours...»

– 19, 1 : D supprime le début du verset du texte court, Ἐγένετο δὲ ... ἐν Κορίνθῳ, «Or, ce fut (durant le séjour d'Apollôs) à Corinthe...» et *remplace* ces mots par quatre stiques (19 mots), Θέλοντος ... τοῦ Παύλου ... πορεύεσθαι ... εἶπεν αὐτῷ τὸ Πνεῦμα..., «Comme Paul voulait (participe au génitif absolu exprimant la cause, ou le temps) aller (à Jérusalem), l'Esprit lui dit (de retourner en Asie).» Le libre accord d'un génitif absolu est conforme à l'usage du meilleur grec.

– 20, 12 : D *ajoute*, au début du verset, trois mots, Ἀσπαζομένων δὲ αὐτῶν..., «Comme ils l'embrassaient...» Le présent du participe est plein de sens : il montre que les assistants *embrassaient encore* l'enfant lorsque Paul l'emmena vivant.

– 20, 18 : D *ajoute* trois mots, ὁμόσε ὄντων αὐτῶν, «venus au rendez-vous». Ils montrent que Paul attend, pour prendre la parole, que tous ceux qu'il a mandés d'Éphèse soient arrivés à Milet.

26, 30 Clark : *addition*, au début du verset, de quatre mots, Καὶ ταῦτα εἰπόντος αὐτοῦ ..., «Et quand il (Paul) eut dit cela (le roi se leva).» L'addition montre que les derniers mots de Paul n'ont pas dû plaire au roi Agrippa puisqu'il lève la séance avec une certaine brusquerie, sans avoir peut-être entendu tout ce que Paul avait à lui dire.

On remarquera que le génitif absolu est souvent employé dans le texte occidental, tant par des additions que par des remplacements, accompagnés de changements divers. Il a l'avantage, en effet, de pouvoir s'insérer très librement dans le texte premier et s'accorder à des mots qui ne sont pas au génitif dans la proposition suivante. Par son indépendance, il peut être placé partout, soit juxtaposé, soit coordonné. Il permet quelquefois à l'auteur de faire une coupure dans la phrase, et ainsi de l'alléger. En respectant les meilleurs usages du grec, il apporte au texte court une nuance plus fine, ou plus expressive, de la pensée, et précise les circonstances de temps, de cause, de concession, même quand il y a une juxtaposition de deux participes au génitif absolu, utile pour souligner la différence entre leurs deux valeurs circonstancielles.

N.B. Sur l'*accusatif* absolu ajouté, cf. τυχόν, 12, 15 ci-dessus dans le même chapitre et au chapitre 1 «vocabulaire».

TOURS PARTICULIERS AU GREC

Négations coordonnées.

– 15, 1 : Le texte court ne pose aucun problème en employant la négation μή dans une seule conditionnelle, ἐὰν μὴ περιτμηθῆτε, «si vous n'avez pas subi la circoncision (vous ne pouvez pas être sauvés)».

D ajoutant une seconde conditionnelle à la première, la négation coordonnée devrait être μηδέ, «et ne ... pas», conformément à l'usage constant de la langue. Or, au lieu du μηδέ attendu, on trouve un καί qui peut sembler incorrect. D écrit (ἐὰν μὴ) ... καὶ περιπατῆτε (si vous ... ne ... pas) *et* si vous ne suivez pas (la coutume de Moïse)...» Mais nous avons là une exception, très classique, à l'usage : lorsque les deux idées négatives qui se succèdent sont fortement liées et forment un tout, un καί suffit pour lier la seconde à la première et prolonger la négation initiale unique. L'auteur de D connaît l'exception, autorisée par l'exemple des bons écrivains. Ce καί est assez fréquent dans Homère, surtout dans l'*Odyssée*. On le trouve chez Euripide, *Alc.* 195, mais il n'a rien de spécifiquement poétique : cf. Thucydide 1, 23, 2 ; Platon, *Protag.* 314 a ; Démosthène, *Philipp.* III, 28, etc. (cf. aussi *R.B.Ph.*, 1984, p. 36-37).

Apposition limitative (ou partitive).

– 15, 5 t.c. : Après la fin du premier voyage missionnaire, Paul et Barnabé, arrivés à Jérusalem, accueillis par l'Église, les apôtres, les prêtres, exposent ce que Dieu a fait avec eux. « Se dressèrent alors plusieurs membres devenus croyants (de ceux qui venaient) de la secte des Pharisiens, disant qu'il fallait circoncire les païens et leur donner l'ordre d'observer la loi de Moïse. » Ἐξανέστησαν δέ τινες τῶν ἀπὸ τῆς αἱρέσεως τῶν Φαρισαίων πεπιστευκότες, λέγοντες // ὅτι δεῖ περιτέμνειν αὐτούς (= les païens), παραγγέλλειν τε τηρεῖν τὸν νόμον Μωϋσέως.

D commence par une *addition* importante : Οἱ δὲ παραγγείλαντες αὐτοῖς ἀναβαίνειν πρὸς τοὺς πρεσβυτέρους, « Mais ceux qui leur avaient prescrit de monter auprès des prêtres » ; puis le mouvement de la suite est modifié, sans que les mots soient véritablement changés : ἐξανέστησαν [δὲ] λέγοντες // — τινες [τῶν] ἀπὸ τῆς αἱρέσεως τῶν Φαρισαίων πεπιστευκότες —, « se dressèrent en disant — c'étaient certains membres [ἀπὸ] de la secte des Pharisiens devenus croyants — qu'il fallait », ὅτι δεῖ..., et le reste sans changement. On le voit : arrivé à « ceux qui ... se dressèrent en disant », D, comme s'il y avait eu des protestations, *rectifie* : ceux qui ont prescrit sont seulement « certains membres » des Pharisiens convertis et non pas tous. Il s'ensuit que ces Pharisiens de stricte observance se sont rendus à Antioche (seuls ou avec d'autres Juifs) pour faire la leçon aux frères, et par suite ils ne tombent plus du ciel à Jérusalem, comme dans le texte court.

Cette apposition limitative est très grecque : Thucydide, 1, 18, 1 ; 2, 47, 2 ; 2, 54, 2 ; 4, 6, 1 ; Xénophon, *Anab.* 5, 3, 32 ; *Cyrop.* 1, 1, 1 ; 8, 3, 12 ; Démosthène, III, *Ol.* 11 (cf. *R.B.Ph.*, 1984, p. 39-40).

LA PROLEPSE

Cette particularité du grec consiste à faire du sujet de la complétive (soit à l'infinitif, soit introduite par ὅτι, soit interrogative indirecte) le complément de la principale. Le tour, connu du français parlé, est très grec. Le N.T. en fournit des exemples, surtout chez Luc. Le mot mis en prolepse (ou anticipation) peut dépendre d'une préposition (cf. 21, 21) et quelquefois se trouve repris dans la principale qui suit par le pronom personnel αὐτός.

Ainsi Lc., 4, 34 (6, 7) ; 12, 24 ; 12, 27 ; 12, 36 ; 13, 25 ; 19, 3 ; 24, 7 ; *Actes* t.c. 3, 10 ; 4, 13 ; 5, 26 ; 17, 11. Après préposition : Lc., 18, 9 ; *Actes* t.c. 2, 29 ; 8, 15 ; 21, 21 ; 24, 15 ; 27, 25 (de même II *Cor.* 1, 10 ; *Philipp.* 2, 19).

Le texte occidental emploie la prolepse, par changement ou addition, avec une habileté particulière :

— 3, 16 : Le texte court n'a pas de prolepse : ὃν οἴδατε ... ἐστερέωσεν τὸ ὄνομα αὐτοῦ, «celui que ... vous connaissez, son Nom l'a affermi». D supprime le relatif et ajoute ὅτι après οἴδατε : τοῦτον ... οἴδατε ὅτι ἐστερέωσεν ... Le démonstratif τοῦτον est mis en prolepse, le verbe οἶδα change de sens, et le verbe qui suit ὅτι devient complétif : «Cet homme ... vous savez que son Nom l'a affermi.» Le sens est différent, meilleur peut-être, et la phrase plus idiomatique.

— 16, 3 : Le texte court n'a pas de prolepse : ᾔδεισαν ἅπαντες ὅτι Ἕλλην ὁ πατὴρ αὐτοῦ ὑπῆρχεν ; «tout le monde savait que son père était un Grec». D met le mot «père» en prolepse et la phrase devient plus grecque : ᾔδεισαν πάντες τὸν πατέρα αὐτοῦ ὅτι ... Le sens demeure le même, mais ici la prolepse met en vedette le père : «Son père, tout le monde savait qu'il était ...»

— 21, 19 t.c. : ... ἐξηγεῖτο καθ' ἓν ἕκαστον ὧν ἐποίησεν, «monté à Jérusalem, Paul) expliquait, une par une, chacune des choses que (Dieu) avait faites ...» Dans D, avec un rien la phrase est rendue plus grecque, grâce à l'addition d'une prolepse, et l'auteur montre aussi la diversité des interventions de Dieu : D fait l'économie de κατά et remplace le relatif ὧν (avec attraction) par la conjonction ὡς (quatre lettres en moins, une lettre remplacée par une autre) : διηγεῖτο ἓν ἕκαστον ὡς ἐποίησεν, «il racontait de quelle façon (Dieu) avait accompli chaque chose séparément». La forme ἓν ἕκαστον ne change pas, parce que neutre, et donne un complément direct là où l'on avait un sujet.

— 21, 24 t.c. : δαπάνησον ἐπ' αὐτοῖς ἵνα ξυρήσονται τὴν κεφαλήν, «fais sur eux (les quatre nazirs) une dépense, pour qu'ils se rasent la tête». Le futur donné par plusieurs manuscrits du texte court n'est pas correct après ἵνα. D *remplace* ἐπ' αὐτοῖς par εἰς αὐτούς : δαπάνησον εἰς αὐτοὺς ἵνα ξυρῶνται τὴν κεφαλήν, «fais la dépense du rasage de leur tête». L'expression est plus normale : εἰς αὐτούς est probablement une prolepse *après préposition* ; en ce cas, αὐτοί est sujet de ξυρῶνται, ἵνα est devenu complétif, selon l'usage de la koinè. Le lecteur entend le style *parlé*.

— 27, 34 Clark ; ἐλπίζω γὰρ ἐν τῷ Θεῷ μου ὅτι οὐδενὸς ... θρίξ ... πεσεῖται, «j'ai l'espérance que grâce à mon Dieu ne tombera le cheveu d'aucun». Cette prolepse avec préposition est ajoutée par texte occidental au texte court, qui est : οὐδενὸς γὰρ ὑμῶν θρίξ ... ἀπολεῖται, «pas un d'entre vous ne perdra un cheveu ...» Elle rappelle la vertu d'espérance, comme une autre prolepse du texte court au verset 25, une prolepse assez libre, qui a pu lui servir de modèle, rappelle la vertu de la foi : πιστεύω τῷ Θεῷ ὅτι οὕτως ἔσται, «j'ai la foi que, grâce à Dieu, il en sera de la façon que ...» (littéralement «j'ai foi en Dieu que ...») ; τῷ Θεῷ est complément indirect de πιστεύω, mais appartient en fait à la proposition complétive.

Prolepse particulière de toute une proposition.

Dans le meilleur grec il arrive, après un verbe déclaratif, qu'une proposition entière, subordonnée à une complétive introduite par ὅτι, ou même à l'infinitif, soit placée avant la complétive, au lieu d'y être incluse comme l'exige la traduction : 25, 25 Clark, dans une longue *addition*, suit cet usage particulier, qui n'est pas rare : ἐὰν δέ τις ... θέλῃ ..., ἔλεγον ἀκολουθεῖν μοι, «Je disais *que, si* quelqu'un voulait (l'accuser), il m'accompagne.» Entre autres exemples, Thucydide 4, 27, 3 ; 8, 26, 3 ; Xénophon, *Cyrop.* 3, 3, 6 (il pensait *que, si* ... tout irait bien).

USAGES PARTICULIERS AU GREC
SUPPRIMÉS DANS LE TEXTE OCCIDENTAL

Il arrive que l'auteur du texte long, au lieu d'employer un tour particulier, en le conservant quand il existe dans le texte court ou quand il le place dans une addition, le supprime. En ce cas, un cas rare, il existe toujours une raison qui explique ou justifie la suppression ; elle n'est pas le signe que le texte occidental veuille éviter un hellénisme.

1. *Relatives.*

On a vu ci-dessus les hellénismes de Luc employés dans une relative. Certains sont abandonnés dans le texte long. Ainsi :

– *L'antécédent introduit dans la relative et perdant son article.*

Le tour est courant en grec et chez Luc (cf. B.D.R. 294, 5). Par exemple : Lc., 1, 4 : περὶ ὧν κατηχήθης λόγων (= περὶ τῶν λόγων οὕς ...), «sur les instructions que vous avez reçues» ; 3, 19 περὶ πάντων ὧν ἐποίησεν πονηρῶν, «sur tous les méfaits qu'il a commis» ; 19, 37 περὶ πασῶν ὧν εἶδον δυνάμεων, «pour tous les miracles qu'ils avaient vus» ; *Actes* 25, 18 οὐδεμίαν αἰτίαν ... ὧν ἐγὼ ὑπενόουν πονηρῶν, «aucune accusation des actes pervers que je supposais».

Le cas d'*Actes* 21, 16 est intéressant. Le texte court écrit : παρ' ᾧ ξενισθῶμεν Μνάσωνι, «(chargés de nous mener) chez Mnason chez qui nous devions être hébergés». L'auteur de D *supprime* le tour idiomatique non pas pour des raisons de langue, mais pour corriger la relation des faits, probablement à la suite d'une information meilleure. De là aussi une phrase transformée par des changements et une addition de sept mots (cf. ci-dessus «Impératif subordonné dans la relative»).

– *Relatives coordonnées.*

On a vu plus haut, dans l'examen de cet hellénisme, qu'il était employé aussi bien dans le texte court que dans le long. Une fois, il est *supprimé* dans le texte long :

– 6, 6 t.c., après une énumération des sept diacres choisis, οὓς ἔστησαν ἐνώπιον τῶν ἀποστόλων καὶ ... ἐπέθηκαν αὐτοῖς τὰς χεῖρας, «(les diacres) qu'ils installèrent sous les regards des apôtres et *sur qui* ... ils (les disciples) imposèrent les mains». Un tel sens ne peut être voulu par Luc parce que, si les *disciples* installent les diacres, ce sont les *apôtres* qui leur imposent les mains. La phrase conduit à l'erreur dans le texte court. De là la correction de D, qui change la phrase en supprimant la première relative, et qui écrit οὗτοι ἐστάθησαν ἐνώπιον τῶν ἀποστόλων, οἵτινες ... ἐπέθηκαν, «ils (les diacres) furent installés sous les regards des apôtres *qui* ... leur imposèrent les mains». Ainsi les disciples installent et les apôtres imposent : le sens est devenu sûr et clair (voir *Mélanges Gareau*, p. 187-188).

– *Attraction du relatif.*

On a vu ci-dessus la fréquence chez Luc de ce tour non inconnu du texte long des *Actes*.

– 2, 22 : D *remplace* σημείοις οἷς ἐποίησεν, «par des signes que (Dieu) a faits» en écrivant σημείοις ὅσα ἐποίησεν, «par tous les signes que ...» Le tour grec a changé ; en outre le remplacement du relatif ὅς par ὅσος, qui indique une totalité, invite à traduire σημείοις dans D comme s'il était précédé de l'article. Pierre souligne la quantité des signes venus de Dieu.

– 3, 25 : D *remplace* par son accusatif le génitif du relatif : τῆς διαθήκης ἧς διέθετο. Le sens reste identique, «l'alliance *que* (Dieu) a léguée ...» Est-ce parce que Pierre parle à des Juifs qu'il supprime un tour idiomatique ?

– *Relative complexe.*

Elle est bien connue, on l'a vu plus haut, de Luc, et l'on en trouve deux exemples dans le texte long des *Actes*. Une fois D la *supprime*, en 19, 25.

Le texte court écrit : οὓς συναθροίσας ... εἶπεν, «(les artisans) qu'il rassembla ... pour leur dire ...». D coupe la phrase avant le relatif et transforme la relative en principale : Οὗτος συναθροίσας ... ἔφη, puis il *ajoute*, après ce verbe, πρὸς αὐτούς, «Cet homme-là rassembla (les artisans) ... et leur dit.» Le sens est le même mais la suppression de la relative complexe rend la phrase plus déliée. Son auteur en a pleinement conscience puisqu'il se voit obligé d'ajouter, après ἔφη, les deux mots πρὸς αὐτούς, addition rendue nécessaire parce qu'en supprimant le relatif οὕς il supprimait du même coup le pronom personnel «leur» qui, sans être exprimé, s'y trouvait inclus par l'idiotisme. La suppression de la relative complexe, et les changements par là provoqués, montrent clairement que l'auteur de D connaissait ce tour très particulier. S'il y renonce, c'est probablement parce qu'il veut donner plus de vivacité à l'épisode de la révolte des orfèvres.

2. *Participe au génitif absolu sans sujet exprimé.*

Ce tour très grec se trouve aussi bien dans le texte court que dans le long des *Actes* : 9, 8 Clark, ἐγειράντων αὐτόν, «quand *ils* l'eurent relevé»; 21, 10 t.c., ἐπιμενόντων, «comme *nous* prolongions (notre séjour); 21, 31 t.c. ζητούντων, «comme *ils* cherchaient».

En 21, 10 D *ajoute* à ἐπιμενόντων son sujet ἡμῶν, non pas parce qu'il hésiterait à employer *ici* un hellénisme qu'il connaît bien, mais plutôt parce que le pronom personnel ajouté permet à l'auteur d'insister sur la présence de Paul qui, inclus dans ce «nous», est le personnage qui motive l'intervention d'Agabos.

3. *Tour* οἱ ἐκεῖσε ... *(adverbe de mouvement impliquant l'absence de mouvement).*

En 22, 5, le texte court écrit : ἄξων τοὺς ἐκεῖσε ὄντας, ce qui équivaut à ἄξων ἐκεῖσε τοὺς ἐκεῖ ὄντας, « chargé de *mener* ici (avec mouvement) ceux qui *étaient* là (sans mouvement)». Sur ce tour concentré, très idiomatique, voir *R.B.* 1980, p. 590-593. D écrit ἐκεῖ au lieu de ἐκεῖσε. Il supprime un tour particulier très curieux, mais très grec, dans lequel, sous l'adverbe impliquant le mouvement, il faut apercevoir un adverbe impliquant l'absence de mouvement. Ce tour est certainement connu de l'auteur du texte court, puisqu'il l'emploie, avec une préposition (cas plus fréquent qu'avec un adverbe), en 10, 23 : τινες τῶν ἀδελφῶν τῶν ἀπὸ Ἰόππης ἀπῆλθον, qui équivaut à τινες τῶν ἀδελφῶν τῶν ἐν Ἰόππῃ ἀπὸ Ἰόππης ἀπῆλθον, «certains, qui étaient à Joppé, partirent de Joppé».

Le copiste de D a pu écrire le simple ἐκεῖ (sans mouvement), soit par ignorance, soit par inattention. Mais il semble plutôt que l'auteur ait voulu épargner à son public un idiotisme difficile à saisir, surtout avec l'adverbe, et rendre son texte plus clair pour tous, là où il ne l'était que pour les connaisseurs.

4. *Emploi d'un* ἵνα *de la koinè.*

− 16, 18 t.c. : παραγγέλλω σοι ... ἐξελθεῖν, infinitif complétif très grec, «je te donne l'ordre ... de sortir». D *ajoute* ἵνα devant l'infinitif, qui reste complétif. En cet emploi la conjonction appartient au grec tardif et sa présence ne change pas le sens ; mais elle est peut-être plus opportune dans des paroles prononcées par Paul.

N.B. On ne mentionne pas ici la prolepse supprimée de 10, 37, parce que le texte est incertain ; mais la suppression serait justifiée : cf. chapitre « le conteur ».

Ainsi, sans parler des suppressions, dues souvent à une erreur ou à une omission dont le copiste seul est responsable, on constate que les suppressions d'un tour grec, ou très grec, dans le texte occidental, ne proviennent pas d'une ignorance de l'auteur puisque, dans chaque cas, il emploie le tour ailleurs. Son objet est de préciser son information, ou d'être plus clair pour un public plus étendu, moins lettré sans doute, moins connaisseur en matière de langue grecque. Il peut s'agir aussi d'un public qui écoute et non plus d'un public de lecteurs.

Le plus significatif est peut-être la rareté de pareilles suppressions, indice que l'auteur du texte long tient à la qualité de son hellénisme.

LE « LUCANISME » PARTICULIER DE αὐτοί

On trouve souvent dans le texte court des *Actes* une expression qui, sans être particulièrement d'un bon grec, semble particulière à Luc. Elle consiste à employer le pluriel du pronom αὐτός, « lui », à des cas obliques du pluriel, pour désigner les habitants d'une ville, ou d'un pays, d'une région, d'un lieu. L'expression n'est pas inconnue de Paul. Sa fréquence est due, apparemment, au fait que les voyages occupent une grande place dans la vie du maître et du disciple, à travers villes et pays.

Exemples dans le texte court : 8, 5 les habitants d'une ville de Samarie ; 16, 4 les habitants des villes ; 16, 10 les Macédoniens ; 18, 11 les habitants de Corinthe ; 20, 2 les gens de ces régions-là.

Ces exemples valent trois fois dans le texte long. Deux fois l'auteur leur fait subir une modification : en 16, 10 D le mot « Macédoine » est supprimé et, au lieu du αὐτούς du texte court (les gens du pays), on trouve la précision τοὺς ἐν τῇ Μακεδονίᾳ, ces trois derniers mots *ajoutés*. En 18, 11 il semble que, pour l'auteur, ἐν αὐτοῖς ne désigne pas assez strictement les gens de Corinthe. Il *ajoute* alors cette précision que Paul était « fixé à Corinthe », ce qui lui permet d'*ajouter* un nouvel αὐτούς : διδάσκων αὐτούς, c'est-à-dire « donnant son enseignement aux Corinthiens ».

D'autre part, dans D, cette façon qu'a Luc de s'exprimer figure cinq fois là où elle n'existait pas dans le texte court :

– 11, 2 : D en donne deux exemples dans une longue *addition* de sept stiques, d'abord lorsque Pierre, ayant décidé d'aller à Jérusalem, fait entendre force discours à travers les campagnes et y enseigne αὐτούς, «les gens des campagnes». Puis, monté à Jérusalem, il est arrivé «pour eux» (κατήντησεν αὐτοῖς, c'est-à-dire «lorsque *les gens de Jérusalem* l'eurent vu arriver)*.

– 14, 25 D. Paul et Barnabé descendent à Attalia. Ici l'auteur place une *addition* de deux mots εὐαγγελιζόμενοι αὐτούς, «en *leur* annonçant l'évangile», c'est-à-dire «aux habitants d'Attalia».

– 17, 15 D : Dans une *addition* de onze mots, on voit Paul obligé d'éviter la Thessalie, car il a été empêché de *leur* (aux Thessaliens) proclamer la Parole.

Enfin, en 21, 40 Paul demande la permission de parler «au peuple», τῷ λαῷ. Il l'obtient. Le texte court dit qu'alors il fit au peuple (second emploi de τῷ λαῷ) un signe de la main. L'auteur de D trouve sans doute la répétition fâcheuse, puisqu'il *remplace* le second τῷ λαῷ par πρὸς αὐτούς, «dans *leur* direction», c'est-à-dire dans la direction des gens de ce peuple.

Ainsi, l'auteur du texte occidental adopte volontiers une expression particulière à Luc dans sa façon de désigner les gens d'un pays ou d'une ville. Il en use comme Luc lui-même, soit dans l'emploi du seul pronom, soit en remplaçant par ce pronom un mot de sens collectif, ou encore dans une addition, plus ou moins longue, où elle semble venir spontanément sous sa plume.

HÉBRAÏSMES

Avant de conclure sur ce chapitre des qualités de la langue grecque dans le texte long, une simple remarque s'impose sur les hébraïsmes.

Ils sont inévitables dans le texte court des *Actes* parce que Luc a nécessairement subi l'influence du langage parlé par les premiers chrétiens, soumis aux habitudes du style hébraïque. La tradition des événements postérieurs à l'Ascension, en ce qui concerne les actes des apôtres, a été orale avant d'être écrite, pendant au moins une vingtaine d'années, et c'est sous cette forme que Luc dut la connaître. On a parlé *de* Jésus et de ses disciples avant d'écrire *sur* eux.

Cependant, hors de la Palestine la marque sémitique devait s'atténuer peu à peu, et le texte occidental laisse apercevoir, semble-t-il, une certaine tendance à supprimer les hébraïsmes subsistant dans le milieu grec du texte court ; et cette tendance ne doit pas surprendre chez un auteur qui, dans les citations de l'Ancien Testament, respecte davantage la version des Septante.

---

* Le texte adopté, par endroits corrompu dans les manuscrits, est celui qui se trouve proposé dans *E.T.L.*, 1982, p. 110. Il diffère quelque peu de celui de Clark.

En 2, 36, par exemple, là où le texte court écrit πᾶς οἶκος Ἰσραήλ, signifiant «dans toute *la* maison d'Israël», la suppression de l'article après πᾶς constitue un hébraïsme. D rajoute l'article, πᾶς ὁ οἶκος, et rend l'expression purement grecque.

En 13, 47 le texte court emploie un hébraïsme qui est dans la Septante, *Isaïe* 49, 6, τέθεικά σε εἰς φῶς ἐθνῶν, «je t'ai établi comme lumière des païens». L'auteur de D, en supprimant la préposition εἰς, rend à l'attribut son caractère grec normal mais, comme s'il voulait rendre aussi à la citation un peu de son caractère hébraïque, rétablit au début du verset l'habituel ἰδού, «vois», que le texte court avait supprimé.

En 17, 29 le texte court donnait au καί qui lie les mots τέχνης, «de l'art», et ἐνθυμήσεως, «du génie», son sens alternatif de l'hébreu, «ou bien», un emploi que l'on trouve dans la Septante et chez les auteurs du Nouveau Testament, même dans les *Actes* 10, 14 t.c. (mais évité Lc., 20, 2). En D ce καί est remplacé par la conjonction ἤ, plus exacte, et plus normale, pour signifier «ou bien».

Enfin, on remarquera que si Luc, dans l'Évangile et dans les *Actes*, se sert souvent, comme tous les auteurs du N.T., du pronom personnel αὐτοῦ là où il est inutile, mais a subi l'influence de son emploi sémitique, il arrive que le texte occidental supprime ce pronom, comme en 20, 36 D, où l'on voit Paul se mettre «à genoux», θεὶς τὰ γόνατα, sans αὐτοῦ, ce qui devient conforme au bon usage du grec, tout en gardant exactement le même sens.

Conclusion

Cette tendance à enlever au texte occidental de sa couleur hébraïque, même là où elle reste discrète, va de pair avec toutes les observations échelonnées dans le présent chapitre sur la qualité du grec.

Si d'aventure son auteur semble s'écarter d'un tour grec, ce n'est pas par ignorance, mais pour des raisons calculées et légitimes. Toujours son grec est d'une valeur au moins égale à celui de Luc. Partout on découvre des hellénismes ajoutés, un respect soutenu des habitudes caractéristiques de la meilleure langue, qu'il s'agisse de l'emploi des cas, de l'article, de la valeur des temps et des modes, des propositions complétives, relatives, circonstancielles. Partout on découvre une habileté que l'on distinguera mieux encore dans le chapitre suivant. Et puisqu'il n'y a pas seulement du bon grec conservé, mais du bon grec ajouté, il semble évident que le texte occidental ne peut être que le second dans le temps de la rédaction. S'il était le premier, pourquoi Luc l'aurait-il supprimé?

Enfin, si ce Luc, auteur du texte court, manifeste sa culture classique par sa connaissance des bons écrivains comme Homère, Thucydide, Xénophon, Aristophane, Platon, celui qui écrit le texte long se montre marqué par la même influence, mais davantage encore puisque son vocabulaire, sa langue et ses expressions, sans effacer la trace de ces grands classiques, apporte de nouveaux signes de la présence de ces mêmes auteurs, et même d'autres écrivains de la Grèce, comme Eschyle, Sophocle, Euripide et Isocrate.

Mis à côté de Luc, l'auteur du texte occidental est visiblement imprégné de la même culture classique, mais sous une forme accentuée, élargie, sans être moins naturelle dans la version seconde. Elle ne s'affiche pas. Mais elle s'affirme.

CHAPITRE 4

LE TRAVAIL DES RETOUCHES

L'auteur du texte occidental a prouvé sa connaissance poussée de la langue des bons écrivains de la Grèce. Une telle variété de preuves permet de constater son aisance dans le travail des retouches. On le voit s'efforcer, avec succès, moyennant des changements toujours discrets, aussi bien sur un mot que sur la construction d'une proposition ou de toute une phrase, d'améliorer le texte court, et cela sans jamais l'alourdir. Avec la plus grande économie des moyens il ajuste le texte second, le sien, au texte premier, celui de Luc, et il en tire un meilleur parti.

On suivra l'ordre du texte pour passer en revue les exemples de cette habileté, qui nous fait entrer dans le domaine du style :

– 1, 4 : Lors du repas d'adieu pris avec ses apôtres, Jésus leur ordonne d'attendre la promesse du Père. Ici le texte court emploie une relative de trois mots, ἣν ἠκούσατέ μου (cf. Lc., 24, 49), par laquelle Jésus passe brusquement du style indirect au style direct. Ce passage, très rare dans une relative, oblige le traducteur à ajouter «dit-il», dont le français ne peut se passer : «(promesse) que, dit-il, vous avez entendue de moi».

D, dont le texte est exceptionnellement suivi par la Vulgate, *ajoute* entre les deux derniers, trois nouveaux mots, φησίν, διὰ στόματος, «(que vous avez entendue) dit-il, par (ma) bouche». Le pronom μου ne dépend plus du verbe «entendre» mais du mot «bouche», et la phrase, allégée, montre mieux que la parole de Jésus sort de ses lèvres mêmes.

– 1, 17 t.c. : Judas, dit Pierre, fit capturer Jésus ὅτι κατηριθμημένος ἦν ἐν ἡμῖν καὶ ἔλαχεν... «parce qu'il était de notre nombre et avait reçu par le sort (notre service)». Comme en bon grec, les deux causales sont introduites par un seul ὅτι.

D supprime la seconde causale et la *remplace* par une relative, par le simple changement de ὅτι en ὅς ; «(il était de notre nombre) celui-là qui (avait reçu)...» La culpabilité de Judas est mieux marquée par l'emploi d'une relative, dont l'effet est de souligner un abandon du ministère.

– 1, 19 : Sur la mort atroce de Judas, le texte court emploie une parenthèse, καὶ γνωστὸν ἐγένετο, où le sujet est à sous-entendre : « et *le fait* fut connu (de tous les habitants de Jérusalem) ».

D exprime ce sujet par l'*addition* d'une seule lettre, le relatif ὅ, « ce qui (fut connu) », qui rend la phrase plus naturelle et moins abrupte ; en outre, le καί — qui reste — reçoit un nouveau rôle, très grec, et fréquent chez Luc, celui de souligner le relatif.

– 2, 6 : Au son du fracas qui accompagne la descente de l'Esprit-Saint, le texte court montre que τὸ πλῆθος ... συνεχύθη ὅτι ἤκουον, « la foule fut confondue parce que (chacun les entendait parler son propre langage) ».

D se borne à remplacer le ὅτι causal par un simple καί, qui provoque un changement de sens pour le verbe ἀκούω suivi non plus du participe au génitif (« entendre de ses oreilles »), mais de son accusatif (« apprendre que ») : « et ils apprenaient que (des gens parlaient leur langue) ». Dans le texte court la cause de la confusion était le fait d'entendre. Avec D les faits deviennent successifs et plus proches de la réalité : la confusion provoquée dans la foule assemblée par le fracas venu du ciel est antérieure à la nouvelle d'un fait incroyable. La foule, qui n'a pas entendu, apprend de ceux qui ont entendu.

– 2, 8-11 : Variation du même ordre sur le sens du même verbe ἀκούω. Le texte court donne une phrase longue et lourde, où le verbe ἀκούω du verset 8 est repris sous la même forme au verset 11, suivi du génitif du participe : (8) πῶς ἡμεῖς ἀκούομεν ... (ici l'énumération de peuples divers) (11) ἀκούομεν (λαλούντων αὐτῶν)... ; « comment se fait-il que nous les entendions (chacun dans son propre langage) ... que nous les entendions (de nos oreilles) parler ...) ?

D coupe la longue phrase et l'allège en supprimant ἰδίᾳ (διαλέκτῳ), « son propre (langage) », qui devient inutile, et en donnant des emplois différents aux deux verbes ἀκούω : (8) πῶς ἡμεῖς ἀκούομεν ... τὴν διάλεκτον ἡμῶν (simple accusatif du nom complément)... ; ici la phrase interrogative est coupée. Et les versets 9, 10 et 11 sont passés à l'affirmation : ... ἀκούομεν λαλούντων αὐτῶν ..., (énumération des peuples divers) « nous les entendons de nos oreilles parler ... »

– 3, 13-14 : Les deux phrases sont mal équilibrées dans le texte court ; d'abord une double relative accompagnée de μέν : ὃν ὑμεῖς μὲν παρεδώκατε καὶ ἠρνήσασθε, « (Jésus) que vous, d'une part, avez livré et renié ». Ensuite une principale irrégulièrement opposée à cette relative par un δέ (car μέν/δέ ne peuvent coordonner que deux propositions ayant la même fonction) : Ὑμεῖς δὲ ... ἠρνήσασθε, avec une répétition maladroite du verbe ἠρνήσασθε, « Et d'autre part vous l'avez renié ... »

Avec D disparaissent la répétition du verbe et le déséquilibre de la phrase. L'auteur supprime μέν au verset 13 et fait de la seconde relative une principale par l'adjonction du simple pronom αὐτόν au

verbe ἀπηρνήσασθε (rendu plus fort par son préverbe ἀπ-), «vous l'avez
renié», par l'adjonction aussi, dans la relative restée, des mots εἰς
κρίσιν, «à un jugement», après le verbe παρεδώκατε, «(que) vous avez
livré». Au verset 14, ἐβαρύνατε, «vous l'avez accablé», remplace
heureusement le verbe répété ἠρνήσασθε, «vous l'avez renié». Le sens
nouveau des phrases retouchées et allégées devient : «(Jésus) que
vous avez livré à un jugement ; et vous l'avez renié... (14) (Mais le
Saint et le Juste), vous l'avez accablé...»

— 3, 13 t.c. : (Πιλάτου), κρίναντος ἐκείνου 'ἀπολύειν', «(Pilate), alors
que ce personnage avait décidé 'Qu'on relâche'». Il se peut que τοῦ ait
sauté après Πιλάτου, mais la phrase garde de la gaucherie, et ἀπολύειν,
infinitif d'ordre, aurait besoin d'un complément direct.

A peu de frais, D remédie habilement à ces défauts par la simple
addition du sujet de κρίναντος, τοῦ, après Πιλάτου — qui met ἐκείνου en
postposition — et, en fin de la phrase, des deux mots αὐτὸν θέλοντος :
αὐτόν est complément de ἀπολύειν (cf. Lc., 23, 16), infinitif dépendant
du verbe ajouté θέλοντος ; le verbe κρίνω, changeant de sens, signifie
maintenant «juger», au lieu de «décider», et peut se passer plus
facilement de complément direct : «(Pilate,) alors que ce personnage,
qui avait jugé, *voulait le relâcher*». La phrase remaniée est plus dure
pour les Juifs dans la mesure où Pilate est montré plus indulgent.

— 3, 16 t.c. : τοῦτον ὃν θεωρεῖτε καὶ οἴδατε, «celui que vous regardez et
connaissez ...» L'auteur de D, par la simple addition de ὅτι et la facile
suppression de ὅν après τοῦτον, transforme la seconde relative en
complétive, et donne au verbe οἶδα un nouveau sens, «cet homme-là,
vous le regardez et vous savez que (son nom l'a affermi)». Dans le
texte court le sens de οἶδα est banal et le changement correspond
mieux au contexte. L'important n'est pas que les Juifs *connaissent* le
boiteux. Il est de *savoir* qu'il a été guéri par Dieu (cf. «le conteur»,
coupures).

— 3, 17 t.c. Οἶδα ὅτι κατὰ ἄγνοιαν ἐπράξατε (Pierre dit aux Juifs :) «Je
sais que vous avez agi par ignorance (en crucifiant Jésus).»

D remplace οἶδα par ἐπιστάμεθα, un pluriel qui peut être plus
significatif. L'important est l'*addition* d'un sujet, ὑμεῖς, et d'un
complément, πονηρόν, au verbe ἐπράξατε : «(nous savons) que *vous*,
c'est par ignorance que vous avez commis *un crime*». Cette addition
fait que le verbe πράττω change de sens, «commettre» au lieu d'«agir».
Subjectif dans le texte court (l'ignorance des Juifs), le point de vue
devient objectif dans D (le fait est là, la crucifixion). Il y a insistance,
par des moyens discrets, sur la faute commise par les Juifs.

— 4, 2 t.c. (Les prêtres sont agacés par Pierre et Jean) διὰ τὸ
καταγγέλλειν (αὐτοὺς) ἐν τῷ Ἰησοῦ τὴν ἀνάστασιν, «parce qu'ils annonçaient en Jésus la résurrection». Il s'agit de la résurrection de tous les
hommes en Jésus.

D change de préverbe et fait un échange dans la fonction des mots « Jésus » et « résurrection » : διὰ τὸ ἀναγγέλλειν τὸν Ἰησοῦν ἐν τῇ ἀναστάσει, « parce qu'ils faisaient connaître Jésus dans la résurrection ». La résurrection est celle de Jésus, et non plus la résurrection générale à la fin du monde.

— 4, 14 t.c. : οὐδὲν εἶχον ἀντειπεῖν, « (les Juifs, voyant l'homme guéri,) n'avaient rien à répondre ». D, par une simple addition de ποιῆσαι ἤ, donne un nouveau sens au verbe ἔχω, « pouvoir » au lieu d'« avoir » : « (les Juifs) ne pouvaient rien faire ni répondre ». « Rien faire » signifie que les Juifs ne pouvaient arrêter Pierre ni Jean, tandis que Jésus est venu non seulement pour parler, mais aussi pour *faire*, ici guérir le boiteux.

— 5, 8 t.c. : ἀπεκρίθη ... Πέτρος · Εἰπέ μοι, εἰ ..., « Pierre ... lança cette réponse : ʻDis-moi, est-ce (pour un tel prix que vous avez aliéné le terrain) ?ʼ » Le texte oblige à supposer que, Pierre répond à Saphire, qui n'a pas dit un mot ; celle-ci a fait un *geste* d'étonnement.

D rend habilement les choses plus claires : il remplace ἀπεκρίθη par εἶπεν, ce qui entraîne le *remplacement* de εἰπέ par ἐπερωτήσω, et le εἰ qui suit appartient alors à une interrogation indirecte : « ... εἶπεν · Ἐπερωτήσω σε εἰ ἄρα ..., « (Pierre) dit : ʻJe te demanderai si c'est *bien* (pour tel prix que ...)ʼ.» En admettant que le style indirect soit moins léger, même ici, que le direct, l'addition d'un ἄρα, très grec, après εἰ, rend sa vivacité à la phrase.

— 7, 12 t.c. : ἀκούσας ... ὄντα σιτία, εἰς Αἴγυπτον ἐξαπέστειλεν αὐτούς. Il semble qu'Étienne ait employé εἰς avec le sens de ἐν, ce qui est d'un grec peu correct et tardif. Dans le texte court εἰς, venant après un arrêt dans le sens, doit se rattacher au verbe de mouvement qui suit ; mais on se demande où sont les vivres : « Apprenant ... qu'il y avait des vivres, les renvoya (nos pères) en Égypte. »

D répond à la question par le simple remplacement de εἰς par ἐν, ce qui place l'arrêt nécessaire dans le sens après « Égypte » : ... ὄντα σιτία ἐν Αἰγύπτῳ, ἐξαπέστειλεν ..., « (apprenant qu'il y avait des vivres en Égypte, renvoya (nos pères) ».

— 10, 17 t.c. : Ὡς δὲ ἐν ἑαυτῷ διηπόρει ὁ Πέτρος τί ἂν εἴη τὸ ὅραμα, « Et comme Pierre se demandait en lui-même ce que pouvait être la vision ... ». D rend la phrase à la fois plus grecque et plus légère par la simple *addition* de ἐγένετο devant διηπόρει, un imparfait de durée devenant le verbe principal, après l'emploi d'une expression très classique, qui n'existait pas dans le texte court (cf. « vocabulaire », γίγνομαι C.). D écrit : ὡς δὲ ἐν ἑαυτῷ ἐγένετο, διηπόρει ..., quand il eut repris ses esprits, (Pierre) se demandait ... »

— 11, 17 t.c. : ἐγὼ τίς ἦν δυνατὸς κωλῦσαι τὸν Θεόν ; « moi (Pierre), qui étais-je pour pouvoir faire obstacle à Dieu ? » Ici D fait une *addition* importante de deux stiques après τὸν Θεόν : τοῦ μὴ δοῦναι αὐτοῖς ..., mais le fait notable est que cette addition change le sens du verbe κωλύω (cf. « qualité de la langue », « complétives, emploi de τοῦ complétif »), qui signifie « empêcher » au lieu de « faire obstacle » : « moi, qui étais-je pour pouvoir *empêcher* Dieu de leur donner (un Esprit-Saint) à eux (qui avaient eu foi en lui) ? » Le lecteur du texte court aimerait savoir ce que Pierre veut dire par « faire obstacle à Dieu ». L'auteur de D répond qu'il s'agit d'empêcher l'action de Dieu, le don de l'Esprit-Saint.

— 12, 15 t.c. : Quand, sous l'effet de la joie, la petite servante oublie d'ouvrir la porte à Pierre, ceux qui sont dans la maison de Marie lui dirent, πρὸς αὐτὴν εἶπαν. On peut être surpris que D emploie ici un datif, αὐτῇ, moins expressif que πρός suivi de l'accusatif, « lui disaient » (la traduction en français ne laisse pas voir la différence).

Il semble que D ait voulu conserver l'expression plus forte pour la fin du verset, où elle peut mieux convenir. Il ajoute à ἔλεγον, seul dans le texte court, les deux mots πρὸς αὐτήν (juste avant l'addition de l'expression très lucanienne τυχόν, « peut-être »). On voit mieux que les personnes présentes ne parlent pas à la servante, mais se parlent *entre elles, en la désignant*, πρός. Le *déplacement* de πρὸς αὐτήν, qui n'attire pas l'attention, suffit pour rendre la scène plus expressive.

— 13, 34 : Le texte court emploie ὅτι dans un sens particulier qu'il a dans un discours (ici de Paul) et en tête de la phrase (la tournure complète est ἵνα εἰδῆτε ὅτι). Le tour est très classique, Démosthène, *Cour.* 37 ; Andocide, *Myst.* 64, etc., et le sens est « comme quoi », « pour prouver que ... » Le texte court est donc : ὅτι ἀνέστησεν αὐτὸν ἐκ νεκρῶν ... οὕτως εἴρηκεν ὅτι..., « et comme quoi il l'a ressuscité des morts, il a dit que ... » On peut juger que la répétition de ὅτι, pris successivement dans deux acceptions différentes, n'est pas heureuse.

Par le remplacement d'une simple lettre par une autre, ὅτε, « quand », au lieu de ὅτι, D emploie une *temporelle*, qui donne un sens différent : « Quand il l'a ressuscité des morts ... » ; le sens de οὕτως prend aussi une nuance nouvelle. Dans le texte court il renvoyait au ὅτι qui précède. Maintenant il est plus chargé de sens en annonçant les paroles de Dieu. La temporelle rend l'articulation des idées plus facile et moins tendue.

— 14, 15 : Paroles de Paul adressées aux habitants de Lystres : t.c. ... εὐαγγελιζόμενοι ὑμᾶς ... ἐπιστρέφειν, « (nous sommes des hommes dotés ...) quand nous vous annonçons un évangile ... de vous convertir à un Dieu vivant) ». L'infinitif complétif ἐπιστρέφειν est assez lourd.

Par le simple changement du cas de ὑμᾶς en un datif, et l'*addition* de τὸν Θεόν, l'auteur de D peut remplacer l'infinitif ἐπιστρέφειν par la *finale* ὅπως ἐπιστρέψητε, qui allège la phrase et la rend d'un grec plus souple : « nous vous annonçons l'Évangile *de Dieu pour que vous vous* convertissiez ... »

— 16, 18 : Paul et la jeune pythonisse : t.c. : Διαπονηθεὶς δὲ Παῦλος καὶ ἐπιστρέψας, τῷ πνεύματι εἶπεν, «Paul, agacé, dit, en se retournant, à l'esprit...» Par le simple déplacement de διαπονηθείς après πνεύματι, D entend présenter les choses autrement : «Paul, en se retournant vers l'esprit, et agacé, dit...» Paul s'adresse toujours à l'esprit, mais ne parle plus seulement pour lui-même ; il y a des témoins. Il est aussi plus naturel qu'il se tourne vers l'esprit.

— 16, 36 : Les préteurs ont envoyé les licteurs dire au geôlier de relâcher Paul et Silas. Selon le texte court, ἀπήγγειλεν δὲ ὁ δεσμοφύλαξ τοὺς λόγους ... πρὸς τὸν Παῦλον, «le geôlier rapporta ces paroles à Paul». Au début du verset, D ajoute le participe εἰσελθών, «entré». Cette simple addition d'un verbe très fréquent chez Luc (trente-trois exemples dans le texte court des *Actes*, et cinq autres dont celui-ci dans D) donne à la scène de la précision et du pittoresque : le geôlier, heureux d'annoncer la bonne nouvelle à Paul et à Silas, *est rentré* dans son logement (v. 34) où l'attendent les missionnaires à qui il a donné asile après qu'un séisme les a libérés de la prison.

— 17, 6 : A Thessalonique, les Juifs cherchent Paul et Silas pour les amener devant le peuple. Ne les trouvant pas, ils traînent Jason et quelques frères devant les politarques, βοῶντες, «en criant...» dit le texte court. A ce participe D ajoute καὶ λέγοντες, «et en disant...» (que ces types ont bouleversé l'univers). L'auteur de D n'a pas délayé ; il a cherché la précision : les cris sont confus, tandis que les Juifs ont prononcé des paroles distinctes pour qu'elles fussent entendues par les politarques.

— 17, 13 : Les Juifs de Thessalonique ont appris que Paul prêchait à Bérée : t.c. : ... ἦλθον κἀκεῖ σαλεύοντες..., «ils vinrent là aussi secouer (les gens)» : emploi très grec d'un participe *présent final* après un verbe de mouvement. D ajoute εἰς αὐτήν après ἦλθον, et οὐ διελίμπανον après le participe, qui devient par là complétif, selon l'usage grec ; en outre, la valeur du καί contenu dans κἀκεῖ se modifie d'elle-même («et» au lieu de «aussi»). Les deux discrètes additions soulignent l'ardeur des Juifs de Thessalonique contre Paul à Bérée : «ils ... *y* vinrent et *ne cessaient* là de secouer ... (les gens)».

— 17, 17 : A Athènes, selon le texte court, «Paul s'entretenait dans la synagogue avec les Juifs ... *et sur l'agora*» : il y a opposition entre les lieux des entretiens, la synagogue, l'agora. Par la simple addition de τοῖς devant ἐν τῇ ἀγορᾷ Paul s'entretient avec «*les gens* de l'agora». L'opposition est faite à présent entre les Juifs et les flâneurs habitués de l'agora, donc surtout des *Athéniens* indifférents en matière de religion, désignés par l'article.

— 17, 25 : Discours à l'Aréopage

t.c. : (Dieu n'a besoin de rien de la part de l'homme) αὐτὸς διδούς... «lui qui donne (à tous vie, souffle et tout)». Par la simple *addition* de ὅτι et deux changements discrets et brefs, D met plus de force dans l'action de Dieu : ὅτι οὗτος ὁ δοὺς..., «*parce que* c'est *celui-là* qui *a donné*» (participe aoriste : une fois pour toutes). L'argumentation a plus de poids pour des Athéniens, c'est-à-dire des païens.

    – 18, 10 : Dans une vision, le Seigneur s'adresse à Paul ; t.c. : οὐδεὶς ἐπιθήσεταί σοι τοῦ κακῶσαί σε, «personne ne s'en prendra à toi, aux fins de t'opprimer». D, par la simple *suppression* des trois lettres de σοι, fait passer le sens du verbe ἐπιτίθημι, au moyen, «s'efforcer de», à celui de «s'attaquer à» et transforme une proposition finale en complétive. La promesse de Dieu est plus directe : «Personne ne s'efforcera de t'opprimer.»

    – 18, 11 : Au verset 1 du chapitre, Paul, parti d'Athènes, arrive à Corinthe. Au v. 8 beaucoup de Corinthiens se font baptiser. Aux versets 9-10, Paul a sa vision. Au v. 11 le texte court dit que Paul resta fixé un an et demi à enseigner chez eux», διδάσκων ἐν αὐτοῖς. Il est évident que le pronom αὐτοί, «eux», désigne les Corinthiens. Mais ils n'ont pas été nommés depuis le verset 8, dont on est séparé encore par la vision des versets 9-10. L'auteur de D dissipe toute obscurité en remplaçant ἐν αὐτοῖς qui dépendait de διδάσκων par ἐν Κορίνθῳ, qui dépend maintenant de ἐκάθισεν, «il se fixa à Corinthe». Mais il conserve un complément au participe διδάσκων en écrivant αὐτούς («*leur* enseignent») au lieu de ἐν αὐτοῖς, «chez eux». La phrase est habilement remaniée par des jeux divers — remplacement, changements de place et de fonction — sur le seul pronom αὐτοί.

    – 19, 28 : Dans le texte court, après le discours de l'orfèvre, ses artisans, remplis de colère, disent, dans leurs clameurs : «Grande est l'Artémis des Éphésiens !» D fait ici, après πληρεῖς θυμοῦ, «remplis de colère», une addition pleine de sens, δραμόντες εἰς τὸ ἄμφοδον, «courant dans la rue». Les quatre mots n'ajoutent pas seulement du pittoresque à la scène. Avec une habile discrétion de la part de l'auteur, ils suggèrent des choses inexprimées. Si les artisans de l'orfèvre courent *dans la rue*, c'est que leur patron les a réunis *dans l'atelier* pour les enflammer par son discours. Le texte court n'en disait rien.

    – 19, 38 : Discours du *grammateus* d'Éphèse après la révolte des orfèvres. Le texte court écrit : εἰ ... ἔχουσι πρός τινα λόγον, «s'ils ont une chose à dire contre quelqu'un ...» Le rapprochement de τινα mis à côté de λόγον est gênant, parce que les deux accusatifs n'ont pas la même fonction. L'auteur de D supprime cette gêne par la simple *addition* du pronom αὐτούς entre πρός et τινα, l'indéfini se trouvant ainsi lié à λόγον. Le sens devient excellent : «S'ils ont quelque chose à dire contre eux ...»

    – 19, 39 : Dans le même discours : t.c. : ἐν τῇ ἐννόμῳ ἐκκλησίᾳ ἐπιλυθήσεται «(si vous vous voulez pousser plus loin), que la solution appartienne à l'assemblée *légale*». L'adjectif ἔννομος peut surprendre, en tant qu'hapax du N.T., et c'est, selon Renié, l'adjectif νόμιμος que l'on emploie à Éphèse pour désigner une assemblée régulière.

D ramène à l'usage en remplaçant deux lettres par une et en en supprimant deux, τοῦ au lieu de τῇ et νόμῳ au lieu de ἐννόμῳ : ἐν τῇ νόμῳ ἐκκλησίᾳ, «qu'une assemblée (apporte la solution) en vertu de la loi». L'espression «*une* assemblée» convient mieux que «*l'*assemblée» dans la bouche du *grammateus*, qui vise avec un certain dédain «une assemblée quelconque», «n'importe laquelle». Il souligne la facilité de la solution si l'on veut mettre fin à la plus sotte des émeutes.

— 19, 40 : A la fin du même discours, le texte court est lourd et confus : περὶ τῆς σήμερον, μηδενὸς αἰτίου ὑπάρχοντος περὶ οὗ οὐ δυνησόμεθα ἀποδοῦναι λόγον περὶ τῆς συστροφῆς ταύτης, «(nous risquons une accusation d'émeute) pour celle d'aujourd'hui, puisqu'il n'existe aucun motif qui ne nous permette de rendre compte sur cette manifestation».

La phrase devient claire et légère dans D par un simple *déplacement* de σήμερον et la *suppression* de deux περί sur trois, qui a pour effet de faire de συστροφῆς le complément de λόγον. En outre, D n'écrit pas περὶ οὗ οὐ, faute probable de copiste dans le texte court, par dittographie. Le sens est dès lors : «(nous risquons) aujourd'hui une accusation d'émeute puisqu'il n'y a aucun motif qui nous permette de rendre compte *de* cette manifestation».

— 20, 23 : Discours de Paul à Milet : t.c. : θλίψεις με μένουσιν, «des tourments m'attendent». D remplace με par μοι et *ajoute* ἐν Ἱεροσολύμοις, une ville déjà nommée au verset précédent, «je vais à Jérusalem». Par le simple changement du cas du pronom, le sens du verbe μένω passe de «attendre» à «rester», sens voulu par l'*addition* de «à Jérusalem» : «des tourments restent pour moi à Jérusalem». L'insistance sur la volonté manifestée par Paul de gagner Jérusalem en dépit de toutes les menaces entraîne les imperceptibles changements opérés par l'auteur de D.

— 20, 32 : Discours de Milet : t.c. : ... τῷ δυναμένῳ οἰκοδομῆσαι καὶ δοῦναι τὴν κληρονομίαν, «(Je vous offre à Dieu), celui qui est capable de bâtir et de distribuer l'héritage ...» Par la simple *addition* du pronom ὑμᾶς après le verbe οἰκοδομῆσαι, doté donc d'un nom de personne comme complément, l'auteur de D transforme le sens de ce verbe : «(Dieu, celui qui est capable) de vous édifier». Le sens de la phrase a pris de l'ampleur ; les auditeurs de Paul sont directement touchés par l'action de Dieu ; elle leur permettra d'être plus forts, plus solides, après le départ de Paul, dont l'influence est ici visible ; cf. I *Thess.* 5, 11 ; I *Cor.* 14, 4.

— 21, 11 : La facile suppression de οἱ devant Ἰουδαῖοι dans D a pour effet de montrer ici que, pour Agabos, les Juifs ne seront pas tous coupables envers Paul à Jérusalem : «*des* Juifs», et non «*les* Juifs».

— 21, 19 : Voir le chapitre «Qualité de la langue», «prolepse», changement de ὤν du texte court en ὡς.

— 21, 20 : Paul, arrivé à Jérusalem, expose aux frères ce que Dieu a fait pour lui chez les païens : t.c. : ... ἐδόξαζον τὸν Θεόν, εἶπόν τε αὐτῷ, «(les frères) glorifiaient Dieu, et lui dirent...»; D : ... ἐδόξαζον τὸν Κύριον, εἰπόντες..., «ils glorifiaient le Seigneur, en disant...» Le simple *passage* de l'indicatif au participe (avec le remplacement de εἶπόν τε par εἰπόντες, qui implique la suppression de τε et de αὐτῷ) montre la *façon* dont les frères glorifiaient le Seigneur.

— 21, 26 : Paul purifié dans le Temple : t.c. : ἕως οὗ προσηνέχθη... «jusqu'au moment où fut offerte (l'oblation)». L'indicatif après ἕως, comme en bon grec, signifie la durée interrompue au moment où la réalisation est faite (voir le chapitre «Qualité de la langue», «Temporelles»).

D : ... ὅπως προσενεχθῆ... Le copiste a écrit par erreur προσηνέχθη un indicatif impossible après ὅπως, peut-être pris par lui pour un subjonctif. L'auteur de D ne peut avoir employé que le subjonctif (semblable à une voyelle près), obligatoire, dans une finale obtenue par le simple changement de ἕως en ὅπως. Le sens nouveau est : «... *afin que* fût offerte...» La finale montre la volonté de Paul pour obtenir que soit réalisée l'oblation. Voir la note, *Actes* B.L.

— 22, 6 : Paul raconte dans le temple son aventure de Damas : t.c. : ἐγένετο μοι πορευομένῳ καὶ ἐγγίζοντι τῇ Δαμάσκῳ ... περιαστράψαι φῶς, littéralement «il m'advint, chemin faisant et approchant de Damas ... qu'une lumière (m')environna de son éclat».

L'auteur de D semble avoir jugé inutile ἐγένετο, qui de fait n'ajoute rien au sens d'un passage important. Cette *suppression* entraîne celle de πορευομένῳ, inutile à côté du second participe, «approchant», ce qui rend plus court le texte long. Et l'auteur n'a plus qu'à reculer μοι, après ἐγγίζοντι, et lui donner ainsi un sens tout différent, dans un emploi particulier à Luc (voir le chapitre «Qualité de la langue», «Emploi des cas») : «Comme j'approchais de Damas ... *je vis* (une lumière)...» C'est Paul avant tout et avant tous qui ouvre les yeux à l'aveuglante lumière.

— 22, 11 : Dans le même discours, Paul continue à s'expliquer devant le peuple juif : t.c. : Ὡς δὲ οὐκ ἐνέβλεπον, «Comme j'étais privé de la vue (par l'éclat d'une pareille lumière ... je vins à Damas).» L'auteur de D ajoute l'aoriste ἀνέστην entre ὡς δέ et ἐνέβλεπον, «Comme *je m'étais levé*, j'étais privé de la vue...» L'effet de cette simple addition est de faire de ἀνέστην le verbe de la temporelle qui subsiste, et de ἐνέβλεπον le verbe d'une première principale nouvelle (et provoque par suite, pour lier les deux principales, l'addition de καί ou de δέ, selon d'autres témoins du texte occidental que le *codex Bezae* qui présente ici une lacune), «*et* je vins à Damas». Cette addition de

ἀνέστην nous met sous les yeux le geste de Paul et montre son
obéissance immédiate à l'ordre qu'il vient de recevoir du ciel au verset
10, ἀναστὰς πορεύου, «lève-toi et va (à Damas)».

– 22, 24 : t.c. : εἴπας … ἀνετάζεσθαι αὐτόν, «en disant … qu'il soit mis
à la question». Le sens est bon, mais il y a doute sur la signification de
εἴπας ; il semble que le verbe passif, qui en dépend, appartienne au
style indirect. D précise les choses grâce au simple remplacement de
l'infinitif passif par un actif, devenu un infinitif d'ordre brutal du
style direct (voir le chapitre «Qualité de la langue», «Proposition
principale, 2. l'ordre»). Quant à αὐτόν, sans changer de forme, il
devient tout seul complément direct là où il était sujet. Le sens est
maintenant «en disant : 'Qu'on le mette à la question'».

– 22, 26 : t.c. : Τί μέλλεις ποιεῖν ; Ὁ γὰρ ἄνθρωπος οὗτος…, «Que vas-
tu faire? Car cet homme (est un Romain)», dit le centurion au tribun
qui a l'intention de faire fouetter Paul. D ajoute trois lettres Ὅρα
devant μέλλεις, et en supprime trois autres, γάρ, après l'article : Ὅρα τί
μέλλεις ποιεῖν…, «Attention à ce que tu vas faire!…» Cette simple
addition d'un tour classique (ὅρα suivi d'une interrogation indirecte,
fréquent au théâtre) transforme une interrogation directe en un
avertissement : le subordonné laisse voir son inquiétude devant la
faute imminente de son chef, et fait succéder la participation à la
curiosité indifférente.

– 24, 9 : Au début du verset, avant «les Juifs s'associèrent à
l'attaque» le texte occidental ajoute «Quand il eut dit cela», εἰπόντος
δὲ αὐτοῦ ταῦτα. Les mots, et notamment le démonstratif, soulignent
l'audace des paroles de l'avocat des Juifs et accentuent la fausseté des
allégations elles-mêmes encore ajoutées dans son discours aux versets
6 à 8.

– 28, 14 (Clark) : Au lieu du texte court παρεκλήθημεν ἐπιμεῖναι,
«nous fûmes priés (par les frères) de rester encore (sept jours, à
Pouzzoles)», le texte occidental écrit παρεκλήθημεν … ἐπιμείναντες. Il
est difficile d'obtenir un sens nouveau avec des moyens plus
restreints, la retouche des seules dernières lettres du verbe ἐπιμένω. Le
verbe παρακαλῶ, rare au passif, ne signifie plus «être prié», mais «être
réconforté» (cf. Lc., 16, 25 ; Actes 20, 12) et le participe aoriste de
ἐπιμένω, avec sa valeur d'aspect plus que de temps, correspond à
l'abstrait «séjour». Le sens est : «Nous fûmes réconfortés par un
séjour prolongé de sept jours.» Le séjour à Pouzzoles semble moins
voulu par les frères que dû à l'initiative, au moins à l'acceptation, de
Paul.

On s'est ici borné à donner les exemples de l'habileté de l'auteur du
texte occidental quand il veut retoucher certaines phrases et ajuster
ce qu'il écrit à ce qui est écrit par Luc. Il procède par de légères
additions, de brèves suppressions, et surtout par de petits riens peut-

être plus éloquents*. Car une addition, plus ou moins longue, une suppression, peuvent être en principe l'œuvre d'un tiers, tandis que les petits riens sont plutôt signés par un auteur qui *se* retouche. On croit distinguer une main qui respecte l'ancien en lui apportant du nouveau avec tant de discrétion qu'on l'aperçoit à peine, malgré l'importance que le nouveau peut avoir.

Ainsi le changement, ou le déplacement, d'un mot, voire d'une ou deux lettres de ce mot, comme par un jeu sur les mots, ou l'emploi de deux mots dont les sons ou les syllabes se ressemblent, quelquefois pour donner à un verbe une acception nouvelle, ailleurs pour modifier la nature d'une proposition afin de la mieux adapter au contexte et d'obtenir en fin de compte un sens plus substantiel, une annonce plus précise ou plus délicate : tels sont les moyens employés pour opérer les retouches ; et jamais ils n'apportent rien qui contredise la version lucanienne. L'accord reste également constant entre le récit et le discours de l'un et de l'autre texte ; l'harmonie règne entre l'écrit de Luc et les faits ajoutés par l'auteur second, sans qu'apparaissent entre eux quelque solution de continuité. Il en ressort cette constatation que, dans tous les cas, ce qui est écrit par Luc est antérieur à ce que l'on trouve écrit dans le texte occidental, même s'il arrive que des suppressions rendent celui-ci plus court que celui-là.

Se manifeste de la sorte la différence fondamentale entre le présent chapitre et le précédent, bien que les constatations y soient identiques. Il était visible, dans le précédent, qu'il s'agissait, chez l'auteur du texte occidental, de qualités en quelque sorte passives. Il ne faisait qu'écrire dans le respect de la bonne langue, connue à fond de lui, et n'avait qu'à obéir à ses habitudes d'écrivain.

Maintenant, dans le chapitre qui se termine ici, il voile une volonté d'améliorer ce qui a été écrit dans le texte court. Même dissimulée, une telle intention n'en existe pas moins, car elle correspond à l'envie, ou au besoin, de donner une relation plus sûre, plus précise, plus expressive aussi, capable de produire des effets plus décisifs ou plus étendus. Cette intention va se manifester autrement dans le chapitre qui vient, où doivent apparaître non plus les habiletés dans les retouches mais les qualités d'un style plus vif et plus léger pour le

---

* Il n'est pas question ici de montrer l'habileté de l'auteur du texte long pour ajuster tout un passage à tout un passage et pour greffer là son nouveau texte. On ne peut que renvoyer aux articles publiés, pour éviter d'en répéter les conclusions : sur 17, 4-15, *R.T.*, 1982, p. 614 § 4 ; sur 22, 23 et 30, *Laval th.*, 1984, p. 218, 224 ; sur 23, 14-15, 23-24 et 29, *R.T.*, 1984, p. 83-91 ; sur 27, 1-2, *Laval th.*, 1983, p. 302. Chaque fois apparaît une véritable fusion de passages entiers d'un texte dans l'autre, comme on vient de le voir pour de simples mots ou propostions.

lecteur, et surtout pour l'auditeur qu'il est bon de séduire après l'avoir convaincu.

Il apparaît enfin que si le texte de Luc peut se passer du texte long parce qu'il possède une existence indépendante, le second ne peut se passer du premier, puisqu'il lui est en quelque sorte superposé, et qu'il lui doit la vie.

Chapitre 5

LE CONTEUR

Avec le présent chapitre nous pénétrons plus avant dans le domaine du style, qui est l'homme.

Déjà dans le texte court était visible l'art du conteur. Dans le texte occidental il brille. Considérons d'abord les changements subis par quelques épisodes, agréables déjà dans la première version. Ils deviennent sans effort plus plaisants dans la seconde.

Au chapitre 5 : Lorsque Pierre et Jean se voient délivrés de leur prison par un ange du Seigneur, ils ont d'abord été appréhendés par l'archiprêtre et les hommes de son entourage. Des additions légères augmentent l'agrément du récit. Après avoir placé les apôtres sous bonne garde, leurs ennemis *rentrent chacun chez soi* (18) : tranquillité qui fait sourire lorsqu'on sait la surprise qui les attend au réveil. Ils ont d'ailleurs mal dormi puisqu'ils sont *réveillés de bonne heure* (21), et l'on s'amuse de l'étonnement des serviteurs quand ils *ouvrent* la prison, pour ne trouver personne *à l'intérieur* (22).

Au chapitre 12 : La petite servante Rose oublie son premier devoir quand Pierre a été libéré de sa prison par un ange du Seigneur. Elle a reconnu la voix de Pierre mais, sous l'effet de la stupeur et de la joie, au lieu d'ouvrir, elle court conter aux frères, en train de prier, que Pierre est là. Selon le texte court, eux «lui dirent» (πρὸς αὐτὴν εἶπαν) : «Tu es folle», sans le répéter. Le texte long écrit «ils lui *disaient*» (15), un imparfait de continuité et de répétition qui donne à penser que, un moment stupéfaits, ils n'ont su que lui dire plusieurs fois qu'elle était folle. Puis, le πρὸς αὐτήν du texte court est ici placé, dans D, après un nouvel ἔλεγον, «disaient». Les assistants, sans parler directement à une folle, la *désignent* simplement d'un geste ; et l'auteur ajoute ici l'accusatif absolu τυχόν, «peut-être», qui trahit leur incertitude et leurs hésitations devant une décision qu'il faudrait prendre : «peut-être» est-ce l'ange de Pierre que la servante a entendu dehors. Pierre continuant à heurter, ils ouvrent *tout grand* (16, ἐξανοίξαντες au lieu de ἀνοίξαντες) la porte, comme pour mieux recevoir le visiteur.

Ainsi le choix des mots, d'une préposition, d'un préverbe, d'un temps de verbe, anime la scène et la rend plus pittoresque.

Au chapitre 16 : Épisode de la petite pythonisse, dont les maîtres sont ruinés par la prédication de Paul. Jetés d'abord en prison, Paul et Silas sont délivrés par un séisme. Le geôlier croit avoir, par sa négligence, permis l'évasion de tous ses prisonniers. Il va se tuer. Paul arrête son bras, le rassure. L'homme alors, tombe *aux pieds* (29) de Paul et de Silas ; puis il les fait sortir, *après s'être assuré de tous les autres* (30). Après quoi l'auteur de D insiste sur l'effroi des préteurs, le jour venu, leur réunion sur l'agora. Pour empêcher le geôlier de faire erreur sur les prisonniers à libérer, ils lui ordonnent de relâcher ces hommes, dit-il, « *que tu as reçus hier* » (35). Et toute la fin de l'histoire est animée par une nouvelle insistance sur l'attitude des préteurs, les excuses qu'ils adressent à Paul et à Silas. L'impression de choses vues et vécues s'accentue avec le texte long : « On se croit en face d'un historien qui réveille avec amusement ses propres souvenirs, qui soulève par instants un coin du voile et laisse apercevoir de nouveaux sourires, en aiguisant sans méchanceté une critique aux dépens de deux magistrats romains, craintifs devant leurs administrés, et inquiets des comptes à rendre au pouvoir central » (*Biblica*, 1982, p. 404).

Au chapitre 18 : Histoire des Juifs de Corinthe retournant leur colère contre Sosthène, le chef de la synagogue. Ces Juifs se sont soulevés *contre* Paul (ἐπὶ τὸν Παῦλον dans D, plus fort que le datif Παύλῳ), et cela, *après s'être concertés* (12). Pour l'amener devant le tribunal de Gallion, proconsul d'Achaïe, ils lui ont *imposé les mains*, dit l'auteur du texte long (ἐπιθέντες τὰς χεῖρας), une expression qui provoque le sourire : on en attendait une autre, comme celle de 5, 18 t.c., ἐπέβαλον τὰς χεῖρας « ils mirent la main », une expression que Luc emploie pour une arrestation brutale (Lc., 20, 19 ; *Actes* t.c. 4, 3 ; 5, 18 ; 21, 27). Mais ἐπιτίθημι signifie « imposer (les mains) » soit pour guérir, soit pour conférer un sacrement. Curieuse « imposition des mains » que celle qui consiste, ici, à procéder à l'arrestation de Paul ! Et les Juifs la font *en hurlant contre lui* (13), contre ce méchant qui veut persuader les hommes de rendre un culte à Dieu. Gallion s'adresse alors, avec une froide politesse, à « *Messieurs* les Juifs » (14). Il ne *consent* pas (οὐ θέλω, dit-il, au lieu de οὐ βούλομαι, 15) à s'occuper d'une affaire purement juive. C'est avec la même froideur qu'il les *congédie* (ἀπέλυσεν, 16) au lieu de les « chasser » (ἀπήλασεν, t.c.). Alors tous *les Grecs* (οἱ Ἕλληνες, les Juifs de la diaspora, comme le précise D) *prennent à part* Sosthène (ἀπολαβόμενοι, D), pour mieux lui donner le change apparemment (ἐπιλαβόμενοι, t.c., « ils l'attrapent », ce qui supprime tout effet de surprise) et le rouent de coups devant le tribunal même, tandis que Gallion se désintéresse de l'affaire.

Dans l'épisode, l'auteur de D anime la scène en rendant plus violents les gestes et tout le comportement des Juifs, tandis que le proconsul accentue sa froideur à leur égard.

Au chapitre 22 : La faute du tribun Lysias qui faillit faire fouetter un Romain (voir au chapitre précédent les retouches apportées au t.c. de 22, 26). Paul vient de prononcer, en hébreu, le discours où il a raconté à «ses frères et à ses pères» son histoire du chemin de Damas. Les Juifs poussent des hurlements ; ils crient qu'un tel individu doit être retranché de la terre. Dans leur rage, ils jettent leurs manteaux et lancent de la poussière, non plus «en l'air», εἰς τὸν ἀέρα (23) comme le dit le texte court, mais εἰς τὸν οὐρανόν, «vers le ciel» : un geste de furie est remplacé par un défi à Dieu. Le tribun ayant prescrit la flagellation pour Paul, demande pourquoi les Juifs vociféraient (ἐπεφώνουν, 24) à ce point contre lui. D emploie un autre verbe, probablement plus expressif, κατεφώνουν, «faisaient du tapage», et rendu tel par le changement du préverbe. Paul demande au tribun s'il a le droit de faire fouetter un Romain. Au verset 26, D souligne la stupéfaction du centurion, qui maintenant fait plus qu'«entendre» (sans complément dans le t.c.), par l'addition au participe «en entendant» de «cette chose qu'il se disait un Romain». Le dialogue qui s'engage alors entre centurion, Paul et tribun s'anime grâce à la nouvelle *addition* de quelques verbes, «*fais attention* (ὅρα 26) à ce que tu vas faire», dit le centurion à son chef. Le tribun, alors (τότε) *demande* (ἐπηρώτησεν au lieu de εἶπεν 27) à Paul s'il est Romain. Et Paul, au lieu de répondre le simple «oui», ναί, du t.c., reprend gravement le verbe de la question, «je le suis». Au verset 28, le tribun réplique en ajoutant deux mots riches de sens car ils donnent le ton d'une souffrance qui dure encore : «*Je sais ... quelle* somme (οἶδα πόσου) il m'a fallue pour acquérir ce droit !» D ajoute au verset 29 un second τότε, «alors», qui annonce la fin de l'épisode ; et la frayeur du tribun devant la faute qu'il a failli commettre est maintenant suivie de sa conséquence, non dite dans le texte court, «*et sur-le-champ, il le fit délier*».

Sous le texte long apparaissent mieux marquées les qualités d'un conteur habile à suggérer la psychologie des Juifs, de deux Romains, toujours par des additions légères ou des moyens discrets, un préverbe, la voix d'un verbe, qui suffisent pour rendre un récit plus pittoresque et, dans ses dialogues plus vivant, en un mot qui nous met la scène sous les yeux.

On n'ira pas plus loin dans un examen de scènes d'un épisode. Les cinq exemples des chapitres 5, 12, 16, 18 et 22 suffisent pour démontrer que l'auteur du texte occidental sait prendre un récit pour en accentuer la vivacité. Mais il convient de chercher les moyens précis par lesquels s'affirme l'art du conteur.

Les entrées en matière dans une nouvelle scène.

1. Emploi de ἦν.

A deux reprises un épisode nouveau est introduit par un imparfait du verbe εἰμι qui n'existait pas dans le texte court.

– 10, 1 Clark : Ἀνὴρ δέ τις ἦν ἐν Καισαρείᾳ Κορνήλιος, «Or, *il y avait*, à Césarée, un homme du nom de Corneille ...» Cette *addition*, qui amène l'histoire de Corneille, a l'avantage de donner tout de suite à la phrase ainsi allégée son verbe principal. Dans le texte court ce verbe principal εἶδεν, «vit» ne vient qu'au troisième verset d'une phrase interminable.

– 19, 24 D : même *addition* de ἦν, pour introduire l'histoire de l'orfèvre Démétrios : Δημήτριος γάρ τις ἦν ἀργυροκόπος. L'addition d'un verbe principal entraîne celle d'une relative, qui n'alourdit rien. «*Il y avait* un certain Démétrios, un orfèvre, *qui* (procurait de beaux bénéfices à ses artisans).»

Ces deux histoires, sur un épisode de la vie d'un homme, Corneille, puis Démétrios, sont introduites à la manière d'un conte ; l'intérêt, accroché sur-le-champ, se porte sur le personnage inconnu qui entre en scène : «Il était une fois ...»

2. Addition d'un τότε.

La même impression se dégage chaque fois que le texte long ajoute τότε, «alors», dans le récit, comme on vient de le voir, à deux reprises, aux chapitres 22, 27 et 29. L'adverbe τότε, vu son sens, n'est certes pas rare dans le N.T. ; mais si Luc l'emploie quinze fois dans son Évangile et vingt et une fois dans le texte court des *Actes*, il est remarquable que le texte long en fournisse dix-sept exemples supplémentaires, alors que le contexte ne le postule pas. Tantôt il est ajouté, tantôt il remplace une banale conjonction de coordination, surtout δέ. Mais là où il remplace un δέ on peut le considérer comme ajouté. Et toujours il éveille la curiosité.

Avant de les passer en revue, on notera que ces τότε ne doivent pas être le signe d'un lectionnaire, parce qu'ils indiquent un moment précis dans une histoire, «à ce moment-là», plus qu'une époque dont la précision importe peu.

Il suffira de citer en traduction ces τότε particuliers au texte occidental :

– 2, 14 : Après les prodiges de la Pentecôte : «*Alors* Pierre ... fut le premier à élever la voix.»

– 2, 37 : Après le premier discours de Pierre : «*Alors* tous ceux qui s'étaient rassemblés ...»

– 5, 19 : Pierre et Jean sont mis en prison : «*Alors*, pendant la nuit, un ange du Seigneur ouvrit les portes de la prison ...»

– 7, 26 : Au lieu de τῇ τε ἐπιούσῃ ἡμέρᾳ du t.c., «le jour suivant», D écrit τότε ἐπιούσῃ ..., «*Alors*, un jour suivant ...» qui pourrait être une simple faute de copiste (plus sûrement en 18, 5 ; cf. *infra*).

– 9, 17 Clark : Ananias envoyé en mission auprès de Saul : «*Alors*, relevé, Ananias partit ...»

– 10, 21 : L'Esprit vient de révéler à Pierre que les envoyés de Corneille arrivent : «*Alors* Pierre descendit ...»

– 10, 23, deux versets plus loin : «*Alors* Pierre les fit entrer ...»

– 10, 48, après la suppression d'un τότε à la fin du verset 46 : «*Alors* il (Pierre) prescrivit qu'ils (Corneille et les siens) fussent baptisés.»

– 11, 26 : Ici le τότε est emphatique ; il souligne un moment mémorable de l'histoire des premiers chrétiens : «Et c'est *alors*, pour la première fois qu'à Antioche les disciples prirent le titre de Chrétiens.» (Deux mots plus loin se trouve l'addition du premier «passage-nous.»)

– 15, 39 : Désaccord entre Paul et Barnabé à propos de Jean Marc ; la phrase est coupée par l'adjonction d'un τότε : «*Alors* Barnabé prit Marc avec soi et partit pour Chypre.»

– 16, 22 : Les maîtres de la petite pythonisse ayant entraîné Paul et Silas devant les préteurs, la foule se déchaîna contre eux ; ici D ajoute κράζοντες, «avec des clameurs» et arrête la phrase. La suivante commence par l'addition de τότε : «*Alors* (les préteurs ordonnèrent le fouet ...)»

– 19, 9 : Dans la synagogue d'Éphèse, Paul se heurte à l'hostilité de certains, qui injurient la Voie, sous les regards de la foule. Ici, après avoir supprimé le ὡς, temporel, du début du verset, D ajoute τῶν ἐθνῶν, «(la foule) des païens» et arrête la phrase. Il commence la suivante par l'addition de τότε : «*Alors* (Paul les lâcha ...)»

– 19, 15 : A Éphèse, les fils de Scévas adjurent par Jésus. A la fin du verset 14 D ajoute quatre stiques, où l'on voit ces fils invoquer le nom de Jésus pour chasser un démon. Puis le verset 15 commence par un τότε ajouté : «*Alors* (l'esprit méchant répliqua ...)»

– 19, 21 : Beaucoup d'habitants d'Éphèse renoncent à pratiquer la magie, et la foi en Dieu prend de la force. D apporte quelques modifications à la fin du verset 20 et commence le suivant par l'addition d'un Τότε, «Alors ...» qui lui permet de supprimer le début de la phrase tel qu'il était dans le texte court, «Quand cela fut accompli ...» Le texte gagne en légèreté.

– 22, 27 : Le centurion empêche que soit fouetté Paul, un Romain. Au début du verset, D ajoute : «*Alors* (s'approchant, le tribun lui demanda ...)»

– 22, 29 : Dans le texte court, le verset commence par Εὐθέως οὖν, «Aussitôt donc (le lâchèrent ceux qui allaient le mettre à la question).» D remplace les deux mots par un simple «*Alors* ...»

– 25, 21 Clark : Festus a demandé à Paul s'il voulait aller se faire juger à Jérusalem ; le texte occidental remplace un génitif absolu du texte court, «Paul en ayant appelé à être gardé...» par une première principale commençant par Τότε ..., «*C'est alors que* (Paul en appela à César ...)»

On doit mettre à part les deux exemples où τότε du texte court est *supprimé* dans le texte long :

– 13, 12 : t.c. : Τότε ἰδών ..., «Alors, voyant (l'événement, le proconsul se mit à croire).» D remplace Τότε ἰδών ... par Ἰδών δὲ ..., et la suppression peut fort bien s'expliquer par le fait que D ajoute un verbe principal ἐθαύμασεν, «s'émerveilla», capable de faire de ἰδών un participe *complétif*, «s'émerveilla *de voir* ... (et crut en Dieu)». En remplaçant τότε par un simple δέ, le texte long supprime le léger arrêt qui séparait les versets 11 et 12 et rend le second suite directe du premier.

– 21, 13 : t.c. : Τότε ἀπεκρίθη ὁ Παῦλος ..., «Paul répondit alors...» D écrit Εἶπεν δὲ πρὸς ἡμᾶς ὁ Παῦλος ..., «Et Paul nous dit...» Il est à croire que l'addition de πρὸς ἡμᾶς a entraîné la suppression de τότε. La présence de «nous» conduit l'auteur à moins insister sur le moment où parle Paul.

Ainsi les deux suppressions de τότε dans le texte occidental paraissent naturelles, ou du moins n'ont rien de surprenant si, comme il est probable, elles sont voulues (*N.B.* Le cas de 18, 5 est à mettre à part également, mais pour une autre raison : le Τότε Σιλᾶς de D est probablement une faute de copiste pour ὅ τε Σιλᾶς).

Dans le texte court des *Actes* l'adverbe τότε est employé, on le sait, vingt et une fois, parce qu'il y a souvent lieu d'introduire une nouvelle scène. Il est alors banal. Les dix-sept τότε ajoutés dans le texte occidental ont plus de poids, car ils n'introduisent plus une scène mais, après une pause, le *moment important* d'une scène. Quelquefois emphatiques, ils soulignent dans tous les cas une coupure nouvelle (cf. *infra*) introduite dans l'histoire pour y créer une pause ; ils marquent plus nettement les divisions d'un récit, ainsi capable de mieux frapper les mémoires. Ils couvrent l'ensemble des *Actes,* surtout à propos de Pierre et de Paul, et peuvent quelquefois être chargés d'une certaine émotion s'ils rappellent un temps qui n'est plus.

Les τότε ont souvent pour effet de créer des coupures. Mais il y a des coupures qui se font par d'autres moyens.

Phrases allégées par des coupures.

– 3, 2-3 : t.c. : χωλὸς ... ἐβαστάζετο, ὃν ἐτίθουν ... (3) ὃς ἰδών ... ἠρώτα ..., «un boiteux ... était porté, que l'on plaçait ... (3) qui voyant ... demandait...» L'auteur de D *remplace* le second relatif, dans une *addition* au début du verset 3, par un démonstratif sujet de la nouvelle principale. Il allège ainsi une phrase trop lourde pour être conservée telle quelle en français et peut ajouter quatre mots après le démonstratif : (3) Οὗτος, ἀτενίσας τοῖς ὀφθαλμοῖς αὐτοῦ..., «Cet homme-là, fixant les yeux ... (leur demandait ...)». Cette addition de ἀτενίσας entraîne le remplacement de ce participe, au début du verset 4, par ἐμβλέψας, «dirigeant (sur lui) son regard ...» D'autres remplacements suivent.

– 3, 16 : t.c. : τοῦτον ὃν θεωρεῖτε ..., ἐστερέωσεν τὸ ὄνομα αὐτοῦ, «celui que vous regardez ..., son nom l'a affermi ...» Comme dans l'exemple précédent, D supprime le relatif (qui peut, il est vrai, avoir été omis par le copiste), et la relative devient principale, en soi plus légère : «cet homme-là, vous le voyez ...»

– 3, 22 : Dans une citation approximative du *Deutéronome,* 18, 15-20, le t.c. donne : Προφήτην ... ἀναστήσει ... ὡς ἐμέ, et la phrase s'arrête alors : «(le Seigneur) ... fera lever ... un prophète ... comme moi». D coupe la phrase après ἐμέ, changé en ἐμοῦ, qui devient complément du verbe qui suit : Ὡς ἐμοῦ αὐτοῦ ἀκούσεσθε, «Comme en moi, vous écouterez en lui (tout ce qu'il vous dira).»

– 4, 5 : t.c. : Ἐγένετο δὲ ... συναχθῆναι ..., «Or ce fut (le lendemain) que (les chefs) se trouvèrent rassemblés ...» D fait de l'infinitif un indicatif, plus léger, ce qui rend indépendante la proposition ἐγένετο ... : «Or, ce fut ..., (les chefs) se rassemblèrent ...»

– 10, 19 : Le changement est du même ordre que celui de l'exemple précédent : t.c. : Ἰδοὺ ... ζητοῦντές σε, «Voici des hommes qui te cherchent.» D remplace le participe par un indicatif présent : «Voici des hommes. Ils te cherchent.»

– 10, 37 et 38 : Les deux versets forment dans le texte court une seule phrase, longue et lourde, où la Parole réalisée *est* Jésus et où l'antécédent Ἰησοῦν est séparé maladroitement de son relatif par ὁ Θεός : t.c. : (37) ... οἴδατε τό γενόμενον ῥῆμα ... τῆς Ἰουδαίας, ἀρξάμενος ἀπὸ τῆς Γαλιλαίας ... (38) Ἰησοῦν ... ὡς ἔχρισεν αὐτὸν ὁ Θεὸς ... ὃς διῆλθεν εὐεργετῶν, «(37) ... vous connaissez la Parole qui s'est réalisée (à travers) la Judée (entière), à commencer par la Galilée ... (38) Jésus ..., comment Dieu l'a oint ... qui (= Jésus) a passé sa vie à faire le bien ...»

D écrit : (37) ... οἴδατε ... τῆς Ἰουδαίας. Ἀρξάμενος γὰρ ἀπὸ τῆς Γαλιλαίας, ... (38) Ἰησοῦν ... ὃν ἔχρισεν ὁ Θεός ..., οὗτος διῆλθεν ..., «(37) vous connaissez (la Parole qui s'est réalisée à travers la Judée (entière). A commencer en effet par la Galilée ..., (38) Jésus ... que Dieu a oint ..., celui-là a passé (sa vie à faire le bien)». L'auteur D a transformé les deux versets en les rendant plus légers ; il supprime une prolepse en remplaçant ὡς par ὅν, ce qui entraîne la suppression de αὐτόν ; par suite ce relatif a pour antécédent, placé après lui, le οὗτος emphatique ajouté, qui reprend Ἰησοῦν (resté à l'accusatif probablement sous l'influence de l'accusatif ὅν), et se trouve être Íe sujet de la proposition devenue principale qui suit. *N.B.* Il est impossible d'être catégorique pour ces deux versets, car le texte n'est pas absolument sûr dans aucune des deux versions.

— 12, 3-4 : t.c. : ... Πέτρον ... (4) ὃν καὶ πιάσας ἔθετο ..., «... Pierre, qu'il fit saisir pour le placer (dans une prison) ...» D coupe la phrase avant ὅν et remplace encore le relatif par un démonstratif : «... Pierre. (4) *Celui-ci,* il le fit saisir ...»

— 12, 17 : t.c. : κατασείσας αὐτοῖς τῇ χειρὶ σιγᾶν, διηγήσατο ... «leur ayant fait signe de la main de garder le silence, il leur raconta ...» Après «garder le silence» D ajoute εἰσῆλθεν καὶ, «*il entra et* (leur raconta ...» L'addition du verbe «il entra» allège la phrase en ajoutant un fait nouveau qui sépare mieux les idées successives ; elle crée un repos dans le récit et prépare mieux à ce que Pierre va dire sur la façon dont le Seigneur l'a tiré de prison.

— 13, 31 : Même coupure et allègement : t.c. : «(Jésus ... *qui* fut vu ...» Dans D le démonstratif montre l'influence sur Jésus : «... *C'est celui-là* qui fut vu ...»

— 13, 33 : Remplacement du même ordre, de ὡς καί par οὕτως γάρ allégeant une phrase longue et lourde : t.c. : ... ἀναστήσας Ἰησοῦν, ὡς γέγραπται .., «en ressuscitant Jésus, selon qu'il est écrit ...». Dans D la phrase est coupée après «Jésus» : «*Car* c'est ainsi qu'il est écrit ...»

— 14, 9 : t.c. : Οὗτος ἤκουσεν τοῦ Παύλου λαλοῦντος, ὃς ἀτενίσας ... «Cet homme-là entendit parler Paul, qui, ayant fixé les yeux sur lui ... (dit ...).» D, après λαλοῦντος, ajoute ὑπάρχων ἐν φόβῳ, ce qui lui permet de couper la phrase après cette addition et de supprimer le relatif ὅς, remplacé par l'addition de ὁ Παῦλος : «Cet homme-là entendit parler Paul, *non sans frayeur.* Ayant fixé les yeux sur lui, *Paul* ...»

— 15, 17-18 : t.c. : Une prophétie d'*Amos* se termine par λέγει Κύριος ποιῶν ταῦτα, suivie par la reprise, au verset 18, γνωστὰ ἀπ᾽ αἰῶνος, «dit le Seigneur, qui fait ces choses, (18) qu'il connaît de toute éternité.» D (mais aussi le ms. A) coupe la phrase après ταῦτα, remplace γνωστά par un singulier qui s'accorde avec τὸ ἔργον, ajouté avec quatre autres mots : Γνωστὸν ... ἐστιν τῷ Κυρίῳ τὸ ἔργον αὐτοῦ, «Connue *du Seigneur* ... *est son œuvre.*».

— 16, 24 : t.c. : (ordre est donné par les préteurs au geôlier de les garder en sûreté) ὅς ... ἔβαλεν αὐτούς ..., «(le geôlier) *qui* les jeta (Paul et Silas, dans la prison intérieure)». D supprime le relatif ὅς et le remplace par ὁ δέ, «et lui», sujet de «jeta» devenu verbe d'une proposition indépendante. La coupure allège la phrase et la précision sur le geôlier vient non seulement du «lui», mais s'explique aussi par le passage de l'actif τηρεῖν᾽αὐτούς, «(ordre) de les garder en sûreté», au passif τηρεῖσθαι αὐτούς (ordre du style direct) : «Qu'ils soient gardés

...», αὐτούς étant devenu sujet de l'infinitif passif. Dans le texte court, l'ordre doit être exécuté par le geôlier personnellement. Dans D l'ordre est plus cassant et plus distant : peu importe aux préteurs qui exécutera l'ordre pourvu que, sous la responsabilité du geôlier, il soit exécuté (voir «Qualité de la langue», «infinitif d'ordre»).

– 19, 25 : suppression d'une relative complexe ; voir «Qualité de la langue», «tours particuliers supprimés».

– 21, 1 : voir *id.*, «génitif absolu», «remplacement».

– 21, 25 : t.c. : Περὶ δὲ τῶν πεπιστευκότων ἐθνῶν ἡμεῖς ἐπεστείλαμεν ..., «Quant aux païens qui possèdent la foi, nous leur avons, nous, écrit ...» D ajoute, entre ἐθνῶν et ἡμεῖς, cinq mots, οὐδὲν ἔχουσιν λέγειν πρὸς σέ, «ils n'ont rien à dire contre toi». Cette addition arrête la phrase. Après quoi on trouve une nouvelle phrase, liée à la précédente par un γάρ ajouté après le même ἡμεῖς : Ἡμεῖς γὰρ ἀπεστείλαμεν, «Nous avons en effet dépêché une mission» (avec un nouveau sens donné par le verbe ἀποστέλλω, exigé par les changements dans les mots qui suivent).

– 22, 3-4 : t.c. : Ἐγώ εἰμι ... ζηλωτὴς ... (4) ὃς ... ἐδίωξα, «Je suis, ... zélateur ..., (4) moi qui ai persécuté ...» Avec ses trois versets, la phrase de Paul est plus longue qu'oratoire. D supprime le relatif ὅς et coupe la phrase en remplaçant ὅς par καί : «Et j'ai persécuté ...» Elle est dès lors plus aisée à suivre.

– 22, 17-18 : t.c. : Ἐγένετο δέ μοι ... γενέσθαι ἐν ἐκστάσει (18) καὶ ἰδεῖν..., «Il m'advint ... d'être en extase, (18) et de voir ...» D coupe la phrase après ἐκστάσει et remplace l'infinitif ἰδεῖν, qui dépend de ἐγένετο, par l'indicatif εἶδον, qui devient verbe principal et met mieux en lumière la vision de Paul à Damas, moins fortuite.

Telles sont les coupures les plus significatives par lesquelles l'auteur de D allège une phrase longue ou compliquée, voire gauche, du texte court. Elles peuvent répondre, parfois, à un souci de lecture en public, par un texte rendu plus clair, plus facile à suivre, où les idées soient mieux séparées. Quelques-unes d'entre elles sont exigées, ou facilitées, par une addition. Beaucoup de relatifs sont remplacés par un démonstratif, qui introduit une nouvelle phrase, avec l'addition d'une conjonction de coordination nécessaire en grec, et rend principale ou indépendante l'ancienne relative. Toutes ces coupures permettent d'aérer la phrase, de la rendre plus frappante, et souvent d'insister sur la présence ou sur le rôle d'un personnage.

Il arrive encore que, par un mouvement inverse, qui ne dénote pas une intention différente, un démonstratif soit remplacé par un relatif et que, par suite, une coupure soit *supprimée* dans le texte long. Ainsi :

– 1, 19 : La parenthèse du texte court, καὶ γνωστὸν ἐγένετο πᾶσι ..., «et le fait fut connu de tous ...», est supprimée dans le texte de D par l'*addition* du relatif ὅ suivi d'un καί qui, en soulignant ce relatif, voit changer sa valeur, «*ce qui* fut connu de tous». Cette relative a l'avantage de mieux lier la nouvelle proposition à ce qui précède sur la mort de Judas et de donner plus d'unité au récit qui lui est consacré.

— 7, 18-19, dans le discours d'Étienne, sur le changement de règne en Égypte ; le texte court écrit ... βασιλεὺς ἕτερος, ὃς οὐκ ᾔδει τὸν Ἰωσήφ. (19) Οὗτος ... ἐκάκωσεν ..., «... un roi autre, qui ne connaissait pas Joseph. (19) Celui-là ... opprima (nos pères) ...» D supprime la coupure en remplaçant οὗτος par καί, ce qui crée une seconde relative, au verset 19, une relative coordonnée où le relatif n'a pas à être répété : «un roi autre qui (ici le verbe est changé dans D) ne se souvint pas de Joseph, (19) et qui ... opprima (nos pères)». Cette nouvelle phrase a le double avantage de lier les deux actions du nouveau roi égyptien dans son hostilité aux Juifs, et surtout de dissiper toute équivoque sur οὗτος qui, dans le texte court, au verset 19, pourrait paraître désigner Joseph, et non le roi.

— 18, 24-25 : t.c. : Ἰουδαῖος δέ τις, Ἀπολλῶς ... Ἀλεξανδρεὺς τῷ γένει, ... κατήντησεν εἰς Ἔφεσον ... (25) Οὗτος ἦν κατηχημένος τὴν ὁδὸν τοῦ κυρίου. «Un Juif, Apollôs ... alexandrin de naissance, ... parvint à Éphèse ... (25) Cet homme-là possédait une instruction relative à la Voie du Seigneur.»

D supprime la coupure en remplaçant le démonstratif οὗτος du début du verset 25 par le relatif ὅς, immédiatement justifié par l'addition de ἐν τῇ πατρίδι, «(un Juif) ... (25) qui, dans sa patrie, possédait une instruction relative (ici D remplace ὁδόν par λόγον) à la parole du Seigneur». Ainsi sont mieux liées deux idées sur Apollôs, à Alexandrie, puis à Éphèse. Lorsqu'il arrive à Éphèse pour y enseigner les choses concernant Jésus, il possédait *déjà* dans Alexandrie, sa patrie, une instruction sur l'enseignement de Jésus.

On constate que dans *les trois exemples* de relatives nouvelles du texte long, leur addition n'alourdit pas la phrase. Justifiées, elles révèlent chez l'auteur une intention d'unir des idées ou des faits qui ont avantage à l'être, et de rendre un texte à la fois plus clair et plus précis. Ainsi les rares additions d'une coupure conduisent à la même conclusion que leurs suppressions : il y a, sous le texte occidental, un auteur qui sait ce qu'il veut.

Mieux voir et mieux entendre ; le style direct.

Cet auteur, on l'a vu, est conteur. Il a le sens de l'humour et du pittoresque. Son art, ou son nouveau travail de retouches, est rendu apparent par d'autres signes, ou par d'autres procédés.

Parfois il fait *mieux voir* une scène par l'addition d'un geste. Par exemple dans le discours que prononce le *grammateus* d'Éphèse pour apaiser la foule. En 19, 37 il montre du doigt le théâtre, où se passe la

scène, en ajoutant l'adverbe ἐνθάδε au texte court : « En ces hommes-
là (Paul et ses compagnons) vous n'avez amené *ici* ni des pilleurs de
temples ni des blasphémateurs de notre déesse. » Tout de suite après,
au verset suivant, il ajoute un démonstratif pour désigner l'orfèvre
responsable de l'émeute chez les Éphésiens : « Alors, si *ce* Démétrios *en*
question (Δημήτριος οὗτος) et les artisans de sa maison ont quelque
chose à dire ... » Le geste accompagne la parole et le démonstratif
indique un personnage qui ne mérite pas tout ce bruit.

Il n'est pas utile de multiplier les exemples. Mieux vaut relever
ceux d'un procédé très caractéristique du texte long, car il y est
répété. Mieux vaut montrer les passages où son auteur use du style
direct pour nous faire *entendre* les paroles d'un personnage.

– 1, 4 : Jésus ordonne aux apôtres d'attendre la promesse du Père,
et ici le texte court emploie le style direct de façon inattendue, sans
signe annonciateur, ἣν ἠκούσατέ μου, « que vous avez entendue de *moi* ».
D souligne avec plus de force le brusque passage au style direct en
ajoutant, entre ἠκούσατε et μου : ἣν ἠκούσατε, φησίν, διὰ στόματός μου,
« que vous avez entendue, *dit-il, par ma bouche* ». Par ce « dit-il » la
phrase nouvelle donne un accent plus vif aux dernières Paroles de
Jésus avant son Ascension, en les plaçant plus visiblement sur ses
lèvres.

– 9, 8 : Dans le récit que fait Luc de l'aventure de Damas, Saul, se
voyant environné de l'éclat d'une lumière venue du ciel, tombe par
terre. Il entend alors la voix du Seigneur, qui va stupéfier ses
compagnons de route. A ce moment, dit le texte court, « Saul fut
relevé de terre », ἠγέρθη δὲ Σαῦλος ἀπὸ τῆς γῆς. Le verbe passif indique
manifestement que Saul ne s'est pas relevé tout seul ; il faut qu'il ait
été relevé par ses compagnons. Mais une telle initiative surprend chez
des hommes dont Luc vient de dire qu'au son de la voix, « ils se sont
arrêtés, muets d'effroi ». Le texte long (Clark) rend la chose plus
naturelle en nous faisant entendre la voix de Saul. C'est lui qui
demande qu'on le relève. Il parle à ses compagnons immobiles, ἔφη
πρὸς αὐτούς · Ἐγείρατέ με, « il leur dit : ʻrelevez-moiʼ ». L'initiative, dès
lors, appartient à Saul. En même temps il obéit à l'ordre du Seigneur,
qui vient de lui dire, au verset 6 : « Lève-toi, et entre dans la ville. »
Saul a entendu la voix du Seigneur. Le texte long nous met dans
l'oreille celle de Saul.

– 16, 39 : A Philippes, après un séisme, les préteurs rendent à Paul
et à Silas la liberté : t.c. : ἠρώτων ἀπελθεῖν ἀπὸ τῆς πόλεως, « ils (leur)
demandaient de partir de la ville ». D commence par reprendre à peu
près les mêmes termes, παρεκάλεσαν αὐτούς, avec l'addition ἐξελθεῖν
εἰπόντες, « ils les prièrent de sortir, en disant ... » Et c'est ici qu'il
reproduit les paroles des préteurs, et les fait entendre, au style direct,
dans une *addition*, Ἐκ τῆς πόλεως ταύτης ἐξέλθατε ..., « Sortez de cette

ville ... » Dans une addition antérieure, le texte long a déjà employé le style direct, « nous avons été dans l'ignorance, quant à vous, que vous êtes des justes ». Les excuses, les craintes et la prière des préteurs ont pris de la force et de la vie dans le texte de D.

— 19, 14 : De même façon, une longue *addition* de D permet d'entendre les fils de Scévas s'adresser au possédé : « Nous te donnons l'ordre, par Jésus que Paul proclame, de sortir », Παραγγέλλομεν ... ἐξελθεῖν.

— 23, 34 : t.c. : Le procurateur Félix est curieux de savoir le pays d'origine de Paul : ... ἐπερωτήσας ἐκ ποίας ἐπαρχείας ἐστιν « ... ayant demandé de quelle province *il était* ». Dans le texte occidental (Clark), on entend les paroles mêmes de Félix, ἐπερώτησεν · Ἐκ ποίας ἐπαρχείας εἶ ; « il lui demanda : ' De quelle province es-tu ? ' »

Même passage au style direct dans la suite immédiate du verset : t.c. : πυθόμενος ὅτι ἀπὸ Κιλικίας, « ... apprenant que c'était de Cilicie ». Le texte occidental (Clark) ajoute ici le mot ἔφη, « il dit », et Paul, laconiquement, répond, au style direct, d'un autre mot, Κίλιξ, « Cilicien ».

On a noté précédemment un exemple inverse, où le texte long remplace par le style indirect le style direct du texte court ; mais l'auteur s'arrange pour rendre par un autre moyen sa vie à la phrase : cf. « Le travail des retouches », sur 5, 8. Cet exemple n'infirme en rien les remarques précédentes.

Il est enfin un procédé particulier par lequel l'auteur du texte long recourt au style direct : c'est l'emploi de l'infinitif d'ordre, comme en 16, 24 ci-dessus dans le même chapitre. Il suffira sur ce point de renvoyer aux nombreux exemples donnés de ce tour dans le chapitre « Qualités de la langue », « proposition principale, l'ordre ».

On a parlé de « procédés », chez l'auteur du texte occidental, pour alléger le récit, pour le rendre plus vivant par un ton qui décèle le plaisir d'écrire, par des coupures chargées de raccourcir des phrases sans doute trop longues et quelquefois obscures, par des passages du style indirect au style direct.

Quand on les rencontre dans une addition longue, ils révèlent l'art propre à l'auteur du texte long seul, puisqu'il n'y a pas opposition avec le texte court. Quand on les trouve dans une addition brève, il apparaît une opposition, plus ou moins légère, entre les deux textes, et par suite un remaniement destiné à rendre le second plus agréable à lire ou à entendre que le premier. On les découvre enfin dans un changement, généralement à peine visible, de la façon dont une phrase du texte court était construite.

Ces « procédés » auxquels recourt l'auteur du texte long font de lui un conteur, qui s'ajoute à l'historien. Mais ils ne proviennent jamais de quelque artifice. Ils sont chez lui naturels et spontanés, et non le résultat d'un effort de langue ou de style. Si l'on parle de procédés, c'est uniquement parce qu'il est possible de reconnaître des moyens qui se répètent, pour donner plus de vie à la phrase, à un passage, à tout un épisode.

Ils sont chaque fois le signe d'une retouche d'un nouveau genre apportée au texte premier, œuvre de Luc, et c'est, évidemment, parce qu'ils appartiennent à une rédaction postérieure, où il semble que le temps a rendu la fraîcheur aux souvenirs d'un écrivain habile, travaillant, ou retravaillant, son texte dans une allégresse retrouvée.

Si la vie est ainsi mise dans le corps d'une relation historique, elle a nécessairement une vertu, que l'on peut déjà constater, celle de ressusciter, au sein de l'Église primitive, des apôtres disparus.

Chapitre 6

LES SUPPRESSIONS

On n'insistera pas outre mesure sur le chapitre des suppressions, généralement très courtes, voire d'un seul mot, opérées dans le texte long par rapport au court, et cela pour plusieurs raisons. D'abord ces suppressions sont au nombre de près de cent-cinquante, en général d'importance secondaire, ne tirant pas à conséquence.

Ensuite, il n'est pas toujours démontré que l'on se trouve en présence d'une suppression délibérée de la part de l'auteur. Sans qu'on puisse toujours l'affirmer, il peut s'agir d'une interpolation que les éditeurs sont d'accord pour expulser du texte, ou bien d'une simple omission de copiste, par haplographie, ou bien saut du même au même. En ce cas généralement reconnaissable, elles sont uniquement signalées dans les notes placées au bas des pages de la traduction. Ces omissions accidentelles, involontaires, sont à distinguer des suppressions voulues par l'auteur du texte occidental.

Il suffit de réserver une dizaine de cas où se pose un problème. On les examinera plus loin, une fois énumérées les diverses catégories de suppressions, sans qu'il soit nécessaire, sauf exception, de donner les références.

On distingue ainsi les suppressions :

— de pronoms : moi, toi, lui, celui-là, qui, certains, tout, ἐγώ, σύ, αὐτός, οὗτος, ὅς, τις, πᾶς ou πάντες ;

— de conjonctions de coordination : et, d'une part, mais, τε, καί, μέν seul, ἀλλά. La suppression de γάρ, «en effet», est importante, parce que l'asyndète ainsi créée donne de la force à l'explication ;

— d'une préposition, par exemple 4, 16 ; 8, 24 ; 22, 6 *(bis)* ;

— du verbe être ou de ses synonymes, εἶναι, ὑπάρχειν, γίγνεσθαι, souvent au participe, ou à l'aoriste ἐγένετο ;

— d'un hébraïsme, pour que le texte prenne une couleur plus grecque (10, 37, voir ci-dessous ; 13, 48) ;

— d'une tournure d'un grec contestable ;

– d'une date ou d'un chiffre, par scrupule de prudence ;

– d'un fait qu'il y a lieu de rectifier ;

– d'un hapax, comme ὀχλοποιήσαντες, 17, 5, «faisant des rassemble-ments», un verbe qui peut être une création de Luc ;

et généralement de mots devenus superflus dans le texte court, soit à la suite d'un changement ou d'une addition, soit pour éviter la répétition d'un mot, notamment d'un article ou dans une succession de mots coordonnés, ou d'un pluriel jugé contestable pour introduire un discours prononcé par un seul personnage, ou d'un adverbe ou d'une préposition qui n'ajoute rien au sens.

Une économie de mots donne une économie de place. Le don est précieux quand on a un texte à remanier, quand il faut insérer dans un texte préexistant un ou plusieurs mots importants. De là vient que certaines suppressions méritent un examen plus attentif. On donnera, dans l'ordre du texte, les exemples d'une dizaine de ces cas particuliers :

– 8, 5 : t.c. : Φίλιππος δέ, κατελθὼν εἰς τὴν πόλιν τῆς Σαμαρείας…, «Philippe, descendu jusqu'à la ville de Samarie (y proclamait le Christ).» «La ville» désigne probablement la capitale de la Samarie, donc Samarie elle-même. En supprimant l'article τήν l'auteur de D ne vise plus qu'*une* ville de la Samarie. Mais laquelle ? On peut voir là le scrupule d'un auteur devant une incertitude en matière de géographie.

– 10, 37 : Discours de Pierre ; t.c. : Ὑμεῖς οἴδατε τὸ γενόμενον ῥῆμα καθ' ὅλης τῆς Ἰουδαίας…, «Vous connaissez la parole qui s'est réalisée à travers la Judée entière…» L'auteur de D supprime ῥῆμα et la phrase nouvelle signifie : «Vous connaissez *ce qui* s'est réalisé…» La suppression s'explique peut-être par le fait que le mot ῥῆμα n'a pas la même valeur, dans le N.T., que dans le grec habituel. Dans le N.T. il s'applique souvent à la réalisation mystérieuse de la Parole, et la réalisation est déjà impliquée par le participe γενόμενον, indispensable à conserver parce qu'il est le support de καθ' ὅλης, etc. Voir la note sur Luc, 1, 38 avec l'indication des divers sens du mot. Il n'est pas impossible non plus que l'auteur ait voulu diminuer la couleur hébraïque de la phrase.

– 11, 17 : Discours suivant de Pierre : t.c. : Εἰ οὖν τὴν ἴσην δώρεαν ἔδωκεν αὐτοῖς ὁ Θεὸς ὡς καὶ ἡμῖν πιστεύσασιν ἐπὶ τὸν … Ἰησοῦν…, ἐγὼ τίς ἤμην δύνατος κωλῦσαι τον Θεόν ; «Si donc Dieu leur (= aux païens) a fait le même don qu'à nous, qui avons eu la foi … en Jésus …, moi, qui étais-je pour pouvoir faire obstacle à Dieu ?»

Il n'est pas impossible que ὁ Θεός ait sauté par faute de copiste entre αὐτοῖς et ὡς. Mais si, comme on le croit, D supprime volontairement ὁ Θεός, le sujet de ἔδωκεν devient «il», c'est-à-dire Jésus (le «Seigneur» dont la parole a été prononcée au verset 16).

C'est Jésus le donateur de l'Esprit-Saint (cf. *Actes* 1, 7-8). Cette suppression de ὁ Θεός va de pair avec l'addition, faite après κωλῦσαι τὸν Θεόν par D : τοῦ μὴ δοῦναι αὐτοῖς Πνεῦμα Ἅγιον πιστεύσασιν ἐπ' αὐτῷ, «(moi, qui étais-je pour pouvoir empêcher Dieu) = de leur donner un Esprit-Saint, à ceux qui avaient eu foi en lui (= Jésus)?» On trouve là un signe supplémentaire de la tendance du texte occidental à marquer plus explicitement le rôle de l'Esprit, envoyé par Jésus, et de mieux exprimer l'objet de la foi ; cf. 1, 2 ; 8, 39 ; 15, 29 et 32 ; 20, 3 ; 26, 1 (Clark) ; Jn., 14, 16 et 26. Le don de l'Esprit est une conséquence de la foi en Jésus.

— 13, 46 : Paul (et Barnabé) parlent aux Juifs dans la synagogue d'Antioche de Pisidie ; t.c. : Ὑμῖν ἦν ἀναγκαῖον πρῶτον λαληθῆναι τὸν λόγον τοῦ Θεοῦ, «C'est à vous qu'il était avant tout indispensable que fût dite la parole de Dieu.» La suppression de ἀναγκαῖον, «indispensable» (accompagnée d'un déplacement qui fait tomber πρῶτον sur ὑμῖν) modifie le sens de ἦν et change la nécessité en possibilité : «C'est à vous les premiers qu'il était *possible* que fût dite la parole de Dieu.»

— 14, 14 : (A Lystres) ; t.c. : ... οἱ ἀπόστολοι Βαρναβᾶς καὶ Παῦλος ... ἐξεπέδησαν..., «les apôtres Barnabé et Paul ... prirent leur élan...» D supprime οἱ ἀπόστολοι peut-être parce que le mot est devenu inutile ; cf. 13, 2 et 14, 4, où les «apôtres» sont Barnabé et Paul. L'Église a toujours considéré Barnabé comme un apôtre.

— 15, 20 : D supprime trois fois le mot πνικτός du texte court, au singulier et au pluriel, dans les trois passages rapportant les prescriptions du décret apostolique, ici, 15, 29 et 21, 25 : «(s'abstenir) des chairs étranglées...» L'auteur du texte long a pu penser que la prohibition de chairs étranglées était implicite, donc inutile à répéter à côté de la prohibition du sang. Étranglée, la victime porte un sang qui serait versé lors du sacrifice ; cf. *Gen.* 9, 1-7 ; *Lévit.* 17, 11-14 ; *Deut.* 12, 15 et 20-25.

— 17, 14 : t.c. : (De Bérée) τὸν Παῦλον ἐξαπέστειλαν οἱ ἀδελφοὶ πορεύεσθαι ἕως ἐπὶ τὴν θάλασσαν, «les frères envoyèrent Paul poursuivre sa route *jusqu'à* la mer». D remplace πορεύεσθαι par ἀπελθεῖν, ce qui ne change guère le sens, mais *supprime* ἕως, ce qui le transforme : ἀπελθεῖν ἐπὶ τὴν θάλασσαν montre que les frères ont fait partir Paul *en mer*. L'important n'était pas de faire aller Paul de Bérée jusqu'à la côte, mais d'assurer son départ sur un navire, qui doit le conduire à Athènes.

— 17, 31 : t.c. : ... ἔστησεν ἡμέραν ἐν ᾗ μέλλει κρίνειν..., «(Dieu) a fixé un jour où il doit juger (l'univers).» D supprime les trois mots de la relative, ἐν ᾗ μέλλει, ce qui a pour effet de faire de l'infinitif κρίνειν (qui devient aoriste), un infinitif *final*, de bon grec après les verbes impliquant un don ou un choix : «Dieu a fixé un jour pour juger...» La phrase est rendue plus légère et plus forte (voir «Qualité de la langue», «propositions circonstancielles», «finales»).

– 17, 34 : (Après le discours à l'Aréopage, au contact de Paul, quelques hommes eurent la foi) : t.c. : ... ἐν οἷς καὶ Διονύσιος ὁ Ἀρεοπαγίτης καὶ ἡ γυνὴ ὀνόματι Δάμαρις..., «parmi lesquels Denys l'Aréopagite et une femme nommée Damaris ...» D supprime Damaris et les trois mots qui précèdent, et il ajoute, après la suppression, εὐσχήμων, «personnage distingué», qui ne peut s'appliquer qu'à Denys. Cet adjectif peut signifier une importance acquise par Denys après la rédaction du texte court, et rendre Damaris négligeable à côté de lui.

– 18, 3 : Le début du verset dans le texte court est le suivant : ... διὰ τὸ ὁμότεχνον εἶναι (εἶναι supprimé par D), ἔμενεν παρ' αὐτοῖς καὶ ἠργάζοντο, «... vu qu'il avait le même métier (qu'Aquila et Priscilla), il (Paul) restait chez eux, et ils travaillaient». Après ce début, commun aux deux versions, D supprime la parenthèse du texte court, ἦσαν γὰρ σκηνοποιοὶ τῇ τέχνῃ, «ils étaient, de métier, fabricants de tentes». Cette parenthèse donnait l'explication du mot ὁμότεχνον qui précède. Mais D remplace aussi le pluriel ἠργάζοντο par le singulier ἠργάζετο, «il travaillait». On peut croire, par suite, que l'auteur de D a voulu insister sur le fait que Paul, outre sa mission d'apôtre, avait à gagner sa vie, pour n'être à charge à personne, et savait manuellement travailler. Que ses hôtes eussent à travailler allait de soi. Il suffit de savoir que Paul, à Corinthe, exerçait un métier, le même que le leur. Cf. *Actes* 20, 34 ; I *Thess.* 2, 9 ; II *Thess.* 3, 8.

– 19, 1 : t.c. : Ἐγένετο δέ, ἐν τῷ τὸν Ἀπολλῶ εἶναι ἐν Κορίνθῳ, Παῦλον διελθόντα... «Or ce fut durant le séjour d'Apollôs à Corinthe que Paul, passé ...» D supprime toute la phrase, jusqu'à «Corinthe» inclusivement, juste avant une importante addition, ce qui équivaut à un remplacement. Il semble que l'auteur de D ait voulu rectifier une date : la venue de Paul à Éphèse ne se place pas pendant le séjour d'Apollôs à Corinthe.

– 21, 39 : Lorsque Paul apprend quelle est sa nationalité au tribun qui l'a fait arrêter, et lui a du même coup sauvé la vie, il s'écrie fièrement qu'il est un juif de Tarse en Cilicie, οὐκ ἀσήμου πόλεως πολίτης, selon le t.c., «citoyen d'une cité qui n'est pas sans renom». D supprime purement et simplement ces quatre mots grecs. Y a-t-il une intention de diminuer la fierté que Paul peut avoir de sa ville natale ? Une date de rédaction postérieure pourrait l'expliquer, sans qu'apparaisse une intention tendancieuse.

– 24, 24 : Le texte occidental (Clark) supprime l'adjectif ἰδίᾳ lorsqu'il est dit que Félix vint entendre Paul σὺν Δρυσίλλῃ τῇ ἰδίᾳ γυναικί, «avec Drusilla sa *propre* épouse». L'adjectif du texte court semble souligner discrètement l'anomalie dans la situation des «époux» : Drusilla ne peut être légalement la femme du procurateur, la Loi interdisant les mariages entre juifs et païens (voir la note *Actes*

B.L.). L'auteur du texte occidental semble avoir voulu éviter de rappeler cette anomalie dans la situation du procurateur, bien qu'elle ne soit pas douteuse à l'époque des faits. Le motif de la suppression n'est pas évident.

Il est impossible de donner une explication commune pour la dizaine de suppressions importantes que l'on vient de constater. Sans écarter, çà et là, on le répète, la possibilité d'une omission fortuite dont le copiste distrait serait responsable, on peut estimer que les suppressions sont délibérées, chez un auteur toujours attentif à retrancher l'inutile, ou à préciser un moment, un fait de géographie ou d'histoire, à modifier le sens d'un verbe, peut-être à supprimer un hébraïsme, peut-être aussi à rectifier ou nuancer une donnée psychologique ou théologique.

*

*   *

Après les suppressions, il serait logique de consacrer tout un nouveau chapitre aux additions. Il n'y a pas lieu de le faire ici. Il importe en effet de distinguer deux sortes d'additions : les unes, au nombre d'environ soixante-dix, sont minimes ; elles ne touchent qu'un ou deux mots, et non le fond de l'histoire, un sujet, un complément, une préposition, un adverbe, un pronom, un nom propre. Il n'est pas utile de les relever, non pour leur peu d'importance, mais parce qu'on les trouve sans peine, en caractère gras, dans la traduction, faciles à déceler par leur brièveté. Il est visible qu'elles améliorent le texte ou le renforcent ; elles le rendent plus clair ou plus conforme aux bons usages du grec. Elles indiquent un travail minutieux, celui d'un auteur, peut-être le même, qui retouche un texte antérieur jusque dans les détails.

Quant aux additions importantes, elles ont leur place dans la seconde partie du livre parce que les nouveautés qu'elles apportent intéressent le sens de l'histoire.

CHAPITRE 7

LES CHANGEMENTS

Si l'on veut se faire une idée plus complète des différences de forme entre le texte court et le texte long, il est nécessaire de relever les changements apportés dans la version première par l'auteur du texte occidental.

Ils sont nombreux et divers. Tous n'ont pas une raison d'être évidente. Tous ne sont pas de première importance. Seront ainsi négligés les cas suivants : présence ou absence de l'article devant certains mots, notamment les noms propres, remplacement d'une particule de coordination, τε/καί, δέ/τε, de la forme d'un pronom μοι/ἐμοί, αὐτῶν/ἑαυτῶν, purs synonymes du type πάντες/ἅπαντες, αὔριον/ἐπαύριον, hésitations dues au phénomène de l'iôtacisme entre ἡμεῖς et ὑμεῖς, modifications purement orthographiques οὐδέν/οὐθέν, ayant leur origine plus chez le copiste que chez l'auteur.

Mais les autres changements, même et peut-être surtout là où ils nous paraissent inutiles, décèlent une intention qui prolonge le désir déjà étudié d'une façon plus approfondie dans le chapitre consacré aux retouches opérées dans le texte déjà écrit, résumées dans sa conclusion. Lorsqu'il aura suffi de constater les exemples parce qu'ils ne méritent pas un examen poussé, ils seront au moins classés par catégorie. On verra que les transformations sont subies tantôt par un mot seul, remplacé par un autre, tantôt par un groupe de mots dans la phrase.

A. Changements de second ordre

1. *Changements secondaires d'un mot : vocabulaire des substantifs.*

Dans l'énumération qui suit, le premier mot donné, celui du texte court, est remplacé par un mot différent dans le texte long. Ces mots sont généralement des synonymes, ou d'un sens voisin, mais il arrive que le sens ne soit plus voisin et que la volonté de changer soit plus nette.

– 1, 15 : ἀδελφός, frère / μαθητής, disciple ;

– 2, 6 : διάλεκτος, langage (cf. la note *Actes* B.L.) / γλῶσσα, langue ;

– 2, 24 : θάνατος, mort / ἄδης, hadès ;

– 2, 30 : ὀσφύς, rein (vocabulaire hébraïque) / καρδία, cœur ;

– 2, 47 : λαός, peuple / κόσμος, monde (= le monde entier et non plus le peuple élu) ;

– 4, 37 : ἀγρός, champ / χωρίον, terrain ;

– 5, 27 : ἀρχιερεύς, archiprêtre / ἱερεύς, ici même sens ;

– 5, 34 : ἄνθρωποι, hommes / ἀπόστολοι, apôtres ;

– 7, 49 : τίς, qui ? / ποῖος, quel ?

– 13, 11 : παραχρῆμα, sur-le-champ / εὐθέως, aussitôt ;

– 13, 44 : πᾶσα (ἡ πόλις) toute la ville / ὅλη... (la ville) entière ; de même 22, 5 ;

– 14, 21 : ἱκανοί, bon nombre / πολλοί, beaucoup ;

– 16, 18 : (L'esprit chassé par Pierre) ἐξῆλθεν αὐτῇ τῇ ὥρᾳ, sortit sur l'heure : ... εὐθέως, (sortit) aussitôt ; l'effet est immédiat.

– 16, 25 : μεσονυκτίον, milieu de la nuit / μέσον τῆς νυκτός, même sens, mais expression plus classique.

– 18, 7 : οἰκία, maison / οἶκος, famille (habitant la maison) ;

– 18, 25 : (Apollôs) κατηχημένος τὴν ὁδὸν τοῦ Κυρίου, ... se trouvant posséder une instruction relative à la Voie du Seigneur / ... τὸν λόγον..., la parole (du Seigneur) ;

– 20, 8 : λαμπάδες, flambeaux / ὑπολαμπάδες, lucarnes (?) ;

– 20, 12 : (Après sa chute par la fenêtre, on emmène) τὸν παῖδα, l'enfant (vivant) / τὸν νεανίσκον, le tout jeune homme (rappelle le νεανίας du v. 9) ;

– 21, 26 : τῇ ἐχομένῃ (ἡμέρᾳ), le jour suivant (à distinguer de ἐρχόμενος appliqué au jour «qui vient», 13, 44 ; 18, 21) / τῇ ἐπιούσῃ, même sens ;

– 21, 35 : ὄχλος, foule / λαός, peuple (ce qui entraîne la suppression de τοῦ λαοῦ au v. 36 ;

– 21, 40 : (Paul vient de faire un signe de la main pour indiquer au peuple juif qu'il voulait parler) : Πολλῆς σιγῆς γενομένης, un grand silence s'étant fait / D remplace σιγῆς par ἡσυχίας, (un grand) calme. Le mot «calme» peut mieux convenir, appliqué à tout un peuple *en effervescence*, qui veut tuer Paul.

– 21, 23 : (Les Juifs, après un discours de Paul qui porte leur fureur à son comble, jettent de la poussière) εἰς τὸν ἀέρα, en l'air / D remplace ces trois mots par εἰς τὸν οὐρανόν, vers le ciel, un mot qui traduit mieux la rage des Juifs, osant menacer le ciel, coupable de laisser vivre un individu si dangereux et qui, sur le chemin de Damas, lui adresse la parole.

– 27, 3 : ὁ Ἰούλιος, Julius (déjà nommé au v. 1) / (Clark) ὁ ἑκατοντάρχης le centurion.

Le fréquent remplacement Θεός / Κύριος, ou Ἰησοῦ Χριστοῦ / Κυρίου est seulement signalé pour mémoire : il pose un problème purement théologique, qui n'entre pas dans le cadre de l'étude présente.

2. Changements de fonction des mots, donc de cas.

– 1, 26 : ἔδωκαν κλήρους αὐτοῖς, ils leur donnèrent des sorts / ... αὐτῶν *leurs* sorts (plus précis : chacun reçoit *son* sort).

– 4, 30 : Le texte hésite entre σου et σε ; les deux sont admissibles.

– 7, 22 : (Moïse fut instruit) πάσῃ τῇ σοφίᾳ, de toutes les formes de savoir / πᾶσαν τὴν σοφίαν, de tout le savoir (accusatif de relation très grec).

– 7, 36 : ... ἐν γῇ Αἰγύπτῳ, en terre d'Égypte (apposition) / ἐν γῇ Αἰγύπτου, sur la terre de l'Égypte (complément de γῆ). Le sens est pratiquement le même ; en 13, 17 les cas sont inversés.

– 17, 2 : Κατὰ τὸ εἰωθὸς τῷ Παύλῳ εἰσῆλθεν..., selon l'habitude de Paul, il entra... / ... ὁ Παῦλος..., selon l'habitude, Paul entra... (il est plus normal de changer le datif complément de τὸ εἰωθός en nominatif sujet de εἰσῆλθεν, mais le sens revient au même).

– 20, 18 : ... εἶπεν αὐτοῖς, il leur dit / ... πρὸς αὐτούς, ... à leur intention (les deux constructions sont possibles et dans un tel cas le sens est généralement le même ; ici πρός met peut-être plus de solennité dans l'annonce du discours).

– 20, 35 : (Discours de Milet) Πάντα ὑπέδειξα ὑμῖν..., en tout je vous ai montré (comment secourir les faibles) / D remplace l'accusatif adverbial par πᾶσιν, « à vous tous j'ai montré ... » (les auditeurs de Paul sont plus directement associés à sa mission).

3. Changements de nombre.

– 1, 10 : ... ἐν ἐσθήσεσι λευκαῖς, en vêtements blancs / D a le singulier, « en un vêtement blanc ».

– 1, 26, mis à part plus bas.

– 2, 3 : ... ἐκάθισεν ἐφ' ἕνα ἕκαστον, chacune (ses langues de feu) se fixa sur chacun d'entre eux / ... ἐκάθισαν..., elles se fixèrent... (le pluriel est plus normal).

– 3, 18 : ... ἃ προκατήγγειλεν, (Dieu a accompli) les choses qu'il avait annoncées / ... ὃ ... la chose que ... (le singulier semble plus normal, vu que « la chose » annoncée est « la Passion de son Christ », παθεῖν τὸν Χριστὸν αὐτοῦ).

– 14, 13 : Selon le texte court, il y a un seul prêtre de Zeus à Lystres ; selon D il y en a plusieurs, ce qui peut être plus exact, vu l'importance du sanctuaire.

– 15, 26 : ... τὰς ψυχὰς αὐτῶν, (des hommes qui ont livré) leurs vies / ... τὴν ψυχήν, leur vie (singulier plus normal).

On met à part 1, 26, car le *nombre* est celui de personnes : μετὰ τῶν ἕνδεκα ἀποστόλων, (Matthias fut compté) avec les onze apôtres. D écrit *douze*, au lieu de onze apôtres parce qu'il donne à μετά le sens de «parmi», à la suite du changement de préverbe συγκατ - en συν -. Il *inclut* Matthias parmi les douze, alors que le texte court l'*ajoutait* aux onze. Il n'y a aucune contradiction entre les deux textes. — Les Douze, οἱ δώδεκα, se passent de substantif : Lc., 8, 1 ; 9, 1, etc.

4. *Changement du degré de comparaison.*

— 4, 16 : ὅτι ... φανερόν, que ..., c'est évident / ... φανερώτερον, c'est trop évident (à propos de la guérison du boiteux).

— 19, 32 : οἱ πλείους ..., la plupart (ignoraient la raison de leur rassemblement) / οἱ πλεῖστοι, même sens parce que dans le N.T. πλείους précédé de οἱ peut être l'équivalent de πλεῖστοι, qui est de meilleur grec.

5. *Changement de la nature du mot.*

— Substantif / pronom : 7, 52 οἱ πατέρες ὑμῶν, vos pères / ἐκεῖνοι, ceux-là (évite la répétition excessive de πατέρες).

— Adverbe / adjectif : 11, 19 ... εἰ μὴ μόνοι, sinon seulement (aux Juifs) / ... εἰ μὴ μόνοις, sinon aux seuls (Juifs) ; l'adjectif est plus fort que l'adverbe.

— Substantif / verbe : 13, 5 (Barnabé et Saul avaient avec eux Jean Marc) ὑπηρέτην, comme assistant / D remplace le substantif par le participe ὑπηρετοῦντα, avec un complément ajouté, αὐτοῖς, «qui les assistait». Le verbe est plus expressif que le substantif, mais ni l'un ni l'autre ne désignent de soi des services matériels.

— Adjectif / substantif : 13, 14 Ἀντιόχειαν τὴν Πισιδίαν, Antioche la Pisidienne / ... τῆς Πισιδίας, (Antioche) en Pisidie ; le sens est le même dans les deux cas, mais le «génitif géographique» est de meilleur grec (voir «Qualité de la langue, emploi des cas, génitif»).

— Pronom / adverbe : 15, 15 τούτῳ συμφωνοῦσιν οἱ λόγοι, à cela s'accordent les paroles (des prophètes) / οὕτως ..., ainsi ... (l'adverbe convient mieux, étant peu après prolongé par la conjonction καθώς, selon que ...).

— Adverbe relatif / pronom relatif : 20, 6 ... ὅπου διετρίψαμεν ..., (Troas) où nous séjournâmes ... / ... ἐν ᾗ καὶ ... (ville) dans laquelle ... (καί après le relatif est, comme souvent, explétif. Le pronom relatif est peut-être plus naturel).

— Substantif / nom du pays : 21, 20 ... ἐν τοῖς Ιουδαίοις ... (quels milliers il y a) chez les Juifs (de ceux qui possèdent la foi) / ... ἐν τῇ Ἰουδαίᾳ, dans la Judée (le nombre de Juifs croyants est limité à la seule Judée).

— Pronom personnel/substantif : 23, 18 (Clark) αὐτόν, lui / τὸν
νεανίαν, le jeune homme (annonce le νεανίσκον quelques mots plus loin).
— En 5, 35 le pronom αὐτούς prête à confusion : il semble désigner les
apôtres, nommés juste avant. D le remplace par (il dit) «aux chefs et
aux sanhédrites».

Aucun de ces changements de second ordre, portant sur un mot,
n'est dénué d'intérêt, même là où le sens n'est qu'à peine modifié.
Même si le mot n'est pas changé, ou ne l'est que peu, et même si les
deux emplois sont également possibles, la version occidentale offre
presque toujours une expression plus normale, plus heureuse — ne
serait-ce qu'en évitant une répétition de mot — plus exacte ou plus
forte, et mieux adaptée au contexte. Elle est aussi plus conforme aux
usages de la langue. L'intention sous-jacente du correcteur peut n'être
qu'à peine sensible. Elle n'en existe pas moins.

B. Divers changements importants

D'autres changements, généralement des remplacements, qui
peuvent aussi accompagner une suppression ou une addition de pure
forme, n'affectent pas sensiblement, eux non plus, l'information. Ils
sont mieux marqués, plus significatifs que les précédents, mais ils
conduisent, en plus net, aux mêmes conclusions. Ils touchent en
général plus d'un mot.

— 3, 3, t.c. : ... ἠρώτα ἐλεημοσύνην λαβεῖν, (le boiteux, devant la Belle
Porte du Temple) demandait de recevoir une aumône. D ajoute, après
le verbe «demandait», le pronom αὐτούς, qui montre plus nettement
que les hommes interpellés sont Pierre et Jean, et cette addition rend
superflu l'infinitif λαβεῖν, «demandait une aumône».

— 5, 4 : Pierre interroge Ananias sur son acte malhonnête : t.c. : Τί
ὅτι ἔθου ... τὸ πρᾶγμα τοῦτο ; «Se peut-il que tu te sois mis (au fond du
cœur) pareille chose?» D insiste sur le reproche douloureux de Pierre,
en ajoutant le verbe accomplir, et en remplaçant le banal τὸ πρᾶγμα
par <τὸ> πονηρόν : «... d'accomplir cette méchante action?» (N.B. τό
est omis dans D par une inadvertance du copiste).

— 10, 15 : Extase de Pierre : t.c. : Καὶ φωνὴ πάλιν ... πρὸς αὐτὸν ...,
«mais la voix, s'adressant encore à lui»... D remplace καὶ φωνή,
substantif, par le participe (cf. ci-dessus l'exemple de 13, 5) φωνήσας
δὲ ..., qui rappelle le mot φωνή du verset 13 ; l'absence de sujet exprime
mieux ce qu'il y a de mystérieux dans la voix venue du ciel.

— 10, 26 : Pierre à Corneille tombé à ses pieds : t.c. : Ἀνάστηθι,
«Lève-toi.» D remplace cet impératif par une question toute
spontanée qui peint la stupéfaction de Pierre devant une attitude à
réserver pour Dieu : Τί ποιεῖς ; «Qu'est-ce que tu fais?» L'invitation à

se relever est impliquée dans la question. *N.B.* En 7, 26 D *ajoutait* Τί ποιεῖτε ; «Que faites-vous ?» En 14, 15, dans un cas analogue à celui de 10, 26, le texte court écrit τί ταῦτα ποιεῖτε ; «que faites-vous là ?»

— 10, 33 : Corneille vient de raconter à Pierre les ordres reçus de l'ange : t.c. : Νῦν οὖν, «Alors, à présent (nous sommes là ... pour entendre tout ce qui t'est prescrit par le Seigneur).» D remplace οὖν, «alors», par ἰδού, «alors voici ...» qui est plus vivant et attire mieux l'attention de Pierre sur ce qui est attendu de lui. Puis D remplace par «(sous) tes (regards)» le «(sous les regards) de Dieu»; d'où, à la fin du verset, le remplacement de Κυρίου par Θεοῦ, qui vient de laisser la place à Pierre.

— 11, 29 : Mesures prises par les disciples après la prophétie d'Agabos : t.c. : Τῶν δὲ μαθητῶν, καθὼς εὐπορεῖτό τις, ὥρισαν ἕκαστος αὐτῶν ... πέμψαι. La phrase, embarrassée, ne peut passer telle quelle en français; littéralement : «Des disciples (génitif), selon que l'on avait des moyens, arrêtèrent chacun d'entre eux ... de faire un envoi (pour aider les frères).» La phrase devient plus souple et plus coulante dans D : Οἱ δὲ μαθηταὶ ... ὥρισαν, ἕκαστος, ... πέμψαι, «Les disciples (nominatif) arrêtèrent, chacun, ... de faire un envoi.» Le pronom αὐτῶν pourrait aussi être supprimé.

— 12, 5 : Persécution d'Hérode : Pierre était surveillé dans sa prison, t.c. : προσευχὴ δὲ ἦν ἐκτενῶς γενομένη..., «se continuait intensément une prière (pour lui)...» D : πολλὴ δὲ προσευχὴ ἦν ἐν ἐκτενείᾳ, «il y avait ... une longue prière ... dans l'intensité ...» Le texte long a supprimé le temps périphrastique, ἦν γενομένη, en faveur du simple verbe «être», «il y avait», ce qui permet l'addition de πολλή, attribut jeté en tête, «longue était la prière ...» Enfin l'adverbe ἐκτενῶς, que l'on retrouve Lc., 22, 44, «intensément», est remplacé par l'hapax lucanien ἐκτένεια, employé une fois ailleurs dans *Actes* 26, 27, à propos de l'intensité d'un service accompli «nuit et jour», et la préposition ἐν, qui le précède, souligne la profondeur de cette intensité.

— 13, 19 : Discours de Paul aux Juifs : t.c. : «(Le Dieu d'Israël ... distribua en héritage) τὴν γῆν αὐτῶν, *leur* pays» (c'est-à-dire le pays de Chanaan, habité par sept nations). D remplace αὐτῶν par τῶν ἀλλοφύλων, «(le pays) des étrangers». Ainsi est dissipée toute équivoque avec le pronom αὐτούς, qui, au verset précédent, désignait les Juifs («il a supporté *leurs* façons»).

— 13, 23 : Même discours : t.c. : Τούτου ὁ Θεὸς ἀπὸ τοῦ σπέρματος... littéralement : «De la semence de celui-là (= de David) (Dieu ... amena ... un Sauveur).» D respecte mieux les usages du grec en supprimant l'asyndète : ὁ Θεὸς οὖν..., «Dieu *donc*...» et remplace τούτου par αὐτοῦ après ἀπὸ τοῦ σπέρματος, «de *sa propre* semence». Le texte de D met l'accent sur la semence de David.

– 14, 21 : Paul et Barnabé ont « annoncé l'Évangile » à t.c. τὴν πόλιν ἐκεινην, « cette ville » (= de Derbé). D rend plus expressif l'objet de leur mission : τοὺς ἐν τῇ πόλει, « aux *habitants* de la ville ».

–16, 13 : Paul et Timothée séjournent à Philippes, et Luc est présent : Le jour du sabbat, « nous sortîmes à l'extérieur de la porte au bord d'une rivière », t.c. : οὗ ἐνομίζομεν προσευχὴν εἶναι, « où nous pensions que c'était le lieu de la prière ». D, après avoir ajouté τόν devant πόταμον, se borne à remplacer ἐνομίζομεν par ἐδόκει, « au bord de *la* rivière, là où c'était, *semblait-il*, le lieu de la prière ». La scène est devenue plus pittoresque : l'auteur pourrait dire le nom de la rivière, et la prière se fait non pas dans une synagogue mais dans un lieu proche de cette rivière. Le nouveau texte donne à penser que Paul et ses compagnons, partis sans être sûrs de leur destination, jugent qu'ils sont arrivés au lieu de la prière. Ils y devisent avec des femmes qui étaient *déjà rassemblées* (participe parfait συνεληλθύαις dans D au lieu de l'aoriste du texte court, « venues se rassembler » qui signifie que les femmes viennent se rassembler autour d'eux, arrivés les premiers).

– 16, 19 : Paul a chassé l'esprit de la petite pythonisse : t.c. : ἰδόντες δὲ οἱ κύριοι αὐτῆς ὅτι ἐξῆλθεν ἡ ἐλπὶς τῆς ἐργασίας αὐτῶν ..., « voyant qu'était sorti l'espoir de leur bénéfice, ses maîtres (attrapèrent Paul et Silas) ». D écrit : ὡς δὲ εἶδαν οἱ κύριοι τῆς παιδίσκης ὅτι ἀπεστέρηνται τῆς ἐργασίας αὐτῶν ἧς εἶχαν δι᾽ αὐτῆς ..., « lorsque les maîtres de la petite servante virent qu'ils étaient privés de leur bénéfice, qu'elle leur procurait ... »

Les changements nombreux améliorent la phrase : la temporelle « lorsqu'ils virent » est plus vivante que le participe « voyant » parce qu'elle marque une étape de l'histoire. Le parfait ἀπεστέρηνται est plus fort que l'aoriste ἐξῆλθεν (ἡ ἐλπίς) : il n'est plus question d'un simple espoir perdu, mais d'une privation irrémédiable. Peut-être la suppression de ἐξῆλθεν fait-elle regretter ce verbe, qui montrait spirituellement qu'au moment même où l'esprit python *sortait* de la servante, *sortait* aussi l'espoir du bénéfice. Mais l'auteur a pu légitimement vouloir éviter la répétition d'un verbe déjà deux fois employé au verset précédent. Enfin, l'addition des quatre derniers mots, « qu'elle leur procurait » (avec une attraction du relatif), a permis, au début de la phrase, de remplacer par le substantif παιδίσκης le pronom personnel initial αὐτῆς (*ses* maîtres), un peu obscur parce que ce substantif qu'il représente est déjà lointain, au verset 16, et de rappeler ici que les maîtres en question sont ceux de la petite servante. Elle souligne en même temps la cupidité de ces maîtres qui voient la perte de leur bénéfice, celui que la pythonisse leur procurait réellement.

– 17, 27 : Discours à l'Aréopage : t.c. : (24) Ὁ Θεὸς ... (26) ἐποίη-σεν ... (27) ζητεῖν τὸν Θεὸν ..., « le Dieu ... les a fait ... chercher le Dieu ... »

La phrase, étirée en longueur, est gauche dans sa répétition de ὁ Θεός. D ajoute μάλιστα, «surtout», devant ζητεῖν, qu'il fait suivre de τὸ θεῖόν ἐστιν, impossible à construire, sauf si l'on admet que le copiste a simplement omis ὁ devant τό. Le sens devient excellent, et τὸ θεῖον, «la divinité», convient mieux que ὁ Θεός, qui peut surprendre sur les lèvres de Paul, à propos du dieu des païens. La phrase signifie maintenant : « Il les a fait *surtout* chercher <ce qu'> *est* l'être divin.»

— 19, 35 : t.c. : (Le grammateus exalte) τὴν Ἐφεσίων πόλιν, «la cité des Éphésiens». D remplace Ἐφεσίων par ἡμετέραν, «notre cité». La suppression du mot Ἐφεσίων n'enlève rien à la clarté de la phrase, puisque le grammateus vient de s'adresser aux «Citoyens d'Éphèse». Elle a l'avantage de préciser qu'il est lui-même un Éphésien, et cette qualité lui doit d'être entendu par ses concitoyens.

— 20, 26 : Discours de Milet : t.c. : Διότι μαρτύρομαι ὑμῖν ἐν τῇ σήμερον ἡμέρᾳ ὅτι..., «C'est pourquoi je vous garantis, en ce jour d'aujourd'hui, que (je suis pur du sang de quiconque).» D écrit : Ἄχρι οὖν τῆς σήμερον ἡμέρας..., «Ainsi, jusqu'au jour d'aujourd'hui, (je suis pur...).» Le sens de διότι, qui signifie «parce que», est ici très rare, «c'est pourquoi» dans le texte court : un seul autre exemple, *Actes* 13, 35. Le οὖν de D est plus courant. L'inconvénient majeur du texte court vient de ce que ἐν ... ἡμέρᾳ dépend de μαρτύρομαι et se trouve fâcheusement séparé par ὅτι des mots qui suivent, et qui portent tout le sens de la phrase. La garantie de Paul ne vaut que jusqu'au jour présent où il prononce son discours ; et ce n'est évidemment pas le sens. L'équivoque est dissipée par D, qui supprime μαρτύρομαι ... ὅτι. Paul ne garantit plus, il affirme, et ce qu'il affirme, c'est que, jusqu'aujourd'hui, il est pur de tout sang. Sachant que les Juifs de Jérusalem veulent sa mort, ne laisse-t-il pas entendre qu'il aura peut-être, pour la première fois, à faire couler le sang ennemi, pour défendre une vie nécessaire à sa mission ?

— 20, 32 : Même discours : t.c. : ... ἐν τοῖς ἡγιασμένοις πᾶσιν, «(Dieu capable par excellence de ... distribuer l'héritage) à tous les sanctifiés.» D écrit : ... ἐν αὐτοῖς (ce mot, incomplet dans D, est facile à restituer) ἡγιασμένοις τῶν πάντων) «... *à eux* les sanctifiés *parmi* tous». Paul marque plus fortement l'abîme qui sépare les sanctifiés, eux, de tous ceux qui ne le sont pas.

Toute cette catégorie de changements plus importante que les précédents, où la forme l'emporte, commence à toucher le fond du récit. Le texte occidental offre un style plus coulant, plus simple, et çà et là plus grec. Il supprime des gaucheries ou des équivoques. Il gagne en expressivité, donne un sens plus savoureux ou plus profond, et même apporte quelques précisions sur la vie et la pensée de Paul.

C. Changements de verbe

On examinera maintenant les changements opérés dans les verbes par le remplacement d'un verbe par un autre, en commençant par les cas secondaires, où les verbes du texte court et du long diffèrent peu, voire sont synonymes, ainsi séparés des cas importants. On constatera que les préférences manifestées par l'auteur du texte second ne sont jamais le fruit du hasard, mais d'une réflexion.

Dans les cas secondaires, il suffira, comme on l'a fait plus haut, de séparer par un trait oblique les verbes de chaque version. Dans les autres cas, il y aura lieu d'être plus explicite et quelquefois d'entrer dans les détails.

1. *Remplacements secondaires d'un verbe par un autre.*

Notons à part une certaine tendance du texte occidental à remplacer par le verbe ὑπάρχειν, «être», le plus courant verbe εἶναι. Ainsi le participe ὑπάρχων remplace ὤν en 16, 21 ; 19, 31 (en 19, 40 c'est le contraire) ; en 4, 34 c'est l'imparfait ἦν qui est remplacé par ὑπῆρχεν ; en 14, 9 D *ajoute* ὑπάρχων ἐν φόβῳ. Enfin, en 16, 29, c'est le participe γενόμενος qui est remplacé par ὑπάρχων.

– 2, 22 : Discours de Pierre aux Juifs : ἄνδρα ἀποδεδειγμένον, (Jésus) démontré homme / δεδοκιμασμένον, ... éprouvé (homme) : verbe très classique, très paulinien aussi (voir chapitre 1 «vocabulaire»).

– 2, 31 : même discours : ... προϊδών... (David) voyant l'avenir / προειδώς (correction de D), sachant l'avenir... (sens plus fort).

– 3, 10 : Les Juifs sont étonnés de la guérison du boiteux : ... ἐπί τῷ συμβεβηκότι, ... de ce qui (lui) était arrivé / ...γεγενημένῳ / ... advenu (synonyme).

– 4, 18 : καλέσαντες, ayant appelé / φωνήσαντες, ayant interpellé.

– 5, 8 : ἀπεκρίθη, lança cette réponse / εἶπεν, dit...

– 5, 8 : εἰπέ μοι, dis-moi / ἐπερωτήσω σε, je te demanderai...

– 5, 16 : ἐθεραπεύοντο / ἰῶντο, synonymes : étaient guéris.

– 5, 38 : ἄφετε, laissez-(les) aller / ἐάσατε, laissez-(les).

– Discours d'Étienne : μετετέθησαν, ils furent transportés (à Sichem) / μετήχθησαν, ils furent transférés (verbes pratiquement synonymes).

– 8, 23 : ὁρῶ, je constate (que ...) / θεωρῶ, j'observe.

– 10, 24 : ἦν προσδοκῶν / ἦν προσδεχόμενος, attendait : les deux verbes l'un actif, l'autre moyen, sont synonymes.

– 10, 42 : ... παρήγγειλεν... (Jésus nous) a donné l'ordre... / ἐνετείλατο, nous a prescrit : les deux verbes sont synonymes, et tous deux lucaniens.

– 10, 48 : ἐρώτησαν, ils (lui) demandèrent (de rester) / παρεκάλεσαν, ils le prièrent. Le second verbe souligne la politesse de l'invitation.

– 11, 9 : (chemin de Damas) : ἀπεκρίθη ... φωνή, une voix lança (du ciel) / ἐγένετο, il y eut (une voix) : la banalité de ce dernier verbe est compensée par l'addition de πρός με, à mon adresse.

– 13, 51 : ἦλθον, vinrent / κατήντησαν, parvinrent (voir « vocabulaire »).

– 14, 15 : (κράζοντες καὶ) λέγοντες, en disant (dans leurs clameurs) / (κράζοντες καὶ) φωνοῦντες, en disant, dans leurs appels : le verbe φωνέω est moins banal que λέγω, et plus précis ; il accompagne mieux le verbe κράζω ; cf. *Actes* 4, 18 D ; 10, 15 D.

– 14, 17 : ἀγαθουργῶν / ἀγαθοποιῶν : les deux verbes sont pratiquement synonymes, « faisant le bien », dit de Dieu. Le premier verbe, inconnu de la Septante, n'a qu'un autre exemple dans le N.T., I *Tim.* 6, 18 ; le second, non classique, y est sensiblement moins rare.

– 16, 7 : ἐπείραζον, (Paul et Timothée) tentaient / ἤθελαν, ils voulurent : dans D, l'Esprit-Saint s'oppose à une action à venir ; dans le texte court, il est moins normal que l'Esprit interdise une action qu'il a laissé commencer.

– 16, 17 : (passage-nous : la pythonisse dénonce Paul et ses compagnons) t.c. : καταγγέλλουσιν, ils annoncent (la voie du salut / εὐαγγελίζονται, ils annoncent l'évangile (de la voie du salut) : une pythonisse, qui sait l'avenir, peut parler d'un évangile.

– 17, 14 : πορεύεσθαι, poursuivre (sa) route ... / ἀπελθεῖν, partir.

– 17, 19 : λαλουμένη, (enseignement) dit (par toi) / καταγγελλομένη, annoncé : le verbe convient mieux à la prédication de Paul qui annonce Jésus.

–17, 23 : ἀναθεωρῶν, portant un regard curieux / διϊστορῶν, cherchant à me renseigner : sens probable, le texte de D étant incertain.

– 18, 1 : χωρισθείς, s'étant éloigné / ἀναχωρήσας, s'étant retiré.

– 18, 15 : οὐ βούλομαι, je refuse / οὐ θέλω, je ne consens pas.

– 18, 15 : (εἰ ζητήματά) ἐστιν, s'il y a (des débats) / (εἰ ζήτημα) ἔχετε, si vous avez (un débat).

– 18, 16 : ἀπήλασεν, il (les) chassa / ἀπέλυσεν, première main de D, ... congédia.

– 20, 1 : μεταπεμψάμενος, ayant fait venir (les disciples) / προσκαλεσάμενος, ayant appelé ... : verbe plus usuel chez Luc.

– 20, 17 : μετεκαλέσατο, rappela (mais il n'y a pas à proprement parler de « rappel ») / μετεπέμψατο, il fit venir : le verbe est plus exact et exclusivement lucanien (voir chapitre 1, « vocabulaire »).

– 20, 22 : Paul dit qu'il se rend à Jérusalem, μὴ εἰδώς, sans savoir (« ce qui va venir au devant de moi ») / μὴ γιγνώσκων, sans connaître, pratiquement synonyme, mais le participe qui suit est à l'aoriste, et non plus au futur, τὰ ... συναντήσαντα, « ce qui m'attend ».

— 21, 13 : Paul, à Césarée, parle, après la prédiction d'Agabos :
... συνθρύπτοντες, (que faites-vous) ... à me broyer (le cœur)? /
... θορυβοῦντες, à m'agiter ... Le verbe du texte court est un hapax du
N.T. très rare en grec, plutôt déroutant ; θορυβεῖν est peut-être moins
pittoresque, mais sûrement choisi pour sa fréquence (cf. les papyrus)
et sa clarté, par rapport à l'autre.

— 21, 24 : στοιχεῖς, tu marches (en respectant la loi) ; hapax lucanien
/ πορεύου, forme impossible, de la première main de D, peut-être
corrigée en πορεύῃ, tu suis ta route : le verbe πορεύομαι, quelle que soit
ici sa forme, appartient au vocabulaire employé par Luc pour la
marche des missionnaires.

— 21, 26 : εἰσῄει, entrait / εἰσῆλθεν, même sens du verbe, mais
l'aoriste convient mieux après τότε, « alors », et après « le lendemain ».

— 21, 37 : εἰπεῖν (+ accusatif), dire / λαλῆσαι, parler.

— 21, 39 : Paul au tribun : ἐπίτρεψόν μοι, accorde-moi la permission
(de parler au peuple) / συγχωρῆσαι, permets-moi, même sens ; ce verbe
est un hapax du N.T. mais il permet d'éviter la répétition du verbe
ἐπιτρέπω, premier mot du verset suivant.

— 22, 2 : παρέσχον ἡσυχίαν, ils firent (un plus grand) silence /
ἡσύχασαν, ils se tinrent cois (davantage) : même sens, mais l'expression est plus simple.

— 22, 27 : εἶπεν αὐτῷ, « (le tribun) lui dit » (à Paul) / ἐπερώτησεν αὐτόν,
lui demanda : le verbe convient mieux pour annoncer une question
(voir ci-dessus 5, 8).

— 26, 20 : Paul à Agrippa : ἀπήγγελλον, j'allais rapporter / (Clark)
ἐκήρυξα, j'allai proclamer : ce verbe est plusieurs fois ajouté dans le
texte occidental (voir chapitre 11, « emploi du verbe κηρύσσειν par
Paul »).

— 27, 34 : Paul aux gens du bord pendant la tempête : ... ἀπολεῖται,
littéralement : (le cheveu de pas un d'entre vous ne) se perdra /
(Clark) πεσεῖται, ... (ne) tombera : ce verbe est plus juste surtout après
ἀπὸ τῆς κεφαλῆς, de sa tête, qui s'accorde mal avec le verbe du texte
court.

Cette énumération de verbes, synonymes ou non, montre que l'on
se trouve en présence d'un auteur, qui retouche en pesant minutieusement ses verbes, et qui a ses raisons, quelquefois, mais rarement,
connues de lui seul, d'en remplacer un par un autre.

2. Remplacements importants d'un verbe par un autre.

Ici le remplacement est accompagné de quelque autre changement,
ou sollicite une explication.

— 2, 41 : Discours de Pierre aux Juifs : t.c. : ἀποδεξάμενοι τὸν
λόγον..., (les Juifs) ayant accueilli sa parole, (furent baptisés). D écrit
πιστεύσαντες, ayant cru sa parole. En grec classique le verbe πιστεύω

est intransitif. Il peut être transitif dans le N.T., suivi d'un accusatif simple, mais en des cas très rares, *Actes* 13, 42 t.c., suivi de ἔργον (dans une citation d'*Habacuc* 1, 5, avec un second ἔργον rajouté par Luc) ; les seuls autres exemples du N.T. sont I *Cor.* 13, 7 ; I Jn. 4, 16 ; et Jn. 11, 26 à la fin du verset πιστεύεις τοῦτο ; « crois-tu cela ? »). La rareté de cet emploi en fait ici la force : il ne s'agit pas encore de la foi *en* (Jésus ...), mais de croire une parole humaine, c'est-à-dire de croire que cette parole de Pierre est vraie, ce qui est plus fort que de l'accueillir — passivement —.

– 3, 3 : D commence le verset 3 par l'addition d'un stique, (Οὗτος) ἀτενίσας ..., (le boiteux) ayant fixé les yeux (sur Pierre) ... et cette addition provoque des remplacements en chaîne : (4) ἀτενίσας remplacé par ἐμβλέψας, βλέψον par ἀτένισον, (5) ἐπεῖχεν, « observait », par ἀτενίσας (à corriger en ἠτένισεν).

– 3, 14 : Pierre aux Juifs : t.c. ... ἠρνήσασθε, (le Saint et le Juste) vous l'avez renié. Le verbe est remplacé, dans D, par ἐβαρύνατε, vous l'avez accablé. Ce dernier verbe, plus fort que celui du texte court, n'est pas à proprement parler un hapax lucanien (un autre exemple Lc., 21, 34), car on le trouve encore *Actes* 28, 27, première main du *Sinaïticus*, et il se confond avec le verbe βαρέω, moins rare.

– 5, 36 : Discours de Gamaliel : t.c. : ὃς ἀνηρέθη, (Theudas) qui fut mis à mort (décapité selon Flavius Josèphe, *Ant. Jud.* 20, 51). D écrit ὃς διελύθη suivi de l'addition αὐτὸς δι' αὐτοῦ, qui se détruisit lui-même. L'emploi de ce verbe entraîne, semble-t-il, la suppression, six mots plus loin, de διελύθησαν. Ainsi est rectifié le texte court, sur la mort de Theudas, suicidé selon D. Mais ce Theudas n'est pas forcément le même que celui de Flavius Josèphe.

– 7, 29 : Discours d'Étienne : t.c. : ... ἔφυγεν ..., (sur ce discours, Moïse) prit la fuite. D écrit οὕτως καὶ ἐφυγάδευσεν, c'est ainsi (καί ne fait que souligner οὕτως) (que Moïse) prit le chemin de l'exil. D semble rectifier un moment de la vie de Moïse.

– 7, 30 : Même discours : t.c. : πληρωθέντων ἐτῶν, au bout de (quarante) ans. D ajoute trois mots et change le verbe : μετὰ ταῦτα πλησθέντων αὐτῷ ..., après cela, lorsqu'il eut vu (quarante) ans révolus ... Avec D, il y a insistance sur toute une époque de la vie de Moïse (sur le datif αὐτῷ, voir chapitre 3, « qualité de la langue, emploi des cas, datif d'intérêt ». Voir aussi la note de la traduction).

– 9, 26 : Saul, à Jérusalem : t.c. : ἐπείραζεν, tentait (de se souder aux disciples). La valeur d'effort de l'imparfait s'ajoute au sens de ce verbe rare, qui appartient surtout au grec tardif. Texte occidental (Clark) : ἐπειρᾶτο, il s'employait à ... Verbe plus expressif, rare dans le N.T. mais de meilleur grec, et mieux adapté à la situation (voir chapitre 1, « vocabulaire lucanien »).

– 10, 10 : t.c. : ἐγένετο ἐπ' αὐτόν, il (Pierre) eut (une extase), avec un emploi prégnant de la préposition ἐπί qui implique le mouvement dans le verbe ἐγένετο. Texte occidental (Clark) : ἐπέπεσεν ἐπ' αὐτόν, ... fondit sur lui. Verbe plus expressif et très lucanien (voir chapitre 1).

– 10, 23 : t.c. : Εἰσκαλεσάμενος οὖν αὐτοὺς ..., Donc, il (Pierre) les (= les trois envoyés de Corneille) ayant prié d'entrer (les hébergea). Le verbe est un hapax du N.T. Dans le grec classique, il signifie «appeler à soi»; dans le grec tardif «appeler chez soi». D écrit τότε εἰσαγαγὼν αὐτοὺς ὁ Πέτρος ..., alors Pierre, les ayant fait entrer ...

– 11, 26 : t.c. : συναχθῆναι, (il advint qu'ils) furent rassemblés. Après une addition, D semble écrire (texte douteux) συνεχύθησαν, furent fusionnés (à l'Église).

– 12, 7 : La nuit, un ange réveille Pierre, dans sa prison, t.c. : πατάξας τὴν πλευρὰν ..., par un coup sur son flanc. D écrit νύξας ..., par une piqûre ... Le verbe peut venir d'une réminiscence de Jn. 19, 34, où un soldat pique de sa lance le flanc de Jésus, et il en sort du sang. Ici la piqûre n'a rien de sanglant. L'auteur semble se souvenir aussi d'*Odyssée* 14, 485, où le faux Ulysse raconte qu'il piqua du coude (ἀγκῶνι νύξας) Ulysse pour le réveiller, comme ici l'ange pique Pierre endormi. Sans préciser davantage, D se borne à remplacer un coup par une piqûre.

– 12, 19 : Hérode a donné l'ordre, t.c. : ἀπαχθῆναι (que les gardiens de la prison) fussent emmenés. Dans le N.T. le verbe s'emploie pour des condamnés que l'on emmène en prison ou au supplice. D écrit ἀπ[ο]κ[τ]ανθῆναι (deux lettres sont à restituer), un verbe plus clair pour ceux qui ignorent le sens particulier du verbe dans le N.T., plus clair aussi pour les soldats d'Hérode, «qu'ils fussent mis à mort». Les ordres ne risquent plus d'être mal interprétés : il n'est pas question de mettre les gardiens en prison.

– 13, 4 : ... κατῆλθον ..., (Barnabé et Paul) descendirent (d'Antioche au port de Séleucie). D : ... καταβάντες, étant descendus à pied. Dans le texte court, rien n'est dit sur la façon dont ils font le trajet.

– 13, 23 : Discours de Paul : t.c. : ... ἤγαγεν ..., (Dieu) amena (un Sauveur, à Israël). D : ... ἔγειρεν, suscita. Le verbe est moins ordinaire et plus expressif que le précédent. Il crée une pierre d'attente pour son emploi au verset 30 dans le sens de «ressusciter». En 9, 17 D ajoute un ἐγερθείς, «relevé».

– 13, 27 : Même discours : t.c. : ... τοῦτον ἀγνοήσαντες, (les Juifs venus se fixer à Jérusalem) ayant ignoré ce (Jésus ont, par sa condamnation, accompli les paroles des prophètes). Cette ignorance, qui est aussi une cause de pardon (I *Tim.* 1, 13), est aussi celle des Athéniens (17, 23). D supprime τοῦτον (ce Jésus) et change le verbe, auquel il a donné un nouveau complément : μὴ συνιέντες (qui rappelle

le capital οὐ συνῆκαν du discours d'Étienne, 7, 25, et cf. I *Cor.* 2, 8) :
«Sans comprendre (ils accomplirent, par sa condamnation, les
écritures des prophètes).» Luc et l'auteur de D n'ont peut-être pas
entendu ces paroles de Paul, mais ils connaissent sa pensée.

    – 13, 28, verset suivant du même discours : t.c. : ᾐτήσαντο Πιλᾶτον
ἀναιρεθῆναι αὐτόν, (Sans avoir trouvé un seul motif de mort) ils ont
demandé à Pilate qu'il soit sacrifié. D apporte des modifications
sensibles : après «sans avoir trouvé» il ajoute d'abord ἐν αὐτῷ κρίναντες
αὐτόν, qui insiste sur la *personne* de Jésus, que *jugèrent* les Juifs. Puis il
remplace ᾐτήσαντο, «ils ont demandé», par παρέδωκαν, «ils le livrèrent
(à Pilate)», et remplace le verbe ἀναιρεθῆναι, «être sacrifié», par le
substantif εἰς ἀναίρεσιν. Le nouveau sens est le suivant : «Sans avoir
trouvé *en lui* un seul motif de mort, ils le *condamnèrent, lui,* et le
livrèrent à Pilate, pour un sacrifice.» Alors que, dans le verset
précédent, l'ignorance, passive, des Juifs, pouvait leur valoir le
pardon, D insiste ici fortement sur leur culpabilité active : *lui,*
innocent, ils l'ont *condamné,* puis *livré.* Dans le texte court, il y avait
seulement une «demande» adressée à Pilate.

    – 13, 48 : t.c. : ᾿Εδόξαζον τὸν λόγον τοῦ Κυρίου, «(les païens étaient
dans la joie d'écouter). Ils glorifiaient la parole du Seigneur.» Seul
exemple du verbe δοξάζω ayant τὸν λόγον pour complément. Faut-il
donner au verbe son sens profane «acclamer»? Mais ce n'est là qu'une
manifestation extérieure. D est à préférer : ἐδέξαντο, «ils accueillirent
(la parole ...)». L'accueil se place entre la joie et la foi, et l'on pense à
la parabole du semeur, Lc., 8, 13, μετὰ χαρᾶς δέχονται τὸν λόγον, ils
accueillent avec joie la Parole.

    – 14, 14-15 : (A Lystres, furieux d'être pris pour Zeus et pour
Hermès, Barnabé et Paul s'élancent contre la foule) : t.c. : κράζοντες
καὶ λέγοντες ..., en clamant et en disant ... D remplace λέγοντες par
φωνοῦντες, (lançant des clameurs et) des appels. Le verbe est plus
expressif : les missionnaires ont réellement besoin de secours.

    – 14, 19 : t.c. : ... πείσαντες τοὺς ὄχλους, (des Juifs venus à Lystres),
ayant réussi à persuader les gens ... D écrit ἐπισείσαντες, ayant
ameuté ... Ce verbe, hapax du N.T., est déjà dans Homère avec le sens
de «secouer». L'auteur de D semble s'être souvenu d'Euripide, *Oreste*
613 ; Tyndare menace Oreste : «J'irai trouver la foule, ὄχλον,
assemblée des Argiens et j'*ameuterai, ἐπισείσω, la cité* (contre ta sœur
et contre toi).» Et il ajoute «pour que vous soyez châtiés par
la lapidation», λεύσιμον δοῦναι δίκην. De même, les mots suivants du
verset 19 sont λιθάσαντες τὸν Παῦλον, «ayant lapidé Paul».

    – 19, 2 : A Éphèse, certains disciples, répondant à la question de
Paul, «Est-ce que, au moment où vous avez cru, vous avez reçu
(ἐλάβετε) l'Esprit-Saint ?» t.c. : οὐδ' εἰ ... ἔστιν ἠκούσαμεν, Nous n'avons
même pas entendu dire qu'*il y avait* (un Esprit-Saint). D ajoute

«certains» et remplace ἔστιν par λαμβάνουσιν repris de plus haut : οὐδ' εἰ ... λαμβάνουσίν τινες ..., ... *que certains recevaient* ..., ce qui ne met pas en doute l'existence de l'Esprit-Saint, et s'adapte mieux à la question de Paul. Voir ci-dessous 19, 6.

— 19, 6 t.c. : ... ἦλθε..., (l'Esprit-Saint) vint (sur eux). D ajoute εὐθέως et remplace le banal ἦλθε par ἐπέπεσεν : aussitôt (l'Esprit-Saint) fondit sur eux. Sur ce verbe, plus fort, voir le chapitre 1 «vocabulaire lucanien».

— 19, 30 : Lors de la révolte des orfèvres, à Éphèse, Paul veut entrer dans la foule : t.c. : ... οὐκ εἴων αὐτόν, (ses disciples) ne le laissaient pas faire. D écrit ἐκώλυον (sans αὐτόν peut-être par faute de copiste), s'efforçaient de l'empêcher. L'imparfait d'effort de ce verbe est pittoresque : on voit le geste des disciples et la résistance de Paul. Le verbe, avec son imparfait, s'oppose à l'aoriste ἐκωλύθη, 17, 15 D : alors que les disciples, dans leur crainte légitime, avaient *réussi* à l'empêcher de proclamer la Parole en Thessalie.

— 20, 1 : Paul, au moment de quitter Éphèse pour la Macédoine : t.c. : ἀσπασάμενος ..., ayant embrassé (ses disciples). D : ἀποσπασάμενος, s'étant arraché avec effort. Le verbe semble jouer sur les mots. Mais on le retrouve en 21, 1 dans les deux textes, et il est très classique : intransitif, comme ici, Xénophon, *Anabase* 1, 5, 3, et souvent transitif, au sens de «tirer violemment». Voir ci-dessous 20, 30.

— 20, 2 (suite de la note précédente) : t.c. : ... παρακαλέσας αὐτοὺς λόγῳ πολλῷ, les ayant exhortés par force discours ... D écrit χρησάμενος (en supprimant αὐτούς ; cf. ci-dessus 19, 30) λόγῳ πολλῷ, ayant employé (force discours). Le verbe change non le sens mais la fonction du datif λόγῳ ; il avait l'inconvénient de se trouver déjà au verset 1 ; sa répétition est évitée.

— 20, 9 («passage-nous») : Le jeune homme saisi, la nuit, par le sommeil pendant les entretiens de Paul : t.c. : καταφερόμενος ὕπνῳ βαθεῖ, tombant d'un sommeil profond (et à la fin du verset, il *tombe* du troisième étage). Le verbe est employé en ce sens par Hippocrate et Galien («incliner la tête»). D remplace le participe et l'adjectif : κατεχόμενος ὕπνῳ βαρεῖ, envahi d'un lourd sommeil. Le participe diffère à peine du précédent et supprime l'idée de «tomber» d'un étage, parce que le jeune homme tombe de sommeil. Les circonstances ne portent pas, ou plus, au sourire.

— 20, 30 : Discours de Milet : t.c. : ... τοῦ ἀποσπᾶν, (se lèveront des hommes ...) afin d'arracher (les disciples). D : ... τοῦ ἀποστρέφειν, afin de dévoyer ... Avec son sens général péjoratif, ce verbe est préférable à celui du texte court, qui se dit habituellement d'un arrachement à des êtres chers (voir chapitre 1, «vocabulaire»). Le verbe ἀποστρέφω a deux autres exemples dans *Actes* D : 7, 39 et 12, 25.

— 21, 15 («passage-nous») : Départ de Césarée : t.c. : ... ἐπισκευασά-

μενοι, ayant achevé les préparatifs (nous montions à Jérusalem). D :
... ἀποταξάμενοι, ayant pris congé. Ce verbe est mieux adapté au
contexte, après les pleurs des Chrétiens de Césarée.

— 21, 18 («passage-nous») : Après l'arrivée à Jérusalem : t.c. :
... παρεγένοντο..., (chez Jacques) arrivèrent (tous les prêtres). D :
ἦσαν ... συνηγμένοι, se trouvaient rassemblés. Selon D, qui rectifie, ce
sont les prêtres, et non Paul, qui sont arrivés les premiers chez
Jacques, où ils attendent l'arrivée de Paul. En même temps D évite la
répétition du verbe παραγίγνομαι, qu'il a employé dans une addition
du verset 16.

— 27, 27 : Le navire, en pleine nuit, arrive à proximité des récifs de
Malte : t.c. : ... ὑπενόουν ... προσάγειν..., (les matelots) pressentaient
qu'(une terre) approchait. Texte Clark : ... προσαχεῖν, (... devinaient)
l'écho (d'une terre) à proximité. Le changement d'une lettre a permis
de remplacer un verbe contestable — car ce n'est pas la terre, mais le
navire, qui approche — par un verbe pittoresque, qui fait image : on
entend l'écho terrible, la nuit, de la mer grondante, sur les récifs de la
côte, et l'on comprend mieux le pressentiment des matelots.

On conclura sur ce point que les changements de verbes — qui
peuvent être accompagnés d'un changement de temps — sont
heureux ou pleins de sens. Ils sont discrets, à ce point que la quasi-
identité de deux verbes frise deux fois le jeu de mots.

Le verbe nouveau n'apporte aucune contradiction avec le récit du
texte court, et offre toujours un sens meilleur. Si d'aventure le verbe
occidental est plus banal, un autre procédé d'expression, changement
ou addition, rend sa vigueur à la phrase nouvelle.

La caractéristique du verbe second est d'apporter plus de force ou
plus de précision. Il est d'ordinaire plus courant en grec, classique là
où il remplace un verbe du grec tardif, plus classique là où il l'est déjà
dans le texte court. On croit même apercevoir de temps en temps la
trace d'une réminiscence d'un grand auteur.

Le texte second s'adapte généralement bien au contexte ; il peut
rendre le style plus clair et, lorsqu'il permet d'éviter la répétition d'un
mot, plus soigné. Parfois même il semble, par son exactitude, rectifier
un point de l'histoire en apportant une information neuve, et l'on
commence ainsi à distinguer les apports dont va bénéficier le texte
premier des *Actes*.

Il arrive aussi que le verbe, resté le même, change de forme par la
personne, le temps, le mode ou la voix, soit, plus souvent encore, par
l'addition, la suppression ou la modification d'un préverbe. On trouve
là une nouvelle preuve de l'attention apportée par l'auteur du texte
second, comme on pourra le constater, à retoucher jusque dans les
détails celui qu'il avait sous les yeux.

Les changements de personne

A plusieurs reprises, le passage d'un verbe du pluriel au singulier attire l'attention sur les actions ou sur la parole d'un des protagonistes. Le phénomène se produit trois fois pour Pierre, une fois pour Silas, deux fois pour Barnabé, deux fois enfin pour Paul.

– 1, 23 : t.c. : les apôtres ἔστησαν, mirent (deux noms en avant). Dans D, c'est Pierre seul, dont le rôle de chef est ainsi souligné, qui « mit » (ἔστησεν) les deux noms en avant.

– 4, 19 : t.c. : Pierre et Jean, ἀποκριθέντες εἶπον..., lancèrent cette réplique. D, par le singulier du seul participe, met l'accent sur Pierre, sans toutefois que Jean soit éliminé : ἀποκριθεὶς Πέτρος καὶ Ἰωάννης εἶπον, Pierre, ainsi que Jean, lança cette réplique.

– 5, 29 : t.c. : ἀποκριθεὶς Πέτρος καὶ οἱ ἀπόστολοι εἶπαν..., Pierre, avec les apôtres, dans sa réponse, disait... A la différence de l'exemple précédent, le participe est au singulier. D omet οἱ ἀπόστολοι, remplace εἶπαν par le singulier εἶπεν, et ajoute πρὸς αὐτούς : « Pierre leur dit ». Il est maintenant le seul à parler à l'adresse de l'archiprêtre et des Juifs présents.

– 13, 46 : t.c. : παρρησιασάμενοι ὁ Παῦλος καὶ ὁ Βαρναβᾶς εἶπαν..., Paul et Barnabé parlèrent franc. D garde le pluriel εἶπαν, mais en mettant le participe au singulier ; il ajoute encore πρὸς αὐτούς, comme ci-dessus 5, 39 : « Paul parla franc, Barnabé aussi, et ils leur dirent (= aux Juifs de la synagogue d'Antioche de Pisidie). »

– 14, 14 : A Lystres : il ne s'agit plus de parler, mais d'entendre : t.c. : Ἀκούσαντες ... Βαρναβᾶς καὶ Παῦλος ... ἐξεπέδησαν, Entendant ... Barnabé et Paul ... prirent leur élan. D : ἀκούσας Βαρναβᾶς καὶ Παῦλος ... ἐξεπέδησαν. Le participe, au singulier, s'accorde avec Barnabé seul, sans doute parce qu'il est alors le personnage principal aux yeux des Lycaoniens, qui l'ont pris pour Zeus : c'est lui qui a la direction.

– 17, 14 : A Bérée, les frères envoient Paul poursuivre la route qui doit le conduire jusqu'à Athènes : t.c. : ... ὑπέμειναν, (mais Silas et Timothée) restèrent (là). D remplace le pluriel par le singulier ὑπέμεινεν : (Silas) resta (là, Timothée aussi). Le sens ne change pas, la phrase est toujours correcte, mais l'accent est mis sur Silas, sans doute considéré alors comme un personnage plus important que Timothée.

– 18, 19 : t.c. : ... κατήντησαν, (Paul, Priscilla et Aquila) parvinrent (à Éphèse, où Paul laissa ses compagnons). D met le verbe au participe et au singulier : καταντήσας, « parvenu », comme si Paul était le seul arrivé à Éphèse ; c'est lui le personnage important.

– 20, 12 (« passage-nous ») : Eutychos est tombé du troisième étage : t.c. : ἤγαγον τὸν παῖδα ζῶντα, on emmena l'enfant vivant. Après une addition relative aux frères présents, D remplace le pluriel par le singulier ἤγαγεν : c'est Paul, et non les autres, qui emmena Eutychos toujours en vie, jusqu'à son propre embarquement.

N.B. On verra d'autres exemples du passage du pluriel au singulier dans le chapitre 9 à propos des additions du pronom αὐτός appliqué à Paul, et ci-dessous «changements de préverbe», 12, 25.

Les changements de temps

Les changements de temps s'accompagnent quelquefois d'un autre changement, personne, voix, préverbe. On en a vu comme on en verra des exemples, à peu près dans chaque chapitre. On les classera ici en deux catégories : d'abord ceux qui n'entraînent pas un sens nouveau, les deux temps étant syntaxiquement possibles, et ceux qui n'entraînent qu'une modification normale de sens, selon leur valeur habituelle. En ce cas il suffira généralement de donner la traduction du verbe. En second lieu, il y aura les changements importants, ceux qui posent un problème et peuvent entraîner une modification sensible du sens.

A. *Les changements normaux.*

Passages au présent.

a. *De l'imparfait* : 21, 12 : nous le priions / nous le prions. – 21, 15 : nous montions / nous montons. – 22, 2 : προσεφώνει / προσφωνεῖ : le problème est purement de syntaxe (voir «connaissance du grec» 5.) et la traduction ne change pas : (ayant entendu) qu'il les interpellait (en hébreu).

b. *De l'aoriste* : 2, 44 : qui s'étaient mis à croire / qui croyaient (la leçon n'est pas exclusivement occidentale). – 12, 6 (devait) l'amener : même sens dans les deux textes, présent et aoriste étant tous les deux normaux après le verbe. – 15, 30 : ayant réuni (l'assemblée) / réunissant. – 14, 1 : πιστεῦσαι, donner la foi / πιστεύειν, enraciner la foi. – 21, 27 : mirent la main (sur lui). / mettent ...

c. *Du parfait* (périphrastique ou non) : 3, 10 : avec un changement de verbes synonymes : ἦν ... ὁ ... καθήμενος, il était ... celui qui restait assis / ... ὁ κατεζόμενος, celui qui s'asseyait. – 19, 18 : τῶν πεπιστευκό-των, beaucoup de ceux qui possédaient la foi. / ... τῶν πιστευόντων, qui étaient *en train de croire* (donc : sur le chemin de la foi).

d. *Du futur* : 18, 6 : ... πορεύσομαι ... j'irai (désormais aux Gentils) / πορεύομαι, je vais ... Le présent est plus fort. Paul applique *immédiatement* sa décision d'abandonner les Juifs. Elle pouvait n'être, dans le texte court, qu'une menace ; de toute façon, elle impliquait des délais. – De même 22, 21 : paroles de Dieu à Paul sur le chemin de Damas : ἐξαποστελῶ σε, je vais te renvoyer (chez les païens). / ἐξαποστέλλω σε, je te renvoie… La décision divine s'applique immédiatement. Une volonté de Dieu *est* un accomplissement.

Passage au futur.

Du présent : 15, 27 : (chargés) de vous rapporter… : le sens du participe est le même dans les deux textes, le présent et le futur étant également possibles après un verbe indiquant une mission. – 22, 5 : (… comme l'archiprêtre) m'en est témoin / … m'en sera témoin ; c'est-à-dire : quand on lui demandera son témoignage.

Passage au parfait.

a. *De l'imparfait* : 7, 40 : (nous ne savons pas) ce qui lui advint / … ce qui lui est advenu.

b. *De l'aoriste* (cf. ci-dessous «citations des Septante») : 14, 4 : ἐσχίσθη, (la population d'Iconion, entendant Paul et Barnabé) fut déchirée / ἦν ἐσχισμένον, parfait périphrastique, accentuant l'état de la chose achevée, «se trouvait déchirée». – 16, 13 : συνελθούσαις / συνεληλυθυίαις, voir *supra*, dans le même chapitre, «divers changements importants».

Passage au plus-que-parfait.

De l'aoriste : 14, 8 : (un boiteux) qui n'avait jamais marché : le sens est le même dans les deux textes, l'aoriste pouvant avoir la valeur d'un plus-que-parfait (un plus-que-parfait sans augment de la koinè dans le texte long).

Les changements de temps les plus fréquents sont ceux du passage à l'aoriste et à l'imparfait :

Passage à l'aoriste.

a. *Du présent* : 5, 5 : en entendant / ayant entendu. – 14, 3 : voir la note de la traduction. – 8, 26 : πορεύου, continue ta route / πορεύθητι, prends la route. – 16, 21 : (qu'il ne nous est pas permis) d'accueillir : le sens est le même dans les deux textes, mais l'aoriste du texte long est préférable après ἔξεστιν. – 17, 8 : en entendant / ayant appris.

b. *De l'imparfait* : 4, 15 : ils conféraient / ils conférèrent. – 5, 26 : il les amenait / ils les amenèrent. – 13, 5 : ils annonçaient (la parole de Dieu) / ils annoncèrent… – 14, 19 : ils le (Paul) traînaient / traînèrent. – 17, 6, exemple identique : ils le (Jason) traînaient / traînèrent. – 19, 20 (avec l'addition d'un préverbe) ; ἴσχυεν, prenait vigueur / ἐνίσχυσεν, reprit vigueur. – 20, 14 : comme il nous rejoignait… / quand il nous eut rejoints (la leçon de l'aoriste est préférable, συνέβαλεν, mais n'est pas exclusivement dans D). – 21, 18 :

il a introduit (c'est-à-dire une seule fois) / il introduisait (l'accusation est plus forte ; il s'agit d'une habitude). – 21, 29 : ils croyaient / ils avaient cru (c'est-à-dire une fois pour toutes, sens préférable). *N.B.* La leçon de D ἐνομίσαμεν est une faute de copiste. – 22, 22 : Les Juifs perdent patience pendant un discours de Paul : ἤκουον δὲ αὐτοῦ, ils l'écoutaient (jusqu'à cette parole) / ἤκουσαν, ils l'avaient écouté (l'aoriste a sa valeur de plus-que-parfait). Cet aoriste donne un récit plus vivant et rend mieux le mouvement des Juifs à bout de patience.

c. *Du futur* : 20, 22 τὰ ... συναντήσοντά μοι, sur ce qui va venir au devant de moi / ... συναντήσαντα ..., sur ce qui est *déjà* venu ..., donc « ce qui m'attend » (à Jérusalem). *N.B.* Le manuscrit A donne aussi cette leçon de D.

d. *Du parfait* : 21, 28 : il a laissé souillé (ce Saint Lieu) / il a souillé (lire ἐκοίνωσεν).

Passage à l'imparfait (toujours à partir de l'aoriste).

7, 31 : fut émerveillé / était émerveillé (leçon non exclusive de D). – 8, 7 : furent guéris / étaient guéris. – 8, 17 : ils imposèrent (les mains) / ils imposaient ... – 12, 15 : ils dirent / ils disaient ... – 14, 21 : retournèrent / retournaient. – 18, 19 : il s'entretint / il s'entretenait (durée des entretiens de Paul dans la synagogue d'Éphèse). – 18, 27 : il apporta (un puissant concours) / il apportait ... – 19, 3 : ils dirent / ils disaient (comme 12, 15).

En dehors des cas où, pour des raisons de syntaxe, le sens ne change pas entre les deux temps, les temps changés conservent dans le texte long la valeur qu'ils ont dans le texte court, narration pure, vivacité, durée dans le présent, antériorité, commencement, non-répétition dans l'aoriste, répétition et durée dans l'imparfait. Les deux versions sont également possibles en général ; celle du texte long est quelquefois préférable. Elle dénote en tout cas chez l'auteur une attention aux nuances et la connaissance du grec.

B. *Changements importants.*

Ils sont trop divers pour être examinés autrement que selon l'ordre du texte, en dehors de tout classement.

– 1, 16 : Le passage de l'imparfait au présent au début du premier discours de Pierre appelle un assez long commentaire, car le problème qu'il pose s'étend jusqu'à la fin du chapitre (voir la traduction de ce chapitre) : t.c. : ἔδει ..., il fallait (que fût accomplie l'Écriture ... au sujet de Judas). D emploie le présent δεῖ, il faut ...

Texte court : l'imparfait initial montre que la prophétie de l'Écriture sur Judas a été réalisée ; il le fallait : *donc* (οὗτος μὲν οὖν) cet homme-là acquit un terrain et se donna la mort ; par ses paroles Pierre rappelle le fait historique de cette mort. Après une parenthèse, celle de tout le verset 19, le verset 20 commence par un « en effet », γέγραπται γάρ, qui annonce la double prophétie des *Psaumes*, d'abord sur la mort de Judas (le passé), ensuite sur la nécessité de lui donner un successeur (l'avenir). A cette seconde prophétie, « qu'un autre reçoive sa charge », correspond le δεῖ οὖν du verset suivant (c'est le second οὖν du passage), « il faut donc que l'un d'entre nous (les compagnons de Jésus) soit avec nous les témoins de (la) Résurrection ». Et le sort tombe sur Matthias, qui devient le douzième apôtre.

L'imparfait du texte court est acceptable, mais il offre deux inconvénients : d'abord en ne s'appliquant qu'au passé, il s'accorde assez mal au δεῖ οὖν, « il faut donc » du verset 21 ; en second lieu, la première prophétie des *Psaumes*, « que sa campagne devienne désert... » au verset 20, n'annonce nullement la mort de Judas, mais les suites de cette mort. Le mélange du passé avec l'avenir crée une certaine obscurité.

Faut-il donc préférer le texte de D ? Metzger, *A textual...*, p. 285, fait ici une supposition qui ne s'impose pas. Selon lui l'inconnu qu'il appelle le « Western reviser » (= l'auteur de D) n'aurait pas compris que les versets 16 à 21 visent les deux prophéties relatées dans le texte court — comme on vient de le voir —.

En fait, l'auteur qui emploie le présent initial « il faut » s'en rend parfaitement compte, comme il s'est rendu compte des inconvénients signalés ci-dessus du texte court. Il insiste, au verset 16, sur l'Écriture qui doit être accomplie, par l'addition du démonstratif ταύτην après τὴν γραφήν, « *cette* Écriture ». Et l'accomplissement, pour être achevé, comporte bien deux parties, annoncées toutes deux par un « donc », οὖν, aux versets 18 et 21, et dépendant l'une et l'autre du même présent initial δεῖ, « il faut ». La suite des idées est la suivante : 1° Verset 18 : « Cet homme-là, *donc* (μὲν οὖν) fit l'acquisition d'un terrain destiné à l'accomplissement (16 πληρωθῆναι) de la première prophétie. 2° Verset 21 : « Donc il faut » (δεῖ οὖν) réaliser la seconde prophétie.

Et c'est ce qui importe à l'heure actuelle, où les yeux sont à tourner vers l'avenir de l'Église. Sur ce point la partie commune aux deux versions met l'accent sur le désir de Pierre d'ajouter aux Onze un douzième apôtre. Le double emploi, dans le passage, du mot διακονία « ministère », ou « service », et le triple emploi du mot κλῆρος, « sort », est significatif, parce que le sort n'est autre chose qu'une forme de la volonté de Dieu : si Judas a pu trahir, c'est qu'il « avait reçu du sort notre service ». Verset 18 : Pierre entend que le successeur soit désigné de la même façon, conforme à la volonté divine. Comme on le sait, « il faut donc (21 δεῖ οὖν) que l'un d'entre eux (les compagnons de Jésus)

soit avec nous témoin de (la) Résurrection». Donc, pour occuper la
place de ce *service* (25 διακονίας ταύτης) on procède à un tirage au sort
(26 ἔδωκαν κλήρους) et le sort (ὁ κλῆρος) désigne Matthias, parce que
telle est la volonté de Dieu.

Ainsi le présent δεῖ initial de D, au verset 16, s'applique, plus
clairement que l'imparfait ἔδει du texte court, aussi bien à la mort
passée de Judas qu'au choix à venir du douzième apôtre. Il faut que
cette Écriture soit accomplie dans son intégralité. Les deux prophéties ne vont pas l'une sans l'autre. L'important est que la volonté
unique de Dieu, soustraite au temps, s'accomplisse : une chose voulue
par Dieu *est* déjà réalisée. Le premier présent δεῖ a pour rôle
d'annoncer le second δεῖ οὖν du verset 21 : il faut que Judas soit mort,
il faut qu'un autre reçoive sa charge. Si l'imparfait du texte court est
parfaitement admissible, le δεῖ de D, en s'appliquant lui aussi aux
deux parties de la prophétie, rend plus claires et plus simples les
paroles de Pierre.

– 10, 38 : Discours de Pierre chez Corneille : t.c. : τοὺς καταδυνα-
στευομένους, (... ce Jésus, qui a passé sa vie à guérir tous) ceux qui
étaient sous l'empire (du diable). D : τοὺς καταδυναστευθέντας, ceux qui
furent sous l'empire... L'auteur remplace par un participe aoriste le
participe présent du texte court, signifiant la durée, exactement un
participe «imparfait» dont la durée s'applique à une action passée de
Jésus. Celui-ci a guéri tous ceux qui se trouvaient d'une façon
permanente sous l'empire du diable avant d'être guéris par lui. Avec
le texte de D Dieu a guéri tous ceux qui, à un moment donné, avaient
été possédés, une ou plusieurs fois, par accès momentanés. Le
changement opéré par D donne à Corneille et aux siens un espoir que
n'impliquait pas le texte court. Corneille et les siens peuvent
maintenant espérer que même les possédés occasionnels peuvent être
guéris. La même nuance s'observe dans l'exemple suivant, mais avec
un passage, dans le sens inverse, de l'aoriste au présent.

– 13, 31 : Discours de Paul aux Juifs d'Antioche de Pisidie : t.c. :
... τοῖς συναναβᾶσιν, (Jésus — après la crucifixion — a été vu par) ceux
qui étaient montés avec lui (de la Judée à Jérusalem). D emploie le
participe présent à valeur d'imparfait, τοῖς συναναβαίνουσιν, (ceux qui)
montaient avec lui... Selon le texte court c'est lorsqu'ils furent
montés à Jérusalem que les témoins virent. Selon D, c'est *pendant
qu*'ils montaient. Le présent est plus expressif : la contemplation fut
longue, pendant la marche. Et la durée du témoignage est soulignée
par l'addition de D dans la suite du verset : les disciples en question
sont *jusqu*'à aujourd'hui, ἄχρι (νῦν) les témoins de Jésus, et non plus
aujourd'hui seulement : le témoignage est ininterrompu.

– 14, 1 : Sur le remplacement de l'aoriste πιστεῦσαι par le présent
πιστεύειν, voir chapitre 3 «Qualité de la langue», «le verbe», «le présent
de durée».

– 16, 14 : A Philippes, un sabbat, Lydie écoute les entretiens tenus au bord de la rivière, entre Paul entouré de ses compagnons, dont Luc, et les femmes rassemblées en ce lieu de prière : t.c. : ἤκουεν, elle écoutait. D remplace l'imparfait par l'aoriste ἤκουσεν, elle écouta. Le verbe est devenu plus riche de sens : dans le texte court Lydie écoute Paul en raison surtout de la curiosité naturelle aux femmes ; dans D elle s'est mise à écouter parce qu'une idée particulière exprimée par Paul l'a frappée et qu'elle veut entendre la suite. En effet, selon le texte commun aux deux versions, Dieu « a ouvert son cœur à prêter attention aux choses que Paul disait ».

Dans l'exemple suivant, le mouvement est inverse : passage de l'aoriste à l'imparfait.

– 16, 34 : Le geôlier baptisé par Paul et Silas se réjouit, après les avoir invités chez lui : t.c. : ἠγαλλιάσατο πανοικεί, il fut dans l'allégresse, avec toute sa famille (de posséder la foi en Dieu) (N.B. l'adverbe πανοικεί est très rare et non classique). La nuance change avec le texte de D : ἠγαλλιᾶτο σὺν τῷ οἴκῳ, était dans l'allégresse, avec sa famille. L'allégresse est d'autant plus vive qu'elle se prolonge autour de la table à laquelle ont été conviés les missionnaires.

– 17, 17 : A Athènes, Paul a des entretiens fréquents sur l'agora : t.c. : πρὸς τοὺς παρατυγχάνοντας, avec ceux qui se trouvaient là. Le verbe παρατυγχάνω, hapax du N.T., indique en soi une rencontre fortuite. Le participe présent à sa valeur d'imparfait : Paul s'entretient avec ceux qu'il rencontrait, continuellement, au fil des jours. D remplace le participe présent par l'aoriste παρατυχόντας, une opposition difficile à rendre dans une langue qui ne possède pas l'aoriste, lequel échappe, comme souvent en dehors de l'indicatif, à la notion de temps : opposé à un présent, il signifie l'absence de durée et correspond à un mot abstrait. L'aoriste convient mieux ici que le présent, à côté de κατὰ πᾶσαν ἡμέραν, où κατά a son sens distributif et où πᾶς n'est pas accompagné de l'article. Il ne s'agit pas de « tous les jours », ou de « chaque jour », mais de « n'importe quel jour », donc pas seulement du sabbat comme en général en milieu juif. La traduction « au hasard des rencontres » peut rendre l'aoriste.

– 17, 18 : Une valeur de l'aoriste — remplaçant un imparfait — autre que celle du verset précédent apparaît ici, à l'indicatif, encore dans D. Le texte court écrit : ... συνέβαλλον αὐτῷ, (certains philosophes) conféraient avec lui. Cet imparfait fait suite au participe présent-imparfait du verset 17. D : ... συνέβαλον (écrit συνέλαβον par une faute évidente de copiste) αὐτῷ, conférèrent avec lui. L'auteur s'est rendu compte que les deux imparfaits successifs mettaient sur un même plan les entretiens que Paul avait, n'importe quel jour, avec le tout venant des badauds de l'agora, et avec les philosophes des écoles épicurienne et stoïcienne. L'aoriste montre que c'est en constatant l'intérêt suscité par Paul auprès des gens ordinaires que la curiosité a piqué les philosophes (comme Lydie en 16, 14) ; et ceux-ci *se sont mis*, un beau jour, à conférer avec lui, sur des problèmes plus graves de religion et de philosophie.

– 17, 25 : Discours de Paul devant l'Aréopage : t.c. : ... αὐτὸς διδούς, (le Dieu qui a fait l'univers ...) lui qui donne (à tous la vie, le souffle ...). Le présent du participe est irréprochable : Dieu ne cesse de donner la vie, par un don éternellement répété. Mais l'aoriste de D exprime une nuance différente : αὐτος δούς, lui qui a donné ... Le don a été fait une fois pour toutes, par une volonté divine initiale (*Genèse* 1, 26-30). Il n'a pas à être répété (comparer Mt., 6, 11 et Lc., 11, 3).

– 17, 31 : Suite du même discours : t.c. : Dieu a fixé un jour ἐν ᾗ μέλλει κρίνειν, où il doit juger (l'univers). L'auteur aurait pu employer, au lieu de l'infinitif présent, un infinitif aoriste ou futur, sans vraie différence de sens après le verbe μέλλω (cf. ci-dessous 20, 3), mais il ne l'a pas fait. Celui de D supprime μέλλει et remplace l'infinitif présent κρίνειν par l'infinitif aoriste κρῖναι qui, rapproché de « un jour », devient un infinitif de destination (voir chapitre 3, « qualité de la langue », « propositions circonstancielles », « finales ») : Dieu a fixé un jour « pour juger » l'univers. Cet infinitif aoriste, en soi plus nerveux, s'accorde mieux avec l'infinitif aoriste qui suit (παρασχεῖν, qui remplace le participe aoriste παρασχών du texte court) : « ... Jésus, désigné par son arrêt *pour procurer* à tous une garantie ... » La double volonté de Dieu s'affirme plus nettement dans le texte long par deux infinitifs de but (la destination étant un but) : Dieu a fixé un jour *pour* juger l'univers ... par un homme, Jésus, désigné par son arrêt *pour* procurer à tous la garantie de la résurrection. Et l'aoriste montre que le fait de juger et le fait de procurer sont considérés hors du temps.

– 18, 18 : Voir ci-dessous « préverbes supprimés ».

– 19, 16 : Voir « changement de préverbe » ci-dessous.

– 20, 3 : Au bout de trois mois en Grèce, les Juifs organisent un complot contre Paul ; t.c. : ... μέλλοντι ἀνάγεσθαι, ... au moment où il allait prendre le large (pour la Syrie). D, ayant remplacé μέλλοντι, « au moment où il allait », par ἠθέλησεν, « voulut », remplace le présent ἀνάγεσθαι par l'aoriste ἀναχθῆναι : « il voulut que l'on prît le large ». L'aoriste, en montrant que Paul n'est pas le seul à s'embarquer, convient au verbe « vouloir » par sa valeur d'aspect, et la force de la phrase nouvelle porte sur la volonté de Paul, non apparente dans un texte court, admissible mais banal. Précisons que si ἀνάγεσθαι, qui peut être un passif, est probablement un moyen, dans le sens de « prendre, ou gagner, le large », ἀναχθῆναι ne peut être qu'un passif, littéralement « (voulut) qu'il fût pris le large », avec une idée collective. Le changement de temps s'accompagne d'un changement de voix.

– 21, 25 : (Envoi du décret apostolique) : t.c. : ἐπεστείλαμεν κρίναντες, nous leur avons écrit, décision prise, (que les païens convertis se gardent de viandes immolées aux idoles, etc.). La décision est considérée, dans son abstraction, en dehors du temps. D : ἀπεστείλαμεν κρίνοντες, le verbe principal a changé de préverbe, «écrire» devient «envoyer (une mission)», et le participe aoriste est devenu présent, «nous avons dépêché une mission *en décidant*», et ici une addition, «qu'ils n'observent rien de tel», μηδὲν τοιοῦτον τηρεῖσθαι αὐτούς, c'est-à-dire qu'ils ne soient pas soumis à la circoncision. Le sens varie peu de l'aoriste au présent, mais ce qui importe est la valeur du *présent* : l'envoi d'une mission *accompagne immédiatement* la décision qui, plus complète, commence par notifier aux païens que, pour devenir chrétiens, ils ne sont pas soumis à la circoncision.

– 22, 3 : Discours de Paul prononcé en hébreu devant les Juifs ; t.c. : ... πεπαιδευμένος, (je suis un Juif) instruit (strictement selon la loi de nos pères). En remplaçant le parfait par un présent, παιδευόμενος, «m'instruisant», Paul, avec beaucoup d'habileté, n'expose plus à son auditoire excité, quelle instruction, aujourd'hui achevée, il reçut jadis dans sa jeunesse ; il affirme qu'il continue toujours à s'instruire selon la Loi ; aujourd'hui même il n'a pas cessé d'approfondir sa religion.

L'examen de tous ces changements de temps ne montre nullement que ceux du texte court soient à rejeter ; ils y sont toujours conformes à une de leurs valeurs normale dans la langue grecque. Mais on constate que, dans le texte long, ils sont remplacés par un auteur qui en connaît aussi bien les ressources et qui possède, comme Luc, un sentiment très vif de leurs nuances : de là un jeu subtil sur les présents, imparfaits, aoristes, parfaits, toujours adaptés à la phrase, dans le texte long, peut-être mieux que dans le texte court.

Les valeurs nouvelles sont d'autant plus sensibles que l'on est en présence d'une différence entre les deux versions, et que l'opposition des temps accentue la différence des sens. On assiste à des retouches voulues, alors que, dans les additions, l'emploi d'un temps est spontané (voir par exemple chapitre 3, «qualité de la langue», «le verbe», «le présent de durée»).

Le remplacement d'un temps par un autre révèle un auteur qui, attaché à peser minutieusement leurs valeurs, a réfléchi sur les nuances de son choix ; celles-ci sont quelquefois rapprochées dans un groupe de versets formant un tout à isoler du reste, comme s'il méritait un soin particulier. La preuve de son attention est donnée par le fait que le passage d'un temps à un autre, de l'imparfait à l'aoriste, de l'aoriste à l'imparfait et ainsi de suite, est opéré dans les deux sens. On distingue ici encore, en un mot, la main d'un auteur conduit par son expérience de la langue grecque à la mettre au service de la vérité historique des faits et des idées qu'il entend serrer de plus près.

Les changements de mode

Il n'y a pas lieu de revenir ici sur les changements de mode provoqués par un changement de construction. On les a vus plus haut.

a. *Passage de l'indicatif au participe.*

Le caractère souvent interchangeable de ces deux modes (comme en 5, 10 et 6, 15) a été examiné au chapitre 3 «qualité de la langue» p. 199-201 dans le cas où deux verbes qui se suivent, l'un au participe, l'autre à l'indicatif, donnent le même sens quand le premier est un indicatif, le second un participe. Les autres cas, étudiés à présent, sont ceux où un seul verbe sur les deux du texte long change pour passer, d'abord, de l'indicatif au participe.

— 4, 34-35 : Les nouveaux croyants échangent leurs biens : t.c. : ... (πωλοῦντες) ἔφερον ... (35 καὶ ἐτίθουν ...), ... (lorsqu'ils les vendaient), apportaient ... (le prix ... 35 et le déposaient ...). Le participe est temporel.

D écrit : ... (πωλοῦντες) καὶ φέροντες ... (35 καὶ ἐτίθουν ...), ... (lorsqu'ils les vendaient) et qu'ils apportaient ... (le prix ... 35 ils le déposaient *même* aux pieds des apôtres). Dans le texte court il y a deux verbes principaux, ἔφερον καὶ ἐτίθουν, «apportaient et déposaient». D remplace l'indicatif ἔφερον par le participe φέροντες, «lorsqu'ils les apportaient». Il s'ensuit que l'imparfait ἐτίθουν, «déposaient» devient le seul verbe principal ; et le καί qui subsiste prend la signification de «même» et retombe sur ἐτίθουν. (Il n'y a pas de raison décisive pour supprimer, avec Clark, ce καί dont on verra la raison d'être dans quelques exemples suivants ; cf. la note sur le verset 34 dans la traduction. Mais le copiste de D commet une erreur en gardant le ὑπῆρχον qui, dans le texte court, suivait οἰκιῶν.) Les nouveaux croyants ne se bornent pas à apporter l'argent, ils vont *même* jusqu'à le déposer aux pieds des apôtres. On retrouve les trois mêmes verbes à propos de Barnabé qui, au verset 37, «vend», «apporte» et «dépose».

— 8, 28 : (L'eunuque éthiopien dans son char) : t.c. : (ἦν ὑποστρέφων καὶ καθήμενος) καὶ ἀνεγίγνωσκεν ..., (il s'en retournait et se trouvait assis) et il lisait (le prophète Isaïe). D : (ἦν τε ὑποστρέφων καθήμενος ...) καὶ ἀναγιγνώσκων ... L'heureuse suppression de καί entre les participes ὑποστρέφων et καθήμενος (les deux participes étant boiteux) entraîne le remplacement de «lisait» par «en train de lire». Elle libère ainsi καθήμενος, «assis», de son caractère périphrastique et le met en liaison avec ἀναγιγνώσκων, «lisant», (il s'en retournait, assis ...) et en train de lire ... La phrase est plus légère ; l'accent est mis sur l'attention de l'Éthiopien dans sa lecture biblique : on la retrouve au verset 30, texte commun aux deux versions.

– 12, 16 : (Pierre, libéré par un ange, entre dans la maison de Marie) : t.c. : εἶδαν αὐτόν, (ayant ouvert) ils le virent (et furent mis hors d'eux-mêmes). D : καὶ ἰδόντες αὐτόν, (ayant ouvert *tout grand*) et le voyant, (furent hors d'eux-mêmes). Le passage de « ils virent » à « le voyant » a pour effet de lier le nouveau participe au participe précédent, et de remplacer la principale εἶδον par le participe nouveau. La seule principale restante, ainsi mise en valeur est « furent mis hors d'eux-mêmes », un état d'agitation causé par la vue de Pierre (valeur d'aspect du participe).

b. *Passage du participe à l'indicatif.*

– 5, 19 : (Les apôtres, dont Pierre, ont été mis en prison) : t.c. : ἀνοίξας ayant ouvert (les portes de la prison et les en ayant tirés dit). D remplace une participiale par une première principale, ce qui allège la phrase sans changer sensiblement le sens : ἀνέῳξεν, ouvrit (les portes ...).

– 10, 19 : (l'Esprit parle à Pierre) : t.c. : ... ζητοῦντές σε, (voici trois hommes) qui te cherchent. D (mais avec d'autres manuscrits) ... ζη- τοῦσίν σε, ils te cherchent. La phrase, étant coupée, est devenue plus légère et plus expressive.

– 16, 19 : (Les maîtres de la jeune pythonisse) : t.c. : Ἰδόντες δὲ ..., voyant (parti l'espoir de leur bénéfice ...). D : Ὡς δὲ εἶδον ..., lorsqu'ils virent... Le sens est le même, mais l'allègement de la temporelle initiale est rendu nécessaire par les changements et additions de la première partie du verset.

– 16, 30 : (Après le séisme dans la prison de Paul et de Silas, le geôlier terrorisé s'empresse) : t.c. : προαγαγὼν αὐτοὺς ..., les ayant amenés (au dehors, il dit ...). D : προήγαγεν αὐτοὺς ... (καὶ εἶπεν ...), il les amena (*et* dit ...). Le passage du participe à l'indicatif est provoqué (comme 16, 19 ci-dessus) par l'addition d'un second participe, ἀσφαλισάμενος, « après s'être assuré (de tous les autres) ». D évite ainsi que deux participes ayant la même valeur circonstancielle se suivent sans être coordonnés.

– 17, 34 : Après le discours à l'Aréopage, quelques hommes, t.c. : κολληθέντες αὐτῷ (le participe est aoriste), littéralement : « ayant été collés à lui », c'est-à-dire « à son contact » (ou « ayant pris contact avec lui »), (eurent la foi). D (première main) : ἐκολλήθησαν, entrèrent en contact avec lui... Ici le copiste de D a *oublié* un καί, indispensable pour lier ce verbe au verbe suivant, ἐπίστευσαν, « eurent la foi » (cf. l'exemple ci-dessus, 16, 30, où D a *ajouté* un καί pour lier προήγαγεν — remplaçant un participe — et εἶπεν). Dans ces conditions le correcteur de D n'avait pas à rétablir κολληθέντες. Le texte de D a l'avantage de rendre la phrase plus légère et de marquer plus nettement la succession des deux actes : suivre Paul, trouver la foi. L'aoriste indicatif traduit en outre la *recherche* du contact avec Paul en vue d'une conversion.

    — 19, 15 : t.c. : ἀποκριθὲν δὲ..., répliquant, ou bien «en réplique», (l'esprit méchant...). L'aoriste n'a pas sa valeur temporelle. D, ayant ajouté τότε, «alors», devant le participe (et par suite supprimé δέ), remplace ce participe par un indicatif, ἀπεκρίθη, répliqua ; d'où la nécessité d'un καί entre ce verbe et εἶπεν (cf. les deux exemples précédents). Omis par la première main de D, ce καί est donné par sa seconde main (*N.B.* Sur une modification de cette formule par Luc lui-même, voir Luc, B.L., p. xxviii).

    — 21, 5 («passage-nous») : t.c. : ... προσευξάμενοι, (nous étant mis à genoux sur la grève) pour prier. Ce participe ne peut guère avoir qu'une valeur finale mais, après un verbe de mouvement, le grec le met normalement au futur (peut-être faut-il lire προσευξόμενοι), ou même au présent (Lc., 7, 6 ; *Actes* 11, 25 D). A l'aoriste, comme ici, il est inusité. C'est peut-être la raison pour laquelle l'auteur de D le remplace par un indicatif, qui ne fait pas de difficulté, προσηυξάμεθα, «nous priâmes».

    — 25, 21 : (Festus parle) : t.c. : ... ἐπικαλεσαμένου, (Paul) ayant appelé (à être gardé jusqu'à la décision d'Auguste, j'ai donné l'ordre...). Le texte occidental (Clark, selon le *codex Gigas*) est obligé par deux additions de remplacer le participe par un indicatif aoriste : il ajoute d'abord τότε (comme dans l'exemple précédent) devant le participe devenu indicatif, puis (Καίσαρα) καὶ ἠτήσατο : «Alors Paul en appela (à César) *et demanda*...» On trouve ici le καί signalé dans les exemples précédents. Allongée, la phrase gagne en légèreté, et la construction du verbe ἐπικαλοῦμαι est modifiée dans le second texte.

c. *Passage de l'infinitif à l'indicatif.*

    Un seul exemple : 10, 9 : t.c. : ἀνέβη ... προσεύξασθαι, (Pierre) monta ... prier (sur le toit). Le texte occidental (Clark) donne : ἀνέβη ... καὶ προσηύξατο, monta ... et se mit à prier. Dans le texte court on voit d'abord Pierre *monter.* Dans le texte occidental on voit surtout Pierre, une fois sur le toit, se mettre à *prier.* — Voir aussi, *infra,* «préverbes supprimés», 15, 39.

d. *Passage de l'infinitif au participe.*

    Encore un seul exemple, 28, 14 (Clark). Ce remplacement d'un infinitif par un participe, qui entraîne un changement de sens du verbe principal, a été étudié dans le chapitre 4, «Travail des retouches», p. 222.

e. *Passage du subjonctif à l'indicatif.*

— 2, 37 : (Les Juifs portés à la conversion interrogent Pierre) : t.c. : τί ποιήσωμεν; que devons-nous faire? Le subjonctif délibératif d'excellent grec du texte court est remplacé dans D par un simple indicatif futur : τί οὖν ποιήσομεν; que ferons-nous donc? Le futur, en soi plus fort, est voulu par l'addition de l'impératif ὑποδείξατε ἡμῖν : (que ferons-nous donc?) ... montrez-le nous.

— 4, 16 : (Les Juifs s'interrogent sur le traitement qu'ils jugent mérité par Pierre et Jean) : t.c. : τί ποιήσωμεν, qu'est-ce que nous allons faire (de ces individus)? Comme dans l'exemple précédent, D remplace le subjonctif délibératif par un indicatif futur qui, cette fois, n'est nécessité par aucune addition (ce qui montre que les changements de mode ne sont pas systématiques chez un auteur qui garde la liberté de son choix) : τί ποιήσομεν; que ferons-nous? Ce futur indique une décision mieux arrêtée.

f. *Passage de l'indicatif à l'optatif.*

Encore un seul exemple : 17, 20 : Les philosophes d'Athènes à Paul : t.c. : τίνα θέλει ταῦτα, (nous voulons savoir) ce que ces choses veulent dire. D : ... τί ἂν θέλοι ταῦτα (suivi d'un εἶναι ajouté, probablement explétif; cf. 2, 22 et Lc., 15, 26 D), ... ce que ces choses pourraient vouloir dire.

Cet optatif avec ἄν (mode potentiel) ne se trouve, dans le N.T., que chez Luc. Par exemple Lc., 1, 62 ; 6, 11 ; 9, 46 ; *Actes* 5, 24 ; 10, 17 (cf. B.D.R. § 385) et deux versets plus haut dans le discours de l'Aréopage, 17, 18, qui a pu influencer le verset 20.

Ces exemples donnés du changement de mode montrent que le mode employé par le texte court est toujours de bon grec, et qu'il peut rester tel quel. Le sens que Luc donne par lui est toujours au moins acceptable.

Mais le texte long donne aussi un sens toujours acceptable, souvent préférable. La phrase est quelquefois plus légère en changeant le rapport entre les propositions. Un jeu subtil des καί lui apporte un nouvel équilibre et met tel ou tel verbe en valeur. Souvent une addition dans la phrase, soit avant soit après le verbe dont le mode est envisagé, exige un mode nouveau dans le texte long. Le changement de mode est donc la conséquence et non la cause de l'addition, laquelle a ses propres motifs.

Dans tous les cas le travail semble fait par un même auteur, que l'on reconnaît à son habileté dans le maniement de la langue et son sentiment des nuances du grec. Il ne change pas pour le plaisir de changer mais pour obéir à une raison qu'il est possible de découvrir. La preuve en est qu'il change les mêmes modes, comme le participe et l'indicatif, aussi bien dans un sens que dans l'autre. Bref, s'il se livre à des exercices de style, c'est toujours qu'il a un texte à rendre meilleur, ou des idées à préciser ou clarifier.

Les changements de voix

Ces changements sont sensiblement moins nombreux que les changements de mode. Mais il en est qui méritent l'attention parce qu'ils révèlent encore, chez l'auteur du texte occidental, une intention.

On laissera de côté un cas douteux, 2, 14, où l'impératif moyen ἐνωτίσασθε «mettez vous dans l'oreille», semble remplacé par l'actif ἐνωτίσατε. Mais cet actif n'est pas employé en grec, sauf peut-être par Suidas. Peut-être faut-il voir là une faute de copiste.

On n'insistera pas non plus sur le cas de 5, 9, où la raison du choix n'est pas apparente. La différence entre le passif τί ὅτι συνεφωνήθη ὑμῖν; «se peut-il qu'il y ait eu accord entre vous (pour tenter l'Esprit)?» et d'autre part l'actif impersonnel συνεφώνησεν, «... que vous ayez été d'accord...», est imperceptible, d'autant plus que le passif et l'actif du verbe sont l'un et l'autre de bonne langue et de même sens.

A deux reprises le passage d'une voix à une autre n'est pas visiblement justifié :

– 17, 2 / t.c. : διελέξατο, (Paul) s'entretint. D remplace le moyen par le passif διελέχθη. Le sens ne change pas ; le passif est plus rare, mais on le trouve dans Marc.

– 20, 3 : D remplace le moyen γενομένης, normal en grec, «s'étant produite», par le passif correspondant, qui n'est pas classique.

– 2, 12 : Le passage du moyen à l'actif corrige l'emploi incorrect d'un verbe, mais D n'est pas le seul manuscrit à faire cette correction : διηποροῦντο, «étaient perplexes» (forme donnée par A, B et le *Sinaïlicus*) est remplacé par διηπόρουν. On notera que ce verbe διαπορῶ est un hapax lucanien, toujours actif comme en bon grec, chez Luc, qui en offre trois autres exemples.

On met à part enfin les passages du moyen à l'actif, ou inversement, provoquant une légère différence de sens, dans le cas des infinitifs à valeur d'impératif, parce qu'ils ont été examinés au chapitre 3, «Qualité du grec», «proposition principale», «l'ordre» : exemples de 4, 15 ; 16, 23 ; 21, 36 ; 22, 24. On peut maintenant porter son attention sur les cas significatifs, dont voici les exemples :

– 5, 2 : t.c. : ... ἔθηκεν, (Ananias) déposa (une part du prix de vente...). L'emploi par D du moyen ἔθετο, «il *se* la déposa», apporte une nuance intéressante : si Ananias ne dépose pas aux pieds des apôtres la somme complète, c'est conformément à son *intérêt*, exprimé par le verbe au moyen. Il fait croire simplement aux apôtres qu'il dépose la somme totale.

— 5, 21 : t.c. : συνεκάλεσαν, (l'archiprêtre et ...) réunirent (le Sanhédrin). D change le mode en même temps que la voix, συγκαλεσάμενοι, participe moyen. Le changement est sans doute provoqué par l'addition, avant ce participe, de cette précision «réveillés de bonne heure», qui invite à traduire le verbe par «convoquer» plutôt que par «réunir». Le mode moyen doit indiquer que le Sanhédrin avait été convoqué pour qu'une décision partiale et intéressée soit obtenue de lui.

— 13, 47 : t.c. : ... ἐντέταλται..., (ainsi) nous est-il prescrit (par Dieu). En remplaçant le passif par l'actif ἐντέταλκεν, «(Dieu) nous l'a prescrit», D insiste sur l'auteur de la prescription souveraine. Il emploie un actif inconnu du N.T., mais qui est possible en bon grec.

— 19, 24 : t.c. : ... παρείχετο, (l'orfèvre Démétrios) procurait (à ses artisans de beaux bénéfices). D remplace le moyen par l'actif παρεῖχε. Le sens est le même et la différence des voix ne peut apparaître dans la traduction, D apporte cependant une nuance, à peine visible mais réelle. Son texte laisse entendre que Démétrios, en fait, procure les bénéfices moins à lui-même qu'à ses artisans, et que son intention était de le faire croire. Car tous les orfèvres, plus que le seul Démétrios, ont intérêt à se soulever en masse contre Paul.

— 21, 21 : t.c. : ... κατηχήθησαν ..., ils (= les Juifs croyants) ont reçu l'information (que tu enseignes ... la désertion de Moïse). D emploie l'actif κατήχησαν (le correcteur de D a corrigé le κ fautif de la première main) qui souligne la faute de ceux qui «enseignent», sur les paroles de Paul, une information fausse : «ils ont répandu le bruit ...»

— 26, 28 : Agrippa à Paul : t.c. : πείθεις ... (présent d'effort), tu veux me persuader (qu'un instant suffit pour faire de moi un Chrétien ?). Le texte occidental (Clark) remplace l'actif par le passif correspondant : πείθῃ ..., «tu es persuadé ...» (au passif, πείθομαι = «je suis persuadé» qui se trouve au verset 26). Le léger changement de sens met de l'ironie dans la phrase d'Agrippa, devenue affirmative : tu es sûr, mais tu as tort d'être sûr.

— 27, 1 : t.c. : ... ἐκρίθη, lorsqu'il fut décidé (τοῦ ἀποπλεῖν ..., de nous embarquer ...). Avec ce texte on ne sait pas qui est l'auteur de la décision. Rien ne prouve que ce soit le procurateur Festus. Dans une importante addition de douze mots, qui provoque ici le changement de voix, le texte occidental (Clark) remplace le passif impersonnel par l'actif ἔκρινεν, qui supprime un tour contestable, la complétive à l'infinitif introduite par τοῦ et qui, surtout, répond à notre embarras en donnant un sujet au verbe : c'est Festus qui a pris la décision, et la décision du païen romain est capitale parce qu'elle obéit à la volonté divine.

Comme on l'a remarqué pour les autres changements, ces changements de voix ne sont pas dus au hasard, mais à la volonté d'un auteur compétent, habile à préciser les données d'un texte ou à lui apporter des retouches légères par le moyen discret du passage d'une voix à une autre, et le recours à des nuances qui, sans qu'il y ait à douter de leur existence, peuvent être imperceptibles dans une langue ignorant la voix moyenne. Mais une fois de plus elles dénotent chez l'auteur second une fine connaissance de la langue grecque, et montrent le soin qu'il apporte à remanier jusque dans les détails un texte premier, authentique sans doute, mais rendu plus clair et plus précis. Là où, à nos yeux, le sens est identique dans les deux textes, nous entrons avec l'auteur du texte long dans les secrets de la création littéraire et, s'ils peuvent nous échapper, nous constatons que cet auteur a des préférences, à un moment donné, qui le font choisir une autre façon de s'exprimer.

D. Les préverbes

Dans les *Actes* comme dans son Évangile, Luc, historien ami de la précision, se montre attentif à employer des préverbes qui lui permettent d'affiner les contours de sa pensée (cf. *Ev. Lc.*, introduction, p. xxii ; *Actes* B.L., introduction, p. xxviii-xxix) ; il se distingue par là des autres auteurs du Nouveau Testament, et rend aux préverbes une vie qui s'était usée dans la langue commune. L'existence d'un texte long des *Actes* donne un nouveau relief à l'emploi des préverbes en permettant d'abord de constater dans ses *additions* le même intérêt pour les préverbes que dans le 3ᵉ Évangile et le texte court des *Actes*. Cette existence d'une seconde version a l'avantage, ensuite, de permettre une confrontation des préverbes là où ils sont changés par rapport à la première ; elle conduit à la question qui s'impose : peuvent-ils, doivent-ils émaner d'un même auteur ?

1. *Préverbes des additions.*

Il est ainsi, d'abord, des verbes à préverbe dans les phrases ajoutées du texte occidental ; ils viennent spontanément dans l'esprit de l'auteur. L'exemple le plus remarquable est celui de 10, 25, où le *codex Bezae* ajoute, en cinq stiques, dix-huit mots dont cinq sont des verbes à préverbe, προσ-εγγίζοντος, approchant ; προ-δραμών, ayant couru au devant ; δι-εσάφησεν, fit une révélation ; παρα-γεγονέναι, être arrivé ; ἐκπηδήσας, s'étant élancé, ce dernier verbe précédant un autre verbe, commun aux deux versions, συναντήσας, étant venu à la rencontre.

En 23, 29 la présence de l'aoriste ἐξήγαγον, je l'emmenai (non sans peine, par la force), dans le texte occidental (Clark), n'aurait rien de remarquable si, à côté de l'hapax lucanien βίᾳ, ce verbe n'avait une couleur lucanienne prononcée ; en dehors d'un exemple chez Marc, Jean et l'*Épître aux Hébreux*, Luc l'emploie une fois dans son Évangile et huit fois dans les *Actes*, plus une autre fois dans le texte long, 17, 5 D.

Les préverbes des additions prouvent chez leur auteur, on l'a dit, un même intérêt que chez Luc. On le constate aussi lorsque le préverbe est double, donc particulièrement significatif.

2. *Préverbes doubles.*

Ces préverbes se trouvent soit ajoutés dans le texte long, soit modifiés par rapport à ceux du texte court.

— a : ajoutés :

– 3, 11 : Le boiteux guéri συν-εξ-επορεύετο, s'en allait en même temps (en s'accrochant à eux = Pierre et Jean). La scène est d'autant plus vive que ce verbe, surcomposé, hapax du N.T. qui se trouve dans les LXX et dans Polybe, vient s'ajouter au génitif absolu ἐκ-πορευομένου, «comme (Pierre) s'en allait», qui vient d'être ajouté, lui aussi, dans le début de la phrase, sans être rare dans le N.T. La présente addition comporte aussi trois préverbes.

– 4, 18 : συγ-κατα-τίθεμαι, donner son accord ; et ce verbe à double préverbe est ajouté encore 15, 12 ; il est d'autant plus intéressant qu'il est exclusivement lucanien (cf. ch. 1, «vocabulaire»).

– 18, 27 : autre verbe à double préverbe, d'un sens voisin, συγ-κατα-νεύω, cette fois du grec tardif, «donner son assentiment».

— b : modifiés :

A l'inverse le texte long *remplace* deux fois un verbe à préverbe simple par le même verbe à préverbe double :

– 3, 26 : (Discours de Pierre) : t.c. : ... ἀπέστειλεν, a fait lever (son serviteur, Moïse). Par l'addition d'un second préverbe D emploie un verbe plus énergique, ἐξ-απ-έστειλεν, un verbe très lucanien, employé quatre fois dans le 3ᵉ Évangile, sept fois dans les *Actes* (et une fois chez Paul). Pour rendre sensible ce renforcement du verbe, on le traduira ici par «expédier».

– 12, 16 : t.c. : ἀνοίξαντες, ayant ouvert. D : ἐξ-αν-οίξαντες, ayant ouvert tout grand. Le verbe est quelque peu classique puisqu'on le trouve chez Aristophane, *Acharniens* 391.

On peut passer maintenant aux préverbes changés qui ne sont plus doubles. Leur nombre est beaucoup plus important.

3. *Changements de préverbe.*

Ils sont assez variés et nombreux pour qu'il soit difficile de les classer par catégories. On les signale dans l'ordre du texte.

– 1, 9 : t.c. : ... ἐπήρθη, (Jésus, à l'Ascension) fut soulevé. D : ἀπήρθη, fut enlevé. On notera qu'il y a confusion et déplacement de verbes dans les deux versions.

– 1, 26 : Ici le double préverbe (cf. *supra*) est *supprimé* dans D en faveur d'un seul. Le texte court écrit συγ-κατ-εψηφίσθη, à propos de Matthias, nouvel apôtre, «qu'un vote unanime fit compter avec eux». Ce verbe, hapax du N.T., est *remplacé* dans D par συν-εψηφίσθη, de même sens, mais de meilleur grec ; on le trouve ailleurs dans *Actes* 19, 19.

– 4, 2 : t.c. : διαπονούμενοι, agacés. D : καταπονούμενοι, probablement plus fort, «accablés».

– 4, 2 : t.c. : καταγγέλλειν, annoncer (en Jésus la résurrection). D : ἀναγγέλλειν, faire connaître (Jésus dans la résurrection). Il est normal que le complément du verbe soit Jésus plus que la résurrection.

– 7, 41 : t.c. : ἀνήγαγον (θυσίαν), faire un long (sacrifice). D donne une leçon indéfendable ἀπηγάγοντο, sans doute faute de copiste.

– 9, 39 : t.c. : παρέστησαν αὐτῷ, (les veuves) se tinrent auprès de lui (= Pierre). Texte occidental (Clark) : περιέστησαν αὐτῷ, l'entourèrent. Ce verbe a quatre exemples dans le N.T., dont *Actes* 25, 7 où il est suivi de l'accusatif.

– 10, 48 : t.c. : ἐπιμεῖναι, prolonger le séjour. D : διαμεῖναι, demeurer.

– 12, 25 : t.c. : ὑπέστρεψαν ..., (Barnabé et Saul) s'en retournèrent (à Jérusalem). D : ἀπέστρεψεν (Saul, avec Barnabé) se détourna (de Jérusalem). L'addition de εἰς Ἀντιόχειαν, qui figure dans plusieurs manuscrits du texte occidental, précise le sens : «(il se détourna de Jérusalem) pour gagner Antioche», ce qui s'accorde bien avec le verset 1 du chapitre 13 ; cf. la note de la traduction, 12, 25. — On remarque aussi un passage du pluriel au singulier.

– 13, 6 : t.c. : διελθόντες, (Barnabé et Saul) ayant traversé (l'île entière — Chypre — jusqu'à Paphos)... D écrit περιελθόντων, ayant fait le tour de l'île. Comme aucune ville n'est mentionnée dans la traversée de Chypre, il est probable que l'auteur de D veut apporter une précision sur l'itinéraire des missionnaires : ils ont longé par mer la côte jusqu'au port de Paphos d'où ils se rembarqueront (v. 13), et cette côte décrit un arc de cercle justifiant le préverbe περι-. Luc la connaît pour l'avoir aussi longée pendant la tempête du chapitre 27.

– 13, 7 : t.c. : ... προσκαλεσάμενος, (le proconsul) ayant fait venir (Barnabé et Saul)... D écrit συγκαλεσάμενος, ayant fait venir ensemble. Ce verbe, qui appartient au vocabulaire lucanien, est plus précis : il montre que Sergius Paulus a fait venir Barnabé et Saul tous les deux *à la fois* (sur le vocabulaire, voir chapitre 1).

– 15, 4 : t.c. : ἀνήγγειλάν τε ..., et ils exposèrent en détail... D écrit ἀπήγγειλάν τε (απηγγειλαντες est une faute de copiste), et ils rapportèrent. Le sens est pratiquement le même.

— 15, 16 : t.c. : (Citation de Jérémie) : ἀναστρέψω, je reviendrai. D : ἐπιστρέψω, je retournerai. Pas de différence de sens.

— 16, 8 : t.c. : ... παρελθόντες, (Paul et Timothée) ayant longé (la Mysie). D : διελθόντες, ayant traversé. Le problème est celui d'une différence entre deux itinéraires terrestres ; cf. 13, 6 ci-dessus.

— 16, 16 : t.c. : ὑπαντῆσαι, venir à la rencontre. D : ἀπαντῆσαι, venir au devant de ... Pas de différence de sens.

— 16, 39 : t.c. : ... ἀπελθεῖν, (ils leur demandaient) de partir (de la ville). D commence par *ajouter* ἐξελθεῖν (εἰπόντες), (leur disant) de sortir. Mais il s'agit d'une sortie *de la prison*. Puis, dans une autre addition de cinq stiques, D emploie encore le verbe ἐξέρχομαι : ἐξέλθατε, sortez (de cette ville). (Dans le texte court Luc avait employé plus haut le verbe ἀπελθεῖν pour dire « partir *de la ville* ».

— 17, 5 : t.c. : ... προαγαγεῖν, amener (devant le peuple Paul et Silas). D : ἐξαγαγεῖν, emmener. Le verbe est légèrement plus fort ; il implique une certaine contrainte. Ce verbe est *ajouté* dans le texte occidental, 23, 29 (Clark).

— 17, 26 : (Discours à l'Aréopage) : t.c. : ... προστεταγμένους, (des temps) prescrits. D : προτεταγμένους, ... prescrits d'avance.

— 17, 30 (id.) t.c. : ... ὑπεριδών..., (Dieu) passant un regard au-delà (des temps de l'ignorance). D : παριδών, ... fermant les yeux sur ... Ce verbe, qui fait image, mais une image différente, est un hapax du N.T. Il appartient au grec classique.

— 18, 17 : (A Corinthe) : t.c. : ... ἐπελαβόμενοι...,, (les Juifs) ayant attrapé (Sosthène). D : ἀπολαβόμενοι, ayant pris à part. Voir la note dans la traduction. Si ces Juifs le « prirent à part », c'est évidemment pour lui faire en secret un mauvais parti. Le verbe gagne en pittoresque.

— 19, 12 : (11 Dieu faisait, par les mains de Paul, des miracles ... 12 et l'on allait jusqu'à) ἐπὶ τοὺς ἀσθενοῦντας ἀποφέρεσθαι ἀπὸ τοῦ χρωτὸς αὐτοῦ. La phrase est concise à l'extrême : littéralement « poser (φέρεσθαι, dont le préverbe est supprimé) sur (ἐπί) les malades (des mouchoirs) déposés de (préposition ἀπό, de sens fort) sa peau. D remplace ἀπο-φέρεσθαι par ἐπι-φέρεσθαι, sans changer les prépositions. Le verbe est un hapax lucanien : mais le N.T. en offre deux exemples et il est fréquent en grec classique ; si la phrase est également concise elle fait mieux voir le geste de ceux qui détachent (préposition ἀπό) de la peau de l'apôtre (après les y avoir appliqués) les mouchoirs, pour les appliquer sur les malades (préposition, puis préverbe : ἐπὶ + accusatif, puis ἐπιφέρεσθαι. La phrase est plus claire et moins rude en faisant dépendre, dans la seconde partie de la phrase, ἀπό..., de l'idée de (ἐπι)φέρεσθαι, sans préverbe, qui précède.

— 19, 16 : t.c. : ἐφαλόμενος ἐπ' αὐτούς..., (l'homme en qui était l'esprit méchant) ayant bondi sur eux ... D : ἐναλλόμενος εἰς αὐτούς, *en* bondissant *vers* eux. Avec un changement de temps, de préposition et de préverbe, dans les trois mots, la proposition est devenue plus précise, en évitant la répétition du même préverbe et de la même préposition (ἐφ- ἐπί). Le préverbe ἐν s'accorde bien avec le participe présent qui marque la simultanéité de temps, tandis que les prépositions ἐπί et εἰς ne diffèrent pas sensiblement.

— 19, 33 : (A Éphèse, lors de l'émeute) : la leçon du texte court, συνεβίβασαν, est impossible parce que le verbe, avec ses quatre exemples dans le N.T., signifie «unir» et «démontrer». Le verbe donné par D, κατεβίβασαν, «firent descendre», peut se concevoir, mais on préférera la leçon d'un correcteur de D, προεβίβασαν, (de la foule) on fit avancer (Alexandre).

— 20, 13 : (Dans un «passage-nous», après l'épisode d'Eutychos à Troas, les compagnons de Paul s'embarquèrent provisoirement sans lui). Comme ailleurs en pareil cas (Lc., 1, 17 ; *Actes* 12, 13 ; 20, 5) le texte court hésite entre les deux préverbes προ- et προσ- : ἡμεῖς δὲ προελθόντες ἐπὶ τὸ πλοῖον..., et nous, partis en avant sur le navire... D'autres manuscrits écrivent προσελθόντες, ayant avancé jusqu'au navire, un verbe qui s'accommode mieux de la préposition ἐπί.

D use d'un troisième préverbe, κατελθόντες, descendus (au navire). Ailleurs le verbe signifie «débarquer» (descendre d'un navire), mais le premier sens convient bien ici puisqu'il s'agit de descendre au port avant de s'y embarquer.

— 21, 4 : («passage-nous» : Paul et ses compagnons sont à Tyr) : t.c. : ... μὴ ἐπιβαίνειν εἰς Ἰεροσόλυμα, (l'Esprit faisait dire, à l'adresse de Paul) de ne pas s'embarquer pour Jérusalem. La traduction du verbe par «monter» (à partir du port de Tyr) est impossible. Il signifie, soit «entrer» (cf. ci-dessous 21, 12), soit «embarquer», comme ici ; cf. le texte commun de 21, 2 (emploi absolu) ; 27, 2 t.c. Le texte occidental préfère ... μὴ ἀναβαίνειν εἰς Ἰεροσόλυμα, ... de ne pas monter à Jérusalem. Ce verbe est consacré pour désigner une montée à Jérusalem, 11, 2 ; 21, 12 ci-dessous ; 21, 15 ; 24, 11 ; 25, 1 ; 25, 9. Quelquefois la ville n'a même pas besoin d'être nommée, 18, 22 (au départ de Césarée).

— 21, 12 : (La scène est maintenant à Césarée) : t.c. : ... μὴ ἀναβαίνειν εἰς Ἰεροσόλυμα, (nous priions Paul) de ne pas monter à Jérusalem. D écrit ἐπιβαίνειν, qui ne signifie plus «embarquer» (comme on l'a vu ci-dessus 21, 4) puisque l'on vient de débarquer à Césarée, qui est le port d'où l'on monte à Jérusalem. Il signifie aussi «monter» ; mais le sens ici est «entrer», comme en 20, 18 (+ εἰς, en Asie) et 25, 1 (avec le datif), «faire son entrée», dit d'une entrée solennelle d'un gouverneur dans une province. Le verbe prend ici tout son sens. Ἀναβαίνειν était banal, usé, appliqué au trajet de Césarée à Jérusalem. Ἐπιβαίνειν vise, non plus ce trajet, mais les dangers qui guettent Paul *dans* Jérusalem, dès qu'il y aura *pénétré*.

– 21, 17 : t.c. : ... ἀπεδέξαντο ἡμᾶς, (les frères) nous accueillirent (avec joie). D : ... ὑπεδέξαντο, nous reçurent... Ce dernier verbe est assez lucanien, mais on ne peut dire que son sens diffère sensiblement du premier.

– 21, 19 : t.c. : ... ἐξηγεῖτο..., (Paul) expliquait (les choses que Dieu avait faites ... chez les païens). D : διηγεῖτο, racontait. Les deux verbes ne sont pas exactement synonymes : avec D il y a moins à expliquer des faits difficiles à comprendre, qu'à exposer toute une succession de choses étonnantes.

– 21, 25 : (Suites du Concile de Jérusalem. Les Juifs s'adressent à Paul) : t.c. : ἡμεῖς ἐπεστείλαμεν..., nous (leur = aux païens devenus croyants) avons écrit... Les Juifs de stricte observance ont envoyé une *lettre*, celle qui est visée 15, 20, alors que dans D il s'agit d'une *mission* : D : ... ἀπεστείλαμεν, nous avons dépêché une mission. L'auteur donne ainsi un simple résumé de tout ce qui a été dit du décret apostolique au chapitre 15, ce qui est suffisant parce que Paul le connaît déjà. Les moyens du changement sont économiques ; il a suffi de remplacer un ε par un α.

– 22, 24 : sur le remplacement de ἐπεφώνουν par κατεφώνουν, voir chapitre 2, «hapax du texte long».

Tous ces changements du préverbe d'un même verbe — accompagnés parfois d'un changement de temps — révèlent chez l'auteur du texte occidental un soin poussé à l'extrême de faire correspondre le verbe nouveau qu'il emploie à la nuance de la pensée à laquelle il tient.

La nuance est pour nous pratiquement imperceptible dans les cinq ou six cas où les deux verbes à préverbes différents sont à peu près synonymes ; il existe là une raison du changement qui peut nous échapper aujourd'hui. D'autre part on a relevé vingt et un exemples où se manifeste le désir d'une véritable correction des faits, une intention de serrer de plus près l'exactitude historique.

On a pu remarquer que ces corrections se trouvent quelquefois rassemblées dans un même chapitre (chapitre 21 par exemple), voire dans un même passage plus ou moins long, comme si l'auteur s'était appliqué à retoucher un épisode particulier, méritant un grand intérêt. On a pu remarquer également que les préverbes sont souvent changés là où il y a lieu d'apporter une précision sur un embarquement ou sur un itinéraire dans un pays ou entre deux villes, donc en matière de voyage. De là la fréquence des composés du modeste verbe ἔρχομαι, «aller», un verbe en soi pâle, dont les préverbes variés dans le texte occidental donnent du relief aux faits et les éclairent d'un jour nouveau.

Dans tous les cas, surtout peut-être si la modification est légère, même en matière de synonymes, on a l'impression d'un écrivain qui se corrige. Un glossateur, un auteur mal informé ou indifférent aux détails de l'histoire ferait-il preuve d'une pareille minutie ?

4. *Préverbes ajoutés à un verbe sans préverbe.*

a. On commence par examiner les additions de préverbe qui ne modifient pas ou ne renforcent que peu le sens du verbe simple ; ils donnent du corps à l'ancien verbe. Il est souvent difficile, quelquefois impossible, de faire sentir dans la traduction la différence de sens.

— 1, 6 : ἠρώτων, interrogeaient / ἐπηρώτων, même sens. On notera que ce verbe est ajouté en 5, 8 D et qu'il remplace εἶπεν, 22, 27 D.

— 1, 11 : βλέποντες εἰς, regardant vers / ἐμβλέποντες εἰς, même sens (la leçon n'est pas exclusive à D).

— 3, 13 : ἠρνήσασθε, (que) vous avez renié / ἀπηρνήσασθε, même sens, probablement plus fort, car il s'applique au reniement de Jésus par les Juifs, et va de pair avec le verbe παρεδώκατε, (que) vous avez livré, déjà doté d'un préverbe.

— 5, 23 : κεκλεισμένον, (prison) fermée / ἐγκεκλεισμένον, bien fermée.

— 10, 28 : ἔδειξεν (Dieu m')a montré / ἐπέδειξεν, pratiquement le même sens.

— 12, 16 : ἀνοίξαντες, ouvrant / ἐξανοίξαντες, ouvrant tout grand. En fait le verbe ἀνοίγω comporte le préverbe ανα-, mais on le compte ici parce que le simple οἴγω est inusité en prose.

— 13, 1 : καλούμενος, (Simon) nommé / ἐπικαλούμενος, surnommé. Sur ce verbe assez lucanien, voir le chapitre 1, «vocabulaire».

— 13, 14 : ...ἐλθόντες εἰς, étant allés à (la synagogue) / εἰσελθόντες εἰς... étant entrés dans...

— 15, 24 : ἐτάραξαν, (vous) ont bouleversés / ἐξετάραξαν, ... bouleversés complètement, hapax lucanien : voir le chapitre 1, «vocabulaire».

— 18, 23 : στηρίζων, rendant inflexibles... / ἐπιστηρίζων, même sens. Les deux verbes sont dans Luc, mais les *Actes* n'emploient que le second, 14, 22 t.c. ; 15, 32 t.c. ; 15, 41 t.c. ; et, outre le présent exemple de D, dans une *addition* de cinq stiques, 11, 2 D.

— 18, 25 : (sur Apollôs) : ἐλάλει..., il parlait / ἐπέλαλει, il discourait, verbe plus expressif, mieux adapté au personnage.

— 20, 24 : ...ἣν ἔλαβον, (le service) que j'ai eu de (Jésus) / ...ὃν παρέλαβον, que j'ai reçu... Même sens, mais l'antécédent, ici ajouté, est λόγος et non plus διακονία. Voir chapitre 12, «objet de la parole : tradition».

— 28, 6 : ...πίμπρασθαι, enfler / ἐμπίμπρασθαι (Clark ; donné aussi par le *Sinaïticus*), s'enflammer. Les deux verbes, de valeur ici médicale, sont très proches par le sens. Le second est plus vigoureux, à propos d'une morsure de vipère qui provoque dans le corps une fièvre intolérable.

b. Après ces treize exemples, où le verbe à préverbe du texte long n'apporte pas un sens véritablement nouveau, on peut examiner les cas, plus importants, où l'addition d'un préverbe transforme le sens du verbe du texte court.

– 7, 39 : t.c. : ...ἐστράφησαν..., (nos ancêtres) ... se tournèrent (... vers l'Égypte). D écrit ἀπεστράφησαν, se détournèrent. L'opposition est forte puisque le verbe doté d'ἀπο- comme préverbe, est suivi, comme le premier, de la préposition εἰς, vers (l'Égypte). Étienne insiste donc autant sur le personnage dont les pères se sont détournés que sur le pays vers lequel ils se sont tournés. Le sens est plus complet.

– 12, 7 : (Pierre emprisonné) : t.c. : ...ἔλαμψεν ἐν τῷ οἰκήματι, (une lumière) se mit à briller *dans* le cachot. D ajoute un préverbe en même temps qu'il supprime la préposition et met au datif le complément : ἐπέλαμψεν τῷ οἰκήματι, fut projetée *sur* le cachot. Ainsi l'ange fait éclater la lumière divine sur les murs, on dirait même sur l'extérieur du cachot, qui baigne dans cette lumière.

– 14, 10 : t.c. : (Le boiteux guéri par Paul) ἥλατο, bondit. D : ἀνήλατο, se leva d'un bond. Le verbe convient mieux pour un homme précédemment «incapable de se tenir sur ses pieds», à qui Paul vient de dire : «Lève-toi tout droit sur tes pieds.»

– 14, 13 : t.c. : (A Lystres, Barnabé est pris pour Zeus et Paul pour Hermès. Le prêtre de Zeus voulait) θύειν, offrir un sacrifice. D écrit ἐπιθύειν. Pour G. D. Kilpatrick, *Epithuein ... in the Greek Bible, Zeitschrift f. d. N.T. Wissenschaft,* 1983, p. 151-153, le préverbe ἐπι- comporte souvent l'idée d'une action faite «à côté», donc illicite. Mieux vaut se rallier à J. Casabona, *Recherches sur le vocabulaire des sacrifices en grec* (thèse Sorbonne, 1964), p. 98, et comprendre que le préverbe indique *sur* quoi est brûlée l'offrande. Comme, dans le même verset, D vient d'*ajouter* le pronom αὐτοῖς, complément de ἐνέγκαντες (on *leur* a amené des taureaux et des bandelettes), il est probable que le sens est «offrir *sur eux* (un sacrifice)». Le scandale pour Paul et Barnabé est de se voir traiter par des païens comme s'ils étaient des dieux.

– 17, 1 : t.c. : ...ἦλθον, ils arrivèrent (à Thessalonique). D : καὶ κατῆλθον, ils descendirent encore (à Appolônia). Le verbe montre qu'on fit, après le passage par Amphipolis, une escale au port d'Apollônia, avant de gagner Thessalonique par le tour de la Chalcidique.

– 19, 20 : (Conséquence de l'épisode des fils de Scévas) : t.c. : ...ηὔξανεν καὶ ἴσχυεν, (ainsi ... la parole) prenait grandeur et vigueur). D change le sujet des deux verbes, déplace ηὔξανεν à la fin du verset, en l'associant au verbe ajouté ἐπληθύνετο, et donne au verbe ἰσχύω un préverbe, ἐνίσχυσεν, tout en changeant son temps : «(la foi en Dieu) *reprit vigueur,* elle grandissait (et se multipliait). Par là D résume et grandit les effets de l'incident sur la foi des hommes : une nouvelle étape est marquée *à partir* (aoriste) de cet incident.

– 21, 11 : («Passage-nous»; à Césarée est descendu, κατῆλθεν de Judée le prophète Agabos) t.c. : ...ἐλθὼν..., venu (à nous, dans la maison de Philippe)... D : ἀνελθών, monté (jusqu'à nous). Le verbe a quelques exemples dans le N.T., mais aucun chez Luc. L'auteur a voulu préciser un détail connu de lui, ignoré de nous : Agabos est-il monté à l'étage dans la maison? La maison se trouve-t-elle dans la partie haute de la ville? De toute façon le verbe s'oppose à la descente de Judée (κατῆλθεν) au port de Césarée.

– 28, 15 : («Passage-nous» : les frères de Rome ont appris l'arrivée en Italie de Paul avec son escorte): t.c. : ...ἦλθον..., (de là) ils vinrent (à notre rencontre). Le texte occidental (Clark) écrit ἐξῆλθον, sortirent. Le verbe est plus expressif, en impliquant que les frères ont dû *sortir* hors des murs de Rome pour venir jusqu'au Trois-Tavernes au-devant de Paul.

Cette nouvelle catégorie — verbes simples additionnés d'un préverbe — conduit aux mêmes conclusions que la précédente. En dehors des cas où il y a synonymie, totale ou presque totale, le verbe nouveau, avec son préverbe, donne un sens plus net ou plus précis sur les circonstances d'un fait ou d'une action, ou encore sur un itinéraire ou le déplacement d'un personnage. En de rares cas nous ne pouvons aujourd'hui que constater une différence de sens, sans pouvoir en déceler la raison. Mais la raison existe. Sans quoi l'auteur, toujours soigneux et attentif, aurait-il ajouté un préverbe à un verbe qui en était dépourvu?

Il arrive à l'inverse, on va le voir, qu'il y ait des préverbes supprimés. Pas davantage ces verbes ne peuvent-ils avoir perdu leur préverbe, dans le texte long, par le fait du hasard, la négligence d'un copiste ou le caprice de l'écrivain.

5. *Préverbes supprimés.*

Quand un préverbe est supprimé dans le texte occidental, on peut distinguer les cas où le sens ne change pas d'un verbe à l'autre, et ceux, plus nombreux, où la suppression donne un sens meilleur, qui répond donc à une intention.

Ainsi, dans le premier cas, on peut noter :

– 7, 56 : διηνοιγμένους, (je vois les cieux) ouverts / ἠνεῳγμένους, même sens.

– 15, 39, avec un passage de l'infinitif à l'indicatif (voir ci-dessus) : ἐκπλεῦσαι, s'embarquer (pour Chypre) : le préverbe insiste sur le point de départ / ἔπλευσεν, il partit (pour Chypre). L'idée de destination l'emporte, s'agissant naturellement d'une traversée : emploi constant du verbe πλέω. Ce qui compte est le but de la mission.

– 18, 2 : Le passage de διατετᾰχέναι à τεταχέναι, n'est pas à retenir, car il y a des chances pour que le préverbe δια- ait été oublié par le copiste, dans le texte long, après διὰ τό. Il se peut toutefois que l'auteur de D ait voulu supprimer un préverbe qui se trouvait immédiatement repris sous forme de préposition. De toute façon les deux verbes sont synonymes, «ordonner».

– 18, 18, avec un passage de l'imparfait à l'aoriste (voir ci-dessus). Le cas est semblable à celui de 15, 39 : ἐξέπλει, il s'embarquait (pour la Syrie) / ἔπλευσεν, il prit la mer. Mêmes remarques que celles de 15, 39. En outre le passage de l'imparfait à l'aoriste insiste sur le moment du départ. L'auteur de D peut aussi avoir voulu éviter la rencontre un peu dure — mais non rare — du préverbe ἐξ avec la préposition εἰς qui suit.

– 19, 16 : κατακυριεύσας ..., (le possédé) ayant maîtrisé / κυριεύσας, même sens.

– 23, 35 (Clark) : Félix à Paul : διακούσομαί σου, je t'entendrai tout au long / ἀκούσομαι, même sens. L'absence de préverbe peut marquer moins de bienveillance de la part du procurateur.

Dans tous ces exemples on peut parler de synonymes ou de quasi-synonymes ; l'auteur semble avoir voulu simplifier son texte sans en changer le sens. On ne l'accusera pas d'avoir cherché systématiquement à étoffer les verbes par une abondance de préverbes sans intérêt pour le sens, puisqu'il supprime le préverbe là où il était déjà pratiquement inutile.

Il n'en va pas de même dans les cas suivants, où apparaît une intention, non pas de grossir artificiellement un verbe, comme on en accuse souvent les écrivains de la *koinè*, mais d'apporter une nuance qui n'existait pas dans le texte court.

– 13, 7 : t.c. : ...ἐπεζήτησεν..., (Sergius Paulus) eut le désir (d'entendre la Parole). D ajoute καί devant le verbe ἐζέτησεν, dont il a supprimé le préverbe. Ainsi est mieux marquée la succession des actes. Le proconsul, d'abord, fait venir (προσκαλεσάμενος) Barnabé et Saul ; ensuite il a le désir d'entendre la Parole. L'acte second est détaché parce qu'il est le plus important.

– 14, 22 : (Prédication de Paul et Barnabé en Lycaonie) : t.c. : ...εἰσελθεῖν εἰς... (il nous fallait passer par bien des tourments avant d')entrer dans (le royaume de Dieu). En supprimant le préverbe, inutile devant la préposition εἰς, l'auteur de D modifie le sens du verbe, et de la préposition qui le suit, sans l'affaiblir. Les tourments sont inévitables avant que l'on *arrive au* royaume de Dieu. Si les épreuves permettent d'atteindre les portes du royaume, elles n'en garantissent pas l'entrée. Il y a une manière de les supporter, en même temps que d'accepter la longueur de la marche.

– 16, 40 : (Après leur sortie de la prison Paul et Silas) : t.c. :

εἰσῆλθον πρὸς ..., entrèrent auprès de (Lydie). D : ἦλθον πρὸς ..., allèrent trouver (Lydie). Lydie n'était donc pas forcément chez elle, et peut-être aussi que les missionnaires ne voulaient plus entrer dans la maison de la négociante de pourpre, fût-elle baptisée, par crainte des mauvaises langues. Auparavant, au verset 15, elle a dû user d'une certaine contrainte pour les faire entrer dans sa maison et pour les y retenir : l'hapax lucanien παραβιάζομαι, commun aux deux versions, qui contient l'hapax lucanien βία, violence, est notable (cf. Lc., 24, 29 : les pèlerins d'Emmaüs).

– 17, 20 : (Les Athéniens de l'Aréopage s'adressent à Paul) : t.c. : εἰσφέρεις εἰς ..., tu nous fourres (dans les oreilles certaines idées qui ne sont pas d'ici). D supprime le préverbe εἰσ- inutile devant la préposition εἰς (comme 14, 22). En outre, même si l'on traduit εἰσφέρεις par «tu nous fais entrer (dans les oreilles)», l'auteur de D semble avoir voulu employer une expression moins forte et moins familière, convenant mieux à ceux qui parlent, et pour Paul qui écoute : «tu nous mets (dans les oreilles)...»

– 17, 23 : (Discours à l'Aréopage : Paul dit avoir découvert un autel) ἐν ᾧ ἐπεγέραπτο, sur lequel avait été inscrit («Au dieu ignoré»). D supprime le préverbe et remplace le verbe au plus-que-parfait du texte court par le verbe simple mis au parfait périphrastique, qui attire l'attention sur la pérennité — pour les seuls Athéniens — d'une inscription sur du marbre : «(un autel) sur lequel se trouvait l'inscription...», une inscription dont le dieu n'est pas le vrai, et dont Paul entend même leur montrer l'inexistence.

– 21, 40 : (Paul va prononcer son apologie devant le peuple juif à Jérusalem) : t.c. : κατέσεισεν ... τῷ λαῷ, fit au peuple un signe (de la main). D : σείσας ... πρὸς αὐτούς, ayant secoué (la main ; littéralement «de la main») dans leur direction. Le verbe σείω est ici intransitif (cf. Xénophon, *Chasse*, 3, 4) et la préposition πρός (+ accusatif) remplaçant le datif donne au geste plus d'autorité.

Ici encore le changement opéré par la suppression d'un préverbe n'est pas le fait de n'importe qui. Il est visiblement calculé puisqu'il peut entraîner une petite chaîne de modifications correspondantes qui n'ont rien de fortuit : ainsi le changement d'un mode ou d'un temps, ou d'un complément avec sa préposition. Le calcul révèle une fois de plus chez l'auteur du texte occidental la minutie des retouches et le souci du détail juste en soi, ou plus juste que celui du texte court.

E. PRÉPOSITIONS ; LEURS CHANGEMENTS

Les changements de préverbes entraînaient un changement dans le sens du verbe. Les changements de préposition entraînent un changement dans le sens du complément du verbe. Leur importance est variable, selon le degré de l'influence qu'ils exercent sur le sens du passage. On commencera par examiner les moins importants.

1. Les changements de second ordre.

Ils ne sont pas nécessairement le signe d'un changement d'auteur : un auteur peut préférer telle préposition à telle époque, une autre plus tard, et son oreille peut être, selon le moment, plus ou moins sensible à des raisons d'euphonie, surtout lorsque la phrase présente elle-même une addition ou quelque autre changement. Ici encore les réactions verbales peuvent se succéder en chaîne, et les motifs, si légers soient-ils, ne sont pas toujours invisibles.

Cas particulier d'un autre cas après une même préposition.

– 7, 11 : t.c. : ... ἐφ᾽ ὅλην ..., (la famine vint) sur (l'Égypte) entière. Dans D la préposition est suivie du génitif, un cas qui marque mieux l'installation d'une longue famine : elle «vint se mettre sur ...».

– 8, 16 : t.c. : Après le verbe ἐπιπίπτω : l'Esprit n'a pas encore fondu ἐπ᾽ οὐδενὶ αὐτῶν, sur aucun d'eux. D met l'accusatif après ἐπί. Le sens diffère peu, ou tout au moins ne peut apparaître dans la traduction. Mais il y a insistance sur la rapidité de l'Esprit dans sa descente plus que sur sa permanence chez ceux qui l'ont reçu.

Cas où le changement de préposition est sans influence sur le sens.

– 7, 13 : ἐν / ἐπί la seconde fois.
– 11, 5 : ἄχρι / ἕως, jusqu'à (moi).
– 15, 2 : πρός / σύν, s'agissant d'une émeute *contre*, ou *avec*.
– *alternance* ἀπό / ἐκ, les deux prépositions étant interchangeables dans les deux sens. Il suffit d'énumérer les passages dans l'ordre du texte : 5, 2 - 12, 20 - 16, 40 - 18, 1 - 21, 16 - 22, 6. Un exemple plus intéressant peut être celui de 17, 2, où ἀπὸ τῶν γραφῶν du texte court signifie que Paul s'entretient avec les Juifs de Thessalonique «en partant des Écritures». Dans D il s'entretient avec eux ἐν ταῖς γράφαις, *en puisant dans* les Écritures. La préposition a la force d'un verbe.
– *alternance* ἀπό / ὑπό : 4, 36 - 5, 16 - 10, 33 - 12, 5 - 15, 4 (leçon non exclusive à D).
– *alternance* εἰς / ἐπί / πρός, en des ordres divers : 3, 19 - 10, 25 - 19, 16 (voir «changement de préverbe») — 21, 24 (avec εἰς mis en prolepse dans D). Un exemple intéressant est celui de 21, 25 où, selon le texte court, il s'agit de Paul, ὅτε ἐγένετο ἐπί ..., quand il fut sur (les degrés — ceux qui mènent au «quartier»). Selon D l'attitude de Paul est décrite à un moment différent. C'est *en arrivant aux* degrés que les soldats furent forcés de porter Paul pour le soustraire, une fois sur les degrés, à la fureur du peuple juif.

– *alternance* εἰς / ἐν : Il est entendu que, dans la *koinè*, les prépositions tendent à s'affaiblir et à perdre leur sens propre, avec ou sans mouvement. A cet égard, comme à beaucoup d'autres, Luc n'est pas un écrivain de la *koinè* : il sait donner aux prépositions, comme dans la meilleure langue, une valeur prégnante, qui enrichit le sens du verbe. De même l'auteur de D. Ainsi 8, 23 - 9, 21 - 16, 24 - 17, 13 - 21, 11.

Un exemple intéressant est celui de 19, 22 : Paul, selon le texte court, ἐπέσχεν χρόνον εἰς τὴν 'Ασίαν, resta quelque temps à observer en Asie. La préposition εἰς dépend de l'idée de vigilance impliquée dans le verbe ἐπέχω. Le texte long emploie la préposition ἐν, qui dépend d'une autre idée impliquée dans le verbe, celle de *séjour* : Paul resta ... en Asie à observer.

On aperçoit ainsi, de temps en temps, un changement calculé. Les exemples qui suivent sont plus significatifs.

2. *Changements divers, donnant un nouveau sens.*

Comme leur diversité interdit un classement par catégorie, on les énumère selon l'ordre du texte. Ils sont en général importants, quelles que soient les prépositions dans les deux versions.

– 2, 29 : ἐν / παρά : son tombeau (celui de David) est chez nous / près de nous.

– 2, 38 : ἐπί / ἐν : (baptiser) au nom de Jésus-Christ / par le nom.

– 4, 37 : πρός / παρά : (déposer l'argent) aux pieds (des apôtres) / devant.

– 5, 15 : εἰς / κατά : (sortir les malades) sur (les avenues) / au hasard des (avenues). Il est probable que, dans D, le copiste a omis τάς après -τα. La phrase devient plus expressive : on met partout des malades.

– 8, 24 : ὑπέρ / περί : le cas est celui d'une prolepse après une préposition. Littéralement : (demandez au Seigneur), en faveur de (moi, qu'il ne m'advienne...). Dans D l'idée de «faveur» disparaît avec l'emploi de περί (à mon sujet), à cause de l'addition insérée dans le texte long : (qu'il ne m'advienne) aucun des malheurs (que vous m'avez dits).

– 10, 4 : ἔμπροσθεν / ἐνώπιον : devant (Dieu) / sous les regards de ... (leçon donnée aussi par le manuscrit C).

– 11, 19 : ἐπί / ἀπό : ...γενομένης ἐπὶ Στεφάνῳ, (le trouble) greffé sur l'affaire d'Étienne (littéralement «sur Étienne», une expression qui n'est pas très heureuse) / (le trouble) provenant (de l'affaire) d'Étienne. Dans le texte court il pourrait sembler que la responsabilité d'Étienne est un peu engagée.

– 12, 25 : εἰς / ἀπό : le sens opposé des deux prépositions crée un problème difficile, relatif à l'itinéraire de Paul (voir la note, *Actes* B.L., où la leçon du texte court est préférée ; cf. Metzger, *A textual ...,*

p. 398-400) : «Barnabé et Saul s'en retournèrent à Jérusalem». On peut, en fin de compte, préférer la leçon ἀπό, en soi défendable, parce que, dans D, ὑπέστρεψαν est remplacé par ἀπέστρεψεν, dont le singulier, sans éliminer Barnabé, donne le premier rôle à Saul : «Saul, avec Barnabé, se détourna *de* Jérusalem». Le préverbe ἀπο- annonce la préposition ἀπό.

— 18, 3 : παρά / πρός : (Paul restait) chez (Aquila et Priscilla) / attaché à : plus qu'un séjour, la préposition πρός marque un attachement, ici fondé sur un commun sentiment religieux.

— 20, 21 : εἰς / διά : (garantissant la foi) en (Jésus). / Avec D la foi, c'est-à-dire la foi en Dieu est garantie par l'intermédiaire de Jésus (voir la note *Actes* B.L.).

— 28, 21 : περὶ σοῦ / κατὰ σου (Clark) : (nous n'avons, de Judée, reçu aucune lettre) à ton sujet / contre toi. Le texte occidental montre que rien d'hostile n'est venu de Judée ; et le changement a l'avantage d'éviter une répétition de ce περί avec le περὶ σοῦ, à ton sujet, de la fin du verset dans les deux versions.

3. *Prépositions supprimées.*

4, 12 : ...ἐν ἀνθρώποις..., (il n'est pas, sous le ciel, d'autre nom donné) chez les hommes (par lequel nous devons être sauvés). / La suppression de la préposition dans D et le maintien du datif font que ἀνθρώποις est maintenant commandé par le verbe : «...donné à des hommes». D y gagne de supprimer la répétition de ἐν : ἐν ᾧ, par lequel.

— 8, 24 : ....μηδὲν ἐπέλθῃ ἐπ' ἐμέ..., littéralement : (...demandez) qu'il ne vienne sur moi (rien de ce que vous avez dit). / D supprime la préposition et remplace ἐπ' ἐμέ par μοι. Il évite la répétition, ici inutile, de la préposition à côté du préverbe, et la phrase, devenue plus simple, rend plus aisée l'addition immédiate, «...qu'il ne m'arrive *aucun de ces malheurs* (que vous *m*'avez dits)».

— 20, 9 : Eutychos est assis ἐπὶ τῆς θυρίδος, sur la fenêtre / τῇ θυρίδι, à la fenêtre, un datif qui semble locatif, rare dans la bonne prose, sauf avec les noms propres de lieu. De toute façon le sens ne change guère.

— 22, 6 : (Sur le chemin de Damas) : ...περὶ μεσημβρίαν..., vers midi / μεσημβρίας, à midi. Ce génitif de temps, très classique, indique le moment du jour. Comme c'est Paul qui parle, dans le temple, devant les Juifs furieux, il peut être chargé de donner une précision plus exacte. En 26, 13, devant Agrippa, il dira seulement «au milieu du jour».

— 22, 6 : (Même discours) : ...περιαστράψαι φῶς ... περὶ ἐμέ, (il advint) qu'une lumière m'environna de son éclat. / La préposition est inutile, après le préverbe. Le sens ne change pas dans D, mais la phrase gagne en légèreté (sur le texte de D, voir la note de la traduction).

Ainsi la suppression des prépositions, quelquefois provoquée par une addition d'autres mots dans la phrase, est faite pour rendre le récit plus exact, plus simple ou plus léger. Elle peut être influencée par le préverbe. Le mot dont elle dépendait dans le texte court, dépend, dans le texte long, directement du verbe.

N.B. : En 7, 33 se présente un cas particulier : ἐφ' ᾧ, (l'endroit) sur lequel (tu te tiens)... L'antécédent du relatif, τόπος, désignant une terre sainte, peut paraître s'accorder assez mal avec la préposition ἐπί. D la supprime et remplace les deux mots par l'adverbe relatif οὖ, «où» : «l'endroit où tu te tiens».

4. Prépositions ajoutées.

Par un mouvement inverse, dû quelquefois aux mêmes motifs que les précédents, ce qui montre toujours une intention chez un auteur attentif aux nuances, la préposition, au lieu d'être supprimée, est ajoutée. Il va de soi qu'il n'y a pas lieu d'examiner les prépositions placées *dans* une addition, mais celles qui *sont* une addition.

– 5, 3 : ... εἶπεν· 'Ανανία, (Pierre) dit : «Ananias». / D ajoute πρός devant Ananias : (il dit) à l'adresse (d'Ananias). L'adresse a une nuance d'hostilité ; cf. 12, 15 ci-dessus.

– 7, 44 : (Discours d'Étienne) : ... ἦν τοῖς πατράσιν ἡμῶν, nos pères avaient (le pavillon du témoignage dans le désert : être à = avoir). / En ajoutant ἐν devant τοῖς πατράσιν, D modifie complètement le mouvement de la phrase : «Le pavillon ... était, *chez* nos pères, dans le désert.»

– 12, 15 : οἱ δὲ ἔλεγον..., mais eux disaient (: c'est son ange). / D ajoute πρὸς αὐτήν (qui reprend, en insistant, le πρὸς αὐτήν de la phrase précédente), mais eux disaient, à son adresse, ou bien «en la désignant»... L'intention est d'expliquer l'erreur de la petite servante, trop vite affolée : ce n'est pas Pierre, mais son ange, dont elle a dû entendre la voix.

– 13, 1 : Luc énumère les prophètes et les didascales qu'il y avait à Antioche : Barnabé, Syméon, etc. / D, devant Barnabé, ajoute ἐν οἷς, parmi lesquels. Il s'ensuit que l'énumération ne prétend plus être complète.

– 18, 8 : ... ἐπίστευσεν τῷ Κυρίῳ, (Crispus) se mit à croire au Seigneur / ... à croire en le Seigneur. Les deux constructions sont possibles après le verbe πιστεύω et donnent le même sens. Mais la seconde, quand elle s'oppose à la première, peut marquer une foi plus profonde.

– 19, 13 : ... τινες ... τῶν ... ἐξορκιστῶν, certains des exorcistes (juifs entreprirent de nommer ... le nom de Jésus). / D ajoute ἐκ devant le génitif : «certains, *venus des* exorcistes...». Il ne s'agit plus des exorcistes eux-mêmes. Cette addition s'harmonise bien avec celle du début du verset 14 dans le texte long, ἐν οἷς, parmi lesquels (les fils d'un certain Scévas). Ainsi, D présente l'énumération autrement : il y a des exorcistes juifs ... — certains venus d'eux ... (ἐκ) — parmi ces certains (ἐν οἷς)... Vient après, dans D, une addition de 23 mots.

– 20, 16 : ... τὴν ἡμέραν τῆς Πεντηκοστῆς ... (Paul se dépêchait d'être) le jour de la Pentecôte (à Jérusalem). / En ajoutant εἰς devant τὴν ἡμέραν, « *pour* le jour (de la Pentecôte), l'auteur de D fait correspondre davantage son texte à la réalité. Un navire qui part de Milet ne peut garantir une arrivée exacte à Césarée. Il importe de prévoir des retards dans la navigation et de s'embarquer suffisamment en avance.

– 21, 40 : Voir ci-dessus « préverbes supprimés ». La suppression du préverbe provoque l'addition de la préposition πρὸς (αὐτούς), qui remplace le datif du texte court (τῷ λαῷ).

Les changements de préposition, répartis à peu près partout dans le livre des *Actes*, sont sensiblement plus nombreux que leurs suppressions ou additions, mais dans tous les cas ils paraissent être l'œuvre d'un même auteur, parce qu'ils procèdent d'intentions identiques. Ces intentions sont celles-là mêmes que l'on avait remarquées dans les changements de préverbe, et les deux sortes de changements ont quelquefois une influence réciproque.

On devine toujours dans le texte occidental un auteur appliqué à travailler ses phrases pour les rendre plus souples, plus exactes dans les détails qui peuvent nous échapper, mais dont il a visiblement une connaissance précise. Toujours aussi on découvre un auteur qui se sent à l'aise dans la phrase grecque comme on l'est dans sa langue maternelle.

F. Les citations des Septante et leurs changements

Les citations importantes de l'Ancien Testament annoncées dans les *Actes* sont tirées de *Genèse, Exode, Psaumes, Prophètes*, et les livres nommés sont, outre les *Prophètes, Amos, Joël* et *Isaïe*. En 13, 41, *Habacuc* est cité, mais sans avoir été nommé.

Dans les deux versions, les citations sont faites, après avoir été annoncées :

– par Pierre, quatre fois, aux chapitres 1 et 2 ; il s'adresse d'abord aux cent-vingt frères, puis aux onze apôtres, en 1, 20 *bis* (*Ps.* 68, 26 et 108, 8) ; 2, 17-21 (*Joël* 3, 1-5) ; 2, 25-28 (*Ps.* 15, 8-11) ; 2, 34-35 (*Ps.* 109, 1) ;

– par Pierre et Jean, s'adressant à Dieu, une fois, 4, 25 (*Ps.* 2, 1) ;

– par Étienne trois fois, en 7, 6 (*Gen.* 15, 13) ; 7, 42 (*Amos* 5, 25-27) ; 7, 48 (*Isaïe* 66, 1) ; ce chapitre 7 en contient un grand nombre d'autres, non annoncées ;

– dans le récit de Luc : 8, 32-33 (où la version occidentale est celle de Clark), citation lue par l'eunuque éthiopien avant de lui être expliquée par Philippe ;

– par Paul, quatre fois, au chapitre 13, s'adressant aux Juifs d'Antioche de Pisidie, et au chapitre 28, s'adressant aux Juifs de Rome : 13, 33 (*Ps.* 2, 7-8) ; 13, 35 (*Ps.* 15, 10) ; 13, 41 (*Habacuc* 1, 16) ; 28, 25 (*Isaïe* 6, 9-11) ;

– par Jacques, une fois, à l'assemblée de Jérusalem, 15, 15 (*Amos* 9, 11-12) ; soit treize citations annoncées et douze annonces faites, l'une d'elles valant deux fois, pour deux citations, 1, 20 et 28, 25.

On laisse en principe de côté les citations plus ou moins exactes insérées dans le texte sans être annoncées ; elles se trouvent partout dans le livre, et surtout dans le discours d'Étienne, au chapitre 7, où elles sont appelées naturellement par le résumé qu'il fait de l'histoire d'Israël. Exception est faite pour 13, 47, citation non annoncée d'*Isaïe* 49, 7, en raison de son importance.

Les citations annoncées le sont, d'une façon plus ou moins précise, par :

– les références à une parole de Dieu, de David, de Moïse, ou des Fils d'Israël, et l'on peut toujours retrouver la citation dans le texte des LXX : 2, 25 ; 2, 34 ; 4, 25, et *passim* dans le discours d'Étienne ;

– une référence directe à un livre précis de l'Ancien Testament, ou sous le titre général de γραφή, « Écriture », en 1, 20 *(bis)* ; 2, 16 ; 2, 25 ; 2, 34 ; 4, 25 ; 7, 42 ; 7, 48 ; 8, 32 ; 13, 33 ; 13, 40 ; 15, 15 ; 28, 25. — En 8, 32 et 28, 25 le texte long de Clark est celui du texte court.

On peut examiner maintenant les citations du texte court qui ont changé dans le long, et les changements opérés dans les deux versions des *Actes* par rapport aux textes cités de la Septante.

– *Actes* 2, 17-21 (citation de *Joël* 3, 1-5) ; discours de Pierre aux Onze :

– 2, 17 (*Joël* 3, 1) : le texte court, suivi par le texte long, adopte le verset de *Joël* en remplaçant (ἔσται) μετὰ ταῦτα, qui n'aurait guère de sens dans les *Actes* (ce sera *après cela*), par ἐν ταῖς ἐσχάταις ἡμέραις, « dans les jours suprêmes », qui convient à la situation d'après la Pentecôte.

– 2, 17 (*Joël* 3, 1) : Pierre cite les paroles du Seigneur (Jésus), « je verserai de mon Esprit » ἐπὶ πᾶσαν σάρκα, « sur toute chair », c'est-à-dire sur toutes les espèces d'êtres humains. Le texte court suit Joël, mais D met les mots au pluriel, « sur toutes chairs ». Le mot σάρξ est toujours au pluriel dans les LXX (sauf une exception). Le pluriel est fréquent en grec pour désigner une pluralité d'unités.

– 2, 17 (*Joël* 3, 1) : *Joël*, suivi par le texte court, écrit que «*vos* fils ... *vos* filles (prophétiseront)», puis : «*vos* jeunes ..., *vos* vieillards...» D écrit *leurs* fils, *leurs* filles, ... *les* jeunes, *les* vieillards.

Les paroles de Pierre s'appliquent maintenant aux païens, qui peuvent être croyants, et non plus aux seuls Juifs de naissance (voir Metzger, *A textual ...*).

     – 2, 18 (*Joël* 3, 2 écrit καί ..., «et (sur mes hommes ... je verserai de mon Esprit)». L'insistance est plus forte dans le texte court avec la particule très grecque καί γε, «et même». Elle est plus forte encore dans D, avec καὶ ἐγώ, «et moi», qui donne plus d'autorité à la parole du Seigneur (cf. 2, 25-28).

     – 2, 18 (*Joël* 3, 2) (*Joël* écrit καί ..., «et (sur mes hommes ... je verserai de mon Esprit)». L'insistance est plus forte dans le texte court avec la particule très grecque καί γε; «et même». Elle est plus forte encore dans D, avec καὶ ἐγώ, «et moi», qui donne plus d'autorité à la parole du Seigneur (cf. 2, 25-28).
ront», ne sont pas dans *Joël* ; ils sont ajoutés dans le texte court, mais supprimés dans D, qui suit *Joël*.

     – 2, 19 (*Joël* 3, 3) : *Joël* : «je fournirai des prodiges» ἐν τῷ οὐρανῷ καὶ ἐπὶ τῆς γῆς, «dans le ciel et sur la terre». Le texte court fait trois additions : ἄνω, «en haut» (après οὐράνῳ) ; καὶ σημεῖα, «et des signes» (après ἄνω) et κάτω, «en bas» (après τῆς γῆς). Quant à D, il suit le texte court dans ces trois additions, mais supprime le troisième stique du verset commun à *Joël* et au texte court, «du sang, du feu, et une vapeur de fumée», qui apporte, pour ce jour de la Pentecôte, une précision qui peut être jugée superflue à la fin d'une citation déjà longue.

     – *Actes* 2, 25-28 (citation de *Ps.* 15, 8-11 moins le dernier stique du verset 11). David parle, au sujet de Jésus : le texte court donne, toute entière, la citation exacte. D suit texte court et *Psaumes*, mais au verset 25 (avec le *Sinaïticus*) ajoute μου, «je vois devant moi constamment que *mon* Seigneur ...» et ce μου renforce le ἐνώπιόν μου, «devant moi» qui suit dans la phrase grecque. En 2, 18, D avait remplacé, on l'a vu, un γε par ἐγώ.

     – *Actes* 2, 30 (citation — non annoncée — de *Ps.* 131, 11 ; suite du discours de Pierre). On distingue trois états :

     a. texte des LXX : ... ὤμοσεν Κύριος τῷ Δανὶδ ἀλήθειαν, καὶ οὐ μὴ ἀθετήσει αὐτήν· ἐκ καρποῦ τῆς κοιλίας σου θήσομαι ἐπὶ τὸν θρόνον σου, «le Seigneur a juré à David la vérité, et il est impossible qu'il la viole : du fruit de tes entrailles (= Jésus) je prendrai pour le mettre sur ton trône». Le serment est au style direct.

     b. texte court : ... ὤμοσεν αὐτῷ ὁ Θεὸς ἐκ καρποῦ τῆς ὀσφύος αὐτοῦ καθίσαι ἐπὶ τὸν θρόνον αὐτοῦ, «(sachant que Dieu, par un serment) lui avait juré de prendre un fruit de son rein pour l'asseoir sur son trône (= le trône de David). Comme dans le texte des LXX on peut comprendre, à tort, qu'il s'agit de la royauté *temporelle* de Jésus. Le serment n'est plus au style direct et la phrase est lourde.

c. texte long : après avoir remplacé τῆς ὀσφύος, « le rein » (mot qui appartient surtout au vocabulaire juif, par τῆς καρδίας, « le cœur », plus courant en grec — de même que le texte court avait remplacé τῆς κοιλίας, « les entrailles » —), l'auteur de D dissipe toute équivoque par une addition de six mots, entre αὐτοῦ et καθίσαι à savoir : κατὰ σάρκα ἀναστῆσαι τὸν Χριστὸν καὶ, « (Dieu lui avait juré) de le faire ressusciter selon la chair, le Christ, et (de l'asseoir sur son trône) ». Maintenant la prépositon ἐκ ne dépend plus seulement de καθίσαι (« de l'asseoir »), mais d'abord de ἀναστῆσαι (« de le ressusciter »). Mais surtout l'addition de ce verbe et du mot « Christ » montre qu'il s'agit du trône céleste *qui lui revient*, au Christ ressuscité (cf. Jn., 18, 36 : avant la Pentecôte les apôtres confondaient déjà la royauté temporelle et la royauté spirituelle de Jésus). En ajoutant les six mots de son cru au texte des LXX, l'auteur de D rend toute sa clarté à la phrase, dans son troisième état, meilleur que le précédent, une phrase qui annonce et prépare le verset 31.

— *Discours d'Étienne, Actes* 7, 2-53.

Le discours contient, annoncées, des citations directes des LXX, qui n'offrent pas de changement dans le texte long par rapport au court. Il n'y a pas lieu de les examiner. Il contient aussi (cf. Metzger, *A textual*..., p. 342-343) quelques dizaines d'allusions à l'histoire d'Israël, et des résumés de cette histoire, sans que soit nommé le livre de l'Ancien Testament dont elles sont plus ou moins librement tirées. On y trouve des différences entre le texte court et le long, celui-ci très généralement plus proche des LXX.

— 7, 6 (*Gen.* 15, 13) : le texte court écrit δουλώσουσιν αὐτό, « on *la* (= sa postériorité) réduirait en esclavage ». D écrit αὐτούς, « les ». La divergence s'explique parce que les manuscrits de la *Genèse* eux-mêmes hésitent entre αὐτό et αὐτούς.

— 7, 18 (*Exode* 1, 8) : les LXX écrivent : ... ὃς οὐκ ᾔδει τὸν Ἰωσήφ, « (un roi autre) qui n'avait pas connu Joseph ». Le texte long remplace ᾔδει par ἐμνήσθη, « (qui) ne se souvint pas (de Joseph) ». Le verbe nouveau est mieux adapté à la situation évoquée par Étienne, et l'aoriste place le fait dans un contexte historique.

— 7, 24 (*Exode* 2, 11) : selon le texte court, Moïse, « en en voyant *un* (τινα) que l'on maltraitait, prit sa défense ». On ne sait pas quelle est cette victime *quelconque*. D ajoute cette précision : l'homme en question est ἐκ τοῦ γένους αὐτοῦ, « de sa race ». *Exode* écrivait τινα Ἑβραῖον, « un hébreu » (comme l'était Moïse), et a précisé encore dans la suite. Le texte court n'avait gardé que τινα, parfaitement clair, à lui seul, pour un public juif. Le public du texte long a pu changer.

— 7, 24 (*Exode* 2, 12) : les LXX écrivent ... ἔκρυψεν αὐτὸν ἐν τῇ ἄμμῳ « (ayant frappé l'Égyptien), il le cacha dans le sable ». Les cinq mots grecs sont supprimés dans le texte court, mais rétablis dans D, qui peut avoir eu le temps de se reporter à la Septante et voulu garder un détail éloquent.

– 7, 34 (*Exode* 3, 7) : Dieu s'adresse à Moïse : les LXX écrivent : τῆς κραυγῆς αὐτῶν ἀκήκοα, «je garde leur cri dans l'oreille». Texte court : τοῦ στεναγμοῦ αὐτῶν ἤκουσα, «j'ai entendu leur gémissement». D conserve le mot de «gémissement», remplace (avec B) αὐτῶν par αὐτοῦ, qui s'applique au mot «peuple», et rétablit le parfait plus expressif, «je garde dans l'oreille».

– 7, 42-43 (*Amos* 5, 25-27) : Les LXX écrivent : τοὺς τύπους αὐτῶν ... οὓς ἐποιήσατε ἑαυτοῖς ... ἐπέκεινα Δαμασκοῦ, «(vous avez ravi) leurs figures ... que vous avez faites pour vous-mêmes ... (et je vous déporterai) au-delà de Damas».

Le texte court prend quelques libertés avec les LXX, et rend leur texte plus expressif; il supprime αὐτῶν, ajoute προσκυνεῖν («se prosterner») après ἐποιήσατε et remplace ἑαυτοῖς par αὐτοῖς, qui s'applique maintenant aux «figures» : «... (les figures) ... que vous avez faites pour vous prosterner devant elles». En outre Damas est remplacé par Babylone.

D suit le texte court partout sauf à la fin du verset 34, où il remplace l'hapax néo-testamentaire ἐπέκεινα («au-delà de») par ἐπὶ τὰ μέρη, «(je vous déporterai jusqu'aux régions (de Babylone)», que l'on peut juger meilleur. Si le texte court a changé celui des LXX, D suit d'abord le texte court et le modifie à la fin.

– 7, 49 (*Isaïe* 66, 1) : Le texte court suit *Isaïe* en écrivant ὁ οὐρανός μοι θρόνος, littéralement, «le ciel est pour moi le trône». D se sépare des deux textes : ...μού ἐστιν θρόνος, le verbe «être» étant exprimé, mais le sens restant pratiquement le même, «le ciel est mon trône».

– 7, 49, suite (*Isaïe* 66, 1) : ici D suit *Isaïe* et se sépare du texte court en remplaçant l'interrogatif banal τίς par le ποῖος, plus expressif, d'*Isaïe*, «de quelle sorte est le lieu de mon repos?»

– 13, 33 (*Ps.* 2, 7-8) : après une hésitation sur le numéro du chapitre du psaume annoncé (le second dans le texte court, le premier dans D), le texte court ne cite que le verset 7 : «Mon fils, c'est toi; c'est moi qui, aujourd'hui, t'ai engendré.» L'auteur de D cite ce verset, mais ajoute le verset 8 : αἴτησαι παρ' ἐμοῦ, καὶ δώσω σοι ἔθνη τὴν κληρονομίαν σου καὶ τὴν κατάσχεσίν σου τὰ πέρατα τῆς γῆς, «demande-moi, et je te donnerai des nations en héritage, et en ta possession les confins de la terre». On remarquera que le mot κατάσχεσις, très fréquent dans la LXX, est, dans le Nouveau Testament, un hapax lucanien (voir le chapitre 1 «vocabulaire») : *Actes* 7, 5 (*Gen.* 48, 4) ; 7, 45 et ici, D, dans le sens de «possession». En 20, 16 D le sens est légèrement différent, «le fait d'être retenu».

– En 13, 35 le remplacement par ἑτέρως («autrement», dont le N.T. n'a qu'un exemple, *Phil.* 3, 15), de ἐν ἑτέρῳ, «(il dit) dans un autre psaume», est probablement dû à une distraction de copiste.

– 13, 41 (*Habacuc* 1, 5) : ... καὶ ἐπιβλέψατε καὶ θαυμάσατε θαυμάσια καὶ ἀφανίσθητε, διότι ἔργον ἐγὼ ἐργάζομαι ... ὃ οὐ μὴ πιστεύθητε ἐάν τις ἐκδιηγῆται, «(Regardez, vous les contempteurs,) et observez, et soyez émerveillés de choses merveilleuses, et soyez supprimés, car je travaille à un travail ... auquel il est impossible d'ajouter foi si on en fait le récit détaillé.» Le texte court supprime καὶ ἐπιβλέψατε, peu utile après ἴδετε, puis θαυμάσια, inutile après θαυμάσατε, mais écrit un second ἔργον devant le relatif, «un travail (auquel il est impossible ...)» et ajoute ὑμῖν en fin de phrase, «(si on) vous (en fait) ...» L'auteur de D suit le texte court, mais sans rajouter un second ἔργον, qui n'est pas dans *Habacuc*.

– 13, 47 (*Isaïe* 49, 6) : la citation n'est pas annoncée : ἰδοὺ τέθεικά σε εἰς διαθήκην γένους εἰς φῶς ἐθνῶν τοῦ εἶναί σε εἰς σωτηρίαν ἕως ἐσχάτου τῆς γῆς, «vois, je t'ai établi comme l'alliance d'une race, comme lumière des païens, pour que tu sois le salut jusqu'à l'extrémité de la terre». Le texte court supprime ἰδού, et εἰς διαθήκην γένους. D suit le texte court mais maintient le ἰδού d'*Isaïe*, supprime εἰς (φῶς), et ajoute τοῖς devant le *datif* ἔθνεσιν, «pour les païens». Cet article donne un sens préférable, et l'hébraïsme εἰς, créant un attribut, disparaît au profit d'un meilleur grec.

– 15, 16-17 (*Amos* 9, 11-12) : Jacques cite les paroles des prophètes. *Amos* : Ἐν τῇ ἡμέρᾳ ἐκείνῃ ἀναστήσω τὴν σκηνὴν Δαυὶδ τὴν πεπτωκυῖαν, καὶ ἀνοικοδομήσω τὰ πεπτωκότα αὐτῆς, καὶ τὰ κατεσκαμμένα (κατεστραμμένα selon le correcteur de A, et Q avec des minuscules) αὐτῆς ἀναστήσω καὶ ἀνοικοδομήσω αὐτὴν καθὼς αἱ ἡμέραι τοῦ αἰῶνος, –12– ὅπως (+ ἄν dans A) ἐκζητήσωσιν οἱ κατάλοιποι τῶν ἀνθρώπων καὶ πάντα τὰ ἔθνη, ἐφ' οὓς ἐπικέκληται τὸ ὄνομά μου ἐπ' αὐτούς, λέγει Κύριος ὁ Θεὸς ὁ ποιῶν ταῦτα, «ce jour-là, je relèverai la tente de David, tombée, et je rebâtirai ses parties tombées, et ses parties sapées (abattues) je les relèverai, et je la rebâtirai, comme sont les jours de l'éternité, –12– afin qu'ils recherchent, le reste des hommes et toutes les nations sur lesquelles mon nom est invoqué, dit le Seigneur Dieu, qui fait ces choses».

Le texte court adapte les versets à la situation en remplaçant «ce jour-là», appliqué au relèvement de la tente de David, par un μετὰ ταῦτα, «après cela», qui convient à la date incertaine du retour de Dieu (le contraire avait été fait 2, 17, et avec un souci différent d'adaptation) ; il simplifie la longue phrase, adapte, déplace ou modifie les verbes dotés du préverbe ἀνα-, supprime les mots difficiles καθὼς αἱ ἡμέραι τοῦ αἰῶνος (sur ces mots, cf. *Sirac*. 18, 10 et la note Spicq sur II *Petr*. 3, 18 ; l'épître s'achève sur eux) et donne un complément «le Seigneur», au verbe «rechercher». La phrase nouvelle se traduit : «Après cela je reviendrai (ἀναστρέψω) et je rebâtirai la tente de David, tombée ; ses parties sapées, je les rebâtirai et je la remettrai debout, –17– afin que recherchent le Seigneur le reste des hommes et toutes les nations sur lesquelles mon nom est invoqué, dit le Seigneur faisant ces choses.»

L'auteur de D suit le texte court, sauf sur les points suivants : il remplace ἀναστρέψω, «je reviendrai» (qui n'offre qu'un autre exemple chez Luc, *Actes* 5, 22), par ἐπιστρέψω, «je retournerai» (simple changement de préverbe), un verbe très fréquent chez Luc, notamment dans les *Actes* (et cf. *Jér.* 12, 15); et, sans parler du remplacement de κύριον par θεόν, comme il fait souvent, rajoute, selon le texte d'*Amos*, l'article ὁ entre le κύριος final et ποιῶν ταῦτα, «le Seigneur, *celui* qui fait ces choses» (même addition 7, 36). La phrase, retravaillée par l'auteur de D, est imperceptiblement rendue plus grecque et plus lucanienne.

– 28, 26-27 (*Isaïe* 6, 9-10) : le changement n'est fait que dans les premiers mots. *Isaïe* : ... καὶ εἶπεν · Πορεύθητι, καὶ εἰπὸν τῷ λαῷ τούτῳ ..., «et il dit : va, et dis à ce peuple ...». Le texte occidental (Clark) suit exactement le texte court dans le changement initial : (λέγων ·) Πορεύθητι πρὸς τὸν λαὸν τοῦτον καὶ εἰπὸν ..., «(quand il disait :) va vers ce peuple, et dis...» Le mot λαός, complément de εἰπόν dans *Isaïe* est devenu complément de πορεύθητι dans les deux versions des *Actes*.

Tous ces exemples des citations des LXX (faites selon la numérotation de Rahlfs) dans les deux versions des *Actes* montrent la multiplicité des combinaisons possibles.

Le texte des LXX peut être changé par le texte court seul, par le texte long seul, ou par les deux à la fois. Des mots des LXX peuvent être supprimés, ou ajoutés, dans le texte court seul, ou dans le texte long seul, ou dans les deux à la fois. En un mot, l'auteur de D peut être d'accord soit avec le texte des LXX soit avec le texte court, en totalité ou partiellement.

L'important est de remarquer le travail opéré par Luc sur les passages qu'il cite des LXX, et le travail opéré par l'auteur du texte long sur la version lucanienne antérieure, puis de se rendre compte qu'ils procèdent l'un et l'autre des mêmes intentions. Jamais n'apparaît le désir, sauf une fois peut-être, de supprimer un hébraïsme, mais une volonté chez les deux auteurs, en des phrases conservées analogues ou rendues différentes, d'adapter leur texte à la situation voulue par les *Actes*, ou bien d'écrire une phrase plus claire, plus simple, de meilleur grec ou plus expressive. On peut se demander s'il n'écrit pas pour un public ayant une connaissance moins poussée des faits, des idées ou du style de l'Ancien Testament.

Qu'il y ait ou non une même main pour exécuter tous ces changements, elle les fait avec une parfaite liberté dans le mantien comme dans les différences, d'un côté comme de l'autre. Mais une dernière remarque s'impose : si les versions courte et longue suivent l'esprit et à peu près les expressions traduites du grec de l'Ancien Testament, c'est la version longue qui respecte en général davantage le texte des LXX.

DEUXIÈME PARTIE

LE FOND

Jusqu'à présent on était resté à la surface des choses, en constatant les différences de fait entre les deux versions des *Actes des Apôtres*. Ces différences ont permis de déceler les intentions d'un auteur soucieux d'améliorer un texte antérieur et de modifier son habillage de l'histoire.

Il est maintenant possible — et nécessaire — de creuser sous la surface, et d'essayer de voir en quoi consistent les nouveautés apportées par l'auteur du texte long, et à qui elles s'appliquent, d'examiner aussi l'enrichissement dont elles peuvent être la cause.

On les passera en revue, dans chaque chapitre, selon l'ordre du texte, mais en observant une distinction fondamentale, selon qu'elles intéressent Pierre et les personnages secondaires, ou qu'elles s'organisent, avec plus d'ampleur, autour de Paul qui, d'abord connu sous le nom de Saul, allait rapidement devenir le seul apôtre resté dans l'histoire des *Actes*.

A. — LES NOUVEAUTÉS SUR PIERRE
ET SUR LES PERSONNAGES SECONDAIRES

CHAPITRE 8

LES ADDITIONS

Toutes les additions qui apportent un élément nouveau dans l'histoire des apôtres n'ont pas une égale importance, mais elles ne sont jamais indifférentes. Beaucoup clarifient, complètent ou précisent le sens d'une ou de plusieurs phrases ; il ne faut pas négliger les autres par principe.

— 1, 5 : Jésus, dans le texte court, annonce, aux apôtres qui l'entourent, qu'ils seront baptisés dans un Esprit Saint. L'auteur de D ajoute alors, sur les lèvres de Jésus, «et c'est lui que vous allez recevoir (d'ici peu de jours), pas au-delà du cinquantième», ἕως τῆς πεντηκοστῆς. Cette addition semble faite pour expliquer, à un public qui aurait encore des choses à apprendre sur l'Ancien Testament, le sens du mot «Pentecôte», un mot que l'on va trouver en 2, 1 pour désigner la fête.

— 1, 14 : Selon le texte court, la réunion des apôtres et des disciples avant la Pentecôte se tint avec Marie et σὺν γυναιξίν, «en compagnie de femmes». D ajoute d'abord l'article, pour montrer qu'il s'agit du groupe *des* femmes qui ont pour fonction de servir Jésus ; ce sont les «femmes de Galilée» de Lc., 23, 55. Il peut y avoir en outre, parmi les femmes présentes, quelques-unes de *leurs* femmes, c'est-à-dire les épouses de ceux des apôtres et des disciples qui peuvent être mariés. D ajoute en effet καὶ τέκνοις, sans article, «en compagnie des femmes, *et d'enfants*». Quels que soient les parents, quel que soit le nombre des enfants, il y a des enfants présents.

— 2, 7 : Après l'apparition des langues de feu les Juifs étaient hors d'eux-mêmes ... λέγοντες, «en disant ...» D ajoute πρὸς ἀλλήλους, (ils se disaient) «l'un à l'autre». Cette addition donne du pittoresque à la scène en peignant l'agitation des Juifs émerveillés et bouleversés par le prodige.

— 2, 12 : Après avoir constaté le phénomène du don des langues, les Juifs διηπόρουν, «étaient perplexes» et se parlaient les uns aux autres. A ces mots du texte court D ajoute «(ils se disaient) *encore* (l'un à l'autre), au sujet de l'événement ...» ἐπὶ τῷ γεγονότι. Le καί, «encore», ajouté, est adverbial et tombe sur le verbe λέγειν, «dire». Et le participe τὸ γεγονός (un participe aimé de Luc : voir chapitre 1 «vocabulaire») insiste sur l'action de l'Esprit-Saint provoquant la diversité des langues. Saint Augustin, apparemment gêné par les mots ἄλλος πρὸς ἄλλον et par καί, les passe : «haesitabant ob id quod factum est, dicentes ...».

— 2, 14 : Après la descente de l'Esprit-Saint, D précise que Pierre fut «le premier», πρῶτος, à élever la voix devant les apôtres. C'est insister sur sa prééminence.

— 2, 37 : Après le discours de Pierre expliquant la Pentecôte aux Juifs émerveillés ou incrédules, Luc expose leurs réactions, et D apporte des additions notables. Au simple ἀκούσαντες initial du texte court, «ayant entendu», D ajoute τότε πάντες οἱ συνελθόντες καὶ, «alors, tous ceux qui s'étaient rassemblés et qui (avaient entendu étaient touchés au cœur)». Il fait précéder le εἶπον qui suit, des mots καί τινες ἐξ αὐτῶν, «et certains d'entre eux (dirent à Pierre)». Ce qu'ils dirent est également nouveau dans D : le subjonctif délibératif τί ποιήσωμεν; «que devons-nous faire?» est remplacé par un futur de l'indicatif, plus fort, et encore renforcé par la particule οὖν, toute naturelle après l'interrogatif τί, «que ferons-nous donc, (frères)?» Et D ajoute enfin «montrez-le nous». Le texte récrit est plus complet, plus précis, plus vivant et donne plus de vérité à la succession des faits.

— 2, 45 : Effets du discours de Pierre sur les nouveaux croyants. Selon le texte court, «ils sacrifiaient leurs biens et leurs possessions». Le sacrifice est donc accompli par tous les nouveaux croyants. Le texte de D est à la fois plus précis et plus restrictif ; il ajoute ὅσοι κτήματα (qui n'est plus précédé de l'article) εἶχον, «tous ceux qui avaient des biens (et des possessions)», sans article ... Il ajoute ensuite qu'ils les partageaient «chaque jour». Le nouveau texte signifie que les fidèles ne faisaient pas un don du capital, mais apportaient la contribution quotidienne d'un revenu. En outre, par un simple déplacement, l'addition des mots «chaque jour», au verset 45, en compense la suppression au début du verset 46, où, selon le texte court, ils étaient *chaque jour* assidus dans le Temple. Maintenant ils ne le sont plus «quotidiennement», mais «tous», πάντες. A la fin du chapitre 4 un pas de plus sera franchi par ceux qui, comme Barnabé, vendent leurs possessions, c'est-à-dire leur capital.

— 2, 47 : Selon le texte court, «tous ceux qu'il sauvait, le Seigneur les assemblait au fil des jours en un même bloc». D ajoute une fin nouvelle au chapitre, ἐν τῇ ἐκκλησία, «dans l'Église». Cette addition ne fait pas double emploi avec l'expression ἐπὶ τὸ αὐτό. Nous avons, juste après elle, la première mention de l'Église (unam ... ecclesiam), ici mieux placée qu'en 5, 11, où la mention était accidentelle. L'auteur de D montre que l'Église s'est formée sous l'effet du discours de Pierre, et il ne peut l'avoir écrit qu'une fois l'Église solidement établie, non pas seulement dans tout un peuple, mais dans le monde entier.

— 3, 13 : Dans son discours qui suit la guérison du boiteux, Pierre parle aux Juifs de Jésus, texte court : ὃν ὑμεῖς παρεδώκατε..., «que vous avez livré...» L'addition de D, εἰς κρίσιν, «à un jugement», n'est pas inutile : elle rappelle que Pilate eut à prononcer, contre son gré, une sentence précédée d'un jugement expéditif.

— 4, 18 : Après les explications de Pierre et de Jean sur la guérison du boiteux, les Juifs les font sortir du Sanhédrin et confèrent sur la conduite à tenir à l'égard des apôtres. Ils décident des les empêcher, par des menaces, de parler encore au nom de Jésus. Le texte court ne dit rien sur la décision prise. D ajoute, au début du verset 18, συγκατατιθεμένων δὲ αὐτῶν τῇ γνώμῃ, «comme ils donnaient leur accord à l'idée ...» Le préverbe souligne l'unanimité de la décision. Sur le verbe lucanien συγκατατίθεμαι, voir le chapitre 1, «vocabulaire».

— 4, 21 : Après quoi, en dépit de leur accord, les Juifs ne trouvent «aucun moyen de les châtier», τὸ πῶς κολάσωνται αὐτούς. Ce texte court est accompagné d'un sourire de Luc. Celui de D n'ajoute qu'un mot, αἰτίαν (devant τὸ πῶς), mais il accentue l'ironie tout en soulignant la totale innocence des deux apôtres : les Juifs n'ont pas trouvé de *motif*, et le motif juridique est nécessaire, on le sait, pour justifier le moyen, conduire au châtiment.

— 4, 31 : Le texte court achève le verset par ces mots «(Pierre et Jean) disaient tout franc la parole de Dieu.» Tout un stique est ajouté dans D, παντὶ τῷ θέλοντι πιστεύειν, «à tout homme qui voulait croire» (et l'infinitif présent montre qu'il ne s'agit pas d'une foi éphémère). L'addition peut s'expliquer par un souci ultérieur de l'efficacité de la mission : personne n'est exclu, mais les apôtres peuvent préférer ceux qui ont une réceptivité meilleure. Là où les Juifs refusent d'entendre, dans le texte court, après les premières conversions, le texte de D s'adresse surtout aux païens. D, en outre, assure une bonne transition entre le verset 29, «Seigneur ... donnez à vos esclaves de dire tout franc votre parole», et le verset 32 sur «la foule de ceux qui s'étaient mis à croire». A la *prière* du verset 29 réponse est donnée, après l'addition du verset 30, par le résultat du verset 32, sur la foule de ceux qui s'étaient mis à croire, τοῦ πλήθους τῶν πιστευσάντων, la valeur de l'aoriste s'opposant à celle du présent πιστεύειν.

– 5, 15 : Remarque préalable : ce qui paraît être une addition de D peut être une faute de copiste, dans le texte court, par saut du même au même, entre le αὐτῶν de la fin du verset 15 du texte court et l'autre αὐτῶν de la fin de l'addition de D. S'il y a une addition véritable, elle est importante par son caractère médical.

A propos des guérisons miraculeuses opérées par Pierre et Jean, on porte les malades dans les rues pour que Pierre les touche au moins de son ombre. D ajoute ici, à la fin du verset, «car ils se voyaient délivrés de toute sorte de maladie, selon (ὡς, préférable à ἧς adopté par Clark) la gravité de chaque état». On voit maintenant que l'état de chaque malade redevient normal, quelle que soit la gravité de cet état. Il se peut que cette addition ait subi l'influence de 19, 12 t.c. Les guérisons de Pierre, au chapitre 5, seraient assimilées à celles de Paul, postérieures dans le texte.

– 5, 18 et suivants (voir le début du chapitre 5, «le conteur») : Anne et son entourage ont mis Pierre et Jean sous bonne garde. D ajoute καὶ ἐπορεύθη εἷς ἕκαστος εἰς τὰ ἴδια (cf. 21, 6), «et chacun rentra chez soi». L'auteur de D sourit en ajoutant ce détail pittoresque. Les Juifs, satisfaits du devoir accompli, peuvent rentrer chez eux dormir sur les deux oreilles. A cette situation correspond le τότε ajouté au verset 19 : c'est *alors*, pendant la nuit, qu'un ange vient ouvrir les portes de la prison. Les Juifs n'ont aucun soupçon de ce qui les attend au réveil. Mais ils ont pu avoir mal dormi. Au verset 21, en effet, D ajoute : «réveillés de bonne heure» (ils envoient à la prison chercher les captifs, pour les interroger devant le Sanhédrin). Au verset 22, nouvelle addition : elle peint, avec un sourire discret, la stupéfaction des serviteurs : «ils *ouvrirent*» la prison, sans trouver les captifs «*à l'intérieur*». La conclusion s'impose : donc, ils sont dehors...

– 5, 39-41 : Fin de l'épisode qui précède : Gamaliel met les Juifs en garde en leur déclarant que, si l'entreprise des apôtres, libérés mais repris, vient de Dieu, «vous ne pourrez pas les abattre», et il ajoute «ni vous, ni rois, ni tyrans ; tenez-vous donc à l'écart de ces hommes». Et l'insistance sur le rôle des apôtres se prolonge par l'addition de αὐτούς, puis de ἀπόστολοι : «ils *les* relâchèrent» et «les apôtres» retournèrent à leur mission.

– 6, 1 : Le texte court écrit qu'il y eut chez les hellénistes (convertis) des murmures contre les Hébreux parce que, dans le service de chaque jour, ἐν τῇ διακονίᾳ τῇ καθημερινῇ, on ne tenait de leurs veuves aucun compte. Comme on peut hésiter sur le «service» dont il s'agit, l'auteur de D ajoute, en fin de verset, une apposition qui enlève toute hésitation, ἐν τῇ διακονίᾳ τῶν Ἑβραίων, «dans le service des Hébreux».

– 6, 8 : Après que le texte court a dit qu'Étienne faisait des prodiges et des signes remarquables, au milieu du peuple, D ajoute un stique entier, διὰ τοῦ ὀνόματος τοῦ Κυρίου Ἰησοῦ Χριστοῦ, ce qui rejoint les nombreux passages des *Actes* où est exaltée la puissance du Nom de Jésus. Sans lui, Étienne n'aurait pu accomplir ni prodige ni signe.

– 6, 15 : Les Juifs du Sanhédrin, après de faux témoignages, fixent les yeux sur Étienne. D ajoute «(ils virent en son visage comme le visage d'un ange)», ἑστῶτος ἐν μέσῳ αὐτῶν, «debout, au milieu d'eux». Le sens est fort : un ange venu sur terre, en plein milieu du Sanhédrin !

– 7, 4 : (Discours d'Étienne) : A la fin du verset, «ce pays où vous habitez aujourd'hui», D ajoute καὶ οἱ πατέρες ἡμῶν οἱ πρὸ ἡμῶν, «ainsi que nos pères d'avant nous». La précision est d'histoire sainte, destinée peut-être à ceux qui en connaissent mal les détails.

– 7, 26 : (Même discours) : Moïse apparaît devant ses frères en train de se battre. Ici D ajoute καὶ εἶδεν αὐτοὺς ἀδικοῦντας, «et il vit qu'ils se maltraitaient». L'addition du verbe souligne la surprise douloureuse de Moïse devant la conduite de ses frères. Le verbe ἀδικεῖν, ici ajouté, est repris deux fois dans le texte court, à la fin du verset 26 et au verset 27.

– 7, 37 : (Suite du discours) : texte court : après la citation du *Deutéronome*, «Dieu fera lever de vos frères un prophète comme moi», D fait ajouter par Étienne ces paroles désabusées : αὐτοῦ ἀκού<σ>εσ-θε, «lui, vous l'entendrez».

– 8, 1 : Après la grande persécution qui suivit la lapidation d'Étienne, au texte court «tous furent dispersés ... à l'exception des apôtres», D ajoute cette précision οἳ ἔμειναν ἐν Ἰερουσαλήμ, «qui restèrent à Jérusalem». Il faut sans doute comprendre la phrase sans virgule après «apôtres» : les persécuteurs font un choix entre les apôtres restés très juifs dans leur pratique de la Loi, et d'autre part ceux qui, comme le fut Étienne, sont jugés dangereux (cf. note B.L.).

– 8, 6 : Philippe proclame le Christ en Samarie. Selon le texte court, «les gens étaient d'un même cœur attentifs à écouter les paroles de Philippe». Avant ces mots, au début du verset, D ajoute une proposition qui apporte des nuances : ὡς δὲ ἤκουον, πάντες ..., «quand ils écoutaient, tous» les gens étaient attentifs (à écouter ...). L'addition du même verbe «écouter» n'a rien de gauche, et le nouveau sens, avec la conjonction ὡς, «quand», qui peut se traduire aussi nettement «dans la mesure où», montre que les gens n'écoutent pas tous, mais que ceux qui écoutent prêtent *tous* leur attention à la Parole.

– 8, 24 : Touché par Pierre, Simon le Magicien, dans le texte court, prie Pierre, Jean et Philippe de demander à Dieu qu'il ne lui advienne rien de ce qu'ils ont dit. Dans D, Simon fait une double addition : il insiste d'abord sur ses craintes personnelles : «(Demandez à Dieu qu'il ne m'advienne), *à moi*, aucun de ces malheurs (que vous) *m*'(avez dits).» Il ajoute encore une proposition relative, liée au mot Simon du début de la phrase, ὅς πολλὰ κλαίων οὐ διελίμπανεν, «celui-là qui ne cessait de pleurer abondamment». Cette relative ajoute un fait : le *remords* de Simon, dont l'origine se trouve dans les paroles de Pierre. On notera que le verbe διαλιμπάνω de D est un hapax lucanien (voir chapitre 2 sur «les hapax»).

– 8, 27 : Il semble que l'article τῆς, après le mot δυνάστης, «conseiller», a été omis dans le texte court par saut du même au même. Sinon, ce qui est difficile à croire, Luc aurait pris Κανδάκης pour un nom propre, (le conseiller) de «Candace». De toute façon l'auteur de D explique, pour les lecteurs mal informés des choses d'Éthiopie, ce que c'est qu'une «candace», en ajoutant τινος après βασιλίσσης, «la candace, une *espèce de* reine des Éthiopiens» (comparer le mot de «pharaon», ou «Pharaon» 7, 10 et 13, et 21).

– 10, 24 : Pierre entre à Césarée, avec les frères de Joppé. Corneille ἦν προσδοκῶν αὐτούς, «était à les attendre». D change le verbe en προσδεχόμενος, de même sens, «restait dans leur attente», mais il ajoute ce trait de caractère de Corneille, «il patienta». A la patience s'ajoute la foi : il ne doute pas de sa vision.

– 10, 30 : D ajoute que, quand Corneille eut sa vision, il était νηστεύων, «en plein jeûne». Il est possible que D veuille souligner, à l'intention des gens qui peuvent l'ignorer, qu'un certain jeûne était convenable en vue du baptême.

– 10, 32 : L'ange de la vision de Corneille lui a dit de rappeler Pierre : t.c. : «il est hébergé dans la maison de Simon, un corroyeur, au bord de la mer». D ajoute : ὅς παραγενόμενος λαλήσει σοι. Le relatif ὅς risque d'être équivoque, mais la proposition qui le précède est une parenthèse rappelant la parole de l'ange, «il est hébergé ...». Le relatif ὅς a pour antécédent οὗτος (= Πέτρος) qui précède. On traduira donc «*et il* viendra te parler». L'addition a pour but de faire annoncer par l'ange à Corneille que Pierre viendra de Joppé à Césarée *pour lui parler*. La suite l'explique : Pierre va parler tout de suite, au verset 34. *N.B.* On retrouvera un cas semblable 24, 6-8 (Clark) où, après une parenthèse dans le discours de Tertullus, παρ' οὗ reprend le ὅς initial qui désigne Paul (voir la note de la traduction).

– 10, 33 : Corneille continue : «J'ai sur-le-champ envoyé auprès de toi (πρὸς σέ). D ajoute παρακαλῶν (σε est inutile après πρὸς σέ) ἐλθεῖν πρὸς ἡμᾶς, «en te priant de venir avec nous». Le texte court reprend «et tu as eu raison de venir»; et ici D ajoute encore (παραγενόμενος, t.c., «de venir») ἐν τάχει, «vite». Corneille sait que l'ange a annoncé que Pierre *viendrait* pour lui parler. Alors, dans D, il peut expliquer à Pierre dans quelles conditions il l'a prié de venir, et il peut aussi ajouter que Pierre a eu raison de venir *vite* : on fait diligence, pour obéir à un ordre divin reçu du Seigneur Jésus (10, 3-4).

– 15, 12 : Pierre vient d'exposer aux frères, à Jérusalem, que les païens pouvaient être sauvés, au même titre que les Juifs, par la grâce de Jésus. Là-dessus, le texte court écrit que «toute la foule garda le silence». Le débat est clos ; on ne discute pas la parole de Pierre. Mais au début du verset, avant ces mots, D ajoute συγκατατιθεμένων δὲ τῶν πρεσβυτέρων τοῖς ὑπὸ τοῦ Πέτρου εἰρημένοις, «comme les prêtres donnaient leur accord à ce que Pierre avait dit...» Il s'ensuit que le silence — qui va permettre à Paul et à Barnabé de prendre la parole — ne succède plus aux paroles de Pierre, mais à l'accord donné par les prêtres. Leur intervention, favorable aux païens, prépare celle, décisive, de Jacques au verset 12 : il tranche. A partir du verset 22 viendra la décision prise alors par les apôtres, les prêtres, suivis par l'Église entière. — On notera que le verbe συγκατατίθεμαι appartient au vocabulaire lucanien (voir chapitre 1).

Au verset 23 l'auteur de D ajoute les mots ἐπιστολὴν ... περιέχουσαν τάδε, «(ayant écrit) une lettre ... contenant ceci...». Il insiste sur *la lettre* qui fut écrite après l'assemblée de Jérusalem, et sur *son contenu*.

– 15, 20 : Dans le décret apostolique de Jérusalem, l'auteur de D ajoute la règle, qu'on appellera plus tard la règle d'or, avec un léger changement de construction, en faisant suivre de l'impératif μὴ ποιεῖτε, l'infinitif précédent ἀπέχεσθαι, «(qu'on leur mande) de s'abstenir... καὶ ὅσα μὴ θέλουσιν ἑαυτοῖς γίγνεσθαι ἑτέροις μὴ ποιεῖτε, «ne faites pas arriver à d'autres ce que l'on ne veut pas pour soi». Même addition en 15, 29, avec l'infinitif ποιεῖν au lieu de ποιεῖτε. — L'addition de la règle d'or est donnée en bon grec : μή suivi de l'impératif présent signifie une défense continue, et la première négation μή devant θέλουσιν est voulue par la généralité impliquée par le relatif ὅσα, «tout ce que».

– 16, 29-30 : Lorsque Paul et Silas, grâce au séisme, ont été, avec les autres prisonniers, rendus libres de sortir de leur prison, et que Paul, après avoir empêché le geôlier de se tuer, l'a rassuré en disant «nous sommes tous ici» (c'est-à-dire pas uniquement Paul et Silas), l'auteur de D ajoute, au verset 29, que le geôlier tomba πρὸς τοὺς πόδας, «aux pieds (de Paul et de Silas)». Ce geste d'adoration, de gratitude et d'imploration rend plus naturelle sa question : «Que me faut-il faire pour être sauvé ?»

Au verset 30, l'auteur de D ajoute que le geôlier amena Paul et Silas au dehors τοὺς λοίπους ἀσφαλισάμενος, «après s'être assuré de tous les autres». Une telle conscience professionnelle montre l'honnêteté de l'homme et contribue à expliquer la rapidité de sa conversion.

Précisions sur le lieu, le temps et l'histoire.

On examine maintenant les additions ou changements, ou les deux à la fois, opérés par l'auteur de D en matière de géographie (localisation incluse), ou sur les faits et les dates en matière d'histoire.

Les précisions, ainsi groupées et notées dans l'ordre du texte, portent quelquefois sur un simple détail, mais un détail qu'il ne faut pas négliger parce qu'il apporte un élément nouveau volontairement inséré dans le texte court.

— 1, 5 : Jésus, en parlant du baptême, annonce aux apôtres que, dit le texte court, «d'ici peu de jours, vous recevrez dans un Esprit Saint». Dans le texte de D, les jours d'attente sont précisés dans une addition, et c'est l'Esprit que les apôtres vont recevoir : ὃ καὶ μέλλετε λαμβάνειν, «et c'est lui que vous allez recevoir (d'ici peu de jours), ἕως τῆς πεντηκοστῆς, pas au-delà du cinquantième». La date exacte fixée explique du même coup le sens du mot Pentecôte.

— 2, 1 : Cette précision va de pair avec l'addition d'un stique initial au chapitre 2, avec la formule toute lucanienne καὶ ἐγένετο, suivie d'une date, ἐν ταῖς ἡμέραις ἐκείναις, puis, au verset 2, de ἰδού : «Or, ce fut en ces grands jours où (s'accomplissait la journée de la Pentecôte), voici qu'(... il y eut ... un fracas ...).» *N.B.* Sur cette formule on peut se reporter à *Études grecques ...*, chapitre 11.

— 2, 42 : Après le baptême reçu par ceux qui ont cru en la parole de Pierre, le texte court dit qu'ils «restaient assidus à l'enseignement des apôtres», et D ajoute ici «dans Jérusalem», alors Église-mère. Cette précision laisse entendre qu'il y aura, ou rappelle qu'il y a eu — selon la date de rédaction du texte long — un enseignement des apôtres *hors de Jérusalem*, notamment celui de l'apôtre des Gentils.

— 3, 1 : Pour situer le moment de la guérison du boiteux faite par Pierre et Jean, l'auteur de D ajoute deux précisions relatives au temps : Ἐν δὲ ταῖς ἡμέραις ταύταις, «en ces jours-là», ce qui rappelle l'addition de 2, 1, soulignant déjà le temps de la Pentecôte. Le double effort de D pour mettre le lecteur — ou l'auditeur — dans l'atmosphère de ce temps privilégié, donne à penser que ces deux mentions ne sont pas un signe de lectionnaire. Il s'agit d'une époque sans pareille, celle de la venue de l'Esprit-Saint.

Une seconde précision est donnée par D. Elle porte sur le moment du jour. Pierre et Jean montaient au Temple τὸ δείλινον, «dans l'après-midi». Sans doute le texte indique-t-il lui même, tout de suite après, avec précision, que c'était l'heure de la prière, «la neuvième heure»; mais l'hapax du N.T. et de D, τὸ δείλινον (employé par les LXX), a l'avantage d'adapter la date au monde grec, et montre les deux apôtres en train de monter au Temple, sans grande hâte, à l'heure chaude.

— 3, 11 : Ce verset très controversé (cf. J. Duplacy, *Rev. des Ét. august.*, 1956, p. 232 et suiv.) comporte à la fois une addition et un changement, destiné à localiser plus exactement la scène décrite à Jérusalem, dans le Temple.

Le texte court écrit, du mendiant boiteux guéri, «comme il

s'accrochait à Pierre et à Jean, tout le monde afflua vers eux au portique dit de Salomon, dans la stupeur». D : ἐκπορευομένου δὲ τοῦ Πέτρου καὶ Ἰωάννου, συνεξεπορεύετο κρατῶν αὐτούς· οἱ δέ, θαμβηθέντες, ἔστησαν ἐν ..., «comme Pierre s'en allait, ainsi que Jean, il s'en allait en même temps, en s'accrochant à eux ; et les gens, stupéfaits, s'arrêtèrent dans (le portique dit de Salomon, dans la stupeur)».

Le récit est sommaire dans le texte court. Dans le long la scène est plus vivante et plus précise, mieux localisée aussi. Les gens stupéfaits ne sont pas les mêmes que ceux qui étaient dans le Temple, au verset 9 (πᾶς ὁ λαός). Ce sont les spectateurs qui, hors du Temple, se dirigent vers le Temple, et non plus ceux qui en sont sortis. Le texte long explique mieux la succession des actes : Pierre et Jean s'en vont du Temple (de la Belle Porte du Temple). — Le boiteux s'en va avec eux, s'accrochant à eux. — Venu du parvis des Gentils, le public accourt — car les nouvelles vont vite — mais s'arrête au portique de Salomon en voyant avancer les trois hommes, les deux apôtres et le miraculé. — S'il s'arrête, c'est parce qu'il est frappé de stupeur à la vue de celui qui n'est plus boiteux. — Pierre va dès lors pouvoir prononcer son discours aux Juifs dans de bonnes conditions.

— 5, 12 : texte court : «il y avait, par les mains des apôtres, beaucoup de signes et de prodiges, dans le peuple. Ils étaient tous (= les gens de ce peuple), d'un même cœur, au portique de Salomon». D ajoute ἐν τῷ ἱερῷ, «dans le Temple», une précision qui semble destinée à ceux qui, connaissant mal Jérusalem, ne sauraient pas que le portique de Salomon fait partie du Temple.

— 7, 21 : Dans le discours d'Étienne, l'auteur de D ajoute au texte court cette précision, tirée d'*Exode* 2, 3, que Moïse fut exposé παρὰ τὸν πόταμον, «au bord du fleuve», avant d'être recueilli par la fille du pharaon.

— 10, 30 : Corneille explique à quel moment il eut sa vision. Dans le texte court il dit, littéralement, «à partir du quatrième jour, ἀπὸ τετάρτης ἡμέρας, jusqu'à cette heure». Dans D les dates et moments du jour ne sont plus les mêmes : «à partir du troisième jour (c'est-à-dire en comptant *deux* jours, ἀπὸ τρίτης ...) jusqu'à une heure *récente*, μεχρὶ τῆς ἄρτι ὥρας. Corneille était déjà scrupuleux dans le texte de Luc sur l'exactitude de l'heure et de la date de sa vision. Dans D le scrupule paraît poussé davantage.

— 10, 40 sur le jour de la résurrection de Jésus : t.c. : Dieu l'a ressuscité τῇ τρίτῃ ἡμέρᾳ, peut-être précédé de ἐν, «le troisième jour». D donne un moment plus précis de ce jour : μετὰ τὴν τρίτην ἡμέραν, «au bout du troisième jour».

— 10, 41 : Dans sa réponse à Corneille, Pierre parle, dans le texte court, de «... nous qui avons mangé avec lui (Jésus), bu avec lui (après sa résurrection)». Ici D ajoute ἡμέρας τεσσεράκοντα, «pendant quarante jours». Le texte court le disait déjà, 1, 3, mais le texte long présente cette durée comme un argument sur les lèvres de Pierre, la longueur du temps pendant lequel Jésus ressuscité a partagé la vie des apôtres, jusqu'à son Ascension.

– 12, 1 : Hérode, lors de la persécution ordonnée par lui, opprime «certains des membres de l'Église». A ce texte court, D ajoute ἐν τῇ Ἰουδαίᾳ, «dans la Judée», c'est-à-dire même hors de Jérusalem, comme si le point de vue de son auteur n'était plus le même et que la précision était devenue nécessaire. Elle a, en outre, l'avantage de mieux lier le verset initial au verset 29 de la fin du chapitre précédent, où le texte court mentionne les envois faits pour aider les frères «venus se fixer dans la Judée». Ceux-là mêmes qui attendent du secours vont se trouver les victimes d'Hérode.

– 12, 10 : D connaît bien les lieux principaux de Jérusalem, ici l'escalier par lequel on sort de la prison, puisqu'il ajoute que Pierre et l'ange qui l'a libéré «(une fois sortis), descendirent les sept marches», κατέβησαν τοὺς ἑπτὰ βαθμούς (avec un καί servant à lier ce nouveau verbe à l'ancien, qui subsiste, «*avancèrent* le long d'une seule venelle»). L'auteur semble avoir vu les abords de la prison, qui n'ont pas dû changer lorsqu'il écrit.

– 12, 20 et suiv. : Dans le récit consacré à la mort d'Hérode, le texte de D donne des précisions d'ordre historique :

1. Au verset 20, il nous fait comprendre, par l'addition de ἐξ ἀμφοτέρων τῶν πόλεων, qu'il y a eu auprès de lui délégation des deux villes de Tyr et de Sidon ; et c'est pourquoi il transforme plus loin, dans le même verset, le singulier τὴν χώραν en pluriel, «leur pays» : il faut qu'Hérode comprenne bien que Tyr et Sidon sont unies dans leur désir de paix.

2. Au début du verset 22 se trouve une addition historiquement importante : καταλλαγέντος δὲ αὐτοῦ τοῖς Τυρίοις, «après la paix qu'il conclut avec les gens de Tyr...» Cette addition montre qu'Hérode, apparemment, s'est réconcilié avec les seuls Tyriens ; elle montre aussi la présence des délégués lors de la séance où Hérode fit son discours, et la *date* de ce discours, prononcé *après* la conclusion de la paix. Enfin, elle explique les vociférations admiratives des auditeurs, par le passage du singulier φωνή, «voix», au pluriel φωναί, «paroles (d'un dieu, non d'un homme)», un pluriel qui se dit à propos de paroles *divines* : Hérode parle comme un dieu.

3. Au verset 23, la double addition des mots καταβὰς ἀπὸ τοῦ βήματος, puis de ἔτι ζῶν, souligné par οὕτως, «descendu de l'estrade ... (rongé des vers) encore vivant, c'est ainsi (qu'il rendit l'âme)», montre qu'Hérode a eu le temps de descendre de l'estrade avant d'être frappé par l'ange, et que c'est un homme encore vivant qui fut rongé des vers (sur cette mort, voir la note d'*Actes* B.L. ; le mal est ici sans remède ; celui de Lc., 8, 43 ne l'était peut-être pas).

– 15, 30 : Après le concile de Jérusalem, les envoyés de l'Église-
Mère descendent à Antioche. Le texte de D ajoute qu'ils descendirent
ἐν ἡμέραις ὀλίγαις, «en peu de jours». Cette rapidité, pour hâter la
remise de la lettre du concile, a quelque raison d'être soulignée si
l'auteur veut l'opposer à la lenteur du voyage, à l'aller, de Paul,
Barnabé et d'autres, par la Phénicie et la Samarie, quand ils avaient à
raconter aux frères de ces pays les circonstances des conversions de
païens.

– On placera ici les quelques précisions du même genre ajoutées sur
le personnage d'Apollôs, bien qu'elles se trouvent placées dans la
partie consacrée à Paul. Elles ne le concernent pas directement.

– 18, 25 : Apollôs, alexandrin de naissance, parvient à Éphèse, que
Paul vient de quitter. Le texte court dit qu'«il se trouvait posséder
une instruction relative à la Voie du Seigneur». D ajoute qu'il
possédait cette instruction ἐν τῇ πατρίδι, «dans sa patrie». Puisqu'il est
d'Alexandrie (verset 24), l'addition signifie que, lorsqu'il arrive à
Éphèse, on ne sait pas encore qu'il est parfaitement instruit sur Jésus.
Il va maintenant le prouver.

– 18, 27 : Le texte court écrit : «Comme il (= Apollôs) voulait
passer en Achaïe, les frères l'encouragèrent et écrivirent aux disciples
de l'accueillir.» Au début du verset l'auteur de D écrit une longue
addition, importante par la précision d'ordre historique et géographique, dont la traduction est : «A Éphèse, certains Corinthiens qui
résidaient et qui l'avaient entendu le priaient (de passer) avec eux
dans leur patrie ; et comme il avait donné son assentiment, (les frères
d'Éphèse écrivirent aux disciples) de Corinthe (d'accueillir) le
personnage.»

Il y a donc des chrétiens de Corinthe installés à Éphèse, et ce n'est
pas Apollôs qui veut, de son propre mouvement, passer en Achaïe ; ils
ont pris l'initiative de l'emmener à Corinthe ces Corinthiens d'Éphèse,
non sans avoir eu la précaution préalable d'écrire à Corinthe pour que
le personnage y soit accueilli.

A la fin du verset, D ajoute encore qu'Apollôs, venu résider en
Achaïe, apportait un puissant concours, non plus «à ceux qui avaient
la foi» comme il est dit dans le texte court, mais ἐν ταῖς ἐκκλησίαις,
«dans les Églises». L'action d'Apollôs est envisagée maintenant non
plus dans la seule Église de Corinthe, mais dans les communautés
fondées et disséminées dans tout le pays d'Achaïe, où il étend son
action.

– 18, 28 : Selon le texte court, Apollôs «réfutait publiquement les
Juifs, en montrant ... que le Christ était Jésus». L'auteur de D ajoute,
avant le participe «en montrant», un autre participe, διαλεγόμενος,
«par des entretiens». Donc, à ses discours suivis, Apollôs ajoute la
méthode des entretiens à plusieurs, grâce auxquels il réfute les Juifs, à

Corinthe et dans le reste de l'Achaïe. Comme Paul, il a deux moyens d'évangéliser.

Une autre précision comparable est donnée sur deux compagnons de Paul :

– 20, 4 : Dans l'énumération de ces compagnons lorsque Paul, à son retour de Grèce, traverse la Macédoine, le texte court dit que Tychique et Trophime étaient 'Ασιανοί, «Asiates», ce qui est exact mais un peu général. L'auteur de D précise la ville dont ils sont originaires (cf. 21, 29 pour Trophime), en remplaçant 'Ασιανοί par 'Εφέσιοι. Le changement semble fait pour suggérer que tous les deux sont partis d'*Éphèse* pour rejoindre à Troas Paul et les cinq autres compagnons (cf. *Biblica,* 1984, p. 356).

Après l'examen des nouveautés apportées par le texte occidental sur Pierre et sur les personnages secondaires des *Actes,* on en vient aux nouveautés ajoutées par son auteur autour de celui dont le rôle et l'action ne cessent de grandir et de s'étendre à mesure que progresse le livre, jusqu'à devenir, à partir du chapitre 16, le protagoniste exclusif.

B. — LES NOUVEAUTÉS SUR PAUL DANS LE TEXTE OCCIDENTAL

Chapitre 9

LA PERSONNE DE PAUL

Sa naissance.

21, 39 : Après avoir été sauvé par les soldats romains, Paul dit au tribun étonné qu'il sache parler grec : t.c. : «Je suis Juif, moi», Ταρσεὺς τῆς Κιλικίας, littéralement «un Tarsien de Cilicie». L'expression, assez gauche, ne renseigne pas complètement sur la naissance de Paul. L'auteur de D ajoute et modifie : ... ἐν Τάρσῳ δὲ τῆς Κιλικίας γεγεννήμενος, «natif de Tarse en Cilicie». L'expression est meilleure, d'abord parce qu'un nom de ville (et non de peuple) suivi d'un génitif «géographique» situant la ville dans un pays donné, est conforme aux usages du grec; ensuite parce que l'adjonction du participe parfait entraîne le remplacement de Ταρσεύς par ἐν Τάρσῳ et montre que Paul, auprès d'un magistrat romain, *revendique* la ville de Tarse comme lieu de sa naissance, une *ciuitas libera,* dont il est citoyen par droit de naissance. *N.B.* : L'omission dans D de tout un stique de quatre mots, οὐκ ἀσήμου πόλεως πολίτης, doit être une faute de copiste : il n'y a aucune raison pour que l'auteur de D ait *voulu* rejeter cette fière déclaration de nature à impressionner un Romain, magistrat de surcroît.

Sa présence : addition d'un pronom désignant Paul.

— On met à part un cas distinct des autres, où il s'agit d'une présence *impliquée* par le texte occidental : chapitre 25, du verset 14 au verset 21 du texte court, Festus fait à Agrippa un long exposé détaillé sur le cas de Paul qu'il veut renvoyer à César, un exposé que Paul, dans sa prison, n'entend pas. Mais il peut le lendemain en vérifier le degré d'exactitude parce qu'un nouvel exposé des mêmes faits est entendu cette fois par un public plus large, « devant ceux — ajoute le texte occidental — qui étaient descendus de la province », et que Festus a donné l'ordre que Paul fût amené. Paul entend alors un récit très circonstancié par rapport à l'exposé de la veille, avec une addition à la fin du verset 24 et plusieurs autres additions, dont une très longue au verset 25, où l'on voit que Festus avait, la veille, *entendu les deux parties,* les accusateurs juifs et Paul.

— τις, « un certain » : 7, 58 : les témoins de la lapidation d'Étienne posent « leur manteaux devant les pieds d'un jeune homme, qui s'appelait Saul », dit le texte court. L'addition, dans D, du pronom indéfini τινος, « d'un certain (jeune homme) » attire l'attention sur ce jeune personnage encore inconnu, spectateur impassible d'un martyre, appelé à jouer un rôle majeur.

— ἐγώ, « moi » : 20, 24 : le texte, enchevêtré dans les deux versions, est incertain, mais il est probable que, dans D, est rajouté un μου (peut-être un μοι), qui souligne la force de la déclaration de Paul, prêt à mourir pour Jésus. Voir la note à la fin du chapitre de la traduction.

— 22, 6 : Dans le deuxième exposé de l'épisode de Damas, le texte court écrit : (il advint), littéralement, « qu'une grande lumière brilla autour de moi », ... περιαστράψαι φῶς ἱκανὸν περὶ ἐμέ. Le verbe περιαστράπτω est ici intransitif. Il devient transitif dans D par l'addition d'un μ(ε), le περὶ ἐμέ du texte court étant maintenu (alors que la formule initiale ἐγένετό μοι est supprimée, d'où le changement de l'infinitif en indicatif aoriste dans D) : « une grande lumière m'environna, moi, tout autour de moi ». L'insistance sur le pronom le montre prononcé sur un ton exclamatif dans D : « m'environna, *moi* », indigne, moi, persécuteur de Chrétiens !

Cette interprétation est confirmée par 22, 14, où Ananias, qui vient de faire recouvrer la vue à Paul, lui adresse la parole : t.c. : ὁ δὲ εἶπεν, « et lui (= Ananias) dit : « le Dieu de nos pères t'a destiné ...) ». D grec ajoute ici, très probablement μοι, après εἶπεν ; le *codex Bezae* est ici lacunaire, mais le pronom peut être restitué par D latin et la version syriaque de la *Peshitta.* Paul semble se juger indigne, lui, que Dieu lui fasse rendre maintenant la parole par Ananias.

— 22, 20 (Clark) : Dans le même exposé de l'histoire de Damas, Paul raconte qu'il fut témoin du supplice d'Étienne : t.c. : καὶ αὐτὸς ἤμην ἐφεστὼς καὶ συνευδοκῶν, « et j'étais moi-même présent, et j'approuvais ». Le texte occidental remplace αὐτός (que l'on retrouvera ci-dessous, 9, 6) par ἐγώ. Il est difficile à la traduction de rendre la différence entre les deux pronoms ; ἐγώ porte le même accent que dans l'exemple précédent, selon la visible volonté de l'auteur : « J'étais présent, moi!» (moi qui devins l'apôtre des Gentils!). Le «moi» souligne la première personne mieux que αὐτός qui s'applique plus souvent à la troisième.

— 24, 20 (Clark) : Dans une apologie devant Festus en face de ses accusateurs juifs, Paul, selon le texte court, s'écrie «... ou alors, qu'ils disent, ceux ici présents, quel délit ils ont trouvé quand je me tins debout devant le Sanhédrin». Le texte occidental ajoute un second pronom ἐγώ après le verbe «trouver» : «... ils ont trouvé ἐν ἐμοί, en moi», un «moi» qui souligne le remords de Paul quand il évoque l'affaire d'Étienne et l'histoire de Damas. Ici le point de vue a changé : c'est : «moi, innocent!».

— 26, 14 (Clark) : L'accent est toujours aussi fort dans l'addition de ἐγὼ μόνος, au milieu du troisième exposé de l'histoire de Damas. Mais les deux mots invitent l'auditeur à prendre conscience de l'indulgence divine envers son serviteur. Quand Paul fut entouré, avec ses compagnons, d'une lumière fulgurante, le texte court dit simplement «nous tombâmes à terre, et j'entendis une voix me dire...» Le texte occidental ajoute διὰ τὸν φόβον, ἐγὼ μόνος..., «la frayeur nous fit (tomber à terre), moi seul (j'entendis une voix...)». Paul fut effrayé comme les autres (comme en 9, 7), mais c'est lui qui eut le privilège d'entendre les reproches indulgents de Jésus envers son persécuteur.

Il est très remarquable que, sur les six additions de ἐγώ dans le texte occidental, cinq soient faites dans les deux discours de Paul où il raconte lui-même son aventure du chemin de Damas. Elles rappellent étrangement le ἐγώ et le ἡμεῖς (= ἐγώ) de I *Tim.* 1, 15 et *Tite* 3, 3. Il n'est pas moins remarquable que, dans le récit antérieur fait par Luc du même épisode, on trouve, en 9, 5 et 6, deux additions de αὐτός, «lui», qui sont l'équivalent d'un ἐγώ, «moi», du style direct (voir *infra* sur αὐτός). Il apparaît que l'auteur du texte occidental a voulu, en son nom et de la part de Paul lui-même, mettre en lumière les fautes commises par l'apôtre du temps qu'il était persécuteur de chrétiens, des fautes qui, au lieu d'un châtiment, lui valurent l'honneur d'être mis par Dieu à son service et de pouvoir les racheter.

N.B. : On notera que toutes les additions d'un «moi» sont faites à propos de Paul. Il en est une, cependant, relative à Pierre, quand une voix vint du ciel, *comme à Damas*, πρός με, dit-il en 11, .9, «à mon adresse». Ainsi est mis en valeur le choix et de Pierre et de Paul pour entendre directement, de leurs oreilles, la voix même de Dieu. — On peut noter aussi que le ἐγώ de 25, 25 dans le texte court a disparu dans le long. Est-ce parce qu'il désignait Festus?

— ἡμεῖς, «nous» : sur la vingtaine d'exemples de l'addition de ce pronom dans le texte occidental, après la mention, faite pour mémoire, des cas où Pierre, Étienne, ou les Juifs, ajoutent un «nous», surtout dans l'expression «nos pères» (les pères *de nous*), et des cas où un «nous» est ajouté *dans* une addition plus longue sans rapport avec Paul, l'attention doit se porter davantage sur les cas qui le touchent dans les additions des «passages-nous» (ces passages sont au nombre de trois, 16, 10 à 16, 17 ; 20, 5 à 21, 18 ; 27, 1 à 28, 16 dans le texte court).

Dans ces trois passages, le «nous» ajouté dans le texte occidental peut désigner non Paul, mais les compagnons à qui il s'adresse, ou ceux à qui, dans la tempête, il passe du pain, 16, 10 ; 21, 13 ; 27, 35. En 21, 10 (Clark), le ἡμῶν ajouté inclut Paul ; il a pour rôle d'insister sur le sujet du génitif absolu ἐπιμενόντων, un sujet non douteux mais non exprimé dans le texte court : «comme *nous* prolongions notre séjour (à Césarée)...»

Un exemple plus remarquable est celui du «passage-nous» long de deux versets, 11, 27-28, qui, antérieur par sa place dans le livre, ne peut être, dans sa rédaction, que postérieur aux trois précédents, puisqu'il est tout entier *ajouté* au texte court, alors que les trois autres *appartenaient* au texte court.

A la fin du verset 27 est ajouté un stique, ἦν δὲ πολλὴ ἀγαλλίασις, «et il y avait bien de l'allégresse». Le verset 28 ajoute immédiatement un second stique, συνεστραμμένων δὲ ἡμῶν, «et c'est au moment où *nous* nous trouvions rassemblés (que l'Esprit fit dire)...» Le «nous» désigne les prophètes, dont Agabos, mais en même temps, et surtout, Luc ainsi que Paul, appelé encore Saul, converti depuis peu, dont Luc nous apprend la présence alors à Antioche pour en avoir été le témoin. Il y a tout lieu de croire que les deux versets, continuant à eux seuls un «passage-nous» ont été écrits, avant d'être ajoutés au texte court, à une époque où il convenait de compléter la rédaction déjà faite sur un moment capital de l'histoire de l'Église, celui où, dans Antioche, une ville bien connue de Luc, «les disciples prirent pour la première fois le titre de Chrétiens» (verset 26) ; de là une joie qui allait être ternie par une prophétie de famine.

Il fallait situer l'addition dans le chapitre. Elle se place au moment mémorable où Paul, que Barnabé est allé chercher à Tarse, est devenu un chrétien comme les autres, et fut admis dans leur société.

Quant à l'auteur de cette addition du texte long, il n'est autre que Luc lui-même, puisqu'il se désigne en compagnie de Paul sous le «nous» de la phrase nouvelle. Il a la joie douloureuse d'évoquer un passé lointain qui fut heureux entre tous. L'émotion du souvenir lui fait écrire ce «nous» rappelant l'union de deux compagnons de vie libre et de vie captive, et il en donne le point de départ qui, sans l'addition, serait à chercher plus loin, et moins nettement, du côté de Jérusalem, dans le dernier verset du chapitre 11, et celui surtout du chapitre 12.

N.B. : sur le ἡμᾶς qui disparaît en face de αὐτόν, cf. *infra* 20, 5.

— αὐτός, « lui ».

Le texte occidental ajoutait un « moi » sur une personne, notamment Paul, qui avait la parole ; et il ajoutait un « nous » qui comprenait Paul avec Luc, avec d'autres compagnons, quelquefois Paul s'adressant à ses compagnons, dont Luc. Il est naturel que, si Luc veut insister sur « lui », on trouve des αὐτός dans le texte court, et que, si l'auteur du texte occidental veut insister davantage sur Paul, il ajoute chaque fois un αὐτός, dont le nominatif « lui », il est bon de le noter, est sensiblement plus fort que le « il » du français (non exprimé par le grec), alors qu'aux cas obliques le pronom a un sens plus ordinaire : ainsi, au génitif, par exemple, il équivaut d'habitude au pronom possessif « son », « leur » et ainsi de suite.

Cet auteur second ajoute souvent un αὐτός pour souligner la personne, ou la personnalité d'un autre que Paul, et d'abord Jésus ; ainsi en 1, 9 ; 3, 13 ; 5, 11 : 5, 31 ; 7, 37 ; 13, 28 (voir aussi 13, 23 ; 15, 18) ; c'est ce que Luc faisait déjà dans son Évangile 1, 17 (voir la note B.L.) ; 3, 23 ; 24, 15 ; 24, 25 (voir la note), où il laisse apparaître son émotion : « lui, Jésus, revenu à la vie ! » Il met aussi l'accent, par une addition de αὐτός, sur la personne de Moïse, 7, 25 ; 21, 21 ; ou de Judas, 1, 18, ou de Pierre, 10, 19, ou d'Étienne plusieurs fois, 6, 10 ; 6, 13 ; 7, 54 ; 7, 58.

Il est aussi des αὐτός ajoutés négligeables, ou sans intérêt particulier, par exemple en 1, 4 ; 3, 3 ; 22, 26, ajoutés quelquefois après le verbe « dire », là où le pronom remplace un nom de personne, par exemple 6, 2 ; 7, 6 ; 8, 24 ; αὐτός est quelquefois même supprimé dans le texte court par l'auteur du texte long là où il est inutile ou superflu, 21, 20 (Clark) ; 21, 31 (Clark) ; 23, 28 (Clark) ; 24, 23 (Clark).

Mais il est des αὐτός qui méritent un intérêt particulier lorsque l'auteur du texte occidental l'ajoute et l'applique à Paul pour faire sentir le sentiment qu'il éprouve lui-même, à un momment donné, en parlant de « lui », ce personnage hors du commun.

— Le premier exemple est celui de 9, 5 et 6, lorsque Luc fait lui-même son récit de l'aventure de Damas. On avait remarqué plus haut que, dans les deux autres passages consacrés à cette aventure, lorsque c'était Paul qui les exposait dans un discours direct où l'on sentait l'émotion de l'orateur, il ajoutait à cinq reprises un « moi » qui accompagnait un grand souvenir, déterminant pour sa vie entière. Lorsque ce n'est plus l'apôtre qui parle, mais son historien, appliqué à ressusciter l'atmosphère de ce moment, il est inévitable que le « moi » s'efface devant un « lui », et même plusieurs « lui ».

— (On notera ici le cas voisin de 8, 3, où l'auteur de D insiste sur Saul en ajoutant un article à valeur de pronom, ὁ δέ devant Σαῦλος, « Saul, *lui* » au lieu de Σαῦλος δέ, « et Saul », du texte court.)

En 9, 5 le texte court emploie un bref ὁ δέ, «et lui», annonçant la parole que Jésus va prononcer pour révéler à Saul que c'est lui, Jésus, dont il a entendu la voix. Le texte long (Clark) souligne le fait surnaturel sans exprimer le verbe «dire», mais en remplaçant le minuscule ὁ δέ, «et lui» (= Jésus), par cinq mots, καὶ ὁ Κύριος πρὸς αὐτὸν..., «et le Seigneur, s'adressant *à lui* : (je suis Jésus...)». C'est parce que le pronom αὐτός a été ajouté que ὁ δέ, «et lui» est remplacé par ὁ Κύριος, «le Seigneur».

Plus longue encore est l'addition qui se trouve dans le verset 6 qui suit, enrichie de deux nouveaux αὐτός là où il n'y en avait aucun. Jésus parle toujours à Saul. Le texte court écrit : «allons, lève-toi, entre dans la ville, et il te sera annoncé tout ce qu'il faut que tu fasses». Le texte long (Clark) précise les circonstances : «et lui, ὁ δέ, tremblant et stupéfié de l'événement *à lui* survenu (ἐπὶ τῷ γεγονότι αὐτῷ, à lui, persécuteur de chrétiens!), dit : Seigneur, que voulez-vous que je fasse? Et le Seigneur, s'adressant *à lui* ... (lève-toi)...» L'auteur souligne ainsi une troisième fois le personnage à qui Jésus s'adresse, et peut-être avec un peu moins d'indulgence puisqu'il supprime la douce exhortation ἀλλά, «allons!», devant «lève-toi». Cette main qui ajoute «lui» dans le texte de Luc est celle qui ajoutait «moi» sur les lèvres de Paul.

Mais ces trois αὐτός rajoutés ici en deux versets ne sont pas les derniers.

— 11, 25 : Barnabé est envoyé en mission à Antioche, puis, selon le texte court, «il se rendit à Tarse pour s'enquérir de Saul». L'auteur de D est sensiblement plus explicite, avec l'addition de tout un stique et, par suite, d'un nouvel αὐτός : ἀκούσας δὲ ὅτι Σαῦλός ἐστιν εἰς Τάρσον, ἐξῆλθεν ἀναζητῶν αὐτόν, «apprenant que Saul était du côté de Tarse, il s'en alla s'enquérir *de lui*», c'est-à-dire de ce «lui» qui vient d'avoir eu le privilège insigne d'entendre Jésus s'adresser à lui.

— 14, 1 : On a vu, dans le chapitre 7, à propos des «changements de personne», le passage du pluriel au singulier. Deux autres exemples sont fournis par Paul. En 14, 1 αὐτόν appliqué à Paul remplace αὐτούς désignant Paul et Barnabé, comme si, à l'époque où fut écrit le texte long, Paul était le seul qui comptât, aux yeux de son auteur. En 14, 1 la phrase de Paul est ainsi renforcée, tandis qu'en 14, 2 le pluriel αὐτοῖς du texte court est conservé parce que la persécution tombe sur les deux apôtres en même temps.

— 14, 20 : Ici ce qui importe est un changement du cas de αὐτός. Le texte court écrit κυκλωσάντων τῶν μαθητῶν αὐτόν, «les disciples ayant fait cercle autour de lui ...» Le mot «disciples» reçoit ici un sens plus général qu'il n'avait du vivant de Jésus. Le remplacement de l'accusatif αὐτόν par le génitif αὐτοῦ, dont la place est maintenue, «*ses* disciples ayant fait cercle ...», montre que Paul a des disciples, comme Jésus, et qu'à ce moment-là ils l'entourent.

— 17, 16 : t.c. : ἐκδεχομένου αὐτοὺς τοῦ Παύλου, «(tandis que dans Athènes) Paul les (= Silas et Thimothée) attendait...» L'auteur de D remplace l'accusatif αὐτούς, complément du participe ἐκδεχομένου, par le génitif singulier αὐτοῦ, qui en est le sujet, «lui». Ce «lui» souligne l'attente de Paul, déjà irrité par la vue de toutes les idoles qu'il a trop de temps pour observer : «(Tandis que dans Athènes) Paul, *lui*, attendait...» La suppression du complément du verbe «attendre» lui donne plus de force expressive.

— 17, 19 : L'envoi de Paul devant l'Aréopage est souligné dans le texte long par l'addition du pronom αὐτόν. Le texte court s'en passait, avec ces simples mots ἐπιλαβόμενοι αὐτοῦ ... ἤγαγον, littéralement «l'ayant attrapé ils menèrent». Le pronom au génitif sert pour les deux verbes ; le second, qui serait à l'accusatif, est contenu dans le premier. Il n'est plus sous-entendu mais exprimé dans D.

— 18, 6 : Sur l'addition de αὐτοῦ dans D, après τὰ ἱμάτια, «ayant secoué *ses* vêtements», voir ci-dessous «le nom propre Παῦλος».

— 20, 3 : De Grèce Paul, au lieu de prendre le large pour la Syrie «s'avisa — selon le texte court — de faire demi-tour par la Macédoine». Le texte de D fait ici une addition importante, qui montre l'influence de l'Esprit sur Paul (cf. *infra* sur Πνεῦμα, «l'Esprit») et par suite il ajoute le pronom αὐτῷ : εἶπεν δὲ τὸ Πνεῦμα αὐτῷ, «et l'Esprit *lui* dit (de faire demi-tour...)». Par suite aussi, au verset 4, l'auteur de D peut ajouter le participe absolu μέλλοντος sans lui donner un sujet αὐτοῦ, «comme *il* allait partir...», et le participe est suivi d'une leçon occidentale *(Syra Harklensie)*, συνείποντο αὐτῷ, «devaient l'accompagner». On compte donc trois αὐτός ajoutés en deux phrases, là où le texte court n'en a pas un seul.

— 20, 5 : Paul vient donc de traverser la Macédoine. Le texte court, à propos de ses compagnons partis en avant, écrit que «ceux-ci *nous* attendaient à Troas». Le «nous» désigne au moins Luc et Paul, probablement eux seuls puisque les autres sont «partis en avant». En tout cas, et peut-être par un mouvement de sa modestie, Luc s'efface dans le texte long, en remplaçant le pluriel ἡμᾶς par le singulier αὐτόν : ils «*l'*attendaient à Troas».

— 26, 30 (Clark) : Paul a fini son discours prononcé devant Agrippa par un vœu suivi d'un trait plaisant «... ces liens exclus». Le texte court n'insiste pas sur ces mots de la fin. Le texte occidental, au contraire, au début du verset 30, les appuie, καὶ ταῦτα εἰπόντος αὐτοῦ..., «quand *il* eut dit cela (le roi se leva...)». Le αὐτός ajouté montre avec discrétion que sous le pronom «il» se dissimule un «lui», lui qui, dans sa prison, est passible d'une comparution devant l'empereur, lui dont la vie même est en jeu, est encore capable de plaisanter si cette plaisanterie peut aider à une conversion.

— 27, 1 (Clark) : Une longue addition du texte occidental contient, comme on l'a déjà vu, un αὐτός lui-même ajouté, dans la perspective de Rome. L'addition initiale est celle-ci : «C'est dans ces conditions, donc, que le procurateur décida qu'il fût renvoyé à César...». Le «il», qui pourrait être rendu par «lui», est encore chargé d'émotion, «lui», l'innocent injustement poursuivi, qui va être conduit à Rome pour y être jugé. Ce αὐτόν gagne encore de la force si l'on considère que, dans le texte court, le même verset commençait par «lorsque que fut décidé le moment de *nous* embarquer pour l'Italie...». Ce «nous» désigne les compagnons de Paul, dont Luc, dans son voyage de Césarée à Rome, et naturellement Paul lui-même. Mais c'est bien Paul, *lui*, αὐτόν, que le procurateur a décidé de renvoyer devant César.

— 28, 29 (Clark) : Comme D a rajouté αὐτοῦ en 1, 9 pour insister sur les dernières paroles prononcées par Jésus avant son Ascension, le texte occidental ajoute un verset entier — qu'il n'y a pas de vraie raison de condamner — pour insister sur les dernières paroles prononcées par lui, Paul, à la fin du livre des *Actes* : καὶ ταῦτα εἰπόντος αὐτοῦ, «et lorsqu'il eut dit cela (les Juifs partirent...)». Ces paroles prononcées par *lui* ont du poids, parce qu'elles provoquent un «grand sujet de discussion» entre les Juifs de Rome qui les ont écoutées.

On peut donc compter quatorze nouveaux αὐτός dans le texte occidental à propos de Paul, et deux autres, le premier par le passage du pluriel au singulier, le second par un passage de l'accusatif au génitif. Si un seul exemple en était offert par le texte long, il ne tirerait pas à conséquence et passerait même inaperçu. Mais le nombre de ces pronoms semble indiquer chez l'auteur une intention de mettre en valeur la personne de Paul. Ces «il» du français, dont la quantité pourrait en justifier la traduction par des «lui», un pronom qui peut porter en soi quelque chose d'exclamatif, se trouvent *dans* une addition quand ils ne *sont* pas l'addition, et c'est dans ce dernier cas qu'ils ont plus de force.

Il existe, on le sait, des «passages-nous» dans les *Actes*. On constate maintenant qu'il y existe aussi des «passages-lui».

Le pronom est ajouté aussi dans sa forme de pluriel, «eux».

— αὐτοί, «eux» (ou bien «eux-mêmes»).

De même que l'addition des «nous» était à mentionner après celle des «moi», on remarquera maintenant l'emploi du pluriel du pronom αὐτός — en soi souvent équivoque vu sa répétition dans une même phrase — lorsqu'il est ajouté au texte premier.

Quelquefois le texte occidental s'en sert pour insister sur un personnage autre que Paul, celui-ci n'étant pas nécessairement présent. Ainsi les frères ou les fidèles (16, 40 ; 20, 12 ; 20, 18) ou les Juifs (5, 29 ; 14, 1 ; 18, 20, où ce sont les Juifs, oui les Juifs, qui demandent à Paul de rester auprès d'*eux*) ou les Athéniens (17, 21, où le pronom est ajouté pour la clarté de la phrase).

˴ Beaucoup plus souvent, et cette fréquence démontre l'intérêt accentué de l'auteur sur Paul, l'apôtre des Gentils est inclus, évidemment sans Luc présent, dans un αὐτοί rajouté, soit seul — auquel cas l'addition est plus significative — soit dans une addition.

– 13, 5 : A Chypre, Barnabé et Saul, dans le texte court, ont Jean ὑπηρέτην, «(comme) assistant». D remplace le substantif par le verbe correspondant et ajoute le pronom, ὑπηρετοῦντα αὐτοῖς, «qui les assistait». Le verbe, avec son temps, est plus vivant, et permet l'adjonction du complément au datif.

– 13, 6 : Tout de suite après, le même pronom souligne qui sont les voyageurs en mission. Là où le texte court écrit διελθόντες, «ayant traversé», D change le préverbe — on l'a vu — et ajoute le pronom, περιελθόντων αὐτῶν, «une fois qu'ils eurent fait, eux-mêmes, le tour (de l'île ...)». L'addition peut suggérer qu'il était plus court et plus facile de traverser l'île, que d'en faire le tour et d'allonger ainsi la mission, plus fructueuse grâce à des séjours en un plus grand nombre de villes ou de ports.

– 13, 51 : Paul et Barnabé, à Antioche de Pisidie, sont expulsés par les Juifs. Les missionnaires, méprisants, se contentent de secouer «sur eux la poussière des pieds», τὸν κονιορτὸν τῶν ποδῶν ἐπ' αὐτούς, et poursuivent leur mission. D ajoute αὐτῶν après τῶν ποδῶν, un pronom qui n'ajoute rien au sens, mais qui se fait remarquer à côté des mots ἐπ' αὐτούς conservés, et aussi après le οἱ δέ, «mais eux», du début de la phrase.

– 14, 2 : A Iconion, Paul et Barnabé sont persécutés par les Juifs. Dans une assez longue addition, D ajoute encore αὐτοῖς après διωγμόν, «(les chefs de synagogue) leur (attirèrent ...) une persécution».

– 14, 13 : A Lystres, Paul et Barnabé sont pris pour deux dieux, et les prêtres du lieu veulent leur offrir un sacrifice. D ajoute le seul mot αὐτοῖς comme complément du verbe (ταύρους) ἐνέγκαντες, «leur ayant amené (des taureaux), à eux». Ils sont horrifiés que les indigènes soient sur le point de leur offrir un sacrifice païen, à eux, des envoyés de Jésus. Et cette addition complète l'idée du préverbe ἐπι-, ajouté au verbe θύειν, qui souligne sur qui est offert le sacrifice.

– 14, 27 : Paul et Barnabé revenus à Antioche y exposent en détail, selon le texte court ὅσα ἐποίησεν ὁ Θεὸς μετ' αὐτῶν, «tout ce que Dieu avait fait avec eux». D ajoute αὐτοῖς après ἐποίησεν, ce qui entraîne l'addition de ψυχῶν entre μετά et αὐτῶν, «tout ce que Dieu avait fait pour eux avec leurs vies». Les dangers de la mission sont considérés comme un bienfait pour les missionnaires, fût-ce au prix du martyre.

– 15, 2 : Après une longue addition, les Juifs de Jérusalem, à la suite d'une émeute et d'un débat sur la circoncision, prescrivent à Paul et à Barnabé, αὐτοῖς, «à eux personnellement», de monter à Jérusalem. Ces mots sont ajoutés par D.

N.B. D ajoute encore, à la fin du verset, ὅπως κριθῶσιν ἐπ' αὐτοῖς, où la préposition fait difficulté. Si ἐπί signifie «en sus (d'eux)», le sens de «par» étant impossible, ce sont les τινες ἄλλοι — sans ἐξ αὐτῶν — (quelques-uns, dont Tite, non nommé ; cf. *Gal.* 2, 1) qui doivent être jugés *en plus de* Paul et de Barnabé. On comprendra plutôt que le pluriel est neutre et que ἐπί a la même valeur qu'en 26, 6 ; le sens serait donc «sur les problèmes». Mais il reste un doute, et le sens de «sous *leur* autorité» n'est pas indéfendable.

— 15, 38 : Il y a ici un déplacement du pronom qui désigne encore Paul et Barnabé, au moment de leur rupture à propos de Jean-Marc. T.c. : τὸν ... μὴ συνελθόντα αὐτοῖς εἰς τὸ ἔργον..., «un homme qui n'était pas venu avec eux à l'ouvrage, (cet homme-là Paul se refusait à le prendre en surplus)». Dans D, après une addition des mots εἰς ὃ ἐπέμφθησαν, «(l'ouvrage) pour lequel ils avaient été envoyés», ce dernier verbe est remplacé par un infinitif exprimant à lui seul une forte défense, τοῦτον μὴ εἶναι, et la phrase et le verset se terminent alors avec un σὺν αὐτοῖς rendu plus fort aussi par sa place : «(cet homme-là), il défendait qu'il fût avec *eux*».

— 16, 30 : A Philippes, lorsque Paul et Silas ont été délivrés de leur prison par un séisme, le geôlier, empêché par Paul de se tuer, les amène au dehors ; puis, selon le texte court, «il dit», ἔφη. Avant ce verbe D vient d'ajouter «(les amena au dehors) après s'être assuré de tous les autres (= les autres prisonniers)». Il ajoute alors αὐτοῖς (εἶπεν αὐτοῖς), «il *leur* dit...». Ce pronom ne doit pas passer inaperçu : il attire l'attention sur les personnages à qui le geôlier s'adresse. Il ne parle pas pour les autres prisonniers (ajoutés dans D), mais pour les deux seuls qu'il appelle immédiatement «Seigneurs», pour leur demander ce qu'il doit faire pour être sauvé. Une addition de quelques mots en a provoqué une autre, d'un seul mot, «leur», non indifférent.

— 16, 40 : Après leur libération, Paul et Silas «virent les frères, les exhortèrent et partirent» dit le texte court. Après «virent les frères», l'auteur de D ajoute διηγήσαντο ὅσα ἐποίησεν Κύριος αὐτοῖς, «racontèrent tout ce que le Seigneur avait fait pour eux». Le pronom est ajouté ici dans une addition et l'a peut-être motivée ; l'insistance sur «eux», indignes des attentions divines, rejoint exactement celle de 14, 27, où Paul et Barnabé, à Antioche, faisaient le récit de leur mission.

— 19, 38 : Lors de la révolte des orfèvres, à Éphèse, le «grammateus» harangue la foule et réussit à l'apaiser en proposant aux accusateurs furieux un jugement régulier. Selon le texte court, l'orateur déclare à la foule : «(Si Démétrios et ses artisans ont une chose à dire — c'est-à-dire un sujet de plainte —) contre quelqu'un...» L'auteur de D fait une habile retouche (déjà examinée dans le chapitre 4) par l'addition de αὐτούς, «eux», entre πρός et τινα.

Maintenant l'indéfini qui dépendait de πρός accompagne λόγον, toujours complément de ἔχουσι, et πρός tombe sur αὐτούς, nouveau pronom, dont le pluriel s'applique à Gaïus, Aristarque, compagnons de voyage de Paul (verset 29), et, naturellement, à Paul avant tout. Le «grammateus» désigne plus explicitement les présumés coupables, pour mieux les défendre devant les émeutiers.

– 27, 42 (Clark) : Après l'échouage du navire sur les récifs de Malte, les soldats décident de tuer les prisonniers. Le texte court dit μή τις, «pour qu'aucun (n'échappe à la nage)». Le texte occidental ajoute ἐξ αὐτῶν après τις : «pour qu'aucun *d'entre eux*». Cette addition confère plus d'importance au τις, qui maintenant désigne Paul le premier, parmi les autres prisonniers, αὐτῶν. Le pronom pluriel αὐτῶν n'inclut pas Paul, mais sert à faire peser la menace de mort d'abord sur lui.

Ainsi le pronom αὐτός, qui au singulier attirait l'attention sur le personnage de Paul, lui seul, sert maintenant, en l'incluant dans un pluriel, à rappeler, sans rien effacer de sa présence, qu'il y a des compagnons autour de lui. Dans la fin des *Actes*, sans parler du dernier exemple, dont on a remarqué le caractère particulier, le pluriel désigne les Macédoniens Gaïus et Aristarque, compagnons de Paul, et auparavant Paul et Silas, à deux reprises, dans leur mission commune, et d'abord sept fois Paul et Barnabé, dans leur mission également commune, et si la force de l'association est bien marquée de la sorte, la rupture qui lui met un terme n'en est que plus sensible.

La présence et la personne de l'apôtre sont soulignées avec plus de force encore par l'addition de son propre nom, «Saul» d'abord, «Paul» ensuite.

Sa présence : le nom propre Παῦλος.

– 13, 44 : A Antioche de Pisidie : t.c. : ... ἀκοῦσαι τὸν λόγον τοῦ Κυρίου, «(toute la ville se rassembla) pour écouter la parole du Seigneur». L'auteur de D supprime τὸν λόγον (répétition gênante du mot à côté du λόγον qui suit immédiatement dans l'addition du verset 45, au sens de «discours»), et remplace τοῦ Κυρίου par Παύλου. Le complément de ἀκοῦσαι est maintenant au génitif (= perception sûre et directe), et les mots signifient «pour entendre Paul de leurs oreilles». La curiosité est à présent plus forte chez les auditeurs et, plus concrète, porte surtout sur l'*homme* qui parle au nom du Seigneur.

– 14, 7 : Παῦλος figure *dans* une addition de trois stiques, ... ὁ δὲ Παῦλος καὶ Βαρναβᾶς διέτριβον ἐν Λύστροις, «mais c'est à Lystres que séjournaient Paul et Barnabé». La phrase aurait été aussi claire si les deux apôtres n'avaient pas été nommés dans l'addition. Mais l'auteur de D voulait souligner leur présence.

– 14, 9 : t.c. : οὗτος (le boiteux de naissance) ἤκουσεν τοῦ Παύλου λαλοῦντος, ὅς..., «cet homme-là entendit parler Paul, lequel (... dit d'une voix forte ...)». Le relatif ὅς peut être un moment équivoque, tant que l'on n'a pas compris que l'antécédent était Paul, et non «cet homme-là». L'auteur de D, après λαλοῦντος, ajoute trois mots, appliqués au boiteux, ὑπάρχων ἐν φόβῳ, «non sans frayeur». Il peut ainsi couper la phrase, supprimer ὅς et le remplacer par Παῦλος, donc deux fois nommé à quelques mots de distance.

— 15, 2 : Entre les deux propositions du texte court, «comme il s'était produit un débat considérable pour Paul et Barnabé contre eux (= les Juifs de stricte observance)» d'une part, et d'autre part les mots qui suivent, «ordre fut donné que Paul et Barnabé ... montassent à Jérusalem ...», l'auteur de D ajoute trois stiques commençant par une parenthèse explicative, ἔλεγεν γὰρ ὁ Παῦλος μένειν οὕτως..., «Paul disait en effet de rester exactement (comme le jour où ils avaient cru ; et il y insistait, διϊσχυριζόμενος)». Entre deux mentions où il est nommé avec Barnabé, Paul est nommé seul comme étant le seul à parler, «avec insistance», exactement de la même façon qu'à Lystres c'est lui, en tant qu'Hermès, et non Barnabé, qui, des deux, était l'orateur.

— 17, 11 : t.c. : (les Juifs de Bérée ... cherchent à savoir ...) «si les choses étaient bien comme cela (οὕτως)». Les mots «comme cela» peuvent paraître assez vagues. Après οὕτως, le texte occidental, selon d'autre témoins que le *codex Bezae*, ajoute καθὼς Παῦλος ἀπαγγέλλει, «de façon que le rapportait Paul». Il est clair maintenant que c'est le rapport de Paul qui est mis en doute.

— 17, 15 : Après le début du verset dans le texte court, «ceux à qui l'on confiait la charge de Paul l'amenèrent à Athènes», l'auteur de D ajoute une parenthèse expliquant pourquoi il avait laissé de côté la Thessalie. Puis il ajoute que ces hommes de confiance, ayant reçu «de Paul», παρὰ Παύλου «(l'ordre, à l'adresse de Silas et de Timothée, de le rejoindre ... repartaient)». Après la parenthèse ajoutée, il n'est pas inutile de préciser que l'ordre donné émanait bien *de Paul*, une seconde fois nommé dans le verset.

— 18, 2 : Comme en 17, 15, après l'addition d'une parenthèse, ici de six mots sur les Juifs chassés de Rome «venus se fixer à Achaïe», l'auteur de D ajoute προσῆλθεν αὐτῷ ὁ Παῦλος, «Paul s'approcha de lui». Si Paul n'était pas nommé, on pourrait hésiter un instant sur le sujet du verbe, d'autant plus que D remplace αὐτοῖς, «eux» (= Aquila et Priscilla) par αὐτῷ, «lui» (= Aquila). On pourrait croire que c'est Aquila qui s'est approché de Paul. Le nom de Paul, donné pour la dernière fois, dans le texte court au verset 33 du chapitre précédent, n'y reparaîtra qu'au verset 5 du présent chapitre.

— 18, 6 : C'est peut-être pour une raison analogue qu'après l'addition de deux stiques «comme il y avait force discussion et interprétation des Écritures» (entre Paul, nommé au verset 5, t.c., et les Juifs), D ajoute Παῦλος, pour que soit exprimé le sujet de ἐκτιναξάμενος, «ayant secoué». Mais son auteur insiste sur le geste de Paul puisque après le complément τὰ ἱμάτια il ajoute encore αὐτοῦ, «ayant secoué *ses* vêtements» (un αὐτοῦ qui n'existait pas dans le texte court mais que la traduction oblige à exprimer en français). Ainsi est souligné le geste symbolique de Paul renonçant à proposer la vérité devant un auditoire obstiné à la refuser.

– 19, 8 : t.c. : (dans la synagogue d'Éphèse) ἐπαρρησιάζετο, «il parlait à mots francs (sur ce qui touchait le royaume de Dieu)». D précise le sujet du verbe en ajoutant ὁ Παῦλος avant «dans la synagogue», puis, après ce mot, ἐν δυνάμει μεγάλῃ, «avec une grande force». Il y a insistance dans D sur Paul et sur la force de sa parole (voir ci-dessous p. 369).

– 19, 9 : (Dans la même synagogue) t.c. : «certains ... injuriaient la Voie ...». L'auteur de D souligne le moment en question en ajoutant d'abord τότε, puis Παῦλος, qui se trouve ainsi nettement distingué de ses auditeurs se refusant à croire (cf. 18, 6 ci-dessus) : «*alors*, les ayant lâchés, *Paul* mit à part les disciples ...»

– 19, 14 : Sur l'addition de Παῦλος *dans* une addition au texte court, voir ci-dessous κηρύσσειν, p. 360.

– 21, 12 : t.c. : παρεκαλοῦμεν ἡμεῖς ... τοῦ μὴ ἀναβαίνειν αὐτὸν ..., «nous faisions des prières pour qu'il ne montât pas (à Jérusalem)». Après le verbe principal — sans complément dans le texte court — D ajoute τὸν Παῦλον. ce qui donne un complément au verbe et en modifie le sens, «nous priions *Paul* (de ne pas monter à Jérusalem). C'est Paul qui est l'objet des prières inquiètes.

– 21, 35 : (La foule de Jérusalem est déchaînée contre Paul) t.c. : «il arriva qu'il fut porté (par les soldats à cause de la violence de la foule)», συνέβη βαστάζεσθαι αὐτὸν ... L'auteur de D remplace αὐτόν par τὸν Παῦλον et insiste ainsi sur cette singulière situation de l'apôtre, porté par les soldats romains pour être soustrait à la furie des Juifs. Ce remplacement a l'avantage, en outre, de clarifier le texte qui, quelques mots plus haut, au verset précédent, employait deux fois le même pronom αὐτός pour désigner le tribun avant de désigner Paul.

– 23, 11 (Clark) : Le tribun a fait conduire au «quartier» Paul en danger de mort. Au cours de la nuit le Seigneur Jésus apparaît à l'apôtre. Selon le texte court, le Seigneur lui dit : Θάρσει, «Courage». En ajoutant au verbe le vocatif Παῦλε, «Courage, *Paul*», l'auteur de D rappelle que le Seigneur connaît les hommes par leur nom et que, pour les Juifs, le nom signifie la *personne*. Le passage est à rapprocher de II *Tim.* 4, 17, avec la répétition de μοι, με, ἐμοῦ, dans le même verset.

– 28, 30 (Clark) : Après l'addition de tout le verset 29, où un αὐτοῦ s'applique à Paul, l'auteur du texte occidental ajoute encore le nom de Paul, insistant ainsi sur son séjour à Rome durant deux années : ἐνέμεινεν δὲ ὁ Παῦλος ... Le sujet du verbe n'était pas exprimé dans le texte court.

Il peut arriver que le nom de Παῦλος soit inévitable *dans* une addition relativement longue, qu'il soit utile *après* l'addition d'une parenthèse, et qu'il apporte de la clarté à la phrase. Mais les présentes remarques sur ce nom s'ajoutent à celle que provoquaient les additions de ἐγώ, et de αὐτός, et les corroborent : on aperçoit chez l'auteur du texte occidental une intention qui ne saurait être fortuite, celle d'insister sur la présence et la personne de Paul. Et ces remarques préliminaires nous conduisent à examiner toute la matière que l'auteur du texte occidental apporte ; on y puise des nouveautés sur le rôle que l'apôtre joue par sa parole et par ses actes jusqu'à la fin du livre, à partir du jour où il entendit à Damas la voix venue du ciel.

Note : Avant toutefois de passer à l'examen de cette matière, il est juste de jeter un coup d'œil sur les trois passages du texte long où le nom de Παῦλος se trouve *supprimé*.

– 17, 13 : t.c. : «Lorsque les Juifs de Thessalonique surent qu'à Bérée également la parole de Dieu avait été annoncée *par Paul*», ... κατηγγέλη ὑπὸ τοῦ Παύλου ... La suppression de ὑπὸ τοῦ Παύλου semble justifiée par l'addition de καὶ ἐπίστευσαν après le mot de Bérée, «et s'étaient mis à croire». Le succès de la parole ne peut être que celui de la parole de Paul, d'autant plus qu'à la fin du verset 11 vient d'être ajouté son nom, «de la façon que le rapportait *Paul*» (cf. la note de la traduction). Une addition compense une suppression.

– 21, 37 : t.c. : «Au moment où il allait être introduit dans le quartier, Paul dit au tribun...» L'auteur du texte long supprime ὁ Παῦλος. La suppression n'enlève rien à la clarté de la phrase, d'autant moins que, quelques mots plus haut, à la fin du verset 35, il avait remplacé αὐτόν par Παῦλον, et que l'on retrouve αὐτόν dans le texte commun du verset 36. Paul est suffisamment désigné pour que l'on ne doute pas que c'est lui qui s'adresse au tribun, et avec plus de force. L'addition de ἀποκριθείς devant εἶπεν dans D va dans le même sens : «il lança ...» Il lui faut être entendu du tribun, à proximité d'une foule qui vocifère.

– 22, 25 : t.c. : («Quand ils l'eurent allongé avec les sangles»), εἶπεν πρὸς τὸν ἑστῶτα ἑκατοντάρχην ὁ Παῦλος ... L'auteur de D supprime ὁ Παῦλος de la même façon que dans l'exemple précédent. Il est encore inutile que Paul soit ici nommé, et pour trois raisons : 1. αὐτόν est déjà mis après le verbe «allonger» ; 2. l'opposition est en soi éloquente entre Paul allongé et le tribun debout ; 3. la question «avez-vous le droit de fouetter un Romain ?» est faite immédiatement par Paul, désigné peut-être avec plus de force sous le seul nom de «un Romain». La faute du tribun n'est pas de vouloir châtier un homme — apôtre ou non — poursuivi par la fureur, qu'il peut croire légitime, des Juifs, mais de mettre à la question, par le fouet, « un Romain ».

Les suppressions du nom de « Paul » sont trop rares pour que l'on puisse, à leur propos, dégager avec sûreté une idée d'ensemble. Mais on peut dire, et c'est l'essentiel, qu'elles n'infirment en rien ce que l'on pouvait conclure de leurs additions. La clarté reste la même, et il s'opère comme une compensation par le jeu des « lui » qui entourent Paul ou remplacent son nom, dans les endroits où sa présence est déjà si bien marquée qu'il est inutile de la voir soulignée.

Le texte long va nous permettre d'examiner maintenant ses nouveautés sur la vie de Paul, ses sentiments et ses actes. Elle ne peuvent avoir pour origine que l'apôtre lui-même. Il faudra ensuite étudier cette vie sous ses aspects extérieurs : on découvrira les apports du texte occidental sur les temps et les voyages de Paul — et ce sera l'objet du chapitre 10. Il restera, dans le chapitre 11, avant d'aborder un domaine moins sûr, à creuser davantage les faits et gestes de l'apôtre de manière à pénétrer jusqu'au cœur d'une mission révélée dans tout son jour par les nouveautés du texte occidental.

Faits surnaturels et vie terrestre.

L'histoire du chemin de Damas n'eut rien de secret lorsque Paul fut avancé dans sa mission. Il la raconte lui-même deux fois, en deux discours, devant la foule furieuse des Juifs, à l'intérieur du Temple (22, 5-16), puis, captif, à Césarée, devant Agrippa II et le gouverneur Festus (26, 12-20). Mais Luc en fait le premier récit, à la troisième personne (9, 3-25). Tout porte à croire qu'il ne fut pas le seul à être mis dans la confidence, longtemps avant ces deux discours. Mais l'auteur du texte occidental ajoute au récit de Luc plusieurs précisions remarquables sur les paroles échangées entre le Seigneur et le persécuteur des chrétiens qui vient d'assister impassible à la lapidation d'Étienne.

– 9, 4-6 (Clark) : verset 4, Saul entend la voix venue du ciel μετὰ μεγάλης ἐκστάσεως, « au milieu d'une grande extase ». Puis, dans ses reproches au coupable, le Seigneur ajoute σκληρόν σοι πρὸς κέντρα λακτίζειν, « quel entêtement de ta part à ruer contre l'aiguillon ! » (cf. 26, 14 t.c. :) ;

– au verset 5, il est précisé que c'est bien le Seigneur qui a parlé à Saul : καὶ ὁ Κύριος πρὸς αὐτόν, « et le Seigneur, s'adressant à lui... » (avec addition de Jésus « de Nazareth », ὁ Ναζωραῖος). La même formule est ajoutée au verset 6 ;

– le verset 6 est le plus riche en additions ; il commence par deux phrases nouvelles, ὁ δὲ τρέμων καὶ θαμβῶν ἐπὶ τῷ γεγονότι αὐτῷ εἶπεν · Κύριε, τί με θέλεις ποιῆσαι ; (et c'est ici qu'est reprise la formule ajoutée

du verset 5), «et lui, tremblant et stupéfié de l'événement à lui
survenu, dit : Seigneur, que voulez-vous que je fasse ?» On notera que
trois verbes ajoutés appartiennent au vocabulaire lucanien, τρέμω,
θαμβῶ, et le participe γεγονός (voir le chapitre 1).

Il apparaît que toutes ces additions sur un dialogue tenu entre
Jésus et Paul, sans un témoin qui pût l'entendre, ne peuvent provenir
que de Paul, et par l'intermédiaire d'un compagnon et confident qui
entretenait avec lui des rapports étroits. Il en va de même pour la
vision de Troas, une ville où juste alors se trouvait Luc.

– 16, 9 : L'auteur de D donne des précisions, que seul Paul pouvait
avoir pu donner le premier, sur ce qui lui apparut à Troas, ἐν ὀράματι,
«au cours d'une vision». Il a vu, non plus ἀνὴρ Μακεδών τις, «un certain
Macédonien», c'est-à-dire un Macédonien existant, que l'on dirait
connu de lui, mais «comme (une espèce de Macédonien)», c'est-à-dire,
et c'est plus vraisemblable, un homme qui avait les apparences d'un
Macédonien. L'addition de ὡσεί a modifié le sens de l'indéfini τις. En
outre, une autre addition montre que ce Macédonien était debout,
toujours sans doute, mais κατὰ πρόσωπον αὐτοῦ, «en face de lui». Le
détail vient de Paul.

Ailleurs le témoignage du texte occidental est apporté par Luc lui-
même, puisqu'on le trouve au moins cinq fois dans un passage où Paul
est entouré de plusieurs compagnons dont Luc, c'est-à-dire dans un
«passage-nous».

– 20, 18 (voir la note de la traduction) : Paul a fait venir à Milet les
prêtres de l'Église d'Éphèse. Le texte court écrit : «Quand ils furent
arrivés près de lui, il dit...» Avant la principale «il dit», le texte D
corrigé ajoute ὁμόσε ὄντων αὐτῶν (et non ὁμῶς, «ensemble»), «venus au
rendez-vous». Comme ὄντων est précédé d'un adverbe exprimant le
mouvement, il s'ensuit qu'il signifie «venir» (sens prégnant) et non
«être», et que αὐτῶν désigne les prêtres venus d'Éphèse auprès de
Paul, obéissant à la convocation du maître.

– 27, 15 (Clark) : Dans l'épisode de la tempête le texte occidental
ajoute une précision d'ordre maritime, «(le bateau ayant été saisi d'un
coup, et ne pouvant faire face au vent, ayant cédé) à la rafale et serré
les voiles, τῷ πνέοντι καὶ συστείλαντες τὰ ἱστία, (nous étions emportés)».
Paul, ayant beaucoup navigué, était connaisseur en la matière ; le
moment envisagé marque un tournant dans la tempête, quand se
déchaîne, dans un terrible coup de vent, l'euros-aquilon. Luc était à
bord. De même dans les exemples suivants.

– 27, 19 (Clark) : Nouveau détail intéressant la navigation, et par
suite la vie de Paul : Selon le texte court, «le surlendemain, on jeta de
ses propres mains les agrès du navire». Le texte occidental ajoute εἰς
τὴν θάλασσαν, «à la mer». Cette addition montre que l'aoriste ἔρριψαν ne
doit pas être traduit par «abattit», comme il est impliqué par

Metzger, *A textual...*, p. 498, lorsqu'il écrit que le texte occidental « emphasizes the obvious ». Si les agrès sont simplement abattus, il ne sera pas impossible de les remettre tant bien que mal en place et en état. S'ils sont jetés à la mer, la situation, sauf intervention divine, est désespérée.

— 27, 29 (texte occidental ?) : L'addition, à la fin du verset, des mots latins « ut sciremus an salvi esse possimus », traduite par Blass en grec, τοῦ εἰδέναι εἰ σωθῆναι δυνάμεθα, ne représente pas sûrement une leçon occidentale. Clark la rejette. Mais elle montre au moins un espoir de salut.

— 27, 30 (Clark) : Autre détail sur la navigation, appelant les mêmes remarques. Au texte court « comme les matelots tentaient de s'enfuir du bateau et avaient mis la chaloupe à la mer, comme s'ils devaient élonger les ancres partant de la proue », le texte occidental ajoute, en fin de verset, τοῦ ἀσφαλέστερον τὸ πλοῖον ἱστάναι, « afin de mieux assurer la stabilité du bateau ». La « certitude » est encore possible : aux versets 23-25 Paul a conté l'apparition, dans la nuit, d'un ange qui lui a promis le salut de tout le monde à bord.

— 27, 35 (Clark) : Après treize jours de la tempête, Paul exhorte tout le monde à prendre quelque nourriture. A la fin du verset du texte court, « ayant dit cela et pris un pain, il rendit grâces à Dieu sous les regards de tous ; il le rompit et se mit à manger », le texte occidental ajoute les trois mots ἐπιδιδοὺς καὶ ἡμῖν, « en le passant à nous aussi ». Paul ne se borne plus à manger seul devant les autres. Luc l'a vu partager le pain et le donner — en communion ? — à lui-même, à Aristarque sans doute (27, 2), peut-être aussi à quelques autres chrétiens non nommés, dont certains peuvent faire partie du groupe des autres prisonniers (27, 1). Il n'a pas oublié cet acte capital, non sans rapport, peut-être, avec l'apparition du verset 23.

Ces additions du dernier « passage-nous » permettent à Luc de mettre mieux en lumière les actes de Paul pendant la tempête sur un navire désemparé.

— 28, 16 (Clark) : Avec ce verset se termine le dernier « passage-nous ». Paul est entré dans Rome. Luc peut encore ajouter, dans le texte occidental, une information importante ὁ ἑκατοντάρχης παρέδωκεν τοὺς δεσμίους τῷ στρατοπεδάρχῃ, « le centurion livra les prisonniers au stratopédarque » ; il ajoute aussi, pour lier la phrase suivante, un δέ, « mais », qui oppose au traitement d'autres prisonniers la permission donnée à un accusé présumé innocent, citoyen romain, de vivre dans un logement à lui, ἔξω τῆς παρεμβολῆς, « hors du quartier », ces trois mots étant encore une addition. Mais, s'il y a lieu de croire que cette παρεμβολή désigne le « quartier » où sont casernées les troupes à Rome, on ne sait à peu près rien du « stratopédarque » à cette époque. Le terme peut rendre en grec la notion romaine de *praefectus castrorum*.

Ainsi le témoignage de Luc lui-même donne des précisions importantes, par le texte occidental, sur certains faits marquants des actes de Paul avant son arrivée à Rome, en mer, et au moment même de cette arrivée, quand Paul touche le but de sa mission.

Les additions sur les actes de Paul sont évidemment plus nombreuses dans le texte occidental en dehors des «passages-nous», dont l'étendue est limitée. Mais l'auteur de ce texte donne aussi des précisions de valeur sur plusieurs moments de la vie de l'apôtre ; elles ne peuvent toujours provenir que de lui.

— 9, 21 (Clark) : Saul est venu à la lumière, à Damas, et les disciples de cette ville, hors d'eux-mêmes, s'interrogent, en disant : «N'est-ce pas celui-là qui a fait des ravages chez eux, à Jérusalem, qui invoquent son nom (= le nom de Jésus)?». Le texte occidental ajoute le seul mot πάντας, «(ravages chez) tous (ceux qui invoquent son nom)». La faute est plus grave puisque Paul exécutait jusqu'au bout la mission reçue des archiprêtres contre les chrétiens.

Cette addition d'un seul mot peut s'éclairer par un adjectif que Paul emploiera devant les licteurs dans une autre addition, 16, 37, en parlant de Silas et de lui-même persécutés à leur tour par les Juifs et jetés en prison par les Romains : «Ils nous ont fait publiquement rouer de coups, sans jugement.» L'adjectif ἀκατακρίτους, «sans jugement», du texte court, est maintenant précédé, dans le texte long, d'un autre adjectif, ἀναιτίους, «innocents». La persécution *absolue* de Paul, jadis, contre les Chrétiens, peut se trouver rachetée par son *innocence*, aujourd'hui, lorsqu'il est la victime des Juifs.

— 14, 2 : Avant ce passage Paul avait déjà souffert, injustement, de leur fait : à Iconion il parle, dans la synagogue, à une foule de Juifs et de Grecs. Au début du verset, l'auteur de D ajoute douze mots, οἱ δὲ ἀρχισυνάγωγοι τῶν Ἰουδαίων καὶ οἱ ἄρχοντες (ἐπήγειραν, commun aux deux versions) διωγμὸν κατὰ τῶν δικαίων, «les chefs de synagogue des Juifs et les chefs de la synagogue (leur attirèrent) contre le droit une persécution». Il semble qu'il y ait deux catégories de personnages officiels des Juifs, selon qu'ils s'occupent des affaires religieuses ou politiques (cf. A. Büchler, *Jewish Encycl.*, I, p. 86-87). Les motifs juridiques de la persécution peuvent être doubles. De toute façon le texte court ignore les personnages et, par suite, leurs motifs.

— 14, 2 : A la fin du verset, D ajoute ὁ δὲ Κύριος ἔδωκεν ταχὺ εἰρήνην, «mais le Seigneur donna vite la paix». Cette addition montre qu'il y eut alors, à Iconion, une première persécution, celle qui est indiquée en ce verset 2 dans le texte long. Le Seigneur l'apaise : il le fallait pour permettre à Paul et à Barnabé de poursuivre leur mission, et le verset 3 sur les paroles et les actes des deux apôtres devient clair et naturel. Après ce retour à la paix entre Juifs et Chrétiens, la persécution reprend, au verset 5.

– 15, 34 : Le verset, donné par les manuscrits C et D dans sa première moitié, et en totalité dans le texte long, est supprimé dans l'édition Nestle-Aland : ἔδοξε δὲ τῷ Σιλᾷ ἐπιμεῖναι αὐτοῦ, « mais Silas décida de prolonger là (= à Antioche) son séjour », puis μόνος δὲ Ἰούδας ἐπορεύθη, « et seul Judas prit la route ».

Au verset 33, Judas et Silas ont été « congédiés », ἀπελυθήσαν, par les frères : il faut comprendre que seuls sont faits les adieux, non le départ.

Au verset 34 D, seul est parti Judas.

Le verset 35, commun aux deux versions, explique la raison pour laquelle Silas est resté à Antioche : il va y retrouver Paul et Barnabé, qui séjournent dans cette ville. Il est par suite normal que, devant l'obstination de Barnabé à vouloir que la mission ne se poursuive pas sans Jean-Marc, Paul ait imposé sa volonté en choisissant Silas (v. 40), qui, on l'a vu, était resté à Antioche, pour aller avec lui. Le texte long explique la façon dont les faits se sont successivement déroulés pour Paul, Silas et Barnabé, et quels furent alors leurs sentiments, en un moment décisif.

– 16, 39-40 : A Philippes, Paul et Silas ont été libérés de la prison par un séisme. Toute la fin du chapitre reçoit du texte long des détails nouveaux. On apprend par lui que les préteurs sont arrivés « dans la prison avec beaucoup d'amis ». (On notera que Paul et Silas ont été reçus par le geôlier dans son logement de fonction, qui se trouve sûrement à l'intérieur de la prison, verset 34 : ils ne sont donc pas « sortis » du bâtiment de la prison.) Puis ils ont été priés de « sortir », et les assez plates excuses des préteurs sont rapportées : « Nous avons été dans l'ignorance que, quant à vous, vous êtes des justes. » Après quoi, « ils les prièrent, en disant : Sortez de cette ville pour que jamais plus ils (= les gens de Philippes en fureur) ne nous fassent des attroupements, en hurlant contre vous ». C'est alors que Paul et Silas sortent du bâtiment de la prison. Tous ces détails nouveaux ne peuvent émaner que de Paul (sans toutefois exclure Silas), avant d'avoir été recueillis tout vifs par un de ses compagnons, apparemment l'auteur du texte long.

– 19, 14 : A Éphèse, Paul fait des miracles « peu ordinaires » par le nom de Jésus. Les fils d'un certain Scévas, un prêtre, ἠθέλησαν τὸ αὐτὸ ποιῆσαι, « voulurent faire la même chose ». Ces quatre mots sont d'abord ajoutés par le texte long. Après quoi l'auteur de D termine le verset par une addition longue de cinq stiques, très riche d'apports nouveaux sur ce que Paul sait et sur ce qu'il a vu. On apprend d'abord, par l'apposition d'une parenthèse, que ces fils de Scévas, ἔθος εἶχαν τοὺς τοιούτους ἐξορκίζειν, « ils avaient coutume d'exorciser ce genre d'homme ». La parenthèse explique pourquoi ils ont voulu imiter Paul, avec l'espoir d'un pareil succès. On apprend ensuite qu'ils ont tenté d'exorciser un possédé en invoquant le nom de Jésus. Le texte court n'en disait rien, et les motifs de la réplique de l'esprit méchant, au verset 5, y restaient obscurs. Le τότε initial rajouté à ce verset 5, « *alors* l'esprit méchant répliqua ... » montre clairement que l'auteur de D vient d'ajouter des précisions particulières sur *le* possédé en question, πρὸς τὸν δαιμονιζόμενον, celui de ce jour-là.

– 21, 25 : Sur le décret apostolique le texte donné par D est plus complet qu'au chapitre 15. Les Juifs convertis de Jérusalem ont reproché à Paul d'enseigner aux Juifs dispersés chez les païens une désertion de la Loi. « Mais, dit le texte court, au sujet des païens qui possèdent la foi, nous leur avons écrit, ἐπεστείλαμεν, décision prise, qu'ils se gardent de la viande immolée aux idoles ... » Après la relative initiale, l'auteur de D ajoute ces mots — que Paul a entendus — d'abord οὐδὲν ἔχουσιν λέγειν πρὸς σέ, « ils n'ont rien à dire contre toi », et la phrase s'arrête sur cette principale nouvelle. La suivante lui est liée par la particule γάρ, « car », ce qui explique pourquoi rien n'est plus reproché à Paul. En outre, le verbe ἐπεστείλαμεν change de préverbe et devient ἀπεστείλαμεν (donné aussi par B), « nous leur avons dépêché une mission ... » Ici le participe aoriste κρίναντες est *remplacé* par un participe présent, κρίνοντες, « en décidant ... » et l'addition continue : ... μηδὲν τοιοῦτον τηρεῖν εἰ μὴ ..., « ... qu'ils n'observent rien de tel, mais seulement (qu'ils se gardent de la viande immolée aux idoles) ... ». L'addition montre que l'on a envoyé, non plus une lettre, mais une *mission*, chargée de notifier à la communauté d'Antioche la décision prise à Jérusalem à l'égard des païens : ils ne sont pas soumis à la loi de la circoncision (cf. 15, 22).

Si la circoncision n'est pas appelée par son nom, elle est clairement désignée, alors que, dans le texte court, malgré la décision officielle à son sujet, elle était passée sous silence. Il n'est pas impossible qu'une telle mention soit un des signes d'une rédaction postérieure, et qu'elle corresponde à l'addition du texte occidental de la fin des *Actes* (Clark), où il est dit de Paul que, pendant les deux années de son séjour en demi-captivité à Rome, διελέγετο πρὸς τοὺς ᾽Ιουδαίους τε καὶ ῞Ελληνας, « (il accueillait tous ceux qui venaient jusqu'à lui) et il s'entretenait avec les Juifs et avec les Grecs ». La forte liaison par τε καί indique peut-être des entretiens en commun, non séparés, sur des sujets intéressant *à la fois* les Juifs et les Grecs.

Dans plusieurs passages des chapitres 23 et 24, le texte occidental donne d'importantes précisions nouvelles sur l'acharnement des Juifs contre Paul, que les Romains durent protéger contre eux. :

– 23, 14-15 (Clark) : Sur le complot des quarante Juifs et leur serment d'un jeûne appelé à durer aussi longtemps qu'ils n'auraient pas tué Paul. Le serment est accentué dans le texte occidental par l'addition de τὸ καθόλου, « (de ne toucher) *absolument* (aucune nourriture aussi longtemps que...)». Au verset suivant l'addition est plus importante : les conjurés disent aux archiprêtres : «(alors maintenant) nous vous demandons de faire cela pour nous : rassemblez le Sanhédrin et (sommez le tribun de faire comparaître Paul devant vous...)». Il s'agit donc d'abord de faire croire au tribun que, par une réunion improvisée du Sanhédrin, on va examiner de plus près le cas de Paul. Le texte commun aux deux versions dit ensuite : «nous sommes prêts, avant qu'il approche, à le mettre à mort», et le texte occidental fait cette addition supplémentaire à la fin du verset, ἐὰν δέῃ καὶ ἀποθανεῖν, «quitte à mourir, nous aussi». Ainsi est mis en valeur ce que la conjuration a de redoutable, avec la complicité attendue du Sanhédrin, et aussi l'hypocrisie de la déclaration finale, dont sourit l'auteur, car à quarante contre un en dépit de ses gardiens, ils ne risquent pas la mort. La même hypocrisie apparaissait dans l'addition initiale du mot «absolument» : le jeûne *total* ne risque pas de durer longtemps puisqu'il prendra fin avant même la réunion escomptée du Sanhédrin, au moment même de la mort de Paul.

Non seulement le texte occidental accentue le fanatisme des Juifs, mais il repose sur des informations dont la source, proche ou lointaine, ne peut être que Paul lui-même. Il en va de même avec l'exemple suivant.

– 23, 23-25 (Clark) : Les ordres donnés par le tribun Lysias pour tirer Paul des mains des Juifs sont beaucoup plus complets dans le texte occidental, qui en indique aussi les motifs. Lysias ordonne aux deux centurions que les trois cents cavaliers de l'escorte «soient prêts à être en route...». Il donne aussi des ordres supplémentaires sur le trajet qu'il faudra accomplir «toute la nuit». Quant aux motifs ajoutés, ils n'ont rien de désintéressé : « Il avait été effrayé, en effet, à l'idée de voir un jour les Juifs l'enlever et le tuer, et de se voir lui-même accusé par la suite, comme s'il avait touché de l'argent.»

(Les additions de 23, 29 (Clark) dans le rapport de Lysias à Félix (voir la traduction) n'ont pas nécessairement Paul comme origine.)

Les apports suivants du texte occidental touchent à la captivité de Paul à Césarée.

– 24, 6-8 (Clark) : La sévérité envers les Juifs, due peut-être à une époque où ils ont été mieux connus par des actes nouveaux, postérieurs à la rédaction première des *Actes*, est ici encore à remarquer. Dans une addition, le texte occidental donne une précision sur les Juifs qui, selon le discours de Tertullus à Félix, ont trouvé en Paul un homme que, disent-ils, «nous avons voulu juger selon notre loi...», (ὃν) ... καὶ κατὰ τὸν ἡμέτερον νόμον ἠθελήσαμεν κρῖναι. La vérité est qu'ils voulaient, non le juger, mais le tuer. Dans le texte occidental les rapports des Juifs avec Lysias — accusé d'une «grande violence», μετὰ πολλῆς βίας (un mot du vocabulaire lucanien) — et aussi avec Félix, sont rendus nettement plus clairs et, une fois de plus on doit remonter à Paul pour trouver l'origine de ces détails nouveaux.

– 24, 24 et 27 (Clark) : Sur Félix et sa «femme» Drusilla, après que Paul a prononcé sa propre apologie. Le texte occidental nous apprend, par une addition, que Drusilla «demanda à voir Paul et à entendre sa parole», puis que Félix, «voulant alors lui en faire la grâce», fit venir le prisonnier. Ce que dit le prisonnier, sur la justice et sur la maîtrise de soi, ne plut pas.

Au verset 27, au bout de deux ans, Paul étant toujours captif, Félix est remplacé par Festus, et la χάρις passe du premier au second. Dans le texte court c'est Festus, le successeur, qui, θέλων χάριτα καταθέσθαι τοῖς Ἰουδαίοις, «voulant — comme il fera encore 25, 9 — se constituer du côté des Juifs un fonds de gratitude, (garda, κατέλιπε, Paul, emprisonné, δεδεμένον)». L'intention est supprimée dans le texte occidental où, comme on vient de le voir au verset 24, c'est Félix qui voulait faire à Drusilla «la grâce» (χαρίζεσθαι) de voir Paul et d'entendre sa parole. A présent, au verset 27, les mots κατέλιπε τὸν Παῦλον δεδεμένον sont remplacés par τὸν Παῦλον εἴασεν ἐν τηρήσει, «il avait laissé Paul sous bonne garde». L'aoriste du nouveau verbe a maintenant la valeur d'un plus-que-parfait. Il est clair que c'est Festus qui «garda Paul emprisonné» (texte court), et que c'est Félix qui, auparavant, «avait laissé Paul sous bonne garde» (texte long), au moment de la passation des pouvoirs. Pourquoi Félix avait-il agi ainsi? Les deux derniers mots ajoutés en bonne place à la fin du chapitre révèlent que ce fut διὰ Δρούσιλλαν, «sur l'intervention de Drusilla».

Le texte occidental corrige discrètement et habilement le texte court, et montre comment les choses se sont réellement passées. Le rôle de Drusilla s'éclaire : elle n'est pas, on le sait, la femme légitime de Félix. La loi juive l'interdit. Poussée par la curiosité, elle veut entendre Paul, son compatriote, et Félix n'hésite pas à lui faire plaisir; il accède immédiatement à sa demande. Mais les paroles de Paul sur la «maîtrise des passions», ἐγκράτεια (cf. *Tite* 1, 8), ne peuvent pas être du goût d'une femme passionnée. Alors, sa curiosité de la parole étant mal récompensée, elle obtient de son «époux», par esprit de vengeance, que Paul soit laissé pendant deux ans entiers «sous bonne garde», tandis que Festus, de son côté, pour plaire aux Juifs, maintiendra Paul encore en prison. Le texte occidental révèle l'influence pernicieuse de Drusilla. Luc, alors présent à Césarée auprès du prisonnier (cf. les ordres de Félix, 24, 23), a pu écrire un peu vite le texte court. Paul connaît Drusilla, qui lui a fait tant de mal, mieux que Luc. Victime d'une femme méchante et de deux procurateurs

successifs, il semble être la source du nouveau récit et, grâce à lui,
l'auteur du texte occidental, mieux informé ou sa mémoire rafraîchie,
peut mieux expliquer la succession des faits tout en éclairant la
psychologie des acteurs.

— 24, 26 (Clark) : Le texte occidental donne encore d'autres
renseignements sur les deux années de captivité de Paul à Césarée. Si
Félix le maintient en prison c'est toujours parce qu'«il espérait que
l'argent lui serait donné par Paul»; et le texte occidental ajoute ici
trois mots qui précisent les intentions du procurateur, ὅπως λύσῃ αὐτόν,
«pour sa délivrance». L'addition, vers la fin de la phrase, de
l'expression κατ' ἰδίαν (qui n'est pas rare chez Luc, Lc., 9, 10; 10, 23;
23, 19) précise davantage : Félix faisait venir assez fréquemment Paul
«(pour converser) à part (avec lui)». On comprend sans peine que
Félix ait voulu que les entretiens eussent lieu sans témoin, même à
l'insu de sa femme. Mais il est clair que Paul n'eut aucune raison de
les cacher à Luc.

— 25, 23 (Clark) : Agrippa dit à Festus qu'il aurait voulu entendre
«l'homme», c'est-à-dire Paul. Festus a répondu : «Demain, αὔριον, tu
l'entendras.» Le lendemain Agrippa et son épouse Bérénice sont
venus en grand apparat dans la salle d'audience, avec les tribuns et
les personnages éminents de Césarée. Une addition du texte
occidental montre que le public se compose aussi de τοῖς καταβεβηκόσι
ἀπὸ τῆς ἐπαρχίας (et Blass rajoute un καί nécessaire devant τοῖς), «et
ceux qui étaient descendus de la province» (une addition qui entraîne
deux changements dans les modes des deux verbes κελεύω et ἄγομαι).
Il semble que Festus ait voulu honorer le roi, plutôt que le prisonnier,
en invitant beaucoup de monde à entendre Paul. Le texte occidental
donne à penser que le procurateur a *convoqué* aussi les gens de la
province, évidemment des gens importants; et Festus a dû se décider
très vite puisque c'est seulement la veille (cf. αὔριον, «demain», v. 22)
qu'il avait promis au roi de lui faire entendre Paul.

— 25, 24-26 (Clark) : Au cours de la séance Festus fait son rapport
au roi Agrippa. Le texte occidental comporte ici de longues additions,
d'une grande importance, qu'il suffira de rendre sensible dans la
traduction : «(Les Juifs de Jérusalem et de Césarée m'ont sollicité
— dit Festus —) de le livrer sans une défense à la torture. Mais je n'ai
pu le livrer, à cause des ordres que nous tenons d'Auguste. Mais je
disais (= quand j'étais encore à Jérusalem) que, si quelqu'un voulait
l'accuser, il m'accompagnât jusqu'à Césarée, où il était gardé. Ils
vinrent... Mais, ayant entendu les deux parties (je me rendis compte
qu'il n'avait commis aucun acte méritant la mort). Mais quand j'eus
dit : Est-ce que tu veux être jugé devant eux à Jérusalem? (il en
appela à César).» Toutes les paroles prononcées alors par Festus à
Césarée l'ont été devant Paul. Il peut en vérifier l'exactitude. Par là
aussi est confirmée l'exactitude de ce que rapporte le texte occidental.

– 27, 1 (Clark) : L'addition initiale a pour objet de conclure l'histoire de la captivité de Paul à Césarée : «C'est dans ces conditions, donc, que le procurateur décida qu'il fût renvoyé à César...». Voir ch. 10 «les heures et les jours», et *Laval th.*, 1983, p. 295-302.

– 28, 18 (Clark) : Moins importante est l'addition de πολλά devant ἀνακρίναντές μέ du texte court, «(après m'avoir fait subir) *beaucoup* (d'interrogatoires)» ; mais elle est justifiée par la quantité — surprenante — des interrogatoires que l'on peut dénombrer, avant, pendant et après la captivité à Césarée, quand on arrive au dernier chapitre des *Actes* : à partir de 21, 27, ils sont une quinzaine.

Il reste que, sur cette captivité, sur les rapports de Paul avec les Romains loin de Rome, l'auteur du texte long est fort bien informé. Les additions semblent avoir pour origine des souvenirs plus précis. Ont-ils été ravivés par de nouvelles épreuves analogues ou différentes, subies par Paul ?

Toutes ces précisions dénotent une connaissance des actes et des sentiments de l'apôtre plus approfondies dans le texte occidental, en particulier lorsqu'il s'agit du chemin de Damas, des persécutions subies des Juifs, de la captivité à Césarée, des aventures échelonnées depuis là jusqu'à Rome. Elles éclairent sur la vie publique, prison incluse, de Paul, mais aussi sur les faits surnaturels qui ont guidé cette vie.

Le livre est, alors, consacré davantage aux actes *de* Paul qu'aux actes *sur* Paul. Certains de ces actes, surtout ceux qui touchent à son intimité, ne peuvent être connus que de lui. Mais il ne les a pas gardés pour soi parce qu'ils devaient servir à sa mission. Ils ont fait l'objet d'entretiens entre lui et plusieurs de ses compagnons ou fidèles, à commencer par Luc.

La présence de Luc est sûre dans les passages où, disant «nous», il est témoin des actes et des paroles de Paul, qui a toujours le premier rôle. Elle n'est guère moins sûre à Césarée quand Paul est prisonnier, puisque, parmi les ordres donnés par Félix au centurion pour sa captivité, il y a celui — rappelons-le — «qu'on lui laisse de la liberté, qu'on n'empêche personne *des siens* de le servir» (24, 23).

Paul est assurément la source première de ces nouveautés du texte occidental sur ses sentiments et sur sa vie. Mais il est des confidents qui peuvent les connaître et les faire connaître, et Luc au premier chef puisqu'il fut aux côtés de Paul jusqu'à sa première captivité romaine et même fort au-delà puisqu'on le trouve encore dans sa cellule, aux jours suprêmes d'avant la mort du martyr, qui écrivait, dans sa seconde lettre à Timothée, 4, 11 : «Luc seul est avec moi.»

CHAPITRE 10

LES VOYAGES DE PAUL

Les grandes lignes de l'histoire qui entoure les voyages de Paul restent naturellement les mêmes dans le texte occidental. On peut remarquer cependant qu'un souci d'historien conduit son auteur à donner quelquefois certaines précisions sur le cadre historique dans lequel Paul a vécu.

– 9, 31 (Clark) : Le verset, écrit en un temps où Saul est devenu Paul, se rattache à Saul ; il résume la situation d'une époque : t.c. : Ἡ μὲν οὖν ἐκκλησία..., «l'Église, alors (par toute la Judée, la Galilée, la Samarie, avait la paix)».

Le texte occidental met au pluriel le mot «Église» et le fait précéder de πᾶσαι, «toutes les Églises» ; et dès lors tous les verbes qui suivent dans le verset passent au pluriel pour noter le progrès de *chacune* d'elles (ce pluriel, sans πᾶσαι, se trouve seulement plus loin et deux fois dans le texte court, 15, 41 ; 16, 5). L'Église est une, sans doute, et chacune des Églises est d'une certaine manière toute l'Église. Mais ici l'expression «toutes les Églises» signifie l'existence d'un certain nombre de communautés. Le texte occidental précise qu'il y avait alors déjà des Églises hors de Jérusalem, en Judée, Galilée, Samarie. Le pluriel implique une certaine consistance et par là une certaine autonomie par rapport à l'Église-mère de Jérusalem. Et, dans les deux versions, l'imparfait signifie une époque où Paul, qui depuis longtemps n'est plus Saul, est le chef de toutes les communautés qu'il a fondées. L'insistance marquée par «toutes» dans le texte occidental porte moins sur le nombre des croyants que sur l'indépendance des communautés par rapport à Jérusalem. Au verset 32 le récit revient à Pierre qui «passe partout», διερχόμενον διὰ πάντων : il reste le chef suprême ; cf. *Apoc.* 1, 4 et 11 ; et les sept Églises de I *Cor.* 1, 1 ; II *Cor.* 1, 1.

– 18, 2 : A Corinthe, Paul trouve Aquila et Priscilla, chassés, avec tous les Juifs de la ville, par Claude. Vers la fin du verset, D ajoute une parenthèse, οἳ καὶ κατῴκησαν εἰς τὴν Ἀχαΐαν, «qui étaient venus se fixer en Achaïe». Il est impliqué par là que tous les Juifs explusés de Rome ne sont pas venus se réfugier en Achaïe.

– 21, 27 : t.c. : οἱ ἀπὸ τῆς Ἀσίας Ἰουδαῖοι, «les Juifs originaires de l'Asie» (l'Asie étant une province romaine qui comprend toute la partie occidentale de l'Asie Mineure). Le texte long ajoute le participe ἐληλυθότες, «les Juifs *arrivés* de l'Asie» et par là dissipe une équivoque, car il y a des Juifs qui ne sont pas des Asiatiques. Ceux dont il est ici question sont arrivés d'Asie, et ils ont, eux *aussi*, des intentions hostiles envers Paul. (*N.B.* une addition comparable, ἐξελθόντες, se trouve 15, 24 D ; mais elle n'est pas d'ordre historique.)

Avant d'en venir aux itinéraires de Paul on notera qu'il y a, dans le texte occidental, d'une part des choses précisées pour que les lieux soient mieux localisés, d'autre part des choses ajoutées dans la même intention.

a. Choses précisées.

– 14, 20 : Lorsque Paul est lapidé à Lystres, ses mouvements sont assez confus dans le texte court : au verset 19, il est trouvé hors de la ville ; au verset 20, il entre «dans la ville» et le lendemain il en sort avec Barnabé pour gagner Derbé ; puis, au verset 21, il revient à Lystres, à Iconion et Antioche de Pisidie. D n'apporte aucune nouveauté, mais ajoute Λύστραν entre τήν et πόλιν, «(dans la ville) de Lystres», ce qui rend clair le verset 20. (*N.B.* Λύστραν est l'accusatif de ce nom propre, et Λύστροις le datif.)

– 18, 11 : Il n'y a pas de doute sur la présence de Paul à Corinthe, puisque beaucoup de Corinthiens l'écoutent et se font baptiser (18, 8). Dans une vision, le Seigneur dit à Paul de rester, car il a un peuple nombreux «dans cette cité» (v. 10). D insiste, au verset 11, par cette précision, omise dans le texte court, que Paul fut «(fixé) à Corinthe (pendant un an et six mois)», ce qui permet de remplacer ἐν αὐτοῖς, complément de διδάσκων, «enseignant chez eux» (= les Corinthiens, non nommés), par αὐτούς, «*leur* enseignant», un pronom pluriel à tirer de ἐν Κορίνθῳ (cf. chapitre 3, «lucanisme de αὐτοί»).

– 20, 23 : Dans le discours de Milet, il est clair, par le texte court, que, sans que la ville soit nommée, Paul est obligé d'aller *à Jérusalem* (v. 22). Dans le texte long est ajouté ἐν Ἱεροσολύμοις, «(il reste pour moi des ... tourments) *à Jérusalem*». Cette addition permet à Paul d'insister sur la ville où il va se rendre en sachant les persécutions qui l'y attendent : c'est bien là que malgré tout je vais.

b. Choses ajoutées.

– 19, 28 : Pour l'addition intéressant une rue d'Éphèse, voir le chapitre 4, «le travail des retouches».

– 19, 37 : Discours du *grammateus* à Éphèse : t.c. : «en ces hommes-là vous n'avez amené ni pilleurs de temples ...» D ajoute ἐνθάδε, «(vous n'avez amené) ici ...» Comme la scène entière se passe au théâtre (verset 29), D précise ainsi que c'est «ici», au théâtre, que la foule furieuse a porté Gaïus et Aristarque, compagnons de Paul, pour leur faire là un mauvais parti.

Les itinéraires de Paul.

– 12, 25 : il semble, puisqu'il est le second dans le temps, que l'auteur de D ait voulu corriger une erreur du texte court en remplaçant ὑπέστρεψαν εἰς Ἰερουσαλήμ, «s'en retournèrent à Jérusalem», par ἀπέστρεψεν (où la troisième personne du singulier donne le premier rôle à Paul) ἀπὸ Ἰερουσαλήμ, «se détourna de Jérusalem». Voir chapitre 7 E.

– 13, 6 : Sur le voyage de Paul et Barnabé à Chypre, avec changement de préverbe, voir chapitre 7 D.

– 14, 7 : D fait une addition de trois stiques. (En Lycaonie, Paul et Barnabé annonçaient l'Évangile), «et la population tout entière fut remuée par l'enseignement ; mais c'est à Lystres que séjournaient Paul et Barnabé», διέτριβον ἐν Λύστροις. Par là sont éclairés les mouvements des deux apôtres. Le verset 6 du texte court montrait qu'ils se sont «réfugiés à Lystres, à Derbé, villes de Lycaonie, et dans le voisinage», probablement pour échapper à une poursuite. Finalement ils restent à Lystres, où la guérison du boiteux retournera la situation en leur faveur. La durée du séjour est encore confirmée par l'addition faite par D en 14, 19, au début du verset, διατριβόντων δὲ αὐτῶν καὶ διδασκόντων, «comme ils séjournaient et enseignaient (il survint d'Iconion et d'Antioche certains Juifs ...)».

– 16, 1 : Au début du verset, D ajoute un stique, διελθὼν δὲ τὰ ἔθνη ταῦτα, «ayant traversé ces nations (Paul atteignit Derbé et Lystres)». «Ces nations» sont la Syrie et la Cilicie. L'addition peut avoir pour objet de préciser l'itinéraire de Paul ; en même temps elle renseigne, à une époque donnée, ceux qui connaissent médiocrement la géographie de la Syrie (Antioche) et de la Cilicie (Tarse), que Paul traverse pour atteindre la Lycaonie. Elle apporte aussi une transition.

– 16, 8 : (cf. 13, 6 ci-dessus) : L'itinéraire dépend encore du préverbe. Dans le texte court Paul et Timothée longent (παρελθόντες) la Mysie. Dans D ils la traversent (διελθόντες). Il se peut que l'auteur de D corrige une erreur. Tout de suite après, au verset 10, commence un «passage-nous» et, au verset 11, Paul est à Troas, en Mysie.

– 16, 12 : t.c. : «nous gagnâmes Philippes, ville πρώτης μερίδος τῆς Μακεδονίας, du premier district de la Macédoine». L'expression est obscure sauf sans doute pour les gens de la région. L'auteur de D éclaire les choses en écrivant que Philippes est la ville κεφαλή, «clé» de la Macédoine, c'est-à-dire la ville qui donne accès à la Macédoine pour qui arrive d'Asie Mineure. Elle est la ville — plus importante que le port de Nea Polis — la plus proche de la frontière orientale, un point de passage obligé.

– 17, 1 : (voir chapitre 7 D : «préverbes ajoutés») : t.c. : ἦλθον εἰς Θεσσαλονίκην, «(Paul, Silas, Timothée, après avoir traversé Amphipolis et Apollonia) arrivèrent à Thessalonique.» D déplace le verbe ἦλθον, ajoute un καί et un préverbe, ce qui provoque l'addition de κἀκεῖθεν, «et de là» avant εἰς Θεσσαλονίκην : «après avoir traversé Amphipolis, ils descendirent encore à Apollonia, et *de là* à Thessalonique». Dans le texte long les trois villes sont les mêmes, mais il y a une *descente, encore,* à Apollonia, un port situé à l'est de la Chalcidique, donc à l'opposé de Thessalonique à l'ouest. Le verbe κατέρχομαι s'emploie pour les navires qui arrivent à bon port. Le verbe sans préverbe, ἦλθον, pouvait se dire d'une arrivée à pied. Avec le préverbe, on comprend que Paul et ses compagnons ont débarqué à Thessalonique, après une traversée par mer, avec une escale à Apollonia.

– 17, 15 : Voyage de Bérée à Athènes : L'auteur de D ajoute trois stiques : ils constituent une parenthèse destinée à expliquer l'itinéraire de Paul, par mer : παρῆλθεν δὲ Θεσσαλίαν · ἐκωλύθη γὰρ εἰς αὐτοὺς κηρῦξαι τὸν λόγον, «il avait laissé de côté la Thessalie, car il avait été empêché (évidemment par ses compagnons, en raison des dangers) de proclamer chez eux la parole. Le préverbe παρα- implique un itinéraire qui longe la côte, apparemment par mer. Cette précision s'explique par des renseignements complémentaires, sans doute postérieurs, sur ce voyage de Paul.

– 20, 15 : («passage-nous») : Dans le voyage de retour par mer à Jérusalem, selon le texte court, Paul, Luc et les autres compagnons de voyage vont d'Assos à Mitylène, passent devant Chios, à Samos, et arrivent à Milet. L'auteur de D ajoute, avant la mention de Milet, καὶ μείναντες ἐν Τρωγυλίῳ, «après une escale à Trôgylion». Trôgylion est un simple promontoire, proche du mont Mycale, situé en face de Samos, et distant, à vol d'oiseau, d'une trentaine de kilomètres de Milet au sud-est. Le «jour suivant», jour de l'arrivée à Milet, est donc à calculer non pas au départ de Samos mais de Trôgylion, où l'escale ne semble pas avoir été fort brève, vu l'emploi du verbe μένω, «rester». Le «passage-nous» montre que Luc était du voyage.

– 21, 1 : (dans le même «passage-nous») : Le voyage se poursuit à Cos, à Rhodes, et de là à Patara. Ici l'auteur de D ajoute une escale supplémentaire, καὶ Μύρα, «et à Myra» (sur la côte sud de l'Asie Mineure, à une cinquantaine de kilomètres à l'est de Patara). C'est donc à Myra, et non à Patara, que les voyageurs *trouvent* εὑρόντες, v. 2) le navire sur lequel ils s'embarquent. Le passage à Myra ne peut avoir été inventé. Il ne faut donc pas exclure une faute de copiste dans le texte court, par un «saut du même au même», de Pat*ara* à M*yra*.

– 21, 16-17 (dans le même «passage-nous») : Le voyage s'achève à pied de Césarée à Jérusalem. Selon le texte court, «il vint avec nous des disciples de Césarée, chargés de nous mener chez Mnason ... pour être hébergés chez lui». Ce texte donne à croire que Mnason habite normalement à Jérusalem et qu'il doit y héberger, chez lui, Paul et ses compagnons. Il implique aussi que la montée de Césarée à Jérusalem se fit en une seule journée, alors que les deux villes sont distantes, à vol d'oiseau, de près de cent kilomètres. Est-il possible de couvrir une telle distance en une seule journée ?

L'auteur de D, après le verbe «héberger», ajoute καὶ παραγενόμενοι εἴς τινα κώμην, ἐγενόμεθα..., «et arrivés dans un certain village, nous nous trouvâmes (chez Mnason)». Il s'ensuit que le voyage de Césarée à Jérusalem se fit en deux étapes, avec un arrêt pour la nuit dans le village, intermédiaire, où Mnason habite. Le nouveau texte ne soulève plus d'objection (cf. R.T.L., 1983, p. 446-453).

– 23, 24 (Clark) : Le texte occidental précise les ordres donnés par le tribun aux centurions pour organiser immédiatement la fuite de Paul, dont la vie est en jeu, de Jérusalem à Césarée. Selon le texte court l'ordre est «que des montures soient disponibles pour faire monter Paul et le conduire sain et sauf auprès de Félix le procurateur». Le texte occidental ajoute, au début du verset, καὶ τοῖς ἑκατοντάρχοις παρήγγειλεν, «il commanda aussi aux centurions ...» Puis Paul doit faire le trajet sur une des montures prévues, διὰ νυκτός, «toute la nuit», pour être conduit sain et sauf εἰς Καισάρειαν, «à Césarée ...». Ainsi est précisé l'ordre donné pour un trajet qui doit se poursuivre d'un bout de la nuit à l'autre, donc sans arrêt avant l'arrivée à destination, Césarée.

– 27, 5 : voir ci-dessous «les heures et les jours».

– 28, 16 (Clark) : A Rome, Paul reçoit l'ordre de rester chez lui, et le texte occidental, par une addition de trois mots, précise que l'auteur de l'ordre autorise ainsi le séjour de l'apôtre ἔξω τῆς παρεμβολῆς, «hors du quartier». Par cette addition est localisée dans Rome la résidence de Paul, hors la limite des lieux réservés à l'armée. Le problème est lié à celui du «stratopédarque», qui sera envisagé plus loin.

On constate que les chemins de Paul, sur terre et sur mer, beaucoup plus longs et plus variés par nature, et dont le récit est plus développé, que ceux de Pierre, sont mieux connus de l'auteur du texte long, qui complète, précise ou rectifie. La clarté est apportée sur les itinéraires par des moyens divers, aussi bien le changement d'un préverbe que l'addition de détails nouveaux, le nombre des étapes, les arrêts pour la nuit et les escales, le moment d'un trajet, et par là sont supprimées certaines difficultés que présentait le texte court. Il faut noter encore que la précision est donnée, à trois reprises, dans un «passage-nous». Si Luc, alors présent, n'est pas lui-même à l'origine de ces apports inédits, peut-on douter qu'il les ait au moins inspirés, peut-être suggérés ?

On ne sera pas surpris de trouver dans le texte long la même précision sur la chronologie intéressant certains moments de la vie de Paul, dans ses séjours comme dans ses voyages. Itinéraires et chronologie ne vont pas l'un sans l'autre.

Les heures et les jours.

— 9, 17 : Dans le récit fait par Luc du chemin de Damas, au début du verset, le texte occidental ajoute τότε ἐγερθείς, «alors, relevé», la suite étant, dans le texte commun, «Ananias partit et entra dans la maison». L'addition précise le moment exact où Ananias, relevé après sa vision (v. 11), va entrer dans la maison où se trouve Saul, encore aveugle, et lui imposer les mains : c'est le moment capital où le futur apôtre va recevoir l'Esprit-Saint et recouvrer la vue.

— 9, 18 (Clark) : L'addition précédente va de pair avec celle de παραχρῆμα, «sur-le-champ», un mot du vocabulaire lucanien (voir chapitre 1), «il recouvra sur-le-champ la vue». Désormais celui qui était aveugle voit la vérité.

— 16, 10 et 11 : («passage-nous») : A Troas, Paul est invité par une vision à passer en Macédoine. L'auteur de D ajoute au verset 10 διεγερθείς οὖν διηγήσατο, «dès lors réveillé (il nous raconta la vision)». L'addition, semblable à celle de 9, 17, précise le moment où Paul, réveillé de sa vision, va pouvoir la raconter.

Au début du verset 11, une addition nouvelle, τῇ δὲ ἐπαύριον, «et le lendemain», montre la rapidité de Paul à obéir à la vision qu'il vient d'avoir διὰ νυκτός, «pendant la nuit» (v. 9). Elle a dû être longue et se poursuivre tard dans la nuit, puisque le texte long remplace le nominatif sujet ὅραμα du texte court («une vision apparut à Paul») par ἐν ὁράματι, «au cours d'une vision». On se rappelle qu'en 23, 24 διὰ νυκτός est ajouté par le texte occidental ; cf. «itinéraires de Paul».

— 17, 19 : (Paul à Athènes) : Au début du verset, l'auteur du texte long ajoute μετὰ δὲ ἡμέρας τινάς, «quelques jours après (ils se saisirent de lui et le menèrent devant l'Aréopage ...)». Les mots ajoutés ne sont pas une simple et banale transition. Ils sont écrits pour montrer que quelques jours se sont écoulés (ce qui est confirmé par «il attendait» du verset 16) depuis l'arrivée de Paul à Athènes, des jours pendant lesquels il a eu le temps de visiter la ville, de voir les monuments, de lire des inscriptions telles que «AU DIEU IGNORÉ», et de discuter avec les Juifs, avec les Athéniens de l'agora, et maintenant de conférer avec des philosophes épicuriens et stoïciens et des esprits moqueurs.

— 18, 19 : Paul, avec Aquila et Priscilla, est parvenu à Éphèse. L'auteur de D ajoute καὶ τῷ ἐπιόντι σαββάτῳ, «dès le sabbat suivant (il laissa là ses compagnons et ... entré dans la synagogue, il s'entretenait avec les Juifs)». On voit par là que Paul, à peine arrivé à Éphèse, où il ne restera pas longtemps (v. 20), ne tarde pas à commencer ses entretiens. On notera la valeur du καί, qui insite sur la hâte de Paul à poursuivre sa mission, *dès* le sabbat suivant (il imite la méthode même de Jésus, qui entrait le sabbat dans les synagogues pour y enseigner ; par exemple Mc., 1, 21 ; Lc., 6, 6 ; 13, 10 ; Jn., 6, 59).

— 18, 21 : L'addition de D sur la brièveté du séjour à Éphèse précise une date et s'accorde avec les remarques précédentes : Paul prend congé en disant : Δεῖ με πάντως τὴν ἑορτὴν ἐρχομένην ποιῆσαι εἰς Ἰεροσόλυμα, «il me faut absolument aller célébrer la fête (celle des Tabernacles, selon Renié), qui vient à Jérusalem». Par le texte court seul, certains lecteurs mal informés sur le sens du verbe ἀναβαίνω (v. 22) qui, sans complément, signifie «monter *à Jérusalem*», pourraient se méprendre. L'addition à la fois précise un trajet et fixe une date (peu importe que la date soit devenue aujourd'hui discutable).

— 19, 1 : On trouve d'abord, dans D, la *suppression* de la proposition initiale du texte court, où figurent les mots ἐν τῷ τὸν Ἀπολλῶ εἶναι ἐν Κορίνθῳ, «pendant le séjour d'Apollôs à Corinthe», puis leur *remplacement* par quatre stiques au début du verset : «Comme Paul voulait, de son propre mouvement, aller à Jérusalem, l'Esprit lui dit de retourner en Asie.» Ainsi est quelque peu précisé le moment où Paul repartit pour Éphèse : ce ne fut pas pendant qu'Apollôs, parti d'Éphèse, séjournait à Corinthe. Paul a dû renoncer présentement à son retour à Jérusalem, pour que la parole de Dieu ne cesse pas de se faire entendre à Éphèse.

— 19, 9 : On sait par le texte court que Paul, à Éphèse, eut pendant trois mois, dans les synagogues, des entretiens sur le royaume de Dieu. Devant le durcissement de certains Juifs, il met à part les disciples pour diriger des entretiens quotidiens dans l'école de Tyrannos. L'auteur de D précise l'heure, chaque jour, de ces entretiens, en ajoutant «de la cinquième à la dixième heure». Paul ne ménage pas ses efforts.

— 19, 22 : La précision du mot ὀλίγον ajouté par D devant χρόνον, n'est pas assez probante pour mériter un sort. Mais cf. ci-dessous 21, 15.

— 20, 18 : Conformément aux précisions relatives à Éphèse, Paul ajoute dans son discours de Milet adressé aux prêtres qu'il en a mandés, «(vous savez quelle sorte d'homme je fus avec vous (vous = hommes d'Éphèse) du jour même de mon entrée en Asie), *pendant trois ans environ ou même plus, continuellement*». Paul fait un total de

ses séjours depuis le premier, ἀπὸ πρώτης ἡμέρας. Le verset 31 confirme
cette durée.

– 21, 15 : («passage-nous») : Après la prophétie d'Agabos à Césarée
sur ce qui attend Paul à Jérusalem, le départ pour Jérusalem a lieu
μετὰ ... τὰς ἡμέρας ταύτας, «après ces jours-là», selon le texte court. Ces
jours ont marqué dans la mémoire de Luc, mais il ne dit rien de leur
nombre. L'auteur de D donne plus de précision en écrivant μετὰ ...
τινας ἡμέρας, «après quelques jours». Paul n'a pas tardé, malgré la
prédiction d'Agabos et la pression des disciples, à poursuivre
inexorablement une mission qui lui permet d'imiter Jésus.

– 23, 24 : sur l'addition de διὰ νυκτός, voir ci-dessus «itinéraires de
Paul».

– 27, 1 (Clark) («passage-nous») : Paul captif s'embarque à Césarée
à destination de Rome. Au début du verset, l'auteur de D ajoute
d'abord une phrase de transition, «c'est dans ces conditions, donc, que
le procurateur décida qu'il fût renvoyé à César». Puis il fait
commencer la phrase suivante par quatre mots ajoutés, Καὶ τῇ
ἐπαύριον προσκαλεσάμενος, et le lendemain, ayant appelé (un centurion
nommé Julius...). On voit maintenant que le procurateur Festus n'a
pas tardé un instant à donner suite à sa décision.

– 27, 5 (Clark) («passage-nous») : L'auteur du texte occidental
apporte de nouvelles précisions sur les moments de la navigation vers
l'Italie. Il ajoute d'abord, au début du verset un μετὰ ταῦτα, «après
cela» qui n'est transition banale qu'en apparence. Les deux mots
localisent d'abord les faits après que le navire a passé sous le vent de
Chypre, et sont suivis de κόλπον, «le golfe» (de Cilicie), qui remplace
l'expression vague «la mer côtoyant (κατὰ) la Cilicie et la
Pamphylie» : le navire traverse donc le *golfe* de Cilicie et la *mer* de
Pamphylie. Le texte occidental donne enfin la durée de cette
traversée d'est en ouest le long de la côte méridionale de l'Asie
Mineure, jusqu'à Myra en Lycie : la navigation dura *quinze jours* δι'
ἡμέρας δεκαπέντε. Le verset précise à la fois l'itinéraire de Paul et la
durée d'une traversée déterminée.

Ainsi s'ajoutent aux précisions d'ordre géographique d'autres
précisions, d'ordre chronologique.

L'historien qu'est Luc ne manque jamais de donner des dates au
moins relatives dans les grands moments de son histoire. L'auteur du
texte occidental, avec un même esprit d'historien, respecte ces dates,
mais il ajoute des précisions de détail jusque sur les jours et les heures
du jour, sur lesquelles il est, ou s'est, renseigné, à moins qu'il ne fasse
appel à ses souvenirs.

Ces additions, sans être banales, peuvent être placées là où, au
début d'une phrase, ou d'un chapitre, il est facile d'insérer une
transition. Mais elles ne le sont pas toujours. Elles sont aussi

introduites dans la structure même de la phrase, et dénotent ainsi le soin de l'auteur à retoucher un texte préexistant.

Enfin, elles sont toujours le signe d'une information de premier ordre, même là où il leur arrive de ne pas appartenir à un « passage-nous », c'est-à-dire dans un exposé de faits dont Luc ne fut pas le témoin.

Il est maintenant possible de pénétrer plus avant dans les sentiments de Paul, et de sa volonté, traduite en actes.

Chapitre 11

LA MISSION DE PAUL

Le texte court, œuvre de Luc, donne évidemment toute la mission de Paul, d'abord dans son existence en soi, mais aussi dans son origine, sa nature, son caractère et son objet.

On la trouverait encore, intégrale, dans le texte long s'il était le seul. Mais quand les deux versions sont additionnées, on constate que le texte occidental apporte des cas nouveaux, plus précis ou plus forts, des intentions mieux marquées ou mieux définies, qui nous confèrent l'impression d'être parvenus à un sommet.

Cette mission sera ici examinée en soi selon le texte second. Il faudra y revenir au chapitre 12 pour en étudier les éléments dans la mesure où ils peuvent donner des indications de date.

Comment Paul l'accomplit-elle ? D'abord par l'exemple ; mais ce moyen spontané ne peut faire l'objet d'un récit historique : il y est seulement visible. Paul l'accomplit aussi par des signes, prodiges, miracles, mais ces moyens sortant de l'ordinaire ont dès le début frappé assez les esprits pour que le texte occidental n'en ait aucun à ajouter.

Parole de Paul Parole de Dieu.

La mission est accomplie aussi par la parole, indiquée par les mots λόγος, λέγω, ῥήματα, λαλῶ, une parole qui est le reflet de celle de Dieu. On l'entend au cours d'entretiens privés comme dans des discours. Le sabbat, comme Jésus, Paul parle dans les synagogues. Les autres jours, il parle aussi bien dans les écoles, comme à Éphèse, que dans les lieux publics, en face d'une foule, ou dans les rues, sur l'agora d'Athènes, ou devant l'Aréopage, dans les salles d'audience prévues par les Romains, ou devant le Sanhédrin. Il arrive que les auditeurs soient des Barbares ; ils sont surtout des juifs ou des païens.

Le texte occidental insiste nettement sur les paroles de Paul, leur fréquence, leur force en soi, leur efficacité ; il souligne ce qui les distingue des paroles prononcées par des hommes parce qu'elles sont dites au nom de Jésus.

La parole de Paul n'est pas seulement persuasive, parce qu'inspirée. Elle produit ses effets par sa force évidemment, mais aussi, et d'abord quelquefois, parce qu'elle est agréable à entendre, et provoque la curiosité.

– En 13, 8 par exemple, à Salamine de Chypre, Barnabé et Saul, accompagnés de Jean, parlent au proconsul Sergius Paulus ; ils ont été appelés par lui parce qu'il avait le désir d'entendre la parole de Dieu. A la fin du verset, le texte occidental ajoute ces mots significatifs : ἐπειδὴ ἥδιστα ἤκουεν αὐτῶν, «le fait est qu'il avait bien du plaisir à les écouter». A lui seul, l'imparfait marquant la continuité montre que les entretiens n'étaient pas rares. En outre, l'orateur principal, on le sait, est toujours Paul. C'est donc la vertu de sa parole qui se trouve ici mise en valeur, et d'une façon toute particulière, car c'est immédiatement après ces mots, au verset 9, que Saul prend dans les *Actes* le nom de Paul. Désormais c'est le nouveau missionnaire, le converti de Damas, qui va faire entendre sa parole.

Il n'est pas étonnant que, comme un magistrat romain, les philosophes athéniens s'intéressent à Paul, qu'ils ont entendu parler sur l'agora :

– 17, 19 : Ils l'attrapent et le mènent devant l'Aréopage, «en (lui) disant», λέγοντες, dit le texte court, «nous est-il possible de savoir quel est cet enseignement nouveau que tu professes?». La curiosité d'entendre Paul est marquée plus nettement dans le texte long par l'addition, devant le participe λέγοντες d'un autre participe, πυνθανόμενοι, «en interrogeant» (Paul), ce qui entraîne l'addition d'un καί entre le nouveau et l'ancien.

– 24, 24 (Clark) : Il n'est pas davantage surprenant que la «femme» du gouverneur Félix, une Juive, soit curieuse d'entendre Paul, prisonnier des Romains à Césarée. Le texte long, après avoir dit «une Juive», ajoute ἥτις ἠρώτησεν ἰδεῖν τὸν Παῦλον καὶ ἀκοῦσαι τὸν λόγον, «laquelle demanda à voir Paul et à entendre la parole...» Une telle demande ne peut surprendre d'une part chez une femme juive élevée religieusement, qui garde le sens de Dieu et la foi dans les interprètes de sa Parole, d'autre part quand il s'agit d'un prisonnier célèbre en sa qualité d'orateur devant le public ou devant un petit comité.

Ce plaisir et cette curiosité n'ont rien de surprenant : la parole de Paul n'est autre chose que la parole de Dieu.

– 13, 43 : A Antioche de Pisidie, dans la synagogue, Paul vient de prononcer un discours ; puis Barnabé et lui ont des entretiens avec un grand nombre de Juifs et de prosélytes pleins de piété. Le résultat en est donné par une addition du texte long : ἐγένετο δὲ καθ' ὅλης τῆς πόλεως διελθεῖν τὸν λόγον τοῦ Θεοῦ, «et il advint que par la ville entière passa la parole de Dieu».

N.B. On a vu, dans le chapitre 1, que le verbe γίγνομαι entrait dans la formule aimée de Luc sous toutes ses formes, et que le verbe διέρχομαι avait un caractère lucanien prononcé.

— 13, 44-45 : On a demandé à Paul (v. 22) de reprendre son discours le sabbat suivant. Alors, selon le texte court, «à peu près toute la ville se rassembla pour écouter τὸν λόγον τοῦ Κυρίου, «la parole du Seigneur». L'auteur du texte long, pour bien faire comprendre que la parole de Paul *est* la parole de Dieu, *remplace* d'abord «(pour écouter) la parole du Seigneur» par «(pour écouter) Paul», avec ce fait caractéristique supplémentaire que si, dans le texte court on écoutait la parole, τὸν λόγον, accusatif, dans le long on écoute Paul, Παύλου, un génitif qui apporte une nuance au verbe ἀκούω : on n'écoute plus, dans son sens général, une parole, mais on *écoute de ses oreilles* un homme qui parle. Ensuite l'auteur *ajoute* les mots πολύν τε λόγον ποιησαμένου, «et, une fois qu'il eut fait un long discours» (verset 45 :) les Juifs contredisaient les «paroles», (τοὺς) λόγους, prononcées par Paul. L'insistance sur la parole est marquée par une suppression du mot λόγος compensée par ses trois additions en trois versets successifs.

— 14, 4 : Paul et Barnabé s'attardent à Iconion, en parlant au nom du Seigneur. La population se trouve alors déchirée, «les uns, dit le texte court, étant du côté des Juifs, les autres (οἱ δέ) du côté des apôtres». Le texte long écrit ἄλλοι δέ, «d'autres» au lieu de «les autres», et précise qui sont ces autres en ajoutant κολλώμενοι διὰ τὸν λόγον τοῦ Θεοῦ, «d'autres, soudés par la parole de Dieu...» La seconde catégorie comprend ceux que la parole de Paul (et de Barnabé), donc de Dieu, assemble en un bloc. (*N.B.* On notera que le verbe κολλῶμαι, qui n'est pas rare chez Luc, a un sens très fort.)

— 15, 2 : L'affirmation de certains Juifs, selon laquelle on ne peut être sauvé que si l'on est circoncis, provoque un débat entre ces Juifs de stricte observance et Paul, avec Barnabé. Au texte court l'auteur de D ajoute ici une parenthèse qui explique le motif du débat ; elle commence par ces mots : ἔλεγεν γὰρ ὁ Παῦλος μένειν οὕτως καθὼς ἐπίστευσαν, διϊσχυριζόμενος, «Paul disait en effet de rester exactement comme le jour où ils avaient cru ; il y insistait.» Cette addition sur les paroles prononcées par Paul au moment grave d'un débat qui risque de diviser l'Église est d'autant plus marquante que le verbe λέγω est mis à l'imparfait, un temps qui indique la durée et la répétition, et qu'il est encore accentué par le participe final διϊσχυριζόμενος d'un verbe, «insister», qui, de toute le Bible, ne se trouve que chez Luc (voir chapitre 1, «vocabulaire»). Voir aussi le chapitre 9, sur la présence de Paul, indiquée par l'addition du nom propre.

— 15, 41 : Après l'incident qui a provoqué la séparation entre Paul et Barnabé, Paul, dit le texte court, «traversait la Syrie et la Cilicie» et, ajoute le texte long, παραδιδούς τε τὰς ἐντολὰς τῶν πρεσβυτέρων, «en leur livrant les ordres des prêtres». Il a fallu des discours, évidemment, pour rendre les Églises inflexibles, mais il faut maintenant des paroles beaucoup plus précises — elles sont impliquées dans D — pour transmettre les ordres du concile de Jérusalem, dont les prêtres, comme on l'a vu un peu plus haut dans une addition du verset 12, ont donné leur accord «à ce que Pierre avait dit», τοῖς ὑπὸ τοῦ Πέτρου εἰρημένοις.

— 18, 6 : Paul est absorbé (v. 5) par la parole en donnant aux Juifs le témoignage que Jésus est le Christ. Au début du verset 6 l'auteur de D ajoute πολλοῦ δὲ λόγου γενομένου καὶ γραφῶν διερμηνευομένων, «comme il y avait force discussion et interprétation des Écritures...» Paul, renonçant à convertir les Juifs, va aux Gentils. Il y a insistance sur le λόγος de Paul avec les Juifs, qui consiste à discuter, et aussi à interpréter les Écritures (cf. Lc., 24, 33 et 45), au moment précis où Paul, découragé par les Juifs, entreprend d'évangéliser les païens.

— 26, 24 (Clark) : Paul a prononcé un discours d'apologie devant Festus et Agrippa. Le texte court commence le verset par les mots ταῦτα δὲ αὐτοῦ ἀπολογουμένου, «comme il présentait cette défense ... (Festus dit...)». Le texte occidental ajoute un participe, λαλοῦντος, avant αὐτοῦ (ce qui entraîne un καί, nécessaire pour lier les deux participes) : «comme il parlait et...» On peut voir là une insistance, discrète, sur la *parole* de Paul, une parole qui englobe l'apologie ; et l'on sait que c'est le Saint-Esprit qui inspire les défenses devant les magistrats et les autorités (Jésus l'a dit Lc., 12, 11-12). Voir ci-dessous, p. 356 sur 20, 24.

Ainsi la parole de Paul possède, dans le texte occidental qui ne fait que renforcer le texte court et multiplier les occasions, deux caractères qui lui sont propres : tantôt sa parole est humaine, et il s'exprime en son nom personnel, pour se défendre ou pour discuter ; tantôt, et c'est alors que la parole appartient toute entière à la mission, elle se confond avec la parole de Dieu.

Au nom de Jésus.

Il est dès lors naturel que le texte occidental insiste sur le caractère essentiel de la parole : elle est faite, au nom de Dieu, pour exalter le nom de Jésus, un nom qui accomplit des miracles, à commencer par celui de la foi.

Avant d'examiner les additions faites autour de Paul, il est bon de relever celles qui l'ont été en dehors de lui.

— 6, 8 : Le texte court dit d'Étienne qu'il «faisait des prodiges et des signes remarquables, au milieu du peuple». D ajoute alors διὰ τοῦ ὀνόματος τοῦ Κυρίου Ἰησοῦ Χριστοῦ, «par le nom du Seigneur Jésus-Christ».

— 9, 40 (Clark) : A Tabitha morte Pierre ordonne de se lever «au nom de Notre Seigneur Jésus-Christ».

En dehors de ces deux exemples, c'est à propos de Paul, ou sur ses lèvres, que le texte occidental insiste, par des additions, sur l'emploi fait par l'apôtre du nom de Jésus.

— 9, 17 (Clark) : Ananias impose les mains à Saul «au nom du Seigneur Jésus-Christ».

— 14, 10 : A Lystres, Paul, constatant que le boiteux de naissance avait la foi du salut, s'apprête à le guérir. Selon le texte court «il dit, d'une voix forte : lève-toi...» L'auteur de D, avec l'ordre donné au boiteux de se lever, à la manière de Pierre, qui avait guéri le premier boiteux «par la vertu du nom de Jésus-Christ le Nazaréen» (3, 6 t.c.), met sur les lèvres de Paul les mots ajoutés σοί λέγω ἐν τῷ ὀνόματι τοῦ Κυρίου Ἰησοῦ Χριστοῦ, «je te le dis, au nom du Seigneur Jésus-Christ». Le texte long insiste à la fois sur la *parole* de Paul et sur le *nom* de Jésus, condition d'un miracle.

— 17, 31 : Discours à l'Aréopage : Le texte long montre que Paul veut préciser, peut-être pour un public élargi, ce qu'il disait aux Athéniens. Selon le texte court, «Dieu a fixé un jour où il doit juger l'univers dans un homme désigné par son arrêt...» L'auteur de D supprime la préposition ἐν (ἀνδρί), «dans (un homme)» et emploie le datif ἀνδρί tout court, «par un homme», mais surtout, s'il avait voulu provoquer la curiosité des Athéniens en ne nommant pas cet homme, il dissipe maintenant toute équivoque en précisant qui est cet homme : il ajoute son nom, *Jésus*, qui est à la fois homme et Dieu. La précision est donnée par D, mais elle est prononcée par Paul, selon sa doctrine, mieux connue des lecteurs, qui rappelle la force sacramentelle du nom.

— 18, 4 : Paul à Corinthe s'efforce de persuader ses auditeurs grecs et juifs, et le texte long ajoute ἐντιθεὶς τὸ ὄνομα τοῦ Κυρίου Ἰησοῦ, «non sans avoir introduit le nom du Seigneur Jésus».

— 18, 8 : Paul est absorbé par la Parole à Corinthe. Bon nombre de Corinthiens, dit le texte court, en entendant (c'est-à-dire en entendant Paul parler) croyaient (ἐπίστευον) et se faisaient baptiser. D termine le verset par une addition qui reprend le verbe «croire» en précisant le moment, la raison et l'instrument de leur foi, πιστεύοντες τῷ Θεῷ διὰ τοῦ ὀνόματος τοῦ Κυρίου ἡμῶν Ἰησοῦ Χριστοῦ, «croyant en Dieu par le nom de Notre Seigneur Jésus-Christ». Le participe πιστεύοντες est «paronomastique» (cf. chapitre 3, «participes»), et les baptisés accèdent à la foi par le nom de Jésus (cf. Jn., 18, 8).

— 19, 14 : Lorsque les fils de Scévas veulent imiter Paul, le texte long, dans une addition, écrit que, pour tenter d'expulser un démon, ἤρξαντο ἐπικαλεῖσθαι τὸ ὄνομα, λέγοντες · παραγγέλλομέν σοι ἐν Ἰησοῦ ὃν Παῦλος κηρύσσει, ἐξελθεῖν, «ils se mirent à invoquer le nom, en disant : nous te donnons l'ordre, par Jésus que Paul proclame, de sortir». Mais il n'appartient pas à des exorcistes juifs d'invoquer avec succès le nom de Jésus.

Ainsi le texte occidental n'apporte rien de nouveau en soi sur une invocation qui permet de faire connaître le fils de Dieu, de chasser le démon, d'opérer miracles et conversions. Mais il donne des exemples supplémentaires, qui viennent s'ajouter à ceux du texte premier.

L'Esprit, Πνεῦμα.

La mission a son origine dans le Πνεῦμα. Le rôle de l'Esprit commence à se faire jour dès la première phrase des *Actes des Apôtres*. Il est partout dans le texte court, avec environ soixante-dix exemples de son action. Mais le *codex Bezae* amplifie son rôle, lui donne plus de force, et multiplie ses interventions.

Ainsi, avant de l'être avec Paul ce rôle est accru :

— *avec Pierre* :

– 11, 17, à propos du baptême que peuvent recevoir même les païens. Pierre, répondant aux Juifs hostiles à un pareil acte, expose sa vision de Joppé : l'Esprit-Saint a fondu sur les hommes dont il est question ; Dieu l'a voulu. Dans le texte court Pierre termine son récit par les mots, ἐγὼ τίς ἤμην δυνατὸς κωλῦσαι τὸν Θεόν ; «moi, qui étais-je pour faire obstacle à Dieu ? » L'auteur de D est beaucoup plus explicite sur la nature de l'obstacle en ajoutant deux stiques, dont le premier effet est de faire que κωλῦσαι cesse d'être employé absolument, «faire obstacle», et de lui donner le sens d'«empêcher», verbe suivi d'une complétive : «(qui étais-je pour pouvoir empêcher Dieu)» τοῦ μὴ δοῦναι αὐτοῖς Πνεῦμα ἅγιον, πιστεύσασιν ἐπ' αὐτῷ, «de leur donner un Esprit-Saint, à eux qui avaient eu foi en lui ?»

– 15, 7 : Au concile de Jérusalem : D montre l'action de l'Esprit sur Pierre, au moment où il va prendre la parole, en ajoutant ἐν Πνεύματι dans la phrase, «Pierre se leva *dans l'Esprit* et leur dit».

— *en dehors de Pierre,* l'action de l'Esprit est toujours confirmée dans le texte occidental :

– 8, 39 (Clark) : Sur l'eunuque de la candace : l'Esprit fond, non plus sur Philippe, mais sur l'Éthiopien, (Πνεῦμα) ἅγιον ἐπέπεσεν ἐπὶ τὸν εὐνοῦχον, et Philippe, lui, est enlevé à l'Éthiopien par un ange du Seigneur. On admet que l'exemple ne soit pas absolument probant parce que la phrase est dans la première grande lacune de D ; et les mots sont donnés par le manuscrit A dans une correction et par des témoins du texte occidental autres que D.

– 15, 29 : A la fin de la lettre du décret apostolique adressée aux Juifs devenus chrétiens, sont énumérées les choses interdites «par l'abstention desquelles vous serez heureux», dit le texte court ; et la lettre se termine, dans le texte long, par l'addition de φερόμενοι ἐν τῷ Πνεύματι, «portés dans l'Esprit-Saint».

– 15, 32 : Sur Judas et Silas porteurs du décret apostolique à Antioche. En tant que prophètes ils sont, selon l'addition du texte long, πληρεῖς Πνεύματος ἁγίου, « pleins d'Esprit-Saint ».

— *avec Paul :* c'est autour de lui .que, dans le texte occidental, l'Esprit-Saint manifeste principalement son action.

– 1, 5 : Le texte court parle du baptême que les apôtres, d'ici peu de jours, vont recevoir dans un Esprit-Saint. Le texte long est rendu plus explicite par l'addition καὶ ὃ μέλλετε λαμβάνειν ἕως τῆς Πεντηκοστῆς, « et c'est lui que vous allez recevoir (d'ici peu de jours), pas au-delà du cinquantième ». Il semble que cette addition ait pour objet d'attirer l'attention sur le rôle que joue l'Esprit pour Paul, qui va, lui, le recevoir directement du Seigneur Jésus sur le chemin de Damas, mais envoyé du ciel.

N.B. En 19, 6 on remarquera que si, à la suite de l'imposition des mains par Paul, le Πνεῦμα *vient* (ἦλθε) sur certains disciples dans le texte court, il *fond aussitôt* (εὐθέως ἐπέπεσεν) sur eux dans D.

– 15, 38 : Rupture entre Paul et Barnabé à propos de Jean-Marc, que Paul refuse comme compagnon pour une nouvelle mission. Le texte court écrit : Παῦλος ἠξίου τὸν ἀποστάντα ἀπ' αὐτῶν ... καὶ μὴ συνελθόντα αὐτοῖς εἰς τὸ ἔργον μὴ συμπαραλαμβάνειν τοῦτον, « un homme qui les avait lâchés ... sans venir avec eux à l'ouvrage, cet homme-là Paul se refusait à le prendre en surplus ».

Le texte long s'exprime avec plus de force. Après le Παῦλος, initial, il remplace ἠξίου ... μή par οὐκ ἐβούλετο appuyé sur le participe λέγων ajouté, « (Paul ne le voulait pas, en disant...) » Le refus est plus catégorique car il s'oppose mot pour mot à la volonté de Barnabé exprimée par le même verbe au verset 37 (« Barnabé voulait »). Ensuite, à la fin du verset 38, les trois derniers mots du texte court sont remplacés par τοῦτον μὴ εἶναι σὺν αὐτοῖς ; l'infinitif, qui dépend du λέγων ajouté, signifie un refus violent (λέγων ... μὴ εἶναι) : « cet homme-là (il défendait) qu'il fût avec eux (et l'addition ici de σὺν αὐτοῖς compense la suppression, après συνελθόντα, du αὐτοῖς du texte court).

Le motif de la violence du refus dans le texte long s'explique par l'addition, après ἔργον, des trois mots εἰς ὃ ἐπέμφθησαν, « (l'ouvrage) pour lequel ils avaient été envoyés » (noter la répétition de la préposition εἰς).

La colère indignée de Paul s'explique par le rôle de l'Esprit-Saint tel qu'il apparaît au chapitre 13, verset 4. C'est par lui que Saul et Barnabé ont été *envoyés* (même verbe πέμπω additionné du préverbe ἐκ- qui le renforce), ἐκπεμφθέντες ὑπὸ τοῦ Ἁγίου Πνεύματος. Et ce rapprochement avec le texte court du chapitre 13 s'impose parce que c'est précisément l'Esprit-Saint qui vient de dire, deux versets plus haut : « Mettez-moi donc à part Barnabé et Saul pour l'ouvrage (εἰς τὸ ἔργον) en vue duquel je les ai fait venir. »

– 20, 22-23 : Dans son discours de Milet, Paul, au verset 22, annonce qu'il va, lui, à Jérusalem, δεδεμένος τῷ Πνεύματι, «lié par l'Esprit, dit le texte court. Au verset 23, là où le texte court dit que l'Esprit, κατὰ πόλιν, «de ville en ville», lui garantit les liens et les tourments qui l'attendent, la simple addition, dans le texte long, de πᾶσαν entre κατά et πόλιν modifie le sens de la préposition κατά et, par suite, de l'expression : les tourments qui attendent Paul à Jérusalem, l'Esprit-Saint les lui garantit «par toute espèce de ville». L'idée nouvelle est que l'Esprit lui parlera non plus dans les villes terminant chaque étape, mais dans les villes, même peu importantes, où il passera. Il y aura davantage d'interventions de l'Esprit et la mission sera élargie.

– 24, 10 (Clark) : Lorsque Félix incite Paul à présenter sa défense contre les Juifs, le texte long ajoute d'abord que Paul a déclaré «posséder une défense par lui-même», puis, immédiatement après — mais avant de prendre la parole — ὁ δὲ σχῆμα ἔνθεον ἀναλαβὼν ἔφη, «et, reprenant une attitude inspirée du ciel, il dit». Le mot de Πνεῦμα n'est pas prononcé, sans doute parce que Paul se trouve alors en présence d'un païen, pour qui la notion d'Esprit-Saint est incompréhensible, mais il est impliqué dans l'adjectif ἔνθεον, qui montre que l'attitude de Paul en face du gouverneur romain, et par suite ses paroles, sont inspirées du ciel.

– 26, 1 (Clark) : Paul se défend contre les Juifs devant le roi Agrippa et le gouverneur Festus. Le texte long ajoute qu'il présente sa défense θαρρῶν καὶ ἐν Πνεύματι Ἁγίῳ παράκλησιν λαβών, «avec confiance et clarté, réconforté par l'Esprit-Saint». Il sait en effet qu'un apôtre n'a rien à craindre des tribunaux humains, Jésus l'a dit : Lc., 21, 12 et suiv.; cf. Mt., 10, 20; Mc., 13, 11 : c'est l'Esprit qui parle pour ceux qui ont à répondre devant des juges.

La volonté de Paul s'incline toujours devant le Πνεῦμα. Les exemples en sont très nets :

– 16, 7 : t.c. : Paul et Barnabé, arrivés de la Mysie, ἐπείραζον εἰς Βυθινίαν πορευθῆναι, «tentaient de poursuivre leur route en Bythinie. Le texte long remplace le verbe ἐπείραζον par ἤθελαν, «ils voulaient». Mais cette volonté est aussitôt infléchie par l'Esprit de Jésus qui le leur interdit, οὐκ εἴασεν ... τὸ Πνεῦμα Ἰησοῦ (le texte court termine le verset).

– 19, 1 : Le texte long supprime tout le début du verset du texte court, qui situe le voyage de Paul pendant un séjour d'Apollôs, Ἐγένετο δέ, ἐν τῷ τὸν Ἀπολλῶ εἶναι ἐν Κορίνθῳ, «or ce fut durant le séjour d'Apollôs à Corinthe... (que Paul ... descendit à Éphèse)». Il remplace ces mots par quatre stiques ajoutés qui transforment le début du chapitre : Θέλοντος δὲ τοῦ Παύλου κατὰ τὴν ἰδίαν βουλὴν πορεύεσθαι εἰς Ἱεροσόλυμα, εἶπεν αὐτῷ τὸ Πνεῦμα ὑποστρέφειν εἰς τὴν

Ἀσίαν, «Comme Paul voulait, de son propre mouvement, aller à Jérusalem, l'Esprit lui dit de retourner en Asie. (Passé par ... il arrive à Éphèse).»

Dans les deux versions Paul traverse la Phrygie et regagne Éphèse. Mais la seconde est beaucoup plus complète : Paul sait qu'il *doit* aller à Jérusalem, et il le *veut*. Mais sa volonté se plie devant la force de l'Esprit dès que celui-ci lui impose des délais et un itinéraire tout différent. Il passe alors deux ans à Éphèse (v. 10), où «la Parole prend grandeur et vigueur», et c'est seulement «quand cela fut accompli (qu'il) se mit dans l'esprit, ἔθετο ἐν πνεύματι, de poursuivre sa route jusqu'à Jérusalem», en sachant qu'il lui faudra, de Jérusalem gagner Rome (v. 21). Et c'est pourquoi, en 21, 13, Paul est prêt, d'après le texte court, à affronter prison et mort à Jérusalem. Mais le texte long remplace ἑτοίμως ἔχω, «je suis prêt», par βούλομαι, «je veux» (la prison et la mort). Paul poursuit inexorablement une mission qui passe avant tout, mais il ne le fait qu'en soumettant sa propre volonté, τὴν ἰδίαν βουλήν, ou son propre «esprit», aux ordres qu'il reçoit du Saint-Esprit. Il en va de même dans l'exemple suivant.

– 20, 3 : Paul est «arrivé en Grèce», c'est-à-dire à Corinthe. On apprend, par le texte court, qu'il y reste trois mois (cf. I *Cor.* 16, 6), mais qu'à la suite d'une machination des Juifs, au moment où il était sur le point (μέλλοντι) de prendre le large pour la Syrie, il s'avisa (ἐγένετο γνώμης) de faire demi-tour par la Macédoine. L'auteur de D commence par remplacer μέλλοντι par ἠθέλησεν, «il voulut» (prendre le large pour la Syrie). Mais une addition de D montre que cette volonté fut contrecarrée par un ordre de l'Esprit. Ce n'est plus par sa γνωμή («il s'avise») qu'il choisit la voie de terre, mais par l'ordre qu'indique une addition de D : εἶπεν δὲ τὸ Πνεῦμα, «(il voulut que l'on prît le large pour la Syrie) mais l'Esprit lui dit (de faire demi-tour par la Macédoine)».

N.B. On peut noter la différence entre ces cas où la volonté de l'Esprit impose à Paul un changement d'itinéraire et le passage de 17, 15, où le texte long donne cette addition παρῆλθεν δὲ τὴν Θεσσαλίαν, suivie de la parenthèse explicative ἐκωλύθη γὰρ εἰς αὐτοὺς κηρύξαι τὸν λόγον, «il avait laissé de côté la Thessalie, car il avait été empêché d'y proclamer la Parole». Le changement d'itinéraire n'est pas imposé par l'Esprit ; le texte long implique une intervention des compagnons de Paul, qui l'ont *empêché* de prendre la voie de terre pour gagner Athènes.

Tous ces exemples montrent que l'auteur du texte occidental accroît le rôle de l'Esprit dans les *Actes* (cf. Epp, p. 116-118). Metzger, *A textual ...*, p. 474, peut parler de l'intérêt «caractéristique» du *codex Bezae* pour l'Esprit-Saint. Paul a la volonté de consacrer sa vie, jusqu'à la mort, à la mission reçue de Jésus. Il ne renonce à ses prévisions sur le mode et le moment de cette mort que sous l'influence de l'Esprit. La Loi a fait son temps (voir M. Black, «The Holy Spirit...» in *Essays... Metzger*, p. 159-170).

Objet de la parole : tradition.

La parole a pour fin de *transmettre* la connaissance et le message de Jésus, ou de ceux qui le représentent. L'idée s'exprime par le verbe παραδίδωμι (le substantif correspondant παράδοσις se trouve dans tout le N.T., sauf chez Luc et chez Jean). Tel est bien l'enseignement donné par Paul dans les *Épîtres*. Ainsi en II *Thess.* 3, 6, «nous vous donnons l'ordre, frères, au nom de Notre Seigneur Jésus-Christ, ... de vous tenir à l'écart de tout frère qui marche ... contrairement à la tradition qu'ils ont reçue (παράδοσιν ἣν παρέλαβον) de nous».

En *Gal.* 1, 9, «si quelqu'un vous annonce un Évangile contraire à celui que vous avez reçu (παρ' ὃ παρελάβετε), qu'il soit anathème». En I *Cor.* 15, 3 : «Je vous ai transmis... ce que j'ai reçu (παρέδωκα ὑμῖν ὃ καὶ παρέλαβον) à savoir que le Christ est mort pour racheter nos péchés.»

On retrouve des applications voisines du sens de ce verbe παραλαμβάνω, «transmettre», ou «livrer», dans l'Évangile de Luc et dans les deux versions des *Actes* : Luc, 1, 2, «conformément à ce que nous ont transmis...», παρέδωκαν. — *Actes* 6, 14 t.c., «les coutumes que Moïse nous a transmises...»

Le texte long donne deux exemples complémentaires : En 15, 41 (voir ci-dessus au début du chapitre), il ajoute une proposition παραδιδοὺς τὰς ἐντολὰς τῶν πρεσβυτέρων, «en disant (ou transmettant) les ordres des prêtres». — En 16, 4 on trouve une addition du même type s'agissant de «livrer», ou de «transmettre» les ordres des apôtres. N.B. : sur 15, 4, voir la note de la traduction.

L'autre face de l'action de «transmettre» est celle de «recevoir», selon les rapports du maître à l'élève. «Recevoir», c'est παραλαμβάνειν. Il est remarquable que ce verbe, déjà noté ci-dessus I *Cor.* 15, 3 associé à παραδιδόναι, et employé I *Thess.* 2, 13 avec λόγον pour complément, *remplace,* dans le texte long des *Actes*, le verbe λαμβάνειν, moins marqué dans l'acception envisagée, et qui a l'inconvénient de ne pouvoir être traduit en français que comme l'autre.

– 20, 24 : Dans le discours de Milet, Paul parle du «service qu'il a reçu du Seigneur Jésus». Le texte court emploie le verbe simple ἔλαβον, le texte long emploie le verbe à préverbe παρέλαβον, dont la couleur paulinienne, dans la présente acception, est plus nette.

On remarquera encore que l'auteur de D, en 13, 48, *remplace* ἐδόξαζον, «ils glorifiaient (la parole du Seigneur)» par le verbe ἐδέξαντο, «ils accueillirent», leçon à préférer puisqu'il s'agit de la Parole. Sur ce point, voir I *Thess.* 2, 13, où l'on observe une gradation dans le sens des deux verbes παραλαμβάνω et δέχομαι : Paul *transmet* la Parole. Elle est *accueillie* par les Thessaloniciens.

Ainsi l'objet de la parole, qui est, chez l'apôtre, de «transmettre», pour qu'elle soit «reçue» par l'auditeur, est exactement le même dans le texte occidental que dans le texte court, ce qui ne saurait surprendre, mais on le trouve accentué dans le second.

Enseigner : διδάσκειν.

La parole des apôtres transmet aux disciples et aux foules l'enseignement de Jésus. De là viennent les exemples nouveaux, fournis par le texte occidental, des mots διδαχή, «enseignement», ou plutôt «doctrine», διδάσκειν, «enseigner», qui figurent dans des phrases ajoutées.

Le phénomène se produit une fois pour Pierre :

– 11, 2 : Dans le texte court le verset s'achève sur l'annonce que «ceux de la circoncision élevaient contre lui (= Pierre) des objections». Tout le reste du verset se trouve transformé par une addition (sur le texte, voir la note 2 de la traduction du chapitre) de cinq stiques, où il est dit notamment que Pierre faisait «force discours à travers les campagnes, διδάσκων αὐτούς, pour y enseigner les gens». (Il est ajouté ensuite qu'à Jérusalem Pierre «annonça», ἀπήγγειλεν, la parole de Dieu.)

En général, c'est à propos de Paul que la notion d'enseignement apparaît davantage dans le texte long ; sur ce point, Paul est assimilé à Pierre, le principe de sa mission étant le même.

On remarquera cependant que Paul, n'a pas tout de suite des disciples après qu'il a entendu à Damas la voix venue du ciel, quand il est encore Saul (mais bientôt il s'alignera sur Pierre ; cf. *Gal.* 2, 7-8).

– En 9, 25 (Clark), le texte occidental supprime le pronom αὐτοῦ après οἱ μαθῆται, «les disciples». Par cette suppression significative, il corrige ce qui était dit dans le texte court. Les disciples dont il est maintenant question (sans αὐτοῦ) sont ceux qui résidaient à Damas, et dont le maître était Pierre avant tout. La chose est confirmée au verset suivant du texte court où l'on voit Saul tenter, à Jérusalem, de «se souder aux disciples». Il n'en était donc même pas encore un. Mais il entendait en avoir.

– En 14, 20, au contraire, lorsqu'il est devenu Paul, on voit d'abord «les disciples», dans le texte court, «faire cercle autour de lui», κυκλωσάντων αὐτόν. Dans le texte long l'accusatif αὐτόν, est remplacé, on le sait, par le génitif αὐτοῦ. Ce changement montre que Paul a maintenant *ses* disciples : il est devenu un apôtre comme les autres.

Le texte long peut alors ajouter des exemples de ce qui est *son* enseignement :

– 14, 7 : En Lycaonie Paul et Barnabé annoncent l'Évangile. A la fin du verset le texte long ajoute trois stiques dont voici le premier : καὶ ἐκινήθη ὅλον τὸ πλῆθος τῇ διδαχῇ, «et la population toute entière fut remuée par l'enseignement». Il s'agit de l'enseignement par excellence, c'est-à-dire celui que donne Jésus, et que poursuivent les disciples.

– 14, 19 : Paul et Barnabé ont eu toutes les peines du monde à empêcher les gens de Lystres de leur faire un sacrifice. Le verset 19 dit alors, sans transition, dans le texte court : «Il survint d'Antioche et d'Iconion des Juifs qui, ayant réussi à persuader les gens et ayant lapidé Paul, le traînaient hors de la ville, laissé pour mort.» L'auteur du texte long, avant cette phrase, ajoute au début du verset, Διατριβόντων δὲ αὐτῶν καὶ διδασκόντων, «Comme ils séjournaient et enseignaient...» Ainsi qu'il arrive ailleurs lors du passage d'un épisode à un autre, ces cinq mots ajoutés font une transition, ici entre les Barbares et les Juifs. Mais la transition n'est pas de pure forme. Les mots signifient d'abord que les Barbares de Lystres, qui avaient pris Paul pour Hermès à cause, apparemment, de son éloquence, lui permettent de rester et d'*enseigner* ; ensuite que les Juifs («certains Juifs», dit D) sont venus de la région pour mettre Paul à mort, en épargnant Barnabé ; ils ne toléraient pas que Paul poursuivît sa mission en enseignant par sa parole la parole de Dieu.

– 17, 4 : A Thessalonique Paul, accompagné cette fois par Silas, a des entretiens avec les Juifs et leur annonce le Christ Jésus. Ici le texte court dit que «quelques-uns d'entre eux ἐπείσθησαν, furent persuadés». Après ce verbe D ajoute τῇ διδαχῇ, «par l'enseignement». Employé absolument, comme plus haut en 14, 7, le mot confirme ce qui est dit de l'enseignement de Paul dans les versets qui précèdent, sur l'explication des Écritures, la Passion nécessaire du Christ et sa résurrection ; il montre qu'il s'agit moins de l'action d'enseigner que du contenu de l'enseignement.

On constate ainsi que déjà dans les *Actes*, et notamment dans le texte occidental, le mot διδαχή signifie la chose enseignée, le contenu de la doctrine, un sens qui s'amplifiera au siècle suivant. Selon l'ordre donné par Jésus à la fin de l'Évangile de Matthieu (23, 18-19), l'Église va développer alors ce qui compose l'enseignement des apôtres. Il n'y aura pas d'innovation, mais éclosion de ce qui est en germe à l'époque des *Actes*. La διδαχή, on le voit mieux par le texte second, a pour effet de remuer et de persuader les auditeurs, et recourt à l'autorité des textes pour expliquer la Parole.

La notion de διδάσκειν est complétée par celle de κηρύσσειν, acte de «proclamer». Les deux substantifs correspondants sont associés par Paul II *Tim.* 1, 11.

Avant de passer à l'examen de ce verbe souvent ajouté dans les *Actes* par l'auteur du texte occidental, il est bon de faire deux remarques :

1. En 17, 19, lorsque les Athéniens emmènent Paul devant l'Aréopage, ils lui demandent, selon le texte court : «Quel est cet enseignement nouveau que tu donnes?», ἡ ὑπὸ σοῦ λαλουμένη διδαχή, littéralement «l'enseignement que tu *dis*». Vu la banalité du verbe λαλεῖν, le texte long remplace ce participe par καταγγελλομένη, beaucoup plus fort, «l'enseignement que tu annonces». Le verbe, fréquent dans les *Actes,* ne se trouve ailleurs, dans le Nouveau Testament, que chez Paul (voir, à la fin du chapitre 1, les mots appartenant au vocabulaire exclusif de Paul et de Luc).

2. Dans l'Évangile de Luc, 5, 27, D remplace le début du verset par les mots καὶ ἐλθὼν πάλιν παρὰ τὴν θάλασσαν τὸν ἐπακολουθοῦντα αὐτῷ ὄχλον ἐδίδασκεν..., «retourné le long du lac, il *enseignait* la foule qui le suivait».

Proclamer : *κηρύσσειν.*

Le mot κῆρυξ ne se trouve dans aucune des deux versions des *Actes.* Celui du nom d'action κήρυγμα non plus. Le verbe κηρύσσειν a neuf exemples dans l'évangile de Luc, avec un supplémentaire en 5, 14 D. On ne fait qu'indiquer cette addition : elle se rattache à un problème étranger au présent livre.

Dans les *Actes* le texte court offre huit exemples de ce verbe chargé de sens, le dernier étant celui du dernier verset du livre.

Le texte long offre cinq exemples de plus, les quatre derniers sur la mission de Paul. Dans le premier, l'auteur l'emploie pour l'ordre donné aux apôtres par Jésus :

— 1, 2 (voir *R.T.,* 1980, p. 628-634) : Luc commence les *Actes* en rappelant son évangile : t.c. : «J'ai composé mon premier livre... sur toutes les choses que Jésus se mit à faire et à enseigner, (v. 2) jusqu'au jour où, ayant donné par l'action de l'Esprit-Saint des prescriptions aux apôtres qu'il s'était choisis, il fut ravi par l'Ascension.»

Après les mots οὓς ἐξελέξατο, «(aux apôtres) qu'il s'était choisis», l'auteur de D ajoute καὶ ἐκέλευσε κηρύσσειν τὸ εὐαγγέλιον, «et à qui il avait donné l'ordre de *proclamer* sans fin l'Évangile». Cette addition est d'excellent grec, en raison d'abord de l'emploi d'une relative coordonnée (οὓς = «que ... et à qui»...), ensuite d'un infinitif présent qui, par opposition à l'aoriste κηρύξαι, signifie la *durée* de cette proclamation (sur une telle durée, cf. le dernier verset de l'évangile de Matthieu, «je suis avec vous tous les jours jusqu'à la fin des temps»).

Comme tout porte toujours à croire que le texte occidental est le second dans le temps de la rédaction, il s'ensuit que ce verbe a été employé par l'auteur après que Luc avait écrit tous ses exemples dans le texte court, et notamment celui du dernier verset des *Actes,* où le verbe est associé à διδάσκειν et à la παρρησία (voir *infra*), ce «franc-parler» qui marque l'enseignement et la proclamation. Ainsi les premiers apôtres choisis par Jésus avant son Ascension englobent maintenant, dans le texte long, Paul, devenu apôtre comme les autres par un choix particulier.

Les quatre autres exemples du verbe donnés par le texte long concernent, on le sait, la proclamation faite par Paul.

– 16, 4 : A Lystres, Timothée se joint à Paul et à Silas. En traversant les villes, selon le texte court, παρεδίδοσαν αὐτοῖς φυλάσσειν τὰ δόγματα τὰ κεκριμένα ἀπὸ τῶν ἀποστόλων..., «ils leur livraient les décisions arrêtées par les apôtres...» L'auteur du texte long apporte à ce verset des modifications importantes : il remplace d'abord παρεδίδοσαν (qui sera employé plus loin par D : ἅμα παραδιδόντες, «tout en leur livrant encore» les ordres, τὰς ἐντολάς, des apôtres) par ἐκήρυσσον, puis il ajoute les mots μετὰ πάσης παρρησίας τὸν Κύριον Ἰησοῦν Χριστόν, «ils *proclamaient* tout franc le Seigneur Jésus-Christ» (sur le texte, voir la note de la traduction du chapitre).

Ainsi Paul obéit aux ordres donnés par Jésus *aux* apôtres en 1, 2 D, de même qu'aux ordres donnés *par* les apôtres. Ainsi est prolongé le κηρύσσειν initial des *Actes* dans le texte long, en incluant Timothée parmi ceux qui proclament (voir II *Tim.* 4, 2). Ainsi enfin est confirmée pour toujours la parole de Pierre et de Jean, 4, 20 t.c. : «Nous, il nous est impossible de taire ce que nous avons vu et entendu.»

– 17, 15 : Ceux des frères de Bérée à qui fut confiée la charge de Paul, «l'amenèrent, dit le texte court, jusqu'à Athènes». Ici l'auteur de D ajoute la parenthèse (déjà remarquée plus haut pour d'autres motifs) où l'on apprend que si «Paul avait laissé de côté la Thessalie», c'est qu'il avait été empêché d'y *proclamer* la Parole», ἐκωλύθη γὰρ εἰς αὐτοὺς κηρύξαι (un aoriste qui s'oppose au présent de 1, 2 D) τὸν λόγον. Cette addition du verbe «proclamer» correspond à la volonté de Paul, mais une volonté ici contrecarrée par ceux qui le protègent contre les Juifs dans l'accomplissement de sa mission.

– 19, 14 : A Éphèse les fils de Scévas veulent imiter Paul. Dans une longue addition de cinq stiques, on les voit «invoquer le Nom» pour chasser un démon, en disant : Παραγγέλλομέν σοι ἐν Ἰησοῦ ὃν Παῦλος κηρύσσει, ἐξελθεῖν, «Nous te donnons l'ordre, par Jésus que Paul proclame, de sortir.»

On a vu précédemment l'insistance sur le nom de Paul. Maintenant le fait notable est l'insistance sur le verbe κηρύσσει, qui reprend les termes des exorcistes juifs du texte court du verset précédent. Ils adjuraient τὸν Ἰησοῦν ὃν Παῦλος κηρύσσει. Ainsi ces exorcistes, dont les fils de Scévas, ont remarqué que Paul avait l'habitude de *proclamer* Jésus avec succès. De là leur envie de faire comme lui.

– 26, 20 (Clark) : Après avoir raconté à Agrippa, devant un public de choix, sa vision de Damas, Paul dit, dans le texte court : «j'allais rapporter (ἀπήγγελλον) à ceux de Damas d'abord, à Jérusalem aussi, et dans toute la campagne (πᾶσαν..., accusatif d'extension dans l'espace) de Judée, ainsi qu'aux païens, de faire une conversion spirituelle...»

L'auteur du texte occidental procède à des modifications qui ne sont pas de détail. Il ajoute τοῖς devant ἐν Ἱεροσολύμοις, c'est-à-dire que Paul n'a pas rapporté ce qu'il fallait faire «à Jérusalem», ce qui est vague, car on ne voit pas de qui il s'agit. Il l'a rapporté à ceux de Jérusalem, comme à «ceux» de Damas, Juifs et Gentils. Puis il ajoute εἰς devant πᾶσαν τὴν χώραν, addition qui indique une gradation dans les débuts de la mission de Paul après Damas : après s'être adressé aux habitants des deux villes, il va parler jusqu'à toute la campagne de Judée, donc la Judée incluse, c'est-à-dire au moins en Galilée et en Samarie : l'étendue de la proclamation de Paul est mieux marquée. La modification la plus importante est le remplacement de ἀπήγγελλον par ἐκήρυξα, un aoriste qui signifie une étape nouvelle dans la vie ; mais surtout le verbe est conforme à la mission de Paul telle qu'elle est précisée par toutes les additions du verbe dans toutes les additions du texte long depuis le verset 2 du chapitre 1. Il rend ainsi le discours de Paul sur Damas conforme au récit qu'en fait Luc en 9, 20, où le verbe était déjà employé, à l'imparfait : une fois la vue recouvrée, il proclamait aussitôt dans les synagogues que Jésus, c'était lui le Fils de Dieu.

– 28, 31 (Clark) : Ici, à la fin même des Actes, comme en son début dans le texte long, apparaît la même importance accordée à la proclamation faite par Paul : non que le verbe κηρύσσειν soit ajouté, mais il est renforcé d'une façon caractéristique par l'addition, au participe, d'un verbe exclusivement lucanien (voir chapitre 1, «vocabulaire»), διϊσχυριζόμενος, «en affirmant avec insistance». On remarque aussi que dans le texte court le verbe κηρύσσειν était accompagné de μετὰ πάσης παρρησίας, «avec un franc-parler total», une expression très lucanienne que l'on avait déjà vue ajoutée dans le texte occidental du premier récit de l'épisode de Damas (9, 20) ; on y voyait Paul allant proclamer «avec un franc-parler total» que Jésus était le Fils de Dieu (voir la fin de l'exemple précédent, 26, 10).

Dans ce verset final sont associés l'enseignement, la proclamation (sur laquelle il y a insistance dans le texte occidental) et le «franc-parler», παρρησία, qui, après l'enseignement et la proclamation, va faire l'objet des observations qui suivent.

Franc-parler : παρρησία.

La parole d'un apôtre surtout lorsqu'elle est proclamation, est libre (sur le mot παρρησία, voir Spicq, *Notes...*, III, p. 526-533). Déjà les

Athéniens se vantaient de posséder ce privilège de parler librement de tout, et sur tout. Devenu vertu chez les apôtres un tel avantage fait qu'ils ne se sentent pas seulement libres dans leurs actes, mais dans leurs discours et dans leurs entretiens. Pour accomplir leur mission, ils n'*ont* pas, ils *prennent* la liberté, même devant la menace et la mort, de «dire tout», avec une «audace tranquille qui permet d'exprimer hardiment et sans détour (les) convictions de foi» (Spicq).

Les synoptiques ignorent ce mot, sauf une fois Marc, 8, 32, à propos de Jésus ; il n'est employé que par Luc dans les *Actes*, par Jean, Paul et dans l'Épître aux Hébreux. Il est caractéristique du vocabulaire des *Actes*.

Le texte court mentionne souvent le «franc-parler» de Pierre (2, 29), de Pierre et Jean (4, 13 ; 4, 29 ; 4, 31). Dieu, accédant à leur prière, leur a donné cette vertu. On a vu ci-dessus, 28, 31, dans le texte court, que Paul, à Rome, la possédait aussi. A ces cinq exemples du mot dans le texte court s'ajoutent ceux du verbe παρρησιάζομαι, réservé exclusivement à Paul dans ses épîtres, où il l'emploie deux fois, et au texte court des *Actes*, qui en donne cinq exemples, pour Barnabé, Apollôs, et surtout pour Paul.

Dans le texte occidental il est ajouté quatre fois, une fois pour la parole d'Étienne, trois fois pour celle de Paul :

– 6, 10 : Le texte court dit qu'à Jérusalem certains membres de la synagogue, des Cyrénéens, des Alexandrins et quelques Ciliciens discutaient avec Étienne. Mais ils avaient toujours le dessous, n'étant pas assez forts pour s'opposer à l'Esprit qui le faisait parler. Ici le texte long, en deux stiques d'une addition qui en a quatre, explique la raison de leur infériorité : διὰ τὸ ἐλέγχεσθαι αὐτοὺς ὑπ' αὐτοῦ μετὰ πάσης παρρησίας, «parce qu'il les confondait avec un franc-parler total».

Les autres exemples donnés par le texte occidental sont ceux du «franc-parler» de Paul, seul ou avec Timothée.

– 9, 20˙ (Clark) : Le texte court dit, on l'a vu plus haut, qu'après avoir entendu à Damas la voix venue du ciel, Saul «proclamait... dans les synagogues que Jésus, c'était, lui, le Fils de Dieu». Après le verbe ἐκήρυσσεν, Clark, se fondant sur d'autres témoins que D du texte occidental (nous sommes dans la première lacune du *codex Bezae*) écrit les trois mots de la formule lucanienne, μετὰ πάσης παρρησίας, «avec un franc-parler total». On notera ce franc-parler immédiat chez un homme à peine converti : la voix de Jésus a conféré aussitôt cette force nécessaire à toute mission.

Cette addition de la παρρησία s'accorde avec les additions, autres, de 9, 22, où l'on voit Saul «recevant une force croissante *dans sa parole* (ἐν τῷ λόγῳ) et confondant les Juifs (ceux de Damas), établissant *et disant* (καὶ λέγων) que c'était celui-là le Christ en qui *Dieu avait mis son choix*», (ἐν ᾧ εὐδόκησεν ὁ Θεός). Le texte long donne-là des exemples de la liberté de Paul dans sa parole en face des Juifs.

— 14; 19 : Dans le milieu du verset, après les mots du texte court, «survinrent des Juifs d'Iconion et d'Antioche», Clark restitue quatre stiques grâce à d'autres témoins que D (où il se peut qu'ils aient été simplement omis), et parmi eux la *Syra Harklensis*. Le premier de ces stiques est καὶ διαλεγομένων αὐτῶν παρρησίᾳ, «et comme ils (= Paul et Barnabé) s'entretenaient avec un franc-parler, (ils persuadèrent ...)» Dans mon édition je n'ai pas cru devoir admettre ces mots, peut-être à tort : il y a seulement un doute.

Le même franc-parler caractérise Paul, accompagné cette fois de Timothée :

— 16, 4 : Dans le texte court, à Lystres Paul prend Timothée avec lui. Tous deux traversent les villes et livrent les décisions arrêtées lors du concile de Jérusalem. Entre ces deux actions reparaît l'expression remarquée. Le texte long ajoute — on l'a vu plus haut à propos de κηρύσσειν — qu'«ils proclamaient avec un franc-parler total le Seigneur Jésus-Christ».

Ici encore apparaît l'étroite association des notions de κηρύσσειν et de παρρησία, cette fois quand Paul se trouve accompagné de Timothée. Mais c'est Paul avant tout qui, avec force et franchise, proclame l'enseignement.

Ainsi le texte occidental conserve la valeur que possède la παρρησία dans le texte court, mais il en multiplie les exemples et en amplifie le rôle. Parler avec παρρησία, le substantif, ou en usant du verbe παρρησιάζεσθαι, est dans le texte long le fait de nouveaux personnages par rapport à ceux du texte court, Étienne, peut-être Barnabé, sûrement Timothée, et toujours Paul.

Mission double : Juifs et païens.

Avant l'Ascension Jésus a donné l'ordre à ses apôtres d'être ses témoins «aussi bien dans Jérusalem que dans toute la Judée et la Samarie, et jusqu'aux confins de la terre» (1, 8). Il est naturel que la tâche soit répartie entre eux. Le texte court des *Actes* montre que la mission de Pierre est de s'occuper du monde juif. S'il s'agit d'un Romain, Corneille, il hésite à le convertir et ne le fait que sur l'ordre d'une vision (10, 9). En fait il ira plus loin et continuera à obéir à l'ordre initial jusqu'au Concile de Jérusalem. Mais ses actes disparaissent alors dans le livre et sont remplacés par ceux de Paul.

Quand Paul, accompagné de Barnabé, constate que son discours prononcé à Antioche de Pisidie à l'adresse des Juifs (13, 46) n'a produit sur son auditoire que des effets limités, il prend cette décision redoutable, qui va donner un nouveau domaine à sa mission : «C'est à vous les premiers — dit-il aux Juifs — qu'il était indispensable que fût dite la parole de Dieu. Puisque vous la repoussez (ἐπειδὴ ἀπωθεῖσθε αὐτὸν ...) et que vous ne vous jugez pas dignes de la vie éternelle, tenez, nous nous tournons vers les païens (στρεφόμεθα εἰς τὰ ἔθνη).» A la suite de quoi, si les païens de la ville sont dans la joie d'écouter (v. 48), les Juifs réveillent la persécution contre les deux apôtres, puis les expulsent. Paul et Barnabé font alors le geste symbolique de «secouer contre les Juifs la poussière de leurs pieds» (v. 51). Plus tard, à Corinthe, devant la résistance des Juifs refusant de croire que Jésus est le Christ, il secoue ses vêtements et dit : «Votre sang soit sur votre tête... J'irai désormais aux païens (ἀπὸ τοῦ νῦν εἰς τὰ ἔθνη πορεύσομαι).» Cette orientation nouvelle apparaît encore à la fin des *Actes*, 28, 28, «c'est pour les païens qu'a été dépêché ce salut de Dieu. Eux, oui, ils écouteront» (cf. Lc., 24, 47).

Dans l'épître *aux Galates* (2, 7-8), Paul déclare : «M'est confié l'évangile de l'incirconcision comme à Pierre celui de la circoncision, car celui qui a donné son énergie en Pierre pour l'apostolat de la circoncision l'a mise aussi en moi pour les païens.»

Cependant Paul n'abandonne jamais sa tentative de convertir aussi des Juifs. Sa mission est donc double. On le voit naturellement dans le texte court. Ainsi, en 9, 15, quand Jésus dit à Ananias «... cet homme-là m'est un instrument d'élection pour porter mon nom sous les regards de nations, de rois, et de fils d'Israël». A Corinthe, chaque sabbat, dans la synagogue, «il tâchait de persuader Grecs comme Juifs» (18, 5).

Mais c'est dans le texte long des *Actes* qu'apparaît plus nettement la dualité de la mission de Paul, les Barbares comptant parmi les païens grecs et romains.

— 13, 33 (voir chapitre 7 F. «changements dans les citations des LXX) : Dans le discours adressé aux Juifs dans la synagogue d'Antioche de Pisidie, l'auteur du texte long fait ajouter à Paul une citation significative des *Psaumes*. Après les mots «c'est Moi qui, aujourd'hui, t'ai engendré», le texte long ajoute au texte court cette suite tirée des *Psaumes* : αἴτησαι παρ' ἐμοῦ καὶ δώσω σοι ἔθνη τὴν κληρονομίαν σου, καὶ τὴν κατάσχεσίν σου τὰ πέρατα τῆς γῆς, «demande-moi et je te donnerai des nations en héritage et en ta possession les confins de la terre». Cette parole adressée à Jésus vaut aussi pour les apôtres (*Actes* 1, 8) et pour Paul, comme le montrent les exemples suivants du texte long :

— 14, 25 : Paul et Barnabé poursuivent leur mission dans la partie méridionale de l'Asie Mineure, en Pisidie, en Pamphylie, pays barbares. Le texte court écrit qu'ils «dirent à Pergé la Parole et descendirent à Attalia», et le texte long termine le verset par l'addition εὐαγγελιζόμενοι αὐτούς, «en leur annonçant l'Évangile». Il y a une insistance sur la mission accomplie par Paul en dehors du monde juif, conformément à sa décision, citée plus haut, de 13, 46.

— 15, 2 : Le problème de la circoncision a provoqué une émeute contre Paul et Barnabé, pour qui elle n'est pas nécessaire au salut. Dans une parenthèse ajoutée, l'auteur du texte long écrit : «Paul disait en effet de rester exactement comme le jour où ils avaient cru ; il y insistait.» On trouve ici une insistance double, et de Paul dans ses paroles, et de l'auteur de D à l'adresse de ceux qui n'ont pas à se faire circoncire, donc des non-juifs.

— 16, 1 : L'auteur du texte long au début du chapitre qui commence par «Il atteignit encore Derbé et Lystres», ajoute avant ces mots : Διελθὼν δὲ τὰ ἔθνη ταῦτα, «ayant traversé ces nations». Il y a lieu de croire que τὰ ἔθνη ne désigne pas spécialement les Gentils, ou les païens, mais les peuples de Syrie et de Cilicie, dont il vient d'être question. Il reste cependant que ces peuples ne sont pas juifs. Le texte long insiste encore sur la mission de Paul accomplie pour des non-juifs.

— 17, 30 : Dans la conclusion du discours à l'Aréopage, le texte court écrit que «Dieu, aujourd'hui donne l'ordre aux hommes de se repentir.» Cet ordre, il le donne parce que, est-il dit au début du verset, τοὺς ... χρόνους τῆς ἀγνοίας ὑπεριδὼν ... «il a passé le regard au-delà des temps de l'ignorance». L'ignorance est celle des Juifs, qui l'ont voulue, qui ont rejeté la promesse de Dieu, qui sont coupables de refuser de voir. Mais, à Athènes, elle est d'abord celle des Grecs.

L'auteur de D, en écrivant παριδὼν au lieu de ὑπεριδὼν, change le préverbe sans modifier sensiblement le sens ; mais il ajoute le démonstratif ταύτης après τῆς ἀγνοίας. Maintenant Dieu fait passer son regard à côté des «temps de cette ignorance». Ce n'est plus l'ignorance des Juifs pour qui Dieu manifeste sa miséricorde, mais celle des Athéniens, beaucoup moins coupables puisqu'ils n'ont pas voulu, eux, cette ignorance : on sait par le verset 23 que Paul a vu à Athènes un autel sur lequel se trouvait l'inscription «Au Dieu ignoré», Ἀγνώστῳ Θεῷ, un adjectif qui annonce l'ἀγνοία. Ce dieu ignoré était l'objet de leur piété. Et la piété, comme l'inscription, était le signe de leur recherche. Ce Dieu qu'ils cherchent à connaître, sans pouvoir le trouver, Paul est venu pour le leur annoncer.

— 17, 31 : Dans le texte court Paul dit aux Athéniens que Dieu «a fixé ... un jour où il doit juger l'univers grâce à l'homme désigné par son arrêt...» Cet homme n'est pas nommé, et les Athéniens, incapables en leur temps de comprendre qui il est, le texte long explique qui il est en le nommant, *Jésus*. Les choses sont rendues claires pour les Athéniens, surtout davantage sans doute pour un public moins limité. Il reste que les paroles du discours s'adressent à des Grecs, donc à des païens (voir *Les Études classiques*, 1984, p. 246-247, et, plus haut dans le chapitre, «Au nom de Jésus»).

— 18, 4 : A propos de Paul à Corinthe, D ajoute — on le sait —

qu'il introduisait «le nom du Seigneur Jésus», et il modifie le texte
court où il est dit qu'il tâchait de persuader Ἰουδαίους καὶ Ἕλληνας,
«Juifs et Grecs». Les Juifs et les Grecs sont mis sur le même plan. Le
texte long ajoute οὐ μόνον ... ἀλλὰ (καί), ce qui met en léger relief les
Grecs. Il était normal que Paul voulût convertir des Juifs. Mais sa
mission particulière était de convertir *aussi* des Grecs. Ainsi est
soulignée la dualité de sa mission.

— 18, 6 : Devant le refus des Juifs Paul déclare, dans le texte
court : ἀπὸ τοῦ νῦν εἰς τὰ ἔθνη πορεύσομαι, «désormais, c'est aux païens
que j'irai». L'auteur de D apporte ici deux changements légers, mais
significatifs : ἀφ' ὑμῶν νῦν εἰς τὰ ἔθνη πορεύομαι, «loin de vous,
maintenant, c'est aux païens que je vais». La préposition ἀπό est
maintenue, mais elle sert à marquer un éloignement *des Juifs*, et non
la nouveauté d'un moment. Puis le passage d'un futur à un indicatif,
«je vais», au lieu de «j'irai», signifie que la décision de Paul prend un
effet *immédiat*.

— 18, 17 : D ajoute πάντες devant οἱ Ἕλληνες. Il est probable que ce
mot désigne non pas les Grecs par rapport aux Juifs, mais les Juifs
parlant grec. Le sens n'est pas «tous les Grecs», mais tous les Juifs, à
savoir ceux qu'on appelait chez eux des Grecs (voir la note de la
traduction, et Epp., p. 147, note 2).

— 20, 24 : Dans son discours de Milet Paul, selon le texte court, dit
que l'idée de la mort à Jérusalem ne lui fait pas peur, et qu'il ne
mettra pas «un terme ... au service qu'(il) a reçu du Seigneur Jésus :
garantir la bonne nouvelle de la grâce de Dieu». D fait deux
additions : après «au service» il écrit τοῦ λόγου ; le service est «de la
Parole». A la fin du verset il fait dire à Paul ces nouveaux mots :
... Ἰουδαίοις καὶ Ἕλλησιν. Il ne s'agit plus de garantir la bonne nouvelle
sans qu'on sache ici à qui. L'addition «à des Juifs et à des Grecs»
souligne que la mission de Paul est bien double, en deux mondes
distincts (voir ci-dessus 18, 4).

— 21, 11 : Agabos prophétise, à Césarée, selon le texte court que
«l'homme à qui appartient cette ceinture, instantanément les Juifs, οἱ
Ἰουδαῖοι, ... le livreront aux mains des païens». D supprime l'article, ce
qui signifie *des* Juifs, et non *les* Juifs. Il apparaît ici que l'auteur du
texte long diminue la responsabilité des Juifs, qui ne sont *pas tous*
coupables, à Jérusalem, d'avoir livré Paul aux Romains (*N.B.* Cet
exemple peut être ajouté à ceux que donne J. Dupont dans son article
sur la «conclusion des *Actes*», *in* Kremer, p. 376-380).

— 22, 21 : Après le discours au peuple juif où il conte lui-même pour
la première fois son aventure de Damas, Paul rapporte les paroles
que, dans une extase, il entendit le Seigneur lui dire : t.c. : πορεύου, ὅτι
ἐγὼ εἰς ἔθνη μακρὰν ἐξαποστελῶ σε, «poursuis ta route, parce que je vais
te renvoyer, moi, au loin, chez des païens». D remplace le futur

ἐξαποστελῶ par l'indicatif présent ἐξαποστέλλω, «je te renvoie». Comme
en 18, 6 *(supra)*, la mission est *immédiate*.

— 28, 30 (Clark) : Le texte court dit que, dans les deux années de sa
première captivité à Rome, Paul «accueillait tous ceux qui venaient
jusqu'à lui». A la fin du verset le texte occidental ajoute καὶ διελέγετο
πρὸς Ἰουδαίους τε καὶ Ἕλληνας, «et il s'entretenait avec des Juifs et avec
des Grecs». Cette addition rectifie l'impression laissée par le verset
précédent — jugé quelquefois interpolé — où l'on voit que quittent
Paul, après son rappel de la prophétie d'Isaïe, *les* Juifs, c'est-à-dire
ceux qui sont venus le voir et l'entendre dans son logement de Rome.
Le texte occidental rappelle, à la fin des *Actes*, que la mission de Paul
est double, et l'imparfait διελέγετο montre que les entretiens (οἱ λόγοι)
étaient habituels avec les étrangers résidant à Rome. Jusqu'au bout
la mission de Paul continue et complète celle de Pierre (cf. J. Dupont,
in Kremer, p. 403-404).

Ainsi Paul a compris le premier, et très vite, que le temps de Moïse
était révolu. L'idée, insupportable pour les Juifs dont il essaye
loyalement d'obtenir la conversion, surtout à Jérusalem d'abord,
explique leur violence contre lui. Constatant leur surdité opiniâtre
devant la Parole, il se tourne vers les païens. S'il se tourne vers eux
c'est parce que le peuple élu, l'ensemble de ce peuple à qui Paul peut
s'adresser, avait été choisi pour proclamer le salut et l'annoncer
d'abord aux Juifs, ensuite aux autres peuples. Ils attendent le Messie,
mais c'est pour le rejeter. Leur refus est plus coupable que
l'incroyance des païens. S'il y a des Juifs qui adhèrent à la foi, ils le
font en tant qu'individus, séparés du judaïsme officiel.

Il y a aussi ceux qui ne sont pas sourds et qui voudraient croire ; et
comme Paul se sait voué à une mission immédiate et universelle, il
accepte encore, pendant ses deux années de Rome, de discuter avec
ceux-là, fixés dans la ville, qui consentent ou qui cherchent à
s'entretenir avec lui.

Mais le texte occidental, écrit plus tard et peut-être pour un
nouveau public, insiste sur l'importance de la mission qu'il accomplit
auprès des Gentils, sans les avoir jamais négligés.

Effets de la parole.

Une fois constatée l'action de la parole, accrue et multipliée dans le
texte occidental notamment lorsque le nom de Jésus y est invoqué, et
aussi dans sa transmission, on peut constater maintenant que ses
effets se manifestent dans la version longue avec autant de diversité
que dans la version courte, mais en offrant de nouveaux exemples.

— 13, 12 : Paul, qui n'est plus Saul, opère sa première conversion.
Le proconsul Sergius Paulus a vu le mage Elymas devenir aveugle,

comme Paul l'avait annoncé : t.c. : ἰδὼν ... τὸ γεγονὸς ἐπίστευσεν, «(le proconsul), ayant vu l'événement, se mit à croire». Le texte long fait deux additions : il précise que le proconsul crut *en Dieu*, et montre que l'annonce incluse dans les paroles de Paul l'a *émerveillé*, ἰδὼν ... τὸ γεγονὸς ἐθαύμασεν καὶ ἐπίστευσεν τῷ Θεῷ. Au plaisir (v. 8) succèdent l'admiration, puis la foi.

— 13, 41 : Paul vient de terminer son discours à ses frères israélites dans la synagogue d'Antioche de Pisidie. Le texte long ajoute alors les deux mots καὶ ἐσίγησαν, «et ils gardèrent le silence». Ce silence est le signe que les frères n'avaient rien à répliquer aux paroles de Paul, surtout achevées sur une citation des Prophètes.

— 14, 1 : Dans la synagogue d'Iconion, Paul parle : le texte long ajoute πρὸς αὐτούς, «*leur* parle», pronom qui désigne ceux à qui il s'adresse, les Juifs ; et l'effet ira au-delà des Juifs. Les effets de la parole ne sont pas exactement les mêmes dans les deux versions. Le texte court écrit ὥστε πιστεῦσαι, «de manière à donner la foi (à une grande foule de Juifs et de Grecs)». D *remplace* l'aoriste par un présent, ὥστε πιστεύειν, «de manière à enraciner la foi». Voir au chapitre 7, «passage de l'aoriste au présent». Le remplacement dénote un auteur qui à la fois sait le grec et possède le sentiment des nuances. «Donner» la foi est l'œuvre de Dieu. «Enraciner» la foi est l'œuvre des hommes. A partir du don divin initial elle est accomplie par la parole des missionnaires.

— 14, 9 : A Lystres, le boiteux de naissance a entendu Paul. Le texte long ajoute ὑπάρχων ἐν φόβῳ, «non sans frayeur». Le présent est significatif : le boiteux est dans un *état* de frayeur pendant que Paul parle. Il ne sait pas que les prochaines paroles seront «Lève-toi tout droit sur tes pieds...» et qu'il va marcher. (*N.B.* les φόβοι dans les additions de 16, 35 et 26, 14 (Clark) ont un caractère différent.)

— 16, 38 : Paul, libéré de sa prison, a parlé, plus en homme qu'en apôtre, aux licteurs. Il s'indigne du traitement que Silas et lui ont subi sur l'ordre des préteurs (v. 37). Le texte court dit que les licteurs rapportèrent ces paroles τοῖς στρατηγοῖς, «aux préteurs». L'auteur de D recule ce mot plus loin et, après τὰ ῥήματα ταῦτα, «ces paroles», ajoute τὰ ῥηθέντα ; de plus, en écrivant πρὸς τοὺς στρατηγούς, il change la fonction du mot : «(les licteurs rapportèrent ces paroles) qui avaient été dites *à l'intention des* préteurs». Il insiste sur l'intention de Paul dans sa plainte aux licteurs : il voulait que ses paroles fussent répétées. Par suite, la place nouvelle du mot «stratèges» à la fin de la phrase permet d'ajouter οἱ δέ au début de la suivante : «*et eux* (les stratèges...)». C'est bien «eux», tout stratèges qu'ils sont, qui, apprenant que Paul et son compagnon étaient des Romains, ont été *effrayés* par les paroles de Paul.

— 17, 34 : Le discours à l'Aréopage n'a·que peu d'effet sur les

Athéniens. Le texte court dit que, avec d'autres, quelques hommes eurent la foi, parmi lesquels Denys l'Aréopagite, et une femme nommée Damaris. D supprime Damaris mais insiste sur la conversion de Denys, d'abord en ajoutant τις devant son nom, ce qui le distingue (comme Saul 7, 58 D), puis en le qualifiant d'εὐσχήμων, «un personnage distingué». Il semble que l'auteur veuille insister sur le fait qu'un personnage, devenu célèbre quand il écrit, eut la foi ; il le souligne aussi en supprimant le nom d'une femme sur qui était venu l'oubli. (N.B. On notera cependant qu'il subsiste un doute : selon Clark les quatres mots du stique καὶ γυνὴ ὀνόματι Δάμαρις seraient une omission du texte long. En ce cas, l'adjectif εὐσχήμων s'appliquerait à celle-ci.)

— 18, 8 : Cf. *supra* sur «le nom de Jésus».

— 19, 8 : A Éphèse, dans la synagogue, selon le texte court, ἐπαρρησιάζετο διαλεγόμενος καὶ πείθων, «(Paul) parlait à mots francs ... par des entretiens persuasifs (sur ce qui touchait le royaume de Dieu)». Devant le verbe principal D ajoute ἐν δυνάμει μεγάλῃ, «avec une grande force», une addition qui souligne l'efficacité de la parole de Paul (voir plus haut sur l'addition du *nom* de Paul et, ci-dessus, sur la παρρησία).

— 19, 10 : La remarque prolonge la précédente. Devant le durcissement de certains Juifs, Paul prend à part les disciples pour faire des entretiens quotidiens dans l'école de Tyrannos. Cela eut lieu deux ans durant, et le texte court écrit ὥστε πάντας ... ἀκοῦσαι τὸν λόγον τοῦ Κυρίου, «au point de faire entendre la parole du Seigneur à tous (les habitants de l'Asie, aussi bien grecs que juifs)». L'auteur de D, en connaisseur des nuances du grec, *remplace* l'infinitif de la consécutive, suivi de τὸν λόγον, «la parole», par l'indicatif d'une temporelle introduite par ἕως ; et il met τὸν λόγον au pluriel ; le tout donne un sens nouveau : «... jusqu'à ce que tous ... eussent entendu les paroles (du Seigneur)». Ainsi le pluriel assimile *les* paroles de Paul à *la* parole du Seigneur, et l'efficacité de ces paroles est démontrée par le résultat obtenu. Dans le texte court il y avait, pour tous les habitants de l'Asie, là *possibilité* d'entendre ... ; dans le long tous les habitants de l'Asie *ont* entendu. La mission a gagné en largeur et en profondeur.

— 26, 30 (Clark) : Comme en 13, 41 il est impossible d'ajouter quoi que ce soit lorsque Paul a parlé, surtout lorsqu'il achève son discours prononcé devant Agrippa, Festus, Bérénice, et d'autres, par un mot spirituel «ces liens exclus». Dans le texte court, Ἀνέστη ὁ Βασιλεύς, «le roi se leva (ainsi que le procurateur, Bérénice, et tous ceux ...)» Il est impliqué seulement qu'Agrippa n'a rien à répondre. Dans D le fait est souligné au début du verset par l'addition des mots Καὶ ταῦτα εἰπόντος αὐτοῦ ..., «et quand il eut dit cela ...» Chaque mot, banal en apparence, insiste sur la parole, sur celui qui la prononce, lui, Paul, sur les choses qu'il vient de dire et qui sont sans réplique, mais qui ont provoqué, sinon un mouvement vers la foi, du moins la conviction de l'innocence de Paul (voir aussi, plus haut, chapitre 9, les remarques sur αὐτός, avec l'exemple suivant ci-dessous).

– 28, 29 (Clark) : Le verset 29, qui n'est pas donné par le texte court, est souvent considéré comme interpolé ; mais aucun des arguments avancés en ce sens ne semble décisif. Dans son logement romain Paul a reçu les Juifs, pour le dernier entretien du livre ; il leur a cité Isaïe et prédit que les Gentils, eux, écouteraient l'annonce du salut. Le texte occidental ajoute le verset καὶ ταῦτα αὐτοῦ εἰπόντος — quatre mots déjà ajoutés 26, 30 ; cf. l'exemple précédent — ἀπῆλθον οἱ Ἰουδαῖοι πολλὴν ἔχοντες ἐν ἑαυτοῖς συζήτησιν, «et quand lui eut ainsi parlé, les Juifs partirent, avec un grand sujet de discussion entre eux». Comme précédemment, les auditeurs n'ont rien à répliquer aux paroles décisives de Paul ; leur intérêt se manifeste cependant par la discussion qui se prolonge entre eux pendant le temps qu'ils sont encore sous le coup des paroles qu'il a dites après avoir cité Isaïe.

Ainsi le texte occidental, à propos des paroles de Paul, fait apparaître leur efficacité en des domaines divers. Elles produisent des effets différents sur les hommes qui les écoutent, suivant qu'ils sont juifs, païens ou romains. Elles provoquent l'émerveillement chez ceux qui n'ont pas un cœur endurci, l'effroi sur ceux qui se sentent coupables de quelque faute, le silence quand elles sont irréfutables.

Toujours elles ont pour objet de jeter des jalons en vue d'une conversion, ou, mieux, de conduire l'auditeur à la foi, et la foi qu'elles provoquent, immédiate ou non, peut être plus durable lorsque l'auteur du texte occidental a disposé de plus de temps pour en apprécier les effets. Toujours aussi elles ne font qu'un avec la parole de Dieu.

TROISIÈME PARTIE

HYPOTHÈSE : DEUX DATES ET UN AUTEUR

(Note préliminaire : les chapitres 12 et 13, complément aux chapitres précédents, n'ont pas la même rigueur. Ils ne font qu'exploiter et confirmer une hypothèse vraisemblable.)

CHAPITRE 12

L'AUTEUR ET LES DATES

L'auteur du texte occidental.

On ne perdra jamais de vue le fait que le texte occidental n'a pas d'existence indépendante. Il n'existe que lié au texte court, celui du livre des *Actes* écrit par Luc, auquel il se superpose. Il forme un tout avec lui. Sans lui il n'est rien, sinon des mots et quelquefois des phrases, plus souvent des bribes de phrase.

Dans les onze premiers chapitres on s'est borné à constater les différences entre les deux textes, sans aller au-delà. Les constatations ne peuvent avoir de raison d'être que si elles conduisent au moins à une hypothèse sur l'auteur — le seul auteur — de la version occidentale. Puisque le texte court possède, lui, son existence indépendante, mais que le texte long ne peut se passer du court, on est appelé à poser franchement la question : peuvent-ils être de la même main ?

Étant donné que Luc a signé la version courte des *Actes*, comme il a signé son Évangile, dans la première phrase de chaque livre[1], est-il pensable que, dans une histoire consacrée par l'évangéliste aux faits et gestes des apôtres choisis par Jésus, à partir de l'Ascension et de la Pentecôte, un auteur ait eu l'audace de s'y livrer à des additions, des remaniements, même à faire des coupes ? Qui, sinon Luc, pouvait avoir l'autorité de retoucher un texte admis, établi, connu, un texte sacré, rédigé par lui-même ?

Après cette question de principe, il est bon de rappeler que toutes les conclusions émanant de chacun des onze premiers chapitres indiquaient toujours et partout la main d'un auteur usant du vocabulaire de Luc, écrivant une langue grecque aussi pure que celle de Luc, et retouchant jusque dans les détails, tout en respectant ses

---

(1) *Actes* 1, 1 : « J'ai composé mon premier livre, Théophile ... » ; ce premier livre est le troisième Évangile. Voir Lc., 1, 4, prologue adressé déjà à Théophile.

données, un texte premier, avec une délicatesse et une habileté donnant à penser qu'il ne pouvait modifier qu'un texte préexistant, écrit déjà par lui.

On constatait encore que tous les changements — et les plus petits sont le meilleur indice d'une identité d'auteur — apportaient, avec des corrections, une information neuve et précise, principalement sur Paul, sa vie, ses voyages, sa volonté, sa mission, et que toutes ces nouveautés, inconnues du texte court, reposaient sur une connaissance approfondie des actes et des sentiments de celui dont Luc partagea longtemps les épreuves, jusqu'à la dernière captivité où Luc encore fut son compagnon.

Dans ces conditions, n'a-t-on pas le droit de se décider à conclure, et de proposer l'idée que Luc, auteur du texte premier, se confond avec l'auteur du texte second ? Ce Luc lui-même second semble avoir voulu compléter l'œuvre du premier, devenant alors le seul Luc une fois le texte court révisé jusqu'au bout, c'est-à-dire à partir du moment où l'addition des deux versions a rendu le texte définitif.

L'idée admise, il reste à poser le problème des dates, non sans savoir d'avance qu'il est impossible de parvenir à une certitude. On peut seulement affirmer que les deux versions, si elles sont l'œuvre d'un même auteur, n'ont pas été écrites à la même époque, et que la seconde dans le temps, qui conserve la première en l'enrichissant, est celle que l'on appelle l'occidentale.

La date du texte court et la première captivité à Rome.

Rappelons d'abord ce qui ne souffre pas d'objection. La volonté de Luc, au moins à partir du moment où son livre fut entièrement consacré à Paul, était de le conduire à Rome, une ville dont il avait reçu droit de cité par naissance, mais qu'il n'avait jamais vue.

Après les deux années passées à enseigner dans la ville opulente d'Éphèse, Paul a voulu reprendre la route pour gagner Jérusalem, mais une route de missionnaire, comportant des détours considérables, passant par la Macédoine et l'Achaïe — la Grèce — (*Romains* 15, 26), et lui permettant de prolonger ses premiers voyages de Corinthe et d'Athènes. Après avoir été là, disait-il, δεῖ με καὶ ῾Ρώμην ἰδεῖν, « *il me faut* aussi voir Rome » (*Actes* 19, 21).

A Jérusalem, il se trouve exposé à la fureur des Juifs. Sa vie même est en jeu. Le tribun Lysias, sans savoir encore sa qualité de Romain, le fait conduire en lieu sûr, dans le quartier où sont cantonnées les troupes romaines d'occupation. La nuit suivante, le Seigneur Jésus apparaît à Paul et, comme au chemin de Damas, lui parle : « Courage, Paul ; comme tu es allé à Jérusalem attester ce qui me touche, *il faut*, δεῖ, que, de même, tu ailles à Rome, καὶ εἰς ῾Ρώμην, porter témoignage » (23, 11).

Jérusalem n'était donc autre chose, dans le plan divin, qu'une étape sur le chemin menant à Rome. Paul a le *devoir* d'aller à Rome. Dès lors, tout se déroule selon les desseins de la Providence. Conduit par les Romains à Césarée pour qu'il puisse échapper aux Juifs acharnés à sa perte, Paul refuse de retourner à Jérusalem se faire juger par eux. Il en appelle à César. Le procurateur Félix n'a pas le droit de refuser. «Tu fais appel à César, dit-il, tu iras à César» (25, 11).

Au cours de l'interminable traversée dont Rome est le but, en pleine tempête, le navire sur le point de sombrer, Paul encourage et rassure tout le monde à bord, autres captifs, soldats, compagnons et matelots. Il peut le faire parce qu'il tient d'un ange, à lui apparu pendant la nuit, qu'il n'a pas lieu d'avoir peur. «Cesse ta frayeur Paul, a dit l'ange, *il faut* — et c'est le troisième δεῖ exigeant Rome — que tu te présentes à César...» (27, 23-24).

Il ira donc à Rome et, dans le chapitre 28 et dernier, verset 14, Luc n'aura plus qu'à conclure : «Et c'est ainsi que nous arrivâmes à Rome», καὶ οὕτως εἰς τὴν Ῥώμην ἤλθαμεν[2]. Luc a mené les *Actes* à leur fin. Paul est arrivé à bon port, au but fixé par Dieu. Luc l'avait accompagné jusqu'au bout.

A Rome, on le sait, Paul devait «rester deux années entières», de 61 à 63, ἐνέμεινεν διετίαν ὅλην (28, 30; expression analogue 11, 26), ayant reçu des Romains la permission de vivre dans un logement particulier «avec le soldat qui le gardait» (28, 16). Cette permission n'avait rien d'une faveur. Il était citoyen romain et n'avait été accusé que par des Juifs, et des Juifs de Jérusalem. Orateur sans danger aux yeux des Romains, jamais il n'avait menacé l'ordre public. Il continuait son enseignement auprès des visiteurs intéressés. «Il accueillait tous ceux qui venaient jusqu'à lui, proclamant le royaume de Dieu, enseignant tout ce qui touche au Seigneur Jésus-Christ, avec un franc-parler total, sans entrave» (28, 30-31).

Pendant ce temps continuait l'instruction de son appel à César. Selon toute vraisemblance elle se termina par un non-lieu. Aucun accusateur, ni Juif ni autre, ne s'étant présenté dans les délais légaux, le magistrat chargé de l'affaire dut relâcher Paul sans le traduire en jugement. Il y a des chances pour que, dans ces conditions, l'apôtre innocent ait regretté le défaut d'un acquittement officiel, prononcé à la suite d'un véritable procès[3]. Mais, si Paul devenait libre de reprendre sa mission, Luc n'avait pas achevé sa tâche. Le but de l'histoire était atteint ; il restait à l'écrire.

Il est probable encore que Luc mit à profit ces deux années sans

---

(2) Οὕτως ... ἤλθαμεν s'applique à l'ensemble du long et périlleux voyage sur mer, de Césarée à Rome, plutôt qu'à la dernière étape du voyage, en sol italien.

(3) DAUVILLIER, p. 192-196 et 700 ; C. SPICQ, *Pastorales* p. 128.

histoire pendant la paix laissée aux Chrétiens jusqu'à l'incendie de Rome en 54, pour rédiger au moins la majeure partie du texte premier des *Actes*. Pour un grand nombre de chapitres, il n'avait qu'à faire appel à ses propres souvenirs, complétés par ses notes de voyage, les «passage-nous», et par ce qu'il tirait de ses entretiens avec Paul. Il devait souvent lui rendre visite dans le logement autorisé, comme dans sa prison au temps de la captivité à Césarée.

Il est impossible de dire si les deux années de cette première captivité romaine furent suffisantes pour que Luc pût mener à bien la rédaction des *Actes* dans leur première version. Il se peut qu'elle n'ait pas été terminée quand Paul, ayant retrouvé la liberté de ses mouvements, put retourner à ses voyages. Le fait est que l'on perd la trace de Luc après ces deux années, jusqu'au moment où il refait surface dans la dernière des *Pastorales*, la dernières des *Épîtres*, la deuxième *Épître à Timothée*.

Paul a donc repris la route en laissant à son travail, selon toute vraisemblance, le compagnon fidèle, qui se rappelait bien ses actes pour l'avoir observé, écouté, même soigné jusque-là, mais qui sentait le besoin de se procurer une information précise sur Pierre et les premiers apôtres.

Nouveaux voyages de Paul et les deux premières Pastorales.

Il y a lieu de croire que Paul, alors, voyagea en Espagne, jusqu'à Tharsis[4]. Il dut poursuivre ensuite son apostolat en Orient. Mais, s'il est «impossible de reconstituer ses itinéraires, de déterminer leurs étapes, encore moins de leur assigner une date précise»[5], il est probable que le centre le plus important de son activité fut Éphèse, la ville d'Artémis et des orfèvres. Avec lui résidaient, entre autres disciples, l'Éphésien Trophime, et Timothée.

Toujours il gardait le souci des communautés lointaines. Plus d'une fois il quitta Éphèse afin de visiter les autres fidèles et leurs Églises. Après son passage à Colosses (*Philémon* 22), on peut tant bien que mal suivre ses étapes nouvelles dans les deux premières *Pastorales*, première *Épître à Timothée*, *Épître à Tite*. Laissant la direction de l'Église d'Éphèse à Timothée, il se rend en Crète et y laisse Tite, avec Tychique pour le seconder. Il gagne ensuit la Macédoine, où l'appellent ses chers disciples de Philippes (*Philipp.* 2, 24). Il projette de revenir à Éphèse (I *Tim.* 3, 14 et 4, 13).

---

(4) Cf. C. SPICQ, *Helmantica*, 1964, p. 45-70; *Past.* p. 129 et suiv. Voir aussi *Romains* 15, 28.

(5) SPICQ, *Past.* p. 138-139. Les pages suivantes du présent chapitre 12 doivent beaucoup à l'introduction de ce volume, et aux notes nombreuses accompagnant le texte des trois Épîtres.

C'est de Macédoine, probablement, qu'il dicte sa première épître à Timothée et, presque aussitôt après, l'épître à Tite. Celle-ci, il la fait transmettre par Zénas et Apollôs (*Tite* 3, 13), parce que Tite se trouve alors en Dalmatie (II *Tim.* 4, 10), non sans lui avoir annoncé au préalable qu'il allait envoyer Artémas ou Tychique pour le remplacer en Crète. Lui-même, cependant, va se rendre à Nicopolis, en Épire, et Tite est invité à l'y rejoindre. C'est à Nicopolis qu'il va décider de passer l'hiver (*Tite* 3, 12), presque sûrement l'hiver 66/67[6], pendant lequel furent écrites les deux premières *Pastorales*.

Plus que jamais, à cette époque, la grande préoccupation est d'organiser les communautés existantes, d'abord parce que Pierre est mort en 64, martyr, à Rome, ensuite parce que, resté le principal apôtre de l'Église, il se sent vieillir et que l'heure est venue d'en assurer la vie après sa mort. On voit alors en lui un homme pressé comme jamais il ne le fut. Il n'a pas un instant à perdre s'il veut que la Parole se propage après lui dans l'univers païen. Si ses déplacements multiples peuvent donner l'impression d'efforts dispersés, entre l'Orient et l'Occident, la volonté demeure une : il lui faut à la fois enseigner jusqu'au bout et organiser sa succession. Il y aura un dépôt à garder (I *Tim.* 6, 20).

L'*Épître à Tite* est écrite, peut-être pendant un voyage (3, 15), par un homme qui visiblement n'a pas un instant à perdre. Paul invite son disciple à *se hâter* de venir à lui[7]. Les Philippiens, il compte pouvoir les rejoindre *rapidement*, et en personne[8], c'est-à-dire sans se faire remplacer par un émissaire. Et lorsqu'il écrit à Timothée, il a l'espoir d'aller le voir — à Éphèse où il a envoyé Tychique (II *Tim.* 4, 12) — *au plus tôt*[9].

Il regagne en effet Éphèse[10]. Mais il la voit pour la dernière fois, puisqu'il va être contraint par un grave incident — mal connu de nous — suivi d'une arrestation qui devait le mener une fois de plus à Rome, mais cette fois dans une vraie prison, définitive.

Tous ces actes, accomplis par le seul apôtre alors bien connu de Luc, se situent dans les trois années qui suivirent les deux années de sa première captivité à Rome, c'est-à-dire de 64 à 67.

---

(6) Il est peu vraisemblable, bien qu'il s'agisse d'un projet pour l'hiver à venir, que ce soit l'hiver 67/68, où Paul se trouvait en prison, à Rome, avant d'être exécuté.

(7) Σπούδασον ἐλθεῖν πρός με, *Tite* 3, 12. L'adverbe σπουδαίως figure au verset suivant. Autant que le zèle, il signifie la hâte.

(8) *Philippiens* 2, 24 : πέποιθα ... ὅτι καὶ αὐτὸς ταχέως ἐλεύσομαι.

(9) I *Tim.* 3, 14 : Ταῦτά σοι γράφω ἐλπίζων ἐλθεῖν πρὸς σὲ ἐν τάχει (ou, selon d'autres manuscrits, τάχειον, mais le sens est le même). Ces annonces de hâte ne doivent pas être une clause du style épistolaire. C'est peut-être au cours de ce voyage de retour que Paul laissa sa pèlerine à Troas avec ses manuscrits, qu'il priera Timothée de lui rapporter dans sa prison à Rome (II *Tim.* 4, 13).

(10) Cf. SPICQ, *Past.* p. 813.

Il se peut que Luc soit resté à Rome pour pousser très loin sa rédaction première des *Actes*. Il peut l'avoir terminée par les versets 30 et 31 du dernier chapitre, qui résument les deux années passées la première fois par Paul à Rome, mais sans intention d'aller au-delà puisqu'il avait conduit son livre au terme de son choix. Un simple résumé suffisait d'ailleurs puisque la semi-captivité de l'apôtre empêchait tout fait saillant de marquer alors sa vie. S'il est possible de fixer un point de départ à la rédaction du texte court, après l'arrivée à Rome en 61, il est impossible d'en fixer la fin. Il se peut que la rédaction se soit achevée pendant les deux années 61 à 63 ; peut-être vaut-il mieux la situer pendant le temps que Paul voyageait en occident, avant de regagner son point d'attache d'Éphèse.

Seconde captivité à Rome et seconde Épître à Timothée.

Si l'on connaît mal les circonstances des deux premières *Pastorales*, pour la raison très simple que Paul était alors en voyage et se déplaçait constamment d'un pays, ou d'une ville, à l'autre, on est en revanche assez bien renseigné, par Paul lui-même, sur les circonstances de la troisième et dernière *Pastorale*, la seconde *Épître à Timothée*, pour la raison non moins simple que Paul l'écrivit, ou la fit écrire, entre les murs d'une prison. Il n'avait plus que quelques semaines, peut-être quelques jours, à vivre.

Il envisage sa mort comme imminente (II *Tim.* 4, 17-18). Après avoir déclaré : « Me voici *déjà*, ἤδη, offert en libation » — la libation du sang versé — il emploie trois parfaits de la chose faite, signifiant que sa mort est tellement certaine qu'elle a déjà eu lieu : « Mon beau jeu *est* joué[11], ma course *est* accomplie (τετέλεχα) ; ma foi *est* gardée (τετέρηκα). » Son « heure », ὁ καιρός, est venue (*id.* 4, 6 et 7).

C'est donc à Éphèse que dut se produire l'incident qui provoqua son arrestation[12]. Depuis la révolte des orfèvres (*Actes* 19, 23 - 20, 1), il n'était sûrement pas bien vu des Éphésiens. Beaucoup d'entre eux, peut-être même des fidèles, ont dû se détourner de lui, non à cause de son enseignement, mais pour une raison précise, une circonstance ignorée de nous, mais que l'on devine à travers les textes.

Le forgeron Alexandre semble avoir été le responsable de son arrestation (II *Tim.* 4, 14)[13]. Il a pu dénoncer Paul, puis le suivre à Rome comme témoin à charge ou comme accusateur. Ce qui est sûr, c'est que l'apôtre est conduit à Rome, où il est prisonnier de droit commun (*id.* 1, 16), traité et enchaîné « comme un malfaiteur », ὡς κακοῦργος (*id.* 2, 9).

(11) L'image est celle des jeux du stade ; la suivante aussi.
(12) Sur tous ces faits on a suivi, comme précédemment, C. Spicq dans son Introduction à II *Tim.*, avec les notes détaillées de cette Épître.
(13) Peut-être est-il le même que l'Alexandros d'*Actes* 19, 33.

Il souffre alors de la solitude. De sa prison il fait appel à ses frères, qui ne l'ont pas écouté. Peut-être son cas est-il si grave qu'ils n'ont pas osé venir à son secours. «Tous ceux d'Asie, écrit-il, se sont détournés de moi» (*id.* 1, 15) ; il est donc peut-être abandonné par les Asiates convertis séjournant à Rome.

Plus que de ses chaînes et de la solitude, il souffre de son inaction. Il est le seul à porter le fardeau de toutes les Églises fondées par lui et des tâches qu'il a distribuées à travers le monde à ses disciples. Il appelle à son secours le meilleur d'entre eux, Timothée, qui se trouve toujours à la tête de l'Église d'Éphèse, et lui demande de venir avec Marc, le cousin de Barnabé, alors disponible (*id.* 4, 9).

Mais plus encore que dans les deux premières *Pastorales* l'heure presse. «Hâte-toi de venir avant l'hiver» (*id.* 4, 9 et 21). Il attend si bien Timothée qu'il le prie de prendre au passage à Troas une pèlerine[14] laissée là par lui, ainsi que ses livres et surtout ses parchemins. Il espère donc à certains moments avoir encore un peu de temps pour lire, écrire des lettres, rédiger peut-être des notes personnelles, en vue de sa première comparution devant le tribunal.

Il doit rester quelques fidèles à Rome, qui peuvent le visiter dans sa prison, puisqu'en terminant son épître il écrit : «Eubule, Pudens, Lin, Claudia et tous les frères te saluent.» Mais le reste, les Marc, Tychique, ont été envoyés au loin par lui, en Gaule, en Dalmatie. Timothée, on le sait, n'est pas encore là, et tous les autres l'ont abandonné.

Tous les autres, sauf un, «Luc seul est avec moi», Λουκᾶς ἐστιν μόνος μετ' ἐμοῦ (*id.* 4, 29). C'est la troisième fois, de toute son œuvre, que Paul nomme Luc. Il l'a appelé son «médecin bien-aimé», ἰατρὸς ἀγαπητός (*Col.* 4, 14) et son «compagnon de travail», ou «collaborateur», συνεργός (*Philémon* 24)[15].

Luc donc, l'ami fidèle qui l'a suivi dans ses durs voyages, déjà présent à ses côtés lors de sa captivité à Césarée, puis dans les deux ans de sa première captivité à Rome, mais dont on a perdu la trace à l'époque des deux premières *Pastorales*, l'assiste encore, peut-être le soigne, dans sa prison des derniers jours. Puisqu'il est son «collaborateur», et que Paul a l'habitude de dicter ses lettres, tout porte à croire que Luc fut le secrétaire qui écrivit la suprême épître. Il dut garder l'émotion de ces heures terribles.

---

(14) On est a l'automne 67, et Paul risque de souffrir du froid, surtout dans une prison.

(15) Il n'est pas impossible que Luc, auparavant, soit repassé par Éphèse, où Timothée, souffrant de l'estomac, a besoin d'un médecin, I *Tim.* 5, 23.

La date du texte occidental.

A la fin de l'été 67, Luc a sûrement terminé, dans sa version courte, la rédaction des *Actes des Apôtres*, son dernier livre, où trois fois il s'était montré aux côtés de Paul, toujours discrètement, dans les «passages-nous». La mort du Maître, même attendue, fut certainement pour lui un de ces coups dont on ne se remet que par un retour au travail et la poursuite d'une œuvre.

Un tel malheur — est-il invraisemblable de le supposer? — put le décider à tirer parti des informations recueillies de la bouche de Paul pendant et après la διετία, et à reprendre les *Actes*, après le dernier acte, par des retouches et des additions au texte premier, afin de donner une seconde édition, complète et corrigée, du premier livre. Le fait est que cette version nouvelle s'éclaire par la mort de l'apôtre. Elle est comme un long reflet de la seconde *Épître à Timothée*.

On peut ainsi se demander — mais avec prudence — si l'addition de 20, 18 D dans le discours prononcé par Paul à Milet devant les prêtres mandés d'Éphèse, toujours Éphèse, ne comporte pas un léger indice de date. Paul rappelle à ses auditeurs, selon le texte court, «quel fut sans cesse, dit-il, mon comportement avec vous...» Plus loin, au verset 31, il précise que ce fut pendant trois ans. Le manuscrit D corrige le verset 18 en écrivant *« pendant trois ans, environ, ou même plus »*. Les trois ans sont bien ceux du verset 31, mais l'addition du texte occidental ne correspondrait-elle pas au désir que Luc aurait eu plus tard de faire parler Paul de manière à inviter à se souvenir du temps qu'il passa à Éphèse, ville devenue le centre de ses préoccupations, entre ses deux captivités de Rome?

Après cette question, l'on voudra bien penser que, même si l'on paraît affirmatif, rien n'est certain. Si l'on trouve souvent des indices concordants sur la date, le texte nouveau ne fournit aucune preuve décisive. Contentons-nous d'une hypothèse sur laquelle il est possible de travailler.

Le « passage-nous » de 11, 26-28[16].

La mort de Paul donne à Luc l'occasion de revivre avec lui dans un nouveau passage où, avant les trois autres de même nature placés après, dans le texte court, il a la joie, douloureuse peut-être, de révéler sa présence et de dire «nous» pour la dernière fois. Il est bon de reprendre les trois versets en question du chapitre 11 des *Actes* parce que, si on les a examinés déjà dans le chapitre 9 du présent livre, c'était pour d'autres raisons.

---

(16) Le pronom «nous» n'apparaît en fait qu'aux versets 27 et 28. Mais les deux mots ajoutés au v. 26, καὶ τότε, «et c'est alors que...» ne se conçoivent que liés au «nous».

Pour rendre sensible la différence, dans le passage, entre le texte court et celui du *codex Bezae*[17], il convient de rappeler la traduction donnée des deux versions. Les personnages sont, sans parler de Luc, Saul et Barnabé. Celui-ci est allé chercher celui-là dans la région de Tarse, pour l'amener à Antioche, où se passe la scène.

Texte court : «(26) ... il advint qu'ils furent jusque pendant une année entière rassemblés dans l'Église, qu'ils enseignèrent une foule considérable, et que ce fut à Antioche, pour la première fois, que les disciples prirent le titre de Chrétiens. (27) En ces jours-là, des prophètes descendirent de Jérusalem à Antioche. (28) L'un d'eux, nommé Agabos, s'étant levé signifia, (par l'Esprit, qu'une grande famine ...).»

Texte long : «(26) ... *c'est eux qui*, **une fois arrivés**, < devaient rester > une année entière *pour être fusionnés* à l'Église et pour enseigner une foule considérable. **Et c'est alors que**, pour la première fois, à Antioche, les disciples prirent le titre de Chrétiens. (27) En ces jours-là, des prophètes descendirent de Jérusalem à Antioche. **Et il y avait bien de l'allégresse.** (28) **Et c'est au moment où nous nous trouvions rassemblés que** l'Esprit *fit dire* à l'un d'eux ... nommé Agabos, *par des signes*, qu'une grande famine ...»

Pour saisir ce qu'il y a de significatif dans la différence entre les deux versions, commençons par constater l'endroit des *Actes* où Luc a placé le nouveau texte, modifié et allongé. Il a choisi le moment de l'histoire où apparaît le titre de «Chrétiens», un titre encore mystérieux, qui sera connu plus tard d'Agrippa pendant la captivité de Paul à Césarée en 58-60 (26, 28) et dénigré par lui. Une étape capitale dans l'histoire du christianisme est actuellement atteinte. Luc mieux que personne connaît cette date mémorable puisque né, selon toute vraisemblance, à Antioche, l'histoire d'Antioche lui tient à cœur.

Dans le texte court, l'événement n'attire pas particulièrement l'attention. Repris dans le texte long, après la mort de Paul, le mot de *Chrétien* s'enrichit d'un nouveau sens. L'année 44 est loin dans le passé ; des événements majeurs ont eu lieu. En 49/50 un édit de Claude[18] a chassé les Juifs de Rome, donc les Chrétiens inclus en tant que juifs, le nom de «Chrétiens» étant encore inconnu des Romains. Les *Actes* montrent, 18, 2, que c'est cet édit qui chassa de Rome le ménage converti d'Aquila et Priscilla, et les fit s'installer à Corinthe. La mesure, visant une cinquantaine de milliers de juifs, n'était pas

---

(17) Sur le texte adopté, voir *R.S.P.T.*, 1982, p. 552-553. On met en italique les mots changés et en caractères gras les mots ajoutés.

(18) Suétone, *Claude*, 25, 11, visant cet édit écrit que Claude «Judaeos, impulsore *Chresto* assidue tumultuantes, Romā expulit.» «Chrestos» est le nom d'un homme pris pour l'auteur de troubles à Rome.

applicable pratiquement. Un compromis la remplaça : un règlement de police pris contre eux prononça l'interdiction des attroupements[19].

Sous Néron il y eut pour les Chrétiens dix années tranquilles dans les débuts de son principat, de 54 à 64. L'année 64 vit l'incendie de Rome, et le martyre de Pierre. Le bruit courut que l'incendie avait les Chrétiens pour auteurs. Tacite[20] écrit qu'aucune mesure humaine ne venait à bout de ceux que la foule, alors, c'est-à-dire à ce moment-là du régne de Néron, appelait Chrétiens. Réprimés sur le moment, la « détestable superstition », selon Tacite, se développa et reprit de plus belle, en Judée et à Rome. On arrêta ceux qui confessaient leur foi puis, sur leurs révélations, une multitude d'autres furent livrés aux bêtes, brûlés, crucifiés, sous les yeux mêmes de Néron.

La mention des Chrétiens, dans le premier « passage-nous » introduit au sein du texte court, prend son relief si les nouveaux versets ont été écrits après les deux ans (la διετία de 61-63) de la captivité sans histoire de Paul, deux ans pendant lesquels les Chrétiens furent laissés en paix.

Après, il devenait dangereux d'être chrétien. On le voit dans la seconde *Épître à Timothée*. Parmi ceux que Tacite disait appartenir à « tout ce qu'il y a d'affreux ou de honteux dans le monde » — cuncta undique atrocia aut pudenda — figure celui qui souffre d'être enchaîné « comme un malfaiteur », ὡς κακοῦργος, on l'a vu (II *Tim.* 2, 9) ; et l'on peut comprendre que certains de ses compagnons ou disciples aient eu « honte de (sa) chaîne » (*id.* 1, 16). Quand les Chrétiens sont devenus hors-la-loi, il fallait du courage pour prêcher l'Évangile[21]. C'est pour cela que, du fond de sa dernière prison, Paul a pu écrire : « Tous ceux d'Asie se sont détournés de moi. » On a vu cela plus haut ; mais il faut remarquer maintenant le verbe employé au début de la phrase ἀπεστράφησάν με πάντες οἱ ἐν τῇ Ἀσίᾳ (*id.* 1, 15).

Le recours à ce verbe n'explique-t-il pas le changement opéré dans les *Actes* 20, 30, par rapport au texte court[22] ? Il semble que la prophétie du discours de Milet soit en train de se réaliser. Là Paul annonçait, dans le texte premier qu'il se lèverait « des hommes disant des choses extravagantes (διεστραμμένα), afin *d'arracher*, dans leur sillage, les disciples » ; le *codex Bezae* remplace le verbe ἀποσπᾶν, « arracher », par le verbe très lucanien ἀποστρέφειν, « dévoyer », employé deux fois ailleurs dans ce même manuscrit. Le verbe second est ici préférable au premier, qui habituellement[23] se dit d'un arrachement à

---

(19) DION CASSIUS, 60, 6, 6.

(20) *Annales* — publiées en 115-116 — 15, 44, 3 et suiv. Voir aussi SUÉTONE, *Néron* 16, 2.

(21) Cf. SPICQ, *Past.,* p. 712.

(22) Voir chapitre 7, p. 259.

(23) Comme en 20, 10. Voir la note précédente.

des êtres chers. Le verbe ἀποστρέφειν convient mieux dans le texte occidental des *Actes* s'il y est écrit sous l'influence de la phrase de la seconde *Épître à Timothée*. Il est fort bien adapté à la situation de Paul dans sa dernière prison, en un temps où les docteurs de mensonge[24] disent des choses extravagantes, de nature à «dévoyer» les disciples, et où les rares disciples demeurés fidèles sont loin de lui, quand ils ne l'ont pas, comme les autres, abandonné.

Il y a plus. Le rapprochement du texte long avec la situation de Paul au moment où il écrit la dernière *Pastorale* est accentué par l'addition de notre «passage-nous», où le *codex Bezae*, pour situer l'histoire de la prophétie d'Agabos, ajoute les mots συνεστραμμένων δὲ ἡμῶν, «et c'est au moment où nous nous trouvions rassemblés que...»

Reparaît ici le verbe στρέφω avec un nouveau préverbe, συν-, qui s'oppose exactement à l'ancien, ἀπο-, et nous apporte le contraire de «dévoyer», ou «détourner» par l'emploi du verbe «rassembler». Dans la seconde *Épître à Timothée* les disciples s'étaient *détournés* de Paul. Ils sont ici, près d'un quart de siècle plus tôt dans la vie de l'apôtre, mais dans une phrase écrite par Luc après sa mort, *rassemblés*, Luc présent, autour de lui.

Au verset 26, va dans le même sens, mais plus loin, le remplacement de l'infinitif συναχθῆναι, infinitif dépendant de ἐγένετο «(il advint à Paul et à Barnabé) d'être *rassemblés* dans l'Église», par un verbe singulièrement plus expressif, συναχυθῆναι, «être fusionnés» : au bout d'un an, les deux apôtres, l'ancien et le nouveau, entièrement incorporés à l'Église, ne font plus qu'un avec elle, et cette fusion est d'autant plus remarquable qu'elle est réalisée une année seulement après que Paul a entendu la voix du ciel sur le chemin de Damas.

Il y a plus encore. En écrivant le verset suivant du texte long, 11, 27, Luc met en relief la différence entre deux époques, l'une triste, aujourd'hui, après la mort de Paul, et l'autre joyeuse, autrefois : ἦν δὲ πολλὴ ἀγαλλίασις «(en ces jours-là), il y avait bien de l'allégresse». L'allégresse est celle des Chrétiens, dont l'un converti depuis peu mais rattrapant le temps perdu, à se sentir et se savoir rassemblés, à Antioche, dans une même Église et une même foi.

En même temps apparaît le sentiment suggéré par l'évocation qu'éveillent les deux mots ajoutés au verset 26 avec la délicatesse coutumière à Luc, καὶ τότε, «et c'est alors (... que les disciples prirent le titre de Chrétiens)».

Cet art de recourir à un adverbe teinté de mélancolie, à côté de l'expression plus banale «en ces jours-là» de l'histoire en cours, souligne, en l'effleurant, la différence entre aujourd'hui et jadis. Le καὶ τότε «c'est alors que...» est sans intérêt pour le lecteur, mais il

---

(24) I *Tim.* 6, 2-10; *Tite* 1, 10-16.

signifie un désir, ou un besoin, pour l'auteur, qui est Luc, se désignant sous un «nous», de rappeler un souvenir chargé de marquer l'écoulement du temps entre deux époques.

S'il est écrit après la mort de Paul, le «alors» rappelle ce qui s'est passé, dans la joie, un an après la conversion. Aujourd'hui les Chrétiens sont traités comme des malfaiteurs. Alors ils inauguraient leur nom. Aujourd'hui sont divisés les fidèles. Alors nous étions rassemblés. Aujourd'hui l'Église est en deuil. Alors elle était dans l'allégresse.

Le «passage-nous» de 11, 26-28, situé dans l'histoire de Paul en l'année 44, donne l'impression d'avoir été écrit par Luc beaucoup plus tard dans sa version occidentale, quand il souffrait encore du martyre d'un apôtre qu'il avait servi jusqu'au bout.

13, 28-31 : quatre versets du discours d'Antioche de Pisidie.

Une impression voisine — et très fragile — semble se dégager du texte long, au milieu de ce discours tenu par Paul, au chapitre 13 des *Actes*.

Paul parle de la résurrection de Jésus et, au verset 31, écrit dans le texte court : « Et il a été vu bien des jours par ceux qui étaient montés avec lui de Galilée à Jérusalem, lesquels sont aujourd'hui ses témoins devant le peuple. »

Aux versets 28-30, le *codex Bezae*, après avoir ajouté des faits relatifs à l'attitude des Juifs finissant par obtenir de Pilate la condamnation de Jésus, opère, au verset 31, deux changements : «montaient» au lieu de «étaient montés», un imparfait qui décrit mieux la durée, ou la lenteur, de la montée ; il fait aussi commencer le verset par le démonstratif οὗτος, «c'est celui-là (qui fut vu bien des jours...)» ; la phrase est devenue indépendante par rapport à la précédente, et par là est donnée quelque importance à l'addition qui suit. Elle est celle d'un seul mot ἄχρι devant νῦν : le résultat de cette simple addition est que la fin du verset fait dire à Paul, au lieu de «lesquels sont *aujourd'hui* ses témoins devant le peuple», «lesquels sont *jusqu'aujourd'hui* ses témoins...»

On est tenté de supposer que l'addition n'est pas tout à fait sans rapport avec le sentiment de Paul reflété à la fin même du dernier chapitre de la seconde *Épître à Timothée*, 4, 10, «Démas m'a abandonné, ayant préféré *le siècle d'aujourd'hui* (τὸν νῦν αἰῶνα)». D'autres sont loin, écrit Paul ; et c'est alors qu'il ajoute «Luc seul est avec moi. »

Sans doute les disciples ne sont-ils plus les mêmes : ici ce sont les disciples de Paul, et là ceux de Jésus ; les circonstances sont différentes. Mais il n'est peut-être pas interdit de penser que l'addtion de «jusqu'à...» dans notre chapitre 13 des *Actes* est comme un reflet de la tristesse de Luc, seul présent aux côtés de Paul en proie à la souffrance de l'abandon, tout proche de la mort, et qui est mort lorsque son dernier fidèle présent écrit le texte occidental. Peut-être y a-t-il, soit par analogie, soit par opposition, une association de souvenirs, et l'addition examinée porterait ainsi sa date.

Une telle hypothèse serait interdite si elle portait sur un unique verset. Mais les pages précédentes sur le premier «passage-nous» peuvent lui donner quelque poids.

L'apologie de Paul.

L'idée d'une défense contre les accusations semble être précisée dans le texte occidental par une autre analogie avec la seconde *Épître à Timothée*.

Au verset 16 du chapitre 4, malheureux de son état d'abandon, Paul apprend à Timothée que, dit-il, «dans ma première défense, personne ne m'a assisté», ἐν τῇ πρώτῃ μου ἀπολογίᾳ οὐδείς μοι παρεγένετο, sauf, bien sûr, le Seigneur.

Le mot d'apologie — très technique ici — vise un fait précis, un événement tout récent, la première comparution, interrogatoire préliminaire de l'accusé dans la «prima actio»[25]. Elle vise la réponse de l'homme en cause, sollicitée par le magistrat aux accusations portée contre lui. Les λόγοι de Paul (verset 15), auxquels le dangereux forgeron Alexandre s'est violemment opposé, peuvent avoir fait impression sur le juge et sur le public. L'audience est accessible à tous. De très nombreux curieux sont là. Les parents et amis sont venus assister l'accusé. Ils peuvent le défendre par tous les moyens. Mais aujourd'hui la cause est désespérée.

Il est impossible, naturellement, de dire quel temps s'est écoulé entre cette première apologie et le moment où Paul la mentionne dans l'Épître. On peut croire cependant que c'est elle à laquelle pense Luc lorsque, après la mort de Paul, il le fait parler dans des circonstances analogues pendant une autre captivité, celle de Césarée. Paul a prononcé une première apologie, 21, 1, dans le texte court. Une seconde est ajoutée dans le texte occidental, 24, 10 (Clark) : devant le procurateur Félix, l'avocat des Juifs Tertullus a lancé un réquisitoire contre l'apôtre. Félix, d'un signe de tête a invité Paul à parler. Ici la version seconde ajoute dix mots. Paul répond qu'«il possédait une défense (ἀπολογίαν ἔχειν) pour lui-même», et ajoute que, «reprenant une attitude inspirée du ciel (σχῆμα ἔνθεον ἀναλαβών), il dit...»

Le mot ἀπολογία appartient exclusivement à Paul et à Luc (mis à part un exemple I *Petr.* 3, 15). Paul en offre quatre exemples, et Luc deux dans le texte court des *Actes*, auquel s'ajoute le présent exemple

---

(25) Cf. SPICQ, *Past.*, p. 818.

du texte occidental. Quant au verbe ἀπολογεῖσθαι, il n'appartient, dans tout le Nouveau Testament qu'à Paul (deux exemples) et à Luc, avec six exemples dans les *Actes* et deux dans l'Évangile, précisément lorsque Jésus invite ses disciples à n'avoir devant des accusations aucun souci d'apologie : «Quand ils vous traduiront devant les synagogues, les magistrats, les autorités, n'ayez aucun tourment pour le genre ou la nature de votre défense» (12, 11). Et plus tard : «Mettez-vous au fond du cœur de ne pas vous exercer d'avance à votre défense» (21, 4).

Les circonstances étaient celles d'un temps où Jésus vivait encore. Mais l'insistance de Luc en un temps où c'est Paul qui vivait encore attire l'attention sur cette *apologie* ajoutée dans le texte occidental des *Actes*, et porte à croire que l'addition est suggérée par une autre apologie, la «première apologie» présentée devant le tribunal de Rome par Paul peu de temps avant sa mort. Il est sûr que, comme Jésus l'avait recommandé, l'apôtre n'avait pas besoin de préparer sa défense. Et dans le texte occidental des *Actes*, l'apologie que Paul «possède par lui-même», il n'a pas à s'en soucier d'avance, puisqu'il la *possède*. Il suffit de laisser parler le ciel ; et c'est exactement ce qu'il fait, puisque Luc peut dire qu'il est visiblement *inspiré* par lui, σχῆμα ἔνθεον ἀναλαβών.

Dans le même sens une addition minime de D est peut-être à retenir, quelle qu'en soit la fragilité, comme dans l'exemple de 13, 28-31. En 26, 30, après le discours d'apologie prononcé par Paul devant Festus et Agrippa et achevé sur l'espoir que ses auditeurs deviennent comme lui chrétiens, le retour au récit est marqué par les mots ajoutés, καὶ ταῦτα εἰπόντος αὐτοῦ, «et quand il eut dit ces mots». On pense aussitôt au changement de 1, 9. Quand, juste avant l'Ascension, Jésus a terminé ses adieux et assigne leur mission aux disciples, le retour au récit est fait dans le texte court par les trois mots καὶ ταῦτα εἰπών, «ayant dit cela». L'expression, dans D, sans changer le sens, est autre, le participe devenu absolu et son démonstratif sujet étant exprimé d'une façon significative, καὶ ταῦτα εἰπόντος αὐτοῦ, «et quand lui eut dit ces mots». La modification de 1, 9 permet en 26, 30 de faire parler Paul, lui, comme lui, Jésus.

Le texte occidental donne le sentiment que Luc tient d'une certaine manière, fût-ce dans un détail, à assimiler Paul à Jésus, et aussi qu'il écrit en un temps où il veut évoquer, en les effleurant, les circonstances de la mort de son Maître.

La mission de Paul.

On ne prétend naturellement pas assigner au texte second des dates de rédaction échelonnées au fur et à mesure qu'il se constitue en s'écartant du premier. Mais on peut dire qu'il y a une séparation évidente entre les quelques changements apportés au résumé des deux ans de la première captivité, et les nombreux changements du reste des *Actes*. Il suffisait en effet de quelques instants pour permettre à Luc de remanier les deux versets 30-31 du résumé de la fin.

Les quelques retouches de la διετία : Commençons, pour la clarté des choses, par cette διετία, mais en notant d'abord son point de départ ; car, pour considérer ces deux années dans leur ensemble, il convient d'y inclure le verset 29, inconnu du texte court et souvent jugé apocryphe. Il a cependant l'avantage de mieux amener la διετία proprement dite : « Et quand lui (= Paul) eut ainsi parlé, les Juifs partirent, avec un grand sujet de discussion entre eux. »

Le verset est au moins utile pour assurer une transition entre les dernières paroles prononcées par Paul à ce moment-là, quand il annonce aux Juifs de Rome, beaucoup moins hostiles que ceux de Jérusalem, que c'est pour les Gentils que Dieu a voulu le salut : « Eux, oui, ils écouteront. »

Dans les deux années ainsi introduites on est en présence de trois additions remarquables, et peu importe leur date par rapport aux changements de tout le reste du texte occidental ; n'exigeant qu'un moment pour être faites, elles peuvent être les premières aussi bien que les dernières. On trouve l'addition du nom même de Paul — qui devait rester deux années entières à Rome — une addition peut-être nécessaire pour ramener l'attention sur lui, après l'insertion du verset 29 sur le départ des Juifs. Ensuite, l'addition de la fin du verset 30, « et il s'entretenait avec des Juifs et avec des Grecs », montre que Paul n'avait pas renoncé à sa mission auprès de ses compatriotes[26]. Enfin, et surtout, l'addition du participe διϊσχυριζόμενος[27], chargé de mettre l'accent sur ce que Paul affirmait dans ses *proclamations* du royaume de Dieu est à retenir, et l'on reviendra sur elle.

Ces trois additions précisent la force et l'étendue de la mission de Paul dans la forme qu'elles prirent *après* les deux années 61-63, vraisemblablement après la mort de Paul, quand Luc eut achevé de le connaître dans sa vie entière. Faciles à faire dans un passage de quelques lignes, la richesse de leur sens en est accrue.

Le reste des retouches : Une situation comparable à celle que supposaient les deux premières *Pastorales* est atteinte ; elle est plus grave dans la dernière. Paul y laisse voir une angoisse plus violente sur ce qui touche à la parole de Dieu, ὁ λόγος, avec le « franc-parler » qu'elle exige, puisqu'il est plus que jamais nécessaire d'enseigner, διδάσκειν, et de proclamer, κηρύσσειν. Ces trois éléments d'une même

---

(26) Cf. DUPONT, *in* Kremer, p. 403-404 ; EPP, p. 114.

(27) Voir le vocabulaire du chapitre 1 : le verbe, dans le N.T., n'est employé que par Luc.

mission, groupés de surcroît autour du *nom* de Jésus qui les rassemble, sont pratiquement inséparables dans la seconde *Épître à Timothée,* quelquefois même réunis dans une même phrase.

Dans les deux premières *Pastorales* ils étaient encore distincts. Il suffira de citer les passages qui les contiennent puisque ce qui compte ici est ce qui est dit et rassemblé dans la dernière :

– sur le nom, τὸ ὄνομα : I *Tim.* 6, 1 ;

– sur la Parole, ὁ λόγος : I *Tim.* 1, 15 ; 3, 1 ; 4, 9 et aussi *Tite* 3, 8, avec la répétition de la formule πιστὸς ὁ λόγος, «digne de confiance est la Parole»;

– sur l'enseignement, διδάσκειν et les mots de la famille : I *Tim.* 1, 3 ; 1, 10 ; 2, 7 ; 3, 2 ; 4, 1 (s'agissant de démons, par opposition) ; 4, 13 et 16 ; 5, 17 ; 6, 1-3 ; *Tite* 1, 9 (avec πιστοῦ λόγου) ; 2, 1 ; 2, 10 ; 2, 20.

Quant à la proclamation, on la trouve bien une fois dans *Tite* 1, 13, mais pas encore dans la première *Épître à Timothée,* comme si elle n'avait pris toute sa force que dans la seconde.

Dans cette seconde Épître les soucis de Paul se pressent et s'accumulent : il sait qu'il n'a plus de temps devant lui et qu'il faut déjà passer tel quel le flambeau remis par le ciel. Ses préoccupations sur le devoir à accomplir, jusque là distinctes, forment un bloc. Il les exprime avec plus de force, d'insistance et même d'enthousiasme. Devant la mort, tourmenté pour son héritage, il est obsédé par la pensée de tout ce qu'il faut à la fois enseigner et proclamer, en un mot, quand le temps est une peau de chagrin, de tout ce qu'il lui reste à *transmettre.*

Enseigner (et proclamer)[28].

Dans la troisième Pastorale : II *Tim.* 1, 11 : Paul parle de l'Évangile pour lequel, dit-il, «j'ai été établi, moi, héraut, κῆρυξ, et docteur, διδάσκαλος».

– *id.* 3, 10 et 16 : A Timothée il dit, en l'opposant aux hommes sans foi, «mais toi, tu m'as suivi dans l'enseignement», et il ajoute tous les domaines où le disciple a suivi le maître. Plus loin : «Toute Écriture, inspirée de Dieu, est aussi utile pour *enseigner,* pour convaincre, pour redresser, pour former (πρὸς παιδείαν) dans la justice.»

– *id.* 4, 2 et 3 : La fin de l'Épître approche. Tout est à faire en même temps : «*Proclame* la Parole, insiste (ἐπίστηθι) à temps, à contre-temps, convaincs, réprimande, exhorte, en toute longanimité et *doctrine.*» L'insistance exigée de Timothée semble suggérer chez Paul un désir de préserver la jeunesse de son disciple d'une éventuelle

---

(28) Cf. SPICQ, *Past.,* p. 628, n. 4, «Les constantes exhortations à la didascalie ... sont la charpente de nos lettres.» Même auteur, *T.M.N.T.,* II, p. 581, n. 2.

timidité. Cette insistance, Paul y tient : on le voit par l'addition de διϊσχυριζόμενος (= en insistant»), notée plus haut, à la fin du dernier chapitre des *Actes*, texte occidental (Clark), lorsque, dans sa première captivité, il «proclame le royaume de Dieu *par des affirmations insistantes*, et enseigne tout ce qui touche au Seigneur Jésus-Christ. Quant à la διδαχή que Paul réclame à Timothée, elle est plus que le souci d'instruire ; elle est une doctrine : «Proclamation de la Parole, remontrance, exhortation, etc., sont essentiellement didactiques, la communication d'une doctrine morale et religieuse[29].» Ainsi apparaît dans la dernière *Pastorale* une volonté de poursuivre au-delà de la mort l'enseignement de la doctrine.

Dans le texte occidental des *Actes* le même souci est visible, et plus marqué que dans la version courte.

On n'y trouve pas le mot διδασκαλία ; mais la notion d'enseigner, avec les mots διδάσκειν et διδαχή, est rajoutée une fois pour Pierre, qui, on le sait, avait précédé Paul de trois ans dans le martyre, et au moins trois fois pour Paul. Dans le chapitre 11 on avait d'abord abordé ces questions, mais en soi, sans référence à une date de rédaction ; c'est pourquoi il convient d'y revenir ici.

D'abord Pierre : 11, 2 : Il a résolu d'aller à Jérusalem. Une longue addition le montre interpellant les frères de Judée et les rendant inflexibles. Puis il part pour Jérusalem en «faisant force discours à travers les campagnes pour y *enseigner* les gens». Le texte court, lui, ignorait que Pierre avait répandu l'enseignement de Jésus dans les campagnes de Judée, et même qu'il avait alors enseigné à Jérusalem la parole de Dieu.

Il semble que Luc ait voulu éviter de gratifier Paul d'un rôle privilégié et voulu encore empêcher d'oublier que Pierre avait enseigné avant lui la saine doctrine. Mais dans le texte occidental il s'attache à montrer que l'enseignement exigé de Paul pour ses successeurs, il en avait très vite donné l'exemple après son chemin de Damas.

Le texte court ne laisse pas voir à quelle époque Paul eut des disciples attentifs à son enseignement après avoir été convertis par lui. Le texte long, en revanche, le montre. C'est au cours de son premier voyage, avec Barnabé, que des disciples apparaissent autour de lui, en Lycaonie. Le mot, jusque là, s'appliquait aux seuls disciples de Jésus, puis de Pierre. Un simple pronom supprimé dans le texte long (9, 25), signifie que Saul, à Damas, n'avait pas de disciples, et ce même texte, on l'a vu, indique, en 14, 20, que Paul alors, en Lycaonie, avait des disciples, *ses* disciples.

A partir de là Luc multiplie les exemples de l'enseignement qu'il

---

(29) *Ib.* p. 800, fin de la n. 2.

professe. Paul avait, à côté de Barnabé, inauguré son enseignement, selon le texte court, à Antioche, avant le premier voyage, lorsque apparut le titre de Chrétiens (11, 26) ; il l'a poursuivi, encore avec Barnabé, à Antioche, avant d'entreprendre le second voyage (15, 35). Pendant ce voyage-là il enseigne à Corinthe (18, 11), où Apollôs enseigne également (18, 25). Dans le discours de Milet il rappelle qu'il a beaucoup enseigné (20, 20). Après quoi, à Jérusalem, les Juifs lui font grief d'enseigner ce qui est contraire à leurs usages et à la Loi (21, 21 et 28). Le dernier exemple du texte court est dans la διετία. Au verset ultime du livre, 28, 31, Luc écrit — on le sait — que Paul, pendant les deux années de sa première captivité à Rome «enseignait ce qui touche au Seigneur Jésus-Christ, avec un franc-parler total, sans entrave», et c'est sur ces mots que Luc met un point final aux *Actes des Apôtres*.

Aucun de ces exemples n'avait lieu d'être supprimé dans le texte long. On les y retrouve naturellement tous, puisqu'ils appartiennent à la partie commune des deux versions. Mais le texte long en ajoute trois autres, par lesquels on voit Luc insister sur l'ardeur de l'apôtre, à partir de son passage en Lycaonie, à enseigner la parole de Dieu. Il suffit de rappeler les trois exemples de 14, 7 ; 14, 19 ; 17, 4, donnés dans le chapitre 11, sur l'enseignement de Paul en Lycaonie, notamment à Lystres, et encore à Thessalonique.

Ces exemples nouveaux, intercalés dans le texte court, semblent se distinguer des autres par un accent particulier. En Lycaonie c'est la population toute entière qui a été *remuée*, et le verbe est très fort, ἐκινήθη, 14, 7, par l'enseignement. A Lystres même, Paul et Barnabé «séjournaient et enseignaient», et les deux participes διατριβόντων et διδασκόντων, 14, 19, montrent, par leur valeur d'imparfait, la durée du séjour allant de pair avec le prolongement de l'enseignement. Enfin les deux emplois du mot διδαχή (14, 7 et 17, 4), sans complément, montrent qu'il s'agit de l'enseignement *par excellence*.

Il semble que Luc veuille rappeler que Paul avait donné à Timothée le conseil pressant, cité plus haut, de proclamer la Parole, de convaincre, d'exhorter «en toute longanimité et *doctrine*», ἐν πάσῃ μακροθυμίᾳ καὶ διδαχῇ (II *Tim*. 4, 2). Il semble que Paul veuille dire à Timothée : «Suis l'exemple que je t'ai toujours donné.» Il semble que Luc, après la mort de l'apôtre, cherche à prolonger les vertus de son enseignement auprès des Romains, après qu'il l'avait donné aux Barbares et aux Juifs et, probablement au-delà des Romains.

Proclamer (et enseigner)[30].

Le verbe *proclamer* a perdu toute la force qu'il avait au temps de Jésus. La proclamation est alors l'annonce *officielle* d'une chose déjà

(30) Spicq, *T.M.N.T.*, I, p. 243, n. 2.

faite, émanant de l'autorité suprême, et la chose *faite* est la rédemption, objet de la « bonne nouvelle ».

On a dit plus haut, dans le chapitre précédent, que les mots κῆρυξ et κήρυγμα ne figuraient dans aucune des deux versions des *Actes*. On y a vu les cinq exemples nouveaux du verbe, dénominatif de κῆρυξ, dans le texte occidental. Il importe ici de tenter de les situer dans le temps, c'est-à-dire dans l'histoire de Luc et de Paul.

En premier lieu le texte court : Le verbe y est huit fois, et Luc donne à ses temps la valeur qu'ils ont dans le grec classique, d'abord six fois la durée dans le présent et l'imparfait : en 8, 5, Philippe « proclamait le Christ » ; en 9, 20 Paul, après Damas, « proclamait Jésus » (participe présent) ; en 19, 13 les mots « par Jésus que Paul proclame » sont prononcés par les fils de Scévas ; en 20, 5, à Milet, Paul parle d'Éphèse où il a passé « en proclamant le royaume de Dieu » ; en 28, 31, à Rome, ceux qui venaient à lui, Paul les accueillait « proclamant le royaume de Dieu ».

Deux fois ensuite Luc emploie l'aoriste, avec son sens du passé et sa valeur d'aspect, hors de toute durée : en 10, 37, c'est le baptême que Jean « a proclamé » ; en 10, 42, Pierre dit que Jésus nous a donné l'ordre de « proclamer que Jésus, c'est lui ... le juge des vivants et des morts ».

Le verbe est construit avec un complément à l'accusatif. On proclame Jésus, le baptême, Moïse, le royaume. En 10, 42 il est suivi d'une complétive (« proclamer que »).

On constatera plus loin que toutes ces valeurs et constructions sont respectées dans le texte occidental. Elles n'y sont donc pas moins classiques.

En second lieu les *Pastorales* : Leur rédaction est à peu près sûrement postérieure à celle du texte court. Les mots κῆρυξ, κήρυγμα, κηρύσσειν y jouent un rôle éminent, comme il est naturel en un temps où Paul est hanté par l'idée de son âge et de sa succession.

Dans la première *Épître à Timothée*, 3, 16, Paul écrit à son disciple que « grand est le mystère de la piété », et place ici une hymne, ou profession de foi en le Christ ressuscité qui « *a été proclamé* dans les nations ».

Dans l'*Épître à Tite*, 1, 3, Paul écrit à son autre disciple : Dieu « a manifesté en temps opportun sa parole par la *proclamation* qui m'a été confiée, à moi, selon l'ordre de Dieu notre Sauveur ».

Dans la seconde *Épître à Timothée*, à la veille de sa mort, l'importance de la proclamation grandit encore :

– 1, 11 : Après avoir exalté l'apparition de « Notre Seigneur Jésus qui a stérilisé la mort », Paul parachève sa vocation de héraut : il parle de l'Évangile « pour lequel j'ai été établi, moi, ἐγώ — dit-il avec fierté — *héraut*, apôtre et *docteur* », κῆρυξ, ἀπόστολος καὶ διδάσκαλος. Il est le premier à savoir que le héraut est «indispensable pour faire entendre l'appel, et communiquer immédiatement la force de Dieu»[31]. On notera dans cet exemple la fierté du *moi*, ἐγώ, et la force du verbe τίθημι : Paul se dit *établi* héraut (cf. *Actes* 20, 28) chargé de proclamer l'Évangile. Cela est conforme à ce que dit Jésus lorsque, dans les *Actes*, 9, 15, il s'adresse à Paul pour l'envoyer en mission : πορεύου, «continue ta route...», un impératif où la notion de durée, impliquée dans le *présent*, s'étend au-delà de la mort, «... pour porter mon nom sous les regards des nations, des rois et des fils d'Israël».

– 4, 2 : En conformité avec sa propre vocation de héraut, Paul adjure Timothée de gouverner après lui l'Église d'Éphèse selon cet ordre : «*Proclame* la Parole», κήρυξον τὸν λόγον. Il faut voir ici, comme chez Luc, la valeur de l'aoriste. Le temps de l'impératif rend un son dramatique : Paul se considère comme déjà mort; il invite son disciple à *se mettre* à proclamer, à *commencer* la proclamation que lui-même ne pourra plus assurer[32]. «Il ne s'agit pas d'une proclamation quelconque, mais du *kèrygme*, au sens technique, qui comporte le maximum de publicité, fait par le héraut du Grand Roi qui a imposé à ses apôtres la charge officielle de la proclamation de la Parole[33].»

– 4, 17 : Enfin, dans la conclusion de l'Épître, après avoir rappelé que, dans sa «première défense» (c'est-à-dire, on l'a vu, lors de sa première comparution devant le tribunal romain, l'audience consacrée à l'interrogatoire préliminaire de l'accusé), abandonné de tous, il n'a eu personne des siens pour l'assister, Paul déclare que c'est Jésus, lui, qui l'a assisté et fortifié «afin que — dit-il — la proclamation fût parachevée et que toutes les nations l'entendissent».

«Le Seigneur voulait que son Évangile fût proclamé dans toutes les nations, et il avait choisi Paul pour le porter (on vient de le voir, *Actes* 9, 15) aux païens et aux rois. Celui-ci se sent responsable de la diffusion du *kèrygme*, notamment à Rome[33].»

La proclamation est le souci suprême de Paul dans une lettre où il ne pense qu'à l'avenir de l'Église. La dernière proclamation, il va la faire par la mort même, non sans avoir rappelé trois fois à Timothée ce qu'est la proclamation. Il lui donne l'ordre de proclamer après lui.

En troisième lieu, le texte occidental : Notre hypothèse sur la date de ce texte prend corps davantage si l'on considère le rôle que la proclamation y joue. Elle se présente cinq fois de plus par rapport à la version courte. Se peut-il que ce soit l'effet du hasard ?

Jésus veut que la proclamation soit faite, et si Paul, dernier apôtre,

(31) ID. *Past.,* p. 718.
(32) Même aoriste, à l'infinitif et au passif, Lc., 24, 47.
(33) SPICQ, *Past.,* p. 798-799.
(34) *Ib.* p. 820.
(35) Voir chapitre 1, «vocabulaire».

n'est pas le premier à obéir, on le voit, dans la version longue, après Damas, obéir plus et plus souvent que les autres.

Dès le début des *Actes* 1, 2, Luc, après la mort de Paul, a ajouté, selon le *codex Bezae*, que Jésus, avant l'Ascension, avait *ordonné* aux apôtres de proclamer l'Évangile, et de le proclamer sans fin. Dans les autres additions, c'est le nouvel apôtre qui proclame. A peine a-t-il entendu la voix de Jésus sur le chemin de Damas, qu'il entreprend de proclamer (26, 20 Clark). Dans son discours devant Agrippa, lors de la captivité de Césarée, il prononce ces paroles : «J'allai rapporter, à ceux de Damas d'abord, à Jérusalem aussi, et dans toute la campagne de Judée, ainsi qu'aux païens», de se convertir et de se tourner vers Dieu (26, 20). Et dans cet exemple, outre deux détails ajoutés sur «ceux» de Jérusalem, et «jusqu'» à toute la campagne de Judée, Luc remplace le verbe «rapporter» par le verbe «proclamer». D'autres retouches font penser à la grande préoccupation de Paul pour après sa mort. Dans le voyage de Bérée à Athènes on trouve l'addition d'une parenthèse assez longue expliquant son regret *d'avoir été empêché* de «proclamer» la Parole en Thessalie (17, 15); ainsi sa mission était limitée contre son gré. Dans une autre longue addition l'on voit les fils de Scévas chercher à invoquer le nom de Jésus «que Paul proclame» (19, 14), et le présent du verbe montre une fois de plus la constance de Paul à proclamer.

L'exemple de 16, 4 présente un intérêt particulier parce que Timothée, justement lui, est alors présent, à Lystres, aux côtés de Silas et de Paul. Le texte long ajoute ces mots : «Ils proclamaient, avec un franc-parler total, le Seigneur (Jésus-Christ).» Ainsi non seulement la *proclamation* se fait dans la *parrhèsie*, mais Timothée, le destinataire de l'Épître finale, ce disciple et successeur auquel il donne l'ordre anxieux de proclamer, savait depuis de longues années la nature et l'objet de la proclamation puisque Paul, dans son second voyage, lui avait mis l'exemple devant les yeux.

Notons aussi que, comme dans le texte court, Luc respecte avec soin la valeur des temps, présent, imparfait et aoriste, et peut ainsi donner aux verbes leur nuance exacte. En 17, 15 l'aoriste a sa valeur d'aspect, hors du temps. En 26, 20 (Clark) il signifie le commencement d'une action dans le passé, «j'allai proclamer», et s'oppose nettement à l'imparfait «j'allais rapporter» de ce verbe qu'il remplace.

Dans les autres cas, comme dans ce dernier exemple, l'imparfait et le présent signifient la durée : en 16, 4, «ils proclamaient» pendant leur *séjour* à Lystres; en 19, 14 Paul *ne cesse pas* de proclamer Jésus.

L'exemple de 1, 2 D mérite une nouvelle attention, toute spéciale. On l'a signalé, au chapitre 3, à propos de l'emploi des temps. Il importe de le reprendre ici, où le verbe κηρύσσειν reçoit la plénitude de son sens et semble porter sa date. On sait que, dans le récit de la διετία, le texte court montrait Paul, dans sa première captivité romaine, *en train de proclamer* — participe *présent* — le royaume de Dieu. Les mots existent dans le texte commun, mais avec cette addition remarquable du participe coordonné, présent lui aussi, διϊσχυριζόμενος, dont on sait également qu'il appartient au vocabulaire lucanien.

Ainsi, on voit Luc, dans la dernière phrase des *Actes,* insister sur l'idée, par cette adjonction sur la constance de Paul à proclamer le royaume, et cette insistance va de pair avec l'addition mise dès la seconde phrase du livre, 1, 2 D, sur les lèvres de Jésus donnant aux apôtres l'ordre de proclamer ; le présent du participe signifie toujours la durée, une durée éternelle : la proclamation sera donc faite par les premiers apôtres, puis par l'apôtre de Damas et, après la mort de Paul, par les successeurs.

Par là on est porté à penser que la proclamation de la fin du texte court introduit les cinq additions du texte long sur la proclamation, et que ces additions furent déterminées par le martyre de Paul en l'année 67. La version courte doit avoir, comme il est normal, une rédaction antérieure à la mort de Paul. La version longue semble avoir une rédaction causée par cette mort[36].

Objet de l'enseignement et de la proclamation.

Enseignement et proclamation, comme on l'a constaté, sont souvent associés, quelquefois inséparables dans les *Actes* et dans les *Pastorales* ; et ce qui fait l'objet de l'enseignement et de la proclamation est, par une conséquence naturelle, le complément de l'un ou de l'autre de leurs deux verbes, indifféremment. On ne peut donc pas les examiner l'un sans l'autre.

Les objets sont l'Écriture, l'Évangile, la Parole, le nom de Jésus. On n'est donc pas étonné de les trouver dans le texte occidental, simplement repris, plus souvent accentués par rapport au texte plus ancien.

Dans la seconde *Épître à Timothée* Paul manifeste son souci permanent de voir enseigner, en un temps et des lieux où abondent les docteurs de mensonge, la saine doctrine tirée de l'Écriture.

Cet enseignement n'est valable que s'il est fondé sur elle. Paul peut qualifier de «saintes» les Écritures — ou lettres, γράμματα — que Timothée doit avoir apprises dès son enfance (3, 15), comme on apprend à lire les lettres de l'alphabet ; et si Paul peut les dire «saintes», c'est sans doute parce que Timothée «apprit à lire dans un texte biblique»[37]. Dans le verset suivant, pour indiquer l'origine de

(36) Voir *Biblica,* 63/1982, p. 396.
(37) SPICQ, *Past.,* p. 786.

l'Écriture, Paul forge l'hapax biblique (employé par Plutarque parlant des songes) θεόπνευστος, «qui évoque un souffle — une parole — exhalée de la bouche de Dieu»[38] pour affirmer de l'Écriture qu'étant «*inspirée de Dieu*, elle est utile pour l'enseignement».

Dans les *Actes*, aucune version ne donne au mot γράμμα le sens biblique mais, s'il offre sept exemples du mot γραφή avec cette acception, au singulier comme au pluriel, le texte long l'ajoute une fois, 18, 6, dans une phrase elle-même ajoutée : à Corinthe Paul est absorbé par la Parole auprès des Juifs et des Grecs. Quand surviennent, de Macédoine, Silas et encore Timothée, «il y avait force discusssion et interprétation des Écritures».

Pour l'Évangile — dont il sera davantage traité plus loin dans sa relation directe avec la mort de Paul — on constate simplement que l'apôtre se glorifie, dans son Épître ultime, d'en avoir été le *héraut*, κῆρυξ, et apôtre et *docteur* (II *Tim.* 1, 11). On rappellera ici l'addition signalée plus haut, du texte long, où Jésus ressuscité donne à ses apôtres «l'ordre de proclamer sans fin (présent du verbe κηρύσσειν à l'infinitif) l'Évangile», *Actes* 1, 2 D. «Sans fin» signifie jusqu'à la fin des temps. Il est bon également de garder en mémoire la lecture faite par Jésus, premier héraut, dans la synagogue, à Nazareth, d'un texte d'Isaïe, «aujourd'hui accompli». Il proclame la bonne nouvelle du salut qui se réalise (Lc., 4, 18-20).

A deux reprises le texte long emploie le verbe εὐαγγελίζεσθαι. Une fois Barnabé et Paul disent à Pergé la Parole et descendent à Attalia «en y annonçant l'Évangile» (14, 25 D). La seconde fois, dans un «passage-nous», à Philippes, la petite pythonisse accuse «ces hommes» d'*annoncer* aux habitants la voie du salut (16, 17). Le texte long remplace le verbe καταγγέλλομαι par εὐαγγελίζομαι : grâce à ce nouveau préverbe, Paul et ses compagnons — dont Luc — «annoncent l'*Évangile*» de la voie du salut.

L'emploi du mot semble montrer que Paul, connu de Luc — auteur d'un Évangile — a subi dans le texte long l'influence de Paul auteur de la dernière *Pastorale*, elle-même connue de Luc avant quiconque, avant même Timothée son destinataire.

La Parole et sa liberté.

La Parole ne se différencie pas de l'Évangile.

En II *Tim.* 2, 9, Paul prononce ces mots, pleins de sens dans la bouche d'un prisonnier plus étroitement gardé[39] que du temps de ses deux premières captivités, à Césarée puis à Rome : «Pour Jésus j'endure des souffrances, jusqu'aux chaînes, comme un malfaiteur.»

---

(38) *Ib.* p. 793.
(39) On se rappelle son sourire quand il montre ses liens au roi Agrippa, *Actes* 16, 29.

Puis il ajoute cette phrase triomphale : «Mais la parole de Dieu n'est pas enchaînée», ἀλλὰ ὁ λόγος ... οὐ δέδεται.

Un écho de ce défi à la force injuste peut être perçu dans les additions du texte long des *Actes*, où la parole de Paul est la parole de Dieu. On en a vu des exemples dans les premières pages du chapitre 11. Pour éviter des répétitions — bien que le point de vue soit maintenant différent, celui des dates — on invite à s'y reporter. Rappelons seulement l'insistance du texte occidental sur la force des paroles de Paul.

Il convient cependant d'ajouter aux exemples précédents celui des *Actes* 20, 24 D qui mérite d'être mis à part.

Dans le texte court du discours de Milet Paul vient de dire : «Mais de ma vie je ne fais aucun cas, et je ne lui attache pas personnellement trop de prix pour mettre un terme à ma course et au service (τὴν διακονίαν) que j'ai reçu du Seigneur Jésus : garantir la bonne nouvelle de la grâce de Dieu.»

Le «service» que Paul a reçu de Dieu peut sembler un peu vague si l'on s'en tient au texte court. A quoi s'applique ce mot trop général, aux miracles? aux conversions? aux baptêmes? Le texte long répond à la question. Le service que Paul a reçu[40] n'est plus actif, celui qui implique la liberté des mouvements. Il est le seul qui puisse se jouer des murs d'une prison, des murs que Luc peut aider à franchir en communiquant et en publiant, au-delà des Épîtres et notamment de la dernière de toutes, la parole de Paul — qui est celle de Dieu — de manière à répandre son enseignement après sa mort; et c'est facile puisque la parole n'est pas enchaînée.

Elle est libre, elle. De là cette notion de «liberté de langage», ou «franc-parler» παρρησία[41]. Le mot n'est pas exprimé dans les *Pastorales*, mais la chose y est dès qu'il est question d'enseigner ou de proclamer.

On comprend alors la fréquence de ce mot, caractéristique du vocabulaire des *Actes* dans le texte occidental. Il n'était sans doute pas rare dans le texte premier, à propos de Pierre et de Jean, de Paul aussi, mais le texte long insiste, avec quatre additions, dont trois à propos de Paul, seul, ou accompagné justement de Timothée dans un exemple déjà remarqué, en 16, 4, quand Luc, dans le récit du second voyage, relatait la proclamation faite par eux dans la traversée des villes, par-delà le pays de Lycaonie.

---

(40) Le préverbe παρα- renforce la valeur du verbe λαμβάνω.
(41) On renvoie aux pages du chapitre 11 consacrée à la παρρησία.

CHAPITRE 13

ASSIMILATION À JÉSUS

Luc assimile Paul à Jésus, parce que Paul imite Jésus.

Depuis le chemin de Damas, Paul s'est sans relâche efforcé de suivre l'exemple de celui dont la voix était pour lui venue du ciel, et de l'imiter dans les actes de sa vie jusque dans la mort.

Cet effort soutenu apparaît naturellement d'un bout à l'autre du texte court. Il apparaît mieux encore dans le texte complet et définitif des *Actes*; il s'y manifeste par des additions et des changements étudiés. Quant à la mort de Paul, possible, probable et finalement certaine, elle évoque celle de Jésus[1], avec plus de force à mesure qu'approche la fin du livre. Il suffit, pour le voir, de confronter l'Évangile de Luc et les *Actes*, le texte court et le long, le texte court encore et la seconde *Épître à Timothée*, voire l'*Épître aux Hébreux*.

L'assimilation à Jésus peut se déceler dans un indice offert par la version occidentale des *Actes*. Dans l'Évangile de Luc, 23, 18, lorsque Hérode a renvoyé Jésus à Pilate, les Juifs crient à tue-tête, avec un bel ensemble : «Celui-là, supprime-le, αἶρε τοῦτον, et relâche-nous Barrabas.» Le premier impératif est exprimé par un verbe de sens très fort, exactement «arracher du monde». Il dénote chez les Juifs une fureur aveugle.

Dans les *Actes*, 28, 19 (Clark), Paul raconte aux Juifs de Rome pourquoi il s'est vu contraint d'en appeler à César : c'est que les Juifs de Jérusalem refusaient obstinément qu'il fût relâché par les Romains. Le texte occidental ajoute alors que ces Juifs «allaient jusqu'à hurler : *Supprimez* notre ennemi». L'emploi du même impératif αἶρε que dans l'Évangile est d'autant plus riche de sens que

---

(1) Cf. C. Spicq, *L'imitation de J.-C. durant les derniers jours de l'apôtre Paul*, in *Mélanges Bibliques en hommage au R.P. Béda Rigaux*, Gembloux, 1970, p. 313-322. — Voir aussi la belle expression de *Rom.* 8, 29, et penser à l'attitude d'Étienne face à la mort, «debout au milieu d'eux», dans une addition de 6, 15 D. Elle rappelle l'expression de Luc, 24, 36, sur Jésus ressuscité apparaissant à ses disciples, «debout au milieu d'eux».

Luc se sert, pour l'amener, d'un autre composé du même verbe κράζω, dont il a changé le préverbe : le verbe ἀνακράζω, «crier à tue-tête» de l'Évangile est remplacé dans la version occidentale des *Actes* par le verbe ἐπικράζω, d'un sens aussi fort, mais verbe différent, que l'on peut rendre par «hurler». Comme on connaît l'attention de Luc à distinguer les préverbes, on peut croire qu'il a voulu éviter d'employer pour Paul un verbe qu'il avait employé pour Jésus. Il reste que dans la mort réclamée par les Juifs l'apôtre est assimilé au Maître.

«Hors du quartier».

Le même passage du dernier chapitre attire l'attention dans une direction analogue. Deux versets plus haut, 28, 16 (Clark), lorsque Paul, avec ses compagnons, captifs ou non, et avec Luc, est entré dans Rome, on trouve deux autres additions notables.

Par la première nous apprenons que «le centurion livra les prisonniers au stratopédarque». La seconde est celle d'un δέ, «mais», introduit dans le texte court pour annoncer l'exception faite pour Paul. Si «permission lui fut donnée de rester dans son chez soi», ce fut — et l'addition se poursuit — «hors du quartier», ἔξω τῆς παρεμβολῆς ; le verset se termine alors, dans le texte commun, par les mots «avec le soldat qui le gardait».

Le «quartier» est la partie de la ville attribuée aux troupes, aussi bien à Jérusalem que dans Rome. Le mot n'est pas rare dans la Septante, mais son sens est différent. Dans le Nouveau Testament, il n'est employé que par les auteurs de l'*Épître aux Hébreux* et des *Actes,* et toujours précédé de la préposition εἰς dans les six exemples du texte court[2], où il est chaque fois question d'une *entrée dans* le quartier militaire de Jérusalem. Une fois les soldats romains retournent au quartier après avoir rencontré Paul sur la route de Césarée (23, 32) ; les cinq autres fois, Paul est conduit au quartier, sur l'ordre d'un officier de l'armée romaine, pour être mis à l'abri des menaces des Juifs, qui veulent sa mort (21, 34 et 37 ; 22, 24 ; 23, 10 et 16).

Trois autres exemples du Nouveau Testament font précéder le mot de la préposition ἔξω, «hors de» la παρεμβολῆ. Deux fois le mot est employé dans l'*Épître aux Hébreux*, 13, 11 et 13, avec le sens qu'il possède dans l'Ancien Testament[3]. Dans sa note sur le passage de cette Épître (Sources Bibliques, 1937), le P. Spicq écrit que le «camp»

---

(2) Sans préposition le mot est employé deux fois dans le N.T. avec un sens différent, *Héb.* 11, 34 ; *Apoc.* 20, 9.

(3) Dans *Héb.* 13, 12 il est écrit que Jésus, «afin de sanctifier le peuple par son propre sang, a souffert *en dehors de la porte*», ἔξω τῆς πύλης ἔπαθεν, c'est-à-dire à Golgotha. Le mot πύλη, «porte», est là le synonyme de παρεμβολή, qui se trouve, avec ἔξω, dans le verset qui précède et le verset qui suit.

est le symbole d'Israël et que, si les chrétiens doivent «sortir du camp», c'est pour s'exiler du monde, pour franchir définitivement les limites d'Israël, et quitter Jérusalem avant sa catastrophe. En un mot, ils doivent *suivre Jésus* et l'imiter jusqu'à la Croix.

Le troisième et dernier exemple avec ἔξω est celui du texte occidental, 28, 16, annoncé plus haut. Le mot y est pris dans son sens militaire, mais conserve un rapport avec les deux exemples de l'*Épître aux Hébreux*, qui fut écrite vers l'année 68, vraisemblablement peu de temps après la mort de Paul. Il a sans doute une valeur «anagogique», c'est-à-dire qu'il doit passer du sens réel, romain, militaire, au sens symbolique : valeur probable si, comme on le croit, il se trouve ajouté dans une addition postérieure à la mort de Paul.

En dehors du quartier, ou du camp, qui enferme Israël dans son erreur jusqu'à crucifier Jésus, Paul, libéré de la Loi, peut parler avec la παρρησία, la «liberté de langage» que possèdent les hommes affranchis du monde juif, et du monde tout court. Sa prison romaine est une libération.

On conclura sur ce point que l'addition «hors du quartier» dans le texte occidental des *Actes*, 28, 16, a pour objet de donner une précision littérale sur la semi-liberté accordée à Paul dès son arrivée à Rome en qualité de prisonnier. Mais elle a l'avantage d'unir la mort de Paul à la mort de Jésus. Les faits, dans le texte commun des *Actes*, datent de l'année 61. Ce qu'ils évoquent par le texte occidental dut être écrit après l'année 67.

Le procès de Jésus.

L'expression concrète de la παρεμβολή, le «quartier» où furent conduits les hommes prisonniers des Romains, nous rapproche des circonstances matérielles entourant le procès de Jésus à la fin de sa vie humaine, et cela, même par de simples analogies d'expression entre le texte occidental des *Actes* et le procès tel que Luc le rapporte dans son Évangile. L'analogie des mots correspond à l'analogie des faits et des idées.

Un accusé, innocent ou présumé coupable, a été d'abord arrêté : on a mis la main, ou les mains, sur lui. L'expression consacrée pour cet acte est ἐπιβάλλειν τὰς χεῖρας. On la rencontre, pour l'arrestation de Jésus, en Mt., 26, 50; Mc., 14, 46 et Luc, 20, 19, quand les scribes et les archiprêtres cherchent à «mettre la main sur lui».

Deux additions successives dans le texte long des *Actes*, 18, 12, semblent révéler une intention de faire penser à Jésus. Gallion est proconsul d'Achaïe. Paul est à Corinthe, et les Juifs se soulèvent d'un même cœur contre lui. Les additions du *codex Bezae*, comme souvent, s'insèrent dans la structure de la phrase grâce à deux participes nouveaux, d'abord sur les Juifs qui, «après s'être concertés», συλλαλήσαντες μεθ᾽ ἑαυτῶν, ensuite qui, ἐπιθέντες τὰς χεῖρας, «(lui) ayant imposé les mains (l'amenèrent devant le tribunal)»[4].

Toujours une imposition des mains se fait pour consacrer. Ici, dans un sens tout exceptionnel, l'expression est synonyme d'ἐπιβάλλειν τὰς χεῖρας, «mettre la main sur». Luc, on le sait, joue sur les mots. Non sans un sourire, il veut dire que, si la présente imposition des mains peut, dans une certaine mesure, signifier que Paul est *consacré*[5], en fait, plus simplement et plus sûrement, les mots signifient que les Juifs «lui ont mis la main au collet» pour l'arrêter. Cependant l'ironie ne peut être sensible que si l'on conserve dans la traduction leur sens habituel d'«imposer les mains».

Peut-être Luc s'est-il plus tard rendu compte qu'il était bon de souligner l'acharnement des Juifs contre Paul dès son séjour à Corinthe. De toute façon l'arrestation de l'apôtre à Corinthe, selon le texte occidental des *Actes*, est parallèle à l'arrestation de Jésus à Jérusalem.

Après avoir arrêté, on *livre*. Le verbe «livrer», παραδιδόναι, invite à de nouveaux rapprochements entre Paul et Jésus. Il est fréquent, avec ce sens, dans l'Évangile de Luc, 18, 32 ; 20, 20 ; 22, 4 ; 22, 6 ; 22, 21-22 ; 22, 48 ; 24, 7 et 20. Il est dit de Judas, ou des magistrats, ou des archiprêtres, qui ont livré Jésus aux Juifs.

On le retrouve naturellement dans le texte court des *Actes*, pour Paul livré aux païens, c'est-à-dire aux Romains (21, 11 ; 28, 17). Mais il reparaît avec plus de force dans le texte occidental. En 13, 28, dans son discours d'Antioche de Pisidie, Paul rappelle aux Juifs la succession des fautes qu'ils ont commises dans le passé. A la fin du discours, le texte long ajoute que, sans un motif de mort, «après l'avoir condamné, lui, ils le livrèrent à Pilate», κρίναντες αὐτὸν παρέδωκαν Πιλάτῳ.

Après quoi c'est Paul que l'on voit livré, dans plusieurs additions du texte occidental.

En 25, 24 et 25 (Clark), Festus, selon ce texte, fait, dans son rapport au roi Agrippa, une longue addition où reparaît, à deux reprises, le verbe «livrer». Le texte court écrivait : «La multitude des Juifs m'a sollicité, et à Jérusalem et ici (= à Césarée)», sans dire explicitement l'objet de la sollicitation. La version occidentale répond, par l'addition «de le *livrer* sans défense à la torture. Mais, dit Festus, je n'ai pu le *livrer*, à cause des ordres que nous tenons

---

(4) Entre les deux participes le texte court écrit τῷ Παύλῳ, datif dépendant du verbe principal qui précède, «se soulevèrent». D remplace le datif par πρός et l'accusatif, un emploi qui accroît l'hostilité contre Paul. Le premier participe ajouté appartient à une parenthèse.

(5) Lorsqu'un homme est déclaré *sacer*, ἅγιος, il est considéré comme un coupable, un criminel à *sacrifier*.

d'Auguste ...» Le procurateur d'alors a refusé d'agir avec Paul comme un autre procurateur avait agi avec Jésus.

Enfin, comme on l'a vu plus haut, lorsque Paul et ses compagnons de captivité arrivent, en 28, 16, à Rome, le texte occidental ajoute encore que «le centurion *livra* les prisonniers au stratopédarque».

Une fois que le prisonnier est livré à une autorité, l'acte suivant est celui du *renvoi* devant un tribunal. Ici apparaît le verbe ἀναπέμπειν, construit tantôt avec le datif, tantôt avec πρός et l'accusatif.

En Luc 23, 7, Pilate *renvoie* Jésus devant Hérode, qui rappelle ce renvoi au verset 15.

Dans les *Actes* on retrouve naturellement ce verbe, employé pour Paul, prisonnier à Césarée, et pour son renvoi devant César. En 25, 21, dans le texte court, Festus dit au roi Agrippa qu'il a donné l'ordre que Paul fût gardé «jusqu'à ce que je le renvoie, dit-il, à César». En 27, 1, le texte court ne parle pas de renvoi devant des juges romains. Le texte occidental, lui, fait une addition importante. Le chapitre commence par trois propositions nouvelles : «C'est dans ces conditions, donc, que le procurateur décida qu'il fût renvoyé à César. Et le lendemain, ayant appelé (un centurion ...), il lui remettait Paul ...»

L'emploi du verbe dans le texte occidental là où il n'existait pas dans le texte court, manifeste une insistance qui semble avoir pour objet de rappeler le renvoi de Jésus, cette fois à Jérusalem, mais devant un magistrat romain.

Devant le tribun, devant le tribunal, à Césarée comme à Rome, on croit apercevoir un autre signe de l'assimilation de Paul à Jésus.

Dans les Évangiles Jésus a souvent l'occasion d'affirmer ἐγώ εἰμι, «je le suis», et la présence de ἐγώ, «moi», renforce l'affirmation. En Luc, 22, 70, Jésus, devant les autorités juives de Jérusalem qui lui demandent s'il est le fils de Dieu, déclare : «Vous le dites, vous, que je le suis, moi», ὑμεῖς λέγετε ὅτι ἐγώ εἰμι. En 24, 39, Jésus apparaît devant les Onze et leur groupe et leur dit : «Voyez ... que c'est moi en personne», ἴδετε ... ὅτι ἐγώ εἰμι αὐτός[6].

De là vient peut-être une curieuse modification que le *codex Bezae* apporte au texte court des *Actes* en 22, 27. Le tribun est sur le point de faire flageller Paul — comme Jésus l'a été réellement. Mais Paul arrête le bras qui va le frapper, en se déclarant citoyen romain. Le tribun s'approche alors de Paul et l'interroge : «Dis-moi, tu es un Romain, toi ?» Dans le texte court, la réponse est un simple ναί, «oui». Dans le long, sans changer de sens, elle est différente. Paul dit[7] εἰμι, «je le suis».

---

(6) Voir Jn., 18, 5, 6 et 8. Quand il parle de soi, Jésus dit toujours ἐγώ. Dans l'A.T. ἐγώ εἰμι est une formule de divinité par laquelle Iahvé se désigne lui-même.

(7) Le remplacement de εἶπεν par ἔφη est sans conséquence.

La reprise d'un même verbe pour répondre par une affirmation est habituelle en grec. Mais le changement semble doublement significatif. D'abord, en n'employant pas ἐγώ, Paul a la modestie de se distinguer de Jésus, mais si Luc lui fait dire εἰμι, un verbe si riche de sens au moment où Jésus prononce l'affirmation qui va déterminer sa mort, n'est-ce pas pour rapprocher Paul de lui au moment où un Romain s'apprête à le châtier? La seule différence est dans la suite des faits : la déclaration de l'apôtre le préserve provisoirement de la mort, alors que pour Jésus, elle a provoqué sa perte.

Le jugement.

Passons au *jugement* lui-même. L'idée de jugement n'est que sous-entendue dans l'Évangile, bien que les Juifs aient voulu juger, ou faire juger, Jésus, là où les Romains n'en voyaient pas la raison. L'idée de «juger», κρίνειν, est au contraire exprimée dans les *Actes*, comme si leur auteur avait voulu faire penser là aux circonstances qui précédèrent la mort de Jésus.

Cette mort est d'abord évoquée par Pierre. En 3, 13, il s'adresse aux Juifs pour leur parler de Jésus (Jésus-*Christ*, dit D), «que vous — selon le texte court — vous avez livré et renié devant la personne de Pilate, alors que ce personnage avait décidé : «Qu'on relâche!», κρίναντος ἐκείνου ἀπολύειν. Le verbe κρίνω appliqué à Pilate, ne peut signifier ici qu'il s'agit d'un jugement de forme, mais seulement d'une décision autonome.

Dans le texte long, au contraire, l'idée de jugement est deux fois exprimée, grâce à deux additions et au changement du sens d'un verbe. Pierre nomme Jésus «que vous avez livré», dit-il, et ici est ajouté εἰς κρίσιν, «à un jugement». A la fin du verset, l'addition de αὐτὸν (Jésus) θέλοντος (Pilate), «... voulait le relâcher» a pour effet que le verbe «juger» ne dépend plus du verbe «décider», mais du verbe «vouloir». De ce fait, le participe κρίναντος cesse d'être suivi d'une complétive et, ainsi libéré, prend un sens absolu, «qui avait jugé». Le texte occidental nous met là dans une atmosphère de jugement, due peut-être à l'intention de suggérer l'expectative de Paul devant la condamnation qui l'attend. Luc, par cette double addition, n'a-t-il pas voulu rapprocher le cas de Paul de celui de Jésus?

Unique, la question ne se poserait pas. Mais le texte occidental semble l'autoriser à trois reprises, dans les chapitres 24 et 25, par l'idée de jugement appliquée à Paul. Ainsi, en 24, 6 (Clark), Tertullus, l'avocat des Juifs, accuse Paul devant Félix et commence une longue addition par les mots, appliqués à l'apôtre, «(un homme ... que nous avons pris de force) et voulu juger selon notre loi», καὶ κατὰ τὸν ἡμέτερον νόμον ἠθελήσαμεν κρῖναι. Jésus aussi, les Juifs auraient voulu le juger selon leur loi.

En 25, 21 (Clark), Festus explique au roi Agrippa le cas de son prisonnier, Paul, qui vient d'en appeler à César. Et le texte occidental ajoute : « et puisque je ne pouvais pas le juger (j'ai donné l'ordre qu'il fût gardé jusqu'à ce que je le renvoie devant César) ». Les Juifs de même, n'ayant pas le droit de condamner Jésus à mort, l'ont amené à Pilate, qui — on le sait — le renvoya devant Hérode, lequel le renvoya lui-même à Pilate.

En 25, 25 (Clark), dans une addition déjà remarquée, toujours faite au milieu d'une atmosphère de procès, Festus explique encore, avec insistance, pourquoi il n'a pu livrer Paul aux Juifs. Le texte occidental ajoute que, « ayant entendu les deux parties (je me rendis compte — dit Festus — qu'il n'était en rien passible[8] de mort). Mais quand j'eus dit : Est-ce que tu veux être jugé devant eux à Jérusalem ? (il en appela à César). » Une fois de plus, le rapprochement semble s'imposer entre Paul, innocent, acceptant un jugement à Rome, et Jésus reconnu innocent par un magistrat romain, mais conduit au calvaire, par suite de la lâcheté de ce magistrat devant la haine des Juifs.

Innocents et justes.

Ainsi se présente l'occasion de souligner l'innocence de Jésus, reconnue avant et après sa mort, en même temps que celle de Paul, qui ne la méritait pas davantage.

Dans l'Évangile de Luc, 23, 14, Pilate dit aux Juifs : « Je n'ai rien trouvé en cet homme de ce dont vous lui faites crime », οὐθὲν εὗρον ἐν τῷ ἀνθρώπῳ τούτῳ αἴτιον ὧν κατηγορεῖτε κατ' αὐτοῦ.

En 13, 18 D, il y a lieu de relever une fois de plus l'addition de ἐν αὐτῷ[9], « sans avoir trouvé **en lui** un seul motif de mort », μηδεμίαν αἰτίαν θανάτου εὑρόντες ἐν αὐτῷ ; *en lui* est prononcé avec émotion : *lui*, l'innocent ! et D ajoute encore après ce pronom personnel éloquent, « ils le condamnèrent, lui — toujours lui — et le livrèrent (à Pilate) ».

En 24, 20 Paul, dans son apologie devant Félix contre les Juifs, s'écrie : « ... ou alors qu'ils disent eux-mêmes, ceux ici présents, quel délit ils ont trouvé... », ἢ αὐτοὶ οὗτοι εἰπάτωσαν τί εὗρον ἀδίκημα ; et le texte occidental (Clark) ajoute les deux mots ἐν ἐμοί, « en moi », avant que le texte court achève le verset, « quand je me tenais debout devant le Sanhédrin ».

---

(8) On notera le remplacement des mots du texte court μηδὲν ἄξιον θανάτου πεπραχέναι, « ... qu'il n'a commis aucun acte qui mérite la mort », par les mots ἐν μηδένι αὐτὸν ἔνοχον θανάτου εἶναι, « ... qu'il n'était en rien passible de mort ». — Luc n'emploie jamais l'adjectif ἔνοχος, « passible de ... », sauf ici, dans le texte occidental, mais il le tire de la même situation dans Mt., 26, 66 et Mc., 14, 64.

(9) Au chapitre 9 on a remarqué les αὐτός rajoutés par le texte occidental pour Jésus, et aussi pour Paul, des « lui » qui portent un accent particulier.

L'analogie est soulignée par la reprise, en passant de l'Évangile au texte long des *Actes*, du verbe «trouver», et par la double addition de la préposition ἐν, «en lui», puis «en moi», deux pronoms personnels appliqués à Paul et sous-entendant son innocence en face des Juifs.

L'innocence appartient aux «justes». L'adjectif δίκαιος est employé dans le même esprit par le texte occidental. Dans l'Évangile de Luc, 23, 47, lorsque Jésus a rendu l'esprit, le centurion «glorifiait Dieu, en disant : En réalité, cet homme était un juste», δίκαιος ἦν, un imparfait par lequel le centurion découvre que le crucifié a vécu selon la justice. Matthieu, 27, 54, et Marc, 15, 39, font parler autrement le centurion : « Il était certainement fils de Dieu[10].» L'appellation de «juste» est un mot propre à Luc.

On est porté à croire que le souvenir de cet adjectif a provoqué une importante addition du *codex Bezae*, en 16, 39, au milieu d'un remaniement, déjà noté pour d'autres raisons, de toute la fin du chapitre. A la suite de l'affaire de la petite pythonisse, à Philippes, les préteurs font relâcher Paul et Silas. Deux versets plus haut, Paul s'est plaint aux licteurs de leur arrestation, en ajoutant, dans D, l'adjectif ἀναιτίους : «**Innocents**, ils nous ont fait publiquement rouer de coups, sans jugement, nous qui sommes des Romains...» Alors, effrayés par le rapport des licteurs, les préteurs présentent leurs excuses à Paul et à Silas, en prononçant cette phrase, inconnue du texte court : «Nous avons été dans l'ignorance, quant à vous, que vous êtes des justes.» Le vrai motif des préteurs est que Paul et Silas sont, non pas des justes mais des citoyens romains. L'affirmation qu'ils sont des justes est vraie, sans que les préteurs le sachent. Elle n'en pèse que plus lourd[11].

Épreuves et courage.

On approche de l'assimilation de Paul à Jésus, selon le texte occidental, dans la mort, à laquelle leurs deux procès conduisent deux innocents. Avant d'en venir au point final des deux vies, il convient de rappeler les épreuves qu'ils ont subies jusqu'à leur mort.

Les épreuves exposées dans la seconde *Épître à Timothée* et dans le texte occidental des *Actes* n'ont été possibles qu'en raison du courage manifesté dans cette Épître et dans l'Évangile de Luc par l'emploi du verbe θαρσεῖν, «avoir du courage».

---

(10) Dans Mt., 27, 19 la femme de Pilate a parlé de Jésus vivant, en disant «ce juste» τῷ δικαίῳ ἐκείνῳ.

(11) L'indicatif présent ἐστε peut se traduire «que vous étiez» (penser à l'imparfait de découverte ἦν de Lc., 23, 47) parce que la complétive dépend d'une principale au passé. Mais la traduction «que vous êtes» est possible, peut-être préférable vu la force du présent.

Sans doute ce verbe ne figure-t-il pas explicitement dans la dernière Pastorale, mais l'idée s'y trouve clairement suggérée, en 4, 17, lorsque Paul, faisant allusion à sa «première apologie», dit à Timothée qu'abandonné par tous, «le Seigneur, lui, m'a assisté et *fortifié*», ἐδυνάμωσέν με. Ce verbe, toujours paulinien sauf une fois, signifie que la présence de Jésus à ses côtés dans le premier acte de son procès lui a rendu sa force et son courage[12].

Dans les *Actes*, 23, 11, à Jérusalem, devant l'attitude menaçante des Juifs, le tribun, redoutant de voir Paul écartelé, le fait enlever de la foule et mener au quartier. La nuit, l'apôtre a une vision du Seigneur, qui, dans le texte court, ne prononce qu'un mot, θάρσει, «courage!». Dans le texte occidental (Clark), Jésus s'adresse à lui avec plus de force, une force affectueuse, en ajoutant «Paul» : «Courage! Paul», comme s'il voulait lui montrer le devoir de celui qui s'appelle Paul ; et c'est alors qu'il lui enjoint d'aller porter témoignage à Rome, où l'attendent ses épreuves. Ainsi Jésus encourage Paul comme Paul a encouragé et, du fond de sa prison, encourage encore, ses disciples[13].

Paul a été sensible à l'exhortation puiqu'en 26, 1, lorsque Agrippa lui a permis de présenter son apologie, «Alors Paul», τότε ὁ Παῦλος ..., dit le texte court. Mais le texte occidental (Clark) ajoute aussitôt qu'«armé de courage, θαρρῶν, et réconforté par l'Esprit-Saint (il présentait son apologie)».

On peut faire ici un simple mais curieux rapprochement avec Luc, 23, 43, et noter la modification apportée là par le manuscrit D de l'Évangile. Dans le texte ordinairement admis, Jésus en croix s'adresse au bon larron crucifié : «En vérité je te le dis, aujourd'hui tu seras avec moi, dans le Paradis.» Déjà dans le verset 42, le manuscrit D de l'Évangile différait du texte des autres manuscrits. C'est le bon larron qui parle : «S'étant tourné vers le Seigneur, il lui dit : Souviens-toi de moi le jour de ta venue.» Et le verset 43 est modifié : «En réplique, Jésus dit, à lui qui le saisissait d'admiration»[14] puis, son auteur ajoute «Courage!», Θάρσει. Jésus exhorte le malheureux au courage devant la mort.

(12) Le seul autre exemple du verbe est douteux, *Actes* 9, 22. Il est employé pour Saul lorsqu'il commence son apostolat auprès des Juifs. D ajoute que, cette force croissante, il la recevait *dans sa parole*.

(13) Jésus a promis à ses disciples de les défendre lui-même, Lc., 12, 11-12 ; 21, 14-15.

(14) Le ms. D écrit l'impossible επλησοντι. On corrige d'ordinaire en ἐπιπλήσσοντι, hapax du N.T. Ce verbe signifie «gronder», «réprimander», «blesser» (I *Tim.* 5, 1). Mieux vaut peut-être écrire ἐκπλήσσοντι, un verbe de sens très fort, «frapper de terreur», ou bien «d'admiration». Jésus semble frappé d'admiration par la demande du larron sachant qu'il doit *venir* au jour du jugement. — Quant au verbe θαρσέω, il a sept exemples dans le N.T., toujours à l'impératif, dont trois chez Luc, *Actes* 23, 11, dont deux dans D, Lc., 23, 43 et *Actes* 26, 1. Voir Jn. 16, 33.

Quant aux *épreuves*, qui exigent le courage et sont la condition du salut, Paul les mentionne souvent, en connaisseur, dans son Épître suprême, et le vocabulaire qui les désigne est d'une richesse particulière : les verbes πάσχω, «subir une passion», κακοπαθῶ, «endurer des souffrances», ὑπομένω, «supporter», διώκομαι, «être persécuté», et le substantif θλῖψις, «persécution», πάθημα, «souffrance»[15]. L'exemple de 3, 10-11 est à mettre à part : Paul encourage Timothée : «Toi, tu m'as suivi dans ... la constance, les persécutions, les souffrances, comme celles qui me sont arrivées à Antioche, à Iconion et à Lystres.» Ces mots nous replongent exactement dans l'atmosphère du premier voyage missionnaire, auquel Timothée n'a pas participé sans doute mais Paul, à son âge, «aime évoquer les premières épreuves; celles de Lystres ont été particulièremnt cruelles; sur place (*Actes* 16, 1-2) Timothée a dû assister à cette lapidation (celle de Paul, *id.* 14, 20) et peut-être vu sa mère et sa grand-mère soigner le blessé. En tout cas il a été informé par l'apôtre de ces stations de son chemin de croix qui l'ont amené jusqu'à Lystres et ont permis sa conversion[16].»

Les épreuves de Paul sont naturellement relatées dans le texte court des *Actes*; mais pourquoi d'autres sont-elles rajoutées dans le texte long — non pour Pierre mais pour Paul — si elles n'ont pas la mission d'annoncer, ou de rappeler, quelle fut sa constance, dans les *Actes* d'abord, avant d'être prolongées dans sa dernière captivité?

Trois passages des *Actes* veulent une attention particulière, à cause de l'addition des mots θλῖψις et διωγμός.

En 13, 50 D : à Antioche de Pisidie, les Juifs ranimèrent «un grand tourment», θλῖψιν μεγάλην (et une persécution contre Paul et Barnabé), avant des les expulser hors de leurs frontières.

En 14, 2, le manuscrit D ajoute que «les chefs de synagogue des Juifs et les chefs de la synagogue» (leur attirèrent[17]) «une persécution, contre le droit», διωγμὸν κατὰ τῶν δικαίων.

Enfin, en 15, 26, après le décret du Concile de Jérusalem, sont envoyés à Antioche des «hommes d'autorité», porteurs d'une lettre expliquant les raisons de ce choix. Parmi eux figurent Paul et Barnabé, selon le texte court «des hommes qui ont livré, παραδεδωκό-τας, «une fois pour toutes leurs vies pour la défense du nom de Jésus-Christ». Le manuscrit D remplace le pluriel, «leurs vies», par un singulier qui attire peut-être l'attention sur le seul sacrifice de Paul; mais surtout il ajoute ces trois mots, εἰς πάντα πειρασμόν, «pour toute espèce d'épreuves». Le singulier est ici davantage révélateur. Le mot

---

(15) II *Tim.* 1, 12; 2, 10; 2, 12; 3, 10 à 12.
(16) SPICQ, *Past.* note p. 782.
(17) L'addition modifie le sens du verbe ἐπεγείρω qui, dans le texte court, a pour complément «les âmes des païens». Il y signifiait «monter», dans le sens d'*exciter*.

πειρασμός est bien connu des Synoptiques et de Paul. Au pluriel, en 20, 19, t.c., le mot désigne toutes les épreuves subies par Paul du fait de la persécution des Juifs. Au singulier[18], précédé de πᾶς et sans article, il ne signifie pas une totalité mais un choix, «toute espèce de ...», c'est-à-dire les épreuves variées que l'on subit au cours d'une vie, avec la dernière variété, l'épreuve finale de la mort[19].

Des épreuves, nous passons à la mort. En ce domaine plus qu'ailleurs il est possible, semble-t-il, d'apercevoir une influence du martyre sur le texte occidental des *Actes*, un martyre accepté, par lequel l'apôtre a voulu imiter Jésus jusqu'à la fin.

Au préalable, il est opportun d'examiner si le martyre que Pierre subit, à Rome déjà, trois ans avant Paul, peut avoir exercé quelque influence sur la seconde version des *Actes*, en rapprochant Paul de Pierre dans le sacrifice.

Les martyres de Pierre et de Paul.

Il est visible que déjà dans le texte court Paul marche sur les traces de Pierre[20], au point d'être quelquefois assimilé à son devancier. On peut constater des rapprochements assez nets.

Les dernières paroles de Paul «éclairent par l'Écriture l'aveuglement selon *Isaïe*, 28, 25-27, et concluent (οὖν en 28, 28, comme en 1, 21) à la nécessité d'offrir le salut aux Gentils»[21] ; elles correspondent à la première intervention de Pierre dans les *Actes* (1, 15-26). Il existe un même parallèle entre le discours de Paul à Antioche de Pisidie (13, 16-47) et le discours de Pierre à la Pentecôte (2, 14-36)[22].

Dans le texte occidental on a vu, au chapitre 8, que les modifications touchaient aussi bien Pierre que Paul, mais on peut se demander si elles ne sont pas provoquées par le martyre de Pierre, en 64, alors que, à partir des *Pastorales*, Paul est laissé peut-être seul chef de toutes les Églises. Luc pouvait ne pas connaître la mort de Pierre quand il écrivit le texte court. Il la connaissait à peu près sûrement quand il écrivit le long. A-t-elle exercé sur lui quelque influence ?

On constate que la version occidentale donne plus de force aux faits miraculeux relatifs à Paul, par une sorte d'assimilation avec Pierre, avant que les deux apôtres soient associés par l'Église.

---

(18) Cf. Lc., 8, 13, visant ceux qui, «au moment de l'épreuve, lâchent».

(19) Jésus, avant sa mort, dit à ses disciples : «Priez de ne pas entrer en épreuve», εἰς πειρασμόν.

(20) L'incident d'Antioche (*Gal.* 2, 11-14) ne doit pas être grossi. Il révèle en fait l'humilité de Pierre comprenant que Paul a raison de vouloir empêcher le chef de l'Église de commettre une erreur, et acceptant une remontrance de son inférieur. Il n'existe entre eux aucune opposition doctrinale. Paul, intransigeant, estime que Pierre, étant le chef, doit être le chef de tous, circoncis comme incirconcis.

(21) DUPONT, *in* Kremer, p. 391 et n. 88.

(22) *Ib.*, n. 89.

Il n'y a pas à insister sur les mots ni les expressions du vocabulaire lucanien qui, dans le texte occidental, rapprochent Pierre et Paul, tels que διὰ νυκτός, τί ποιεῖς; τὰς γραφὰς πληροῦν, συστρέφειν. Il suffit de renvoyer aux pages du chapitre 1 qui leur sont consacrées.

Il est plus intéressant de remarquer qu'à propos de faits miraculeux[23], des extases et de l'Esprit, le texte occidental accroît le rôle de Paul et rétablit en quelque sorte l'équilibre avec celui de Pierre, et même lui donne plus d'importance.

La soudaineté d'une action divine chez Pierre est indiquée deux fois par l'addition de l'adverbe très lucanien παραχρῆμα (voir vocabulaire), «sur-le-champ», dans le cas de la mort d'Ananias (5, 5 D), puis de la résurrection de Tabitha (9, 40 Clark); deux fois aussi chez Paul, pour sa rapidité à recouvrer la vue après le chemin de Damas (9, 18 Clark), et à guérir le boiteux, qui se lève «sur-le-champ» (14, 10 D), addition suivie d'une autre, «au nom du Seigneur Jésus-Christ».

Dans le texte court il y a deux fois une extase, ἔκστασις, de Pierre, 10, 10; 11, 15; et une seule de Paul, dans son premier *discours* sur Damas, 22, 17. Le texte long en ajoute une seconde pour lui en 9, 4 (Clark). C'est la même extase que la précédente, mais elle se trouve alors dans le *récit* fait par Luc de l'aventure de Damas. L'équilibre est sur ce point rétabli entre les deux apôtres.

L'emploi du verbe ἐπιπίπτω, dit d'une extase, ou bien de l'Esprit qui «fond» sur un apôtre, mérite aussi une remarque. En 10, 10 le texte court dit de Pierre, avec un verbe banal, qu'il «eut une extase», ἐγένετο ἔκστασις. Le texte occidental emploie le verbe expressif ἐπέπεσεν pour dire qu'une extase «fondit» sur lui. En 19, 6, après que Paul a imposé les mains, à Éphèse, sur certains disciples, «l'Esprit-Saint *vint*, ἦλθε, sur eux» dit le texte court. Le *codex Bezae* ici encore est rendu plus expressif par un autre emploi du même verbe ἐπιπίπτω, renforcé de surcroît par l'adverbe εὐθέως, «aussitôt», à rapprocher de παραχρῆμα, remarqué ci-dessus : «L'Esprit-Saint, aussitôt, fondit sur eux.»

Il semble ainsi que des additions à ce point étudiées dans le détail ne peuvent avoir pour origine qu'un auteur reprenant de fort près, avec minutie, son propre texte dans une intention précise. Cet auteur peut-il être un autre que Luc?

Il semble en même temps que Luc, à propos d'actions miraculeuses,

---

(23) Peut-être ne faut-il pas attacher trop d'importance, même si les observations de détail sont utiles dans une confrontation de deux textes, à l'emploi du participe νύξας, en 12, 7 D. Pierre, jeté en prison par Hérode, dort. Un ange le réveille et, selon le texte court, «donne un coup sur son flanc», πατάξας τὴν πλευράν. Le verbe est remplacé dans D, où l'ange *pique* Pierre sur le flanc. On pense à Jn., 19, 37, où le soldat romain, de sa lance, «pique le flanc de Jésus», d'où sort du sang et de l'eau (τὴν πλευρὰν ἔνυξεν). On ne fait que signaler le rapprochement.

a voulu en quelque sorte « aligner » Paul sur Pierre, par des expressions et des idées identiques, comme s'il avait cherché à élever deux martyrs sur le même plan divin. Cette volonté, si elle est bien réelle — et il est difficile de rien affirmer en pareille matière — porte sa date. Il faut qu'elle se soit manifestée après que le second martyr, Paul, eut suivi le chemin du premier, Pierre, trois ans après lui, en 67.

C'est évidemment la *mort de Paul* qui, vu la place donnée à ses actes, se trouve surtout en question. Mais une distinction s'impose tout de suite, parce que, devant la mort, Paul a eu deux attitudes successives dans le temps, l'une et l'autre commandées par sa mission, un refus d'abord, en 61, l'acceptation six ans plus tard.

Dans la seconde *Épître à Timothée*, 4, 6, ses jours sont comptés, et il le sait, à l'heure où il écrit, ou fait écrire, dans le chapitre dernier de la dernière *Pastorale*, que le temps de son « départ » est arrivé : ὁ καιρὸς τῆς ἀναλύσεώς μου ἐφέστηκεν. Ce « temps » a le même sens que l'« heure » de Jésus[24]. Telle est la fin du verset, lequel commence par ces mots : Ἐγὼ γὰρ ἤδη σπένδομαι, « Me voici maintenant (ou bien « déjà ») offert en libation. »

Les mots sont riches d'un sens tragique. Une libation fait partie d'un sacrifice. Le verbe σπένδομαι montre que Paul est, littéralement, « *versé* en libation ». Ce qui est versé n'est plus le vin, comme dans une libation ordinaire, mais le sang de la victime offert à Dieu, le sang d'un martyr, et l'on croirait qu'il a *déjà* coulé[25]. La mort de la seconde *Épître à Timothée*, 1, 11, est celle de Jésus et de tous les hommes. Pour parler de sa propre mort, l'apôtre emploie une image éloquente et non le mot usuel de θάνατος.

– *Actes* 28, 19 (Clark) : Il l'emploie au contraire dans les paroles que nous apporte l'addition du texte occidental. A Rome, lors de sa première captivité, il réunit les principaux des Juifs installés dans la ville et leur explique les raisons pour lesquelles il s'y trouve, arrêté, en instance de jugement devant un tribunal romain. A Jérusalem il a été livré, par les Juifs de là-bas, aux Romains. L'ayant trouvé innocent, les Romains voulaient le libérer : « Il n'existait, dit-il, aucun motif de mort dans mon cas. »

Mais comme les Juifs — on l'a vu plus haut —, hurlaient à mort contre lui, « Supprimez notre ennemi ! », Paul s'est vu dans l'obligation, lui Juif mais citoyen romain, d'en appeler à César, « nullement, précise-t-il, comme si j'avais à porter quelque accusation contre ma nation », mais, et ici apparaît l'addition du texte occidental, « mais

---

(24) Voir Jean, 2, 4, ἡ ὥρα μου et, entre autres passages, 7, 30 ; 12, 27 ; 13, 1 ; 16, 32.
(25) Le verbe n'a qu'un seul autre exemple dans le N.T., *Philippiens* 2, 17, avec le même sens, et déjà dit de Paul qui se réjouit d'avance s'il est « offert en libation sur le sacrifice et le service de la foi ».

afin que d'une mort je rachète ma vie», ἀλλ' ἵνα λυτρώσομαι τὴν ψυχήν μου ἐκ θανάτου[26].

La proposition s'insère à merveille dans le texte court par la liaison ἀλλά, «mais (pour que)», une particule qui, dans son usage courant, indique une opposition par rapport à la négation antérieure et donne ainsi un sens complet à une pensée présentée sous un aspect d'abord négatif, positif ensuite.

Une telle expression, un peu obscure au premier abord, porte la marque de Paul. Elle rend la phrase du texte occidental infiniment plus riche de sens à côté de celle du texte court qui, elle, ne suggère rien d'autre sinon le simple fait que Paul fut contraint, à un moment donné, de faire appel à César.

Comme le verbe σπένδεσθαι, le verbe λυτροῦσθαι appartient à la langue des sacrifices : le versement d'une rançon — une rédemption — s'applique au rachat opéré par le sang versé de Jésus, et des martyrs, dont Paul. Les mots de la famille de λύτρον[27] s'appliquent au paiement d'une rançon destinée à libérer un captif, ou un esclave. En *Tite* 2, 14, Paul dit que Jésus «s'est donné à nous afin de *payer la rançon* de toute iniquité», ἵνα λυτρώσομαι ὑμᾶς ἀπὸ πάσης ἀνομίας.

Les deux verbes λυτροῦσθαι et σπένδεσθαι ont servi à Paul, dans *Tite* et dans les *Philippiens*, pour faire allusion à sa mort en un temps où elle n'avait rien d'imminent. Elle est beaucoup plus lointaine encore quand il en parle, plusieurs années auparavant, dans le texte occidental des *Actes*, en 28, 19.

Il veut alors expliquer aux Juifs de Rome pourquoi il a demandé justice à César, dût-il lui en coûter de paraître accuser ses compatriotes, les Juifs de Jérusalem. L'appel à César est le λύτρον par lequel il rachète à la mort sa vie en danger. Il ne suffit pas de dire que l'addition du texte occidental est provoquée par un «désir d'échapper à la mort»[28]. La mort qu'il refuse est seulement *une* mort[29], la mort qu'il ne veut pas recevoir des Juifs à Jérusalem, une mort prématurée, inconcevable à cette époque puisqu'il a reçu de Jésus l'ordre d'aller à Rome.

(26) Il ne faut sans doute pas voir dans les mots de 14, 27 (μετὰ) τῶν ψυχῶν (αὐτῶν) une addition visant la mort de Paul et suscitée par elle.

(27) Voir Luc, 1, 68 ; 2, 38 et, pour l'idée, 4, 18 ; *Actes* 7, 35. En *Tite* 3, 5, διὰ λουτροῦ remplace le δι' αἵματος employé ailleurs par Paul, *Eph.* 1, 7 ; *Col.* 1, 20 ; et cf. *Actes* 20, 28. Cf. aussi SPICQ, *Past.*, p. 261. Comparer *Actes* 20, 28 et *Eph.* 5, 26.

(28) Comme dit la Bible de Jérusalem (1963). — Renié qualifie les deux additions, la seconde seule ici en question, de «broderies du texte occidental». Le mot est-il nécessairement péjoratif? L'autre addition, αἶρε, a été étudiée plus haut.

(29) L'absence d'article devant θανάτου semble significative, à côté de l'article mis devant ψυχή μου, «ma vie». La mort en question est bien *une* mort, à Jérusalem, et non pas *la* mort, au sens général du mot.

L'addition de 28, 19 (Clark) prend sa vigueur si, écrite *après* la dernière *Pastorale*, elle donne un reflet de la mort de Paul. Il va de soi que, quand Luc, dans le texte occidental, fait parler Paul, un maître et compagnon qu'il a entendu, de cette mort qu'il doit ajourner, ce Paul des *Actes*, encore en vie, ne peut songer, lui, à la mort qui l'attend dans sa prison dernière. Mais après la mort de Paul en 67, Luc semble vouloir la suggérer par les mots ajoutés. Ces mots soulignent la différence entre deux époques et servent à les éclairer l'une par l'autre pour un lecteur qui peut avoir sous les yeux à la fois les *Épîtres* de Paul et les *Actes* dans leur état dernier, les deux époques étant d'abord celle où Paul voulait vivre encore afin de poursuivre sa mission, ensuite celle où Paul, mission achevée, subit le martyre qu'il avait voulu.

C'est ce martyre qui peut avoir porté Luc à montrer le rapport entre les deux morts, la possible et la réelle, et à «prévoir», si l'on peut dire, ou évoquer cette mort réelle dans un moment donné de la première captivité de l'apôtre. Un tel moment, il en écrit l'histoire pendant la seconde, ou après elle, en un temps où Paul, avec Luc à ses côtés, mettait sa dernière ardeur à imiter Jésus jusqu'à l'extrémité finale.

La volonté du sacrifice.

Paul a voulu la mort parce que Jésus l'avait voulue.

Dans son Évangile, 9, 51, Luc écrit de Jésus que, «lors de l'accomplissement[30] des jours de son Ascension[31], il fit de sa marche[32] vers Jérusalem sa perspective inflexible». L'Ascension n'est autre chose que le passage de ce monde à Dieu ; elle n'est possible que par le chemin de la croix[33]. Obéissant à son Père, Jésus n'accepte pas seulement la croix. Il la veut. Toute sa marche est dirigée vers Jérusalem.

Comme Jésus, Paul a la volonté d'aller à Jérusalem, mais Jérusalem n'est pour lui qu'une première étape avant celle de Rome, où son chemin le mène, où la mort l'attend.

En 18, 21, à Éphèse, les Juifs, que sa parole attire, lui demandent de rester plus longtemps. Il refuse et prend congé sur ces mots,

---

(30) Même expression dans les *Actes*, 2, 1, pour *l'accomplissement* de la journée (au singulier, nécessairement) de la Pentecôte.

(31) L'Ascension, avec ses jours (au pluriel), est à prendre dans un sens global : passion, résurrection, ascension sont trois aspects de la mort de Jésus.

(32) Cf. Luc, 13, 33 : Jésus doit poursuivre sa «marche» (πορεύεσθαι) jusqu'à Jérusalem, la ville en dehors de laquelle il n'est pas admissible qu'un prophète périsse.

(33) Voir Jn., 12, 32 et 34, et l'explication donnée par lui du signe impliqué dans le verbe ὑψωθῆναι, «être élevé».

ajoutés par le *codex Bezae* : « Il me faut absolument aller célébrer la fête qui vient (= la Pentecôte) à Jérusalem. »

En 21, 13, à Césarée, dans un « passage-nous », le texte court peut lui faire dire à ses disciples, ainsi qu'au prophète Agabos : « Je suis tout prêt à aller non seulement subir des liens mais aussi à mourir à Jérusalem pour le nom du Seigneur. » Cela est vrai, comme ce le fut toujours. Mais, dans le texte long, il fait précéder les mots « je suis tout prêt », ἐτοίμως ἔχω, par le verbe ajouté « je veux », βούλομαι : « Non seulement *je veux* subir des liens, mais je suis tout prêt à aller mourir à Jérusalem... », et l'on peut penser que cette volonté est celle qu'il devait manifester plus tard, devant Luc notamment, lorsque sa mort fut devenue inévitable. Toujours il veut ce que Dieu veut.

Il veut verser son sang, et le texte occidental a la particularité de suggérer le sacrifice du pain, et du vin.

Dans le dernier « passage-nous », en 27, 35, au milieu de la tempête, Paul, ayant eu la vision d'un ange, peut exhorter les deux-cent-soixante-seize passagers à prendre quelque nourriture, après quatorze jours passés à jeun. Le texte court écrit : « Ayant dit cela et pris un pain, il rendit grâces à Dieu sous les regards de tous ; il le rompit et se mit à manger », et tout le monde reprend courage. Paul imite le geste de Jésus à la Cène mais, si tout le monde est témoin, personne ne participe.

Le texte occidental (Clark) comporte une addition éloquente. Paul a rompu le pain et s'est mis à manger « en le passant à nous aussi », ἐπιδιδοὺς καὶ ἡμῖν. Dans l'Évangile de Luc, Jésus *donne* le pain. Le verbe « donner », διδόναι, est dans le *Pater*, 11, 3 et au moment de la Cène, en 22, 19. Il s'y trouve aussi dans le récit de Mt., 26, 26 et Mc., 14, 22 (et plusieurs fois dans l'Évangile de Jean, au chapitre 6, mais Jean ne fait pas le récit de la Cène). Il signifie là un don total et définitif, fait par Jésus, qui dit à tous de prendre le pain.

Mais Luc, toujours sensible à la nuance des préverbes, fait dans certains cas précéder le verbe du préverbe ἐπι- et le rend ainsi moins fort peut-être, mais plus expressif. Hors deux exemples chez Matthieu, 7, 9 et 10, il n'est, dans le reste du Nouveau Testament, employé que par Luc, et six fois. Si l'on met à part l'exemple d'*Actes*, 27, 15, où le sens est tout différent, il est dit une fois de Jésus *passant* le pain aux pèlerins d'Emmaüs ; dans ses cinq autres exemples, il est dit d'un homme et met sous les yeux le geste de celui qui tend la main pour *passer* quelque chose à quelqu'un, un livre, une pierre, un poisson[34] et, s'il y a plusieurs personnes à recevoir, comme ici Luc en communion avec quelques fidèles, le geste donne une image plus vive : on voit une distribution qui se fait pour plusieurs, l'un après

---

(34) Cf. Lc., 4, 17 ; 11, 11 (voir la note) et 12 ; 24, 30 (pèlerins d'Emmaüs) et 42.

l'autre, chacun à son tour. Comme l'écrit Renié, hostile en général à la version occidentale, l'addition « accentue encore le rapprochement avec le geste de Jésus à la dernière Cène ». Ici le geste de Paul est celui de Jésus passant le pain aux pèlerins d'Emmaüs.

L'allusion au sacrifice ne serait pas complète s'il n'y avait pas, dans le texte occidental, deux évocations du sang.

En 14, 2 D, à Iconion, après une persécution, signalée plus haut, attirée contre le droit par les Juifs sur Paul et Barnabé, le *codex Bezae* ajoute un stique entier, « mais le Seigneur donna vite la paix ». Il n'est pas dit à qui Dieu donne à ce moment-là la paix. L'addition a cependant sa raison d'être. Elle se justifie si l'on saisit la référence à l'*Épître aux Colossiens*, 1, 20, où Dieu réconcilie en lui la totalité des êtres « en faisant la paix[35] par le sang de sa croix ». Auteur du texte long, Luc semble vouloir corriger le caractère purement narratif du texte court, afin de donner au passage une signification plus profonde, celle de la réconciliation des créatures avec le Créateur, et des créatures entre elles par le sang du Christ. Le souvenir de l'*Épître aux Colossiens* assimile Paul à Jésus dans la mort.

Dans un autre passage du texte occidental, le sang n'est plus seulement suggéré, le mot lui-même est ajouté. En 17, 26 Paul, dans le texte court, enseigne aux Athéniens de l'Aréopage que Dieu, « à partir d'un seul, ἐξ ἑνός, a fait peupler toute la surface de la terre de toute race humaine ». Le mot « seul » pouvait rester incompris des Athéniens puisqu'il désigne Adam qui, avec la vie, a transmis aux hommes le péché. Le sens devient infiniment plus riche et plus complet, plus clair aussi aux yeux des Athéniens, et surtout au-delà de ce premier public, par l'addition, dans le *codex Bezae*, du mot « sang », « d'un seul sang », ἐξ ἑνὸς αἵματος. Si Adam est à l'origine des hommes, qui descendent de son sang, le sang de Jésus leur apporte le salut, donc les ramène à la vie.

En un mot lorsque, dans son discours de Milet, 20, 28, Paul prie ses auditeurs de faire paître l'Église de Dieu, qu'il a gardée sauve par le moyen de son propre sang, et lorsque le *codex Bezae* ajoute « pour soi », après « qu'il a gardée sauve », il semble vouloir dire alors : « et moi, par mon propre sang, je la garde sauve *pour lui* ». Il enseigne que la direction du salut fut pour lui-même, comme elle l'est pour les autres, indiquée par la Croix. Lorsque Jésus, encore sur terre, au début des *Actes*, 1, 8, dit aux apôtres qu'ils seront ses témoins jusqu'aux confins de la terre, il leur annonce que leur mission sera de reproduire, jusqu'à la mort, sa vie.

Le texte occidental offre un faisceau d'indices rapprochant Paul de

---

(35) Εἰρηνοποιήσας est un hapax de la Septante (*Prov.* 10, 10) et aussi du N.T. Cf. SPICQ, *Notes*, III, p. 229.

Jésus son modèle. La chose est naturelle puisque Luc entend donner à un livre historique un sens plus profond. En le considérant dans une nouvelle version il aperçoit de nouvelles correspondances avec Jésus et il les précise par des faits, toujours historiques, et davantage rapportés à Jésus.

Toutes les étapes du chemin qui conduit à la Croix existent dans le texte occidental, et il suffit de les rassembler pour les rendre perceptibles. Paul enseigne et proclame la parole de Jésus. Comme il lui donne sa vie. Et de même que Jésus a poursuivi sa mission après sa mort en la transmettant à ses apôtres, de même Paul a choisi de la transmettre à Timothée ainsi qu'aux disciples que Timothée aura convertis. Luc répond à ce choix par une seconde rédaction des *Actes des Apôtres* où, par rapport à la première, il complète et prolonge le rôle de Paul, apôtre des Gentils, un rôle de nature à multiplier les conversions une fois ses épreuves parachevées par le martyre.

CONCLUSION

L'objet de ce livre était de montrer en quoi consiste la version occidentale des *Actes des Apôtres,* ce qu'elle modifie de la précédente, ce qu'elle lui apporte de nouveau, trois éléments que, dans la chose écrite, aucune cloison ne sépare. Une fois les constatations faites, et sur le texte, on admettra peut-être que cette version seconde n'est pas sans intérêt ni valeur.

On se gardera de souscrire aux jugements commodément rassemblés par Epp dans une page de la fin de son livre sur la tendance théologique du *codex Bezae.* Il s'étonne à juste titre que les leçons de ce manuscrit soient souvent condamnées comme n'étant que développements gratuits et surabondants.

Ainsi Ropes y incrimine une absence de couleur, une naïveté creuse, le défaut d'apport nouveau ; selon lui, il n'est rien dans le texte occidental, qui ne puisse être déduit du texte court. Selon Knox, dont la position est extrême, les leçons du *codex Bezae* apparaissent, ici et là, caractérisées par les défauts suivants : compilation maladroite, expression dépourvue de sens, insertion bizarre, non-sens, remarque inutile et gauche, explication typiquement superflue, confusion rendue plus confuse, manque d'intelligence, absence d'information inédite, détails qu'il aurait mieux valu laisser tomber.

Il est impossible que des jugements si divers — et si sommaires — s'appliquent à un auteur, ou glossateur, unique, rassemblant une telle quantité de défauts. Ils supposent une pluralité d'intrus peu inspirés, méconnaissant l'unité profonde caractéristique de la version occidentale écrite pour introduire dans l'ensemble du texte ancien tous les éléments d'une couche nouvelle. Le travail unificateur est opéré, dans la suite des faits, depuis les jours précédant l'Ascension jusqu'à l'entrée de Paul dans Rome. Dans leur rédaction, il est réalisé à partir de cette entrée, le premier texte étant lui-même alors écrit.

Au terme d'une étude révélant dans les nouveaux *Actes* un vocabulaire lucanien, une langue et un style lucaniens et une connaissance approfondie de Paul chez son ami et disciple, une étude fondée, dans ses deux premières parties, sur des choses constatées et, dans la troisième, sur des présomptions concordantes, il apparaît que la version occidentale, ayant Luc pour auteur, loin d'être dénuée d'intérêt ou de valeur, éclaire et complète la précédente et réalise avec elle un accord parfait. Sans pouvoir être inspirée davantage, elle remédie à ses imperfections et en accroît les mérites. Elle semble toujours tenir compte d'événements plus récents, inconnus de la version première. Celle-ci donne l'impression d'avoir été composée un peu vite. Bien des faits s'y entrechoquent, un défaut produisant quelquefois un sentiment de désordre ou d'obscurité. Il ne fallait pas que Luc tardât trop à battre un fer encore chaud.

La version longue comble les lacunes, précise les contours, donne de la couleur, voire du pittoresque et, s'il le faut, élague. Dans la clarté, elle rend sensible la cohérence et la durée au sein de l'histoire de l'Église naissante. Pourquoi? Parce qu'elle répond à un besoin, à plusieurs besoins éprouvés par l'auteur, ou exprimés à son intention par ses lecteurs ou ses auditeurs.

Une fois la première version connue par des lectures, privées ou collectives, données dans les milieux chrétiens, il est naturel que certaines communautés aient ressenti le regret de rester sur leur soif. On désirait mieux savoir ce que Paul, lui surtout, le fondateur d'Églises, accomplit ailleurs, dans telle autre communauté, pour la raison que l'enseignement se propageait, de jour en jour et de lieu en lieu. Comment avait-il agi, avait-il prêché, en tel endroit? Quelle peine avait-il eue à s'imposer? Qui furent, ici et là, ses adversaires?

Si Luc a pu lui-même assister à des lectures publiques faites de ses *Actes* dans leur état premier, il fut témoin des réactions des auditeurs. On put solliciter des explications, réclamer des clartés nouvelles sur les actes des apôtres anciens, davantage sur les actes de celui-là qui, sans avoir vécu aux côtés de Jésus, avait reçu l'honneur d'entendre sa voix. Et qui interroger sur lui sinon Luc, lorsque Paul ne fut plus de ce monde?

De là des faits nouveaux, des précisions sur les lieux et les dates, des parenthèses explicatives, des réponses à des objections, des omissions réparées. De là comme un effort soutenu chez Luc — selon le mot de Jean, 6, 12 — pour «rassembler les miettes, afin que rien ne se perde». Une pareille œuvre ne se conçoit bien qu'après la disparition de l'acteur principal.

En dehors des Chrétiens, et des Juifs convertis à qui Luc s'était adressé d'abord, d'autres lecteurs, d'autres auditeurs, mal informés des choses juives, durent avoir envie, plus tard, quand les conversions premières eurent fait leur plein, de recevoir de nouvelles clartés. Les Gentils, habitués à des lois différentes, durent, à mesure qu'ils devenaient une majorité, demander à être mieux instruits sur les temps de la Loi, sur les lieux aussi où la Loi fut souveraine.

Si l'historien — parfois témoin — qu'est Luc a voulu se montrer plus complet sur les faits du passé parce qu'il était le premier conscient de leurs déficiences dans son livre plus ancien, s'il répond à des besoins exprimés sur un texte imparfait, il entend davantage servir l'avenir de l'Église en prolongeant la mission de celui qui fut son maître et fut d'abord le serviteur de Dieu. Il veut affermir la foi chez les chrétiens du temps par une connaissance plus avancée de Paul, mais aussi, pour l'avenir, et par fidélité à sa mémoire, livrer à l'Église une moisson nouvelle de convertis.

Répondant à l'angoisse de Paul exprimée avec force à la veille de sa mort dans la dernière *Pastorale,* Luc, qui fut le témoin, le seul témoin, de cette souffrance, écrit la version occidentale, encore sous l'effet du martyre de Paul, avec la volonté de continuer son œuvre et de faire entendre sa parole, dans l'espace et pour l'avenir, un avenir sans limites. Cette mission d'enseigner et de proclamer sans fin, selon l'ordre de Jésus, il la poursuit avec l'émotion du souvenir, avec aussi le courage dont Paul lui avait donné jusqu'au bout l'exemple.

Luc affrontait une entreprise difficile. Il lui fallait laisser voir, ou faire voir, dans la vie entière de Paul, objet de son livre après le chemin de Damas, ce qu'il tenait de la mort de l'apôtre une fois ses actes accomplis. Arrêtant le texte court à la première captivité de Rome, il voulait, par un texte enrichi, tirer parti de ce qu'il avait appris de Paul et sur Paul dans l'intervalle entre elle et la seconde, mais sans pouvoir le dire puisqu'il avait mené à sa fin le sujet de tout son livre. Le texte long cependant s'éclaire de lui-même si l'on accepte de reconnaître qu'il fut écrit après l'année 67, et sans doute peu de temps, ou peu d'années, après cette date.

Partout la version longue donne l'impression que Luc, après le martyre de Paul, dessine pour l'avenir l'image définitive d'un original perdu. Comme si l'apôtre était encore de ce monde, il lui rend son bâton de missionnaire chez les Romains et chez les autres hommes, pour Rome et dans l'univers, pour toujours.

Par son livre second Luc, sans dissimuler la tristesse d'un auteur qui a d'abord convaincu et charmé par sa franchise et par sa naïveté dans le sérieux, peut transmettre, au-delà de la mort de Paul, le message de Celui qui avait attendu d'être monté au ciel pour lui faire entendre sa voix.

Ainsi se conclut l'œuvre immense d'un historien devenu témoin. Elle tient en deux livres, mais s'étend de la naissance de Jésus jusqu'à la mort de Paul simplement sous-entendue dans le texte long : aux actes (πράγματα, Lc., 1, 1) de Jésus elle ajoute les actes (πράξεις) des apôtres. Après avoir eu sans doute le privilège d'interroger Marie, Luc eut sûrement celui d'interroger Paul, pour avoir longuement vécu auprès du voyageur et du prisonnier. Parvenu à un moment de l'histoire de Paul où il est trop tard pour faire connaître ses actes entre les années 63 et 67, il a retouché, perfectionné, un texte initial, pour mettre en pleine lumière la grandeur d'une mission couronnée par le sacrifice.

INDEX DES VERSETS ÉTUDIÉS

Un index des mots grecs lucaniens, hapax inclus, du texte occidental, est inutile, car ils se trouvent classés, par ordres alphabétiques, dans les deux premiers chapitres de la première partie « Observations sur les deux textes ».

Dans l'index ci-dessous sont énumérés les versets des chapitres des *Actes* contenant une remarque notable sur le texte occidental, qu'il s'agisse d'un mot ou, plus souvent, de plusieurs mots formant un ensemble, et d'une proposition ou d'une phrase.

Beaucoup de versets sont cités plusieurs fois au cours des treize chapitres des trois parties des « observations » : ils appellent dans ce cas plusieurs examens selon les points de vue, langue, grammaire, syntaxe, style, apport sur la vie et la mort de Paul, voire de Pierre, quelquefois même sur l'auteur.

TABLE DES MATIÈRES

Première partie : LA FORME

Deuxième partie : **LE FOND**

IMPRIMERIE A. BONTEMPS
LIMOGES (France)
N° imprimeur : 3510-85
Dépôt légal : Février 1986